反分裂国家法运行机制

党晓军　著

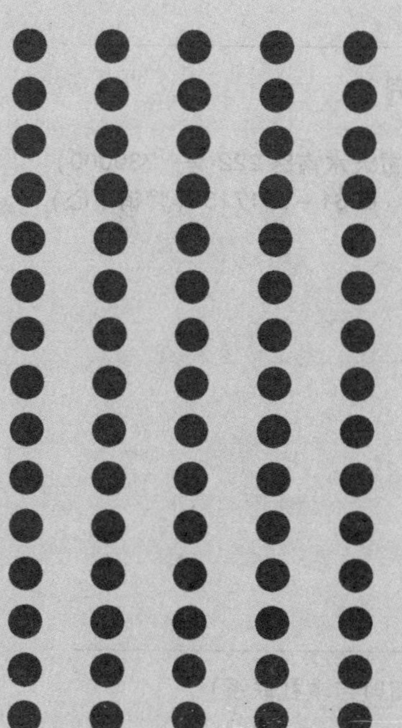

蘭州大學出版社

图书在版编目(CIP)数据

反分裂国家法运行机制研究 / 党晓军著. —兰州:兰州大学出版社,2013.12

ISBN 978-7-311-04365-0

Ⅰ.①反… Ⅱ.①党… Ⅲ.①反分裂国家法—研究—中国 Ⅳ.①D921.04

中国版本图书馆 CIP 数据核字(2014)第 003192 号

责任编辑 张国梁 余芬芬
封面设计 张友乾

书　　名 反分裂国家法运行机制研究
作　　者 党晓军 著
出版发行 兰州大学出版社 (地址:兰州市天水南路 222 号 730000)
电　　话 0931-8912613(总编办公室) 0931-8617156(营销中心)
0931-8914298(读者服务部)
网　　址 http://www.onbook.com.cn
电子信箱 press@lzu.edu.cn
印　　刷 兰州大众彩印包装有限公司
开　　本 710 mm×1020 mm 1/16
印　　张 29
字　　数 501 千
版　　次 2014 年 2 月第 1 版
印　　次 2014 年 2 月第 1 次印刷
书　　号 ISBN 978-7-311-04365-0
定　　价 68.00 元

(图书若有破损、缺页、掉页可随时与本社联系)

序

晚近中国历史是一部政治建国的进程,旨在将华夏古邦推转为现代中国,形成"民族国家—文化中国"和"民主国家—政治中国"的基本格局,从而分别彰显此文明共同体和政治共同体的主体地位。由此,建设统一的法律体系,为现代中国罩上法律屋顶,遂成百年奋斗的基本目标。就此而言,现代中国不仅是一个文明共同体和政治共同体,还是一个法律共同体。它们三位一体,共存于这个以富强、民主和文明为鹄的"现代中国"。

也就因此,国家政法疆域的统一和主权完整,历来均为国是大端,也是国民心田深处最为敏感的琴弦。究其实,不但源于国民理想经由百年激荡早已蔚为国民心性,而且,更多地源自晚近中国历史之巨创深痛,有以然哉。实际上,凡此主题,自法政学层面深长思量,从来是并且还将是汉语法学的一脉主线。

正是在此,本书慎予考量,周详分析。其之汲汲于"台湾问题"的法理预案,兹兹于国家政治统一的法律条件,沿循百年国民理想,以一己学思,探寻着有益的思路。同时,立足全球视野,作者对于借助外力推展"台独"建国的政治困境方面,亦多有揭示。进而,本书对于政治谈判及其关乎国族统一的可能影响,尝试提供了相应的政法对策。

的确,如同作者所言,中华民族基于公民团结的政治统一,实为晚近政治建国进程的有机组成部分,关涉政治、经济、军事和法律等荦荦大端,要求行政、经济、治安和军事机制同心协力,于良性互动和及时危机反应中,妥善解决,尤为考验政治智慧。正是在此,启动反分裂国家法机制,推进维护国家主权和领土完整的法律进程,体现了现有政体的政治智慧和法律能量。

作者出身中医世家,不料少年跌宕,遂以法律为业。积十年之功,成一卷华章。况地处僻远，音讯不畅，其艰辛尤可想见。其间节衣缩食，困顿不废自学，用功不避寒暑，劳心劳力，以一己学思感应时代脉动。想华夏天下，撑持不坠，历久弥新，多赖默然持守，奋然砥砺，且强毅力行。则党君以文见胆，立言立身，慨乎其间，为之序，为之荐，不亦可乎，不亦乐乎！

许章润

清华大学法理学和政治哲学教授

2013 年初秋于北京

前　言

台湾问题是中华民族心中的痛，是中国近代史上的一个耻辱标记。进入21世纪，中国共产党和中国政府将继续推动已经确定的三项战略任务：一是进行社会主义现代化建设；二是维护世界和平与发展；三是完成祖国统一大业。所以，完成祖国统一大业就成为中国政府和中国人民进入新世纪面临的一项重大战略任务。

一

2003年年底至2004年年初，台海局势发生了关键性的变化，也是"台独"势力盛极而衰的关键阶段。这一阶段的局势发展，呈现出两个明显的特征：一是民进党通过三年多的执政，政治地位基本稳固，"政府"各部门任用的基本上都是"台独"势力的代表人物，他们已觉得无后顾之忧，精神上处于极度亢奋状态，言论偏激，狂妄大胆；二是出于执政竞选连任的宣传需要，操弄"台独"议题，加速向以"台独"基本教义派为代表的深绿势力靠拢。在这种背景下，"台独"分子疯狂叫嚣诸如"与中共进行圣战""你打我台北，我打你上海"的"恐怖平衡"以及"中国是准战争边缘"等类。

2004年3月19日，普遍认为是陈水扁处心积虑、精心策划、运用惯常手法，靠"两颗子弹"侥幸当选，继续执政四年，使各界看好和民调中一路领先的"连宋配"落选。历史是无情的，能骗得一时，骗不了一世。2008年5月20日，陈水扁下台后，其在位时滥用职权的事情败露，旋即卷入"洗钱弊案"等一系列丑闻，而"台独"势力的两大领军人物李登辉和陈水扁，在弊案互咬当中也反目成仇。这些为权力而叫嚣、以玩弄权谋著称的政客，也相继纷纷退出历史舞台，"台独"势力受到重创。历史事实将证明："台独"是一条没有发展空间的死路，是一条死胡同。

二

“台独”势力的激进强势作为，产生了适得其反的效果，也印证了物极必反的哲理。通过三年多的观察和分析判断，中国人民得出的印象是：民进党所代表的“台独”势力的狂妄表现说明，执政后的民进党不可能具有民族责任感，也不可能实现真正的转型，其实际做法是引起台海局势高度紧张的根源。这种紧张局势，引起中国政府的高度警惕和广大爱国人士的深深忧虑。中国人民一致认为，如果任由民进党内少数急独势力主导台湾政治发展方向，台海局势极有可能失去控制，最终会导致一发而不可收的局面；加上国际反华势力出于自身战略利益需要，利用岛内形势，提出“台海现状”由他们界定的言论，更进一步提醒中国人民，事情的发展已经到了一个关键时刻。如何有效地遏制岛内“台独”势力，建立台海局势的良性运行机制，成为国家决策层、学术研究机构和民间精英共同关心的一个话题。在集思广益的基础上，以法律遏制和打击“台独”势力的意见逐步占主流，并在这一重大问题上取得共识。在随后的一段时间，通过立法阻止“台独”恶性发展成为政府部门的一项重要任务。通过各方努力，2005 年 3 月 14 日，第十届全国人民代表大会第三次会议通过了《反分裂国家法》，并正式颁布实施。

三

2008 年 3 月 20 日，泛蓝阵营推出的候选人马英九和萧万长以超过 200 万票的优势赢得台湾地区领导人的选举，再次执掌政权。他们提出的两岸和解和维持现状的台海政策，对 21 世纪的台海局势提供了良好的发展机遇。他们推行的一系列政策得到大陆的认可和积极配合，形成了良性互动的台海关系。但笔者的研究结果是：在国民党百年历史上，它背负着沉重的历史包袱。国民党是官僚资本主义的御用机器，对个人愚忠和牟取私利是其根深蒂固的历史传统；一些人起初加入国民党的动机就不纯正，加上国民党本身的选拔体制不健全，不能在早期甄别个别人的污点，当这些人在国民党内成长起来并权倾一时开始牟取私利的时候，又没有必要的剔除机制；每当国难当头，事关民族大义之时，却态度暧昧，关键时刻考虑的都是自己的私利，有时甚至不惜当汉奸助纣为虐，变成分裂国家的帮凶。历史上国民党历经多次分裂，每次分裂都导致元气大伤，一步步使自己走向衰落，目前已经无力主导和平推进国家统一的进程。

国民党曾八年沦为在野党，领教了民进党执政时的步步紧逼和“割喉割到断”的残忍本性。民进党在野时必然会利用一切机会强力反扑，这是执政后的国民党不得不深刻反思的问题。一个在台湾放弃统一职责的中国国民党能否立得住脚都是问题。目前台湾执政的国民党当局提出的两岸核心政策——不统、不独、不武政策，就是一种明显的拖延战术。2012 年 1 月 14 日，主打两岸和平牌——坚持“九二共识”的国民党候选人马英九和吴敦义，再次以超过 80 万票的优势获得连任，马英九第二次连任的政策颇受瞩目，如何施政备受关注。笔者认为，国民党如果不彻底反思自己的历史，在国家统一事业上有一番作为，其政权只不过是“‘台独’减压阀”，而不是两岸和平统一的促进器。在这种情况下，大陆依靠国民党促进国家统一，和美国依靠民进党分裂势力牵制中国实现自己的利益一样，令人失望。

四

台湾问题是历史上形成的，涉及的问题相当复杂，尤其是由国际反华势力的干涉带来的阻碍更不可忽视。解决台湾问题应运用系统性的长远战略，从政治、经济、文化和社会等各方面着手，注重台湾问题的历史和文化因素，将台湾问题放在大的国际环境中去考察，才能解析其产生的历史根源。台湾问题之所以成为问题，就是因为外国势力干涉中国内政。国际政治经济形势的发展，国家之间意识形态的差异和实力的此消彼长，都会影响到台海局势的发展方向。在动态的国际环境中，台湾问题成为冷战后大国之间角力的前沿阵地和国际政治经济变化的缩影。台湾岛内的分离势力抬头并初具规模，已成结构化和制度化趋势，这些因素给国际干涉势力提供了借口，形成相互制约的力量，给完成这项战略任务带来严峻挑战。作为对台湾拥有主权的中国政府来说，充分运用自己的综合实力和道义优势，依法牢牢抓住解决台海问题的主动权，推动祖国和平统一大业，显得尤为迫切和必要。

五

作为解决台湾问题战略组成部分的反分裂国家法，在历史潮流的呼唤和现实社会需要的情况下，适时择机出台了。作为博弈的一部分，在国际政治较量和台海两岸竞争中，《反分裂国家法》的颁布，对推动台海局势向和平方向发展起到重要的积极作用。在反对分裂和促进国家统一进程中,其促进和平统一的战略作用日益显现。随着时间的推移,它的这种作用会越来越明显,也将在今后的对台斗争中发挥重要作用。

《反分裂国家法》的通过是台海局势发展的分水岭。作为社会发展的记载和社会文明载体,它将党的对台方针、政策和政府对台决策上升为国家意志,以法律形式固定下来,充分体现中国人民"反'台独'、反分裂、促统一、谋和平"的坚定决心和明确态度。《反分裂国家法》颁布后,迅速在台湾岛内产生强大的冲击力。"泛蓝势力"借力使力,冲破多年被"泛绿势力"抹红的顾虑,打破政治禁忌,陆续登陆访问,促进台海局势向缓和方向发展;"泛绿势力"则惊慌失措,以2005年的"3·26"大游行进行"反制",岛内的政治势力出现明显的两极分化,其实质是岛内政治势力归队现象。统一势力与大陆和解,分裂势力继续负隅顽抗。但他们今后进行分裂活动将失去正当性,因为分裂势力进行分裂活动将背负违法的枷锁。

当前及今后相当长的一个时期,应认真把握《反分裂国家法》颁布和国民党主张交流的历史机遇,牢牢把握台海关系发展的主动权,积极主动与国民党进行交流、沟通和协调,建立相应的交流制度,推动合作进程;加强与民进党左派人士的接触,促进两岸关系形成良性循环互动,主导两岸关系发展的未来,建立两岸关系良性互动的法律运行机制,让两岸关系在法律的轨道上运行,通过依法治国的大战略,推进祖国和平统一。

党晓军

2013年5月

目 录

序/许章润 …… (1)

前言/党晓军 …… (1)

导 论 …… (1)

第一节 研究的目的 …… (1)

探索解决台湾问题的理性之道 揭露“台独”分裂势力的虚妄政治诉求 揭示反分裂国家法的科学本质 建立和完善反分裂国家法的基础理论

第二节 本书的结构 …… (6)

第三节 本书的研究方法 …… (12)

系统论的方法 实证分析的方法 价值分析的方法 历史分析的方法

第一章 反分裂国家法生成机制研究 …… (17)

第一节 反分裂国家法的基本概念 …… (17)

反分裂国家法是一个部门法 反分裂国家法是调控台海局势的专门法 反分裂国家法产生有特定的历史环境 反分裂国家法是促进台海局势趋向公平正义的法

第二节 反分裂国家法的基本特征 …… (23)

它是调整台海行为关系的规范 反分裂国家法由国家依法定程序制定和颁布 反分裂国家法以权利义务的双向规定为调整机制 国家强制力是反分裂国家法得以实施的保证 反分裂国家法具有程序性

第三节　反分裂国家法出台的背景 ……………………………… (29)

它是国家统一战略的需要　它是遏制"台独"势力恶性发展的需要　它是反制国际反华势力的需要

第四节　世界各国反分裂立法概况 ……………………………… (39)

美国的《反联邦脱离法》　俄罗斯的反分裂国家法　加拿大的《清晰法案》　法国决心维护国家统一　其他国家反分裂立法情况

第二章　反分裂国家法调控机制研究 ……………………………… (47)

第一节　法律的调控机制概述 ……………………………… (47)

社会控制有强制性和非强制性控制　对"台独"势力的严重违法行为采取强制控制手段　采取稳定与灵活相结合的调控措施

第二节　"台独"的起源 ……………………………… (48)

特殊的历史催生"台独"思潮　正确对待"台独"思潮　法律意义上的"台独"行为　李登辉的"台独"政策　陈水扁的"台独"言行

第三节　"台独"的发展趋势会受到遏制 ……………………………… (58)

"台独"政策难以获得大多数民众认可　"台独"政策会导致台湾社会分化　"台独"政策具有较大的欺骗性　中国政府会适时对"台独"进行反制　国民党上台对"台独"有一定牵制作用

第四节　岛内因素对"台独"的制约 ……………………………… (64)

"绿色企业家"的转向使"台独"政策陷入困境　经济发展水平将严重制约岛内从事"台独"的力量　台湾社会对"台独"没有信心　国民党有反"台独"的文化传统　台湾现行的法律基础是维护国家主权统一　道义的争夺将使民进党失去群众基础

第五节　中国政府的法律使"台独"成为禁区 ……………………………… (71)

促成国家统一符合两岸民众的需要　反分裂国家法宣布台湾分离祖国为非法行为　国家将依法遏制和打击"台独"　反分裂国家法符合国际法基本原则

第六节　国际法的限制 ……………………………… (80)

台湾不具备国际法主体资格　自决权不适用于台湾　台湾分离运动违反国际法　国际社会反分裂的实践　国际社会反分裂的趋势

第三章 反分裂国家法定性机制研究 …………………………………(89)
第一节 台湾问题属于中国内政 ………………………………………(89)
分裂国家的概念 中国是主权完整的国家 两岸控制的都是一个中国的领土
第二节 内战政策使国民党失去合法的统治身份 ……………………(92)
国民党右派叛变导致国家统一进程中断 国民党的内战政策错估国内外形势 国民党内战政策使人民心理转向共产党 国民党打内战遭到人民抛弃
第三节 当时国际形势对中国内战的影响 ……………………………(98)
美苏战后划分势力范围激化了国共矛盾 《雅尔塔协定》埋下国共冲突的火种 苏联的介入政策加深了国共两党的猜疑和敌对
第四节 台海关系的实质 ………………………………………………(100)
中国大陆是全中国合法的代表 台湾对台澎金马地区行使着控制权而不是主权 反分裂国家法确认了国家主权的完整性质
第五节 台湾的法律性质为地方当局 ………………………………(102)
大陆现行宪法对台湾问题的规定 民意基础是执政合法性和正当性的来源 选举实现政党轮替无法改变台湾当局的地方性质 "中华民国"的旗号已失去法律意义 国际法剥夺了所谓"中华民国"主体资格
第六节 "台独"活动的非法性……………………………………………(106)
"台独"的寄生性 "台独"的虚弱性 "台独"行为违反台湾岛内"宪法" "台独"势力割裂历史事实 将民主用于煽动分裂国家是违法行为
第七节 中国政府反对分裂的合法性 ………………………………(110)
建立新中国是顺应当代历史潮流 人民选择了积极推动统一事业的中国共产党 共产党的历史使命扎根于深厚的民意基础
第八节 美国内战的法律启示 ………………………………………(112)
先进的生产力和生产方式推动了统一进程 对局势过于乐观估计导致分裂欲望膨胀 违背历史发展趋势、从事分裂必然导致灭亡

第四章 反分裂国家法定位机制研究 …………………………（117）
第一节 台湾与大陆的关系 ……………………………………（117）
台湾与大陆具有相同的历史渊源 台湾对大陆的重要作用历来受到战略家重视 台湾同胞与大陆居民同是中国公民
第二节 台湾在亚太地区的位置 …………………………………（118）
台湾的地理位置 台湾的地缘战略位置 台湾的军事战略位置
第三节 中华人民共和国法律对台湾地位的规定 ………………（121）
中国早期对台湾的管辖 历史上中国人民坚决反对外国侵占台湾 抗战胜利促成台湾回归祖国 前国民政府依法接收台湾是中国重新恢复行使主权的法律渊源 国家法律对台湾的定位是一个中国的重要组成部分 国家法律对台湾主权归属的规定已构成完整的体系
第四节 台湾地区对两岸关系的"法律"定位 ……………………（130）
历史上台湾政治人物对两岸关系的主张 台籍知名法学家的解读 台湾"宪法"对两岸关系的定位 "台湾地区与大陆地区人民关系条例"对两岸关系的定位 台湾"国家统一纲领"对两岸关系的定位
第五节 国际法关于台湾地位的规定 ……………………………（134）
台湾当局对本地区行使主权没有国际法依据 中国拥有台湾主权获得国际社会的普遍承认 国际法律文献对台湾地位归属的确认 国际法确认的台湾是一个地方政府 《旧金山对日和平条约》对台湾问题的决定不具备法律效力
第五章 反分裂国家法交流激励机制研究 …………………………（150）
第一节 当前两岸合作与交流的不利局面 ………………………（150）
"绿色执政"毒化了两岸关系 台湾现行制度阻碍两岸交流
第二节 大陆积极推动合作与交流的有利因素 …………………（154）
培养台湾人民深厚的爱国情结 两岸民众具有扩大交流与合作的强烈愿望 经济利益的驱动效应带动双方互利合作
第三节 制定两岸经济交流的政策和法律 ………………………（157）
坚持不纠缠历史恩怨的原则 抓住时机积极推动两岸经济文化交流 采取循序渐进方式制定相关经济制度 采取局域化的经济交流政策创造外部氛围 依法推动海峡西岸经济区建

设　适时提供必要的经济制度供给　解决经济制度实施和推进中的矛盾和问题　推动双方经济制度的靠拢和完善
第四节　积极规划两岸开展交流的步骤和方式 ……………………… (167)
根据现实情况把握时机逐步推进交流进程　逐步建立军事互信交流机制　通过交流促进双方法律制度融合　两岸交往的法律问题及解决途径　通过完善合作机制实现战略目标
第五节　争取国际社会对中国统一事业的理解和支持 ……………… (174)
搞好亚洲的交流与合作是根本　做好美国的工作是关键　加强与第三世界的联系与沟通是基础
第六章　反分裂国家法整合机制研究 ………………………………… (189)
第一节　建立强有力的机构推动国家整合进程 ……………………… (189)
大陆的对台工作机构　台湾促进统一的工作机构
第二节　以传统文化与精神价值为纽带推动两岸整合 ……………… (195)
大一统观念具有深厚的历史沉淀　历史文化传统决定政治制度选择　爱国心理是两岸人民的黏合剂　中华民族具有坚强的凝聚力　语言文字统一是国家统一的前提　人民的选择是国家整合的动力　执政党的领导文化具有标杆作用
第三节　中国的崛起是整合台湾的契机 ……………………………… (200)
制定正确的统一战略　把握崛起的机遇推动两岸整合　充分运用软实力吸引、整合台湾　努力解决好自身存在的问题　整合国际友好力量、发挥大陆软资源的优势
第四节　历史上国共两党合作的途径和方式 ………………………… (227)
抗战时期的"一国两制"　中国国民党追求国家统一的历程　抗战胜利后中国共产党整合国家的努力　"一国两制"理论的形成和坚持促进了国家整合　统一台湾的模式
第五节　两岸整合的基本途径 ………………………………………… (247)
通过政治谈判完成整合　举行政治谈判的基本内容　两岸国际参与的整合和同一
第六节　欧美国家整合经验的借鉴 …………………………………… (258)
德国的整合实践　美国的整合经验
第七章　反分裂国家法抵御机制研究 ………………………………… (262)
第一节　美国的对台政策 ……………………………………………… (262)

美国对华正式政策　美国对台湾的介入政策　美国的新干涉政策　美国对台政策的制约因素　美国对台政策的困境

第二节　日本对台湾事务的介入 …………………………… (280)

日本对台湾的早期占领　中国从日本手中收回台湾具备合法性　日本对台湾的干涉政策

第三节　干涉一国内政构成国际非法行为 …………………… (287)

侵略的定义及外国对台湾的侵略　国际上非法干涉他国内政的行径　中国政府通过国内立法支持和维护国际法的效力　其他形式的非法干涉

第四节　中国人民抵制国际非法干涉的对策 ………………… (297)

中国人民坚决抵御分裂国家的行为　对日本分裂中国企图的抵制　中美两国围绕国家统一的较量　抵制国际非法干涉势力所应采取的具体措施

第五节　国外抵制外国干涉势力的做法 ……………………… (325)

俄罗斯的做法　美国的经验

第八章　反分裂国家法危机管理机制研究 ……………………… (328)

第一节　危机的概念和种类 ………………………………… (328)

危机的概念　危机的类型　危机管理机制

第二节　中国近代的边疆危机 ……………………………… (336)

中国近代史的几次边疆危机　造成中国近代边疆危机的原因　中国收复边疆国土的斗争策略

第三节　中国台海危机管理政策 …………………………… (344)

中国政府的危机管理立法　国家危机管理体制　国家层面的台海危机管理政策　危机管理的对策建议

第四节　中国近代史上的台海危机 ………………………… (353)

第一次台海危机:解放台湾　1954 年前后第二次台海危机:海上大战　1958 年的台海危机:“八二三”炮战　1995—1996 年的台海危机:大陆导弹试射　第五次台海危机:反击“两国论”

第五节　台海危机的管理和控制 …………………………… (365)

中国政府在台海危机中的对策　美国对台海危机的管控　中美双方会在共同利益的基础上管理台海危机

第九章 反分裂国家法惩戒机制研究 …………………………………… (376)
第一节 加强反分裂国家法律的准备工作 ………………………………… (376)
完善战时法律体制建设 健全和完善与反分裂国家法相配套的法律体系 加快法律资源和人才队伍建设 加强法律研究和适用的物质基础建设
第二节 通过威慑手段警告分裂势力 ……………………………………… (392)
开展舆论宣传攻势进行围困 采取经济手段施加压力 运用军事战术进行威慑
第三节 通过军事行动摧毁从事“台独”活动的基础 ………………… (406)
“台独”分裂势力采取以武拒统战略 “台独”分裂势力企图绝境求生 中国政府采取非和平手段应把握的几项原则
第四节 通过法律制裁分裂分子 ………………………………………… (423)
分裂国家罪的立法概况 违反反分裂国家法的法律责任 反分裂国家法法律责任的构成 反分裂国家法法律责任的确认 违反反分裂国家法的法律制裁
第五节 历史上非和平手段维护国家主权的经验 ……………………… (435)
康熙收复台湾的战争 新中国成立初期解放台湾的战争 俄罗斯车臣战争的实践 美国内战中的军事打击战略

主要参考书目 ……………………………………………………………… (441)
后 记 ……………………………………………………………………… (444)

导 论

反分裂国家法是为调控台海局势的发展方向而制定和颁布的,研究反分裂国家法学,必须从基本的问题开始探讨。首先要明确研究的目的,也就是为何要研究反分裂国家法学;其次是应该研究什么内容,涉及的研究范围有哪些;再次就是运用哪些方法来研究,也就是在基本框架之内用科学的方法研究问题,这是研究反分裂国家法学初步涉及的问题。

第一节 研究的目的

反分裂国家法的颁布,是中国依法治国的大政方略,是国家进入新世纪最重要的战略举措,无论是对大陆、岛内、两岸之间还是国际社会,对台交往都有了一层明晰的界限,确立了基本方向。它起的是风向标的作用,会影响涉台各方的交往行为,对维持良好台海局势具有重要意义。

一、探索解决台湾问题的理性之道

20 世纪末期的台湾海峡是多事之地。国家的决策层在处理“台独”势力挑衅时,大多在“挑衅—警告—演习”之间循环往复。虽然中国政府在历史上也发布过两个关于台湾问题的白皮书,划出一些台海问题的界限,但“台独”势力为一己之私,对此置若罔闻,仍然我行我素。面对台海复杂多变的形势,20 世纪 90 年代末期,学术界一些年轻的知名学者频频在报刊发表文章,主张台湾问题应该早日解决。这是因为台湾问题迟早要解决,既然这样,晚解决就不如早解决。最重要的论据之一,就是从经济学角度进行了分析。一是利用促进两岸交流的大陆惠台措施,台湾从台海两岸贸易中所赚取的巨额贸易顺差、所累积的外汇储备成了“台独”分子购买洋武器取之不尽的源泉。通过购买洋武器,“台独”分子认为就是买下了与某些大国的可靠关系，有了对抗祖国大陆的筹码，等于大陆间接支持和怂恿“台独”分子。二是正是台湾当局积累的雄厚的外汇，使得它在国际上有了进行“金元外交”、制造“两个中国”或“一中一台”的资本，大撒美元，争夺与大陆有外交关系的国家，收买这些国家的政要与大陆断交，与它建交，大陆又进行争夺。两岸之间的外交拉锯战，造成国家资源的巨大浪费。所以，从经济学角度看，台海问题应该早日解决。这种声音在学术界持续了很长一段时间，受他们的影响，民间也群情激愤，似乎在满足人们预期征伐快感的同时，也造成人们对台湾问题思想认识的分歧。

全国喊打的声音，引起部分学界前辈的理性思考。在他们看来，台海局势的复杂性和国共两党在历史上的恩怨及意识形态之争，并不单是从经济成本去衡量的问题。当年大陆给香港免费供应淡水、蔬菜、活禽多年，是因为当时香港虽然处于英国管辖之下，但主权属于中国。香港居民是我们的同胞，迟早会回归祖国的怀抱，我们应该进行援助。台湾问题与香港问题有它相似的一面。台湾问题在没有尽到最大努力之前，若轻易诉诸武力，给两岸同胞心理上所造成的伤害，是几代人甚至十几代人都无法弥补的。更何况在国家综合实力并不强，在国际干涉势力虎视眈眈的情况之下，轻言战争并非明知之举，正好给国际反华势力提供了军事介入的机会。

通过论争和理性思维，在学界前辈中达成共识。他们认为，台海问题是中国的内政，要充分运用中华民族解决国家统一事务的历史经验、智慧、能力和决心，以和平的方式和手段解决台湾问题。在和平手段尚未用尽之前，不到万不得已，绝不轻言战争。最明智的方法是以国家名义划定几条红线，一旦“台独”分子胆敢越雷池一步，再迎头痛击，做到师出有名。“台独”分裂势力的主要骨干进行分裂活动，必须予以制止。但如果少数“台独”分子乱说一通，就举三军之力大规模进行军事演习，不但造成资源的巨大浪费，而且如此反复的演习，时间一长，“台独”分子习以为常，也产生不了应有的警告作用。正是这种理性的声音，终于使全国人民思想认识统一。随后，国家领导人也在多个场合均提出：台湾同胞是我们的手足兄弟，是我们的骨肉同胞，没有人比我们更希望和平统一。2000 年 2 月，涉台两办以政府文告的形式，发布了《一个中国的原则与台湾问题》白皮书，在第三部分《中国政府坚决捍卫一个中国原则》中，明确提出：如果出现台湾以任何名义从中国分割出去的重大事变，如果出现外国侵占台湾，如果台湾当局无限期地拒绝通过谈判和平解决两岸统一问题，中国政府只能被迫采取一切可能的断然措施，包括使用武力，来维护中国的主权和领土完整，完成中国的统一大业。

这就是被国际社会称为针对“台独”势力动武三原则，也就是给“台独”分裂势力划下的三条红线。

作者认为，这种理性认识及随后的历史发展脉络，是促使中国政府和人民以非军事手段思索解决台海问题最重要的因素，也是促使反分裂国家法出台的重要原因。避开了军事思考问题的主线，必然会从政治、经济、社会、文化和法律等角度全方位进行综合分析，思考解决台湾问题的出路。以军事手段解决台湾问题是其中的一个选项，但不是唯一的选项，大规模的军事手段是解决台湾问题必不可少的选项，但是只能是用尽和平手段无效之后的最后选项。所以，在宏观思维中考察这一问题，认真分析初始的思想源泉及它的历史发展，从历史逻辑中来论证这一重大现实命题。

二、揭露“台独”分裂势力的虚妄政治诉求

民进党是草根阶层出身，当初有很好的政治理想，有正当的政治诉求。其早期的民主理念，反贪腐、反黑金的价值观，对当时国民党统治下的台湾人民来说具有一定的进步意义。对有近百年历史的国民党政权来说，是一个极具鞭策的力量，也是台湾民众企求社会发展和进步的另一种选择，它具有强大的号召力。这是“党禁”解除以来，民进党在一些地方选举中多有斩获的重要原因。但从深层次分析，民进党的先天不足是显而易见的，“台独”是其核心价值，也是民进党的“金钟罩”。它们通过民主的外衣包藏“台独”祸水，所追求的目标与整个国际和平环境大趋势格格不入，也违背人类社会发展规律，是一个反动势力和阻碍社会发展的力量。加上民进党成长历史短，一些重大事件和重要选举，往往靠一些不正当手段和侥幸心理取胜，久而久之形成约定俗成的“文化传统”，认为做任何事情都不用脚踏实地下苦功，只要靠投机取巧就能获得他们想要的东西。在取得执政地位后，所任用的一些政务官大多是历史上从事“台独”最卖力的人，也是要阴谋的高手。这些政务官一旦大权在握，就忘乎所以，一心只知道利用所掌握的行政资源，实现自己的“理想”并借机中饱私囊，刻意制造社会对立，不管老百姓的死活。凡此种种，让台湾人民知道和见识了民进党的本质，最终在2008年3月民进党被台湾人民抛弃。

历史事实证明，“台独”分子不过是利用台湾民众当家做主的思想意识进行权力角逐，掌权后谋取私利而已。中国国家崛起越来越明朗的形势和逐步增强的国家实力和国际影响力，使“台独”的活动空间越来越窄，用台湾问题专家许世铨的话说，对解决台湾问题我们应有充分的自信心，“台独”势力所进行的分裂活动，不过是中国历史进程中的小插曲。历史进程非人力所为，更非几个“台独”分子为所欲为就能得逞。他们在当时算得上是几个“人物”,但历史辩证法说明,他们是历史反面人物,是典型的“反分裂”的活教材,是中国人民的历史罪人,将会以千古罪人的面目出现在历史的耻辱柱上。

三、揭示反分裂国家法的科学本质

反分裂国家法通过实施以来,站在不同的立场有不同的解读。在一些“台独”分子看来,它是“军事授权法”,是为中国人民解放军攻占台湾提供法律依据。一些爱国人士则乐观地认为,反分裂国家法是针对“台独”势力备而不用的法,而一些主流观点则认为这是一部和平法。作者认为这些观点都不全面,也没有准确理解反分裂国家法的精神实质。

反分裂国家法是一个完整的体系,是一个宏观与微观相结合的战略框架,目的就是为国家的统一战略实施提供法律支撑。反分裂国家法首先明确了台湾问题的性质和法律地位,以国家基本法的方式,明确宣告台湾问题属于中国内政和台湾主权属于中国。它以历史和现实为依据,对台湾问题属于中国内政和台湾主权属于中国,从法律上进行了界定,将台湾问题以十三亿人民的统一意志,用法律的形式固定下来。它的正式颁布为国家确立了一整套急需完善的机制:明确台湾问题的性质,把握台湾问题的合法地位,建立功能齐全、步调一致、运转有序、保障有力的对台工作机制。它要求以反分裂国家法为主轴,全力促进两岸和平交流,按照反分裂国家法规定的方向、方法、步骤和轨道,依法推进国家统一进程。依法抵御非法干涉势力的干涉,依法定程序促进和平统一机制的建立和完善,尤其要发挥反分裂国家法的激励机制和惩戒机制的作用,在深入认识和把握两岸实际情况的基础上,促进国家统一大业逐步实现,这才是反分裂国家法的基本含义。

反分裂国家法是遵循历史规律的产物。历史上,台湾历经多次分裂,又复归统一,它是有规律可循的。从郑氏家族的收复台湾,反清复明到闹独立,最终在康熙朝统一,与蒋介石集团的反攻大陆到李登辉执政时期的“两国论”何其相似。在历次的分裂中,中华民族失去台湾是从统治集团无能开始,历次统一又是在国家强盛初期而最终完成,都是以外族入侵为始,驱逐外族收复台湾为终。台湾的悲哀是国家强盛时必须收复,衰落时为和平率先弃之而不保,这就是本书以反分裂国家法为主轴,要研究的核心问题和实质问题。历史事实证明,台湾与祖国只有国家强盛时在一起,政权更迭初期与衰落末期又分离。作者的出发点,从近期看是从法律角度建立一套成熟的系统的基础理论,从长远发展来说是国家统一之后,如何突破台湾历史上的这种周期性的宿命,从法律上确立一套完整的制度,从而使台湾回归祖国后永远不分离。台湾与祖国的分离和统一与国家政权更迭不是同步的,分离只是暂时的,统一是主流趋势,是历史必然。反分裂国家法学的研究只有遵循这种规律,才能探索其发展规律。

四、建立和完善反分裂国家法的基础理论

反分裂国家法是宪法的重要组成部分,就法律地位而言,是仅次于宪法的基本法律。这一制度的确立,对国家依法治国的大战略是一个重要的完善。但如何通过全面认识、深入研究,在涉及对台交流和对台事务中依照法定程序进行操作,将涉台事务纳入法制程序,在未来的台湾政治环境中依法处理对台工作,减少决策的非理性和非程序性影响,是当前急需解决的一个问题。反分裂国家法是国家法,是人民意志的体现。良好的台海社会秩序既可以通过反分裂国家法来创建,又可以通过反分裂国家法来维护。

反分裂国家法通过以后,学术界有过一批质量较高的关于反分裂国家法学方面的论文,进行过有益的探讨。但从作者目前能查阅的和检索到的资料看,反分裂国家法学的研究仍然停留在条块分割上,国际法问题专家从国际法角度进行分析,宪法学学者从宪法角度进行分析,而台湾问题研究人员在对反分裂国家法进行法律论述时,仅几句或一笔带过,没有综合系统地将法律和台湾问题结合起来进行论述的学术之作。当然,学术研究是专业上的深化,作者希望以台湾的历史和现实为载体,将法律灵魂与程序价值作为契合点来进行论述,将法律推进统一的精神实质与台湾的实际情况和历史进程紧密地结合起来,形成法学与台湾问题的结合,从边缘应用学科角度进行系统的阐述,从而在反分裂国家法的研究上有实质性的突破。周叶中教授也提出过,他的目的是促进台湾学与法学的互动,希望能形成一个新兴边缘学科。他认为,由于种种原因,对台湾问题的研究,大多侧重宏大叙事的历史阐述和应景式的对策分析,缺乏系统化的理论梳理和体系构建,也缺乏对具体问题的深入分析,“理论上的缺乏导致实践中的困境”[1]。有鉴于此,法学界有必要以构建两岸关系和平发展框架的法律运行机制为研究目的,对台湾学和法学的交叉领域展开深入、全面的研究,对台湾问题进行精细化、规范化、实证化分析,以构建足以指导实践的新兴学科门类。

---

〔1〕 周叶中:《构建两岸关系和平发展框架的法律机制》,载《法学评论》(双月刊)2008 年第 3 期,第 5 页。

第二节 本书的结构

反分裂国家法是在尊重台海现状、尊重客观事实的基础上制定的，它有其内在的严密结构和逻辑层次。看似短短不足千字的条文，囊括了政治、经济、军事和法律等众多的内容，是一部完整的法律。作为学术探讨之作，理论上探索反分裂国家法学，目前能参阅的资料均系零星的学术论文，没有一部系统的教材和学术专著可供参考。作者在构思本书理论框架时，是按多年积累资料的分类、反分裂国家法的模块和先后关系设计的。该框架形成了一个以确定台湾问题的性质和法律地位为基础，以促进和激励两岸交流与合作为方法，以抵御各种势力非法干涉为主轴，以“一国两制”整合为核心，以防止和控制台海危机为目标，以遏制和打击“台独”分裂势力为手段的结构体系和系统理论。

第一章是反分裂国家法生成机制研究。这一章是基本定义部分，试图从法学角度给反分裂国家法确立一个明确的概念，来界定它的内涵和外延，从而确定它研究的范围。反分裂国家法维护的是中华民族的核心利益，是国家主权和领土完整。它是通过一个框架结构，框住涉及国家主权和领土完整的行为。反分裂国家法在尊重历史和现实现状的情况下，从全民凝聚共识、专家学者调研，到正式进入立法程序，运用了多年以来台湾问题学者和法学专家的研究成果，充分参考了历史上中国收复台湾的经验教训，借鉴了国际上各国政府在对待国内分裂势力的做法而后出台的。它的颁布，是中国政府对台决策上升为法律的集中体现，也是规范、引导、鼓励两岸交流与合作的基本尺度。它的出台使中国政府反对分裂、促进和平，步入法制化轨道。然而我们必须承认，一些历史遗留因素形成的惯性对台海和平交往会造成障碍。它涉及两岸之间政治制度和意识形态、经济制度和文化观念、教育制度和历史传统之间的差异。同时，掺杂了一些复杂的国际因素。国际上某些反华势力和保守势力，利用自己的政治和经济优势对台湾进行牵制，将台湾当作“准同盟”出售先进武器等带来的影响。这些因素都对国家和平统一事业形成很大的干扰，这些都是这一章所初步涉及的背景问题，为下一步论证相关问题做好铺垫，以推论出中国政府反对分裂的合法性和合理性。

第二章是反分裂国家法调控机制研究。从严格意义上说是调整对象部分，反分裂国家法出台最重要的目的，就是依法遏制和打击分裂势力的分裂活动，鼓励和支持统一力量,因而这两部分就成为研究的重点。反分裂国家法有其刚性的一面,是国家依法授权职能部门从政治、经济、军事、法律等方面,对"台独"势力和"台独"分子进行分裂活动依法进行调控的重要依据,并确定了法定的程序。柔性的一面就是促进两岸交流与合作。台湾的政治,用台湾知名人士南方朔的话说,是中国封建专制传统与现代西方政治文明结合的"怪胎",它无法摆脱专制传统和强势政治人物对民主进程影响。但在外国势力的压力和岛内政治势力的推动之下,建立了一系列的民主选举制度和相当程度的新闻自由,这就为强势政治人物推行某种政治目标时提供了一定的便利条件。这些人为了壮大自己的政治实力,打击反对势力,不惜以言论自由为名,频繁地利用优势地位"修宪""修法",为自己的政治目标护航,推进实现特定政治目标的进程。另一方面,权力集中的同时,必须将财力资源集中在政治理念相同的人手中。这些操作过程和牟取私利的动作,以及不择手段违法滥权、侵吞公共资源的手法,在现代媒体面前却无法遁形,不时地有丑闻被揭露出来。形成了强势政治人物与公众知情和舆论牵制的强力拉扯,最终将事物的本来面目呈现在世人面前。反分裂国家法就是要运用掌握的这些资讯,以国家强制力量为后盾,通过综合因素施加影响,调控台海局势的发展方向。通过适时掌握"台独"分子的分裂言行和贪渎事实,运用宣传机器,揭露、批判和打击"台独"分裂势力,鼓励、支持、引导和平发展力量,牵制、压缩"台独"势力和"台独"分子的活动空间,打击"急独"势力的发展方向,促进中间力量转向,使台海局势朝着和平统一的方向前进。

第三章是反分裂国家法定性机制研究。台湾问题的性质,是反分裂国家法的关键问题,是解决台湾问题的出发点和归宿。一个主权完整的中国,无论从历史渊源和法理上都是一个正确的命题。目前的实际情况是,中国共产党领导的人民政府控制着大陆,中国国民党在台湾的当局(政党轮替后民进党也有可能)控制着台湾及其附属岛屿。中华人民共和国的宪法明确规定:台湾是中国不可分割的一部分。1947 年制定的《中华民国宪法》也明确规定大陆与台湾同是"中华民国"领土,目前实际治权仅及于台、澎、金、马。从法理上来说,目前两岸所争的是谁真正代表中国的问题,而不是两个国家的问题。这一命题的科学性,得到的延伸就是两岸面对分治的现状。如何统一,怎样统一,是一个中国内部问题。内部问题的解决是中国的内政,由中国人自己解决。中国人有智慧,有能力,有信心解决自己的问题。这份自信既有中国深厚的统一文化底蕴,又有历史的厚重感,它占据了中华民族的道义制高点,它顺应历史潮流,顺着历史车轮缓步前行即可。对搞"台独"的人来说,是逆流而上,自然阻力重重,对自己造成的伤害会更大,最终会被历史和人民抛弃。反分裂国家法将两种势力定性为非法势力:一是岛内"台独"分裂势力,二是国际上干涉中国内政的反华势力。岛内"台独"分裂势力从事"台独"活动,既违反反分裂国家法,也违反岛内"宪法",构成非法行为,就会受到法律的制裁。反分裂国家法确立台湾问题的性质是中国的内政,国际干涉势力干涉台海问题解决,就构成了国际法上的不法行为,严重违反主权国家不干涉他国内政的国际法原则。通过对台湾问题的性质、"台独"分裂势力进行分裂活动的性质和国际非法干涉势力的性质进行定性研究,来论证中国人民政府维护国家主权统一和领土完整,反对分裂,打击"台独",抵御干涉的合法性和正当性。

第四章是反分裂国家法定位机制研究。台湾的法律地位是从血缘、历史、文化、地理及地缘政治上必须明确的战略问题。台湾的法律地位,是中国人民在很早以前就通过先占得来的,祖祖辈辈辛勤耕耘、繁衍生息,历经宋、元、明、清等朝代。历史上曾先后遭到西班牙、荷兰和日本的侵略和殖民统治,在 1945 年 8 月 15 日日本战败投降后,台湾及其附属岛屿,在当时战胜国的见证下,通过庄严的国际协议归还中国。当时代表中国人民的是中国国民党政府,是在国民政府手中接收的。1949 年 10 月 1 日,中国共产党领导的中华人民共和国成立,继承了前国民政府的国际法人格,是中国人民的合法代表。中国政府继承前国民政府的国家人格对台湾行使主权和管辖权,具有充分的法律依据。由于台湾特殊的历史,在国民政府手中将台湾收复后,国、共双方发生内战,获得胜利的中国共产党在大陆建立了新中国,在内战中失败的国民党政府退居台湾,继续使用"中华民国"的旗号。双方在围绕谁能代表全中国的问题上,经历了数十年的较量。加上列强在割裂中国时互相排挤,美国最后取得胜利,对中国内部事务涉入较深,与国民党有很深的历史渊源。美国出于自己的战略利益,在国、共内战中站在国民党一方。蒋介石盘踞台湾不忘反攻大陆,做收复大陆的准备,政治影响一直在延续,美国干涉台海事务就成为必然。面对新中国一穷二白的现实,武力收复台湾的环境受到很大影响。在这种情况之下,台湾与中国大陆一直处于分离状态。但国家主权是统一的,这种分离状态是不正常,也是不合法的。中国政府颁布反分裂国家法,就是宣布:台湾与大陆都是一个中国的重要组成部分,中国的主权是统一的,台湾必须与祖国统一。围绕这一历史脉络展开研究,来论证中国共产党领导人民政府的合法地位,台湾属于中国的一部分的历史和现实法律依据。

第五章是反分裂国家法交流激励机制研究。反分裂国家法是事物的一体两面,它有刚性的一面,也有柔性的一面。对"台独"分子而言,它有红线为界,有明确的制裁程序和措施。对统一势力来说,它是一种指导性措施,规划了一种战略方向和一些交流目标,更多的是一些法律保障和激励措施。台海两岸隔绝60多年,加上李登辉执政后期和陈水扁执政期间以分裂为其政治目标,导致台海局势高度紧张,两岸之间缺乏应有的信任和正常的交流,致使双方均无法发展正常的交流关系。这种操纵意识形态、只顾谋取私利的手法,给台湾岛内的发展带来严重的负面影响。李登辉在位时,引以为自豪的就是台湾的经济实力。当时的中国大陆正处于改革开放的初期,虽然走上了正常的发展之路,但发展方向及改革开放所产生的成果并不明显。而李登辉将蒋经国在位时打下的基础和亚洲"四小龙"的声望,当成了他推行"台独"政策的资本。大陆的国土资源、人力资源、发展潜力是台湾无法比拟的,这是不争的事实。但在"台独"势力看来,他们的经济优势足以支撑台湾单独建国,在投机政客的操弄下,将台湾引入误区。最终历史证明这种短视行为是错误的。中国大陆通过30多年的改革开放,国家经济实力、综合实力、科技发展水平与国际影响力得到大幅提升,与全球经济融合的速度加快,各项制度与世界基本接轨,成为世界举足轻重的大国。台湾与祖国最近,与大陆同文同种,在"台独"势力的倒行逆施和操纵之下,政治日趋混乱,经济日益下滑,人民生活水平大幅下降。面对日益严峻的形势,台湾人民终于用选票抛弃了只会进行口水政治、只会骗选票的政客,最终选择了具有务实作风的国民党候选人马英九,使之以绝对优势夺回2008年的执政权,并在2012年1月14日得到连任。可以预料,在今后相当一段时期,两岸的交流与合作将成为一个基本的趋势,国家在推动这一进程中,将通过各种途径和鼓励措施,促进两岸的政治、经济、文化交流,依法保障台湾同胞的合法权益,以累积互信、增进了解、促进共识,全面实现"三通",从而实现两岸真正意义上的合作与交流。

第六章是反分裂国家法整合机制研究。所谓整合,就是通过交流、协商、谈判,凝聚共识,最终两岸合成一体。中国大陆提出国家统一的方式是"一国两制",反分裂国家法的整合机制研究,就是对"一国两制"的产生、发展、形成进行必要的回顾,就其法律意义和法律地位进行分析。"一国两制"作为一个伟大的科学创举,它是率先为解决台湾问题而提出来的,在香港和澳门得到实践,并取得成功,显示了这一制度的科学性、可行性和它的生命力。"一个中国"原则是反分裂国家法的核心,它的精神实质就是反对外国势力的干涉,中国人的历史遗留问题由自己人解决,目标是和平统一。我们应充分认识到,中国大陆与台湾的分与合,不是某个政治家或投机政客说了算。国家是否统一,是国家能否真正崛起的重要标志。中国主权的分合,是触及中华民族敏感神经的问题。中国人民在长达五千年的历史长河中,沉淀的历史意识、核心理念和共同情感,就是国家的团结稳定和社会发展进步。利用某种势力闹分裂,必然无法实现团结的目标,就会伤害民族感情,中国历史上有太多的例证可供借鉴。某些政客为了自己的私利,追求所谓的"价值目标",不惜当汉奸投靠外国势力来扶持自己掌权。但纵观历史,这种行径是中国人民所唾弃的,其政权都是短命的。对照今天台湾的情况,极力主张分裂的"皇民(李登辉)"及"皇民之子(陈水扁)"他们的所作所为是相同的,贪渎的手法也极其相似,但他们在任期间大权独握,利用执政优势仍然无法"台独建国","做不到就是做不到"。所以,中国大陆与台湾的分合,是由13亿多中国人民这个"大法庭"来裁决的。两岸整合是必然的,是不以个人意志为转移的。

第七章是反分裂国家法抵御机制研究。主要研究外国反华势力干涉中国内政的历史和其行为的非法性。台湾问题之所以成为问题,就是美国插手中国内战、干涉中国内政所造成的。时至今日,美国仍然置自己的承诺于不顾,屡次粗暴干涉中国内政,对中、美关系的正常发展和中国实现国家统一大业设置障碍。2011年底,奥巴马政府高调重返亚太,台湾企图在南海与美国建立监听站,这说明干涉有进一步加强的趋势。从国际法上说,中、美关系正常化,台湾问题就已得到解决。美国政府明确承认,中华人民共和国是代表全中国唯一的合法政府,台湾是中国的一部分。该承诺是以国家公报的形式发布的涉及国家之间协议,是具有国际法效力的,对双方都具有拘束力,应该到尊重和遵守。但正是这样一个经常标榜民主和法制的国家,为了自己的战略利益,把法制当一回事,实际做的又是一回事。对此,我们必须明确:自己的利益只有自己依法维护,才得到可靠的保障。政治家提供的是一种战略导向,他为解决一定的问题,可以变通、妥协,但原则问题是不会让步的。学术界的同仁,对于涉及国家核心利益的问题,必须明确讲出来,并持之以恒地坚持。知识分子就是通过对专业问题进行研究,思考所表述的系统性思想和观念,在深入研究的基础上,生产系统性的知识体系,为决策层的决策提供可选择的途径和参考方案。所以,必须做到尊重事实,尊重科学规律。我们应该有充分的自信,坚持自己的原则,了解本国的历史,相信世界公义,正义的东西永远是正义的。虽然,目前国际强权仍是当今国际社会的主导因素,经常粗暴干涉中、小国家的内政,并不时致其倒台甚至导致世界秩序更加动荡,但它会随着发展中大国的崛起、被干涉民族的觉醒和不断抗争,正义的力量会逐步成长并占据优势地位;非正义一方将以失败而告终,最终走向衰落。站在维护世界和平、促进国际正义力量发展的高度,进行战略思维,客观理性地进行专业研究。正确看待和认识国际干涉的非法性和不正当性,提出相应的对策,驳斥和抵御国际非法干涉势力干涉台海问题和平解决的不法行为。

第八章是反分裂国家法危机管理机制研究。反分裂国家法设定了台海局势的发展方向和合理预期。台海两岸的交流,在遵循经济和社会发展规律的基础上,中国政府应牢牢把握两岸关系和平发展的主导权。台湾目前的发展趋势是:"台独"势力强力推进其"台独"目标与主张维持现状的国民党之间拉拉扯扯,但总的趋势是台湾在一步一步地滑向危险的边缘。国民党是一个没有核心理念的政党,它无法坚持其某一个阶段提出的价值理念目标,对"台独"势力的某些危险主张采取的是欲拒还迎的态度。其中2006年就大动作通过"公投法",每次到选举的关键时刻,就有人抛出"'台独'是国民党的选项"等。这种态度导致了支持它的台湾人民无所适从,也是它2000年政权丢失的重要原因。在正常交流的情况下,我们要充分认识两岸关系的脆弱性,一个重大事件往往会引起台海两岸震荡,这种情况在台海交往的历史上曾多次出现,虽然时间较短,但引起的后果值得高度重视。通过对这种突发事件引发的危机进行研究和管控,以促进台海局势的稳定和发展。这部分主要是对中国近代历史上台海两岸发生的危机进行分析,作为今后处理危机的参考,并提出了一些个人意见。

第九章是反分裂国家法惩戒机制研究。非和平措施的启动程序,是为了维护遭到破坏的台海和平秩序,依法惩治"台独"分子。海湾战争的残酷性,加快了中国军事现代化的步伐。1996年台海危机期间,美国出动"尼米兹"号航母战斗群,在台海附近对中国进行威慑,这次行动极大地挫伤了中国人民的民族自尊心。从那时起,中国政府就下定决心,在狠抓经济建设的同时,努力进行军事现代化建设,加快军事装备更新换代和军事技术研发。通过十年的艰辛努力,中国现代化军事终于取得重大进展。2006年4月,时任中央军委副主席的郭伯雄,在中共中央党校春季师资班开学典礼上作军事形势报告时,第一次明确透露:中国军方通过默默无闻的十年,基本上完成对台军事作战部署,包括针对外国军事干涉的军事准备。这一说法也得到国际军事专家的认同,他们的观察认为:中国政府在对台交往中身段逐步放软,语调也变得缓和,是因为中国军方完成了对台作战准备工作,有了充分的自信,他们能战、敢战且有速战速决的能力及决心。中国政府有这种军事实力和军事手段,就有了解决台湾问题最重要的保障措施;有了强大的国防力量,就能维护国家的主权和领土完整,对危害国家主权和领土完整的叛国行为予以严惩。同时,强大的军事力量是国际反华势力和岛内"台独"分裂势力不得不顾忌的现实问题,使他们想从事分裂国家的活动时,必须思考他们一意孤行的后果。从博弈战略角度看,人竞争的最大边际效应,是为了扩大自己的生存空间和生存优势。如果对自己言行把握不住,跨过一些界限必将导致严重后果,从事"台独"活动也是这个道理。作者认为:"台独"分子是为图生存而不是求灭亡。同时,对分裂势力来讲,非和平措施是一个中性词,具体包括经济制裁、海上和空中封锁,用导弹袭击特定的战略目标;用导弹精确定位,定点清除"台独"分裂势力首要及骨干分子;占领外岛、攻占澎湖、发动全面登陆战,摧毁"台独"势力从事分裂活动所依赖的政治、经济和军事基础,缉捕"台独"分子依法进行审判等。本书这部分包括非和平手段所依据的实体法和启动非和平措施的程序法。

第三节　本书的研究方法

《反分裂国家法》是一部新的法律,它顺应历史潮流应运而生,它的颁布形成了一个独立的法律部门。但反分裂国家法学的基础理论目前尚未建立,需要在这一新兴学科的建立上下一番苦功。反分裂国家法学是一门系统的法律科学,它的研究方法与一般法学的研究方法有其共同的方面,也有其特殊的方面。研究方法是"用来发现真理的工具",因此,本书注重研究方法的重要性和多样性。

一、系统论的方法

台海的和平与统一问题,一直是两岸之间最大的政治问题。历史上,大多时候是用军事手段来处理两岸之间的争议,与政治手段交互进行。反分裂国家法的颁布,使台海之间的交流措施和危机管理有了法律规范,使这种处理争议的程序上升到法律层面,成为国家意志。反分裂国家法学的研究,不是依赖社会现实的纯概念和纯理论的思考,它将台海问题纳入法制轨道,是台海关系和平发展的现实需要。反分裂国家法法学理论和法律规范将对台海事务的处理和发展产生重要影响。国家的统一和民族的团结,是整个中华民族奋斗的目标,它涉及各个方面,是政治、经济、军事和法律的动态运行系统的交汇点,需要多个部门的参与和配合,才能妥善地处理台湾事务和管理台海危机,保证台海局势健康稳定的发展,保证台海和平交流,促进国家统一大业朝着国家确定的目标前进。"知识的进步只能通过观察和实验"。台海局势的发展是我们关注的焦点,历史上处理台海危机的经验是重要的参考依据,我们必须观察事物本身所固有的内在发展规律,这是研究反分裂国家法学的出发点和归宿。

《反分裂国家法》出台的目的，就是规范台海局势的无序发展，近期目标是依法促进两岸之间的合作与交流，最终目标是促进两岸的和平统一。两岸特殊的发展历史决定要走在一起的进程是相当艰难的，两者之间的政治、经济和社会文化差异有一个竞合、靠拢和缩小差距的过程。在这个交流过程中，理念的磨合、制度的构建、交流部门的设立、日常事务的处理，牵涉到多个部门。这就需要对政府授权的民间交流机构、行政管理部门、经济管理部门、治安管理部门和军事部门围绕台海局势加强良性互动，对危机反应进行系统的研究，促进这些部门建立系统协调的功能机制，妥善处理突发事件，全方位控制台海局势的发展方向，建立两岸之间及时通报和应对机制，是保证两岸之间关系良性发展的基础。

解决台湾问题，促进国家最终统一，是一项相当复杂的系统性工程，涉及众多利益关系。全社会要以一个明确的目标为核心，这个核心就是围绕每一个具体事务的处理，都要有利于台海两岸的合作与交流，有利于国家的统一大业。在这个基础上，各涉台事务部门进行综合协调。每一项制度的建立，每一项政策的推出，每一突发事件的处理，甚至具体到两岸个体纠纷的解决，都有相应的规范机制，并朝着合乎法律、照顾各方利益、促进人性发展的方面发展。台海局势的现状及其特殊性，决定了涉及多个主体系统的运作的复杂性，通过系统论的观点指导建立运作顺畅的法律运行机制，就会将涉台事务部门职能发挥出整体动力，形成合力。

二、实证分析的方法

对反分裂国家法进行理论研究，实证分析是必须要用到的方法。实证分析是社会学的研究方法，始于法国的孔德。他认为确保知识内容的可靠和科学事实的唯一途径，是将知识建立于观察（一般地说）经验的基础之上。研究反分裂国家法，并对其进行实证分析是有相当难度的。除了要有扎实的法学基础理论知识；要了解台湾的历史和现状，至少要熟悉台湾 20 年以上的政治、经济、军事和社会发展脉络还必须学习国际政治、经济、军事和法律知识；了解一些美国、日本的干涉台海局势的基本情况，随时关注涉台新闻和涉台重大事件。只有知道这些情况，才能对台海问题进行深入的分析。以这些知识为基本素材进行实证分析，将法律规范在这些因素中进行权利义务配置，以法律的强制力量为杠杆，摆正和撬动它们之间的关系，挪动它们之间不合理的位置，促进它们朝着有利于中国和平统一事业的方向发展，最大限度地减少或降低来自外界的阻力，阻挡和控制不利于台海局势稳定发展的因素，及时处理有利于和不利于台海局势发展的问题，对涉台事务个案累积过程进行观察和分析，以形成规律性的知识体系。

法律是一种通用的价值尺度,是一种普世价值。"台独"势力和"台独"分子是特殊群体,是特定的角色群,表面看反分裂国家法是对特定的角色群立法。但辩证地分析就会发现,反分裂国家法显性的部分,也就是刚性的部分比较容易看得见,而柔性的部分人们则关注的较少。反分裂国家法对分裂势力和国外干涉势力的行为设定了明确的界限,同时也规范了交流与合作的法律程序。对中国大陆和台湾都有约束作用,即使启动非和平措施也必须依法进行。两岸之间的正常交流与合作、和平谈判都有法定的程序,也就是说无论两岸是交流与和平谈判,还是危机管理与非和平措施的对抗都有法可依。这些既是反分裂国家法调整的重点,也是进行理论研究时对照实证分析的重点。

法学是社会科学,反分裂国家法是一个部门科学。对它的研究应在哲学的指导下进行,并有一个理论模型,也就是要有一个基本的理论框架,实证分析就应在这个框架内进行。没有理论模型的实证分析是分散的,没有实证分析的理论框架是空洞的。本书研究的目的,是创立一套完整的反分裂国家法法学基础理论体系,并阐明这种体系的具体制度与国家根本制度、社会主流思想与核心价值的关系,以及自身合理性和必然性的关系。这种体系必须建立在丰富的实践基础之上,它体现为尊重历史积淀与文化传统,注重从国情出发,符合两岸的实际。通过实证分析,它将为这种理论的构建提供丰富的经验素材,做到理论基础与实践基础相辅相成,前者侧重于逻辑,后者扎根于历史。实证分析就是基础理论与实践经验相结合,从感性认识上升到理性认识最重要的途径。

三、价值分析的方法

法律的核心价值是秩序、正义和公平。台湾问题是外国干涉势力插手中国内战遗留的历史问题。目前的台海现状是内战的延续,它的一个中国的法律性质并没有改变。国际局势走向缓和,国家综合实力逐步增强,两岸的和平交流是历史发展的必然趋势。台湾通过半个世纪的发展,杂陈东西方文化传统的民主思潮,给一些"台独"政客提供了操弄族群意识的土壤,他们无视两岸交流所衍生出的一些急需解决的问题,为了谋取个人政治利益,一味地撕裂台湾社会,制造社会对立,以加深和巩固极少数深绿群众对他们的支持。另一方面,台湾的特殊历史际遇造就了特定的岛屿文化,少部分人具有分离意识,喜欢与大陆冲撞。这种特殊的心理和多元的社会环境相结合,形成特定的政治势力之间的竞争。这是台湾社会的现实,但只要控制在一定范围内,是一种正常的现象,台海两岸能容忍,也是民主社会的常态。若无视基本的价值体系,造成台海局势的紧张和动荡,就触及国家的核心利益,就应进行必要的遏制。

2000年台湾地区选举时,李登辉玩弄"弃连保扁"手法,迫使宋楚瑜脱党参选,致使泛蓝势力分裂。国民党丢掉政权,使陈水扁得渔翁之利,终于大慰了"皇民之子"的心灵。在李登辉看来,将政权终于交到具有相同价值理念的"台湾之子"陈水扁手中,是他最好的慰藉。这种操弄族群分裂意识的手法,陈水扁得到真传。在他执政的8年期间屡次得手,即使在下台之后众多弊案缠身的情况下,仍不忘操弄族群意识,制造矛盾,撕裂台湾社会,强力诉诸"台独",企图转移视线,企求从众多弊案中脱困。从价值观角度分析,"台独"分子的这些作为对阐释反分裂国家法学的价值原理具有重要意义。

"台独"势力的强势作为,不管是其出发点还是其归宿点,都是违背人性的,也是不道德的。他们的强势作为,是导致台海局势紧张,甚至是引发冲突的导火索,引起台海秩序混乱,导致台海局势失控,进而给中华民族带来灾难。在"台独"势力从事分裂活动的猖獗时期,国家适时出台了《反分裂国家法》,目的就是遏制和打击其嚣张气焰,防止和制止导致台海秩序失控的行为,重新构建健康稳定的台海秩序,维护台海和平发展的良好秩序,这就是反分裂国家法规范台海健康有序发展的秩序价值。

凡是符合人类进步事业的事情,都是促进社会进步的正义事业。中华民族的发展证明,正义的事业必胜,公平促进正义。整个台湾与大陆相比,无论是国土资源,人口数量,经济实力,科技水平和军事实力都是无法相比的。它只是占中国很少的一部分,"台独"分裂势力及"台独"骨干分子与整个台湾社会相比,又是很少的一部分。在中华民族历史上,在台湾的社会里,在讲求民意民主的当代社会中,让中华民族中的很少一部分中的很少一部分民族败类,来决定台湾局势的走向,决定台湾与祖国分裂,是没有公平可言,是一项缺少正义的事业。反分裂国家法是13亿多(包括台湾地区的2300万人)中国人反分裂、反"台独",促进国家和平统一意志的体现,是通过正常的立法程序制定的法律。多数人民主决定的事业是正义的事业,就像少数服从多数的事业是公平的事业一样,这正是反分裂国家法的核心价值所在。

四、历史分析的方法

人类最美好的追求就是人性美、和谐美,希望自身所生存的环境是一个安定有序、团结友爱的社会。特殊的历史原因,造就了今天台海分裂的局面。面对分裂的现实,我们能做的只能是抚平历史的伤痕,再也不能往伤口上撒盐。历史是无情的,逆历史潮流而动的"台独"分子注定是失败的。我们从历史的发展中清楚地看到,"台独"分子的分裂本质,是追名逐利的虚妄政治诉求,并不是他们有多大本事真能做到这一点。他们看准的是台湾社会有这种土壤,有为数不多但强力醉心于"台独"愚忠的台湾民众,他们利用生活在台湾底层社会的一部分民众对社会现状不满和情绪易激动的特点,发动、利用他们经常走上街头进行"抗争"。正是这种扭曲的认识,让他们有了可利用的资本,甚至经常诉诸暴力,制造社会对立,成了他们挟持深绿民众最廉价的工具。

逆历史渊源考察台湾问题,是对反分裂国家法学进行研究必须涉及的一个问题。考察台湾历史渊源,就是把它放在当时特定的历史环境中,搞清楚它的来龙去脉,沿着历史脉络,来探寻台湾问题在中国法制历史上的发展变化过程,解析其历史规律,确定其历史地位。从历史上追踪台湾问题的发展进程,经历了哪些历史变化规律,目的是从中发现规律性的东西,来把握解决台湾问题的途径。反分裂国家法是涉台事务最重要的法律,目的就是确认和肯定这种历史规律,将历史规律合法化,以权利义务的形式确定这种规律的合法性。

反分裂国家法是13亿多中国人民认识台湾问题、研究台湾问题、解决台湾问题的统一尺度,是全体中国人民意志的集中体现。它是全中华儿女的统一决心和意志,上升为以国家强大力量保证实现的法律,是尊重历史规律、尊重科学的表现。我们知道,带规律性的事物,其发展历程,虽然有它的折波反复,甚至有时有倒退,但它总的趋势是前进的。经过科学研究发现规律,并以法律形式将这种规律固定化,是符合科学精神的实质的。13亿多华夏儿女将在影响国家统一进程的台湾问题上,认识其规律,尊重其规律,努力推进国家和平统一。

第一章　反分裂国家法生成机制研究

反分裂国家法的生成机制，是指反分裂国家法的酝酿，草案的提出、提交，立法机关讨论、表决通过和颁布实施的全过程。一项法律制度的产生有其特定的历史背景，作用于特定的对象，具有特定的目的。反分裂国家法也是一样，它顺应时代潮流，产生于中国特定的人文环境和社会土壤，是时势的迫切需要产生了特定的具体法律。反分裂国家法是专门为调控台海局势的发展变化而制定的，它适用于一定的对象，对台海关系的无序运行起到规范作用。它的产生是适应国家当前和今后一个时期依法促进国家统一、遏制"台独"势力恶性发展的需要，它是具有宪法性质的专门性法律，是宪法的重要组成部分。

第一节　反分裂国家法的基本概念

所谓反分裂国家法，是指国家为促进两岸和平统一，规范台海两岸互动关系的良性运行，遏制和打击"台独"分裂势力而制定的法律规范的总称。反分裂国家法的出台具有三个指标性的作用。一是定位作用，反分裂国家法明确规定，两岸同属于一个中国，大陆是中国的一部分，台湾也是中国的一部分，以法律的形式规定了大陆和台湾之间的法律关系和法律地位。二是定性作用，即台海两岸的问题是中国内战遗留的问题，属于中国内政。台湾问题的解决由两岸的中国人自己解决，"台独"分裂势力从事分裂活动和外国干涉势力干预中国统一事业是非法行为。三是定向作用，即台湾的前途只有一个，必须和中国大陆统一。是文统还是武统，主动权在台湾手中；何时统一，只不过是时间迟早的问题。

一、反分裂国家法是一个部门法

法是国家意志的集中体现，是国家代表广大人民进行利益和资源分配的杠杆。反分裂国家法是一个部门法,它有法律共同性的一面,也有其特殊性的一面。为了更好地理解反分裂国家法的含义,作者对法律的基本定义作些阐释。法律有广义和狭义之分。广义的法律是法的整体称谓,包括法律、有法律效力的解释及国家最高行政机关为执行法律而制定的规范性文件(如条例、办法、规章)。而狭义的法律则专指拥有立法权的最高国家权力机关,依照立法程序制定的规范性文件。从这个意义上说,反分裂国家法是狭义的法律,它是由全国人民代表大会制定的,是基本法律之一,具备基本法律应具备的特征。从另一角度分析,反分裂国家法本身也有广义与狭义之分。2005 年 3 月 14 日,第十届全国人民代表大会第三次会议通过的《反分裂国家法》就是狭义的反国家分裂法。目前我国的宪法虽然对国土面积和国土组成部分未作明确规定,但对"台湾是中国领土神圣的组成部分"在宪法序言和正文中都有明确规定。除宪法之外,《反分裂国家法》《中华人民共和国人民检察院组织法》《中华人民共和国刑法》《中华人民共和国国家安全法》《中华人民共和国国防法》等都有维护国家领土和主权完整的规定。所以,作者认为,凡是有维护国家主权和领土完整、制止分裂国家主权的法律,都属于广义的反分裂国家法。

二、反分裂国家法是调控台海局势的专门法

任何一个社会要想正常发展,都需要社会调控(社会调整和社会控制)机制。〔1〕"社会调控有两种基本方式,即社会组织和行为规范。社会组织是社会内部稳定关系的网络,它通过调节利益,制止分裂,联合行动起来维护群体的一体化。"〔2〕社会控制是有特定的调控对象,它以国家颁布的法律为基本规范,确定价值目标,引导调控对象的行为方式。它有肯定的控制和否定的控制之分。肯定的控制是指通过教育和社会化过程,使社会规范、价值、角色期待等内化为个人动机而进行的社会控制。否定的控制是指通过责罚或威胁使用惩罚,使个人自觉产生避免不利后果的社会控制。反分裂国家法的调控机制,其角色定位导向机制作用是显而易见的,在台海两岸中,对立冲突的双方会慎重衡量冲突的边际成本。一味地冲突对抗的终极结果,是力量相当的双方在相互冲突、残酷的斗争中两败俱伤。力量悬殊的双方在较量过程中,需要一种调和的杠杆,把这种冲突控制在一定的合理秩序之内,在公平合理的秩序内进行和平竞争,这就是反分裂国家法生成机制的内在需求。

---

〔1〕 张文显:《法理学》,高等教育出版社、北京大学出版社,1999 年 10 月第 1 版,第 133 页。

〔2〕 张文显:《法理学》,高等教育出版社、北京大学出版社,1999 年 10 月第 1 版,第 133 页。

三、反分裂国家法产生有特定的历史环境

20世纪50年代，大陆与台湾一直处于分离对峙状态，海峡两岸关系跌宕起伏，曲折复杂。[1] 国民党政府在自己挑起的内战中失败之后，仓皇逃窜到台湾岛，凭借海峡天险苟延残喘，在岛内继续维持其摇摇欲坠的统治，企图在外力的帮助下武力反攻大陆，光复"中华民国"。这一时期两岸局势主要是双方军事和政治对峙，大陆积极准备渡海作战，主张武力解放台湾。随后这一政策发生变化，一直发展到今天通过立法制止分裂行为，促进和平统一。

（一）国际反华势力干涉中国内政的现实

1950年6月25日朝鲜战争爆发，美国纠集数十个国家，打着"联合国军"的旗号，严重违反国际法，对一个主权国家朝鲜发动侵略战争。面对美国的疯狂侵略，战火一步一步烧向中、朝边界，象征中、朝友谊的鸭绿江大桥，遭到以美国为首的"联合国军"战斗机的轰炸，远东形式日益严峻。在关键时刻，中国政府决定出兵朝鲜，以实际行动支援朝鲜人民，跨过鸭绿江投入主战场。这一战略行动使中国政府武力解放台湾问题的行动计划搁置下来。战争的胶着状态，使美国军队在世界上战无不胜的神话在朝鲜战场上破灭。美国当权者发现，他们面对的虽然是一个经历过几十年战争摧残、日军长达8年的侵略，而后在废墟上建立起来的新中国，但其才是战场上的真正劲敌。一个刚刚建立起来、一穷二白的中国人民志愿军，最后将当时世界上军事装备最先进、以美军为首的"联合国军"赶回"三八线"，战争最后以签订停战协定的方式结束。美国这时才真正认识到，有着最先进武器装备的数百万国民党军队为何会败退。他们开始转变对中国政府的看法，认为远东地区出现一个由共产党执政且日益强大起来的中国对其长远利益不利，放弃了对日本战败责任的追究，拉拢日本做同盟国，也逐步改变在台湾问题上的立场，开始介入台海事务，对在台湾的国民党当局进行经济和军事援助，粗暴干涉中国内政。几十年来，美国一直采取各种手段企图阻止台海两岸和平统一。

（二）台湾当局的拒统政策

整个50年代到70年代末期，尽管两岸处于分离状态，但"两蒋"时期均严守"一个中国"政策，秉持"两岸同属于一个中国"立场。所争的是谁真正代表全中国人民，谁是正统主权的拥有者的问题。从法理上看，不存在台湾与大陆分裂的

---

〔1〕 程美东：《透视当代中国重大突发事件1949—2005》（上），中央党史出版社，2008年1月第1版，第112页。

问题。1979年1月1日,中国大陆通过全国人大常委会并以叶剑英委员长的名义发布了《告台湾同胞书》,明确提出:台湾自古就是中国不可分割的一部分。中华民族具有强大的生命力和凝聚力,尽管历史上有过多次外族入侵和内部纷争,都不曾使我们的民族陷于长久分裂。近三十年台湾同祖国的分离,是人为的,是违反我们民族的利益和愿望的,决不能再这样下去了。中国大陆明确向台湾发出了和平统一的政治信号和政治意愿,但当时并没有获得台湾当局的善意回应。

蒋经国主政台湾后,开始培养并提拔大批台籍干部,逐步将他们安排在一些重要岗位上,李登辉就是在这种特殊环境下成长起来的。台湾当局开放两岸探亲政策,解除"党禁"、"报禁","终止战时戡乱条例",台湾的政治环境渐渐宽松。逃往海外的"台独"分子纷纷潜回岛内,后来发展到公开组党,逐步通过民主程序参与政治,这为分裂势力从事分离活动创造了条件。随后,作为台湾重要政治力量的民进党,通过选举走上执政地位,极力推行分裂政策,拒绝与大陆和平统一,为国民党与中国大陆寻求政治妥协增加了阻力。

(三)岛内分离势力的发展壮大

1986年9月28日,追求台湾"独立"的民进党成立。11月10日举行的第一届民进党大会制定的党纲明确提出:"台湾主权'独立',不属于中华人民共和国且台湾主权不及于中国大陆,既是历史事实又是现实状态,同时也是国际社会的共识"〔1〕。这就是被国内、外学者称为"台独"党纲的《民进党党纲》的核心条款,是民进党推行"台独"的基本依据,也是其进行分离活动的重要依据。

1996年,国民党实行主政台湾以来的首次"总统"直选,李登辉当选为台湾地区领导人。李登辉主政后,随着自己政治地位的稳固,开始公开推行"台独"分裂活动。1999年7月9日,李登辉在接受德国媒体采访时,公然抛出"两岸是国与国的关系,至少是特殊的国与国之间的关系"的言论,并极力叫嚣"向不可能的事物挑战"。2000年3月台湾地区举行领导人换届选举,李登辉暗中玩弄"弃连保扁"手腕,将主张"台独"的民进党候选人陈水扁送上当局领导人位置。2002年8月3日,陈水扁提出"一边一国"的论调,并不断采取各种措施推行去"中国化",叫嚣与中共进行"圣战"〔2〕。随后,在陈水扁的操纵下,"台独"分子纷纷入主台湾主要行政部门,形成一股强大的势力,开始主导台湾政策发展方向,开始采取一些冒险的挑衅举动,加剧海峡两岸紧张局势,台海局势几乎一度失控。在

〔1〕 赵勇:《台湾政治转型与分离倾向》,中央编译出版社,2008年3月第1版,第270页。

〔2〕《陈水扁狂妄搞"圣战"》,载《环球时报》2003年12月31日。

这种情况之下，依法遏制和打击“台独”势力就成为一种迫切的时代要求，从而促成反分裂国家法的快速出台。

台湾与中国大陆的关系，即使在双方充满敌对的岁月，“一个中国”的共识是毋庸置疑的。正如1979年1月1日全国人大常委会《告台湾同胞书》说的；“台湾当局一贯坚持一个中国立场，反对“台湾独立”。这是我们的共同立场，合作的基础”[1]。无论是蒋介石的“反攻大陆”，还是毛泽东的“一定要解放台湾”的政策，对“一个中国”的坚持是异常坚定的，这时候争的是谁能实现国家的统一。台湾岛内现在的情况有了很大的变化，社会生活民主化，政治言论自由化，公民权利普及化，本来是社会发展和进步的标志。但在“台独”势力的操弄之下，产生了一个很大的副产品，这就是岛内“台独”势力的发展壮大，导致主张“台独”的民进党2000年上台执掌台湾政权。民进党的政治诉求和价值目标是追求台湾“独立建国”，这是违背社会历史发展规律的，给中华民族的根本利益带来严重的冲击。岛内“台独”势力的恶性发展，一切不顾后果的疯狂挑衅行为，给党和国家的决策层，爱好和平的人士出了一个难题。到这个时候，“国家制度的创新应当再次成为今天的中国人所思考的核心问题。”[2]正是这种特定的历史背景，国家启动了反分裂国家法的立法程序，并促成了反分裂国家法遏制“台独”在制度方面的创新。

四、反分裂国家法是促进台海局势趋向公平正义的法

法律最重要的作用就是维护公平正义，建立良好的社会秩序，它是一种价值尺度和评判标准，维护的是绝大多数人的利益。“台独”分子是以民主之名，在台湾岛内行分裂之实。这种行为是虚妄的政治诉求，是极少数私欲膨胀的人置绝大多数人利益不顾的行为。放在法律下审视，其行为是违背大多数人利益自私自利的非法行为。

（一）反分裂国家法矫正了“台独”分裂势力扭曲的民主

反分裂国家法是对“台独”势力扭曲的民主进行矫正的标杆。民主化的思潮是社会文明的一种重要标志，是社会发展的促进力量，也是社会进入现代化的必经途径。民主在西方，所追求的是主权在民，在中国所追求的人民当家做主，在台湾传承了孙中山先生的三民主义的核心——民权主义。这本来是一个科学的概念，是一个很有价值的诉求。但我们看到的是在“台独”势力的操弄之下，所谓

---

〔1〕《人民日报》1979年1月1日。

〔2〕郑永年:《中国需要的是制度崛起》，载新加坡《联合早报网》2008年3月4日。

的民主竟成为少数政客撕裂社会的工具,成为意识形态斗争的利器。将民主化扭曲为"台独化",披着民主的外衣诉诸"台独"追求,打着合法的旗号干着非法的勾当,表面上的民主口号与其实际作为背道而驰。但形势比人强,反分裂国家法的产生,将在台海两岸还原真正的民主,矫正被民进党扭曲了的民主。

(二)揭露民进党的理念和实际作为的本质

凡是研究过《民进党党纲》《台湾前途决议文》《正常国家决议文》等民进党三个文件的人都知道,抛开文件的标题,但就整个篇幅和其条文来看,除了"台独"和"公投"条款,其他大多数条文都比较正规,对民进党来说具有很好的指导价值。现实中的民进党执政 8 年,让我们大多数人看傻了眼,其政治理念和实际作为呈现巨大反差。2000 年,民进党推出的陈水扁靠李登辉的阴谋侥幸上台。他们根本就没有治理台湾的思想准备和人才贮备,上台后的陈水扁发现有 5000 多个职位可以安插自己的人,这些人到位之后"像一群饿狼,利用各种机会大肆中饱私囊"(台湾前新党主席谢启大语)。他们享受权利快感的同时,精神极度亢奋,忘乎所以,群起发起"台独"叫嚣,利用民主的外衣,推动"公投"以台湾名义加入联合国,将台海局势一步步推向对抗前沿,将民主化扭曲为"台独化"。民主成为个别别有用心的人为达到自己的政治目的谋取私利的工具,亵渎和滥用了神圣的民主权利。

(三)遵循和维护台海历史的发展规律

反分裂国家法的产生是遵循客观规律产物。我们知道,马克思主义法学家有一个经典名言:法是一定物质生活条件的反映,是建立在经济基础之上的上层建筑。改革开放之初,台湾的经济实力比中国大陆强,位居"亚洲四小龙"之一。仗着优越的经济条件,台湾的大陆政策在蒋经国时代,实行"三不政策",即"不接触、不谈判、不妥协"。李登辉主政台湾后,实行"戒急用忍"政策。陈水扁主政时期整为"积极开放,有效管理",对台商投资大陆实行严格限制。到陈水扁主政后期,又实行"积极管理,有效开放" 的政策,但在实际操作层面是处处设置障碍。经济发展有其自身的规律,人为的因素无法阻止资本本身的流动和增值规律。台湾的一些有远见的企业家,通过香港中转投资大陆市场。中国大陆也实行吸引外资的政策,在沿海地区设立经济特区,采取各种优惠政策,利用人力资源、土地和税收优惠,简化行政审批程序等措施,积极吸引外资,为台资企业进入大陆创造条件。初始阶段,是港、澳的资金、技术、人才最先进入大陆市场,随后世界各地华人资本陆续涌入中国经济特区,并向全国扩展。经过 30 多年的发展壮大,中国的经济实力大大增强,与世界经济联系更加紧密,国际影响力得到很大提高。辽阔的地域、庞大的人口资源成为国家崛起的重要基础。中国与周边国家政治经济关系日益密切,尤其是与东南亚国家的关系得到稳定发展。经济的全球化将世界变成为一个地球村,经济一体化的趋势进一步加强。台湾与中国大陆仅一水之隔,与大陆同文同种,文化传统相同,生活方式和思维习惯相似,有着进行经济贸易和文化交流的天然基础,通过加强双方的交流,可以进一步提高自己全球经济条件下的竞争力。民进党执政后,以意识形态看待一切,禁止两岸交流。台商通过私下管道投资大陆的比例逐步增大,两岸事实上的交流并未停止。面对亚太经济逐步走向一体化的形势,台湾逐步趋向边缘化,民进党当局仍然置若罔闻。大陆为了适应经济发展规律,适时制定颁布了促进两岸合作与交流、遏制意识形态压倒一切、违背科学规律等非理性行为的反分裂国家法。反分裂国家法的出台是对世界经济发展和两岸经济发展规律的遵循和认可;从另一方面说,实质上也是这种经济发展规律促成了反分裂国家法的出台。

第二节　反分裂国家法的基本特征

反分裂国家法的基本特征,是指反分裂国家法必须具备质的规定性,是其本身规律的反映。它是调整相关主体行为关系的规范,由国家立法机关依法定程序制定,以权利义务的双向规定为调整机制,以国家暴力强制执行和实施。

一、它是调整台海行为关系的规范

法律通过对人的行为的调整来调整社会关系。人们通常认为法律是通过调整一定的社会关系,即通过调整社会利益在社会主体之间的分配来达到这一目的的。社会关系中,最核心的就是人与人之间的关系,而这种关系是通过人们之间的相互交往行为才产生的。法律就是通过社会控制对人们的行为进行调整,实现社会主体利益的均衡。

(一)维护社会主流价值

"台独"作为台湾岛内的一种社会思潮,在台湾历史发展过程中有特定的社会土壤。它是岛内社会环境的特殊产物,并不是社会主流思想。当"台独"势力在未掌握岛内执政权、手中没有多少可利用的资源时,"台独"作为一种政治诉求,对两岸局势的发展不会产生多大的实际作用,至多导致社会的撕裂和社会意识形态缓慢地发生变化。但在 2000 年"总统"选举中,连战和宋楚瑜分裂,陈水扁侥幸当选。2004 年,陈水扁利用"3·19 枪击案"再次当选后,我们看到的是一个政权日益巩固,而分裂行径更加露骨的"台独"势力群体。在野时的政治诉求、上台后强力推行"公投法"出台、提出具体"台独"时间表,都是"台独"势力一步一步滑向分裂边缘的明显例证。民进党执政时,抛弃正常的交流,不顾经济社会发展规律,将所有资源都用在社会意识形态上,将以往的政治"理想"付诸实施,其言论越来越露骨、行为越来越大胆和冒险。为了遏制"台独"势力与国际反华势力沆瀣一气、互相利用,是导致反分裂国家法的出台最直接的动因,从而达到宣传维护国家统一、民族团结的社会主流价值观念的目的。反分裂国家法就是针对"台独"的非社会主流思想和行为而设立的,它通过控制"台独"势力的极端言论和冒险行为,调整台海之间近乎失控的秩序,维护社会主流价值。

(二)规范台海社会行为

法律是一种行为规范。反分裂国家法是通过介入台海关系来调整特定主体的行为。按照法理学一般通行的理解,法是具有普世价值的规范,它适用于一般的人和事。反分裂国家法作为法律规则,它有自己的内在逻辑结构,它包括行为模式、条件假设和法律后果,三者之间具有紧密的逻辑关系。这种法律规范可以被反复适用,它是抽象的。随着时间的推移,当时推行"台独"起劲的老牌"台独"分子,会被新的"台独"分子所代替。反分裂国家法最主要的目的,就是将"台独"势力这类特定角色群的分裂活动和分裂行为进行规范,并通过介入台海关系调整"台独"分子的行为。

二、反分裂国家法由国家依法定程序制定和颁布

2004 年 12 月,全国人大举行新闻发布会,宣布正式启动反分裂国家法起草和制定工作,反分裂国家法进入国家立法程序。反分裂国家法立法程序的启动,标志着台海局势的发展进入新阶段,也是"台独"势力盛极而衰的标志性事件。一些海外媒体评论说:陈水扁上台执政后,认为自己拥有了实现同党同仁"建国"愿望的能力和条件,开始"一致致力于这样一项挑战中国的危险事业,特别是在本月(指 2004 年 11 月)立法院选举前的那段时间里,终于招致北京对他的挑衅行为做出反应,这一切已经发生了,他就应该吸取教训,哗众取宠可能会导致严重的后果"[1]。

(一)确定调整对象

"台独"分裂势力的冒险挑衅行为,是逆历史发展规律而动的。它与社会历史进程背道而驰,与国际社会谋和平求发展的大趋势相违背。这就决定了为了

---

[1] 《〈反分裂国家法〉致使"台独"分子恐慌》,载新加坡《联合早报》2004 年 12 月 31 日。

满足一己之私的“台独”分子推行“台独”所遇到的阻力就不小。分裂国家、出卖民族利益、挟洋自重的行为，在中国千百年的历史上就是遭千万人唾弃、为人们所不齿的行为，最终会被钉在历史的耻辱柱上。我们看到的这群“台独”分子，为了实现“台独建国梦”，始终乐此不疲，利用自己在台上的机会，调动一切政治、经济、社会、文化、军事和法律资源去从事“台独”事业。这是依法启动立法程序的社会现实条件，也是重点调整对象。

（二）明确保护目标

国家的主权统一和领土完整，是中华民族强盛的根本，是国家的核心利益所在，也是绝大多数中华儿女奋斗和追求的目标。由于历史原因，产生了这么一股冲撞民族利益的“台独”分裂势力，他们的言行违背了国家利益。全体中华儿女在揭露其分裂言行的同时，都在启动智力、思考对策，为维护中华民族的利益和实现祖国统一的目标竭尽全力。2000 年 2 月，欧洲第一个中国统一促进会——全英华人中国统一促进会成立，78 岁高龄、法学硕士出身的单声荣任会长。5 月 9 日，当时在任的温家宝总理访问英国会见侨界代表。作为侨领的单声参与会见，在现场他慷慨陈词：“在台湾问题上，打，打不得；等，等不得；急也解决不了问题。唯一的办法就是立法制独，立法促统……时间很紧迫，刻不容缓。”〔1〕他建议中国大陆制订《统一法》，以遏制恶性发展的“台独”分裂势力。温家宝总理听后表示这项意见“非常重要”，会“认真考虑”。〔2〕这是民间关于反分裂国家法最具典型的设想和建议。事情的发展证明这项建议“非常重要”。单声当面向温家宝总理提出关于维护国家核心利益的立法建议，使反分裂国家法进入立法快车道，使海内外中华儿女维护国家利益的意志上升到法制层面。

（三）总结历史经验

《中华人民共和国宪法》明确规定：台湾是中华人民共和国神圣领土的一部分。这是制定反分裂国家法的基本依据。根据三代中央领导集体和邓小平、江泽民、胡锦涛三代中央领导人有关解决台湾问题的思想，中央制定的一系列对台方针政策，为制定反分裂国家法提供了明确的指导思想。法学专家和对台事务专家进行的有关研究及取得的成果，也为制定反分裂国家法创造了一定的条件。在国家最高权力机关制定这一法律时，身为最高立法者的全国人大代表表现出高度的政治责任感，认真履行自己的神圣职责。他们通过的理性发言，认真总结

---

〔1〕《英国侨领单声提出“反分裂法”第一人》，载《环球人物》2007 年第 7 期，第 34 页。

〔2〕《北京研议统一法：台“独”时间表与统一时间表对撞》，载台湾《联合报》2004 年 5 月 12 日。

历史经验教训,积极建言献策,使反分裂国家法适时出台。2005年3月8日,第十届全国人民代表大会第三次会议在北京召开。受当时全国人大常委会委员长吴邦国的委托,当时全国人大常委会副委员长王兆国在会议上做了《反分裂国家法(草案)》的说明。会上,王兆国副委员长指出:"近几年来,广大干部群众、社会各界人士和海外侨胞,要求运用法律手段反对和遏制'台独'分裂势力分裂国家的活动,实现祖国统一的呼声越来越高,全国政协委员也提出了不少的对台立法提案,表明制定本法是符合人民意愿的,现在制定本法条件已经具备"。经过几天的审议,2005年3月14日上午,十届全国人大三次会议以2896票赞成、0票反对、2票弃权的结果,高票通过反分裂国家法,当天由时任国家主席的胡锦涛签署主席令公布,自2005年3月14日正式施行。

三、反分裂国家法以权利义务的双向规定为调整机制

法学研究的是一种制度,通过配置法律关系主体之间的权利义务,来构建相应的法律制度以维持相应的法律秩序。

(一)合理配置权利义务

台湾问题从法律性质和法律制度层面来解读,它是中国内政问题,是台海两岸中国人自己的事情。但台海问题的现实复杂性说明,要解决好台海问题,并不是某一方的良好愿望就能得到解决。台海问题的最终解决,是大陆与"台湾"和美、日等国的反华势力综合较量的结果。中国目前该做的是逐步积累实力创造条件。中国大陆作为负有历史责任的一方,在综合衡量各方实力和利益的情况下,必须拿出自己的一套权威性标准,对涉台各方的利益进行界定,对权利义务进行合理配置,设定权威标准,划定明确界线,并保证它的执行。这套权威标准就是国家的反分裂国家法。

(二)区分相应的角色群体

作为一部国内法律,它的效力无疑是适用于国家主权范围之内的。中国的主权从法律上来说是完整的,立法反对分裂是国家行使主权的具体体现。但国际反华势力和岛内"台独"分裂势力出于自己的利益,也在寻找所谓的各种"法律"依据,进行谋取私利的活动,给中华民族的统一事业设置种种障碍。中国的国家综合实力虽然逐步增强,但岛内"台独"分裂势力也同时在发展壮大。这种矛盾凸显了统一的重要性和遏制"台独"分裂势力激进分裂行为的紧迫性。反分裂国家法在制定过程中,就充分考虑和衡量到涉台各个角色的定性定位问题,将他们分为一定的角色群,归置到合理的位置,分情况区别对待。通过研究涉台各个角色多年来的行为规律、发展方向,为他们量身定做了一套标准,以权利义务

的配置模式,确立了他们的行为尺度和关系,以及违反这种法定义务应承担的后果。现行的《反分裂国家法》全文960多个字(含标点符号),这是目前国内最精致的法律文件。全文采用了9个“和平统一”,2个“维护地区稳定”,3个“非和平方式”,即“9·2·3”模式。第六条是该法的核心,第八条是实体性规定,第九条是程序性规定。从全文来看,对中国大陆、台湾岛内、旅居国外的华侨华人和国际反华势力都划定了明确的边界线。权利部分以鼓励和支持来表述,如经济和文化交流,特别是谈判的步骤和方式。义务部分以中国政府的明确宣告为标准,如对台湾的“法律地位”,表述为“台湾和大陆都是中国的一部分”;针对国际反华势力的干涉,表述为“不接受外国势力的干涉”,这是该法的两大核心支柱。用加拿大著名军事评论家平可夫的话说,北京制定反分裂国家法是向“一向重视法制的美国和日本以法律的形式打招呼”,是遏制“台独”的最后法律手段,表明中国的真实立场,如果不奏效,剩下的就只有军事摊牌的选择。[1] 这既是中国政府为维护国家主权和领土完整权利而实施的必要的手段,又是分类对待特定角色群的基本原则。

(三)设置和保护底线

台海关系的发展,经历了数十年的出招与接招,在屡次冲突与协商之后,各方都认识到大陆的底线,就是不能否认台湾和大陆同是“一个中国”的事实。对于有些问题虽然各方达成了默契,但利益的可变性和行为之间的互动性,决定了这种默契是不稳定和不可靠的。在这种情况之下,综合评估的结果,就是以国家颁布的法律来维护国家核心利益为底线,并采取各种措施予以保护:近期以稳定台海局势为基础、不剧烈冲撞现有台海关系格局和损害各方利益为目标;远期政策是坚持“一个中国”原则,维持台海关系稳定,逐步以法律的保护作用推动两岸和平统一。

四、国家强制力是反分裂国家法得以实施的保证

法律的实施是依靠的国家强制力,它是法律得以实施的重要保证。“国家的强制力是指国家的军队、警察、法庭、监狱等有组织的国家暴力。”[2]

(一)国家强制力具有警示指导作用

首先,国家强制力具有国家性,是以法定的强制措施和制裁措施为依据。国家的这种有组织的暴力的行使,是以国家生效的法律为前提。其次,法律具有明

〔1〕《〈反分裂国家法〉也是向美日打招呼》,中央社2005年1月13日电。

〔2〕张文显:《法理学》,高等教育出版社、北京大学出版社,1999年10月第1版,第50页。

确性,它起的是一种标尺作用,它不会直接产生强制作用,只有在行为人违反这种强制性的标尺、跨过尺度的时候,国家才依法启动这种强制程序。再次,法律的强制是一种界线规范,它如一个界桩,明确标明哪些界线是不能跨越的。只有在这种情况下,行为人才知道如何调整和把握自己的行为,朝着向社会道德、大众文化的基本标准靠拢,时间一长就会产生潜移默化的作用。因此,法律的强制作用是在社会正常的约束机制失去效能时才会发挥。

(二)反分裂国家法的强制力具有特殊性

反分裂国家法的强制力,与通常法理学上所说的强制力相比,具有一定的特殊性。我国目前的国家宪政体制、司法体制、军事体制和台海现实中的一些情况,都无法与现行的《反分裂国家法》理论相协调,需要进一步的研究,以建立成熟的理论与协调配套的法律运行机制,促进和增强反分裂国家法调节台海局势的威力和效力。反分裂国家法有其特定的角色适用群,针对的是"台独"分裂势力和介入台海事务的干涉势力,对象是明确的。若民进党再次执掌政权后,"台独"分子激进推动分裂活动,敢胆以身试法,那么,对他们直接施加强制就是一个迫切而现实的问题。

五、反分裂国家法具有程序性

2000 年 2 月,台湾地区举行领导人选举前,国台办发布了《一个中国原则与台湾问题》白皮书,是中国政府判断"台独"分裂势力有可能上台执政,预先设置的预警条件。当时对涉及分裂国家主权的三个方面,中国政府以文告的形式宣布将采用军事手段进行制裁。这三个方面被国内外学者称为"动武三原则"。这是中国政府首次以政府文件形式明确宣布,针对"台独"分裂势力进行制裁的程序性规定。现行的《反分裂国家法》虽然整个篇幅不多,但是目前国内学者一致的看法是,《反分裂国家法》是一部实体与程序兼具的法律,在促进两岸交流和推动两岸进行协商,启动国家强制力等方面有程序性规定。在制裁程序方面,只有依法启动国家强制力的程序,运用强制措施和制裁措施,才能依法制裁严重违反反分裂国家法的"台独"分子。

在中国古代,法刑相通,互相为用,刑即法,法即刑。小刑用刀笔,大刑用甲兵,也有"刑起于兵"之说。反分裂国家法是一部特殊的法律,既不能按国家目前的一般司法程序进行诉讼活动,也不能由军方一家采取措施来解决。它的启动和运行,必须以中国政府的名义依法进行,需要动用军事手段时,必须依法从组织体系内动用有生力量,摧毁"台独"活动的政治和军事基础,达到消灭"台独"分子的目的。它虽是宪法的组成部分,但有依程序付诸实施的效能,是对严重违反反分裂国家法的“台独”分裂势力进行制裁的依据。国家会通过军事手段擒获“台独”分子后，以法定的程序交付司法机关进行侦查、起诉和审判，追究其刑事责任。所以，虽然国家目前的基本法律效力未及“台湾”，但反分裂国家法的效力是适用于“台湾”和对台事务的，在具体适用时要严格遵循法定程序。

第三节　反分裂国家法出台的背景

反分裂国家法的出台无论是从重大历史事件看，还是从法律文明成果的记载来看，都是顺应历史潮流的。国家的统一、民族的兴旺发达是数千年以来中华民族梦寐以求的目标，也是在历史长河中形成的一种深层次的心理意识积淀，它几乎浸入到每个中华儿女的血液之中，铸就了中华民族共同的心理意识。几千年以来，人们自觉不自觉地维护着这种代表中华民族根本利益的核心价值。

一、它是国家统一战略的需要

“防止国家分裂，实现国家统一是一个战略问题，需要长期明确的战略思考和战略指导。”[1]时间进入21世纪，国际国内局势发生了重大变化，随着中国国家综合实力逐步增强，国民收入稳定增长，国际地位明显提升，国际影响力逐步扩大，人民的自信心增强，实现中华民族的伟大复兴成为全民族的共同心愿。同时，受经济全球化的影响，现代通信手段和高科技传播信息的渠道使全世界变成地球村，世界变得越来越小、联系越来越紧密。全球化的另一个负面影响是分离主义倾向抬头，加上西方资本主义国家的逐利本性，在国际事务中采取双重标准，经常对他国事务指手画脚，进一步助长了分裂势力的气焰，造成多国政局不稳定，严重影响了一些国家的政治稳定和社会发展。

（一）国家统一是一个政治目标

在我国的台湾地区，主张“台独”的民进党当局上台以来，分裂行径加剧，造成了台海局势的紧张，成为国家发展的阻碍因素。台湾问题是有关各方利益的交集点。寻求各方利益的平衡，规划台海问题的发展方向和解决途径，以法律作为平衡各方利益的工具，是国家对台战略在法律上的具体体现。台湾问题的实质是政治问题，最终解决台湾问题还得回到政治途径上来。政治问题的核心价

---

〔1〕 陈良生，等：《中国国家统一战略——和战之间，我们全面选择打击与遏制“台独”》，明报出版社有限公司（香港），2005年2月初版，第1页。

值是凝聚各方共识。有共识才有意见交集,通过交流共建一个意见平台,在维护各方利益最大化的同时,消除各方分歧,达成一致,共创双赢,以致问题的最终解决。法律是服务于政治的工具,也是政治较量的一种手段。民进党上台执政期间主张分裂,使得台湾问题这种政治问题产生的分歧更大,台海局势变得更加复杂。所以,代表绝大多数中国人民利益的中国政府,不得不借助法律这个工具,来加强正义一方政治斗争的力量,以促进台海社会构建结构正义,建立台海互动的良性运行机制,实现政治统一这个目标。

(二)实现国家统一是一项战略任务

"解决台湾问题,完成祖国统一大业,是我们党和国家的三大历史任务之一。"[1]反分裂国家法的制定,是以法律手段遏制"台独"分裂势力的分裂活动,促进祖国统一的重大战略举措。为了发展两岸关系,促进国家统一,中国政府和人民付出了不懈的努力。反分裂国家法用法律的形式把"一个中国"原则固定下来,为实现国家的和平统一确立了一项战略任务,确定了战略方向,定下了以和平方式、以最大努力、以最大诚意争取实现祖国和平统一的基调。反分裂国家法是全体中国人民意志的体现,国家关于台海社会的秩序既可以通过它来构建,又可以通过它来维护。

(三)完成国家统一是一个系统工程

国家的统一战略是一个复杂的系统工程。大的战略方向确定后,战略措施通过法律条文的具体化,就赋予了法律的理性和规范意义。台海秩序持续纷乱多年,最重要的一个原因是缺乏一套权威的标准。中国大陆企盼国家早日统一的目标是明确的,但台湾岛内充满争议,到处都有"独立建国"的幻想和鼓噪。国际反华势力为追逐自己的利益最大化,在台海之间见缝插针,对台湾岛内分裂势力明资暗助。台海局势成为各方唯恐天下不乱的源泉。这也使各方怀疑中国政府和人民完成祖国统一的决心和毅力。台湾问题可以说是中国内战遗留问题,是中国内部的事情。但从另一个方面说,也是美国插手中国内战、涉入太深,日本侵略中国、不愿轻易退身遗留的问题。国民党政权在内战失败后逃往台湾,建立了偏安一隅的小政权,有一部分自己的既得利益。2000年政党轮替后,民进党在位8年也成就了一部分自己的既得利益。中国大陆的人民占中国人民的绝大多数,有自己的利益,这个利益的核心是国家主权和领土完整。它是中华民族的根本,关系到中华民族的感情和民族尊严,具有战略性和全局性,囊括了中华儿

[1] 王兆国:《关于〈反分裂国家法(草案)〉的说明》,载《人民日报》2005年3月9日。

女的共同心愿。这是一项系统工程。要完成这项系统任务,中国政府和人民就得凭政治和道义优势,整合各方力量建立系统化的法律架构,与各种分裂势力和干涉势力角逐和较量。

(四)完成国家统一是一个渐进过程

"在政治妥协中寻找亘古不变的规律,这就是法学家的使命。"〔1〕人类社会发展已进入现代文明阶段,已经脱离一味崇尚暴力的夺取绝对利益的时代,学会了运用政治、经济、社会、文化、法律和军事等综合手段解决问题,学会利用物理、传媒手段来给人施加心理影响,通过提供制度设计和制度供给,来规范人们的行为,引导利益的交集、平衡和稳定。在研究反分裂国家法本质的时候,我们应当自觉地进行经验参照,对当前台海各方的利益分布进行调查和论证,进行核心利益和重要利益的博弈和平衡,提出一个长期奋斗目标,维护核心利益。反分裂国家法作为文明的载体,充分反映当前一个时期,国内外各势力在台海利益博弈的结果。因此,研究反分裂国家法必须跳出法律本身,从国际社会涉及的利益分布和中国的核心利益中寻找它的本质含义。反分裂国家法在立法上带有明显的指向性,浓缩在三个焦点上:一是国家必须统一;二是抵御外力干涉;三是制裁"台独"违法行为。在逻辑思维上,反分裂国家法会充分考虑国际社会的正当利益,照顾台湾同胞的合理关切,但必须向中华民族的根本利益和核心利益靠拢,为实现国家的和平统一和国家主权领土完整服务,实现国家完全统一的最终目标。反分裂国家法从战略角度将各方利益进行了配置,确立了明确的边界,目的就是为最终目标护航。反分裂国家法实施以前,这种利益上的角逐尤为明显,可以说是"为了利往,天下嚷嚷",各方声音分贝甚高。当时,尽管有中国政府的关于台湾问题的两个白皮书,有中国政府的一系列政策、历代领导人的对台讲话,仍难阻止各方杂音对台海政策造成的困扰。该法正式实施以后,各方当时反应激烈,这是因为触动了他们的利益神经,为他们划定了利益范围,有了明确的利益标尺。虽然法条不多,但确实有"微言大义"的战略作用。要追求自己的利益,反分裂国家法就是一个衡量标准。用它来衡量各方的利益,也是权威的。

中国历史上春秋战国时期孔子作《春秋》的法制思想环境,与今天的台海情形有一定的相似之处。孔子的"微言大义"就是天下大同的核心思想。当时"礼崩乐坏",各诸侯国为了自己的利益进行征伐争夺,孔子为平息这种混乱局面,

〔1〕 乔新生:《法学家的使命》,载《检察日报》2005年8月22日。

"乃作《春秋》,它的目的,在于讨伐乱臣贼子"[1]。故"《春秋》的内容,主要在于上明三王之道,下辨人事之纪,别嫌疑,明是非,定犹豫,善善恶恶,贤贤贱不肖,存亡国继绝世,补弊起废,王道之大者也"[2]。可见,《反分裂国家法》的出台是国家统一战略的需要,是国家的统一进程渐渐前进的标志。它统一了中国政府和中国人民的认识,统一了台海交往的标准,统一了国际社会对中国在台海问题上的看法,向"台独"势力发出了强烈的警告,向国际干涉势力表明了坚决的态度。

二、它是遏制"台独"势力恶性发展的需要

民进党是草根阶层出身,客观地说它们当初所追求的民主、清廉、反黑金、反贪腐的价值观,是人类社会政治活动中最美好的追求,是具有普世价值的理想。但掌权后的民进党却让人们大失所望,其实际作为与其宣扬的理念差距很大。

(一)为"台独"树立一道铁幕

"台独"思潮是台湾社会特殊环境下的产物,民进党靠街头运动起家。在早期的政治运动中,它的政治实践与"台独"思想结合,最后将"台独"主张纳入自己的政治纲领,造成了自己的先天不足,为以后的发展转型设置了巨大的政治障碍,也造成了今天的发展困境。绿色政权长期以来就在不停地建立自己的理论,培养了一大群传声筒,他们把"台独"教条倒背如流。然而,这些门客反过来成了制止他们改变政治主张的最大力量。这是自掘坟墓的表现,他们导演了一出自己再也不可能跳出来的悲剧。这时的绿色政治人物就只剩下语言游戏了。问题的关键是,绿色论述不但不会导致社会对立减弱,反而在一次次失败中反扑、在反扑中品尝失败的过程中,进一步加剧对立。由于绿、橘长久以来权术心太重,反复无常,失去了内外信用,他们已注定不可能带领人们走出一条新路。在烂泥中缠斗,继续尔虞我诈地天天搞动作,千变万化地讲空话,已成为这些人的唯一选择[3]。失去了是非评判标准,丢弃了政治伦理,他们动用整个社会资源,在政治、经济、社会和文化领域进一步制造社会动乱,制造台海紧张局势,来谋取个人政治利益,形成一种恶性循环。民进党执政期间,一些政客这种不道德、违背人性的政治操作手法,不但没有受到岛内各方力量的制约,反而还形成当时在野的政治势力之间互相攀比、层层加码、跟风前行的局势,同时为自己培养了一大批

---

〔1〕 叶孝信:《中国法制史》,北京大学出版社,1989年8月第1版,第116页。

〔2〕 叶孝信:《中国法制史》,北京大学出版社,1989年8月第1版,第116页。

〔3〕 南方朔:《后3·26时代两岸新思维,要把台湾带回大路》,载台湾《新新闻》2005年4月6日(提前出版)。

死忠、愚忠、不问是非的绿色选民。在这种形势下，超前威慑就成为一种恰当选择。因为民进党在政治势力进一步扩大的同时，在打击在野对手方面屡屡得手，使得反制力量显得单薄无力。加上当时的国际反华势力发出的信息含混不清，“台独”分子对大陆的警告置若罔闻。岛内每逢重大选举都会在“台独”分子的煽动之下，造成社会的狂热情绪。这种扭曲的民主，为少数政客谋取自己的私利营造空间。他们在自觉不自觉地制造人类灾难。正是这种特殊的背景，树立一道不可逾越的屏障，阻挡“台独”分子头脑发昏，成为中国在当时国内外政治环境下现实和理性的选择。这就是特定时空下《反分裂国家法》出台的重要原因。

（二）确认“台独”活动违反法律

反分裂国家法酝酿之初，国内外有识之士建议的立法名称是“统一法”。制定“统一法”的建议产生自台湾近年日益追求“法理台独”的背景[1]。“统一法”的制定，会触及对台湾现状和“台独”的界定，是对“台独”势力的强力牵制。“陈水扁的‘台独’时间表，要在2005年修订‘宪法’，2006年公投确认，在2008年实施”[2]。明确了“台独”时间步骤和方式，台海两岸对决到了不得不出重拳的时候。台湾的“台独”势力有进行“法理台独”的打算和实际行动，反制这种非法行为就成了中国政府和人民的当务之急，以合法制约非法就成为一种适当和理性的选择。在“两蒋”主政时期，进行分裂活动是一种严重的非法行为。那时候的“台独”活动处于地下状态，一部分在海外流亡建立所谓的“台湾独立联盟”，对台湾社会不会造成大的影响和冲击。“李登辉执政之后，开始从政治层面推动‘台独’，民进党的陈水扁执政之后，开始从法理方面推动‘台独’”[3]，并且以2008年为目标，“台独”势力的如意算盘打得震天响，台海局势也一日日紧张。面对严峻的形势，中国政府果断决策，启动反分裂国家法立法程序，并高调宣传，积极与各方沟通，进展相当顺利。2005年初，《反分裂国家法（草案）》初步成形，被送到全国人大常委会初审时，加拿大著名军事评论家、《汉和情报评论》代总编辑（当时，作者注）平可夫在《亚洲周刊》上发表了一篇题为《〈反分裂国家法〉超前威慑台湾制“宪”》的文章。他在文章中指出，北京制定《反分裂国家法》，提前公开有关消息的动机主要是基于超前战略威慑的“需要”，以阻止“台独”势力的冒险行为，对“台独”行为违反法律的性质进行确认。

---

〔1〕 王家英：《北京抛出“统一法”的多重内涵》，载香港《新报》2004年5月14日。

〔2〕 《〈反分裂国家法〉凸显统一意志》，载香港《星岛日报》2004年2月18日。

〔3〕 《立法反分裂，北京转为主动》，载香港《成报》2004年12月30日。

(三)遏制"台独"活动的发展趋势

反分裂国家法实施以后,在台湾岛内引起强烈的反响。大多数希望台海局势稳定、壮大两岸和平发展力量的人,保持了相对的冷静和理智,而"台独"分子却反应激烈。他们万没有想到的是,拼命玩弄民主的恶果到头来是给自己头上悬了一把剑。他们群起而攻之,将反分裂国家法通过的3月14日定为"反侵略日",宣称在"3·26"举办200万人的大游行。折腾的结果是当天实际参加游行的人数只有20多万人。因此,"'3·26'已可看成绿色势力由盛转衰的重大分水岭"[1]。同时,台湾的老百姓也开始反省,跟上"台独"分子瞎折腾会带来什么后果。"《反分裂国家法》出台后,虽然台湾当局在主观上刻意营造两岸关系因为这部法律而出现紧张的氛围,但客观上台海局势并没有因为《反分裂国家法》而恶化。"[2]素有"绿色大金主"之称的许文龙,在"3·26"前一天所发表的退休感言便是明证。许文龙是奇美集团的创始人,与李登辉关系密切,在2000年台湾地区领导人选举前,率先发表支持陈水扁的声明。他当时被质疑是李登辉"弃连保扁"的风向标。他的"台独"立场明显而顽固,是中国大陆批评的"绿色台商",是"在中国大陆赚了钱回到岛内搞'台独'的人"(国台办官员语)。"3·26"大游行之际,许文龙公开发表"退休感言":支持反分裂国家法,反对"台独"。这无疑是给"台独"势力的狂热情绪泼了一盆凉水。随后不久,宏基集团创始人施振荣宣布退出陈水扁的"国政顾问团",与绿色政权保持了距离,并在接受多家媒体采访时公开支持两岸统一。

台湾商界领袖人物的立场,是普通大众观察和跟风的旗杆。许文龙是商界大佬,是与绿营关系密切的人物,一生支持"台独"事业,临近退休却改变了自己一贯的立场,"他公开否认自己过去相信的,一定在人性这个层面上发生了一般人无法想象的道德良心挣扎,因此我们可以相信,他的改变是对台湾不忍之心的表露"[3]。他不忍看到台湾这样恶搞下去,拼着被人骂,也要把话讲明白。可以相信,在他的先行之下,整个台湾对绿色政权的反省会异常艰难地持续下去。这也是反分裂国家法制定的初衷,核心目的就是遏制"台独"活动的发展趋势。反分裂国家法是刚柔相济的法律,它有促进交流的柔性条款,也有制裁非法的刚性条款,"是完整的整体,不可能喜欢某些条款就接受,不喜欢某些条款就抗

[1] 《立法反分裂,北京转为主动》,载香港《成报》2004年12月30日。

[2] 李鹏:《台海安全考察》,九州出版社,2005年7月第1版,第79页。

[3] 《立法反分裂,北京转为主动》,载香港《成报》2004年12月30日。

拒"[1],鼓励支持和警告制裁都是为了形成校正效果,引导台湾民意向和解的方向发展。

三、它是反制国际反华势力的需要

"台独"势力之所以坐大,是与国际敌对势力或明或暗的支持分不开的。他们插手台海事务,是出于自身战略利益的需要,有的反华势力甚至将干涉台海事务当成一种自己的事业。反分裂国家法是国家宪政制度的组成部分,是依法治国的战略需要。当今世界追求民主、遂行法制已成为一种趋势。民主是法制的基础,法制是民主的前提,没有法制的民主是一盘散沙,没有民主的法制终究会走向人治。反分裂国家法就是在民主的基础上遂行法制,遏制国际反华势力支持"台独"。

(一)向美国表明中国的态度

在台海事务中,国际干涉势力动不动就用自己的国内立法说事,看似是依法办事,实际上是用自己的国内法办别国的事。美国目前是世界上综合实力最强的国家,对世界一些事务拥有决定性的发言权。凭借两面临海的战略地位,美国在两次世界大战中均置身事外,并迅速崛起,成为世界霸权国家。美国是西方民主的遵循者和推动者,尽管自己在独立之初和南北战争期间饱受他国干涉之苦,然而成为霸权国家后不但没有吸取教训,反而继承了大英帝国随意干涉他国事务的传统,并在世界各地强行推行自己的价值理念。因此,"北京制定反分裂国家法是遏制'台独'的最后政治手段,同时也是向一向重视法制的美国和日本表明最后的'战略清晰'态度"[2]。

(二)抵御美国的霸权行径

美国实施霸权靠的是其无所不在的影响力,内在结构有三层,最下层的才是武力,中层是金融(以及国际放贷),最上层是解释霸权。"解释霸权是美国明明侵略了他国,还强词夺理是为了'正义',为了和平。'与台湾关系法'就是这个解释霸权。"[3]"与台湾关系法"是美国的国内立法,从严格意义上来说,它的效力仅适用于美国国内,但它是在美国国内针对美国对台事务的专项立法,成为美国日后干涉中国事务的依据。在该法第2条(B)项第4款指出:"任何企图以非和平方式来决定台湾前途——包括使用经济制裁及禁运手段在内将被视为对西

〔1〕《港人对释法反应理性和正面》,载香港《文汇报》2004年3月29日。

〔2〕平可夫:《反分裂法超前威慑台湾制宪》,载香港《亚洲周刊》2005年1月一期文章。

〔3〕隐仕:《北京通过〈反分裂国家法〉之后》,载台湾《世界论坛报》2005年3月17-18日。

太平洋地区和平及安定的威胁，而为美国严重关切”。就是这样一句“严重关切”，被台湾的分裂势力视为分裂祖国的“圣旨”和“保命符”，造成中美两个大国几十年的困扰。正是美国政界多年来在政治、经济和军事上的支持，使得“台独”势力有恃无恐，一步步推行“台独”冒险政策，将台海局势推向危险的边缘。中国政府“非常清楚，台湾问题长期得不到解决主要是外国干涉势力和台湾分裂势力阻挠的结果。而‘台独’势力的迅速发展壮大，其所凭借就是‘与台湾关系法’。”[1]所以，中国政府启动立法程序后，时任国务院总理的温家宝在全国人大审议《反分裂国家法（草案）》期间，接受中外媒体采访时提到：希望台湾民众和国际社会理解和支持中国制定《反分裂国家法》，并说“解决台湾问题纯属中国内政，不容外国干涉，不希望外国干涉，但是也不怕外国干涉”[2]。《反分裂国家法》的颁布和实施，就是中国对台湾问题的性质和法律地位所做的最权威的解释，也是对美国解释霸权强有力的回敬。

（三）明确台海现状

2004年2月，时任美国国务院助理国务卿的凯利在国会作证时声言：“海峡两岸现状的维持或改变，是由美国来决定的”[3]。凯利随后解释说：对北京而言，这表示不得对台动武；对台北而言，这表示在处理所有两岸关系问题时必须谨言慎行；对两岸而言，这表示不得发表任何声明或采取任何行动片面改变台湾的地位。也就是说，什么是台海现状，美国才是终局裁定者，现状是否改变由美国说了算。但问题的关键是“台独”分子2000年偶然上台后，经过4年的发展，实力进一步壮大。2004年年底“立委”选举和“总统”选举作动员造势时，运用非正常手段达到自己目的的“台独”势力是不会“谨言慎行的”，他们的手段更激烈。美国根本就无法约束“台独”势力的言行。美国所确定的现状其实是在为“台独”势力分裂中国暗中护航。《反分裂国家法》的高票通过说明，中国政府和人民明确告诉美国和国际社会，大陆和台湾同属于一个中国。这就是台海两岸的法律现状。

（四）警告国际反华势力

2004年年底，中国政府启动反分裂国家法的立法程序，虽然受到海内外中华儿女的热烈拥护，但美国的干涉政策和行动并没有停止。2005年2月19日，美、

---

[1] 郑海麟：《〈反分裂国家法〉与两岸关系》，载香港《信报》2005年3月15日。

[2] 《温总理满怀深情说统一斥分裂》，载《人民日报》2005年3月9日。

[3] 《美国要掌控两岸现状“定义”权》，载台湾《中国时报》2004年4月24日社论。

日两国的国防部长和外交部部长在华盛顿举行“(2+2)会议”,会后发表声明将“台湾”纳入美、日《安保条约》防卫范围,并称“台海局势的稳定是两国‘共同战略目标’”。国际反华势力赤裸裸的公然干涉,使得大陆和平统一的条件进一步丧失[1]。受美、日两国官方立场的影响,一些国家激进的保守反华人士的行为更加明目张胆,公开跳出来对台海事务横加干涉。曾经一贯公开支持“台独”势力的日本民主党议员中津川博乡称“台湾海峡的问题是日、美两国的问题”,摆出一副把台湾问题“包在日、美身上的架势”[2]。面对岛内的严峻形势和国际反华势力的嚣张气焰,中国政府终于下定决心,加快了立法进程,依法警告反华势力。

(五)明确和平解决台湾问题的立场

同样是凯利,他在美国国会作证时也说过这样的话:“如果北京当局确信台湾在走‘台独’路线,准备永远和中国分离,最终做出非制止台湾不可的结论时,美国旨在遏阻中国威吓的努力可能失败”[3]。多年来,美国对台海两岸所说的和平,用美国前助理国防部长傅立民的话说就是:“美国过去一直强调和平解决台湾问题,然而重点放在‘和平’二字,而非‘解决’。相反,现在如果台湾问题真的解决了,那么美国就失去了同中国为敌的基础”[4]。这就造成了美国的困境。“台独”分子对美国的警告听不进去,继续肆意妄为。美国想让中国政府和平解决,使“台独”分子有所顾忌。当中国政府为惩罚“台独”真的用武力解决台湾问题时,美国又会不可避免地卷入其中。从这个意义上说,中国启动立法程序是符合中、美两国共同利益的,也为美国当时的台海政策解了困。美国的“一个中国政策(两岸政策)”,乃是支持一中,反对两岸任何一方破坏和平解决的可能性。“若北京主动攻击台湾,美国就有了保护台海安全的责任,而当台湾追求法理和内容上的‘台独’,美国即会陷入困境。”[5]所以,只有中国有足够的手段和能力遏制“台独”冒险行为时,和平解决台湾问题才有保障,才不会轻易诉诸武力,从而表明和平解决台湾问题的立场。

(六)维护中美两国的正当利益

在反“台独”的问题上,中国认为中、美之间拥有共同的利益——台海局势的稳定。美国国务院高级官员最近(2005年)所发表的声明明确承认台湾是中国

---

〔1〕 郑海麟:反分裂国家法与两岸关系》,载香港《信报》2005年3月15日。

〔2〕 王海峰、石华、王伟:《台军惶恐对抗反分裂》,载《环球时报》2005年3月11日。

〔3〕 王海峰、石华、王伟:《台军惶恐对抗反分裂》,载《环球时报》2005年3月11日。

〔4〕 陈雅莉:《牵台湾一发,动中美全身》,载美国《华盛顿观察》2006年第1期文章。

〔5〕 南方塑:《分裂国家法的政略意涵》,载香港《明报》2004年12月20日。

的一部分,以及美国为保护"台湾承诺"设置更加清晰的限制等举动,暂时减轻了中国领导人的顾虑。中国政府这次采取先发制人的政策,正是从华盛顿和台北那儿学来的。美国动不动将"与台湾关系法"凌驾于中、美三个"联合公报"之上,这让中国政府感到很失望。台湾2004年通过的"公投法"也让中国大陆领导人产生警觉。因此,"《反分裂国家法》的另一个作用就是让三方都够拥有一部类似的法律,使三方在这方面处于同一起跑线上"[1]。因而,反分裂国家法不仅维护了中国国家主权,还"宣布该地区的和平稳定符合美国政治、安全和经济利益"[2],造就了一种稳定的格局。

(七)提醒美国尊重自己的历史

美国人最自豪的历史就是林肯统一美国的南北方,奠定了美国崛起的坚实政治基础。美国曾经用60万人的生命维护了联邦的统一和完整,美国人对分裂势力带来的危害有切身的感受。中国政府在用法律名称时也借鉴了美国的经验,采用"反分裂"的名称。中国人通常把"独立"一词翻译为"independence",对外翻译成"Taiwanindependent",可谓匠心独具。"secession"一词对美国有特殊的历史意义。1860年美国的南北战争,就是因为南方11个州要脱离联邦而引起的。美国的法律和历史教科书提到南方分离运动,其用语即用"secession",此词不仅是"退出、分离"的意思,而且含有叛国的意思。"中共在此使用'secession'一词,无疑是提醒美国南北战争旧事,美国都不容忍许分离叛国,大一统思想深植人心的中国人也不能例外。"[3]在时任国台办主任陈云林赴美国沟通反分裂国家法后,2005年年初,全国人大外事委员会主任姜恩柱致函美国众议院国际关系委员会主席海德时,将"反分裂国家法"中的"分裂",英译为"secession",使得反分裂国家法的法律名称和英文翻译,与美国当年南北战争颁布的《反联邦脱离法》完全一样。据美国驻香港领事馆2004年委托今日世界出版社出版,并由总领事馆赠送给港、澳相关人士的英汉对照《美国历史简介》一书所述:"实施奴隶制的南方11个州发动了叛乱,声称要脱离联邦宣布'独立'",此后美国的法律和历史教科书在提到南方的"分离运动"时,所用的词汇即为"secession"。中国商务印书馆出版的《新英汉字典》对"secession"一词的诠释是(从宗教,政治等组织的)脱离、退出之意。"secession"一词的使用,触动了美国人崇敬南北战争的敏

---

〔1〕《大陆掌握台湾问题主动权》,载香港《南华早报》2005年1月5日。

〔2〕石齐平:《北京的战略思维逻辑——评分裂国家法的立法及可能的反应》,载台湾《商业周刊》2005年3月7日。

〔3〕傅建中:《看美对反分裂法的遣词用字》,载台湾《中国时报》2004年2月21日。

感神经。美国白宫既要维护南北战争的历史定位，又要维护林肯总统的崇高威望，就不能贸然反对与《反联邦脱离法》有相同意义的《反分裂国家法》。中国政府的这种做法真正做到了以子之矛攻子之盾。分析人士对此认为：一是提醒美国；二是告诉美国，中国也是向美国学习维护一个中国的历史定位[1]。

《反分裂国家法》通过以后，美、日官方表态是"不安、不幸"，没有出现大的反应。美国其实很清楚，中国人民反分裂、反"台独"是正义之举，过激的反应是不合时宜。时任中国社会科学院美国研究所所长王辑思认为，从美国在《反分裂国家法》通过前后几天的表态可以看出，美国并不想在反分裂国家法这件事上做文章，美国人很清楚，《反分裂国家法》出台后台湾会有很大的反应，"如果美国再火上浇油，势必激起中国大陆的强烈不满，那样就会把中、美关系推入相当紧张的气氛中"[2]。复旦大学国际问题研究院的沈丁立教授认为："过分袒护'台独'只会刺激中国同美国发生不必要的战略对抗，这是不符合美国的利益的。"[3]反分裂国家法充分考虑到各方利益，尤其是美国的战略利益，反过来美国就应该尊重中国的核心利益和根本利益，停止干涉中国的内政，促进台湾问题的早日和平解决。

第四节　世界各国反分裂立法概况

《反分裂国家法》公布以后，"美国表态谨慎，欧洲客观报道，地处欧亚大陆的俄罗斯表示支持。事实证明，各国将反分裂问题法制化，对维护国家的统一起到了举足轻重的作用"[4]。依法维护国家的领土完整和主权统一，已是世界各国通行的做法[5]。一是各国在宪法中明确规定国家的主权和领土完整；二是制定法律打击和防范分裂国家的行为，如在刑法和军事法中具体规定叛国、颠覆和分裂国家等罪行的严厉惩罚措施，还有一些国家制定专门的反分裂国家法或依法院裁决的方式打击某些分裂势力。

一、美国的《反联邦脱离法》

从1776年7月4日，美国独立建国之日起算，历史只有200多年，缺乏深厚

〔1〕富权：《〈反分裂国家法〉是正义之剑》，载《新华澳报》2005年3月7日。

〔2〕于杨、翁天成、程刚《台当局图谋大闹腾》，载《环球时报》2005年3月18日。

〔3〕于杨、翁天成、程刚：《台当局图谋大闹腾》，载《环球时报》2005年3月18日。

〔4〕何洪泽、陈特安，等：《各国立法打击分裂势力》，载《环球时报》2005年3月18日。

〔5〕丛文胜：《反分裂是世界通行做法》，载《国防知识报》2005年3月18日。

的文化积淀和维系各个不同地区、不同种族、不同肤色、不同信仰的移民紧密团结的固有纽带。“美国独立后,在很长时间内实际上是一国两制。”〔1〕新中国成立之初,开国元勋们为了获得奴隶主的支持,对南部的黑人奴隶制采取了默认的态度。

(一)南部宣布独立

1860 年 11 月 6 日,代表北方利益的共和党人林肯当选为美国总统,使南方的奴隶主产生了震撼,他们认为持强硬立场的共和党人林肯出任美国总统,会给他们的利益带来损害。从此,南方各州宣誓要脱离联邦,并发出战争叫嚣。南方议员图姆斯威胁道:“你们(北方联盟)想把我们在合众国领土上价值 40 亿美元的财产置于法律的保护之外,难道说这不是战争的理由吗?”〔2〕该州议员约翰·卡尔洪声称:“联邦政府与州政府发生意见分歧时,州可以自行决定废止和接受联邦法律,为分裂美国造势。”〔3〕1861 年 1 月 7 日,南卡罗来纳州的查尔斯顿升起了棕榈旗(南方独立的旗帜)。1 月 10 日,该州立法机关决定召开特别会议,讨论脱离联邦问题。随后密西西比、佛罗里达、亚拉巴马、佐治亚、路易斯安那、得克萨斯相继脱离联邦。他们企图抢在 1861 年 3 月 4 日林肯就任总统之前,联合七个州组成一个新国家,并于 1861 年 2 月 4 日在亚拉巴马州的蒙哥马利召开所谓的大会,由佐治亚州的豪瓦尔·科布主持。2 月 8 日,大会宣布成立美利坚诸州同盟(以下简称南方联盟),大会上制定了“宪法”,其中规定不得通过否认和损害对黑人占有权的法律,南方的各邦的行为已经造成事实上的两个美国。2 月 9 日,大会选举杰斐逊·戴维斯和亚历山大·斯蒂劳斯为临时“总统”、“副总统”〔4〕,用当时美国总统布坎南的话说:“联邦各个不同地区现在互相反对,国父(华盛顿)十分担心的那种结成敌对地区性政治的时刻到来”〔5〕。

(二)林肯依法提出警告

面对严峻的形势,林肯为挽救危局付出了极大的努力。1861 年 3 月 4 日,林肯正式就任美国总统。在当天的就职仪式上,专门谈到联邦统一的重要性,指出任何州均不得退出而独立。他从美国建国的历史谈到联邦不可分割的重要性。他说,美利坚联邦是依据 1774 年《联合条例》建立的,比美国宪法还早。1776 年

---

〔1〕 张伟、孙渤:《各国对分离势力都不手软》,载《环球时报》2003 年 11 月 28 日。

〔2〕 李兵、詹玲:《美国南北战争与反联邦脱离法》,载《国防知识报》2005 年 3 月 16 日。

〔3〕 刘作奎:《美国也曾制定过“反分裂法”》,载《北京档案》2005 年 4 期,第 36 页。

〔4〕 刘作奎:《美国靠分裂法维护统一》,载《环球时报》2005 年 3 月 16 日。

〔5〕 李兵、詹玲:《美国南北战争与反联邦脱离法》,载《国防知识报》2005 年 3 月 16 日。

《独立宣言》发布后，联邦进一步结合，并一直延续到1778年的《联邦条例》。当时南方的13个州都明确表态，保证联邦应该永世长存，最后1887年宪法公开宣布要建立一个更为完美的联邦。林肯指出："从宪法和法律上看，联邦是不容分裂的。按照宪法本身明确赋予我的职责，我将竭尽全力确保联邦法律在各州得到执行。"[1]

（三）民间反对南方脱离联邦

面对分裂形势，美国民间一直反对南方脱离联邦。有这么一个简单的民间对话：北方的一位绅士巴特勒在华盛顿见到一位南方领导人，富有爱国精神的巴特勒就质问这位领导人："你们到底想干什么？"这位南方领导人回答："我们要我们的独立。"巴特勒又说："那你们准备好战争了吗？"对方回答："不会有战争的……"巴特勒最后说："当你们向联邦的旗帜开枪时，人民就会团结起来同你们作战。我向你保证，如果战争发生，奴隶制将终结。"[2]奴隶制是否会终结，用林肯的话说就是"大树倒下才能量得准"。事实的发展印证了那位北方绅士的话，南、北战争终结了美国的奴隶制度。

（四）林肯依法动用非和平手段维护联邦统一

"1861年4月12日，南部邦联武力攻占萨姆特要塞，林肯领导的联邦军民奋起反击，内战全面展开了。"[3]战争开始后，林肯发布了《解放宣言》，宣布解放黑人奴隶。此举获得了广大黑人的支持并积极参战，从而极大地改变了战场上的力量对比。虽然南方当时有英、法列强的大力支持，并获得他们提供的大量军事装备，但仍未能挽救分裂主义者的失败命运。1865年4月9日，南方统帅罗伯特·李率残部投降。南、北战争历时四年，导致南、北双方60余万青壮年死亡，南方首府里士满都被战火摧毁，南方的美利坚联盟国"总统"戴维斯因被指控为叛国罪被捕而受到法律应有的惩罚。

"美国的历史学家早有定论，南、北战争的起因不是为了废除奴隶制，而是反映了美国的统一与分裂之争"[4]。早在战争之前的1861年1月11日，纽约州议会通过《反联邦脱离法》，并很快得到美国总统的批准。该法案写道："纽约州法院深知统一的可贵，坚持维护国家统一不受损害——统一赋予美国人民繁荣

[1] 李兵、詹玲：《美国南北战争与反联邦脱离法》，载《国防知识报》2005年3月16日。

[2] 李兵、詹玲：《美国南北战争与反联邦脱离法》，载《国防知识报》2005年3月16日。

[3] 彭光谦：《美把反分裂写进忠诚宣誓》，载《环球时报》2005年3月18日。

[4] 李兵、詹玲：《美国南北战争与反联邦脱离法》，载《国防知识报》2005年3月16日。

与幸福,为了捍卫这种统一——我们准备牺牲我们的财产,生命和神圣的荣誉"[1]。1868 年,美国对宪法进行了修正,增加了叛国罪的内容,其第十四条修正案第三款规定:"国会有权宣告叛国罪的惩罚""在任何一州被控有叛国罪的人,如逃脱法网但在其他州被寻获,应送到对犯罪行为有管辖权的州"[2]。

二、俄罗斯的反分裂国家法

根据俄罗斯新闻网公布的信息,俄联邦现由 88 个联邦主体组成,包括 21 个共和国,7 个边疆区,48 个州,2 个联邦直辖市,9 个民族自治区[3]。苏联解体的直接原因,就是在戈尔巴乔夫执政时期对苏联宪法第六条维护联邦统一的条款进行了修改。当时,15 个共和国分离出去就是引用苏联宪法第六条"允许共和国独立"的条款。1993 年俄罗斯在制定宪法时删除了这一条款[4]。

苏联解体之初,俄一些地区控制着地方税收、法律、媒体和自然资源,经常和联邦政府叫板。1991 年,杜达耶夫当选车臣总统并宣布独立,当时执政的俄联邦总统拒绝给予车臣独立地位。1992 年 3 月 31 日,在俄政府的主导下,俄联邦同 86 个联邦主体签署《联邦条例》,明确规定了他们与俄联邦的关系,但鞑靼斯坦和车臣—印古什两个共和国拒绝签署。面对这种形势,俄罗斯联邦用各种手段压制分裂势力缔约,成为俄罗斯的战略选择。1992 年 6 月,车臣—印古什共和国一分为二,杜达耶夫成立了非法武装,在分裂的路上越走越远。1994 年 2 月,俄与鞑靼斯坦签署条约。在车臣问题久拖不决的情况,俄罗斯进行了相关的法律修改。1993 年 12 月 12 日通过了新宪法,抛弃双重主权说。12 月 25 日,俄罗斯新宪法正式实施,这是俄罗斯独立后的第一部宪法。宪法明确规定:"俄罗斯是共和制的民主联邦国家"[5]。该法第六条规定:"俄罗斯联邦宪法和邦法律在俄罗斯的全部领土上具有至高无上的地位。俄罗斯保障自己的领土完整和不受侵犯"[6]。与此同时,采取了以武促谈的方针。在与车臣多次谈判无效之后,1994 年 11 月 28 日,俄罗斯安全会议研究决定出兵车臣,依据俄罗斯联邦宪法,并以叶利钦总统的名义发布了《关于车臣共和国恢复宪法合法性和法律秩序措施》的总

---

〔1〕 李兵、詹玲:《美国南北战争与反联邦脱离法》,载《国防知识报》2005 年 3 月 16 日。

〔2〕 何洪泽、陈特安,等:《各国立法打击分裂势力》,载《环球时报》2005 年 3 月 14 日。

〔3〕 顾清、柳玉鹏:《俄罗斯人担心国家解体》,载《环球时报》2006 年 12 月 11 日。

〔4〕 刘卉:《专家缕析〈反分裂国家法〉的宪政基础》,载《检察日报》2006 年 3 月 21 日。

〔5〕 顾清、柳玉鹏:《俄罗斯人担心国家解体》,载《环球时报》2006 年 12 月 11 日。

〔6〕 丛文胜:《反分裂是世界通行做法》,载《国防知识报》2005 年 3 月 16 日。

统法令,指出"要坚决维护俄罗斯领土完整"[1],使用武力维护、恢复在车臣的宪法秩序。根据该命令,俄国防部、内务部的武装力量约4万多人,于1994年12月11日开进车臣,将车臣首府格罗兹尼围住。杜达耶夫的非法武装被迫转移到山区和农村,同政府军周旋。1996年4月22日,车臣非法武装的头目杜达耶夫用卫星手机与下属通电话时,被俄军方发现并准确定位。俄军方同时发射四枚导弹将其炸死。随后,俄罗斯联邦依靠军事优势,迫使车臣非法武装的残余势力回到谈判桌。经过两次车臣战争,俄罗斯联邦终于收复了车臣。普京入主克里姆林宫后,所做的一件大事就是维护国家的统一[2]。2004年年底,俄罗斯联邦国家杜马以绝对多数通过了俄总统普京提出的一项议案:取消地方领导人直选制度,地方领导人由总统任命,如地方议会两次否决总统提名,总统有权解散议会。这一法案的实施,宣告了俄罗斯联邦境内诸侯分立的局面基本结束。

三、加拿大的《清晰法案》

20世纪中叶,一部分法裔魁北克政客开始谋划独立,组建自己的组织,制定分裂纲领。主张独立的魁北克集团于1976年赢得地方选举。这一选举结果使分裂分子受到莫大鼓舞,并继续策划魁北克地区的"全民公决"。1980年,魁北克省举行第一次"公决",结果只有40%的人支持独立。魁北克分裂势力几十年的闹腾,弄得加拿大全国上下人心惶惶、国内居民没有安全感、国外投资望而却步,使得坐落在魁北克的加拿大第一经济中心蒙特利尔市经济状况逐步恶化,最后被多伦多代替。

面对日益恶化的魁北克形势,法裔魁北克出身的加拿大总理洛里埃(Wilfrid Laurier)并没有同情故乡的分裂势力。他在位时,以政府总理的名义向加拿大最高法院提起非正式诉讼,要求最高法院就以下几个问题做出司法解释:一是根据加拿大宪法,魁北克省政府是否有权单方面宣布脱离加拿大;二是根据国际法,魁北克是否拥有自决权;三是如果国际法与国内法在此问题上发生冲突,应以哪个法为准。1998年8月,加拿大最高法院对魁北克问题做出历史性的终局裁决:魁北克独立运动既违反加拿大国内法也违反国际法[3]。因为根据加拿大国内法,魁北克作为加拿大的一个省,无权单方面从加拿大联邦中分裂出去;国际法中所说的人民自决权,不允许一个省单方面独立和自决。

---

〔1〕 丛文胜:《反分裂是世界通行做法》,载《国防知识报》2005年3月16日。

〔2〕 顾清、柳玉鹏:《俄罗斯人担心国家解体》,载《环球时报》2006年12月11日。

〔3〕 丛文胜:《反分裂是世界通行做法》,载《国防知识报》2005年3月16日。

加拿大的魁北克省的分裂势力,在世界上臭名昭著。中国的"台独"分裂势力及"藏独"分裂分子都曾纷纷前往魁北克省"取经"。在与魁北克分裂势力的较量中,加拿大终于在2000年6月颁布一部《清晰法案》,彻底击碎了魁北克分裂势力的美梦。该法有四个要点:第一,加拿大境内的一个省要进行独立"公决",首先在文字上必须清晰地表明其分裂意图,不能用含混不清的文字来降低人民对独立后果的认识;第二,在计票问题上,简单多数不行,必须绝对多数才有效;第三,文字是否清晰,赞成票是否占绝对多数,只有联邦议会才有权决定;第四,即使这两个条件都具备,还必须举行联邦政府和所有省份都参加的谈判,有2/3的省份同意才能独立。该法颁布后,魁北克的分裂势力终于看到加拿大联邦政府维护国家统一的决心,分裂势力声音小多了。当时的加拿大政府事务部长迪恩评论说:"《清晰法案(草案)》的通过,保障了加拿大永远不会在混乱中被分裂。"〔1〕

四、法国决心维护国家统一

法国的分裂历史有点特殊。法国闹分裂闹得最厉害的是只有上万人口的科西嘉岛。自1768年科西嘉岛并入法国版图,独立分离运动就没有停止过。值得一提的是法兰西民族英雄拿破仑,在科西嘉岛并入法国版图的第二年就在该岛出生了。拿破仑在他的整个青年时代,一直谋求并致力于该岛的独立。通过自己的实践,拿破仑终于认识到自己的错误,并主动融入法国社会,后来以自己的实际行动维护了法国的统一。

1958年,法国对宪法进行了修正,新颁布的《法兰西共和国宪法》第二条规定:"法兰西是不可分割的""当共和国体制、民族独立、领土完整或国际义务的履行受到严重或直接威胁时,共和国总理、两院议长和宪法委员会主席正式磋商后,根据形势,采取必要的措施"〔2〕。1975年5月15日,法国颁布法令把科西嘉确认为法国的第22个行政区,下辖两个县,拥有一定的自治权。1982年3月12日的《地方分权法》认定科西嘉是一个自治地方的自治单位(行政区)。1982年第214号法令承认科西嘉具有特殊性。1991年5月13日的法令完全承认科西嘉的特殊地位,但以违背法国宪法的"不可分割性"为由,拒绝承认科西嘉民族的存在,认为科西嘉是法兰西共和国的一部分,在主权问题上没有任何让步的余地。

---

〔1〕 何洪泽、陈特安,等:《各国立法打击分裂势力》,载《环球时报》2005年3月14日。

〔2〕 何洪泽、陈特安,等:《各国立法打击分裂势力》,载《环球时报》2005年3月14日。

五、其他国家反分裂立法情况

欧洲大陆上，在法国之前，德国在19世纪40年代就面临分裂局面的威胁。为了维护德国人民的根本利益，德国首相俾斯麦用铁腕手段保证了国家的统一[1]。英国的北爱尔兰、西班牙的巴斯克和加泰罗尼亚都有进行分裂活动的组织，他们的分裂活动给这些国家正常的政治经济活动带来严重的困扰。

英国饱受分离运动困扰。苏格兰国王詹姆斯六世在1003年将苏格兰正式并入大英帝国，成为英国的一个选区，包括大不列颠岛北部、赫布里底岛、设得兰群岛和奥克尼群岛。爱丁堡是其首府，格拉斯哥是其最大城市。苏格兰和英格兰，包括威尔士对外合称为"大英联合王国"(United Kingdom)。苏格兰的风笛手是苏格兰民族的象征，也是英国人的自豪和骄傲。无论是苏格兰还是英格兰，他们早已融入大不列颠的血液中，就像英国皇家军队的各种徽章一样，由英格兰的豺、狮和苏格兰的独角兽形象分别构成。没有人相信这两个民族也会闹分裂。然而在近年的分离运动中，苏格兰的分离呼声越来越高。"苏格兰要求独立的声音在当时整个欧洲出现大联合以及全球化进程加快的大背景下逐渐加强的情况下，更显得引人注目"[2]。英格兰的精英阶层与苏格兰的关系一直很密切，但也有嫌隙。直到现在还有苏格兰人认为，过去苏格兰人在国外战争中吃败仗，就是英格兰精英叛变的结果。

在亚洲同样有诸多受分裂势力困扰的国家。印尼的亚齐是其最西部的一个省份，人口约410万。自1976年以来，亚齐组织的"自由亚齐运动"就一直同印尼中央政府对抗，意图摆脱印尼建立一个独立的国家。"对印尼来说，丢了亚齐就是丢了钱袋子，从1979年至1997年，亚齐油气出口收入达450亿美元。丢了亚齐也就丧失了扼守马六甲海峡的战略要点。"[3]2003年5月，当时的印尼总统梅加瓦蒂恢复亚齐军事建制，增派军队，强化清剿"亚独"的军事行动，击毙"亚独"司令阿卜杜拉。在印尼政府的军事压力下，"自由亚齐运动"最高领导人之一的阿姆里向政府投诚。尽管还有一些"亚独"残余势力仍在负隅顽抗，但已成不了大气候。一些专家在评论这一事件时说，"对梅加瓦蒂总统来说，维护国家统一是第一位的，至于是用和平还是武力，只是手段问题"。

在印度，20世纪七八十年代，就有一些邦开始闹独立。具有代表性的是与缅

---

〔1〕 何洪泽、陈特安，等：《各国立法打击分裂势力》，载《环球时报》2005年3月14日。

〔2〕 王晴、陆蓉、江雪晴：《英国有可能分裂吗?》，载《环球时报》2006年11月29日。

〔3〕 张伟、孙渤，等：《各国对分裂都不手软》，载《环球时报》2003年11月28日。

甸相邻的曼尼普尔邦。在曼尼普尔邦长期活跃着多个主张分裂的组织,并拥有自己的武装。阿萨姆邦的“阿萨姆联合解放阵线”影响最为广泛,该组织鼓吹用暴力实现独立。此外,那加兰邦、米佐拉姆邦、特里普拉邦、梅加拉亚邦等都爆发过分离主义骚乱。面对“乱邦”的挑衅,印度在各地都部署了大量的军队,“已生效数十年的《武装部队特别权力法》依然有效”[1],允许在这些地区驻军,对任何可疑人员采取任何先发制人的手段,以打击分裂势力。

南美的巴西,是世界上第一个将分裂国家的行为纳入国家安全法的国家。1953年1月5日巴西颁布了《国家安全法》。这部法律内容较为广泛,“涉及叛国、谋反、颠覆、分裂、策反、暴乱、间谍、泄密、纵火、爆炸等危害国家安全的犯罪及其处罚”[2]。实际上,这是一部惩治危害国家安全罪的单行刑法,包括相应的刑事诉讼程序。

从以上各国反分裂立法的情况看,当国家领土和主权面临分裂势力的严重威胁破坏时,任何国家的政府都会毫不犹豫地采取坚决有效措施,依法打击各种分裂势力,以维护国家的核心利益。

---

〔1〕 陈继辉:《印度被乱邦拖了后腿》,载《环球时报》2006年12月19日。

〔2〕 李竹:《国家安全立法研究》,北京大学出版社,2006年11月第1版,第33页。

第二章　反分裂国家法调控机制研究

法律调节机制是指国家以立法的形式，调节和控制社会经济系统的各个构成要素，推动整个系统有序运转的普遍性和强制性规范体系，同时也是一种对社会经济活动具有激励和制约作用的动态规范机制。现代法律在政治、社会生活中的制约、保障功能，是对经济活动中的利益分配机制进行调节，以激励和导向功能实现的。通过建立社会主义市场经济体制，最大限度地发挥法律对经济资源的调节，用利益的导向作用，把经济活动纳入法制化轨道，来满足各阶层的需要，通过利益的公平分配，促进社会的公平正义，维护良好的社会秩序。

第一节　法律的调控机制概述

反分裂国家法的调控机制，是指通过法律对海峡两岸交流活动所产生的利益进行调节，把发展两岸关系纳入法制化运行轨道，通过利益诱导机制来建立台海两岸良性互动运行机制，依法促进台海局势的发展方向，促使激进分裂势力向温和与赞成统一的方向迈进，推动祖国和平统一进程。

一、社会控制有强制性和非强制性控制

社会的文明程度愈高，愈是需要秩序，需要规范，于是相应的社会控制机制便应运而生。社会控制是一个结构复杂的系统，主要由两个大子系统构成。一是强制性控制，如政权、军队、警察、法律等，这类控制可称之为权力控制系统；一是非强制性控制，如道德、宗教、礼俗、舆论等，可称之为规范控制系统。强制性社会控制在制止和防范激烈的反社会行为（如分裂国家犯罪）时发生效力，非强制性社会控制则通过宣传教育、道德感化、舆论监督等方式规范社会成员的思想和行为，以防止社会越轨行为发生。二者相互联系，相互补充，刚柔兼济，形成一

个密不可分的有机整体，它们是传统社会控制系统和社会主流文化对社会失范行为进行调节的基本方式。

二、对“台独”势力的严重违法行为采取强制控制手段

民进党执政时期，将“台独”事业推进到实质阶段。这种严重危害中华民族根本利益的行为，引起中国人民和中国政府的高度警觉。中国政府以法律手段主导，结合台海两岸爱国同胞和世界华人的智慧和力量，构筑围堵分裂势力从事分裂行为的大网，成为保障台海局势正常发展的一个必然的选择。中国政府在充分尊重民意和台海局势发展规律的基础上，运用人民赋予的权力，依照法定程序颁布《反分裂国家法》，就是以国家的名义划出的一个禁区，严防“台独”分裂势力逾越法律规定的界限，限制和禁止“台独”行为，依法惩戒“台独”骨干分子。在“台独”势力嚣张、言行激进的特殊时刻，国家将依法积极组织、动员社会力量和国家专政机器，开展专项的、规模相等的、反对“台独”活动的措施，以形成良性运行的社会控制系统。

三、采取稳定与灵活相结合的调控措施

任何一项法律制度都有一个产生和完善的过程。一方面，台海局势的现实是复杂多变的，反分裂国家法律制度必须具备维护国家核心利益的坚定立场，同时能够正视和理顺现实中的各方利益的平衡和调节问题。另一方面，现实是发展的，反分裂国家法律制度必须紧跟台海局势的发展趋势，对当时岛内的各种有损国家统一和台海局势稳定的言行，做出针对性的反映和调控，从大处着眼，从小处着手，以累积促进国家统一的法律能量和宪政基础。

第二节 “台独”的起源

在台湾社会经济发展的过程中，中华民族有过共同反抗外敌侵略的历史。台湾的原住民和不同祖籍移民间的血缘、文化、语言等隔阂被打破，形成了一种共同的意识——台湾意识。随着台湾岛内社会环境的变化，部分消极落后意识日益负面滋长，“台湾意识”被扭曲和利用，成为“台独”思潮形成的社会心理因素。

一、特殊的历史催生“台独”思潮

“台独”思潮及“台独”运动作为一种非常复杂的社会政治意识及行动，经历了一个长期的演变和发展的过程。主张“台湾独立”的分裂势力，是在台湾重归中国版图后开始的。尽管“台独”论调形形色色，但其本质都是要否认“一个中国”原则，不承认台湾是中国的一部分，企图把台湾从中国分割出去[1]。“台独运动”全称“台湾独立运动”，指把隶属于中国的台湾从中国母体中分裂出去，另成立一个国家[2]。“台独”意识，在台湾当地人的社会意识和社会心理中有潜在的、相当程度的影响，并对台湾当局产生了潜移默化的侵蚀作用，最后形成陈水扁当局的政策。“台湾分离主义的主要力量是汉人而非少数民族，因此台湾分离主义的政治危害性比少数民族地区分离主义更大。”[3]

（一）晚清政府的弃台政策催生台湾早期自治

1885 年，清政府割台消息传到台湾，岛上百姓“哭声达于四野”，发出“愿人人战死而失台，决不愿拱手而让之”的血泪誓言。面对清政府弃台威逼，以唐景崧、丘逢甲为首的台湾官员万般无奈，于 1885 年 5 月 25 日宣布成立“台湾民主国”，并明确电告清政府和百姓，成立“台湾民主国”并不是要把台湾从祖国分离出去，而是他们不忘祖国，“暂行自主”，力图固守台湾以待转机。在日本侵略者的铁蹄下，台北沦陷，“台湾民主国”在成立 12 天后就夭折了，这就是最早的台湾自治。

（二）日本殖民者的腐蚀和拉拢培育了“台独”意识

台湾被清廷割让日本，被日本殖民统治 50 年。日本殖民者一方面实行武力镇压的办法，以扑灭台湾人民反抗的决心；另一方面也采取“怀柔”、拉拢的政策，欲图在台湾建立新型的殖民地社会。他们在台湾推行“皇民化”运动，对台湾人进行东洋式的奴化教育。这便为后来“台独”人士的思想起到了潜移默化的催化作用。1945 年 8 月，日本战败后，驻台的部分日军不甘心失败，也不愿失掉既得利益，勾结林熊祥、许丙、辜振甫等台湾人士，抗拒中国政府接收台湾，阴谋宣布“台湾独立”。这是“台独”的第一次实践[4]，也是日本军国主义阴魂不散，阴谋分裂中国而演出的第一场“台独”闹剧。

（三）国民党的威权统治激化岛内矛盾

国民党政权在接收台湾后，将大陆统治人民的那一套手段带到台湾。在政

---

〔1〕 刘云：《法律视角下的“台独”荒谬性》，载《法制与社会》2008 年第 5 期，第 8 页。

〔2〕 朱显龙：《东亚分离主义（上篇）》，载《北京联合大学学报》（人文社科版）2004 年第 2 期，第 83 页。

〔3〕 阎学通，孙学峰，等：《中国崛起及其战略》，北京大学出版社，2005 年 12 月第 1 版，第 111－112 页。

〔4〕 杨新：《论“台独”的缘起与嬗变》，载《广西社会主义学院学报》2004 年第 6 期，第 13 页。

治上百般歧视台湾人民，诬指台湾当地人受50年“奴化教育”“中毒太深”“气量狭窄”，相反却优待从大陆来的官吏、官商，以占领者的姿态出现，造成了人为的阶级对立和省籍对立。在经济上，则是延续日本的做法，实行专卖制度，剥夺了台湾人民自由经商的权利，并拼命地把台湾的物资搜刮到内地支持国民党打内战。在短短的一年时间里，国民党便在台湾造成了空前的经济危机，将“接收”变成了名副其实的“劫收”。1947年2月28日，台湾爆发了反对国民党政权、要求民主自治的运动。国民党当局以“企图颠覆政府、夺取政权、背叛国家”的罪名，进行了血腥的残酷镇压，数千人被杀、被捕，失踪、逃亡的不计其数。这就是台湾历史上著名的“2·28”事件。“2·28”事件后，台湾民众对国民党的反感情绪明显增强，“台湾意识”得以强化和扩大，“台独”思潮以反抗国民党独裁统治的形式形成和发展。在随后的50多年中，这一事件的悲剧色彩（即大陆的国民党对台湾人民的镇压）不断地被渲染和强化，再加上美、日等西方国家的支持和怂恿，以民进党为代表的部分人便走上了一条畸形的发展道路，即公开搞“台湾独立”。

（四）“台独”分子与日本右翼势力相互勾结

“2·28”事件后，“台独”分子廖文毅逃往上海，打出“台湾再解放同盟”的旗号，同美国特使魏德迈联系，明确提出要台湾脱离中国。他的活动遭到上海各界的强烈反对。廖文毅看到在上海难以立足，逃往香港继续从事“台独”活动，又遭到香港同胞的强烈谴责。1950年初，在香港声名狼藉的廖文毅在日本右翼势力支持下，又跑到日本东京，在那里纠集一批“皇民化”了的台湾人，成立了“台湾民主独立党”，公开树起“台独”旗帜。1955年，瘳文毅又纠集“自由独立党”和“台湾公会”等在日本的“台独”小团体，宣布成立“台湾共和国临时国民议会”。1956年在日本右翼支持下，所谓的“台湾共和国临时政府”成立，廖自任“大统领总统”，在国际上挂出了第一块“台独”的牌子。1960年瘳文毅成立“台湾独立统一战线”，自任“总裁”。日本成为战后“台独”运动的基地。

（五）“台独”大本营向美国集结

60年代中期，随着国际形势的变化，台湾留美学生数量增加，加上岛内反对国民党独裁统治的民主运动的开展，“台独”分子乘机迅速壮大自己，其活动重心逐渐由日本转移至美国。1966年，部分留学美国的台湾学生在美成立“全美台湾独立联盟”，实现了海外“台独”运动的统合。美国成为纵容与扶持“台独”势力的又一个大本营。1970年初，岛内的“台独”分子彭明敏，在美国情报部门的策划下逃往美国，成立了“福尔摩沙研究所”与“台美协会”。同年1月15日，散居于日、欧、美等地的“台独”势力首次集会于美国，建立了以美国为“轴心”、以日本为“接应前哨站”的跨洲组织——“全球台湾人争取独立联盟”，简称“台独联盟”，提出以“建立‘台湾共和国’”为“终极目标”，彭明敏也因此被称为“台独教父”。自此，海外“台独”势力活动进一步扩大。

（六）“台独”运动向世界扩散

1974 年 9 月，日本、加拿大、美国、巴西与全欧 5 个地区的台湾同乡会的一些成员，在维也纳成立了“世界台湾同乡联谊会”，简称“世台会”，并宣称走“台湾自决”的道路。1987 年，“台独联盟”又改称为“台湾独立建国联盟”。从此，海外“台独”运动进一步扩大。在“台独”运动中，该联盟一直起着主导作用。

二、正确对待“台独”思潮

蒋经国去世后，台湾社会进入政治转型期。随着“党禁”和“报禁”先后解除，言论空间扩大，许多过去被列为政治禁忌的政见和言论纷纷出笼。加上国民党当局因权力重组而内部矛盾激化，已不可能也无法有效地维持过去的高压统治。“台独”势力在这一时期从幕后走向前台，以民主形式参与政治并宣扬其理念。

（一）言论自由不是“台独”自由

政治环境的变迁，给“台独”分子提供了适宜的活动空间，使许多“台独”主张打着“言论自由”的幌子公开出笼，尤其是借着选举期间的所谓“法律假期”，大肆推销“台独理论”。同时，海外“台独”分子加紧与岛内“台独”分子相勾结，以“言论自由”为借口，广泛宣传“台独”理念；以“人权自由”为幌子，要求当局解除“黑名单”限制；并经由各种途径强行“闯关返台”，将“台独”活动从海外引向岛内。各种“台独”分裂势力在岛内汇合，致使“台独”思潮在岛内日益泛滥起来。“台独”不是凭空产生的，它是在特定历史氛围和历史事件中脱胎出来的“畸形儿”，是政治情绪的变态表达，是导致民族认同出现危机的表现。所以，对于台湾历史、台湾人民及其社会应有正确的了解，既要正确对待言论自由，又要坚决抵制分裂言行，揭露和批判极少数政客私欲膨胀的阴谋，并合理地采取对策予以抵制。

（二）让台湾人民了解国家统一政策

台湾问题不仅是现实问题，还是历史遗留问题；不仅是现实政治问题，还是个民族感情、国家与地方情感至深的问题。要理解台湾问题，就要尊重台湾人民在生存方式和情感诉求方面的特殊经历，及台湾在中国历史发展过程中的地位，消除国民党当局自“2·28”事件以来给台湾社会所造成的不良影响，兼顾法理和情理的统一,对台湾人民"出天头"的一些合理要求要给予同情和支持。1986年,台大的一名教授在芝加哥告诉当时的厦门大学台湾研究所教授陈孔立:我们跟国民党抗争很长时间,我们比较了解国民党,我们现在有办法对付它,要从它的手里把政权夺过来是有可能的。"但是共产党太厉害,我们不了解共产党,所以我们很害怕共产党,我们不能也不敢把自己的命运交给共产党安排。"[1]这道出台湾一部分知识分子的心声,有一定的代表性。所以,中国政府对台湾人民的一些正当的诉求应给予理解,并正面宣传和解释大陆的民族统一政策,以获得台湾同胞的理解和支持。

(三)增强解决台湾问题的信心

客观全面地认识"台独"势力的影响及其市场,不要被一些假象所迷惑而失去和平解决台湾问题的信心,是解决民族问题的基本原则。"对民族差异进行系统研究,既需要有某种硬心肠,也需要某种宽容。"[2]"台独"势力在一定时期和一定条件下会相当猖獗,这是民进党获取政治利益的基本手段。但是台湾要想真正脱离中国大陆而"独立",大多数台湾人民是不会轻易答应的。近年来,台湾多次民意调查的结果表明,台湾同胞当前对台湾前途的走向和统、独问题的态度,基本上表现为"两头小、中间大"的特点,即少数人主张急统,少数人主张急独,而多达80%的人则主张维持现状[3]。把握台湾社会的基本脉搏,累积两岸在国家发展前途和发展方向上的共识,是当前和今后一个时期的基本任务。坚定不移地用"一国两制"的方针着眼于解决广大台湾同胞所关心的问题,使"台独"思潮失去存在的土壤。在对待台湾的前途方面,更应该具有信心。中国政府提出的台湾模式的"一国两制",保留了台湾的国防资格;在对外关系方面,台湾可参照香港模式,以适当名义参加不具备主权性质的国际组织的活动,对民选台湾最高领导人可以到大陆担任最高副职。应该说,这是比香港模式更宽松的模式,是统一大业这一最高国家利益特殊形式的典型体现。在"一个中国"原则下,任何事情都可坐下来协商,只要有意见交集,就会有好的结果。

三、法律意义上的"台独"行为

"台独"是民进党的政治诉求和基本政策,是根本不可能实现的一种空想主义。民进党所追求的目标是将其政治诉求被"立法机关"所接纳,形成法律文件,

---

〔1〕 陈宏:《解读台湾问题》,新世界出版社,2004年5月第1版,第50页。

〔2〕〔美〕鲁思·本尼迪克特:《菊与刀》,商务印书馆,2007年4月15次印刷,第11页。

〔3〕 于其欣:《论"台独"的历史渊源及对策》,载《山东省青年管理干部学院学报》1999年第3期,第58页。

进而用法律手段为“台独”护航。台湾目前及今后相当长的一个时期的政治现实,民进党的急独政策与国民党的维持现状政策处于政治攻防的相持阶段。即使在民进党执掌政权,利用执政资源推行“台独”政策的情况之下,其政治诉求被立法机关所接纳并形成正式的法律条文的难度很大,更不会被视为台湾社会的共识。《反分裂国家法》是在中国共产党的领导和建议之下制定的,它经过国家法定立法程序,将中国共产党的对台政策和战略上升为国家意志,成为人们认可的共同规范,是国家代表中国人民做出的重大政治决定,是反对和遏制“台独”的法律依据。当国家的《反分裂国家法》以13亿多人民的意志确立“台独”为非法行为的时候,普通民众小范围和一定程度的“台独”言论可以容忍,但“台独”骨干和政客激烈的“台独”言论和行为,将成为中国政府依法遏制的重要目标。

“台独”行为是否具有分裂国家的实质意义,首先应当以法律的标准来加以衡量。只有在法律层面上出现的“台独”行为才具有实质性意义,才能构成了分裂国家的行为,而其他方面的“台独”行为和言论,就很难用一个国际上公认的客观标准来衡量。厦门大学的学者陈动归纳的“台独”势力分裂国家的行为有如下表现:(1)“制宪”;(2)变更“国号”;(3)变更“领土”范围,台湾现行的行政区划,基本是保留一个中国的架构;(4)变更“国旗、国徽”;(5)调整“政府机构”设置;(6)在两岸现状的描述方面,放弃“宪法一中”立场;(7)举办涉及统独议题的公投;(8)公开宣布“台湾独立”[1]。

四、李登辉的“台独”政策

李登辉于1923年1月15日在台北县淡水镇三芝乡出生[2]。他的父亲李金龙原是日据时期的日本台籍警察。李登辉本人从小接受日本教育,在日本殖民统治台湾推行“皇民化”政策时,李登辉和家人都改成日本名字,李登辉的日本名字叫“岩里政男”,中学毕业后进入日本京都帝国大学学习。日本发动太平洋战争后,他与其兄长先后被日本征去当兵,他哥哥战死在菲律宾马尼拉,至今在日本靖国神社立有牌位。

(一)李登辉早期坚持“一个中国”政策

1988年1月18日,李登辉当上“总统”,走上台湾权力的顶峰。在继位的第四天,即首次以“总统”身份接见美国众议院外交委员会小组主席索拉兹时说:

---

〔1〕 陈动:《什么是严格的、正式的法律意义上的“台独”?——兼评“台湾已经是事实上独立的国家”的言论》,载《涉台法律问题研究》(内部资料),中共中央台湾工作办公室、国务院台湾事务办公室编,2005年10月第7页。

〔2〕 陈国少、肖星:《李登辉其人》,台声出版社,1988年9月第1版,第3页。

"自决是殖民地人民的主张,台湾无此问题存在,并且补上一句'本人是台湾人,但也是中国人。'"[1] 1990年3月,李登辉当选"中华民国"第八任"总统",地位逐步稳固,台湾历史从此进入李登辉时代,他便开始推行带有李氏印记的内外政策。随后他公开发表谈话称:"愿意同中共进行政府对政府的对话,对话必须在一个中国、政府对政府和双方地位平等的基础上进行""一个国家、两个政府这是现实",随后正式提出"一个中国、两个对等的政治实体论"。这种论调作为台湾当局的主张,最先出现在1991年2月23日由李登辉主导制定的"国家统一纲领"中。该纲领明确提出:"不否定对方为政治实体"。

(二)李登辉随后公开鼓吹"两个中国"

1993年11月21日,时任台"经济部长"的江丙坤,在西雅图亚太经合组织会议期间,代表台湾当局发表了"关于两个中国政策的声明",公开提出"'中华民国'和中华人民共和国是两个互不隶属的主权国家,台北是以'一个中国'为指向的阶段性'两个中国'政策"。"阶段性'两个中国'"是李登辉公开打出"两个中国"招牌的开始。李登辉自1988年继任台湾当局领导人后,有意识地逐步背离"一个中国"原则,排除并否定两岸达成的基本共识。1999年5月,他在《台湾的主张》一书中,开始赤裸裸地鼓吹所谓的"新台湾",炮制了臭名昭著的"七块论"。1999年7月9日,李登辉在接受德国媒体记者采访时,抛出"两国论",声称海峡两岸关系是"国与国关系""至少是特殊的国与国关系"[2]。李登辉敢冒天下之大不韪,公然提出"两国论"是因为他自以为手里有四张牌,即"实力后盾""挟洋自重""国际分裂逆流"和所谓"岛内民意"[3]。

(三)李登辉开始从"法律"上推行"两个中国政策"

在李登辉的"台独"政策中,他首先提出了所谓的"法律事实"。他声称自本人1991年台湾修改"宪法"以来,已经"将'宪法'的地域效力限缩在台湾,并承认中华人民共和国在大陆统治权的合法性"[4]。他还以"宪法增修条文"规定台湾"立法院与国民大会民意机关成员""总统"和"副总统"由台湾民众直接选举产生为由,宣称台湾的"'国家'权力统治的正当性也只来自台湾人民的授权,与中国大陆人民完全无关",企图从根本上改变台湾是中国不可分割的一部分的事实,公然谋求台湾"独立"。其次,李登辉提出了"有效统治论"。他曾多次公开

---

〔1〕 陈国少、肖星:《李登辉其人》,台声出版社,1988年9月第1版,第124页。

〔2〕 邢福有:《透析"台独"》,台海出版社,2008年2月第1版,第106页。

〔3〕 刘德久、魏秀堂、卢新德,等:《台湾内幕》,九州图书出版社,2000年3月第1版,第366页。

〔4〕 邢福有:《透析"台独"》,台海出版社,2008年2月第1版,第108页。

宣称，自 1949 年 10 月以来，中共从没有向台湾收过一分钱的税，也没有对台湾进行过一天的统治，因而台湾不能被认作是中华人民共和国的领土。他还声称，中共一再表示台湾属于中国是“霸道”的做法。1992 年 5 月 19 日，李登辉对视“台独”活动为非法的“刑法”第一百条做了重大修改，并规定只有使用暴力从事“台独”活动才构成违法。在李登辉操弄之下，“台独”势力迅速坐大，并依附于民进党，从体制外的街头抗争转向体制内，通过选举取得合法的政治权力，开始逐步蚕食国民党一党独大的专制政权。

（四）李登辉向世界推销“两国论”

在国际和对外宣传方面，李登辉以与日本作家司马辽太郎谈话的形式，表达了他关于两岸关系和台湾定位问题的主张。他毫不隐讳地说，台湾不是中华人民共和国的一个省，统治台湾的国民党是外来政权，他要充当《出埃及记》中的“摩西”，要带领台湾人走出中国，建立“台湾人的国家”。李登辉在两岸关系、台湾定位问题上的态度至此完全明朗，就是图谋使中国变为“一个中国”“一个台湾”。李登辉抛出“两国论”，其实质就是要建立一个“台湾国”。他是打着“中华民国”的旗号搞“台独”，打着和平旗号搞分裂，要使两岸的政权之争变质为“两国”的“主权之争”，使“中华民国”走向“台独化”，并成为“国际法人”，在国际上制造出“两个中国”，最后使“中华民国”蜕变为“台湾国”，成为联合国会员国。早在 1995 年，台湾当局向联合国表示，愿向联合国提供 10 亿美元，作为对发展中国家的援助基金，条件是要让它获得联合国会员资格。这是因为当时与台湾有“邦交”的国家共有 20 多个，但绝大多数是拉美和非洲的一些不发达的小国。台湾当局利用这些国家经济上的困难，诱压兼施，极力维系同他们的“邦交”关系，就是为了证明他们是一个“独立的国家”。

关于李登辉提出“两国论”的另一种原因，“总统府”人士指出，李登辉之所以在汪道涵访台前，提出“两国论”，主要是因为国际和大陆促使台湾进行政治谈判的压力越来越大。这位人士指出，台湾并不怕谈判，但对北京谈判前，就将‘一个中国’的帽子扣上，视台湾其为一省，这种立场下的谈判，等于要台湾投降，李登辉才急于提出新的说法，避免台湾在促谈的压力下被淹没[1]。但这种说法无法掩盖李登辉推行“台独”政策的本质。

五、陈水扁的“台独”言行

据媒体报道，陈水扁 2000 年当选台湾地区领导人后不久，与民进党前主席

〔1〕 徐学江：《危险的一步——李登辉“两国论”真面目》，新华出版社，1999 年 8 月第 1 版，第83 页。

林义雄、施明德会面。他当时向在场人士透露了他的“新发现”:原来“总统”有5000多个职位可以运用。这句话充分暴露了他对权钱交易的“向往”[1],也是导致他日后锒铛入狱的重要因素。

(一)“台独”是民进党的核心价值

“台独”是民进党的核心价值,其在野时鼓动宣传,执政时积极努力推进,有时甚至是冒进。民进党于1986年9月28日成立,其党纲要点是:(一)台湾不是中国固有领土;(二)台湾法律地位未定;(三)台湾的民族是自成一体的单一民族。“1995年5月民进党通过‘台湾前途决议文’,有关表述为:‘台湾是一个主权独立国家,任何有关独立现状的更动,必须经由台湾全体住民以投票的方式决定’”[2]。2000年3月,在李登辉蓄意操弄下,国民党在大选中因分裂导致失败,民进党意外地成为台湾执政党。初登权力宝座的陈水扁为稳固政权、混淆视听、骗取岛内外的同情与支持,提出在任职期间,“不公开宣布独立、不改变其‘国号’、不使‘两国论’入‘宪’、不举行‘统独公投’、没有废除‘国统纲领’的‘四不一没有’承诺”。然而,以“台独”为党的核心价值的民进党,从没有放弃“台独”言行,而是利用执掌的行政资源,加紧从事所谓“台湾正名”“脱中国化”“文化台独”等一系列追求“台湾独立”的分裂活动。具体表现为:在政治上利用多种手段,虚化台湾有关法律和政策中主张统一和“一个中国”的内容;“外交”上大肆开展为“台湾正名”活动,极力推行“金钱外交”,加紧在国际上搞分裂活动;文化上以“本土化”的名义,弱化中国文化在台湾的地位,确立“台湾文化”的所谓“主体性”,企图割断台湾与祖国的联系;教育上刻意区隔“中国文化”和“台湾文化”,强行推动“台语”教学,图谋弱化“国语(普通话)”在台湾的地位,改变青少年的母语认同,把中国历史、中国文学作为外国历史、外国文学,在教科书上把台北称为台湾的“首都”;军事上投靠外国反华势力,加紧对美国的军事勾结,还一度推出6000多亿新台币的巨额军购计划,向美国狂购军火,妄图挟洋自重,提出了“决战境外”的口号,加紧军事准备,服务于政治上追求“台独”目标,走“以武拒统”的末路。

(二)陈水扁公开抛出“一边一国”政策

2002年8月3日,陈水扁继承李登辉的“台独”衣钵,公然撕破“四不一没有”的遮羞布,宣称“台湾与中国是一边一国”,处心积虑地图谋推动“法理台独”

---

〔1〕 林海、王晓林:《民进党20年走向堕落》,载《环球时报》2006年9月28日。

〔2〕 赵勇:《台湾政治转型与分离倾向》,中央编译出版社,2008年3月第1版,第242页。

“思考公民投票立法的重要性与迫切性”。2004 年 3 月台湾举行地方领导人换届选举时，陈水扁为了制造选举议题、掩盖执政劣绩、转移民众视线，采取挑起“统独争议”和两岸对立的极端手段，不断挑战“一个中国”原则，假借民主，推动“统独”公投运动，通过“公民投票法”，成立“公民投票委员会”，宣称要“催生台湾新宪法”，通过“宪改”，为台湾制作一部“合身、合用的宪法”，公然提出了以“制定新宪法”为核心的“台独时间表”，鼓吹 2006 年通过“新宪法”、2008 年实施“新宪法”，两岸关系被推到了危险的边缘。陈水扁“推动‘台独’进程成为其巩固权力基础、扩大绿营执政版图，打击并清算政治对手的基本策略”。根据陈水扁当局以往的表现，他们在推进“台独”方面具有一个鲜明的特点，那就是想方设法地为“台独”炮制出法律依据，而一旦在法律方面有障碍的，就绕开法律规定，转而依靠所掌握的行政资源，推行“台独”事业。他们可以不重“独立”的形式，而追求“独立”的实质，甚至会不惜“违法”“违宪”。在陈水扁及其民进党集团的操弄之下，违法成为常事，道德败坏成为必然之路，“人们遵循的原则是只爱自己的亲人和贪图私利”[1]。

(三)陈水扁企图通过“入联”公投推行独立政策

从 1993 年开始，台湾当局已连续多年通过极少数国家向联合国提出议案，要求加入联合国。陈水扁和民进党取得执政权后，全力推动“入联公投(以台湾名义加入联合国的公投)”以达到以“公投”“绑大选”和“法理台独”的双重图谋。经 2004 年 3 月 22 日的投票显示，其“入联”投票率仅 35.8%，赞成票仅 553 万张，远远未跨过 50% 投票率、850 万张票的“门槛”，其多年处心积虑从事加入联合国的图谋遭到重创。

“台独”势力企图把“台独建国”变成台湾政治的主流思想。“在台湾的政治中有制度化和结构化的趋势。”[2]这是李登辉和陈水扁刻意推行“台独”政策的结果。目前，“台独”组织的骨干力量，都是具有美国式教育背景的人物，精通西方有关国际法理论，如吕秀莲，就是哈佛大学国际公法与人权的博士[3]。如果他们继续掌权，就会不停地利用制造混乱的方式，寻求法律上的理论和历史依据，不停地推动“台独”事业。“公投”就是民进党推行“台独”的基本手段。“公

[1] 《法家著作选读》，中华书局，1974 年 7 月第 1 版，第 15 页。

[2] 周建明：《中国已经崛起了吗?》，载《环球时报》1999 年 11 月 26 日。

[3] 朱显龙：《驳吕秀莲的“台独”谬论》，载《光明日报》2000 年 4 月 19 日。

投的险恶用心之一就是赞成(统一)者是少数。”[1]郑海麟先生认为,陈水扁上台对两岸关系发展有利,由坏事变成好事。原因是民进党上台以来激化了岛内的矛盾,使矛盾趋向有利于和平统一的方面发展,两岸相对稳定因素失效,两岸摊牌为时不远,两岸和、独已到议事日程上来,这有利于两岸问题的真正解决[2]。

第三节 “台独”的发展趋势会受到遏制

“台独”势力是在一定数量“台独”分子的带动下集合起来从事“台独”运动的特殊群体,它有一定的代表性,通过追求自己的政治利益,来谋取最大的经济利益。从严格意义上来说,从事“台独”是一种反社会的越轨行为。所谓“越轨,是指违反或偏离某个群体或社会的重要规范的行为。”[3]在台湾具有代表性的“台独”群体是民进党和台联党。在台湾政治发展进程中,两党政治结构基本形成,处于中国国民党和台湾民进党的两党格局竞争之中。台联党是极端“台独”势力的代表,已经被边缘化和走向泡沫化。反分裂国家法的遏制对象,是极力推行“台独”和在实践“台独”方面起主要作用的民进党和台联党的骨干分子。

一、“台独”政策难以获得大多数民众认可

民进党早期的政治理想从某个方面来说,对整个台湾的民主化进程起到有力的推动作用。它提出的一些主张和政治理念,被有的学者称为民主社会主义理想。民进党提出的“民主、进步、清廉、改革”的口号,在国民党一党执政的情况下,在吸引民众,夺取地方执政权方面起到很大的作用,以致最终在2000年拿下台湾最高执政权,上台执政8年。

(一)民进党的能力有限

民进党上台执政虽然有一些偶然因素,但在2000年和2004年台湾地方领导人的选举中,陈水扁所获取的选票数量都大幅提升,说明当年台湾民众对民进党还是抱有很大希望的,希望通过民进党的努力来改善台湾的整体环境。民进党8年执政的实际情况表明,民进党没有能力改善台湾人民的生存环境,大多数民众

---

〔1〕 郑海麟:《两岸和平统一的思维和模式》,海峡学术出版社(台湾),2001年12月第1版,第140页。

〔2〕 郑海麟:《两岸和平统一的思维和模式》,海峡学术出版社(台湾),2001年12月第1版,第194页。

〔3〕 孙立平:《社会学导论》,首都经济贸易大学出版社,2004年2月第1版,第320页。

不会盲目追随他们。在政治上,他们搞极端化政策,一味挑衅中国大陆政策的底线,导致两岸关系恶化,最后走向穷途末路。在经济上,他们实行封锁政策,导致国际著名的一些商业团体纷纷退出台湾,进驻大陆,进而使台湾的竞争力逐步下滑,经济优势丧失,人民生活水平下降,导致生存环境恶化。民进党的快速堕落和集团性贪腐,埋葬了自己提出的民主、进步和清廉的漂亮口号。台湾人民终于清醒地认识到,民进党所谓的"民主、进步、清廉、改革",只不过是个别政客扛着民主的大旗谋取自己的政治利益、企图中饱私囊的伎俩,归根到底是少数人利用政党机器和支持者的善良谋取家族利益的手法而已。

(二)"台独"阻碍民进党发展壮大

2008年民进党丢掉执政权后,他们内部的一些人士开始反省"台独"的空间到底有多大,"台独"的前程到底能走多远。2012年1月14日,民进党推出的"总统"候选人蔡英文,在当天的计票结束败选后,一部分民进党人士提出民进党必须反省两岸政策,务实接受"九二共识"。我们只要仔细观察民进党的早期政治人物,就能发现他们都是主张两岸交流,坚持政治协商解决两岸分歧的,不希望两岸发生不必要的冲突,甚至战争。民进党是一种利益集合体。它的政治诉求,是代表的民进党少数骨干分子的利益。而这种利益就是在成本效益投入很少的情况下,获得最大的经济效益,满足自己从政和发展的基本资源。他们中的一些人会根据自己的政治判断和从政经验做出自己的选择。民进党内部并不是铁板一块,而是运动着的组织,同样会接受丛林法则,其言行会接受民众和时间的检验。当人民逐步认清民进党的本质的时候,他们就会做出理性的选择,不会认同和盲从民进党的"台独"愚民政策。民进党的领导人也认识到这种民意的倾向性,蔡英文在2012年1月的"总统"选举造势和宣传中,一度表现温和。虽然民进党没有明确表示放弃"台独"政策,但整个选举过程均以民生为政策主轴,没有操弄族群意识,没有主打"统独"议题,败选后冷静承认投票结果,优雅谢幕。比起陈水扁的激烈做法,蔡英文的温和理性受到各界好评。但如果民进党不承认"九二共识",继续坚持"台独"政策,民众就不会认同其理念,最终民进党就不会发展壮大。

二、"台独"政策会导致台湾社会分化

李登辉是"台独"政策的始作俑者。在他入主台湾政坛后,国民党政党路线发生变化,促进了政党本身的分裂,导致国民党力量衰落,"台独"势力抬头。

(一)民进党的正式政策有所调整

早期的民进党,在追求参政的考虑下,刚开始做出向"务实主义"靠拢的姿

态。1999 年 5 月 8 日至 9 日民进党在八届二次会议上通过了“台湾前途决议文”,首次在正式文件中以“中华民国即台湾”的方式,承认了“中华民国”的“国号”。民进党早期的这些做法,一方面标志着台湾岛内政治中出现了民进党向以李登辉为核心的政治势力靠拢,争取国、民两党走“台独”路线联手竞选的可能。但另一方面也说明民进党受中国大陆因素制约,在两岸关系上的立场趋于缓和,不得不对其原来所提倡的公开“台独路线”,以及其所倡导宣布独立“公投”主张做出调整。台湾岛内问题出现的这些变化,其重要性在于这一事实本身在相当大的程度上反映出台湾公众对待两岸关系的态度。大多数民众宁愿维持现状,而不愿采取任何过激或挑衅的行为。如果民进党继续推行“台独”政策,就会与国民党主张维持现状之间形成拉锯战,造成台湾社会分裂。

(二)“台独”将逼迫台湾人民做出艰难的选择

“台湾同胞对两岸的分裂和统一抱有复杂的心理。”[1] 正是因为这种复杂、多元、不确定的心态,使得多数台湾民众对于统、独问题难于即刻做出抉择,都在寻求一种缓冲,不要即刻面对的态度。于是“维持现状”的心态,很自然地被多数台湾民众所接受,成为台湾民众的主流心态。这种主流心态就是:既要维持两岸间“不统不独”的现状,又要求在政治、经济、文化等方面改善和发展两岸关系;既要反对“台独”的分裂走向,又要求在两岸关系中体现平等和尊严;既希望两岸早日实现统一,又对祖国大陆有种种疑虑和误解;有“台独”倾向的民众既希望台湾能够“独立”,又惧怕因此带来战争。但作者认为,台湾民众的这种心态并不是固定不变的,它会随着两岸关系走向、岛内蓝绿阵营力量对比以及国际势力对台湾问题影响力度的变化而变化,呈现出不确定性。民进党将“台独”作为施政手段的终极目标,就是要强迫台湾民众做出选择,必然导致民众认同产生分歧,激化岛内矛盾。

三、“台独”政策具有较大的欺骗性

在民进党执政时期,“台独”势力在总体上呈稳步增强的趋势[2]。在过去的一段时间,陈水扁反复无常、缺乏诚信、私心太重,加上家族集团性的贪腐,使他终于尝到被台湾人民抛弃的苦果。可见,政治人物必须具备诚信。诚信是人与生俱来的本质,如果一个人连诚信都做不到,它本身就不是一个正常的人。所以说,没有高尚品质的人尽管可以偶然得势,但绝对做不到伟大。随着陈水扁贪腐

〔1〕 宋春、娄杰:《论 1949 年后国共关系的实质与特征》,载《长白学刊》1994 年第 1 期,第 64 页。
〔2〕 唐永胜:《2004 年中国国家安全形势与战略》,载《参考消息》2004 年 12 月 30 日。

集团的倒台,“台独”势力急剧萎缩,走下坡路的速度大大超过人们的预料。究其根本原因,就是靠欺骗无法赢得人们的长久信任。2008年“大选”和“入联公投”的惨败是对“台独”势力致命性的重创。“台独”势力在日后一定时期里一蹶不振。以陈水扁为代表的一批“台独”中坚分子执政8年,大权在握,把一切蛊惑、欺骗、煽动和挑衅手段运用到了极致,把“台独”冒险推到了危险的边缘。民进党在台上的8年,对台湾人民来说如同一场噩梦。台湾人民已深切感受到“台独”是可怕的,是危险的,是不得人心。在可预见的将来,“台独”势力内部将很难出现像陈水扁等一类的“台独”领军人物。“台独”口号将不可能像过去那样蒙骗那么多群众,坚持搞“台独”的人也将难以重登执政舞台推行“台独”。“台独”运动将进入潜伏期。即使在政党轮替后会再次出现一些温和的“台独”健将,但中国政府在与民进党8年的较量与交手中,掌握了一些基本的规律,会适时调控其言行。

人是靠经验生活的。人们经历过陈水扁时代的这些事情,就会吸取经验教训,变得宽容、尊重平等、学会妥协,通过积极协商来化解各方的分歧,使各方利益获得相对平衡,使社会变得和谐。今后台湾发展的基本趋势会遵循这一规律前进,不会容忍少数政客继续欺骗下去。自称为民主典范的台湾的政党制度,参考了西方的政党制度,有其积极的一面。但我们放眼世界,很难发现有哪个西方国家的反对派能从政府的混乱中获益,甚至靠长久欺骗民众来获得认同。例如:在法国郊区发生骚乱的那个星期,希望在2007年当选总统的10多位法国社会主义者不是忙于提供解决问题的方案,而是忙于攻击政府和彼此攻击。政治已经从主要与资源相关变成了与认同和夺权相关[1]。在台湾同样,2009年8月8日台湾发生大水灾,国民党忙于救灾,民进党拿不出任何解决方案,却在狠命攻击国民党执政当局,不惜制造达赖到高雄访问的闹剧,进一步制造混乱。当这种民主体制把各种资源消耗尽之后,他们才发现自己慢慢衰退得毫无能力做任何事情,会迟早遭到人民的抛弃。历史已经证明,台湾搞“台独”如此,在2011年底深陷债务危机;在国会因债务上限谈判中表演“民主特技”的美国也会如此,欺骗人民将会遭到人民抛弃。

四、中国政府会适时对“台独”进行反制

民进党是靠权力压制带来的暴政推行“台独”政策的,本身就具有很大的局限性。一是“台独”发展方向暴露和公开化,导致台海危机日益变得严峻,它威胁

---

〔1〕《政党政治最后一回合》,载英国《金融时报》2006年11月19日。

到亚太大国的根本利益。受到威胁的力量将以不同的方式、从不同的方向显示意志和影响,钳制“台独”势力的发展势头,使以后上台的“台独”势力想搞更大的“台独”动作将难以施展和奏效。中国政府在台湾问题上的意志和决心是影响这种现实利益、决定台海局势发展方向的决定性因素,也是影响涉台各方和亚太各国利益的主导因素。二是从政党格局的发展趋势看,分裂势力的政治基础只会越来越小。台湾是选举社会,在选举问题上,如果处理不好,将会造成国民党公开分裂。国民党没有分裂的本钱。虽然现实是蓝营部分尾大不掉问题始终存在,但台湾民众会充分吸取2000年3月国民党分裂的历史经验教训,团结一致支持自己的候选人。2012年1月宋楚瑜再次参选“总统”得票率只有2.8%即是明证。不管投票结果如何,只要国民党不分裂,就会牵制“台独”势力的分裂行径。因为“台独”势力坐大是以打击国民党为目标,企图永久消除其在台湾从事“台独”的阻碍力量,但中国政府会站在自己的立场上,适时帮助国民党,反制“台独”力量。三是从中国政府的态度上说,在直接面对台湾民意的同时,中国政府对“如果出现‘台湾独立’或外国势力干涉中国统一的情况”绝不会“坐视不管”的坚定立场,对岛内分裂势力试图借“公投”挑战两岸关系、打破台湾现状的政治目的,从根本上进行了强力的牵制。国民党由于丧失了早期所坚持的“中国正统”,在政治上迫切需要使其政权“合法”。这就需要强有力的民意支持。国民党在台湾地区的政权的取得表面上看完全来自台湾地区人民,但实际上国民党会充分考虑中国大陆在“台独”问题上的反应和给台湾民众所施加的影响,从而会借重大陆的这种影响。

在两岸关系仍然为台湾政治中最重要关系的现实条件下,制造矛盾、破坏对话与谈判的政策,主张分裂所造成的两岸局势紧张的结果,只能突出台湾政治非理性的一面。这种情况使台湾人民可以更加清楚地看到,以陈水扁为代表的“台独”势力的目的,是想借助对“公投”的操作和外国干涉势力的支持,把台湾“合法”地与大陆相分离,迫使台湾人民对“统、独”做出“选择”。这种把台湾人民的利益当作抵押的独断行径,从根本上违背了台湾人民的利益。中国政府的坚定意志和顽强毅力,将是国家走向统一的关键因素。新加坡东亚研究所所长郑永年就说过:台湾“独立”动机的明显化会导致中国大陆统一动机的明显化,台湾利用民主机制来动员支持“独立的”力量,中国大陆则可利用民众的民族主义情绪来动员统一的力量,一旦将统一的力量动员起来,就必然对台湾和美国造成莫大的压力。

五、国民党上台对“台独”有一定牵制作用

由于台湾“民主化”进程本身不成熟，台湾政治中还很受个人意志的支配。在这种情况下，分裂势力欲打算借大选之机，割断台湾与中国大陆的关系，台湾“民选”中的个人影响和操作成分就有可能增强。

（一）国民党推动国家统一是其生存需要

从台湾的选举制度来看，不能排除后陈水扁时代“台独”核心的政治势力利用“台湾情结”影响选举、重新上台执政的可能。民进党会再次推行去国民党的政策。国民党予以反制，是政治斗争的现实需要，关系到国民党的生死存亡。国民党及马英九主政下的两岸关系在台湾仅有两种主流声音：一是“两岸关系物质化”，二是“强化台湾主体性”。这两种声音固然有其历史背景，但也有政治选择的需要。台湾有选举考量，政治人物多有随势逐流的倾向。如果台湾内部没有一股将两岸拉回“中国人”或走向“统合”的声音，两岸便可能愈走愈远，而未来要将这趋势拉回来的政治成本也必将更大。后陈水扁时代的民进党当局以“政治‘台独’为目标，政策‘台独’为手段”的基本路线也在继续，以等待外部因素的出现和配合。2012 年及以后两岸关系发展，应该就是三股力量（台、美及中国大陆）互动角力的结果。如果国民党不阻止民进党的此类“政策台独”作为，当其效果和能量累积到一定程度，使台湾人民在身份与主权认同的选择上，更多地背离中国而倾向台湾之后，倒过来就极可能成为美国松动和调整路线甚至自右线脱离的依据[1]。

（二）国民党的稳健政策会处理好与美国的关系

国民党与美国有打交道的历史，会在利用外国力量时吸取历史经验教训。在“台独”势力看来，中、美两大国之间的冲突对台湾是有利的。如果中、美关系紧密，台湾永远没有“独立”的机会。如果中、美两国交恶，那么台湾或许有可能得到“独立”的机会，这是台湾“独立”力量所期望的。然而这却是一种不切实际的理想预期，也不见得符合台湾的利益。这是因为，一旦中、美交恶，双方谁会赢得最后胜利是个未知数，但台湾必然能成为两大国交恶的牺牲品[2]。国民党在中国历史上对此感受最深，会充分吸取历史上的经验教训，采取稳健政策处理好与美国的关系，牵制“台独”势力的分裂行径。

（三）国民党追求稳定对“台独”具有一定牵制作用

“台独”最主要的问题，在于它与台湾民众的稳定、均富、民主的生活毫无关

---

〔1〕 石齐平：《2005 年两岸关系蠡测》，载澳门《新华澳报》2005 年 2 月 21 日。

〔2〕 郑永年：《台湾正在“诱发”中美冲突》，载香港《信报》2004 年 6 月 22 日。

系，是空中楼阁，只会造成台海局势剧烈动荡。现在台湾的乱象基本上是政治人物私心泛滥的表现。可以说“台独”是门好生意，但不会有好结果。中国大陆能做的是依据国家的大政方略搞好同国民党的关系，利用他们的稳健力量来牵制“台独”分裂势力，团结和接触民进党的一些进步人士，争取大多数，打击和惩治极少数“台独”顽固和骨干分子，揭露其分裂阴谋，遏制其分裂言行，促进祖国和平统一进程。

第四节　岛内因素对“台独”的制约

台湾岛内对“台独”牵制的最大力量，是维护台海稳定的台湾同胞，简称台胞。所谓台胞，是指现居台湾的各族同胞和居住在祖国大陆的台湾省籍同胞，或由台湾到国外定居、留学以及台湾当局派驻国外的工作人员。我们对台工作的主要任务，就是把既有区别又有某些共同需要和追求的台胞联合起来，最大限度地团结一切可以团结的力量，组成爱国大军，为完成祖国统一大业服务[1]。台胞通过表达心声、选举为广大群众谋利和推进台海局势稳定发展的政治人物，主导台海发展局势的走向，成为对“台独”势力进行强有力牵制的主要力量。

一、“绿色企业家”的转向使“台独”政策陷入困境

名人的伦理道德和政治倾向是影响台湾社会的最大因素。“绿色企业家”的转向使“台独”逐步失去支持力量，使“台独”政策陷入困境。曾经是“台独”势力的忠实追随者和民进党最大幕后金主的许文龙，在 2000 年 3 月台湾大选的关键时刻，站出来公开支持陈水扁，认为陈水扁是真正可以执行李登辉路线的人，对陈水扁捞取选票起到了重要作用。2004 年台湾大选中，陈水扁的财政后台老板仍然是许文龙，特别是在“3·19 枪击事件”中，陈水扁中枪后居然舍近求远，直奔许文龙开办的“奇美医院”就医，可见陈水扁对许文龙的信任。许文龙是受到国台办公开批评的“绿色台商”，他 20 多年前凭借经济上的优势来到大陆投资，一边利用大陆提供的各种优惠政策赚取大陆的钱，一边又利用从大陆赚来的钱在台湾支持李登辉、陈水扁在政治上从事“台独”分裂活动。他理所当然地被宣布为不受中国大陆欢迎的台商[2]。许文龙多年来在中国大陆大把赚银子，将赚

〔1〕 卢林：《台胞心理与对台工作》，载《大庆社会科学》1987 年第 3 期，第 24 页。

〔2〕 刘建兴：《评许文龙现象》，载《两岸关系》2005 年第 5 期，第 25 页。

到的钱拿回台湾支持"台独"的做法,被认为是"台独"的铁杆支持者。但形势比人强,可能是考虑到奇美集团在中国大陆的未来发展和良心的自责,在2005年3月25日,也就是由台湾当局主导、"台独"势力和民进党策动的抗议反分裂国家法 游行的前一天,许文龙发表了一篇700多字的"退休感言",认为"台湾、大陆同属一个中国,两岸人民都是同胞姐妹""最近胡锦涛主席的讲话和反分裂国家法的出台……我们心里踏实了许多……"〔1〕从人性的角度来说,每个人都不会在自己的既得利益上自愿让步,同时,有理性的人是追求利益最大化的人,许文龙是现实的,也是理性的。正是出于这样的考虑,作为企业家的许文龙认识到,中国大陆才是奇美的出路所在,奇美不过是台湾的缩影。利益是人们行为最主要和最直接的动力,同时也是人们所追求的目标,"人们所奋斗的一切,都同他们的利益有关"〔2〕,许文龙也不例外。当然像许文龙这样的"台独"金主和支持者还很多。事实证明,中国政府和人民的做法是正确的。"结交新朋友以左派为骨干,促进右派转变立场"〔3〕,目的就是用经济利益牵制岛内分裂势力,促进他们向温和的立场转化。

二、经济发展水平将严重制约岛内从事"台独"的力量

台湾的经济发展水平在严重依赖大陆的情况下,其从事"台独"的意愿和力量将受到严重制约。台湾在经济发展方面有着骄人的成绩,在蒋经国时代奠定了雄厚的工业基础。但李登辉错误地认为台湾的经济基础雄厚,而中国大陆底子薄、国力弱,无力遏制"台独"。于是,他将大量的资源用于民主建设,极力推行"台独",将蒋经国时代的积累经济基础用错方向,终究造成台湾的边缘化,使台湾人民生活水平普遍下降,生存环境恶化。

学界一般将现代台湾经济发展分为四个时期:

(一)经济恢复发展阶段

1952年至1963年是经济恢复发展阶段。这个时期台湾当局采取以进口替代为主、初级产品出口为辅的发展战略,大力发展劳动密集型轻工业,着重解决居民基本生活消费问题。为配合这一经济运行方式,台湾当局制订了"以农业培养工业,以工业发展农业"的方针,采取了一系列政策、措施。经过多年的发展,台湾经济基本实现了进口替代和初步发展,到1963年台湾工业总产值第一次越

---

〔1〕 刘建兴:《评许文龙现象》,载《两岸关系》2005年第5期,第24页。

〔2〕《马克思恩格斯全集》,第四卷,人民出版社,1985年版,第344页。

〔3〕 卢林:《台胞心理与对台工作》,载《大庆社会科学》1987年第3期,第27页。

过农业总产值,为台湾经济崛起奠定了良好的基础。

(二)经济"崛起"阶段

1964 年至 1981 年为台湾经济"崛起"阶段。这一时期台湾开始将内向型经济向外向型经济转化,采取"以贸易促进成长,以成长拓展贸易"的开放经济政策,以改进外汇贸易、放宽进口、鼓励出口、鼓励投资等方式,建立较为适宜经济发展的环境,从而创造了对外贸易快速增加、经济高速增长的效果,使台湾由一个落后的农业经济向工业经济转变。

(三)经济"繁荣"阶段

1980 年至 1999 年是台湾经济"繁荣"阶段。这一时期台湾制定了"自由化、国际化、制度化"的基本方针和路线,台湾经济持续发展,在经济转型和升级方面也取得了一定的进展。

(四)经济持续低迷阶段

2000 年至今为台湾经济持续低迷阶段。2000 年 5 月民进党上台,时值台湾经济从 1998 年的谷底转入上升通道,2000 年第三季度经济增长率达 6.7 %。然而第四季度经济增长率猛跌至 3.82 %,此后跌势一发难以遏制。2001 年经济负增长,达 -2.2%;2002 年经济增长率 3.6%。2003 年由于国际经济大环境转好,台湾经济也有望复苏,但 2003 年经济增长率实际为 3.24%,未达到年初预测值,而且这个增长是在对大陆出口强劲的带动下实现的,其内部其他主要经济指标仍没有多大好转。

据统计,1951 年至 1960 年台湾经济增长率为 8.0%,1961 年至 1970 年台湾经济增长率为 9.6%,1971 年至 1980 年台湾经济增长率为 9.7%,1981 年至 1990 年台湾经济增长率为 8.14%,1991 年至 1999 年台湾经济增长率为 6.41%。可见,台湾经济的发展及其基础奠定于两蒋时代,即独裁专制时代,而不是所谓民主政治时代。西方式民主政治对台湾经济发展的阻碍显而易见,台湾乱象是过度放任民主化和市场经济高度扩张的结果。

经济萎缩将使"台独"失去物质力量支持。在经济持续低迷、税收大量减少的情况下,当时的陈水扁当局财政开支并没有相应减少,而是采取"寅吃卯粮"的支出政策,造成财政赤字居高不下。2000 年出现 1800 亿元(新台币,下同)的财政赤字,2001 年、2002 年财政赤字上升到 2500 亿元左右,2003 年财政赤字仍有 2381 亿元。2004 年台湾收入增长 2.4 %,支出增长 3.9 %,支出是近年扩张幅度最大的一年,且高于经济增长率,因而财政赤字比 2003 年增 13 %,高达 2600 亿元。在收入减少、赤字扩大情形下,为维持庞大开支,陈水扁当局大行举债,使台湾债务不断攀高。2000 年国民党政权移交时,台湾的债务余额为 2.36 万亿元,2001 年债务增加 3500 亿元,2002 年增加 2000 亿元,2003 年增加 3100 亿元,2004 年度增加 2200 亿元,短短 4 年债务增加了 1.08 万亿元,相当于国民党执政几十年债务的一半。

台湾经济年增长率大幅下降到 3% 左右,主要经济指标由四小龙之首沦为末尾,并在东亚地区经济发展格局中出现"自我边缘化"的迹象。当局债台高筑,累计负债高达十兆多新台币。岛内政局动荡不安,族群矛盾激化,失业率居高不下,社会分裂与贫富分化加剧,民众痛苦指数屡创新高,每年自杀者高达四千多人。台湾因经济发展水平下降导致生存环境恶化,同时也使"台独"失去重要的物质基础,使其发展势头得到制约。

三、台湾社会对"台独"没有信心

李登辉错误地把蒋经国在 70 年代确立的台湾民生建设方针转移为民主建设,他在 1996 年成为民选领导人后,把主要思想和精力完全转移到没有任何实质意义的民主进程上,导致台湾逐步走向边缘化。

(一)台湾的民主没有核心价值

民主建设必须要有一定的依归,比如法制、官僚体制等相关具体项目。而李登辉却在 1999 年将台湾引向"两国论",使得两岸必须要对"统"和"独"做出具体表态。任何民主一定有一个核心价值,如在美国,其核心价值就是多元种族的融合。而台湾的民主发展却变为内斗和"台独"。台湾民众已清楚地认识到"台独"不会在台湾有结果,也不会相信台湾能"独立"。台湾知名媒体人黄创夏在自己的博客中发表《"台独"是门好生意》的文章,该文章认为聪明的政客当然会知道,越是"高姿态"抗拒两岸的合理与正常往来,往往可以得到"超额利益",要高喊"本土"与"台湾"越是表现"反中国",才会撩拨起中共的"征服欲"。台湾本身存在有许多"岛内喊'台独',大陆反'台独'"的"两面人",他们的意志力和执行力是大打折扣的。也就是说,连民进党自己的一些人都对"台独"都没有信心,所以,虽然台湾的一些政客在台湾本土极力推行"台独"政策,但台湾的大多数民众也不会相信"台独"能成功。

(二)"台独"政策得不到国际社会的认可

"台独"在台湾虽然有一定势力,但其处境是势单力薄,因此,台湾的有些政客一心想引起国际社会的关注。2002 年 8 月 5 日,台湾前"行政院"院长游锡堃在位时,在访问中美洲途经美国时称:中国大陆是世界乱源。游锡堃这样的用意相当明确,无非是想让世界知道,影响世界和区域稳定的源头不是从事"独立"运动的台湾政治力量,而是意在统一的中国。但海外媒体的看法是:因为近来台湾方面"独立路线"明显化,才导致了中国大陆统一路线的明显化。"台独"的结果就是战争,这不仅会影响到其他国家和中国的正常经济贸易和政治关系,还会迫使这些国家在美国和中国之间进行艰难的选择[1]。国际社会在中国国家主权完整和统一的问题上,是看中国的态度而定,不会被"台独"分子所蒙蔽,也不会认可和公开支持其立场。

四、国民党有反"台独"的文化传统

国民党的文化传统是反对"台独"。辛亥革命爆发后,帝国主义列强提出"划中国为二",实行"南北分治",甚至以此作为承认外交关系的先决条件。对此孙中山痛斥道:"不,那不行!我国人民的情绪是一致的。"[2]"我们推翻清朝,承继清朝的领土,才有今天的共和国。为什么要把向来统一的国家,再来分裂呢?"[3]

(一)国民党早期的法制传统维护国家统一

在《临时大总统宣言书》中,孙中山大力倡导汉、满、蒙、回、藏五族共和,"五族一家,立于平等地位"。在随后颁布的《中华民国临时约法》中又明文规定"'中华民国'人民一律平等,无种族、阶级、宗教之区别",号召各族人民"同心协力,共策国家之进行"。这反映了孙中山促进民族团结,巩固统一的真诚愿望。孙中山对英、俄加紧侵略我国西藏、蒙古地区保持高度的警觉,坚决反对西藏、蒙古地方的分裂主义倾向,并认为"此次蒙、藏离叛,达赖活佛实为祸首"。这是国民党牵制岛内"台独"分裂势力的法制思想基础。

(二)国民党和中国大陆都会抵制暴力分裂活动

近年来,"藏独"和"疆独"势力采用血腥手段制造惨案。对此,台湾中评社发表快评指出,"藏独"与"疆独"势力已经转变为暴力恐怖组织,经常闹出人命大案。对于"藏独"势力与"疆独"势力,中国大陆人民恨之入骨。然而,高雄市在陈菊主导下,执意要建成"藏独"势力与"疆独"势力的活动基地,甚至邀请"藏独"和"疆独"势力到高雄活动,危害台湾的经济发展环境。高雄市是台湾的重要城市,要发展经济,不能以宣传"独立"和分裂势力为手段,纵容和支持暴力活动,否则台湾人民会全面抵制民进党的"台独"政策。同时,国民党为维护台湾的整

---

〔1〕 郑永年:《围堵"台独",还是被迫"统一"》,香港《信报》2004年8月31日。

〔2〕《孙中山全集》,第二卷,中华书局,1982年版,第140页。

〔3〕《孙中山全集》,第九卷,中华书局,1986年版,第304页。

体发展环境，会在经济和文化上对民进党的暴力行动进行揭露和抵制，反对他们从事“台独”暴力活动，监督和推动民进党走温和文明之路，让民进党的支持者变得更加理性。近年来，中国大陆游客到台湾时，经常绕过高雄，自觉抵制高雄支持分裂势力的行为。民进党的一些政客经常发表一些怪论，说是中国政府在指导游客抵制高雄。其实民进党根本就不了解中国大陆人民。这种爱国情绪不需要政府机构指导，任何有血性的中国大陆游客都会自觉抵制“台独”暴力活动，放弃到高雄市观光和投资。只要民进党不放弃支持“台独”暴力活动，大陆人民就会对民进党中的一些“台独”顽固分子在高雄鼓动暴力分裂活动的行为进行抵制。所以，不要怀疑大陆游客抵制高雄市支持“台独”的决心。

（三）马英九上台对“台独”具有牵制作用

马英九在2005年10月发表纪念台湾光复六十周年的文章时，就表露其政策心迹。在该文中，马英九称，“中华民国”民主政治的成功必然体现在国民党在某一时间点因和平选举而下野，又在另一个时间点因和平选举而重新执政。台湾领导人尽管受到的是美国的民主教育，但其具有的应该是左翼思想，爱护台湾民众[1]。自蒋经国之后，台湾历任领导人基本都具有左派思想，但却都在权力的迷思下发生了转向。现在马英九的基本思维模式也应该是左派思维，而下面的官员和党派基本上都是右派加利己思维模式，“台独”也是这些人的备选。因此，马英九面临的挑战依然巨大，他只有坚持和传承国民党打击和强力牵制岛内“台独”势力的文化传统，才能发展和壮大国民党。不然在民进党去“中国化”的运动中，国民党会失去一切。

在民进党执政时期，为了扩大自己的势力，打击对手，民进党污蔑国民党为外来政权，不是本土人执政，不惜喊出“割喉割到断”的口号，使国民党尝到再次丢失执政权后任人宰割苦果。作为国民党政治精英的马英九感受最深。他在2006年7月访问日本时说：“我喜欢吃生鱼片。”在谈到日美安全同盟问题时，马英九表示同华盛顿和东京结成联盟未必符合台湾自身利益，从而强调了他保持两岸关系的决心[2]。2008年3月马英九成为台湾当局最高领导人，各方观点不一。当时还是台湾执政党——民进党秘书长的林佳龙指出：如果国民党主席马英九当上“总统”，台湾的对外政策将会变得亲华反日[3]。事实证明，国民党拿

〔1〕 马英九：《纪念台湾光复一甲子——重温先贤典范再造台湾精神》，载《中国时报》2005年10月25日。

〔2〕《媒体关注马英九访日》，中央社东京2006年7月10日电。

〔3〕《日美台安全对活，合作应对中国“威胁”》，载日本《产经新闻》2006年6月21日。

回执政权，稳定了两岸局势，有力地牵制了“台独”的发展势头。马英九 2012 年 1 月的连任，稳定了这一趋势。

五、台湾现行的法律基础是维护国家主权统一

法治代表的是秩序文化，程序文化，正当文化，正义文化与公平文化[1]。台湾大量的历史事实和权威性法律文献表明，台湾岛内涉及国家统一和对大陆政策的现行法律、法规，均明确承认台湾和大陆同属于一个中国，同时也都明确无误地肯定了促进国家统一是两岸中国人的共同责任。民进党代表的是台湾政治中最极端的一面，它的群众基础有限，它的政治主张只是一种虚幻的空想主义理论，将其付诸实践只能制造混乱。在求和平、求稳定、求发展的主流民意面前，只会增加民进党支持者的非理性，为少数人制造混乱提供口实，没有程序和正义可言。因此，依据台湾自己的法律文件，“台独”分裂活动在台湾是非法的[2]。

六、道义的争夺将使民进党失去群众基础

民进党进行“台独”的另一种方式就是争取法律为“台独”护航。陈水扁当局已经通过修改“宪法”和法律为“台独”谋求活动空间，“宪法”和法律已成为“台独”分子谋求“台独”的工具和幌子[3]。

(一)反对“台独”具有道义优势

政治与法律的最大区别在于，政治的主要特征是非程序性和非理性，而法律要求人们服从合乎正义和理性的规则。从探寻人类政治文明的发展规律可知，政治问题法律化是人类社会发展的必然趋势，也是人类政治文明成果的结晶。今天的岛内民意代表依法反对“台独”，就是对“台独”法律化的进行反制的必然反映，是“台独”势力逼出来的，将构成对“台独”分裂势力强大的牵制，也是一堵道义之墙。

(二)民进党没有正当的价值观念

民进党的价值观念不是是非决定成败，而是成败决定是非，成功就有力量。2008 年 11 月 13 日，台湾东森新闻的评论认为，目前更为迫切的是应向“陈水扁贪腐集团追讨民主异化的旧债”。民主政治不是以人民为名的野蛮霸道政治。然而，不幸的是，台湾的泛绿政治就是这样的“伪民主”政治。它靠挑起对立，煽动仇恨，制造假记忆，用各种诡词来惑乱人心等为政治筹码。由于这种恶劣政治

---

〔1〕 曾哲:《中国和平崛起正义论》，载《时代法学》2007 年第 4 期，第 13 页。

〔2〕 邱列、郭海清:《两岸关系法理定位宜采“兄弟说”不可用“恋爱说”》，载《法学》2005 年第 6 期，第 86 页。

〔3〕 周叶中:《台湾问题的宪法学思考》，载《法学》2007 年第 6 期，第 41 页。

是以投票的形式表达，遂好像有了合理化的基础，但“民主”真的是这样狭窄吗？“政治本质虽是丛林，但还是有一套人情义理在支撑着。”[1]如果“民主”没有高素质的人品，良好的领导，以及一颗肯负责任的心，投票的野蛮与拳头的野蛮又有多大的差别？[2] 这与人类追求真善美的良好愿望是背道而驰的。

（三）反分裂具有正义优势

从国际社会角度来说，反分裂促统一是一项正义的事业，也是符合人类进步事业的事情，具有正义优势。在全球化的今天，尤其是美国，遇到的问题会更多。中国大陆和美国在某种程度上既可以直接对话，又可以以实力对抗。美国围堵中国的政策已经不太有效，台湾在地缘政治中的地位已经完全丧失，国际上支持“台独”的力量就难以形成大气候，也将是失道寡助。这种形势必然影响到岛内民众的观感和选择，不会盲目追随“台独”，会认可大多数人的观点，支持具有正义优势的一方。

第五节 中国政府的法律使“台独”成为禁区

中国政府对“台独”言行，一直以来都是采取积极抵制和坚决反对的态度，目的就是抵消“台独”的消极影响和对国家统一事业的危害，促进祖国和平统一进程。“台湾未来的生存发展出路在大陆，这是包括广大台商在内大多数台湾同胞的共识。”[3]从政府文件来看，有 1979 年全国人大的《告台湾同胞书》，1988 年和 2000 年的两份《台湾问题白皮书》。从国家的对台政策来看，经过国家领导人在 20 世纪七八十年代陆续出台的“叶九条”“邓六条”和九十年代的“江八条”，21 世纪初期的“胡四点”，以及 2013 年 3 月习近平同志提出的“四个坚持”。中国政府和中国共产党领导人面对变幻不定的台海风云，不断引导台湾岛内局势的发展方向，有力地回应着岛内岛外种种破坏祖国统一的言行，实践并发展着“一国两制”的伟大构想。

一、促成国家统一符合两岸民众的需要

通过 8 年的观察，民进党及其所代表的“台独”势力，出于一党之私，为了谋求自己的政治利益，逐步推行实质“台独”，导致期盼国家依法遏制和打击“台

[1] 香港凤凰网：2006 年 10 月 20 日消息。

[2] 南方朔：《台湾人一点也不笨》，载香港《明报》2004 年 12 月 13 日。

[3] 彭光谦、王卫星：《“台独”是中华民族的公敌》，载《瞭望新闻周刊》2009 年 6 月第 25 期，第 22 页。

独”成为全民共识。台海两岸的主流民意是求和平、求发展、求稳定。国家在台海两岸施政的基本原则,就是顺应和遵循民意,并通过立法程序,将这种民意上升为具有强制力的法律,以满足两岸人民呼唤统一的需求。

(一)反分裂国家的核心价值是维护和平稳定

《反分裂国家法》通过后,岛内的有识之士明确指出,《反分裂国家法》的用意是在于维护国家的和平统一,彻底断绝少数“台独”势力的痴迷梦想。其实,仔细研读一下《反分裂国家法》,全文不足千字,4/5 的篇幅表述的是我国和平统一的对台方针、政策以及实现和平统一的可能途径和策略。《反分裂国家法》10 项条款中,有 7 条内容规定的是解决台湾问题的和平方式,其中第六条提出了发展两岸关系的 5 个“鼓励”,第七条提出了 6 个“可以谈”以及切实保护台湾同胞的权利和利益。仅这两条就有近 400 字,几乎占到了该法全文字数的一半。而涉及“非和平方式”解决台湾问题的表述虽然也是两条,但比较简短。从中可以看出这部法律,是一部表达善意和诚意的和平之法。这些问题,也始终见诸台湾岛内现行的规定和政治文件当中[1]。在岛内历次大选中,民进党都因其激进的“台独”路线票数很难过半。这是岛内民意维护和平稳定最直接的表现,也是反分裂国家法的核心价值。

(二)“台独”走不过法律这道关

从中国大陆的立场来说,反分裂国家法为“台独”划定了一个禁区,它走不过这道关。从台湾岛内来说,“台独”要想在法律上过关更难。据 2001 年 4 月 11 日英国《金融时报》统计,在陈水扁执政一年后,台湾民意对两岸统一的态度出现了微妙的转折,支持统一者明显增加,而赞同中国共产党“一国两制” 的人数也从 2000 年的 9.3% 增加到前所未有 16% 的[2]。此外,民进党执政还面临着一个严酷的现实,在作为台湾政治体系中心的“立法院”中只占少数。台湾的“立法院”是由民众选出的民意代表组成的,一些“台独”法案无法获得立法院的许可和同意。所以,台湾“立法院”将成为制约民进党制定“台独”政策的重要力量。当然,不可忽视的事实是,台湾地区有部分高级知识分子,尤其是法律学人,在统独问题上态度十分暧昧,一部分人甚至甘当“台独”分裂势力的马前卒,利用其学识,或为“台独建国”寻找所谓理论基础,或为“台湾法理独立”出谋划策。“由于这些理论常常处于法学辞藻的包装之下,因而不仅法学素养不高的人难以察觉,

---

〔1〕 王卫星:《“台独”欺骗民众的四大骗术》,载《中国国防报》2005 年 3 月 22 日。

〔2〕 孔朝霞:《影响海峡两岸关系因素的分析》,载《长春市委党校学报》2001 年第 6 期,第 59 页。

甚至连一些法学专家也难以看清。"[1]这样容易导致一般民众认识上产生混乱，误导民意。因此，我们应积极运用法学理论和法律知识，分析"台独"活动的法律属性以及法律活动的"台独"属性，研究"台独"活动所涉及的法律制度，"台独"活动所需经过的"法定程序"，"台独"活动在法律上的可能性与现实性等运作机制问题，有针对性地揭露所谓这些"台独"法学理论的虚伪性和欺骗性，引导正确的民意诉求，推动民意向正确的轨道运行，促进祖国和平统一。

(三)中国要实现现代化就必须要实现国家统一

对作为发展中国家的中国而言，不尽速实现现代化，不仅无法强国富民，反而可能无法实现国家统一。近现代中国社会中的先进分子、仁人志士甚至普通民众，从对科学、理性、进步观念的信仰及其对社会黑暗现实的憎恶、愤怒、挫折与失败感出发，是很容易形成一种要求加快现代化建设的"现代化"。但从他们切身的生活体验中，也会感到"新"的、"洋"的(诸如物美价廉的"洋货"等)事物多半是有益的，也就会逐渐认同清末以来日益增长起的那种"偏重当代"的观念。因此，我们可以认定：一百多年来中国的"民心"，实际上是一种具有现代化导向的"民心"，就是保持国家和社会的稳定，实现国富民强和国家统一。

二、反分裂国家法宣布台湾分离祖国为非法行为

《反分裂国家法》的颁布实施，"等于宣布了国家的权力禁区"[2]。国家本身没有允许台湾分离的权利，只有推进和维护国家完全统一的义务，也是一种神圣的责任。而"台独"势力假民主之名行分裂之实，就触及国家底线，构成非法行为。

(一)国家将捍卫主权和领土的完整性

反分裂国家法之所以冠名《反分裂国家法》，而不是"国家统一法"：一是"统一"指的是中国领土主权完整意义上的统一，而不是中华人民共和国政府对中国所有领土行使统治权意义上的统一；二是"国家统一法"的前提是分裂，因为有分裂才需要统一，而反分裂国家法的前提是统一，维护统一才需要反分裂。反分裂国家法反的不是目前台海分治的现状，而是"台独"势力把台、澎、金、马从中国分裂出去成为一个新国家，彻底否认"一个中国"原则，否认台湾是中国的一部分。这一意图反映在该法的许多条款中，如第一条规定了立法的宗旨：为了反对和遏

---

〔1〕 周叶中：《论构建两岸关系和平发展框架的法律机制》，载《法学评论》(双月刊) 2008 年第 3 期，第 8 页。

〔2〕 张文显：《法理学》，北京大学出版社、高等教育出版社，1999 年 10 月第 1 版，第 191 页。

制“台独”分裂势力分裂国家,促进祖国和平统一,维护台湾海峡地区和平稳定,维护国家主权和领土完整,维护中华民族的根本利益。第二条规定:台湾是中国的一部分。国家绝不允许“台独”分裂势力以任何名义、任何方式把台湾从中国分裂出去。第8条规定:“台独”分裂势力以任何名义、任何方式造成台湾从中国分裂去的事实,或者发生将会导致台湾从中国分裂出去的重大事变,或者和平统一的可能性完全丧失,国家得采取非和平方式及其他必要措施,捍卫国家主权和领土完整[1]。

(二)反分裂国家法赋予国家制裁违法行为的权力

反分裂国家法赋予国家以非和平措施制裁“台独”势力的法定权利和义务。非和平措施是不得已的选择,在和平方式的潜力没有用尽之前,决不可轻言“打”字。中国政府应采取的态度是:我们应保持对台湾当局应有的压力。原因之一就是以出动数万、数十万大军,消耗大量人力、物力、财力演习的办法对付李登辉之流的一通言论,这种警告固然有力,但从长远看成本太高。台湾是一定要统一于祖国的,但在和平方法没有穷尽、和平潜力没有用尽之前,不会动用“打”字。我们知道,在所有影响台湾事务的外部因素中,美国是最重要的因素。美国不仅干涉台湾事务,而且卷入很深,是两岸统一的关键因素。不管采用何种方式,美国的干涉是必然的,只是方式和强度问题。所以,中国政府在采取非和平措施制裁“台独”分子时,会充分考虑美国因素。更重要的是,在今后的两岸关系中,中国大陆应进一步丰富对台工作的战略思维,打破以往那种“台湾当局挑衅—大陆批判加演习—缓和—再挑衅—再批判加演习—再缓和”的被动模式,打破“台湾当局以金钱拉拢小国变节使之承认台湾—大陆与之断交或设法以经济援助使之与台断交—台再拉—大陆再压”的被动模式,应确立大陆主动的大国模式[2]。台海局势稳定时,只进行和平的交往策略,而在严重违反反分裂国家法的行为造成台海局势剧烈动荡时,就应依法采取“非和平”制裁措施,惩罚其违法行为,追究其应当承担的法律责任。

(三)维护国家主权完整具有明确的法律依据

作为一个大国,中国应有充分的自信心坚信,只要中国大陆不承认台湾“独立”,台湾任何时候也不能“独立”;只要中国不承认台湾“独立”,任何大国都不

---

〔1〕 尹生:《分裂·干涉·主权——〈反分裂国家法〉的国际法分析》,载《当代法学》2006年第1期,第129页。

〔2〕 叶自成:《战与和交给台湾当局选择》,载《环球时报》1999年10月22日。

能压服中国做出放弃统一台湾的决定。也就是说,在台湾问题上任何势力给中国人民施加压力,都是反分裂国家法不允许的。统一需要一定的时间,时间的延长虽然充满变数,但这种变化不一定对中国多么不利,时间就是答案,如"东突国"的例子就是很好的说明。新疆在其自身的发展进程中,曾经历了无数次区域性动乱,但从来没能从祖国大家庭中分离出去。在20世纪,想把新疆从中国分裂出去的国家不止一个两个;新疆内部想搞独立及想以宗教立国的,也不止沙比提及霍加尼亚孜一两个人。他们都是利用新疆动乱之机大肆活动,然而他们都失败了,这是为什么?最根本的原因就是新疆这块领土本来就是中国领土的一部分[1]。一个主权完整的中国在历史和现实中有一系列的法律支持和确认,是得到全体中国人民拥护和绝大多数国家支持的,也获得国家强制力的有力保障,不是谁想分裂就能分裂的。

三、国家将依法遏制和打击"台独"

法学研究的是一种制度,或者说是一种批判,方法就是将权利、义务、责任给社会进行配置,并给予合乎法理的解释。在最佳的配合点上,找到一个均衡点,使双方都能接受,从而达到稳定社会关系的目的。

(一)依法引导利益变动的方向

研究反分裂国家法目的,就是把权利和义务配置到台海社会生活中去,在权利义务合理配置的基础之上,对法律自身的含义做出解释,以引导利益的发展方向。任何一项法律制度都是人设定的,在设定这项制度的时候,它要考虑这项制度所发挥的作用,同时要做出合符法理的解释,将法律本身的意义变成实践中的指南。因此,法理学认为,法律文本是一个有着内在完整结构的和谐统一的体系,每个词语和句子都不能和整个文本相冲突。在解释某个词语或句子的意义时,应选择其与整个法律文本相一致的意义。对反分裂国家法的解释也是一样,目的就是实现立法预期,把握台海局势的发展方向。

(二)树立明确的利益路标

人性如水,制度如渠。《反分裂国家法》的出台就是为失序的台海局势设定发展方向,终极目标就是"促进统一利益最大化,限制'台独'利益最小化"[2]。反分裂国家法以平衡各方利益为杠杆,规定人们企求的一种愿望和期待。依历史唯物主义论和社会学的观点,满足即被当作人们需要的实现,进而又是需要的

---

〔1〕 张冽:《"东突国"闹剧70年》,载《环球时报》,2004年3月17日。

〔2〕 张文显:《法理学》,北京大学出版社、高等教育出版社,1999年10月第1版,第225页。

起点和契机。追求利益是人类最一般、最基础的心理特征和行为规律,是一切创造性活动的源泉和动力。中国共产党是人类社会最先进的政党,自身所肩负的使命就是实现全人类的解放,为绝大多数人谋利益。冲突是危害秩序的根源,有冲突就有动乱,一有动乱就会损害大部分人的利益。"台独"分子追求的是极个别私心欲重的政客的利益,它是和大多数人谋求和平发展、维护稳定的利益是背道而驰的。所以,划定秩序,确立路标,维护利益就是反分裂国家法的基本的选择。庞德就认为秩序的标志就是"合作本能"与"利己本能"之间建立并行状态,而要维持这种秩序,则必须以"社会法律"取代过分强调个人权利、自由的法律[1]。对于长期以来的台海局势来说,一种稳定的秩序就是最好的利益路标。

(三)国家道路将遵循人民的选择

从中国近代史来看,1840 年以后,中国长期积贫积弱,人民生活每况愈下,昔日先进强盛的文明大国、文明古国,在西方列强侵略下日渐沉沦,中国社会日益衰败化、边缘化,战乱不已、民不聊生。处于大规模的社会解体和文化解体过程中的中国,与现代化强国之间存在着日渐明显的强烈反差。所有这一切,都可以归结为两点,其一是缺乏强有力的国家机器,其二是没有发达的民族工业。这实际上是一个现代化发展迟滞的问题[2]。归根结底,是民族意志不统一,人心涣散的结果。"政治法律制度的选择,是由执政党及国家的统治者做出的慎重举措。"[3]《反分裂国家法》的出台有国家决策层的宏观思维,有专家学者的科研成果,也有来自基层民众的强烈呼唤,还有海外中华儿女的殷切期盼,是全世界中华儿女共同心愿。中国通过颁布法律对台海局势进行控制,已经成为人类政治文明发展的标志性成果,是综合各种因素的选择,也是对民意的认可和尊重。

(四)民意基础是整合国家的重要力量

中国现代化进程必须依靠国家机器的组织、动员与整合力量,以及社会精英的强力推进才能够加速发展。概括而言,拥有广大人民群众的信赖、拥护和支持,是中国的任何一个政党或政治力量取得或是维护政权的政治合法性基础。要获得这样的基础,必须为广大民众谋利益并能够改变中国积贫积弱的不发达状态,加速现代化发展的强国富民的必由之路。中国现代化进程迫切需要政府

〔1〕 张文显:《法理学》,北京大学出版社、高等教育出版社,1999 年 10 月第 1 版,第 225 页。

〔2〕 奈特·毕乃德:《现代化与近代初期的中国》,载 C. E. 布莱克编,杨豫 陈祖洲译《 比较现代化》,上海译文出版社,1996 年第 1 版,第 212 - 232 页。

〔3〕 程鸿勤:《试论抗战时期的"一国两制"——论国共合作的法制基础》,载《北京政法职业学院学报》2005 年第 3 期,第 39 页。

的参与，主导与推动。在这种情况下，对 21 世纪中国的主要政治力量，特别是国、共两党而言，"民心向背"就集中体现为能否推动中国现代化进程加速发展上。只有具有鲜明的现代化导向，能切实推动中国现代化进程的政党和政治力量，才会赢得民心并进而"得天下"，还能确保长治久安。而迟滞、阻碍乃至反现代化的政党或政治力量，则会逐渐丧尽民心，即使其原来拥有强大的政权，最终也必定保不住。最好的办法就是认识台海两岸的发展规律，认可和尊重两岸民众的整合国家的共同意志，并将这种意志上升为法律，成为人们共同遵守的行动准则，凝聚和整合国家和平统一的民意基础力量。

（五）依法构建两岸和平发展机制

反分裂国家法是民进党执政时期混乱的台海局势急需的一项法律，是对法律制度变化的需求的满足，立法安排和制度创新超过预期，构建了一个两岸和平的发展的法律框架。从制度成本效益角度分析，这是一项值得充分肯定的制度。"该分析框架的逻辑是，一旦对于行为者来说创立和利用新的制度安排的净预期利益为正时，他们就会要求有这种新的安排。这里的观点是，某个人或者某群人，他们的预期利益总是超过预期成本〔1〕。反分裂国家法适时出台，对稳定台海局势起到积极的作用。有专家曾说，它胜过千军万马，它维护了国家利益，稳定了台海关系，这就是最大的利益。反分裂国家法是调整两岸关系和平发展过程中各种事务的法律规范、法律制度和法律运行的总称。它的创立，有利于确立一套良好的法律运行机制，有利于落实寄希望于台湾人民的方针。因为台湾人民是我们的血肉同胞，是促进两岸关系和平发展的重要力量，也是反对和遏制"台独"分裂势力分裂活动的重要力量，是推动这种机制健全和完善的基本力量。推动台海两岸关系的和平发展，促进国家和平统一进程一步步向前进，就是国家和人民最大的利益。

（六）非和平手段是制裁"台独"的重要砝码

"和平统一的主张必须要靠强大的军事力量和正确的战略设计来保证。"〔2〕而反分裂国家法则是这一战略的重要支柱。在台海发展局势上，中国政府明确宣布了两点：一是一定要加速实现中国军事现代化；二是绝不容忍"台独"。这是中国领导层决定的重大战略方向，是战略资源集中方面的重要变化或改进，或者

〔1〕 李声炜、王哲：《法律制度的需求层次、博弈及路径分析》，载《河北法学》2004 年第 5 期，第 116 页。

〔2〕 周建明：《台湾，要害在于国家化》，载《环球时报》2000 年 3 月 10 日。

说重大创新。遏制“台独”绝不手软,道理很明显。如果自己的核心利益不能表达,就必然被别人所表达;国家核心利益不用法律去维护,就会造成国家主权分裂的局面。所以,强有力的国家组织动员力量和强大国防力量是随时依法遏制和打击“台独”分裂势力及骨干分子的重要筹码,也是悬在“台独”分子头上的一把利剑。

(七)国家将依法制裁“台独”违法行为

“国家的长治久安需要法律作保障。”〔1〕“台独”势力推行“台独”活动、实施“台独”行为,给台海和平带来严重危害,直接威胁中国国家主权和领土完整,威胁亚太地区的和平与稳定。“台独”势力及其骨干分子的行为成为扰乱民心,制造混乱的主要因素。为了维护国家的核心利益,恢复社会心理秩序,国家及时依法颁布了《反分裂国家法》,设定台海关系的路标和红线。所以说,“在近代世界,法律成了社会控制的主要手段”〔2〕,目的就是在法律上定义国家的主权和领土是完整的,分裂国家就是违法的。反分裂国家法虽然默认两岸暂时分治,但已达到在台海两岸“定纷止争”的作用,使“台独”分子“令人知事”,以“实现社会控制”等目的。中国对台湾拥有主权,也拥有管辖权。立法反分裂是国家对台湾拥有主权的具体体现。同时,国家对台湾问题有充分的管辖权,有针对台海局势进行立法的权利,有依法打击和遏制分裂国家行为的权力。它确立了一种评价尺度和标准,在制定的时候就明确了它的空间效力。如果“台独”分子触及法律边界,国家将在主权范围内依法行使制裁权。

四、反分裂国家法符合国际法基本原则

反分裂国家法是中国捍卫国家领土和主权完整的必然选择。国家主权原则是现代国际法和现代国际关系的核心基本原则。陈水扁上台后,通过各种形式大搞分裂活动,妄图把台湾从中华人民共和国的领土分裂出去。这是包括台湾同胞在内的全中国人民所不能接受的。维护国家主权和领土完整,是我们国家、民族的核心利益。《反分裂国家法》通过以后,中国外交部驻港特派员就指出,反分裂国家法是“台独” 势力逼出来的,是包括台湾同胞在内的中华儿女捍卫国家主权和领土完整的必然选择〔3〕。

---

〔1〕 张文显:《法理学》,北京大学出版社,高等教育出版社,1999年10月第1版,第195页。

〔2〕〔美〕罗斯科·庞德:《通过法律的社会控制》,商务印书馆,2008年11月第1版,第9页。

〔3〕 尹生:《分裂·干涉·主权——〈反分裂国家法〉的国际法分析》,载《当代法学》2006年第1期,第130页。

(一)反分裂国家法确认了国际社会普遍承认的“一个中国”原则

1949年10月1日,中华人民共和国的成立,改变了整个亚太战略格局。次日,苏联政府即予以承认。到1950年3月,在盟国管制日本的最高决策机构远东委员会的13个成员国中,已有6个承认了中国共产党政权,其中包括美国在国际社会中的主要合作伙伴英国(英国是1950年1月6日承认新中国的)[1]。在世界上,联合国是当今世界影响最大的主权国家间的国际组织。根据《联合国宪章》第四章规定,凡爱好和平、接受联合国宪章的义务并经联合国确认其能够并愿意履行义务的,具有主权地位的国家可以申请加入。在20世纪70年代,中华人民共和国作为“中华民国”的继承人,依法恢复了国际法主体的资格。截至目前有160多个具有联合国会员资格的国家,承认世界上只有一个中国,台湾是中国的一部分。

(二)反分裂国家法不允许台湾“独立”

世界各国均反对本国的民族和部分地域擅自独立。现在世界上绝大多数国家为多民族国家。如果允许多民族国家的各个民族有权分裂并另立国家,则现有主权国家体制将彻底崩溃,势必会天下大乱、战争迭起、生灵涂炭。这种局面与联合国的宗旨背道而驰,也将违背一切民主和人权的精神。反分裂国家法的出台顺应了这一历史趋势。中国立法反对分裂势力,不允许台湾分裂,符合国际社会反分裂的实际。世界上其他地区虽然有分裂的例子,但如果真要独立,首先要该主权国有放弃该地方主权的意思表示,如马来西亚同意新加坡独立;其次即使没有放弃,但同意该地方人民公投以决定其归属,如印度尼西亚同意东帝汶公投;其三即使是公投,也应该是包括该地方人民在内的全国人民的一次公投,这才是真正的主权在民。

第六节　国际法的限制

国际社会交往形成的惯例和主权国家之间签订的双边和多边条约,是国际法的基本渊源,对参与的成员国具有约束力,而这些国家也会自觉地遵守。在台湾问题上,国际社会普遍承认“一个中国”原则,承认台湾属于中国。

一、台湾不具备国际法主体资格

拥有主权国家参与的国际组织会员资格,是一个国家应具备的基本条件。

---

〔1〕 刘合波:《论〈旧金山对日和平条约〉与战后台海关系》,载《齐鲁学刊》2007年第1期,第56页。

自1971年台湾当局被驱逐出联合国至20世纪80年代末，台湾已与政府间的国际组织基本绝缘，现存的一些国际组织保留的台湾会员资格，都是非主权国家可以参与的经济性组织或获得中国大陆同意后参与的一些局域性经济组织。

（一）台湾在国际社会的参与程度有限

在蔡玮主编的《中华民国与联合国》一书中列出的图表显示，台湾仍占有位置的政府间国际组织仅剩下10个，且该书随后的文字承认"但实际上看，并没有这么多，且有些已发生问题"。因为，常设仲裁法院已在1972年的行政理事会年度报告中略去"中华民国"及其任命之仲裁员名字，事实上已将台湾排除。亚太理事会早已名存实亡，1973年后已停止活动。国际刑警组织1984年接受中华人民共和国加入后，台湾已无投票权[1]。另外，亚洲开发银行在中华人民共和国加入之后，已将台湾的名称改为"中国台北"。根据《联合国宪章》第4条第1款明确规定，任何申请会籍的国家必须具备五项条件：第一，必须是一个国家；第二，必须爱好和平；第三，必须接受宪章所载之义务；第四，经联合国认定它能履行上述义务；第五，经联合国认定它愿意履行上述义务。台湾不具备上述五个条件，所以，它不是一个主权国家，也不能全面参与国际组织。

（二）台湾的参与国际组织的资格已得到彻底解决

1971年10月25日，第26届联合国大会就中国代表权问题进行投票表决。中国以76票赞成的压倒多数通过了第2758号决议。决议明确规定：中华人民共和国的代表是中国在联合国组织的唯一合法代表，中华人民共和国是安理会五个常任理事国之一。可以说，第2758号决议从政治上、法律上和程序上彻底解决了中国在联合国组织中的合法权利的问题。截至目前，全世界190多个国家中已有160多个国家承认中华人民共和国政府是代表全中国的唯一合法政府，这是国际社会公认的不容置疑的客观现实。台湾当局不仅被联合国驱逐出去，还被联合国系统的所有18个专门性国际组织拒之门外。台湾当局近年来不停地以"公投"形式谋求"重返"联合国，动作不断。可见，台湾政客推行的"入联公投"是对联合国第2758号决议的公然藐视，是对两岸和平稳定的严重挑衅，是对全体中国人民维护祖国统一意志的挑衅，是对反分裂国家法的挑衅。

（三）台湾参加的国际组织是允许非主权实体参与的国际组织

目前，台湾当局仍能保持成员方地位的有影响的政府间国际组织，仅剩亚洲开发银行和亚太经合组织两个。台湾加入这些组织系根据中国政府与有关方面

---

〔1〕 蔡玮：《中华民国与联合国》，台湾"中央"政治大学出版社，1993年第1版，第140页。

达成的协议或谅解，明确规定中华人民共和国作为主权国家参加，台湾只作为中国的一个地区以“中国台北”的名称参加活动。台湾加入这类组织有三个特点：一是限于区域性国际经济组织；二是台湾当局的参加资格都是地区金融实体或地区经济实体；三是这些组织允许其他非主权实体如中国香港地区的参与。

（四）台湾很难突破现有的一些国际法的限制

近年来，台湾加入世界卫生组织的积极性很高，但实际上以国家名义加入的可能性不大。这是因为：(1)该组织的性质是政府间国际组织，因而只有主权国家才能成为其成员；(2)有人列举纳米比亚、南非和科克群岛问题做类比，但纳米比亚涉及民族自决权和惩治南非种族主义的问题，与台湾问题截然不同，科克群岛则是因新西兰的同意而加入的；(3)连中国的香港地区至今仍不是其成员；(4)该组织章程第八条规定，非主权实体作为准成员的加入，在程序上须由该领土所属的成员国“代为申请”。故而不经中国同意并代为申请，在该章程条文未经修改之前，台湾当局是不可能加入世界卫生组织的。所以，民进党当局利用世界卫生组织分裂国家图谋也是不能得逞的。但在这个问题上，一要防范美国策动和操纵修改该组织的章程，二要把此问题作为压制台湾当局收敛“台独”主张的一张牌，在必要时打出去，以遏制“台独”分裂势力。[1]

二、自决权不适用于台湾

陈水扁等人推行的“台湾前途公投”，将中国大陆的13亿多人民排除在外，这实际上是“住民公决”，而非“全民公决”。这显然有悖法理，也没有国际法上的依据，是非法行为。

（一）民族自决不能适用于“台独”

“民族自决”是指国家依国际法和本国宪法，由国家最高权力机关根据特定情况，决定以全民投票方式决定国家主权管辖、领土归属和政治制度的一种特殊法律程序。第一次把民族自决原则提到国际法准则高度的，是1960年第十五届联大通过的《给予殖民地国家和人民独立宣言》。它定下了一条重要的标准，即必须是“地处海外、遭受殖民统治并具有与宗主国完全不同文化的民族”，才有权以公民投票方式，实现民族自决。如果不具备这个前提，不得享受这项权利。同时，根据《给予殖民地国家和人民独立宣言》，获得联合国非殖民化特委会认可，方能作为殖民地国家和人民获得民族自决权，对照台湾的情况，根本不具备上述

---

〔1〕 周洪钧：《论台湾法律地位及其对中美关系的影响》，载《华东政法学院学报》2001年第4期，第36页。

任何一种情况[1]。

(二)自决权本身的概念就含混不清

“民族自决”在当代世界上是一项被国际社会和各主权国家广泛接受的国际法基本原则和基本权利,同时又是一个难以明确界定的有争议的概念。原因在于:其一,自决与国际政治的联系非常紧密,对自决含义的理解比其他国际法原则更容易受到国际政治的影响;其二,由第一个因素决定了自决权的持有者或自决原则的适用范围不确定;其三,自决与国际法上的其他原则,特别是“主权”“独立”“平等”和“不干涉内政”等基本原则很接近,加上自决的适用范围不确定等因素,使得自决很容易与上述这些原则混淆。所谓自决权,其原始含义一般是指“在外国奴役和统治下的民族和人民可以决定或经过民族独立斗争取得本地区的独立,组成新的国家,对其领土拥有主权”。自决权是独立权的思想,最初是由威尔逊和列宁提出来的。1918 年,美国总统威尔逊在他的著名的“十四点计划”中表达了“任何民族都有权决定出由谁来代表和统治他们”的思想,认为所有爱好和平的国家应依照自己的方式生活,决定自己的制度,各民族国家应获得绝对的自治权。列宁认为:“从历史的和经济的观点来看,马克思主义者的纲领上所谈的‘民族自决’,除了政治自决、国家独立,建立民族国家之外,不能有什么别的意义。”[2]他直截了当地指出:“所谓民族自决,就是民族脱离异族集体的国家分离,就是组织独立的民族国家。”不难看出,列宁所说的民族自决权或分离权就是殖民地和其他被压迫民族的独立权,而不是一个国家的一部分的一个集团主张的独立权。为了实践列宁的民族自决权思想,苏维埃政府于 1917 年 12 月 31 日正式承认芬兰独立;1918 年 1 月 11 日通过法令,支持在大战期间为俄国所占领的土耳其属亚美尼亚人民享有自由的自决权,并撤出自己的军队;8 月 29 日又颁布法令,宣布废除沙皇俄国瓜分波兰的一切条约和协定,并承认了波兰的民族独立。从 1918 年到 1919 年,全俄中央执行委员会和全俄中央执行委员会主席团又分别先后做出决议,承认爱沙尼亚、立陶宛、拉脱维亚的独立和白俄罗斯苏维埃社会主义共和国的独立。不过应特别指出的是,尽管苏联和美国支持民族自决权的做法,客观上促进了民族解放和民族独立运动的发展,但是在当时,自决权即独立权的原则,仅仅是美国政府和苏联政府试图用来处理民族和国家间关系

---

[1] 刘文宗:《国际法不容许“住民自决”和“新宪公投”》,载《统一论坛》2006 年第 4 期,第 9 页。

[2] 范毅:《论自决权的性质——一种国际法与国内法的综合分析》,载《现代法学》2005 年第 3 期,第 151 页。

的政治原则和外交政策，不是法律原则，更不是国际法原则。

(三)主权在民是指主权在全体人民

中国主权属于13亿多中国人民。按照卢梭当年提出的“主权在民”思想，自决主体是指一个国家的全体人民而不是某一部分人或某个集团。这种思想反映在法兰西第五共和国宪法第三条：“国家主权属于人民，人民通过自己的代表和通过公民复决来行使国家主权。人民中的一部分人或任何个人都不得擅自行使国家主权”。以分裂国家为目的的“独立运动”在世界各国都不得人心，例如：位于地中海的科西嘉岛是法国著名的旅游胜地，历史上，科西嘉人曾力图从法国分裂出去。从罗马时期至今，科西嘉共见证19次政权更迭，目睹39次人民起义，经历7个无政府时期。从1768年科西嘉并入法国版图后，该岛的独立分裂活动就没有停止过。1975年，法国颁布法令把科西嘉确定为法国第22行政区，享有一定自治权。1982年，法国颁布《地方分权法》把科西嘉定为地方行政区的自治单位。1982年第214号法令承认科西嘉具有某种特殊性。但1991年颁布的法令接着就规定，科西嘉的特殊性不得违反宪法规定的领土不可分割原则，该法令拒绝承认所谓“科西嘉民族”，认为科西嘉是法兰西共和国领土的一部分，在主权问题上法国表现出坚定的态度。

(四)国际上的分裂运动与“台独”没有可比性

自20世纪80年代末冷战结束以来，民族自决又一次高潮迭起。短短的几年时间里，德国统一，东欧剧变，苏联解体为15个独立国家，南斯拉夫分出5个独立国家，捷克斯洛伐克则一分为二。“即使在相对稳定的西方，要求民族自决、从现有主权国家中独立出新的国家的呼声也此起彼伏”[1]，如加拿大的魁北克省、英国的北爱尔兰、法国的科西嘉、西班牙的巴斯克以及意大利的北方联盟，非洲的南北苏丹等。苏联、东欧国家的分化组合与西方国家中出现的分离主义现象，给大多数已成为联合国成员的主权国家投下了阴影，增加了不安，使本已相对淡出的民族自决权受到严重的挑战和质疑，并重新引起国际社会的极大关注，应慎重看待和深刻反思，但它不是“台独”的参照。

三、台湾分离运动违反国际法

孟德斯鸠说过一句经典名言：“自由就是做法律允许做的事情”。“国家主权要在国际社会中得到承认与尊重，它就应该像自己希望他人尊重自己的主权一

---

〔1〕 范毅：《论自决权的性质——一种国际法与国内法的综合分析》，载《现代法学》2005年第3期，第153页。

样尊重他人的主权,这不仅是每个主权国家维护自己主权的必然要求,也是维持国际社会秩序的内在需要。"[1]

为了遏制"台独"的分裂活动,打击"法理台独",从2004年起,全国人大就启动了反分裂国家法的立法程序。通过立法反对分裂国家的活动,维护国家的主权和领土完整,是主权国家行使立法权和遵照国际惯例维护国际社会稳定的正当行为。台湾不应当,也不可能从中国分离出去。从国际法和国际实践看,台湾从中国分离出去成为一个新国家,最起码要具备两个条件。一是得到母国即中国的认可。台湾当局所占领的领土,是中国主权下的一部分,除非得到中国唯一合法政府的承认,否则就不能合法地取得领土主权。领土主权是国家主权中最核心、最基本的部分,是国家行使主权的空间,如果连领土主权都没有,就更谈不上稳固地享有并行使其对内最高权和对外独立权了。二是国际社会的承认。虽然承认对于现实中发生的客观事实的法律结果没有直接决定作用,但是对于证明这个事实却有一定的证据意义。英国国际法学者 M. 阿库斯特认为,"在不能确定一个自称为国家的实体是否符合国家资格的事实条件时,承认能够起到证据的作用"。奥地利国际法学家菲德罗斯也认为,只有在承认的程序中才使新国家这个构成事实没有争论的余地。所以承认不仅具有形式上的意义,而且具有巨大的现实意义。如果一个新国家得不到其他国家的承认,那么,至少其对外主权根本无法行使。很明显,上述两个要素台湾都不具备。同时,这也说明了两个清楚的事实。一是《反分裂国家法》的出台以法律的形式重申了母国即中国坚决反对"台独"的态度和决心。中华人民共和国一直坚持台湾是中国的领土,从未放弃过收复台湾、统一中国的努力和决心。二是国际社会的绝大多数成员都承认中华人民共和国是中国的唯一合法政府,台湾是中国领土不可分割的一部分。国际社会均持乐观态度就是反映了这一现实,足见台湾分离是没有现实可能性的。

国际社会和国际法对待分裂国家行为一直持否定态度,这种态度体现在《联合国宪章》及相关国际关系宣言中。国际法不支持分裂国家,允许主权国家以和平和非和平方式维护国家主权和领土完整。这不仅因为国际法是建立在主权国家基础上的法律体系,还因为如果国际社会放纵分裂势力,只会导致越来越多的

---

〔1〕 胡国爱:《博弈论视角下国家主权理论的新思考》,载《广西政法管理干部学院学报》2007年第4期,第91页。

动荡、战乱和灾难,危害地区稳定和世界和平[1]。

四、国际社会反分裂的实践

德国的统一是当代世界反分裂最好的范例,在世界上尤其是在欧洲具有重大影响。德国是二战时期的战败国,虽然经历了战胜国的长期占领,但最终还是完成国家的统一。历史仍然证明,统一是民族发展的基本趋势。

德国在战胜国占领一定时间后仍然复归统一。1945 年 7 月 17 日至 8 月 2 日召开的波茨坦会议,主要由苏、美、英三国首脑讨论战后欧洲安排问题。7 月 26 日美、英邀请中国参加发表了《波茨坦公告》。会议期间制定的主要文件是 8 月 2 日达成的《苏美英三国柏林会议议定书》,又译《波茨坦协定》。《波茨坦协定》肯定了 1945 年 6 月 5 日《苏美英法关于德国管制机构的声明》中,四国将在德国"行使最高权力"的决定,包括德国政府和"任何邦、市或地方政府或当局"所具有的一切对内对外权力。四国将德国分为四个占领区和一个柏林特区,每国管理一个区并联合管理柏林特区。这种由四国共同行使德国对外权利,或者在四国之一管理的德国部分领土上行使权力的架构在国际法上具有完全效力。换言之,此时的德国已不是一个主权国家,德国的命运实际上取决于占领国之间的关系。但战后不久美、苏关系恶化,盟国管制委员会鲜有一致通过的对德政策。于是西方三占区合并,1949 年 9 月 20 日建立了德意志联邦共和国,即西德。苏占区也于同年 10 月 10 日成为德意志民主共和国,即东德。1954 年 10 月,西德制定《基本法》,其中第 23 条宣称:"本基本法首先在下列各州区域内生效:巴登、巴伐利亚、不莱梅、大柏林……本基本法在德国其他部分加入联邦共和国之后也将在那里生效"。这就与 1945 年《苏美英法关于德国管制机构的声明》的规定,特别是有关柏林地位的规定产生了法律冲突。于是,美、英、法在 1955 年重申了它们对西德的"定位",即承认西德具有"一个主权国家对其内外事务的全部权力",但不是承认其为主权国家。因为在德国全境或一部分宣告紧急状态的权力,在柏林的全部权力,以及"德国统一与和平解决"的权力仍属于同盟国。1957 年 5 月,西德联邦宪法法院在判决中判称:尽管它有权考虑联邦德国设在柏林的机构的行为,但它无权决定"柏林法律是否与(西德的) 基本法相符合"。这一判决虽然带有某种"默示"和特定的色彩,但实际上却是明确地认可了三国对西德"定位"的全部立场。

20 世纪 70 年代初,西德总理勃兰特推行"新东方政策",两德得以于 1973 年

---

〔1〕 李大光、刘丙良:《关于〈反分裂国家法〉的历史思考》,载《现代军事》2005 年第 5 期,第 23 页。

9月18日同时加入联合国。然而,苏、美、英、法并未因此放弃它们对德国的权力。早在1972年11月,四国声明同意接纳两德进入联合国时就清楚地表明,该接纳不影响四国对德国的权力和责任。而比此更早些,四国在1971年9月签订的《西柏林协定》(亦称《四国协定》)也规定:"柏林西区和德意志联邦共和国的联系应予维持和发展,但应考虑3个西区不是德意志联邦共和国的组成部分,也不由它管理。1989年年底"柏林墙"倒塌后,两德之间开始进行关于"统一"问题的谈判。由于意识到这一谈判无法解决统一的"外部问题",于是从1990年5月5日至9月12日,苏、美、英、法和两德外长,先后在波恩、巴黎、莫斯科等地举行有关德国统一的"2+4"系列会议。1990年9月12日,在莫斯科签订的《关于德国的最终解决条约》批准两德统一并恢复全部主权。两德遂于1990年10月3日完成统一工作。鉴于《最终解决条约》的生效期为1991年3月15日,从严格法律意义上说,战后同盟国对德国的权力与责任是从这一日才终止的,德国也由这一日开始才成为一个完全的主权国家。

五、国际社会反分裂的趋势

被认为是台湾靠山的美国并非是不顾事实盲目地支持"台独"。"克里从政以来,一向支持和中国维持良好的关系。2001年1月6日,在美国公共电视台主办的一场大选辩论会中,他更是语出惊人,支持'一国两制'解决台湾问题,立场颇受瞩目"[1]。

(一)美国不会公开支持"台独"

香港《文汇报》2002年11月9日报道,老布什在与商界领袖共进早餐时发表演讲,并口头回答了嘉宾的问题。在谈到台湾问题时,他说,自己担任美国总统时,曾问过李登辉,为什么不能像香港一样,采取"一国两制"的方式解决台湾与中国大陆之间的问题,而当时李登辉只讲了若干理由表示这样做行不通。"报道引述台湾问题专家分析,老布什在香港谈话,显示了美国曾考虑过支持北京用香港模式解决台湾问题"[2]。2002年8月27日,美国在台协会前任理事主席卜睿哲曾表示,原因之一是阿米蒂奇所说的如果两岸达成协议,美国为什么反对?另一个原因是,如果美国说"反对","可能会给北京太多的政治优势"[3],这道出美国的真实目的。

---

〔1〕《克里:支持"一国两制",反对"台湾独立"》,中央社台北2001年2月6日电。

〔2〕《老布什曾劝台接受"一国两制"》,中央社台北2002年11月9日电。

〔3〕《卜睿哲解读阿米蒂奇在京谈话》,中央社台北2002年8月27日电。

（二）国际法禁止分裂国家主权

联合国大会1970年10月24日通过的《关于各国依联合国宪章建立友好关系及合作之国际法原则宣言》（通常简称《国际法原则宣言》）就是反对分离势力分裂国家的有力依据。该宣言在“各民族享有平等权利与自决权之原则”标题下，强调宣言的各项规定“不得解释为授权或鼓励采取任何行动，局部或全部破坏或损害在行为上符合上述各民族享有平等权及自决权原则并因之具有代表领土内不分种族、信仰或肤色之全体人民之政府之自主独立国家之领土完整或政治统一”“每一国均不得采取目的在于局部或全部破坏另一国国内统一及领土完整之任何行动”。1989年维也纳欧洲安全会议最终文件以及《赫尔辛基宣言》都在自决权问题上规定，任何时候都必须按联合国宪章和国际法的规范，特别是关于国家领土完整的规范来行动，应当严肃、有效地遵照国家领土完整的原则，不容许侵犯该原则，不容许通过直接或间接方式侵犯一国的统一和领土完整。

（三）世界上民族国家的统一趋势在逐步加强

联合国前任秘书长加利曾说过，世界上存在两种倾向：经济全球化和政治分裂化。但作者认为近代国际社会总的趋向是逐步和平，统一趋势在加强。20世纪七八十年代柬埔寨、安哥拉等国结束了国内的分裂状态。21世纪初，多年内战不息的索马里、黎巴嫩、中美洲一些国家逐步摆脱了派别或地区纷争；英国虽然有分裂势力的困扰，但北爱尔兰问题尚未恶化；斯里兰卡政府与猛虎组织进行了和解谈判；塞、土两族分治99年的塞浦路斯以一个统一国家加入了欧盟；有些国家打击国内分裂势力的举措，如西班牙、土耳其、印尼、菲律宾等国针对国内民族、宗教、地区分裂问题所做的努力，得到了国际社会的进一步谅解。

（四）立法阻止分裂成为国际社会通行做法

在与国内分裂势力做斗争时，国际社会通常有两种途径。一是利用国内司法诉讼程序。例如，1998年加拿大政府向加拿大最高法院提起非正式诉讼，要求对两个问题做出明确的裁决，即（1）魁北克省政府是否拥有自决权可以单方面宣布脱离加拿大；（2）如果国际法与国内法在此问题上发生抵触，应以何者为准。当年8月，加拿大最高法院对此做出裁定：任何一个省无权单方面决定从加拿大联邦分裂出去，无论是加拿大宪法还是国际法上所规定的人民自决权，都不容许一国内部的某一个地方单方面决定独立。二是利用国内立法程序。例如，2000年6月，加拿大国会通过了有该国特色的反分裂法——《清晰法案》，以有效执行1998年加拿大最高法院对魁北克问题的裁定。该法案规定，加拿大国会有权认定，一个省关于独立公投的决定在文字上是否清晰地表示了独立的意图，以防止省级当局用模糊文字来误导民众对独立后果的认识;加拿大国会有权决定,投赞成票的是否是该省民众的绝大多数,而对于简单多数则不予接受。加拿大政府和其他省份可与该省谈判;只有全国 2/3 以上的省份都同意,该省才能独立。这两大措施,对"魁独"势力起到了有力的制约,为其设置了难以逾越的法律障碍。

(五)国家间合作打击分裂势力的趋势得到加强

2001 年 6 月 15 日,上海合作组织签署了《打击恐怖主义、分裂主义和极端主义公约》,把分裂主义定性为危害国家安全、破坏地区稳定及全球和平的三股邪恶势力之一。这显示出国际社会不但已形成反分裂的政治共识,而且在国际法的层面业已确定了遏制分裂主义的新的规则。在国际性立法已启动的状况下,每一个主权国家进行反分裂的国内立法活动,符合国际法促进和平的发展态势和国际社会共同反分裂的趋势。

第三章　反分裂国家法定性机制研究

台湾问题的法律性质,是内战遗留的历史问题,是中国的内政。台湾问题是两岸人民自己的事情,由海峡两岸的中国人自己解决。“台独”分裂势力从事分裂活动不得人心,也违反岛内关于台湾和大陆均是一个中国的法律规定,是非法行为。两岸目前的关系是一个中国的法律关系。无论是中国政府控制的大陆,还是目前台湾执政当局控制的台、澎、金、马地区,在法律上都是一个中国的组成部分。中国政府的合法性来自全中国人民的选择,台湾当局是国民党在大陆发动内战失败后,逃往台湾的残余势力。民进党在台湾通过选举上台执政的台湾当局,是这种残余势力的延续,不是一个主权国家,无法蜕化成为一个合法的“中央政府”。

第一节　台湾问题属于中国内政

从法律角度说,海峡两岸目前的分离状态是一个中国主权下,当年国共内战遗留下来的问题。尽管某些国际反华势力不时插手台湾问题,使海峡两岸迄今不能统一,但这不能改变台湾问题是中国内政的法律性质。海峡两岸的法律关系是中央政府同一个地方政府的关系,两岸的统一纯属中国的内部事务。从人民的选择角度来说,“共产党与台湾国民党的关系虽仍属敌对性质,但双方的力量悬殊对比已经成为不可逆转的事实”[1]。

一、分裂国家的概念

从国家主权的角度去考察,中国目前的分离状态是一个主权国家之内的暂

〔1〕 李合敏:《毛泽东关于解决台湾问题的战略思想述论》,载《中国海洋大学学报》2005 年第 5 期,第 84 页。

时分治,不是一个分裂国家。"分裂国家"(Divided Nation)这个概念最早是由德国学者韩德逊(Henderson) 、李鲍(Richard Ned Lebowa) 和史多辛(John G. Stoessinger)等人创制的。当时,三位德国学者基于二战后出现的东、西德,韩国、朝鲜,南、北越,中国大陆与台湾等分裂状态,于 1974 年共同编著了《分裂世界中的分裂国家》(*Divided Nation in a Divided World*)一书,提出所谓的"分裂国家"理论。事实上,韩国学者洪承勉教授早在 1973 年就发表过《分裂国问题的再发现》一文,该文曾将两德问题与两韩问题放在一起进行研究,提出了类似的观点。台湾学者魏镛也提出了类似的"多体制国家"理论,尝试解决分裂双方所面临的主权争议与管辖权的行使问题。

综合以上学者关于"分裂国家"的论述,他们认为,"分裂国家系指一国之内产生两个法律或政治实体,各自有效控制并管辖一部分人口、领土,互相争取正统之国家代表权。至于一方或另一方能否获得第三国承认其为正统之国家代表,则视国际政治与现实条件而定。例如,二次战后的东、西德,韩国、朝鲜,南、北越,"中华民国"与中华人民共和国均属分裂国家"。台湾学者赵国材根据该理论,将"分裂国家"的特征概括为:(1)因为内战或国际权力安排导致一国分成两个或更多的国家;(2)一国内出现的两个或多个法律与政治实体,各自声称其为唯一合法的政府,并在法理上涵盖其实际上未能有效控制的另一个法律与政治实体所管理的领域;(3)属于长期对立,分裂各方在各自领域内,实行有效管辖,各方均难以突破现状;(4)分裂各方均以重新统一为政治目标。

结合上述理论,作者认为,海峡两岸之间的关系,不是分裂国家的关系,而纯属国家内部的中央政府与事实上地方政府之间的被动分离关系。用所谓东、西德或韩国、朝鲜之间的关系模式来定位两岸关系,是不符合历史事实和客观实际的。台湾与中国大陆的问题是一个中国之内的内政问题。德国是第二次世界大战的战败国,其战后长期丧失完全主权国家地位,被同盟国分区占领,与其应受惩罚是密切相关的。中国是第二次世界大战的战胜国,不应受制于因规范战败国而最终形成的"两德模式"。而韩国、朝鲜是被帝国主义侵略后强加给给朝鲜半岛的分裂。以"两德模式"和韩国、朝鲜等模式适用于中国,无疑等于引狼入室,听凭外国军队占领我国土,剥夺我主权,是与中国人民的民族感情和国家法律对领土主权的规定相违背的。

二、中国是主权完整的国家

中国的主权在法理和事实都是完整的统一的。《奥本海国际法》指出:1949年,中华人民共和国政府宣告自己为中国政府,并对于原有的国民党进行内战。

后者最终被赶到了台湾岛，中华人民共和国政府有效地控制了中国大陆。然而，许多国家拒绝承认这个政府，并继续承认国民党政府为中国政府。中华人民共和国政府到1971年才得到普遍承认，那时中华人民共和国政府的代表在联合国被接纳为中国的代表。

从更深层角度上说，中国在主权所有权层面上说是统一的，即世界上只有一个中国，台湾是中国的一部分。从治权行使层面上看，中国又是分离的，两岸依然控制着一定的领土和人口。1949年，"中华民国"政府丧失了其"中央政府"的地位，转变成中国内战中的非政府一方。中国内战的结果是，中国共产党领导人民建立了新中国，国民党政权退守台湾，妄图以台湾为基地，实现其反攻大陆、恢复其"中央政府"法律地位"大业"。对中国大陆来说，只是由于美国的干预，中国大陆的中央政府未能消灭退守台湾的国民党政权，实现对中国全部领土的有效控制。这就形成了中国中央政府与台湾地方政权隔海对峙，各自控制一部分领土和人口的内战延续局面。自1990年以来，海峡两岸虽然逐步开展了一系列的民间交流和互访，但大陆中央政府与台湾当局没有达成结束内战的协议。这种情况从法理上来说，两岸的内战状态依然存在。这是因为：中国中央政府从未放弃以武力消灭台湾现政权的权利；台湾政权也未放弃以武力抵抗中国中央政府，恢复其"中央政府"地位的政策。

三、两岸控制的都是一个中国的领土

1949年10月，中华人民共和国完成了对"中华民国"政府的继承。从法律上说，中华人民共和国政府自然拥有了对中国所有领土（当然包括台湾）的主权行使权。从这一法理意义上说，台湾当局是没有任何资格再对台湾地区行使有效管辖权。但从事实上看，由于两岸的对峙状态，台湾当局在1949年以后，特别是在1971年退出联合国以后，它并没有实际履行国际法的有关规则，向中华人民共和国政府"交还"它应当交还其对台湾的主权行使权。相反，台湾当局仍以前"中华民国"的名义以"中央政府"自居，一直对台湾领土行使着实际的管辖权，从而使得中华人民共和国政府虽能对中国绝大部分领土行使实际管辖权，却不能对台湾地区行使有效的实际管辖权和治理权。这样，就在台湾的管辖权问题上造成了法理上的行使者与事实上的行使者不能合一的现象，即法理上应该行使台湾管辖权的主体中国中央政府却在事实上不能行使，而法理上不应该行使台湾管辖权的主体台湾当局却在事实上行使。这种现象的现实表现就是，中国在海峡两岸呈现出分治的状态，即主权行使权与主权所有权的被动分离状态。但是，一个中国主权的法律性质没有变。

第二节 内战政策使国民党失去合法的统治身份

抗战胜利后,由于国、共政治分歧而导致的内战,使饱经沧桑和战乱的中国人民,再次经历了战争的痛苦和创伤。两岸关系解禁以来,虽然中国政府积极推动和平统一,但国民党一直采取的抗拒和拖延政策,使得台湾问题长期得不到解决,最后导致追求"独立"的民进党政权曾上台执政8年。同时,在重要的历史关头,面对一系列重大问题做出错误的政策选择,也是导致国民党政权走向衰微的重要原因。国家不统一,中华民族的复兴也缺乏凝聚力,因而造成国家和民族的不幸,也造成国民党自身的衰败[1]。

一、国民党右派叛变导致国家统一进程中断

进入20世纪,中国人民民族自尊心的觉醒,使民族振兴运动此起彼伏。中国国民党和共产党的先后诞生,不仅主宰了中国近代史上命运的起伏,对整个世界格局的形成也产生了巨大影响。国、共两党的竞争结局,尽管大大出乎人们意料,但它符合中国实际国情和历史发展规律,符合历史辩证运动法则。所以,深入与客观地了解国共内战历史,对准确理解台湾问题的性质具有重要意义。

作为学术研究,深入探讨国、共两党的关系实在不容易,需要超脱各种现实、意识形态因素和传统观念的羁绊,在千丝万缕、盘根错节的各种头绪中把握住其中的主要脉络。目前国内对这一问题探讨最为深入的著作,当属华东师范大学杨奎松教授的著作《国民党的联共与反共》。在该书中,杨教授从不同的视角对国民党当年选择内战的社会环境、历史背景和国际形势进行全方位的分析。他提出,由于国民党右派的背叛,这次中国近代史上蔚为壮观的统一进程中途停止,以后国家又陷入国、共十年内战的悲剧,最后中国共产党继承孙中山先生的遗志,才实现了除台湾以外的中国现代史上空前规模的民族大团结、国家大统一。显然,孙中山先生的国家统一思想,极大地推动了中国国家统一的历史进程[2]。"中国人民对连绵不断的纷争和内战早已厌倦,并深恶痛绝,他们坚决要求停止这些纷争,使中国成为一个统一、完整的国家。因而,我们正在尽力完成

〔1〕 张春英:《台湾百年历史变迁与国共两党关系》,载《党史研究与教学》2007年第2期,第66页。

〔2〕 贾孔会:《试论孙中山的国家统一思想》,载《三峡大学学报》(人文社会科学版) 2006年第6期,第74页。

赋予我们的这一艰巨的历史使命"[1]。

二、国民党的内战政策错估国内外形势

抗战胜利后,国内外形势发生深刻变化,中国国内出现特定的政治环境。一是中国人民饱受连年战争之苦,渴望得到和平与安宁的环境,以重建家园;二是经过8年抗战,共产党已经拥有了相当的实力,提出了符合当时中国国情的民主要求,实行多党执政,建立民主联合政府,容纳各党派参政议政,共享政治权力;三是广大中间党派竭力呼吁国民党遵循孙中山的建国理论,结束"训政",实行民主宪政;四是在国际上,美国和苏联出于自身利益考虑希望中国实现和平,建立联合政府和进行民主改革。苏联从战后在远东利益的考虑,希望继续维持国民党政权,要求共产党必须同国民党继续合作,而不是推翻国民党政权。美国从自身的利益出发,也希望战后中国能够形成一个在国民政府统治之下统一的政府。而这个政府必须进行民主改革,成为一个容纳各党派包括共产党共同参加的民主政府。美国企图将中国共产党人以一种类似西欧共产党所占的地位,纳入一个宪政政体的政治和军事范围之内,让敌对的两党共同参加一个以蒋介石为首的、经过改组的联合政府。

民众的心理指向,民众的支持度和凝聚力是软实力的重要指标。"水能载舟亦能覆舟"是亘古不变的真理。在内战爆发前,国民党掌握着国家政权,统治着全国绝大多数大、中城市,约4/5的国土面积和3/4的人口。并且顶着抗战胜利光环的蒋介石的个人威望在国际国内也达到了顶点,蒋介石自身成了国家与正统的化身。另外,国民党还有美国、英国等强国的支持,国民党政权更是有恃无恐。但从实质上看,国民党政权已完全失去了民心。一是国民党以胜利者的姿态的"劫收",使得民众与其离心离德。抗战胜利后,国民党进入各大、中城市接收敌产,将国民党在历史上形成的贪污腐败、骄奢淫逸等种种丑陋行为带到抗战后的胜利区,引起民众的强烈不满。国民党中的有识之士也深刻地认识到接收中的腐败行为,如邵毓麟曾当面向蒋介石进言:"像这样下去,我们虽已收复了国土,但我们将丧失人心!"[2]他预言:"在一片胜利声中,早已埋下了一颗失败的定时炸弹。"[3]二是国民党坚持发动内战,使民众安居乐业的愿望破灭,并对国民党政权感到绝望。三是国民党在国统区的黑暗专制行为,导致民众的强烈反

[1] 《孙中山全集》,第五卷,中华书局,1985年版,第527页。
[2] 邵毓麟:《胜利前后》,台湾传记文学出版社,1967年版,第76、87页。
[3] 邵毓麟:《胜利前后》,台湾传记文学出版社,1967年版,第76、87页。

对,对国民党产生抵触情绪。四是抗战胜利后,国民党没有很好地关注民生,始终没有给中国的老百姓,特别是没有给农民解决土地等根本的生存问题。

三、国民党内战政策使人民心理转向共产党

抗战胜利后,组建包括中国共产党在内的民主联合政府已是形势所迫,大势所趋。这种形势对国民党来说,意味着必将失去其一党独裁的地位,在相当程度上失去其多年来形成的既得利益。

(一)国民党一心挑起内战

建立民主联合政府,意味着国民党执政的合法性,必须经民主程序得到人民的认同,其他党派也有机会同国民党竞取执政地位。而这是具有专制传统的国民党人所最不愿意看到的结果,国民党因此面临着十分棘手的两难选择。"1945年3月13日,毛泽东同返抵延安的谢伟思谈话,最后指出:蒋介石拒绝成立任何真正的联合政府,他宣布在1945年11月召开国民党一手炮制的国民大会,他现在走的道路是直接导向中国内战和国民党毁灭的道路"[1]。几经权衡,国民党终于还是撕毁《双十协定》,于1946年6月25日发动内战。

(二)共产党全力谋求和平

共产党顺应历史发展形势,以人民大众利益为依归,坚持反对内战、促进和平、祈求民主等政治主张,增强了民众对其的向心力。共产党的政治主张,显然是一个符合时代要求的理性的选择。一是共产党多年来在解放区树立起良好的形象,形成了很多具有现代意识的优良传统,培养了高尚的道德品质。二是共产党在解放区展示的朴实、廉洁、高效和民主的作风,赢得了社会各界好感。共产党在延安所呈现的新气象,曾经吸引了许多知识分子和青年学生的到来,甚至一些社会显达和国民政府的要人也先后访问延安。三是保护农民的权益,实行土地改革,解决了几亿农民的生活问题,解除了他们的后顾之忧。四是在部队中开展深入细致的思想教育活动,解决了部队官兵为谁打仗、为什么打仗的问题。军内通过这场教育运动,不但使官兵坚定了必胜的信念和跟党走的决心,而且让大批国军俘虏兵掉转枪口对准国民党。1945年8月25日,中共中央在《对目前时局的宣言》中提出:"在这个新的历史时期中,我全民族面前的重大任务是:巩固国内团结,保证国内和平,实现民主,改善民生,以便在和平民主团结的基础上,实现全国的统一,建设独立自由与富强的新中国。"宣言要求国民党立即实施包

---

〔1〕 常保国:《多党合作的历史起源:1944—1949年中共的"联合政府"主张及其践行》,载《政法论坛》2008年第4期,第67页。

统治虽然是一种事实,但并不是法律上"合法"的统治,而是"非法"的[1]。

一、建立新中国是顺应当代历史潮流

"当一个国家的部分居民在一场分离的内战中获胜从而建立起一个新国家时,像1956年至1962年发生在阿尔及利亚的情况那样,并不违反国际法。"[2]中国政府作为在内战中获胜的一方,有建立独立国家的权利,符合国际法有关政府更迭的规定,是一个合法的中央政府。

从民族心理深层的潜意识角度考察,起步于19世纪中叶的现代化进程,使中国社会产生了一种日益深刻的张力。这种张力,构成了为几乎所有近现代中国人都无法超越的感时忧国精神。中国现代化进程越发展,中国人对世界大势的了解越充分,中国人对每况愈下日益深重的全面社会危机,即黑暗的社会现实越有痛楚泣血之感,对光明未来的憧憬也就越发急切。这实际上就是一种产生社会革命的深刻社会心态背景或社会心理基础,也就是要求通过搞一场社会革命来加速中国现代化发展的"民心"的主要特征。中国共产党之所以能够领导新民主主义革命走向胜利并进而取得全国政权,主要就是由于共产党及其领袖人物,准确地理解和把握了中国民众的这种"民心",并将其纳入了革命的意识形态与实际的革命斗争之中,并顺应了这种要求。群众的情感或吁求对革命的作用具有相当的助力,也是取得革命成功的关键。

二、人民选择了积极推动统一事业的中国共产党

从历史上看,两次国、共分裂使国家陷入内战,中国革命和国家统一事业一度遭受严重挫折,但也为革命的深入和统一的进展带来契机。第一次国、共分裂引发了新的国内战争,接着国民党新军阀混战,日本帝国主义趁机大举入侵,中国重又陷入四分五裂。但当时的红色政权为中国革命的胜利开辟了道路,为中国未来的统一奠定了基础。南京国民政府形式上的"统一",改变了清朝灭亡以后,中央政府与东北地区若即若离的关系,也使内地与西藏等地岌岌可危的联系稍有改善,从而为中国的真正统一做了一些准备。第二次国、共分裂引发了再一次国内战争,国民党的内战独裁和共产党对中间党派的团结争取形成鲜明对比。民主党派转向共产党,形成了共产党领导的人民民主统一战线。经过决战中国共产党建立了人民民主专政的新中国,统一了中国大陆。两次国、共分裂都是由国民党挑起的,国民党背信弃义对共产党领导的解放区,进攻堵塞了国共合作建

---

〔1〕 陈陶:《从国际法角度看台湾的政治地位》,载《统一论坛》2002年第1期,第21页。

〔2〕 王鹏、宋阳:《"废统论"可以休矣》,载《河北法学》2006年第12期,第166页。

设统一国家的道路。人民在国、共两党的比较中选择了共产党。共产党成为中国统一事业的领导核心,肩负起统一新中国的历史领导责任。第二次国共内战的结果赋予了中国共产党领导的中国人民政府反对分裂、促进统一中国的历史使命。这一次国、共分裂尚有一个后遗症没有解决,那就是台湾问题〔1〕。台湾问题的解决,取决于中国政治的发展和中华人民共和国政府所主导的统一进程,而这种进程只有人民才能推进和选择。剑桥大学中国现代史终身教授汉斯·范德文对《环球时报》说:"辛亥革命展现出中国人民自立的精神。这段历史说明,只有中国人自己才知道如何解决中国的问题。"〔2〕

三、共产党的历史使命扎根于深厚的民意基础

国民党政府是半殖民地半封建社会的政权,其资本主义自私自利的本性,决定了它忽视中国几千年农耕文化铸就的大公无私、团结友爱、期盼和平、追求稳定的心理沉淀和精神实质。国民党当局正是违背了这种民意,不顾中国人民求和平、求稳定的这种民心,悍然发动内战,终究在内战中失去了对中国大部分领土的控制权。而这种权利的丧失,实质上是在国内失去了民意基础,失去了作为中国合法代表的资格,只能以与合法(国际法)政府相对的叛乱一方的身份存在。中国政府与台湾当局从1949年至今一直是处于内战状态的,尽管在很长时间内没有发生实际的战争。但不管是谁主政台湾当局,只要坚持分裂国家的错误路线,中国政府就会采用政治、经济、法律和军事等手段予以围堵。如果仍不能维护国家主权和领土完整,中国政府会依法运用非和平手段来制止分裂。

应该指出,依据现行国际法规则,一个面临地方组织反叛的国家政府,是有权通过战争消灭反叛组织统一国家的,因为国际法仅要求在国际争端中禁止使用武力或武力威胁,而内战不受限制。例如,美国内战时期联邦政府对于反叛的南方政府的交战权,近年来俄罗斯政府对于反叛的车臣政府的交战权,都是为国际法所承认的。中国政府与台湾当局在国际法上的地位是显然不同的。中国政府是以广大人民的积极支持和拥护成立的,是中国人民的合法代表。它代表人民依法维护统一是其应尽的职责,使用武力消灭分裂势力是其应有的权力。

---

〔1〕 朱健安:《论20世纪中国由分到合的特点》,载《湖州师范学院学报》1999年第3期,第5页。

〔2〕 吴薇,等:《中共高调纪念辛亥百年》,载《环球时报》2011年10月10日。

第八节　美国内战的法律启示

1861 年 4 月,美国南、北战争爆发。这场战争,有些专家所说,“是南部在经济和政治上都处于劣势的情况下发生的”。经济上的劣势是促使南部打响内战第一枪的重要因素,但这只是原因之一。南方企图分裂才是导致美国内战爆发的主要原因。

一、先进的生产力和生产方式推动了统一进程

在美国内战历史上,有许多冲突和妥协过程,而每一次的冲突和妥协都是以南部奴隶主的胜利而告终,这也助长了其逐步走向分离的意识。内战爆发时,在全国 33 个州中,有 22 个州支持北部,占全国领土的 3/4,只有 11 个州参加了叛乱。长期以来,作为缓冲地带和平衡杠杆的西部延缓了内战的爆发,起到了“安全阀”的作用。西部是南、北部都极力争取的目标。一开始,南部对西部的扩张和控制收到了意想不到的效果,这进一步刺激了南部的分离愿望。

在资本主义经济制度下,北方的生产力得到极大解放,经济发展迅速,加速了北部和西部在经济上的融合。西部同南部的逐渐疏远而同北部政治和经济上的日趋融合,使西部这个“安全阀”逐渐失去其应有的意义。南部危机意识进一步增强。

自 1828 年以来,除 1840 年和 1848 年选出的总统出自辉格党外,受南部奴隶主控制、体现南部利益的民主党一直把持着总统职位。1854 年,共和党成立。这个包容了自由党、自由土壤党、大多数辉格党和部分民主党人员在内的资产阶级政党,有着非常广泛的阶级基础。这次大选当选总统的共和党人林肯,是一个奴隶制的坚决反对者。体现北部利益的提高关税、修筑太平洋铁路和制定宅地法等政策,也明确写进了共和党政纲。拥有奴隶的南部奴隶主,把这种的结局解释成是它要失去国家控制权的预兆,唯一可供选择的道路便是,要么在政治上和经济上都屈服,要么就脱离联邦。他们选择了后一条道路。

美国内战的一个重要原因,是南部维护和扩大奴隶制而北部主张废除奴隶制。内战之前,奴隶制斗争已经成为国家政治生活的重要内容,总统选举、国会选举、政党纲领、区域矛盾等都同它联系起来。很明显,在这场牵动整个社会卷入的争论波澜中,南部奴隶主愈来愈感到势单力薄,危机重重。更让南部奴隶主感到棘手的是,在南部白人支持下,400 多万黑人奴隶一刻不停地密谋暴动和逃

跑。奴隶主逐步失去民意基础,阻碍生产力发展的奴隶制经济制度逐步瓦解,也导致南方在内战中失败。美国统一的促进因素,符合马克思主义关于社会生产力推动社会进程的论断。

二、对局势估计得过于乐观导致分裂欲望膨胀

战争爆发前,南部利益集团深信北部人不会支持一场旷日持久、耗费巨资的战争,来将其意志强加于一个并无侵犯行为的国家。所以,他们认为如果能及早在战斗中表明其捍卫独立的坚定不移的决心的话,他们的独立是会得到承认的。同时,"南部同盟"以侥幸心理猜测北部会决定停止战争。

内战前,从军事上看,出于镇压奴隶反抗的需要,南部人崇尚从军和习武风气,所以南部比北部拥有更多资历较深、经验丰富的军事人才和较好的军事基础。南部还有很长的海岸线,便于突破北部的经济封锁。从经济上看,南部发动战争的最主要原因是,握有当时最重要的经济资源——棉花。南部一直把棉花当作换取英国的支持、威慑北部的王牌和取得胜利的砝码。到内战前夕,南方棉花已占英、法纺织原料的绝大部分,成为英、法棉纺织业原料的主要供应来源。基于对这种形势的判断,南方奴隶主确信棉花可以作为手中的王牌。一旦他们断绝这种供应,那么英、法棉纺织业将在顷刻之间陷入停顿,这必然使两国走上干涉的道路。1858 年 3 月,奴隶主参议员哈蒙德就夸口说:"不需要放出一颗炮弹,不需要拔出刀剑,我们就可以把全世界置诸膝上。假如他们胆敢和我们打仗……假如在三年间不供应棉花的话,将会发生什么样的事情呢?我将不去详细谈你们每一个人都能想象到的事情,但是有一点是不容置疑的,英国将尽全力动员整个文明世界来挽救南方。不,你们不敢与南方交战,在地球上还没有敢与它作战的政府,棉花统治着世界。"

虽然大多数南部人"怀疑分离是否明智,但仍认为分离是符合宪法的"。在南部,奴隶主贵族和那些能干的政客完全操纵了南部的舆论。在他们的鼓噪下,南部大多数的白种人都支持脱离联邦运动,宣扬脱离联邦的"正义性"。多年来,南部与北部之间长期存在的激烈摩擦和冲突,使得南部"对于分离的迫切要求,一直在不断加强"。

三、违背历史发展趋势、从事分裂必然导致灭亡

1860 年 12 月南部宣布独立。1861 年 2 月杰斐逊 · 戴维斯当选为美利坚联盟国总统,并通过美利坚联盟国宪法。实际上,林肯大选胜利后,奴隶主傀儡布坎南在 1861 年 3 月 4 日前仍继续留任总统职位。通过他的暗中支持,南部奴隶主把许多武器、弹药和装备运往南部,并一举取得军火库,占领军事要塞和海军

基地，他的国防政府把1500人的正规军驻守在密西西比河以西，河东仅留1000人，为后来叛军进攻北部大开方便之门。面对这种形式，林肯当时就严肃强调："联邦是不可分裂和永久性的，坚定表示分离和独立是不合法的。"〔1〕在南卡罗来纳州宣布脱离联邦后，布坎南总统不但不采取任何反对分离的措施，反而将一切责任都推到北方人身上。为了分离战争，南部从欧洲购入大量武器弹药，积极训练军队。内战前夕，在奴隶主的劝说和要求下，在联邦内占大多数的南部将领纷纷回归到南部的军队。总之，正如恩格斯所讲："多年以来，特别是自从总统选举引起骚动以来，南部就已经秘密地准备战争，很明显，这些准备，助长了南部脱离的野心"。然而雄厚的物质基础和勃勃野心并不能等于获得广泛的民意支持。南方的分离行为其本身就违反了历史发展趋势和美国国内的宪法"联邦是统一的"规定。南方的一意孤行是导致其灭亡的重要因素。

---

〔1〕 许海山：《美洲历史》，中国文史出版社，2006年12月第1版，第321页。

第四章　反分裂国家法定位机制研究

反分裂国家法的定位，是指台湾在反分裂国家法中的地位，包括台湾地理位置与国家法律的有机联系，地缘政治位置的重要作用与法律地位的合法性。通过对台湾的地理位置与大陆的关系、台湾在亚太地区的地缘政治战略地位、台湾在法律上的归属进行论证，进一步证明台湾是中国领土一部分的事实、中国对台湾行使主权的合法性和正当性、国家法律明确规定台湾法律地位的必要性。

第一节　台湾与大陆的关系

在历史上有大量的史书和文献记载并反映，中国人民早期开发台湾的情景。早在春秋时期，约公元前四五百年，春秋五霸的吴国与越国，因为地处江浙一带，离台湾较近，水运方便，已经与台湾（当时称夷州）有联系。

一、台湾与大陆具有相同的历史渊源

据研究，台湾和大陆福建的硅质岩同属于海西、印支地槽的沉积[1]，与大陆属于同一地质板块，具有相同的地质属性。有学者认为，台湾的地理、历史和大陆的福建地理、历史是同步发展的，"历史是在地理的缝隙中生长出来的。每一个民族都有自己的地理纹身，海峡两岸有着共同的基础"[2]。

台湾与大陆的地理联系，在历代典籍中多有记载。战国初期成书的我国最早的一部历史地理书《尚书·禹贡》就有关于台湾的记载："淮海惟扬州……岛夷

〔1〕 中国地质科学院地质研究所、武汉地质学院：《中国古地图集总论》，地图出版社，1985年第1版，第15页。

〔2〕 倪健中：《台湾祸福》，中国社会出版社，1996年第1版，第5页、15页。

卉服，厥篚织贝。”“岛夷”指的就是台湾[1]。《海防考》曰：“隋开皇中，尝遣虎贲陈稜略澎湖地。其屿屹立巨浸中，环岛三十有六，如排衙。居民以苫茅为庐舍，推年大者为长，畋渔为业。地宜牧牛羊，散食山谷间，各釐耳为记。”[2]《元史》曰：“琉求在南海之东。漳、泉、兴、福四州界内彭湖诸岛，与琉求相对，亦素不通。天气清明时，望之隐约若烟若雾，其远不知几千里也。西南北岸皆水，至澎湖渐低，近琉求则谓之落漈，漈者，水趋下而不回也。凡西岸渔舟至彭湖已下，遇飓风发作，漂流落漈，回者百一。”《元史》所说夷州、留求、琉求就是古时的台湾。《方舆纪略》曰：“澎湖为漳、泉门户，而北港即澎湖之唇齿，失北港则唇亡齿寒，不特澎湖可虑，即漳、泉亦可忧也。北港在澎湖东南，亦谓之台湾”。清季麒光著《蓉洲文稿》曰：“万历年间，海寇颜思齐踞有其地，始称台湾。”这是台湾称呼的由来。而早期开发台湾的主要是福建人，“台湾”二字就是由福建闽南语中的“台员”演变而来[3]。在公元3世纪，即距今1700多年以前，三国东吴临海郡太守沈莹所著的历史文献《临海水土志》对当时被称为“夷洲”的台湾情况有着专门记载。考古发现证明，台湾早在新石器时代与大陆之间就有了交往，所以与东南沿海地区的早期文化有不少相同特征[4]。从考古发掘来看，台湾出土的石器、黑陶、彩陶等大量文物证明，台湾的史前文化与中国大陆同属一脉。中华民族的足迹在史前就已踏入台湾岛。

二、台湾对大陆的重要作用历来受到战略家重视

台湾地理位置对大陆十分重要。在当年清政府对台湾弃留举棋不定的时候，施琅以他战略家独具的眼光陈述了台湾地理位置对中国大陆的重要作用。他说：“台湾北连吴会，南接粤峤，延袤数千里，山川峻峭，港道迂回，乃江浙闽粤四省之左护”“如仅守澎湖而弃台湾，则澎湖孤悬海外，土地单薄，异于台湾，远隔金、厦，岂不受制于人？是守台湾即所以固澎湖。台、澎联为臂指，沿海水师汛防严密，各相犄角，声气相通，应援易及，可以宁息。”他的结论是：“弃之必酿大祸，留之诚永固边疆。”（《陈台湾弃留利害疏》）从这份奏疏中，可以看到：台湾地理地位极为重要。在蓝鼎元[5]眼中，台湾的地位也很重要，如他在诗里写道：“台

---

〔1〕 陈良生，等：《中国国家统一战略——战与和之间，我们选择全面打击和遏制“台独”》，明报出版有限公司（香港），2005年2月第1版，第12页。

〔2〕 连横：《台湾通史》，华东师范大学出版社，2006年第4版，第2页。

〔3〕 杨新：《论“台独”的缘起与嬗变》，载《广西社会主义学院学报》2004年第6期，第12页。

〔4〕 葛剑雄：《统一与分裂——中国历史的启示》，中华书局，2008年7月第1版，第76页。

〔5〕 蓝鼎元，清代知名学者和经世之才，对台湾的历史有重大影响。

湾虽绝岛,半壁为藩篱。沿岸六七省,口岸密相依。台安一方安,台动天下疑。未雨不绸缪,侮予适噬脐。或云海外地,无令人民滋。有土此有人,气运不可羁。民弱盗将据,盗起番亦悲。荷兰与日本,眈眈共朵颐。王者大无外,何畏此繁蚩。政教消颇僻,千年拱京师"(《台湾近咏》)。诗中道出的思想,同施琅完全一样。在同一时期的关键时刻,福建总督姚启圣、都察院左都御史赵士麟、侍郎苏拜、大学士李霨等挺身而出,坚决反对弃台的荒谬主张,积极主张收回台湾,尤其是施琅的真知灼见,给予康熙的决策以重大影响〔1〕。

三、台湾同胞与大陆居民同是中国公民

定居在台湾的居民与定居在中国大陆的居民同属中华民族。台湾最初的居民来自大陆。"自康熙二十三年(1784 年)起,台湾的人口列入全国户口统计"〔2〕"至公元 1893 年,总数达 50.7 万余户,254 万余人"〔3〕。台湾的人口,汉族达 98% ,被称为原住民的少数民族不到 2%。汉族主要是来自福建泉州和漳州,广东的梅县和潮州地区的移民,以及 1946 年以后去台湾的外省籍人。"台湾省虽一度沦为日本殖民地,但数百万大陆移民奠定的基础和与祖国大陆的血肉联系是任何外力所不能破坏的,这是台湾从日本奴役下回归祖国的内因。"〔4〕住在平地部分的原住民,大部分已与汉族融合,只有少数山地原住民还保持着本民族的习俗和语言。可见,台湾居民和大陆各省居民一样同属于中华民族,属于中国的居民,并不存在一个独立于中国的所谓台湾居民〔5〕。正是出于这种实际情况,大陆现行法律对台湾居民的归属做出明确的规定,如《宪法》序言、《国籍法》及《中国公民往来台湾地区管理办法》等有关规定确立了台湾同胞作为中国公民的法律地位,并以其居住在台湾地区而称为台湾居民〔6〕。

第二节 台湾在亚太地区的位置

台湾问题,是新世纪中国统一与安全的关键性因素。美、日顽固干涉中国内

---

〔1〕 蒋兆成、王日根:《康熙传》,人民出版社,2005 年 11 月第 1 版,第 190 页。

〔2〕 董昶源:《中国全史》,北京大学出版社,2005 年 9 月第 1 版,第 929 页。

〔3〕 杨新:《论"台独"的缘起与嬗变》,载《广西社会主义学院学报》2004 年第 6 期,第 12 页。

〔4〕 葛剑雄:《统一与分裂——中国历史的启示》,中华书局,2008 年 7 月第 1 版,第 109 页。

〔5〕 范宏云:《"台独"言论之国际法思考》,载《湖北行政学院学报》2002 年第 6 期,第 36 页。

〔6〕 张万明:《涉台法律总论》,法律出版社,2009 年 12 月第 2 版,第 120 页。

政,主要在于台湾重要的地缘战略地位。美国五星上将麦克阿瑟曾有一句名言,“台湾是一艘永不沉没的航空母舰”,准确地概括了美国看重的就是台湾在全球战略中的地位。从军事上来说,台湾在东亚的位置确实像一艘永不沉没的航空母舰,直指中国的腹部。韩战之时,麦克阿瑟即曾暗示过,要利用台湾这艘不沉的航空母舰袭击中国,即要求台湾的国民党军队乘机攻打大陆[1],可见台湾对维护国家稳定与安全有重要作用。

一、台湾的地理位置

中国大陆位于欧亚大陆的结合部,北面紧邻俄罗斯和蒙古,东面和南面是浩瀚的太平洋,西面是南亚次大陆,是陆海兼备的世界大国。中国的地缘环境非常复杂,邻国众多。在世界近190多个国家中,几乎没有一个国家(俄罗斯除外)像中国这样拥有如此众多的邻国(达19个)。按照英国著名地缘政治学家麦金德的理论,在国际竞争中,邻国越多特别是接壤的邻国越多越不利。目前同中国在领土、领海问题上存在有争议的国家多达9个,周边密布着热点和潜在的热点,包括朝鲜半岛、千叶群岛、钓鱼岛、台湾海峡、南沙群岛、克什米尔、阿富汗、中亚等,是世界最密集的。这些热点由点连线,形成一条环绕中国的“V”形冲突带。“三股势力”猖獗的国家大都分布于中国周边地区,这些矛盾和冲突成因复杂,由来已久,盘根错节,而台湾成为冲突的中心。

台湾位于东海大陆架的东南缘,由台湾本岛、兰屿、绿岛、钓鱼岛等21个附属岛和澎湖列岛等64个岛屿组成[2],东北邻接琉球群岛,南经巴士海峡、巴林塘海峡、巴布延海峡与菲律宾相望,西部与福建最近距离仅130公里,处于西太平洋阿留申群岛、日本诸岛直到菲律宾群岛、印度尼西亚诸岛构成的岛链的中心位置。这条岛链向西最靠近大陆的突出部,不但扼守中国南北交通要冲,而且是控制西太平洋的战略咽喉点,是中国大陆东南沿海扼守西太平洋第一岛链的战略枢纽,是确保大陆安全的海上屏障。台湾背靠亚洲大陆,面向浩瀚的太平洋,以台北为中心,2000公里航空半径之内,包括了朝鲜半岛,菲律宾,冲绳,日本的九州、四国和本州的一部分,4000公里航空半径之内囊括了关岛、马里亚纳群岛、加罗林群岛等美国在西太平洋上的重要海军基地。

二、台湾的地缘战略位置

台湾回归中国,意味着西太平洋的战略格局将发生根本性的变化,中国的战

〔1〕《从地缘政治看台湾问题》,载香港《信报》1999年12月7日。

〔2〕中共中央台湾办公室、国务院台湾事务办公室:《中国台湾问题》,九州出版社,1998年9月第1版,第2页。

略地位直线上升，中国的周边安全形势也将根本好转[1]。也就是说，台湾的地缘政治意义在于，只要东亚—西太平洋地区存在地缘政治上的对立，谁能控制台湾，谁就能控制这个区域的海上通道，谁也就能占据地缘战略上的有利地位[2]。台湾独特的地理位置，无论对中国还是对美国和日本，都有至关重要的地缘战略意义，是中、美、日三国战略利益的交汇之地，也是中国坚决维护祖国领土、主权统一以及美国（暗地里还有日本）顽固干涉中国内政的最深层次的原因。一旦台湾沦于外敌和分裂主义势力之手，不但中国失去了屏障，使中国大陆大门洞开，整个海上战略防御纵深顿失，而且台湾将进而成为外敌进攻大陆的跳板和据点，形同长在大陆腹部的一个毒瘤，严重危及整个国家和民族的生存。

台湾在中国国防安全上具有的重大战略意义。对此台湾学者就有清醒的认识。例如，台湾驻华盛顿的"台北经济和文化代表处顾问"黄介正博士从中国国防安全的角度分析了台湾所处的战略地位：(1) 台湾是中国海防的关键。台湾距离中国东南沿海大约100海里。如果台湾在中国的控制之下，台湾可以作为中国的预警设施，作为第一层防卫。这就使中国的防御纵深大为延长。(2) 台湾是中国通往大海的门户。台湾位于美—韩—日安全联盟的南端，也位于以南海为内湖的东盟的北端。台湾是中国跨越"第一岛链"的战略突破点。控制台湾，中国解放军海军就能"舒服地"进入浩瀚的太平洋。(3) 台湾是亚太海运的闸门。在战略上，台湾处于亚太航运要道的中点，连接上海与香港、琉球与马尼拉、横须贺与金兰湾，以及鄂霍次克海与马六甲海峡之间的航道。亚洲太平洋地区海上重要的商业或战略运输都在台湾监控范围之内。

从战略方位的角度看，台湾岛南面与海南岛相映，形成"双目"，北与舟山群岛呼应，构成"犄角"。以台湾为中心，连接海南岛和舟山群岛这南北两要点，就构成一条天然而有力的品字阵的战略海防线，足以掩护我国东南沿海6省市及该方向的战略纵深。因此，"台湾"对该地区的海防和国家防卫都起着无法估量的作用。

三、台湾的军事战略位置

台湾回归祖国有极其重要的军事价值。用于防御，台湾有一定的战略纵深，又便于得到战略后方的支援，可成为坚强的军事要塞和战略支撑点；用于进攻，

---

〔1〕 陈良生，等：《中国国家统一战略——战与和之间，我们选择全面打击和遏制"台独"》，明报出版有限公司（香港），2005年2月第1版，第28页。

〔2〕 王伟南、周建明：《地缘政治中的中美关系与台湾问题》，载《台湾研究集刊》2006年第4期，第45页。

台湾地处海运枢纽锁钥之地，并有大容量的军港、机场和广阔的机动水域，南北两端均有开放的入海口，又具备充实的综合保障能力，足以对台湾的南北方向展开进攻。台湾在中国军事上的地位，同样是一艘“不沉的航空母舰”。如果一旦台湾为敌对势力所控制，仅用岸基反舰导弹就可以封锁整个海峡。台湾岛的得失可谓与中华民族未来的兴衰荣辱、利害休戚相关。

东海、黄海外侧有日本本土四岛和琉球群岛阻隔，南海则被东南亚各国封闭，只有台湾以东的部分洋面是我国能够直接进入太平洋的唯一出海口，是中国走向太平洋的重要战略通道。20 世纪 70 年代以前，以美国为首的西方国家就是利用这样的地理形势对我国实行海上封锁，使中国的社会发展、经济建设受到严重制约。实际上，中、美关系大门打开之前中国不具备对外开放的自然条件，即使到现在，我国所处的半封闭状态实际上并未消除。中国要向太平洋发展，就必须冲出第一岛链，而冲出第一岛链的关键就是台湾，台湾是中国通向太平洋的大门。台湾问题不解决，可以说就是在巨龙脖子上加了一把锁。只有台湾回归祖国，在岛上建立强大的国防力量，才能走出内陆国家的发展道路。

台湾的海运通道，对国家军事和经济发展也具有重要作用。“一个国家的地缘战略在很大程度上就是这个国家与他国之间的地缘政治关系在军事安全领域的体现。”〔1〕台湾海峡长约 220 海里，平均宽度约 90 海里，是我国沿海海上交通的咽喉要道，是联系东海与南海的捷径。我国的港口分布若以台湾海峡中部的泉州港为界，16 个主要港口有 10 个在北部。我国四大外贸航线有三条需要南下。中国南部地区能源紧缺，煤炭、石油等都是必不可少的大宗南运物资，而这需要海运分流。因此，台湾海峡的航运通畅，对中国军事和经济的均衡发展和海外贸易的顺利进行有极为重要的意义。

第三节　中华人民共和国法律对台湾地位的规定

美国著名法学家奥萨魁有一句名言，他说：“必须记住法律是特定民族的历史、文化、社会的价值与一般意识形态与观念的集中体现。”〔2〕根据国际法理论，先占是一个国家有意识地取得当时不在任何其他国家主权之下的土地的一种占

〔1〕 王伟南、周建明：《地缘政治中的中美关系与台湾问题》，载《台湾研究集刊》2006 年第 4 期，第 45 页。

〔2〕〔美〕格林顿·戈登·奥萨魁：《比较法律传统》，中国政法大学出版社，1993 年第 1 版，第 6–7 页。

取行为。中国是通过“先占”原则取得台湾的领土和主权,就是特定的历史因素形成的。对台湾行使主权是中华民族历史、文化和社会价值的重要组成部分。

一、中国早期对台湾的管辖

根据国际法上的“有效占领”原则,我国中央政府从12世纪起已在澎湖设置行政机构,实行有效统治。早在公元12世纪中叶,宋朝即派兵驻守澎湖,将该地区划归福建泉州晋江市管辖,当时有较多的汉族人移居该地区从事生产活动。13世纪,元世祖忽必烈设置了行政管理机构澎湖巡检司,管辖福建、台湾岛(当时称琉球)及澎湖列岛,这是历史上首次记载中央政府设置专门的机构管辖台湾。明朝政府于16世纪中后期在台湾恢复了一度废止的“巡检司”,以防御外敌侵犯,明朝政府为抵御荷兰殖民者的侵略还增兵澎湖,“曾先后击退荷兰、日本对台湾的侵犯”[1]。到了清代,清政府不断在台湾扩增行政机构。民族英雄郑成功于顺治十八年(公元1661年)从荷兰人手中夺回台湾,设承天府。康熙二十二年(公元1683年),清统一台湾,清军进驻台湾,1684年设台湾府,隶属福建省,下辖台湾、凤山、诸罗三县。自1723年至1727年,清对台湾进行了多次行政机构改组。1723年增设彰化县和淡水厅,4年后改原台湾县管辖的澎湖为厅。1728年(雍正五年)定“台湾”为官方统一名称。特别值得一提的是,1874年日本侵略台湾失败,清政府和日本签订的《北京专约》(也称《台湾事件专约》)规定:清朝承认“台湾‘生藩’曾对日本国属民等妄为加害”,日军出兵是保民义举”;赔偿日本银50万两;日军撤出台湾。1811年增设噶玛兰厅,台湾行政区划形成1府4县3厅制。直到1885年中法战争之后改为台湾省。1885年10月12日,清政府为进一步发展台湾,慈禧太后下旨将福建巡抚改为台湾巡抚,并任命刘铭传为台湾巡抚,台湾正式建省,行政区扩为3府1州辖11县5厅。1888年,刘铭传正式启用“福建台湾巡抚”关防,宣告台湾建省最后完成。自此台湾成为中国第20个行省,刘铭传成为台湾第一任巡抚[2]。

二、历史上中国人民坚决反对外国侵占台湾

1894年,日本不宣而战,向中国发动侵略战争。由于侵略者的凶狠残暴和清政府的妥协退让,中国战败,将台湾全岛及其所属各岛屿和澎湖列岛割让给日本。光绪二十一年(1895年)5月1日,赴京应试的1200名应试举人聚集北京松筠庵,通过了广东应试举人康有为起草的万言书《上清第二书》,上书当时的国家

---

〔1〕王鹏、李毅:《论台湾的法律地位兼驳“台独”理论》,载《河北法学》2000年第3期,第2页。

〔2〕《我国制定〈反分裂国家法〉历史依据》,载《理论学习》2006年第4期,第58页。

枢纽机关都察院。“803 名举人在万言书上签了名，甘肃康县黄居中是签名者之一，这就是著名的‘公车上书’。”[1]他们作为当时知识分子的代表，在国家存亡之际，怀着满腔爱国热情，冒着生命危险，坚决反对这种以武力强迫他国签订的不平等条约及由此产生的领土割裂的行为，并指出这是帝国主义对弱国的奴役和凌辱，是违背一般国际法关于国家主权平等原则，是无效的。但由于当年日本的强盛国力和中华民族的颓废，台湾沦为日本的殖民地[2]。

随着民族意识的觉醒，一大批仁人志士发起振兴中华民族、驱除外敌、收复国土的号召，并身体力行付诸行动。近代革命先行者孙中山抛弃改良思想走上革命道路，就是源于甲午战争中国的惨败和日本帝国主义对台湾的强行割占激起的义愤。1894 年 11 月，孙中山在檀香山成立兴中会，其重要目标即志在“恢复台湾，巩固中华”[3]。1905 年孙中山主持成立同盟会，确立三民主义思想，并于 1911 年推翻清政府的腐朽统治，取得辛亥革命的胜利，建立了“中华民国”。1912 年，孙中山领导的南京临时政府制定的《中华民国临时约法》，以列举中国领土范围的方式，明确声明中国领土的范围，台湾即是其中之一。1919 年孙中山将中华革命党改组为中国国民党。五四运动和中国共产党的诞生，使孙中山看到了革命的新希望，更加坚定收复国家领土的决心。1924 年 1 月，国民党召开中国国民党第一次全国代表大会，标志第一次国共合作正式建立。国民党“一大”宣言提出新的政纲，其中第一条即：“一切不平等条约，如外人租借地、领事裁判权、外人管理关税权以及外国人在中国境内行使一切政治的权力侵害中国主权者，皆当取消，重订双方平等互尊主权之条约。”[4]这样，“废除一切不平等条约”成为国共第一次合作的政治纲领，国民革命的共同目标。第一次国共合作的国民革命，主要任务是反帝反封建。虽然当时还未能具体提出“收复台湾”的口号，在随后召开的全国总工会联合会上，中国共产党人刘少奇明确提出“取消中日间一切不平等条约”的强烈要求[5]，将斗争的锋芒指向了日本帝国主义。由“废除一切不平等条约”发展到“取消中日间一切不平等条约”的主张，矛头直指《马关条约》，表达了中国人民收复台湾的强烈愿望。

---

〔1〕 罗卫东：《陇南史话》，甘肃文化出版社，2004 年 7 月第 1 版，第 175 页。

〔2〕 席玉民：《解析陈水扁“台独”的违法性》，载《开封教育学院学报》2005 年第 1 期，第 5 页。

〔3〕 曾迺硕：《国父与台湾的革命运动》，幼狮文化事业公司（台湾），1978 年 3 月第 1 版，第 62 页。

〔4〕 《中国国民党史文献选编》（1894—1949），中共中央党史科研办公室发行，1985 年第 1 版，第 29 页。

〔5〕 汉口《民国日报》1927 年 4 月 4 日、4 月 5 日。

三、抗战胜利促成台湾回归祖国

日本对中国的侵略,激起民族救亡运动意识的崛起。中国共产党和中国国民党开展第二次合作,积极参加抗战,协同世界反法西斯同盟对日作战,促成台湾回归到祖国怀抱。

(一)中国共产党全力参加抗战

中国共产党积极主张和参加抗战,为收复台湾而不懈努力奋斗。1937 年,日本发动全面的侵华战争。中国人民开始了全民族的抗日战争。中国共产党于 1937 年 8 月 25 日提出抗日救国十大纲领,其中第一条即为:"打倒日本帝国主义""废除与日本签订的条约"[1],《马关条约》自然在废止之列。在当时的国民政府正式对日宣战的当天,中共中央发出《中央关于开展太平洋反日民族统一战线及华侨工作的指示》,明确提出了联合英、美,建立包括台湾同胞在内"太平洋反日统一战线"的主张。1941 年 12 月 10 日,中共中央又发布《中国共产党为太平洋战争的宣言》,进一步提出"向日本军队、日本人民,向朝鲜、台湾、越南各民族,向中国沦陷区的人民进行反对日本法西斯的更广大的宣传鼓动,为建立日本内部的反法西斯阵线而斗争"[2]等八项任务。

(二)中国国民党主张收复台湾

中国国民党也主张废除不平等条约,依法收回台湾。"1938 年 4 月,蒋介石在国民党临时全国代表大会上提出了收复台湾的目标"[3]。为此,国民党为收复台湾也做了一定的工作。1942 年 11 月 3 日,国民政府外交部长宋子文在重庆举行记者招待会,指出日本所侵占之土地均应于战后交还原主,"中国应收回东北四省、台湾及琉球"[4]。在太平洋战争爆发后,当时的中国政府 1941 年 12 月 8 日正式发表《对日宣战声明》,并于次日发布《宣战布告》,向中外宣告:"所有一切条约、协定、合同,有涉及中、日间之关系者,一律废止"[5]。根据"战争使得交战国的条约失效"的国际法一般原则,中国政府对日宣战后,包括《马关条约》在内的中、日间一切条约、协定及合同当然废弃,日本借以侵占台湾的法律凭据已

---

〔1〕《毛泽东选集》,第二卷,人民出版社,1991 年第 1 版,第 354 页。

〔2〕《解放日报》1941 年 12 月 10 日。

〔3〕左双文:《关于国民政府与台湾光复问题的一点补充》,载《抗日战争研究》2005 年第 2 期,第 31 页。

〔4〕《大公报》1942 年 11 月 4 日。

〔5〕吴相湘:《第二次中日战争史》(下册),台北综合月刊社,1974 年 2 月第 1 版,第 784 页(原件影印件)。

经不存在。因此,从国际法的意义上看,自中国对日宣战之日起,台湾即已恢复为中国领土一部分的法律地位。

（三）国际反法西斯同盟支持中国收复国土的主张

国际反法西斯同盟协助中国收复台湾。1941 年 10 月 26—31 日,包括台湾地区代表在内的东方各民族反法西斯代表大会在延安召开,为东方各民族的反日斗争指明了方向,也为太平洋战争爆发后,推动国际反日统一战线的形成打下了基础。1941 年 12 月,苏、德战争和太平洋战争先后爆发后,国际反法西斯统一战线最终形成,中国成为反法西斯同盟国,积极顺应国际形势,争取收复被割让的国土。1943 年 11 月,中、美、英三国在埃及开罗举行会议,旨在解决战后一系列重大问题。在定稿的《开罗宣言》中,有关日本战后归还所占中国领土的内容,国民党军队的海军中将杨宣城积极提出修改的建议[1],有力地维护了中国政府在台湾问题上的利益。在宣言的最后,代表中国三军签字的是陆军上将商震,海军中将杨宣城,空军中将周至柔[2]。《开罗宣言》最终形成的文字是:"……使日本所窃取于中国之领土,如满洲、台湾、澎湖列岛等,归还中华民国。"国际反法西斯同盟的努力为中国收复台湾打下坚实的国际法基础。

四、前国民政府依法接收台湾是中国重新恢复行使主权的法律渊源

台湾是在日本二战期间战败后回归祖国的怀抱的。不论是从历史上,还是从台湾的社会现实来看,当时的国内法规定均具备充分的法律渊源。

（一）历史上中国一直统治着台湾

从政府继承的角度看,当时的国民政府收复台湾具有充分的法理依据。历史上,元朝对台湾最早行使管辖权。元朝灭亡后,明朝曾对女真族(满族的前身)统治了 250 多年。努尔哈赤建国是清朝推翻明朝统治,是一个国家内部少数民族推翻汉民族统治的行为。客观上来说,郑成功占领台湾的行为理应视为南明朝政府的延续。由于郑成功对澎湖和台湾的统治,使得两地首次成为政治统一体。因此,从国际法上看,中国历史上的改朝换代是一个国家内部民族矛盾的斗争进程,也是一个国家内部人民矛盾斗争的结果。清朝代替了明朝,是政府的变更。清朝就有权继承明朝的疆土。如果把郑成功统治台湾的这段时效考虑在内,那么,在 1895 年以前中国政府统治台湾已有 234 年。退一步而言,即使不考虑明朝郑成功对台湾管辖的时效,清朝已对台湾地区统治了 211 年。事实上,自

---

〔1〕 马骏杰:《中国代表修正(开罗宣言)》,载《环球时报》2004 年 9 月 6 日。

〔2〕 马骏杰:《中国代表修正(开罗宣言)》,载《环球时报》2004 年 9 月 6 日。

1662 年郑成功的收复至 1949 年中华人民共和国政府成立的近 300 年来，除为日本非法占领近 50 年外，台湾一直处于中国政府的有效控制之下。日本非法占领台湾近 50 年，不等于它拥有对台湾的主权。长期以来，清朝政府对台湾地区所实行的有效的统治，已不容分辩地证明了台湾属于中国领土的一部分。因为，当时的"中华民国"政府是清政府合法的继承人。

(二)台湾的社会现实承认它属于中国

国民政府于 1945 年 8 月 29 日明令设立台湾省行政长官公署，特任命陈仪为台湾省行政长官兼警备总司令。9 月 1 日，在重庆成立台湾省行政长官公署及警备总司令临时办事处。10 月 25 日，中国从日本手中正式接收台湾的仪式在台北隆重举行，台湾省行政长官陈仪在台北接受日军第 10 方面军司令长官安滕利吉代表日本投降，被迫割让给日本 50 余年的台湾省，终于彻底摆脱了日本的殖民统治，回到了祖国的怀抱。在接收时陈仪宣告："此次受降典礼……已顺利完成。从今日起台湾归还给中国，中国政府重新恢复了对台湾省行使主权和行政管辖权力。"[1] 从即日起，台湾和澎湖列岛正式重新归入中国版图，该地区一切土地、国民、政事皆归于中国主权之下。次日，中国政府宣布，重新恢复台湾为中国一个省的行政管理机构，并在台湾正式设立台湾省行政长官公署，依中国法令行政[2]。1946 年 10 月，台湾回归祖国一年后，当时还在大陆的国民党政府举行了庆祝活动，蒋介石携夫人宋美龄曾专程到台湾视察。2007 年清明节期间，作者到陕西省黄陵县旅游，在黄帝陵前院，发现台湾各界代表人士也在台湾光复一周年之际到黄帝陵致敬，并立有一块大型《台湾光复致敬团祭黄帝陵文碑》。主要内容是：中华民国 35 年 9 月 12 日，时任台湾省参议员的本土大老林献堂(台中新当选国民参政员)组成台湾光复致敬团代表[3]，率领李建兴(台北县瑞芳镇长)、林叔桓(台南市救济院院长)、钟番(新竹大同商事公司董事长)、黄朝清(台中市参议会议长)、姜振骧(新竹市参议会议员)、张吉甫(屏东市参议会议长)、叶荣钟(台中市人民自由保障会委员)、陈逸松(台北市律师公会副会长)、林为恭(台湾省参议会议员)等与 650 万同胞脱离日寇统治重归祖国版图一周年之期，特从万里海外飞归我中华民族发祥故土秦陇之郊，祭我民族奠基远祖轩辕黄帝陵。在当时国民党政府尚未迁台之时，台湾各界代表人士不远万里前来黄帝陵致祭

---

〔1〕 司马文妮：《从国家主权原则谈台湾法律地位》，载《宝鸡文理学院学报》(社会科学版)2001 年第 1 期，第 98 页。

〔2〕 张春英：《台湾百年历史变迁与国共两党关系》，载《党史研究与教学》2007 年第 2 期，第 65 页。

〔3〕《蓝：民进党执政时，也遥祭黄帝陵》，2012 年 4 月 4 日中央社台北电。

并立碑文，说明台湾回归祖国台湾民众是既感激又认可的，也支持当时的国民党政府对台湾的统治，才代表台湾当时650万台湾人民认祖归宗，向中华民族的人文始祖黄帝报告，台湾回归祖国一周年。作者认为，这一碑文的发现对台湾的法律地位属于中国具有重大的历史证明价值，也说明当时台湾的本土精英和大佬对台湾回归祖国的极大认同。

（三）当时国际法规定台湾已经交还中国

在以孙中山为代表的中国资产阶级革命派的领导下，1911年爆发的辛亥革命推翻清王朝的统治。民国政权在中国确立后，在法律上完全继承了前清政府的权力和国家人格。抗战胜利后，国民政府以全中国人民代表的身份接受战败国日本交还的台湾。1943年中、美、英签署的《开罗宣言》及1945年中、美、英三国（后苏联参加）签署的《波茨坦公告》均明确规定台湾已交还中国，具有充分的国际法依据。国家在一定情况下将本国领土置于外国管辖权之下，正是行使对本国领土的处分权。基于同样的道理，1945年日本战败后，将前清政府手中割让的领土台湾交还新的政府，是国民政府正式对台湾开始行使主权。20世纪40年代末期，中国的国家代表权发生了变化。国民党在内战中失败后退居台湾，中华人民共和国政府继承了国民政府的国家人格，成为全中国的合法代表，中国政府对台湾行使主权符合国际法。

五、国家法律对台湾的定位是一个中国的重要组成部分

"台湾在第二次世界大战之后，不仅在法律上而且在事实上已经归还中国。之所以又出现台湾问题，与随后中国国民党发动的反人民内战有关，但更重要的是外国势力的介入。"[1]现阶段，海峡两岸尚未统一，这种不正常状态的长期存在，并没有赋予台湾在国际法上的地位和权利，也不能改变台湾是中国一部分的法律地位。台湾问题，在政治层面需要解决的是两岸是否需要统一以及如何在政治上实现统一的问题。法律依附于政治，政治决定法律的内容。我们并不否认台湾问题的政治属性，台湾问题的解决最终还需要通过政治途径。"但对台湾的法律地位做出明确法理阐释，对台湾问题的法律属性有明确和深刻的认识，是构建两岸关系和平发展的法律机制的重要条件。"[2]

从岛内一部分民众的政治认同对台湾法律地位的影响来看，两岸同属于一

〔1〕 李大光：《中国安全抉择——构筑21世纪的国家安全体系》，石油工业出版社，2002年1月第1版，第264页。

〔2〕 周叶中：《论构建两岸关系和平发展框架的法律机制》，载《法学评论》（双月刊）2008年第3期，第5页。

个中国有较大的空间。2005 年 5 月,台湾亲民党主席宋楚瑜率团访问大陆。宋楚瑜登陆伊始,即旗帜鲜明地喊出"两岸兄弟一家亲"的口号,以"两岸是一家,同具手足情"的观点来表述台海两岸关系的历史和现状。宋先生形象地打比方说,两岸一家亲,叫作"一中屋顶",就像闽南的四合院一样,东厢房,西厢房,这两个兄弟老是吵吵闹闹,妯娌也不合,平常从来不来往,但是每到逢年过节的时候,都跑到当中那个地方去祭拜祖宗。这种形容两岸关系的表述,我们不妨称为"兄弟说"[1]。用"兄弟说"给两岸关系做法理定位,结论自然是大陆和台湾自古同属中国。尽管 20 世纪国共内战原因造成两岸分治现状,但改变不了双方同属于一个中国的法律事实。台湾问题是中国内部事务,应当由两岸的中国人共同协商解决。中国的任何一部分领土都属于包括台湾同胞在内的 13 亿多人民所共有,要对领土做出处分,必须由两岸 13 亿多人民共同做决定。

六、国家法律对台湾主权归属的规定已构成完整的体系

中国人民以革命方式推翻了国民党统治,成立了中华人民共和国。根据国际法继承之原则,中华人民共和国的继承属于对"中华民国"政府的完全继承。因此中华人民共和国不仅继承了"中华民国"在国际上代表中国的资格,同时也继承了"中华民国"对全中国,包括台湾、澎湖列岛在内的领土与行使领土主权的权利。从"1949 年 10 月 1 日,中华人民共和国取代了中华民国成为全中国合法政府和国际上的唯一合法代表"[2],随后颁布了一系列法律对台湾的法律地位进行了确认。

(一)中华人民共和国的权威法律文件的规定

1954 年《中华人民共和国宪法》、1975 年《中华人民共和国宪法》、1978 年《中华人民共和国宪法》以及现行的 1982 年《中华人民共和国宪法》都规定了台湾是中国神圣领土的一部分,国家的统一是两岸中国人共同的责任。1982 年的《中华人民共和国宪法》序言第 9 自然段明确规定:"台湾是中华人民共和国的神圣领土的一部分。完成统一祖国的大业是包括台湾同胞在内的全中国人民的神圣职责";第 10 自然段规定:"中华人民共和国是全国各族人民共同缔造的统一的多民族国家";第三十一条规定:"国家在必要时得设立特别行政区。在特别行政区内实行的制度按照具体情况由全国人民代表大会以法律规定"。从上述规

---

〔1〕 邱列、郭海清:《两岸关系法理定位宜采"兄弟说"不可用"恋爱说"》,载《法学》2005 年第 6 期,第 86 页。

〔2〕 马章民:《分裂国家罪及其司法认定》,载《河北法学》2006 年第 8 期,第 60 页。

定可以看出,1982 年现行宪法确认台湾属于中国的一部分,承认海峡两岸处于未统一状态,但统一是目标,统一的方式可以是在台湾地区设立特别行政区,为以后继续制定维护台湾是中国组成部分的法律预留了空间。

(三)专门法律的规定

为了统一各方认识,国家出台了专门的法律对台湾的法律地位进行了明确规定。2005 年 3 月 14 日,第十届全国人民代表大会第三次会议通过反分裂国家法。该法第二条明确规定:“世界上只有一个中国,大陆和台湾同属一个中国,中国的主权和领土完整不容分割。维护国家主权和领土完整是包括台湾同胞在内的全中国人民的共同义务。国家绝不允许‘台独’分裂势力以任何名义、任何方式把台湾从中国分裂出去”“世界上只有一个中国,台湾是中国领土不可分割的一部分”。这些法律的明确规定确立了台湾是中国领土一部分的法律地位,而这种法律地位是以国家的强制力为后盾来保障的,不容任何势力歪曲和挑衅。“反分裂国家法是依据宪法而产生的法律,该法的制定属于国家的特殊立法。首先是适用范围特殊,一切特定措施只在特定地区——台湾适用。其次是指向特定对象,在反对和遏止上指向‘台独’分裂势力,在鼓励和保护上指向台湾民众。第三是针对事项特殊,即遏制和反对分裂国家的活动,该法是为‘台独’分裂势力划定底线的法,同时也是追求和平统一的目标的法。第四是具有法定授权意义,当一个中国的法律地位受到挑战和侵犯,台海两岸的正常秩序遭到破坏时,根据法律的授权,国家有关机关将依法采取断然措施来消除这种危害。”〔1〕

(三)领海法方面的规定

1958 年 9 月 4 日,中华人民共和国政府发表《关于领海的声明》,宣布中国海领宽度为 12 海里,“一切外国飞机和军用船舶,未经中华人民共和国政府许可,不得进入中国领海和领空上空”。声明中中国政府严正指出,“台湾和澎湖等地尚待收复,中华人民共和国政府有权采取一切适当的方法在适当的时候收复这些地区,这是中国的内政,不容外国干涉”。这个声明向美国政府表明了中国人民捍卫祖国领海、领空的严正立场,又包含着试探美国底牌的意思〔2〕。《关于领海的声明》指出,我国测算领海的基线为直线基线,从基线向外延伸 12 海里的水域都是中国的领海。在基线以内的水域,包括渤海湾、琼州海峡在内,都是中国的内海。在基线以内的岛屿,包括东列岛、高登岛、马祖列岛、白犬列岛、乌岳岛、

〔1〕 徐显明:《以法律方式处理台湾事务》,载《社会科学报》2005 年 3 月 17 日。

〔2〕 张伟:《炮击金门的前前后后》,载《环球时报》2004 年 5 月 26 日。

大小金门岛、大担岛、二担岛、东啶岛在内,都是中国的内海岛屿[1]。1992 年的《领海及毗连区法》第二条第二款规定:“中华人民共和国的陆地领土包括中华人民共和国大陆及其沿海岛屿、台湾及其包括钓鱼岛在内的附属各岛、澎湖列岛、东沙群岛、西沙群岛、中沙群岛、南沙群岛以及其他一切属于中华人民共和国的岛屿”[2]。

就目前而言,我们不仅有宪法作为基本的保障对台湾的法律地位进行确认,有相关法律体系对台湾的地位进行维护,还通过反分裂国家法专门重申“一个中国”原则,确认台湾属于中国的法律事实,向全世界表明我们对台湾问题的基本态度和基本政策。但为了更好地保护台湾的法律地位,还需要一套包括各个门类、各个层级的规范性文件在内的法律体系,对处理台湾问题进行做出全面、整体、明确的制度安排和程序设计,以期通过健全法律运行机制促进两岸关系和平发展。

第四节　台湾地区对两岸关系的“法律”定位

台湾地区的“法律”体系包括两部分,一部分是国民党败退台湾后,沿袭在大陆制定的“法律”,一部分是到台湾后制定的“法律”。在两岸关系定位方面的“法律”也包括这两部分,构成台湾属于一个中国的完整体系。

一、历史上台湾政治人物对两岸关系的主张

在蒋介石、蒋经国主政台湾时期,由于他们对“一个中国”原则的坚持,海峡两岸的斗争仅局限于谁是中国唯一合法政府代表的范围,国际上任何分割中国主权与领土完整的企图均未能得逞。也就是说 1949 年之后,蒋氏父子在台湾一直奉行“一个中国”的政策。蒋介石虽念念不忘“反共复国”,推行“反攻大陆”政策,但坚决打击“台独”,始终坚持只有一个中国。到了蒋经国时代,台湾当局为解决两岸问题,又提出了“三民主义统一中国”的口号。因此,“两蒋”主政台湾时期,大陆和台湾,不论从历史看和还是从现实看,从来都是主张“一个中国”。1988 年 7 月 14 日,以陈立夫为首的 34 位国民党中央评议委员提出一项“以中国文化统一中国”的议案,主张祖国和平统一,提倡两岸对话协商,互信合作,并有

---

〔1〕 金永明:《东海问题解决路径研究》,法律出版社,2008 年 11 月第 1 版,第 125 页。

〔2〕 刘文宗:《国际法不容许“住民自决”和“新宪公投”》,载《统一论坛》2006 年第 4 期,第 8 页。

一些具体构想[1]。

李登辉执政前期对两岸关系的定位是"一个中国"原则。1988年1月18日，李登辉当上"总统"的第四天，即以"总统"身份接见喜欢干涉中国内政的政客——美国众议院外交委员会小组主席索拉兹。在索拉兹就"自决"问题当面试探李登辉时，李登辉明确告诉索拉兹：自决是殖民地人民的主张，台湾无此问题存在。他还补充说："本人是台湾人，但也是中国人。"[2]在同年5月18日，李登辉接见"国大代表"台湾联谊会15名成员时，也对民进党籍"国大代表"说过类似的话，强调"台湾人也是中国人"[3]。在李登辉执政后期，投机政客的意识形态开始刻意对两岸关系定位进行操作，对两岸关系法理任意曲解。

李登辉抛出"两国论"目的，就是企图对台湾是中国领土一部分的法律地位进行"重新定位"。由于李登辉在台湾所处的政治地位，他的"两国论"比"台独"分子的"台湾主权独立论"更具危害性，其所带来的破坏性影响，已使两岸关系走到一个极为复杂的境地。1999年8月1日，台湾"陆委会"公布一份"对等、和平与双赢——对特殊国与国关系论书面说明"，辩称"两国论"是"从政治、历史与法律的观点，对既存事实做明确的说明"[4]。李登辉之所以"重新定位"两岸关系，他认为还有一个理由就是中国大陆没有统治过台湾。1945年日本投降时，按照国际协定将台湾归还中国，当时的中国国民党政府亦从未在台湾进行过一天的统治、亦未在台湾收过任何一分钱的税。若按李登辉的逻辑推理，那么二战结束时，当时的中国国民党政府根据国际协定收回被日本占领的台湾、澎湖列岛等领土是无效的，台湾及其岛屿仍是日本领土。可见，这是极端不负责任的狡辩。

二、台籍知名法学家的解读

台湾旅美国际法学者丘宏达曾引用美国国务院1959年8月11日的一份备忘录，其中说："中国合法政府（指台湾当局，作者注），现仍屹立于台湾。"丘宏达指出："如果台湾不属于中国，那么'中华民国'政府屹立于中国领土之外，怎么还能被认为是中国的合法政府呢？"[5]问题的实质是当时"中华民国"是代表全中

---

〔1〕 陈良生，等：《中国国家统一战略——战与和之间，我们选择全面打击和遏制"台独"》，明报出版有限公司（香港），2005年2月第1版，第55页。

〔2〕 陈国少、肖星：《李登辉其人》，台声出版社，1988年9月第1版，第124页。

〔3〕 陈国少、肖星：《李登辉其人》，台声出版社，1988年9月第1版，第125页。

〔4〕 刘国奋：《李登辉谋求重新"定位"两岸关系问题之分析》，载《台湾研究》1999年第4期，第17页。

〔5〕 丘宏达：《关于中国领土的国际法问题论集》，台湾商务印书馆，1975年第1版，第9页。

国主权的中国中央政府，而不是如今退缩在台湾的"中华民国"。中、美两国建交后，丘宏达曾说："关于台湾的法律地位问题，在中、美签订建交公报的那一刻就彻底得到解决。"1949 年后，代表全中国主权的中国中央政府是中华人民共和国，主张台湾是中国的一部分具有正当的法律依据。在台湾方面，民进党和中国国民党、亲民党三党的主席和核心领导层（尤其是民进党）大都拥有法科教育背景，尤其是民进党籍出身法学硕士和博士。遇事相当注重法理解释和法理定位，但也有一些掩盖真实目的的企图。从大陆方面，我们坚持依法治国、依法执政，在处理台湾事务方面，也应增强法律意识，注意听取法学家的意见、重视法学家的作用、寻求法学家在台湾法律地位上的准确定位，以法学思想的交流和交集，拉近双方的在一个中国问题上的认识和行动，揭露和警惕民进党在法理和法律上扭曲和歪曲两岸关系和法律定位。

三、台湾"宪法"对两岸关系的定位

"中华民国宪法"原是一部统一的全国宪法，任何"中华民国政府"都有实现"中华民国宪法"所规定的国家统一义务[1]。"台湾地区现行的'宪法'，是'国民党政权'迁台时带到台湾的《中华民国宪法》。"[2]该宪法于 1947 年在南京制定公布，由总纲、人民之权利义务、"国民大会"、"总统"、行政、立法、司法、考试、监察、"中央"与"地方"之权限，"地方"制度、选举罢免创制复决、基本"国策"、"宪法"的施行及修改等 14 章组成，总计 175 条。在中国大陆执政的国民党政府于 1945 年收回台湾，1947 年在大陆制定了"中华民国宪法"。"国民党政权"迁台后，"中华民国宪法"作为"法统"的象征被继续使用。从 1947 年到 1991 年 5 月，该法未作任何修改，一直被当作根本大法使用。随着岛内民主运动的兴起，"台独"分子先后主政台湾，从 1991 年至 2005 年，台湾当局先后进行 7 次"修宪"活动，制定和修订了"中华民国宪法增修条文"共 12 条，但对"宪法"文本的实质未作修改。

台湾现行"宪法"第四条规定："中华民国领土，依其固有之疆域，非经国民大会决议，不得变更之。""中华民国领土"包括省、直辖市、蒙古西藏地方，而不仅限于台湾地区。1947 年施行的该"中华民国宪法"，很明显坚持一个中国的原则。这里"中华民国"固有之疆域是指包括大陆和台湾在内的全部中国领土，也就是

---

〔1〕 郑海麟：《两岸和平统一的思维和模式》，海峡学术出版社（台湾），2001 年 12 月第 1 版，第 84 页。

〔2〕 曾宪义：《台湾法概论》，中国人民大学出版社，2007 年 3 月第 1 版，第 10 页。

台湾当局2005年2月在“扁宋会”中还表示过认同的“宪法一中”所包括的领土范围。

台湾地区“司法院”大法官会议在1993年11月26日做出的“释字第328号”宪法解释中宣称:“国家领土之范围如何界定,纯属政治问题;其界定之行为,学理上称之为统治行为,依权力分立之宪政原则,不受司法审查。我国宪法第四条规定,‘中华民国’领土,依其固有之疆域,非经国民大会之决议,不得变更之,对于领土范围,不采列举方式而为概括规定,并设领土变更之程序,以为限制,有其政治上及历史上之理由。其所称‘固有之疆域’究何所指,若予解释,必涉及领范围之界定,为重大之政治问题。本件声请,揆诸上开说明,应不予解释”。这表明台湾司法机关将有关领土范围和领土变更问题,视为“重大政治问题”,不受司法审查,也不由司法机关进行具体内容的宪法解释。

2004年8月23日,依据第六次“宪改”结果,台湾“立法院”公布“行宪”以来第一次由“立法院”提出的“宪法”修正案。2005年6月7日,台当局召集了“任务型”的“国民大会”复决通过了对原“中华民国宪法增修条文”第一条、第二条、第四条、第五条、第八条的修正案,并增订了第十二条。6月10日,全部条文由“总统”陈水扁公布。这是台湾“宪改”以来的第七次修宪,也是民进党和陈水扁执政后第一次“修宪”。根据修订后“公民投票”复决“国土变更案”的内容,新的“增修条文”第4条规定:“‘中华民国领土’,依其固有疆域,非经‘立法委员’1/4提议,全体‘立法委员’3/4出席,及出席‘立法委员’3/4决议,提出领土变更案,并于公告半年后,经‘中华民国’自由地区选举人投票复决,有效同意票过选举人总额之半数,不得变更之。”这就是说,即使是极力鼓吹“台独”的民进党和陈水扁势力在强盛时期,在台海两岸的政治现实面前,也没能力改变两岸同属于一个中国的法律地位。

一个国家不能有两部宪法,这是一个基本的法律知识,但海峡两岸事实上却又存在着两部宪法和两套法律制度,并且都在各自的政治、经济等领域发挥着作用,这是一个无法回避和否认事实[1]。这是两岸未统一前的特殊情况,但其实质还是“一中宪法”。

四、“台湾地区与大陆地区人民关系条例”对两岸关系的定位

台湾地区“立法院”于1992年制定公布了“台湾地区与大陆地区人民关系条例”。其后经过了8次修改,最近一次为2003年10月29日。此后台湾当局一直

---

〔1〕 殷啸虎:《关于台湾“宪法”定性定位》,载《法学》1995年第9期,第17页。

是以"两岸人民关系条例"作为处理两岸关系的直接依据的。该条例第二条明确规定:"本条例用词定义如下:一、台湾地区指台湾、澎湖、金门、马祖及政府统治权所及之其他地区。二、大陆地区指台湾地区以外之中华民国领土"[1]。2005年江丙坤访问大陆时,一些民进党重要人士要"法办"江丙坤所依据的"法"也是该"两岸人民关系条例",认为江丙坤踏上"台湾地区以外中华民国领土"也违法。

五、台湾"国家统一纲领"对两岸关系的定位

1991年2月23日,台湾当局为解决两岸历史遗留问题,由"国家统一委员会"第三次会议通过了"国家统一纲领"。该纲领在第一条"前言"中规定:"中国的统一,在谋求国家的富强与民族的长远发展,也是海内外中国人共同的愿望。海峡两岸应在理性、和平、对等、互惠的前提下,经过适当时期的坦诚交流、合作、协商,建立民主、自由、均富的共识,共同建立一个统一的中国,基此认识,特制订本纲领,务期海内外全体中国人同心协力,共图贯彻。"第三条中还规定了国家统一的四条基本原则,其中第一条就是:"大陆与台湾均是中国的领土,促成国家的统一,应是中国人共同的责任。"同时,该纲领还为实现国家统一设计了"互惠交流、互信合作、协商统一"三阶段进程。

中华人民共和国和台湾地区现行规范性法律文件都明确规定两岸同属一个国家,都从法律的高度肯定了两岸是一个中国的事实。必须指出,台湾的领土主权属于中国,与台湾的主权属于台湾人民并不构成矛盾,因为国家的领土主权是归永久生活在它之上的人民所有。"台湾是中国领土的一部分,故台湾的主权属于中国,无疑也属于台湾人民。这便是一个中国原则与台湾的法律地位之关系。"[2]

第五节　国际法关于台湾地位的规定

国际法作为主权国家之间的协议和习惯规则,对于调整国家之间的关系和行为具有重要的规范意义。而国际法关于台湾地位的法律文献,是中国政府对台湾行使主权最重要的依据。

〔1〕张万明:《涉台法律总论》,法律出版社,2009年12月第2版,第447页。

〔2〕郑海麟:《两岸和平统一的思维和模式》,海峡学术出版社(台湾),2001年12月第1版,第235页。

一、台湾当局对本地区行使主权没有国际法依据

国际法上的“稳定有效统治”是一项拥有合法领土的重要原则。它是指某一政权不凭借任何外力实施对某个地区的控制,并消除了对其控制地区的各种权利要求。事实上,台湾当局之所以能“偏安一隅”,绝不因其有能力与大陆中央政府抗衡,而是仰仗外国势力主要是美国的支持。至今台湾当局仍乞怜于美国安全体制的保护伞,根本无法实现“有效稳定统治”。奥地利国际法学者菲德罗斯说:“只有当母国放弃了征服武装对抗者的企图,并最后确定地终止了斗争的时候,具有分裂目的的武装对抗组织才转变为一个新的国家。而只要外国还卷入在争端中,就还没有这样最终决定的胜利。”[1]可见,台湾当局对台湾不具备有效的统治,只能算暂时占据。台湾当局所谓的“中华民国”政府,仅仅统领2300万人口和3.6万平方公里土地,是全中国人口的60:1和领土的266:1。根据国际法的有效统治原则,“中华民国”政府不是中国合法的中央政府[2]。

历史上这种非法临时占有中国领土,实际上未能有效统治的例子比比皆是。例如:1931年9月18日,日本关东军制造武装占领中国东北的“九·一八事变”,1932年二三月间,汉奸张景惠等宣布伪满“建国”,拉出清逊帝溥仪“主持大计”,担任“执政”,1934年1月,伪满宣布实行“帝制”,3月1日溥仪登基做了“皇帝”,至1945年8月17日溥仪等在沈阳为进入中国之苏军逮捕,伪满统治我东北近14年之久;1938年年底,汪精卫等人离开重庆,次年5月抵达日本占领下的上海,8月召开有240名“代表”参加的“第六次代表大会”,标榜“继承国民党的党统”,1940年3月30日,汪伪在南京宣布“国民政府还都”,由此开始了5年多的反动统治,直到该政权1945年8月17日宣布解散。伪满和汪伪政府先后得到日本、德国、意大利、罗马尼亚、斯洛伐克、克罗地亚、西班牙、匈牙利、保加利亚、泰国以及法国维希政府等国的“外交承认”,并双双参加了日本召开的“大东亚会议”。“闹剧”最甚处还在于两伪“互派大使”,汪精卫亦曾赴伪满进行“国事访问”。但他们仍然不具备完全有效的统治,只能算是帝国主义在中国培植的傀儡。

二、中国拥有台湾主权获得国际社会的普遍承认

国家主权是国际法的一项基本原则。国际法上国家主权的含义是“对内最高权和对外独立权”。在一国国内,国家的管辖权可以分为立法、司法和行政管

---

〔1〕〔奥〕菲德罗斯:《国际法》,商务印书馆,1981年第1版,第152-153页。

〔2〕席玉民:《解析陈水扁“台独”的违法性》,载《开封教育学院学报》2005年第1期,第4页。

辖。立法权是一个国家管辖权在主权方面的体现。它制约着司法和行政权,是国家主权中对内最高权的象征。

(一)构成国际法主体资格的条件

根据1933年《关于国家权利和义务的蒙得维蒂亚公约》第一条的规定,一政治性实体具备以下要件就可称得上是国际法上的国家:(1)永久人口;(2)确定的领土;(3)政府;(4)与他国交往的能力。从人口和领土面积上看,中华人民共和国直接管辖的领土面积达全国的99%,人口占98%以上,而台湾地区面积不到全国的1%,人口不到2%;从政府角度看,中华人民共和国自1949年10月成立以来,就一直以一个国家身份在国际社会存在;从国家交往能力上看,截至2006年,在全世界190多个国家中与中国有交往的国家占160多个,这是国际交往中的绝对优势。"中华民国"是继承晚清政府而来,这个国际人格者在1949年以前是全中国人民的合法政府。1949年后中华人民共和国继承了"中华民国"。"中华人民共和国取代'中华民国',只发生政府继承问题,意味着中华人民共和国中央人民政府继承了原中华民国政府作为中国的中央政府和对外代表中国的资格。"[1]

(二)国际承认的概念

国际社会是一个分散的社会,国际法是一个弱法。一个政治实体是否为国际法上的国家,需要对这一重大国际法上的问题做出判断与确认。由于国际法律秩序中没有一个集中机构可以依靠,更不能指望该政治实体的自我证明,所以在这种情况下,国际社会的广泛承认就显得意义重大。"承认是既存国家以一定的方式对新国家或政府出现这一事实的确认,并表明与之建立正式外交关系的国家行为。"[2]一个国家具备主权最重要的标志就是获得国际社会的普遍承认。国际法上的承认强调的是对某种情势或状态的接受以及在此基础上建立双边关系的意愿。只有一国的中央政府才有这种能力。依据现有的国际法规则,承认作为一种单方行为是在各国的自由决定的范围之内的,但它不是一个专断意志或政治让步的问题,而是应该按照法律原则给予或拒绝给予。这里需要说明一点的是,关于承认问题有两个对立的观点,即"宣告说"和"构成说"。"宣告说"认为适用于承认的原则是,当某些事实上的条件已经被证明存在时,承认是允许

---

〔1〕 范宏云:《从国际法的承认理论与实践论台湾是中国的一部分》,载《江汉论坛》2003年第6期,第114页。

〔2〕 端木正:《国际法》,北京大学出版社,1997年9月第2版,第80页。

的并符合国际法，从而不被认为是干涉。承认是对事实的宣示，也构成承认者和被承认者之间的权利义务关系。承认纯粹是宣示性的或确认性的，是对于有关事实提供的证据，尽管别国可以拒绝承认，而不影响有关事实所造成的应有的国际地位。具体来说，根据国际法理论和实践对于新政府的承认是有客观标准的，即"一个政府事实上控制了这个国家的大部分，并受到大部分居民习惯上服从并有长久存在的合理希望，可以代表这个国家，因而有权被承认"。持这一观点的英国学者劳特派特就认为，国家有承认完成了国家或政府实际要求的政治实体的义务。英国国际法学者 M. 阿库斯特的"构成说"则认为，承认是有关国家或政府取得国际地位的必要条件。"构成说"曾经反映了 19 世纪的历史实践，但今天已经很少得到理论和实践的支持。但阿库斯特的分析是有一定道理的，他认为当事实是清楚的时候，承认或不承认的证据价值就不足以影响结果，在这种情况下，承认是宣告性的。但在边缘案件中，事实不那么清楚，承认的证据价值就更能有决定性的效力，此时是半构成性的。"假如其他国家的承认或拒绝承认不是基于对政府是否能够控制国家的估计，承认就没有多大的证据价值。"[1]

在国际法的实践中，当分离情形出现时，现存国家对承认分离产生的新国家往往十分慎重。过急的承认往往被视为干涉母国的内政，如美国对以色列的承认和印度对孟加拉的承认；过迟的承认又被新国家视为不友好。在分离场合，一般认为只要母国对新国家的存在已给予明示或默示的承认，其他国家就不必担心其承认被看作干涉母国内政了。

(三)承认中国政府的语言表述形式

1964 年 1 月 27 日，中、法宣布建交。在中法双方就法国承认中华人民共和国是中国的唯一合法政府达成默契的情况下，同意法国提出的中法先宣布建交从而导致法国与台湾当局断交的方案。法国成为西方大国中第一个同中国建立正式外交关系的国家。随后，中国政府得到国际社会特别是西方大国的先后承认。世界上绝大多数国家，包括美国在内的整个国际社会都普遍承认台湾是中国的一部分。各国与我国建交公报就台湾的法律地位的承认虽然采用了下面不同的语言表述方式，但都认可台湾是中国的一部分。例如：(1)"注意到(take note of)台湾是中华人民共和国领土不可分割的一部分"，采用这种表述方式的国家有加拿大、意大利、智利、比利时、秘鲁、黎巴嫩、冰岛、马耳他、阿根廷、希腊、巴西、厄瓜多尔、哥伦比亚、象牙海岸等国；(2)"注意到(pay attention to)台湾是中

〔1〕 王鹏、李毅：《论台湾的法律地位兼驳"台独"理论》，载《河北法学》2001 年第 3 期，第 3 页。

华人民共和国领土不可分割的一部分”,采用这种表述方式的国家有圣马力诺;(3)“充分理解和尊重(fully understand and respect)中华人民共和国所称台湾是中华人民共和国领土不可分割的一部分”,采用这种表述方式的国家有日本、菲律宾等国;(4)“认识到(acknowledge)台湾是中华人民共和国领土不可分割的一部分”,采用这种表述方式的国家有西班牙、泰国、斐济、约旦等国;(5)“支持(support)台湾是中国领土不可分割的一部分”,采用这种表述方式的国家有白俄罗斯;(6)“尊重(respect)只有一个中国及台湾是中国的一部分”,采用这种表述方式的国家有韩国;(7)“承认(recognize)台湾是中国的一部分”,采用这种表述方式的国家有美国、英国、法国等。

(四)台湾不能以主权国家身份参与国际社会

据统计,目前世界上仅非政府间国际组织约有26 000个。这些非政府间国际组织的活动包罗万象,在国际社会,尤其是在西方国家有重大影响。“台湾当局目前共参加了1059个非政府国际组织,大多以‘台湾’冠名,这造成了台湾当局拓展国际活动空间的一条重要渠道。”〔1〕但它不是以主权国家的身份参与的。台湾参与国际社会有限的活动,有些是在中国政府同意下的非政府行为,并不代表台湾具有国际法主体资格,典型的模式是台湾以“中国台北”的名义参与国际奥林匹克委员会的活动。尽管在亚洲开发银行,台湾与大陆享有平等权利,但是,台湾是以“中国台北”名称保留其在这一组织中的权益。显然这个名称表示了完全的地方政府含义。在涉及台湾地区的涉外事务时,中华人民共和国政府一直有效地行使着主权。台湾作为中国领土一部分的法律地位,无论在国内法还是在国际法上都是确凿无疑的,且为国际社会所公认〔2〕。“台湾今天的情况明显是属于中国主权对内的一种限制,其权利的行使是来自代表中国的合法政府的一种法律上的给予。”〔3〕

(五)台湾控制的台澎金马地区主权属于中国

不能将不属于同一范畴的“主权”与“治权”的概念相混淆,从而将“一个中国”原则与“一个中国”内涵之间的关系颠倒换位。所谓“治权”本不是一个正式的法律概念,根据孙中山先生的解释,“治权”包括五种即立法权、行政权、司法

---

〔1〕 陈良生,等:《中国国家统一战略——战与和之间,我们选择全面打击和遏制“台独”》,明报出版有限公司(香港),2005年2月第1版,第277页。

〔2〕 王连伟:《在京台湾问题专家学者严正指出——“台独”分裂活动必将受到历史严惩》,载《人民日报》(海外版)2003年11月20日。

〔3〕 刘佳雁:《两岸政治关系中“一个中国”问题之省思》,载《台湾研究》1998年第4期,第31页。

权、考试权和监察权。显然,"治权"的概念是属于主权的行使(即来自主权的权利的行使)的范畴。在国际法上,主权是"国家的最高权力",是不可分的,也是不受限制的,而治权的行使则是可以受限制的(如租界地),因而也是可以分割的(如一个国家可以依据宪法的给予或委任或委托给某些地方单位)。根据国际法理论,主权的行使的分割并不影响国家主权在本质上的完整性,也是说即便在主权的行使者不统一的情况下,一个国家仍继续是主权完整的[1]。有人甚至把主权与国家相提并论,"主权者,国家也,反之亦然"。印度国际法学家兴戈兰尼(Hingorani · D)认为一个国家要具备国际人格者的资格,还有一项条件就是拥有主权。值得注意的是《奥本海国际法》(第9版)的国家概念也包含了主权。同时应该说明的是,联邦制国家是一个整体,它只有一个国家主权,但台湾与大陆的关系不能套用联邦制的说法。"联邦国家的成员国根本不是国家,不然一个联邦国家内不仅存在联邦国家,而且还存在另外多个成员'国家',这种观点明显充满矛盾。"[2]台湾的法律地位是确定的,即台湾是中国领土不可分割的一部分,台湾当局是中国的一个地方政府。李登辉之"特殊两国论"、陈水扁之"一边一国"说,企图把台湾定位为"国家",完全背离了国际法中的关于国家的概念。

三、国际法律文献对台湾地位归属的确认

1894—1895年中、日甲午战争以后,战败的清政府被迫签订了《马关条约》,把台湾割让给日本。这种武力征服后以条约割让领土的方式是强迫割让,根据1969年的《维也纳条约法公约》第五十二条:"违反《联合国宪章》所载的国际法原则,非法使用武力或武力威胁而缔结的条约是无效的"[3]规定,属于非法占领。

(一)《马关条约》新解

1894年,日本急于占据朝鲜,与朝鲜的宗主国——中国爆发武装冲突(史称甲午战争),中国战败。1895年(光绪二十一年)4月17日,中、日双方在日本马关签订不平等条约(即《马关条约》),该条约共11条。其中与台湾领土主权有关者为:"第二款中国将管理下列地方之权并将该地方所有堡垒、军器工厂及一切属公物件,永远让与日本……二、台湾全岛及所有附属各岛屿。三、澎湖列岛,即

---

[1] 邓正来:《王铁崖文选》,中国政法大学出版社,1993年第1版,第366—367页。

[2] 范宏云:《"台独"言论之国际法思考》,载《湖北行政学院学报》2002年第6期,第36页。

[3] 陈陶:《从国际法角度看台湾的政治地位》,载《统一论坛》2002年第1期,第20页。

英国格林尼治东经190度至120度至,及北纬23度起至24度之间诸岛屿。"[1]从而将台湾岛、澎湖列岛割让给日本。

大多数学者在以前研究《马关条约》时,认为是它日本侵略中国的罪证。但近些年来,一些学者认为它有一定的正面证据意义,认为《马关条约》是第一个明确载明台湾及其附属岛屿(包括钓鱼岛)属于中国的国际法文件。"虽然《马关条约》是一个掠夺性的不平等条约,但也无妨视为最早载明台湾归属中国的国际协议。"[2]只有台湾主权是属于清政府的情况下,它才能在威逼之下被割让给他人。如果台湾主权不属于清政府,日本可以直接占领,也可以与他国谈判,用不着多次与清政府谈判,并签订文字性的书面文件。该项文件签订,并为后世保存,其记载的内容本身就证明台湾主权在历史上的归属。"中华民国"推翻清政府,继承清政府的国际法人格。1941年12月9日,"中华民国"政府发布文告,正式向日宣战:"兹特正式对日宣战,昭告中外,所有一切条约、协定、合同,有涉及中、日之间关系者,一律废止,特此布告。根据国际法中的战争法规则,战争开始,关于战争或中立的条约立即失效。抗日战争一爆发,《马关条约》自然废止,日本侵占台湾的法律依据不复存在,何况是一个非法条约。抗战胜利后"中华民国"政府收回了台湾主权。中国共产党领导的中华人民共和国推翻国民党领导的"中华民国"政府,继承"中华民国"的国际法人格,自然继承了对台湾行使主权。因此说,《马关条约》是第一个证明关于台湾及其岛屿属于中国的国际法文件。正是《马关条约》作为历史文献存在,证明了日本侵略中国的历史,是中、日甲午战争之后,台湾及其附属岛屿被强迫割让给日本的最直接见证。而废除《马关条约》的本质,就是要收回台湾主权。正是这些早期的正当主张为收复台湾奠定了良好的政治和法律思想基础。

(二)《开罗宣言》和《波茨坦公告》对台湾地位的确认

二战后,日本战败,国际反法西斯同盟对日本侵略亚洲和中国的行为进行了惩治,并以《开罗宣言》和《波茨坦公告》对日本的国土面积进行了明确限制,对台湾回归中国做出明确规定。《开罗宣言》由中、美、英三国首脑于1943年11月26日定稿于埃及开罗,经苏联同意,12月1日在重庆、华盛顿和伦敦同时发表。《开罗宣言》宣称:"我三大盟国此次进行战争之目的,在于制止及惩罚日本之侵

---

〔1〕 郑海麟:《两岸和平统一的思维和模式》,海峡学术出版社(台湾),2001年12月第1版,第104页。

〔2〕 饶戈平:《从台湾光复看台湾的法律地位》,载《人民日报》2005年10月25日。

略,三国决不为自己图利,亦无拓展领土之意思。三国之宗旨在剥夺日本自从一九一四年第一次世界大战开始后,在太平洋所夺得的或占领之一切岛屿;在使日本窃取于中国之领土,例如满洲、台湾、澎湖群岛等,归还中华中国。"[1]《开罗宣言》内容不及 350 字,两处提及中国,即"中国之领土"和"归还'中华民国'"。1945 年 7 月 26 日,美、英、中联合发表《波茨坦公告》,苏联政府于同年 8 月声明,正式参加《波茨坦公告》。公告共 13 条,其中第八条对日本领土做出明确规定:"《开罗宣言》之条件必将实施,日本之主权必将限于本州、北海道、九州、四国及吾人所决定其他小岛之内"。《开罗宣言》和《波茨坦公告》都是战时同盟国间的正式协定,是对近代日本军国主义对外扩张行为实施惩戒处分的文件,不但对盟国,而且对战败国都有约束力,也是战后国际秩序建立的国际法基础。这两份重要的国际法文件,一方面明确宣布日本侵占台湾的非法性,另一方面也为中国收复台湾提供了必要的国际法律依据。两份文件是中国收复失地的国际公认法律文件,所以意义仍极为重大[2]。可以看出,《波茨坦公告》所提台湾归属问题是此前中国政府签署的另一重要国际文件《开罗宣言》之规定的继续,亦可见两文件国际法地位之重要。"两文件发表之际,中国人民不仅正在进行殊死之抗战,也在同伪满洲国和伪南京汪精卫政府分裂祖国的行径进行着坚决的斗争。"[3]

《开罗宣言》和《波茨坦公告》是国际公认的、具有法律效力的历史文献。《开罗宣言》发表后,当时有一些人对其法律效力提出质疑。在国内,1943 年《大公报》针对这种质疑声音发文批驳说:"根据国际公法,台湾是不折不扣的中国领土。日本从中国手里夺去台湾,台湾应该归还中国。根据大西洋宪章,台湾也该归还中国。"[4]在收复台湾的过渡期,1944 年行政院秘书处关于收复台湾准备工作与蒋介石往来函电中称:"台湾收复后,我国自应于该地恢复以前的行省组织,唯在目前似应先成立一过渡性之机构,称为'台湾设省筹备委员会'(如台湾将来之政治组织与内地之省政府不尽相同,则可改称为'收复台湾筹备委员会'),以为准备。"1945 年,主持台湾收复工作的"台湾调查委员会"在《台湾行政区域研究会报告书》中郑重申明:"台湾在清末割让于日前,即已设置巡抚,粗具省之规模。故收复之后,就原有之疆域设省,已为中央之定策,此点毋待多论。"1945 年国民政府即公告中外行将接收台湾:"本年 8 月 14 日,日本政府已答复中、美、

---

〔1〕 张万明:《涉台法律问题总论》,法律出版社,2009 年 12 月第 2 版,第 379 页。

〔2〕 饶戈平:《从台湾光复看台湾的"法律地位"》,载《人民日报》2005 年 10 月 25 日。

〔3〕 卢月:《分裂祖国的行为没有历史和国际法依据》,载《台湾研究》1999 年第 2 期,第 22 页。

〔4〕 《我国制定〈反分裂国家法〉历史依据》,载《理论学习》2006 年第 4 期,第 59 页。

英、苏四国无条件投降。依照规定,台湾全境及澎湖列岛应归还中国,本府即将派行政及军事各官吏前往治理。凡我在台人民,务须安居乐业,各守秩序,不得惊扰滋事。""所有在台日本陆海空军及警察,皆应听候接收,不得逾越常规,危害民众生命财产。"[1]1945年8月15日,日本投降,9月1日签字的《日本投降书》中即获得落实。该《降书》第六条写道:"余等兹为天皇、日本国政府、及其继承者,承约切实履行波茨坦宣言之条款。"9月2日,美、英、中、法等九国代表于停泊在东京湾的美国海军战舰"密苏里"号上接受日本投降。当天,中、美、英、苏等同盟国代表以《波茨坦公告》拟定者或同意者的身份,接受日本代表递交之《日本投降书》。日本外相重光葵和日军参谋总长梅津美治郎等代表日本天皇和日本政府在《无条件投降书》上签字。日本《无条件投降书》明确承认日本接受"中、美、英共同签署的,后来又有苏联参加的1945年7月26日的《波茨坦公告》中的条款",同意无条件地将包括台湾在内的所掠夺的领土全部交出。这样,《中国对日宣战布告》《开罗宣言》《波茨坦公告》和日本《无条件投降书》,这四个文件组成了环环相扣的国际法律链条,明确无误地确认了台湾作为中国领土一部分的法律地位,保证了台湾回归中国的国际协议具有无可否认的法律效力。1945年10月25日,中国政府在各同盟国代表出席的受降仪式上,向全世界宣告:"自即日起,台湾及澎湖列岛,已正式重入中国版图,所有一切土地、人民、政事皆已置于中国主权之下。"在国际上,当时作为中国同盟国的美国,在其后国务院正式出版的《美国条约与其他国际协定汇编》中,不仅把《开罗宣言》视作具有约束力的法律,同时还包括与其有关《波茨坦公告》[2]。

《开罗宣言》和《波茨坦公告》明确了台湾的法律地位。按照公认之国际法原则,国家构成要素有四:居民、领土、政府和主权。《开罗宣言》以"中国"定义"领土",显系统辖全部四构成要素之"国家"概念,而"中华民国"一语,则是指其时作为中国唯一合法代表之重庆国家政府。《开罗宣言》是第一份确认台湾是中国领土的具有国际法效力的条约性文件。它从法律上明确了日本侵占台湾的非法性,为中国处理台湾问题提供了国际法依据。因此,《开罗宣言》以国际协定的形式公之于世,其合理性、严肃性、正义性和有效性毋庸置疑。国学大师钱穆先生说:"中国到了秦汉,说是统一了,但不能称为秦国、汉国,它还是一个中国。"中国历史悠久,其间政权更替,而国家长存,是其历来实行单一制,且国际法中国家

---

〔1〕 李永梅:《光复台湾的筹划与受降接收》,载《两岸关系》2005年第12期,第15页。

〔2〕 《"台独"歪论戕害中日关系》,载香港《信报》2004年12月22日。

代表权变化而国际法主体资格不曾间断的缘故。《开罗宣言》将清政府在日本武力胁迫下“割让”的台湾和澎湖列岛归还给“辛亥革命”后替代清政府的“中华民国”政府。这是顺乎法理的决定,从而也进一步证明了中国历史虽多次经历动乱割据之变,但民族不散、国家不亡的事实。需要指出的是,以某一政权列名于一国际文件,从而宣称这一政权永恒存在的推理是不成立的。如果成立,《开罗宣言》岂不应将台澎归还清政府、甚至是由清逊帝“执政”的伪满洲国了吗? 所以,台湾主权属于中国中央政府符合国际法。

(三)联大决议关于中国代表权的规定

20世纪70年代初期,阿尔巴尼亚等23个发展中国家,向联大提出了主张恢复中华人民共和国的合法权利和将台湾代表驱逐出联合国的提案(编号A/L.632),其内容全文如下:“大会,按联合国宪章之各项原则,认为恢复中华人民共和国之合法权利对维护联合国宪章及依联合国宪章所需致力达到的目标均属必要,确认中华人民共和国代表为中国出席联合国宪章及依联合国宪章之唯一合法代表,中华人民共和国并为安全理事会五常任理事国之一,决议恢复中华人民共和国之所有权利,并承认其政府代表为中国出席联合国组织之唯一合法代表,并立即驱逐在联合国及一切与之有联系之组织内非法占据席位之蒋介石(台湾)代表。”这一提案在1971年10月25日经联合国第2758号决议通过[1]。联合国大会关于恢复中华人民共和国席位的决议,是具有权威性的国际法律文件,这充分证明世界上只有一个中国,中华人民共和国政府是中国的唯一合法政府。这是世界上只有一个中国和台湾属于中国最明确的国际法依据。

(四)中日美签署的联合声明对台湾地位的确认

1972年2月28日,中、美两国签署联合公报,中国方面重申自己的立场:台湾问题是阻碍中、美关系正常化的关键问题;中华人民共和国是中国的唯一合法政府;台湾是中国的一个省,早已归还祖国;解放台湾是中国内政,别国无权干涉;全部美国武装力量和军事设施必须从台湾撤走;中国政府坚决反对任何旨在制造“一中一台”“一个中国,两个政府”“两个中国”“台湾独立”和鼓吹“台湾地位未定”的活动。美国方面声明:美国认识到,在台湾海峡两边的所有中国人都认为只有一个中国,台湾是中国的一部分。美国政府对这一立场不提出异议。1978年12月16日,中、美两国签署建交公报,两国商定自1979年1月1日起相互承认并建立外交关系。美国承认中华人民共和国为中国唯一合法政府,承认

---

〔1〕 张万明:《涉台法律问题总论》,法律出版社,2009年12月第2版,第379页。

中国的立场,即只有一个中国,台湾是中国的一部分[1]。

1972 年 9 月 29 日,中、日两国签署联合声明。日方承认中华人民共和国政府为中国唯一合法政府。中华人民共和国政府重申:台湾是中国领土不可分割的一部分,日本政府充分理解和尊重中国政府关于台湾是中国领土不可分割的一部分的立场,并且遵守《波茨坦公告》第八条的立场[2]。

日本和美国是对台湾影响最大的两个国家。在中、美与中、日建交的系列谈判及公报上,美国和日本均明确表示了台湾是中国不可分割的一部分,这说明美国和日本早已承认台湾是中国的一部分的立场。中、美三个联合公报所确立的各项原则,明确确立了"一个中国"原则,台湾是中国的一部分。

关于国家之间发表声明,作者认为是具有法律效力的。实践中,中英两国解决香港地位的《中英关于香港问题的联合声明》,用的就是"声明(statement)"一词,但这并不妨碍中、英双方将该《声明》作为条约登记于联合国秘书处,也不妨英国通过其条约转化为国内法的程序,将该《声明》纳入其国内法体系。奥本海国际法也指出:"一项文件是否构成条约,不决定于它的名称。"[3]

四、国际法所确认的台湾是一个地方政府

台湾的地位其实早已由二战后期的国际协定所确认,即台湾属于中国领土一部分。1943 年 12 月 1 日签署的《开罗宣言》、1945 年 7 月 26 日签署的《波茨坦公告》指出,"三国之宗旨……在使日本所窃取于中国之领土,例如满洲、台湾、澎湖列岛等,归还'中华民国'""开罗宣言之条件必将实施"。因为 1945 年日本战败时,上述条约是把台湾的法律地位确定为"中华民国"主权范围的。那时的中国是统一的,台湾是中国一部分谁都没有异议[4]。

(一)台湾是一个地方政权

1949 年 10 月之后,"中华民国"政府在国内法上已经不再是中国合法代表;1971 年联合国大会通过第 2758 号决议之后,"中华民国"政府在国际法上也丧失了中国代表的地位。台湾的主权,在 1949 年 10 月 1 日之后,属于中华人民共和国,台湾政权只是地方政权。

---

〔1〕《人民日报》1978 年 12 月 17 日。

〔2〕 张万明:《涉台法律问题总论》,法律出版社,2009 年 12 月第 2 版,第 374 页。

〔3〕 [英]詹宁斯·瓦茨修订,王铁崖等译《奥本海国际法》中译本,第 1 卷第 2 分册,中国大百科全书出版社,1998 年第 9 版,第 626 页。

〔4〕 郑昱:《台湾问题的国际法辨析》,载《中山大学学报论丛》2004 年第 6 期,第 147 页。

（二）台湾是一个交战团体

台湾当局在 1949 年丧失了作为中国合法代表的资格后，就在本质上改变了它的国际地位，成了内战中相对于合法政府的另一方——交战团体。虽然“内战”不是国际法上具有明确意义，并且产生可以辨认的和一贯的法律效果的一个术语，但“交战团体”和“叛乱团体”却具有专门的国际法含义。这两者的区别在于，前者对于合法政府的叛乱行为已经达到了相当的程度，包括(1) 叛乱在一定的政治和军事组织的领导下进行，(2) 叛乱者遵守有关的战争规则，(3) 叛乱团体已经实际占领该国的一部分地区，并已实行有效的控制和管理。对交战团体的承认是由其他国家自由决定的事项，主要是基于保护其在交战团体所控制地区的实际利益的考虑，如保护国民、保障商业往来等等。但如果没有这样的需要，别国也就无须对内战中的叛乱一方给予任何承认。在承认国与交战团体之间将适用战争规则，交战团体在其实际控制的范围内负有尊重承认国合法权益的义务，承认国则对于内战负有中立的义务。可见，对于承认国而言，交战团体将具有有限的国际人格。甚至，已经充分确立的交战团体可以被认为具有某种程度地方政府的权威。台湾真正的法律地位，准确的说法是内战中的一方，“尤其是一种提法最为简明，即台湾作为中国内战中的一方，大陆自然是作为中国内战中的另一方。两岸可在结束内战敌对状态、促进和平统一的谈判中处于‘平等’的地位。”[1]

（三）台湾是以地方政府的名义参与国际活动

目前，与台湾保持有外交关系的只有 20 个左右的国家，其中大多是依赖台湾经济利益的小国，而且外交关系也并不稳定。相反，中华人民共和国政府与 160 多个国家保持正式的外交关系。同时，台湾当局也失去了其原先占据的大部分政府间国际组织的席位，得以保留席位的国际组织只有 10 个（其中较为有影响的只有亚太经合组织和亚洲开发银行），并且是以“中国台北”的名义参加组织活动。通常，这些组织允许主权国家的地区加入，并事先取得了主权国家的同意。由此可见，台湾当局并没有被承认为中国的合法代表，也无权独立对外开展官方往来。虽然承认对于现实中发生的客观事实的法律结果没有直接决定作用，但是对于证明这个事实却有一定的证据意义。当然，作为事实上控制着台澎金马地区的台湾当局，并非完全没有任何对外交往，但这种交往只能是限于民间

[1] 周洪钧：《论台湾法律地位及其对中美关系的影响》，载《华东政法学院学报》2001 年第 4 期，第 34 页。

的、商贸范围,与行使国家对外独立主权没有关系。

台湾的法律地位早已得到确定。它是中国领土的一部分,是一个地方政府,这是国际法公认的历史事实。所谓“台湾地位未定论”“台湾海峡中立化”等均是美国及国际社会某些反华势力,为维护其本身利益而编造的分离台湾的“主张”与“方案”,是违反国际法的行为。它们改变不了台湾是中国领土不可分割的一部分的法律事实。

五、《旧金山对日和平条约》对台湾问题的决定不具备法律效力

在1950年4月,顾维钧与杜勒斯关于缔结对日和约问题的谈话就说过,中国代表权问题是一件令美国十分为难的事情[1]。

(一)《旧金山对日和平条约》违反国际法

《旧金山对日和平条约》虽然一直被“台独”分子视为“台独”活动的法理依据[2],实质是一部非法的国际条约。一是它严重违背了此前一系列具有国际法意义的国际公约,如它违反《中国对日宣战布告》《开罗宣言》《波茨坦公告》和日本《无条件投降书》。二是旧金山对日和会本身是单独对日和会,违背了盟国协议,如中、英、美、苏等26国于1942年1月1日签署的《联合国家共同宣言》就规定:“签字国保证不同敌人缔结单独停战协定或和约。”1950年10月26日,美国政府提出一份对日和约问题的备忘录,其中提出条件是:缔约国是“凡参加对日战争之任何或全体国家,其愿依此处所建议并经或致同意之基础而媾和者,均得参加缔约。”作为处理中国台湾问题的国际协议,中国未被邀请出席会议,也未在该和约上签字。三是缔约国均未参与。根据《联合国家共同宣言》《开罗宣言》《波茨坦公告》以及1947年6月19日远东委员会所通过的对投降后日本之基本政策的决议等重要国际协定,第二次世界大战结束后,应由对日作战盟国共同参加订立全面对日和约。1945年8月2日通过的《波茨坦协定》也规定“和约的准备工作”应由在敌国投降条款上签字之会员国进行。美国只顾自己利益,背信弃义,在侵朝战争惨败时片面决定召开对日和会。而在日本侵略战争中最大受害国中国和朝鲜未被邀请参加这个会议。因此说,这次“和会”本身就是片面和不合法的。

(二)条约的签订不符合法律程序

1951年9月4日,在美国的操纵下,盟国对日和会在旧金山歌剧院召开,有

---

〔1〕 刘合波:《论〈旧金山对日和平条约〉与战后台海关系》,载《齐鲁学刊》2007年第1期,第56页。

〔2〕 刘云:《法律视角下的“台独”荒谬性》,载《法制与社会》2008年第5期,第8页。

五十二国代表出席。由于这次“和会”本身的不合法性,世界上一些国家均表示了反对,如印度、缅甸及南斯拉夫三国一开始就拒绝出席旧金山对日和会,苏联、捷克斯洛伐克、波兰等三国虽应邀出席,但拒绝在和约上签字。9月8日,其他国家与会代表签订了《旧金山对日和平条约》。《旧金山对日和平条约》在第二条、第十条和第二十一条对涉及中国的相关问题做了规定。第二条第二款规定:“日本放弃对台湾及澎湖列岛的一切权利、权利根据及要求”;第三款规定:“日本放弃对南威岛(南沙群岛)及西沙群岛之一切权利、权利依据与要求”。第十条规定:“日本放弃在中国之一切特权与利益,包括由于1901年9月7日在北京签订之最后议定书及其所有附件、补充照会与文件所产生之一切利益与特权,并同意就日本方面而言,该议定书及其所有附件、照会与文件概行作废。”

(三)中国人民不承认《旧金山对日和平条约》的效力

无论是中华人民共和国政府还是台湾的“中华民国”政府,从未承认过该“和约”。1950年12月4日,时任中国外长的周恩来发表声明:严正宣告中华人民共和国必须参加对日和约的准备、制拟与签订;中华人民共和国中央人民政府是代表中国人民的唯一合法政府,没有中华人民共和国参加的对日和约是非法的,也是无效的。1951年9月18日,周恩来再次以外长的身份发表声明指出:没有新中国参加的对日单独和约“是非法的,无效的,因而是绝对不能承认的”,“不仅不是全面和约,而且完全不是真正和约,这只是一个复活日本军国主义,敌视中、苏,威胁亚洲,准备新的侵略战争的条约”。

1951年6月18日,退居台湾的蒋介石也发表《对日和约声明》表示:中华民国具有毫无疑问的和约签订权,不能接受任何含有歧视性的签约条件;任何违反“中华民国”上述严正立场而订立的对日和约,不但在法律及道义上丧失其力量,亦将在盟国共同作战历史上,留下可耻的一页。7月11日,美国不顾台湾的再三要求,正式公布了对日和约的修改草案。该草案第二十三条规定的对日和约签署国中并未列入“中华民国”。第二天,国民党台湾当局“外交部长”叶公超发表声明,对此表示强烈抗议。1951年9月8日,叶公超在当时的《中央日报》上发表声明,表示旧金山和约歧视台湾,因而对台湾没有任何约束力。目前理论界一般认为《旧金山对日和平条约》属于造法性条约,它只对中、日间处分台湾主权归属问题具有立法指导作用,但它并不是专门或具有处分台湾问题权力的条约。

(四)国民党当局与日本签订的《中日双边和约》的法律效力问题

1952年,当时退居台湾的“中华民国”政府代表与日本政府在台北签订了《中日双边和约》。一些海外学者认为这才是解决台湾主权归属的具体的、有效的契约条约或曰处分条约。1951年12月10日,美国派杜勒斯访日,与吉田首相就台湾问题举行谈判。在美国的压力下,吉田被迫放弃与中国大陆建交的打算,同意与台湾当局单独缔结和约。1952年4月28日,"台日和约"签订,8月5日正式生效[1]。根据该条约第二条、第三条和第十条规定,日本明确地将通过《马关条约》获得对台湾的领土主权、财产所有权和统治权交还"中华民国"所代表的中国。也就是说,通过《中日双边和约》,日本已从国际法定义上将台湾归还中国[2]。1945年国民政府代表中国接受日本投降并收复台湾。1949年中华人民共和国完成对"中华民国"的"政府继承",自然也就"继承"了对台湾的主权。基于这一逻辑推论,中国政府坚持认为"中华民国"已于1949年消亡,并且不承认1952年的《中日双边和约》具有合法性。这样一来,日本根据《中日双边和约》从国际法律意义上讲台湾归还中国这点,对中华人民共和国并不适用[3]。1949年9月通过的《中国人民政治协商会议共同纲领》第五十五条规定:"对于国民党政府与外国政府所订立的各项条约和协定,中华人民共和国中央人民政府应加以审查,按其内容,分别予以承认,或废除,或修改,或重订。"[4]这里说的是对中华人民共和国成立以前的各项条约和协定的审查,但对于1952年以后的《中日双边和约》并予以确认没有国际法依据。而中华人民共和国与日本政府于1972年发表的《联合声明》第三条只提到,"中华人民共和国重申:台湾是中华人民共和国领土不可分割的一部分。日本政府充分理解和尊重中国政府的这一立场,并坚持遵循《波茨坦公告》第八条的立场。"这种宣示性的《声明》,也只获得日本政府的"充分理解"。因为在日本看来,有关台湾问题的法律交割手续,在1952年的《中日双边和约》中已经完成,至于中华人民共和国政府与日本政府于1978年8月12日在北京签订的《中日和平友好条约》,则只字未提台湾问题[5]。作者认为,台湾的主权交还中国,从国内法来说,应以当时"中华民国"《中国对日宣战

---

〔1〕 杨帆:《国民党去台高官大结局》,华文出版社,2010年2月第1版,第164页。

〔2〕 郑海麟:《两岸和平统一的思维和模式》,海峡学术出版社(台湾),2001年12月第1版,第92页。

〔3〕 郑海麟:《两岸和平统一的思维和模式》,海峡学术出版社(台湾),2001年12月第1版,第117页。

〔4〕 郑海麟:《两岸和平统一的思维和模式》,海峡学术出版社(台湾),2001年12月第1版,第99页。

〔5〕 郑海麟:《两岸和平统一的思维和模式》,海峡学术出版社(台湾),2001年12月第1版,第118页。

布告》中关于："所有一切条约、协定、合同，有涉及中日间之关系者，一律废止"[1]的规定为依据，《马关条约》废止，台湾主权自然收回。从国际法上说，《开罗宣言》关于："在使日本窃取于中国之领土，例如东北三省、台湾、澎湖列岛等，归还'中华民国'[2]"以及1945年7月26日，美、英、中联合发表《波茨坦公告》，苏联政府于同年8月声明，正式参加《波茨坦公告》第八条对日本领土做出明确规定：《开罗宣言》之条件必将实施，而且日本主权必将限于本州、北海道、九州、四国及吾人所决定其他小岛之内的规定。中国政府只承认这两项法律文献，不承认《旧金山和约》与《中日双边和约》是符合国内法和国际法的。因为此前台湾主权已经交还中国，1949年10月，中华人民共和国就成为中国人民的合法代表，自然继承了对台湾的主权。1951年9月8日签订的《旧金山和约》与1952年4月28日签订的《中日双边和约》，不能代表中国人民处理台湾主权问题。《中日联合声明》签字仪式结束后，太平正芳外相立即举行记者会（1972年9月29日），代表日本政府宣布："作为中、日邦交正常化的结果"，"'日蒋和约（即《中日双边和约》）'已失去继续存在的意义"而宣告结束。[3]

美国操纵签订《旧金山对日和平条约》的目的，是为日后干涉台湾问题预留伏笔。一是将"台湾地位未定论"写进《旧金山对日和平条约》，是为其日后插手台湾事务提供法理依据；二是企图将中国大陆和台澎金马地区制造成欧洲的德国、亚洲的朝鲜，把台湾纳入美国的东亚冷战格局，以适应其在亚洲实施冷战政策的需要以及在西太平洋的战略需要。这种企图和做法是严重违背国际法的。

---

〔1〕 吴相湘《第二次中日战争史》（下册），台北综合月刊社，1974年2月第1版，第784页（原件影印件）。

〔2〕 张万明：《涉台法律问题总论》，法律出版社，2009年12月第2版，第379页。

〔3〕 陈锦华：《中日关系大事辑览》，中国人民大学出版社，2012年1月第1版，第70页。

第五章　反分裂国家法交流激励机制研究

解决台湾问题,实现祖国的完全统一,是海峡两岸人民长久以来的共同心愿,是中华民族的根本利益所在。实现祖国的完全统一,有一个解决的途径和方式问题,这个途径就是交流,方式就是平等协商,内容就是两岸之间的互动合作。在当前,依法建立一个良好的台海社会秩序,在一些具有良好政治责任感的政治家和社会知名人士积极推动下,将两岸的合作与交流带入一个良性互动的发展阶段,对推动两岸的和平统一进程具有重要的现实意义。

第一节　当前两岸合作与交流的不利局面

改革开放以来,大陆人民积极实践邓小平同志建设具有中国特色的社会主义理论。通过全面建设小康社会,社会事业稳步前进,人民生活总体水平实现了由温饱到小康的历史性跨越,经济增长率每年以10%左右的速度递增,民主法制建设、政治体制改革迈出新步伐,群众精神文化生活日益丰富。"中国政府为此做了大量的工作和不懈的努力,两岸的经济、文化交流和人员往来有了长足的进步"[1],这为两岸交流打下坚实的物质基础。但两岸交流中存在的诸多不利因素也是客观存在的。

一、"绿色执政"毒化了两岸关系

在陈水扁执政时期,台湾面对的是一个悲观时代。在意识形态的支配之下,民进党不顾民生,刻意操弄族群意识,导致台湾经济增长停滞,台湾人民生活水

---

〔1〕 吴用:《两岸关系解决模式之国际法探讨》,载《湖南省政法管理干部学院学报》2001年第4期,第70页。

平下降,社会秩序混乱,两岸交流裹足不前。

(一)政治上制造对立

政治方面,陈水扁"政府"无能,过去潜在的问题不但未获解决,反而进一步激化。在台湾内部,搞意识形态对立与政争,导致政治动荡不安;在两岸关系上,从过去的表面上承诺维持现状,到执政后期明目张胆地推行"台独"路线,两岸关系逐步恶化,加剧了人们的紧张情绪,阻碍了两岸交流步伐。

(二)经济上设置障碍

陈水扁当局执政时期,不思考实行遵循经济规律的政策,而是一味实行"管理"。民进党当局的政策导致台湾产业空心化,人才外流,进一步恶化了台湾的生存环境。但执政当局不思反省,继续在经济上设置障碍,阻止交流。在经济方面,银行金融体系的坏账率持续累积、财政收不抵支,再加上失业率屡创新高,自杀率居高不下,犯罪率相应上升,台湾的生产及投资环境恶化。为了生存,台商通过香港中转赴大陆投资,台胞寻求到大陆工作和发展,并将大陆视为人生及事业的另一个目标。中国大陆经济持续快速健康发展,国际地位日益提升,与岛内停滞不前的现状形成鲜明对比。加之大陆对台工作积极稳健,因而对台湾青年一代产生巨大的"磁吸"作用。越来越多的台湾人民认识到,台湾的前途系于两岸关系的发展与和谐,只有通过两岸交流与合作,台湾才有良好的发展前途。

(三)文化上灌输分离意识

台湾同胞对中国大陆的向往和热情,遇到到陈水扁当局在宣传上对中国大陆极尽丑化抹黑,尤其对大陆的政治生活和"一国两制"的对台政策的诋毁,使得台湾人民对中国大陆各方面得不到正确了解。陈水扁当局还有计划地在台湾青少年中,推行"去中国化"教育和向青年一代灌输"文化台独"思想。在教科书中有意删减了有关祖国大陆的历史、地理课程,增加了以"台湾史""台湾人"和"台湾地理"为主的教学内容,试图淡化和消除台湾青年的"中国人"意识和对祖国的认同感。以陈水扁为代表的"台独"分裂势力通过制造假记忆,强制推行所谓"台湾本土文化",极力否认和回避台湾文化是中华文化的一个组成部分。加上台湾青年本身有的受欧美文化、外来文化的影响,其价值观有了很大的变化。世界上的一些民族离析、国家分裂的现象也促使了台湾部分青年对"民族""国家"的定义重新思考;有的对传统的"中华大一统"观念逐渐模糊,缺少国家统一的使命感与责任感。所以,在看到传统的民族情感对台湾青年有极大"向心力"的同时,也要看到在西方思潮的冲击下"离心力"增大的趋势。岛内分裂势力加紧向台湾青年一代灌输"文化台独"思想,造成了两岸交流的不利局面。

二、台湾现行制度阻碍两岸交流

台湾地区的法律制度是历史遗留问题,无论对两岸的现状还是将来统一后的两岸,都是一个客观存在的事实。所以,在交流与合作的过程中,法律的交流和融合是一个无法回避的问题。在台湾有效的管辖范围内,除仍然执行从中国大陆带往台湾的法律制度外,根据时代的发展变化和岛内形势的变化,台湾当局先后制定了一些"法律""法规"。在两岸对立的时代,这些法规大多都是在政治主导一切的情况出台的,自然深深烙上了政治的烙印。在两岸形势缓和的时代,这些法规成了阻碍交流的重要因素。所以,只有通过交流,加强了解、增进共识、平等协商、修改制度,从制度的一体化推进交流与合作的常规化和规范化,减少两岸交流与合作的阻力和不利因素,才能推动统一事业的发展。

(一)台湾"宪法"关于交流的规定

根据台湾现行"'中华民国'宪法"第十条规定:人民有居住和迁徙之自由。该"宪法"第一百四十八条规定:"中华民国"领域内,一切货物应允许自由流通。按照台湾现行"宪法",大陆也是"'中华民国'领土",台湾当局出于政治目的,对两岸间的人员和货物流动,实行各种形式的限制,禁止两岸直接交流是违反"'中华民国'宪法"的[1]。

(二)《台湾地区与大陆地区人民关系条例》对两岸交流的限制

台湾地区制定的《台湾地区与大陆地区人民关系条例》(以下简称该条例)对自然人的规定方面,就有很多不利于大陆地区人民的条款,使之在交流与合作中处于不利地位,具体表现为:

劳务交流和劳动保障不平等。在劳务交流和劳动保障方面,该条例第十一条规定:申请雇用大陆地区人民工作,应先以合理劳动条件在台湾地区办理招募,无法满足其需要时,始得为之。第十二条规定:经许可受雇在台湾地区工作之大陆地区人民,其眷属在劳工保险条例实施地区外罹患伤病、生育或死亡时,不得请领各该事故之保险给付。第十三条规定:雇用大陆地区人民者,应向行政院劳工委员会所设专户缴纳就业安定费。第十四条规定:经许可受雇在台湾地区工作之大陆地区人民,违反本条例或其他法令之规定者,主管机关得撤销其许可[2]。

---

〔1〕 郑海麟:《两岸和平统一的思维和模式》,海峡学术出版社(台湾),2001 年 12 月第 1 版,第 150-151 页。

〔2〕 张万明:《涉台法律问题总论》,法律出版社,2009 年 12 月第 2 版,第 450-451 页。

商务和旅游观光予以限制。在商务或观光活动方面,该条例第十六条规定:大陆地区人民得申请来台从事商务或观光活动,其办法由主管机关定之。

居留权方面附带条件多。在居留权方面,该条例第十六条规定,大陆地区人民有下列情形之一者,得申请在台湾地区定居:(1)台湾地区人民之直系血亲及配偶,年龄在七十岁以上、十二岁以下者;(2)其台湾地区之配偶死亡,须在台湾地区照顾未成年之亲生子女者;(3)1944年后,因兵役关系滞留大陆地区之台籍军人及其配偶,直系血亲亲属及其配偶;(4)1948年政府迁台后,因作战或执行特种任务被俘之前国军官兵及其配偶,直系血亲亲属及其配偶;(5)1948年政府迁台前,以公费派赴大陆地区求学人员及其配偶,直系血亲亲属及其配偶;(6)1948年政府迁台前,赴大陆地区之台籍人员,在台湾地区原有户籍且有直系血亲、配偶及兄弟姐妹者;(7)1986年11月1日前,因船舶故障、海难或其他不可抗力之事由滞留大陆地区,且在台湾地区原在户籍之渔民或船员。其大陆地区配偶、直系血亲及其配偶得随同本人申请。在台湾地区定居,未随同申请者得由本人在台湾地区定居后代为申请。该条例第十七条同时还规定,大陆地区人民有下列情形之一者,得申请在台湾地区居留:(1)台湾地区人民之配偶,结婚已满二年或已生产子女者;(2)其他基于政治、经济、社会、教育、科技或文化之考量,经主管机关认为确有必要者[1]。

在担任公职方面条件严格。在担任公职人员方面,该条例第二十一条规定:大陆地区人民经许可进入台湾地区者,非在台湾地区设有户籍满十年,不得登记为公职候选人、担任军公教或公营事业机关(构)人员及组织政党。非在台湾设有户籍二十年,不得担任涉及军事、情报和科研等方面的职务[2]。

在出入境管理方面设置障碍。出入境管理方面,该条例第十八条规定,进入台湾地区之大陆地区人民,有下列情形之一者,治安机关得不待司法程序之开始或终结,径行强制其出境。但其所涉案件已进入司法程序者,应先经司法机关之同意:(1)未经许可入境者;(2)经许可入境,已逾停留期限者;(3)从事与许可目的不符之活动或工作者;(4)有事实足认为有犯罪行为者;(5)有事实足认为危害国家安全或社会安定之虞者[3]。

接受教育方面歧视条款多。在接受教育方面,该条例第二十二条对大陆学

---

〔1〕 张万明:《涉台法律问题总论》,法律出版社,2009年12月第2版,第451-452页。

〔2〕 张万明:《涉台法律问题总论》,法律出版社,2009年12月第2版,第453页。

〔3〕 张万明:《涉台法律问题总论》,法律出版社,2009年12月第2版,第452-453页。

历承认的规定:台湾地区人民与经许可在台湾地区定居之大陆地区人民,在大陆地区接受教育之学历检核及采认办法,由教育部拟订,报请行政院核定后发布之。据2008年9月23日《中国时报》报道,9月22日马英九考虑承认大陆30所学术声望高的大学学历。第二十三条对教育招生的规定:台湾地区、大陆地区及其他地区人民、法人、团体或其他机构,不得为大陆地区之教育机构在台湾地区办理招生事宜或从事居间介绍之行为[1]。

在纳税义务方面手续复杂。在纳税义务方面,该条例第二十四条对个人所得税的规定:台湾地区人民、法人、团体或其机构有大陆地区来源所得者,应并同台湾地区来源所得课征所得税。但其在大陆地区已缴纳之税额,准自应纳税额中扣抵。第二十五条规定:大陆地区人民、法人、团体或其他机构有台湾地区来源所得者,其应纳税额分别应源扣缴,并应由扣缴义务人于给付时,按规定之扣缴率扣缴,免办理结算申报[2]。

从《台湾地区与大陆地区人民关系条例》的上述条款可以看出,对大陆地区人民的限制,致使双方地位不平等,导致交流的不对称。

第二节 大陆积极推动合作与交流的有利因素

大陆的对台交流工作,应当主动运用公共关系传播手段,来宣传和塑造交流合作的正面形象,引导交流的方向和方式。"公共关系是一个社会组织在运行中,为使自己与公众相互了解、相互合作而进行的传播活动和采取的行为规范。"[3]运用公关手段,加强宣传,强调宣传的针对性和有效性,着重做好争取人心的工作,积极培养台湾人民对祖国大陆的认同感和归属感,是扩大大陆对台政策的影响的重要手段,也是逐步形成对台交流工作有利舆论环境的重要条件。

一、培养台湾人民深厚的爱国情结

台湾同胞具有光荣的爱国主义传统,具有深厚的爱国情结。他们由于有着特定的社会历史背景,在思想意识、思维方式、社会心理等方面与我们存在着一定的差异。我们要深入了解,正确把握台湾同胞的这种心态,充分尊重他们的愿望,积极引导、培养他们对中华民族的认同感,增强他们对祖国大陆的向心力。

---

〔1〕 张万明:《涉台法律问题总论》,法律出版社,2009年12月第2版,第453-454页。

〔2〕 张万明:《涉台法律问题总论》,法律出版社,2009年12月第2版,第454-455页。

〔3〕 居延安,等:《公共关系学》,复旦大学出版社,1989年10月第1版,第9页。

在开展与台湾人民的交流与合作中，一要有战略思维，从大处着眼、小处着手，耐心细致，持之以恒。将争取台湾人民的指导思想落实到平常的交流活动中，从一点一滴的小事做起，注重细节，以润物细无声的方式起到潜移默化的作用。用丰富多样的方法和形式进行经常性的交流，动之以情，晓之以理，做到入情、入理、入脑、入心。二要注重民族特色文化交流。通过举办富有民族特色的文化活动，促进两岸民族文化交流，促进台湾人民与祖国大陆人民，增强在民族特色文化领域的广泛接触与联系。三要从青少年开始积极促进交流工作。在政策允许的情况下，资助和鼓励民间团体，积极邀请台湾青少年多来祖国大陆的科研学术单位开展文化参观交流活动。加强对台湾青年重点人物的工作，适当多做台湾"本省籍"青年人士工作，鼓励台湾学生多来祖国大陆参观交流、加深了解、培养感情，用优秀的中华传统文化去感召和影响他们，使他们成为继承中华民族优良传统，促进两岸关系发展的新生力量。四要开展体育交流。国家体委曾主动邀请台湾运动员、教练员到京参加亚非拉乒乓球友好邀请赛、亚运会选拔赛、全运会。对这一做法应该继续坚持，继续邀请获得国际奖项、思想进步的台湾青少年运动员来大陆开展体育交流活动。对应邀回国参加比赛的旅日、旅美等台籍同胞热情接待，并通过召开座谈会、联欢会的形式，巧妙阐述我们党的民族和解政策。"在巩固已有交流渠道、成果的基础，不断结交新朋友，进一步开辟新渠道、拓宽新领域，更广泛、更深入地争取和团结台湾青年参与两岸交流"[1]，不断培养尊重国家感情的意识。

二、两岸民众具有扩大交流与合作的强烈愿望

在台湾，中产阶级在经济上已摆脱窘境，逐渐占据主导地位，在政治上一般采取温和、含蓄的观点。在此意义上，台湾政党以鲜明的意识形态来博取公民支持已经失去往日的吸引力。同时，"中产阶级在社会上占主流，这一阶层在数量和实际影响力处于主导地位。"[2]他们具有强烈的进取意识，具有扩大交流、争取合作的强烈愿望。这是争取和平统一必不可少的力量，必须给予高度的重视，加强与这部分人士的交流与接触，扩大影响，凝聚共识。

中国曾经是世界革命的一部分，后来是世界经济的一部分，现在是世界政治的一部分。今天的中国，应当研究如何在国际社会通用的语境下，就台湾的和平统一与世界对话，并尽可能不被误解地向世界传达中国和平统一台湾的决心和

〔1〕 刘明：《当代台湾青年政治走向评析》，载《青年探索》2003 年第 4 期，第 45 页。

〔2〕 曹沛霖：《西方政治制度》，高等教育出版社，2000 年 4 月第 1 版，第 211 页。

信心。“今天中国融入世界的过程，既是一个追求国际民主的过程，更是一个宣示中华民族个性的过程。中国捍卫国际法赋予的民主权利和合法权益，谈不上对谁构成威胁。”[1]尤其是对台湾的中产阶级更是如此。我们要把握世界历史的这一趋势，紧密结合台湾中产阶级的这一思想意识，站在当代国际社会和平环境中，积极推进两岸的合作与交流，主导台海交流进程，维护台湾人民的合法权益。

2005 年 3 月 4 日，时任中共中央总书记的胡锦涛就新形势下发展两岸关系提出四点意见：(1)坚持一个中国原则决不动摇；(2)争取和平统一的努力决不放弃；(3)贯彻寄希望于台湾人民的方针决不改变；(4)反对“台独”分裂活动决不妥协[2]。他强调：我们将进一步陆续出台解决台湾同胞关心的问题、维护台湾同胞正当权益的政策措施。只要是对台湾同胞有利的事情，只要是对促进两岸交流有利的事情，只要是对维护台海地区和平有利的事情，只要是对祖国和平统一有利的事情，我们都会尽最大努力去做，并且一定努力做好。总之，只要是能维护两岸人民正当权益的事，中国大陆都愿意做好。2011 年 6 月 30 日，胡锦涛总书记在中国共产党成立 90 周年纪念大会上指出：“我们要牢牢把握两岸关系和平发展主题，全面深化两岸交流合作，扩大两岸各界往来，共同反对和遏制‘台独’分裂活动，为两岸同胞谋幸福，为中华民族创未来[3]。”

三、经济利益的驱动效应带动双方互利合作

在两岸交流的进程中，经济交流具有决定性的作用。用台湾学者林中斌的话说：“对中国来说，经济发展对统一问题更重要，除了战争外，中国还可以采取外交孤立的办法，增强台湾对大陆经济的依赖，争取台湾普通百姓的心”[4]。由于两岸经济制度与政策上的差别性，通过交流促进一体化进程刚刚起步，主要产业又具有一定的重合性，两岸之间的交流在经济上会发生一定冲突。在两岸分治的情况下，被掩藏在政治“统独”矛盾之下的问题，随着两岸关系的进一步发展，也将逐渐暴露出来。但从总体上来说，前来大陆投资的台商，不仅是促进两岸经济发展的主要力量，也是反对和遏制“台湾法理独立”的重要力量[5]。采取

---

[1] 张文木：《如何准确传达中国的信息》，载《环球时报》2006 年 6 月 1 日。

[2] 《胡锦涛提出新形势下发展两岸关系四点意见》，载《人民日报》2005 年 3 月 5 日。

[3] 胡锦涛：《在中国共产党成立 90 周年纪念大会上的讲话》，载甘肃《党的建设》2011 年第 7 期，第 10 页。

[4] 《林中斌谈台海两岸军力对比》，据路透社台北 2004 年 1 月 10 日电。

[5] 周叶中：《台湾问题的宪法学思考》，载《法学》2007 年第 6 期，第 10 页。

符合经济规律的利益诱导机制促进交流，正确对待积极促进统一和反对独立的力量。这就是对待台湾历史问题和现实问题的原则，也是两岸交流与合作应有的态度。

第三节　制定两岸经济文化交流的政策和法律

政策正确与否，决定人心的向背。为了争取人心，提高台湾同胞祖国的向心力和凝聚力，必须认真制定和落实党的各项对台政策，尤其要制定和落实通过交往和交流达到提高双方共识目的的政策[1]。只有这样，我们才能贴近台湾民众，掌握他们的思维方式、价值取向和行为习惯，才能深化我们对台湾民众的认识和理解，争取台湾民心工作才会有较大的成效[2]。

一、坚持不纠缠历史恩怨的原则

为了国家的振兴，民族的崛起，中国共产党人将以博大的情怀，忘却当年国民党在大陆的种种行为，放弃历史恩怨，主动展开交流，并积极努力付诸实践。由于对台交往有着特殊的历史因素，本着求同存异、化解心结、积极推进、把握主动的原则，从两岸交往的历史发展和战略角度寻求突破困境的途径。早在1956年10月3日，毛泽东在会见原国民党中央通讯社记者、《正气日报》总编、蒋经国的私人秘书曹聚仁时指出：如果台湾回归祖国，一切可以照旧，台湾“现在可以实行三民主义，可以同大陆通商，但是不要派特务来破坏，我们也不派‘红色特务’去破坏他们，谈好了可以订个协定公布”。“台湾可以派些人来大陆看看，公开不好来可以秘密来。”这是中国共产党领导人早期主张放弃历史恩怨，促进交流和交往的思想。几十年来，它指导着两岸关系从有利于促进祖国统一的方向出发，推动交流与交往艰难前行，曲折发展。

为了缓和与台湾当局的关系，传递两岸关系缓和的信息，国家最高决策层先后积极争取流亡海外的国民党高级要员回国定居，并释放了一批国民党战犯和武装特务人员。在中国政府的和解政策的积极推动和秘密帮助下，定居海外的前国民党政府代总统李宗仁，于1965年7月18日回到北京，并受到毛泽东、周恩来等党和国家领导人亲切接待。7月26日，毛泽东在会见李宗仁夫妇时，一边握

---

〔1〕 卢林：《台胞心理与对台工作》，载《大庆社会科学》1987年第3期，第27页。

〔2〕 薛海萍：《浅析台湾民众在统独问题上的复杂心态》，载《江苏省社会主义学院学报》2006年第3期，第44页。

手一边亲切说："你们回来了，很好！欢迎你们"。交谈时，毛泽东强调："跑到海外的，凡是愿意回来的，我们都欢迎，我们都以礼相待。"当李宗仁对台湾问题久悬不决深表忧虑时，毛泽东坚定地说："不要急，台湾总有一天要和大陆统一的，这是不可逆转的历史潮流。"李宗仁先生回到祖国，是中国共产党推动国共和解、促进两岸交流的重大成果。1973 年 5 月，92 岁高龄的章士钊先生受毛泽东之托，亲赴香港搭建中断 7 年的海峡两岸和谈之路。1975 年，司法机关连续特赦国民党战争罪犯和武装特务人员，并妥善安排其工作和生活。这些都为推动双方关系和解，正常的交流和交往创造条件。1988 年 3 月 14 日，最高人民法院、最高人民检察院发布《关于不再追诉去台人员在中华人民共和国成立前的犯罪行为的公告》，明确指出：对去台人员在中华人民共和国成立前在大陆犯有罪行为的，决定对其所犯罪行不再追诉。来祖国大陆的台湾同胞，应遵守国家的法律，其探亲、旅游、贸易、投资等正当活动，均受法律保护。

为了化解矛盾，缓解台湾同胞对历史事件的负面记忆，有关部门恢复"二二八"纪念活动。廖承志、傅作义等著名人士发表谈话，继续强调"爱国一家，爱国不分先后""欢迎台湾各方面人员来大陆参观、探亲、访友，保障他们安全和来去自由"，从台湾同胞的切身感受出发，发出希望交流、促进和解的倡议。

二、抓住时机积极推动两岸经济文化交流

"台独"分裂势力占优势的民进党执掌台湾政权时，依托执政的优势地位运用各种手段推行"台独"的目标，从政治领域向法律领域渗透，尤其是向宪法领域转移。利用"修宪""公投"形式扩展"台独"的法律空间，是民进党发展的一种必然的趋势。作为对台工作的保障和对应措施之一，我们也逐步认识到了台湾问题的法律属性，应在法律制度的碰撞与妥协过程中，制定促进了解、增进交流的法律。这是在依法治国战略大背景下的一种必然选择，也是台湾问题和平解决的实质和核心价值选择。由于两岸政治和社会制度不同，价值观念存在差异，各项领域的交流推进到一定程度，最先遇到的就是制度障碍。为了排除交流障碍，保证交流的正常和顺畅，应紧紧把握台湾地区当前国民党执政的有利时机，促进双方利益的最大化。这必然要从协商修改相应的制度开始，反复协商探讨，签订一个个双方都能接受的协议，然后修改各自相关领域的法律制度，使双方先在一部分法律制度领域渐趋一致。2010 年 6 月 29 日，在重庆签订的《海峡两岸经济合作框架协议》就是最好的证明。所以，从法律角度而言，台湾问题实际上是中国政府制定的宪法与法律是否能有效适用于台湾地区的问题，是台湾地区现行的"六法体系"和中华人民共和国法律体系之间的交流与融合关系问题。"台湾问题最终也应通过合乎宪法和法律的途径解决。"[1]

三、采取循序渐进方式制定相关经济制度

满足制度需求，只有依赖台海环境的变化和制度变迁。制度变迁的方式可以分为强制性制度变迁和诱致性制度变迁。相应地，满足法律制度需求的两种路径也可以分为诱致性的制度需求满足和强制性的制度需求满足。强制性制度需求满足路径是通过一种强制性制度的变迁从而实现的需求满足，是一种自上而下的满足，如国家为了打击和遏制"台独"分裂势力，适时出台反分裂国家法就是明显的强制性制度供给。为了保证预期制度能够顺利供给，它往往先通过所掌握的国家机器，如 2004 年 12 月，全国人大常委会审议《反分裂国家法(草案)》时，即高调通过宣传媒体和学术途径，向下扩散自己的制度需求，以引起人们的注意，展示新制度的潜在收益，争取更多的社会制度需求。当制度需求达到一定程度，决策者就抓住机会，及时安排新制度。这种强制性制度的变迁往往具有速度快、力度大、可逆性小的特点。

作为宪法组成部分的反分裂国家法，是我们认识台湾问题法律属性的标志性成果，它将中共中央的对台政策法制化，已经成为我们对台工作的基本法律依据之一，它是满足强制性制度变迁的需求而出台的，其显著的特点之一就是规划和确立了基本的经济交往制度。《反分裂国家法》是中国政府主导制定的。它是在"台独"分子一意孤行的情况下，为规范台海即将失控的秩序制定的。实践证明，《反分裂国家法》颁布在台湾地区引起强烈反响，其强制作用显而易见。台湾地区部分具有民族责任感的政党领导人，冲出多年的政治羁绊和"台独"势力的"抹红"，甚至在"台独"分子威胁要"法办"的情况下，勇敢地踏出第一步，登陆进行访问，打开两岸政党直接交流的大门，促成两岸党际交流的正常化和常态化，促使两岸关系和确立经济正常交流制度进入一个新的发展里程。

诱致性制度需求最好的途径就是遵循经济规律，利用利益诱导机制，将两岸交流中积极因素采取鼓励措施加以固定化，从而实现经济利益的互动双赢。经济全球化将地区之间的距离拉近了，并且台湾实行的是资本主义制度，资本的渗透功能本身就是经济交流最好的推手。例如，据台湾《经济日报》2012 年 2 月 18 日报道：金门大桥建设在招标过程中三次流标后，台"工程会主委"陈振川 17 日宣布，"陆委会"与交通、经济部门进行评估后达成共识，同意引进大陆技术人员、工作船和机具参与金门大桥兴建。原因一是台湾没有建设跨海大桥的能力，二

[1] 周叶中：《台湾问题的宪法学思考》，载《法学》2007 年第 6 期，第 11 页。

是国外同类设备和人员报价是大陆的 2 到 3 倍，成本太高[1]。所以，只要大陆在遵循经济规律的基础上，妥善把握双方的经济需求，以经济交流推动政治、经济、社会、文化、体育和法律等全面交流，适时出台一些引导两岸良性互动的法律制度，就能很好地满足诱致性制度的需求。

四、采取局域化的经济交流政策创造外部氛围

台海两岸的政治、经济、文化和社会交流，是以经济交流为核心的。中国政府从全中华民族的伟大复兴的战略高度，以最终实现台海两岸的和平统一为出发点，设定了正当利益诱导机制。全球化进程的加快，促进世界经济一体化的加速前进。在地区经济的发展当中，区域经济一体化趋势成为当前一个无法回避的现实问题。身处亚太经济区域的两岸人民，只有在世界经济发展的潮流当中，寻求自己准确的定位，以谋求更适合自己的生存空间。当前中国的周边形势是随着中国大陆与东南亚国家联盟（以下简称东盟）在经济上的一体化，东盟 +3（中、日、韩）自由贸易协议的签订即成为现实。在中国迅速崛起成长为国际上具有重大影响大国的情况下，完成产业升级换代和严重依赖外贸的台湾，如果自身处于这种体制之外，自然成为亚太地区的"孤儿"，生存环境和空间会严重受到影响。与大陆毗邻，同文同种，文化传统相同的先天优势成为台湾通过大陆走向世界的便捷平台。与中国大陆加强和促进交流成为台湾当局的唯一选择，以东盟为跳板是台湾走向世界的捷径。中国大陆应把握这一特定的区域环境，积极主动协助台湾参与这一进程，创造两岸经济合作领域的外部环境，引导台湾积极防范和化解美国和欧洲债务危机带来的影响。

五、依法推动海峡西岸经济区建设

2009 年 5 月 6 日，国务院以国发〔2009〕24 号文件印发了《国务院关于支持福建省加快建设海峡西岸经济区的若干意见》，这是国家层面对海峡西岸经济发展区的指导意见。它明确提出这是加强两岸交流合作，推进祖国和平统一的重大战略部署，国家将会全力支持。

（一）海峡西岸经济区具有积聚效应

2007 年 6 月 18 日，当时的建设部部长汪光焘当天在福州说，在国家有关部门的大力支持下，中国又一大城市群——台湾海峡西岸城市群正在崛起[2]。早在 2004 年 11 月，福建省政府就出台了《关于发展壮大中心城市的若干意见》，提

---

〔1〕 萧师言、向蕾：《两岸合建金门大桥让绿营紧张》，载《环球时报》2012 年 2 月 20 日。

〔2〕 汪光焘：《台湾海峡西岸城市群正在崛起》，载《新华网》2007 年 6 月 18 日。

出加快福州、厦门、泉州三大中心城市建设，形成以三市为核心的城市圈，带动全省其他城市发展。2007 年 1 月，中国建设部和福建省政府共同启动海峡西岸城市群协调发展规划编制工作。2 月 16 日，福建省人民政府正式公布了《福建省建设海峡西岸经济区纲要》。“海峡西岸是一块以台湾海峡为纽带，东临台湾岛，西接内陆广阔腹地、北承长三角、南接珠三角，具有特殊地缘经济利益和政治含义的小型板块。”〔1〕根据国务院批复实施的《海峡西岸经济区发展规划》，国家要在海西建成东部沿海地区先进制造业的重要基地，积极对接台湾制造业，并在此建立两岸区域性金融服务中心，累积海峡西岸经济区产业的雄厚底蕴。所以说，“建设海峡西岸经济区，符合两岸人民的根本利益”〔2〕。据了解，在福建 9 个地级市中，厦门、漳州、泉州三市人口在 2010 年就已超过 1600 万，占全省人口总数的 45%，GDP 超过 7000 亿元，创造了全省 51% 的生产总值，是海峡西岸经济区经济最发达的地区。近年来，随着高铁、高速公路等基础设施的建设，三地的空间距离进一步拉近，人流、物流、信息流等要素流动频繁，资源优势会进一步向这一地区靠拢。

（二）通过加强联系可以促进共同发展

我们必须牢记美国南方与北方分离的重要因素，就是经济发展的巨大差距。美国北方经济发展迅速，中部地区因地理位置接近而逐渐向北方靠拢，由于南方实行的是束缚生产力发展的奴隶制度，导致南方经济发展愈加缓慢，南北差距进一步扩大。南方奴隶主焦虑不安，寻求脱离的意识逐步增强，最后在新税法效应的刺激下，终于宣布脱离联邦。虽然台湾今天实行的是资源自由配置的市场经济，但保持和促进台湾的经济发展水平和人民生活水平不下降，是促进国家统一战略最重要的一环。

（三）利用市场规律整合资源拉近两岸距离

海峡西岸经济区建设，对两岸的经济融合具有重大的战略意义。从世界范围内看，“全球化加速了生产要素在全球范围的自由流动，整体上优化了全球资源配置”〔3〕。中国大陆和台湾的经济已经是全球化的一部分，资源配置必然要受市场经济规律支配。中国大陆和台湾的经济整合，符合区域一体化的和经济

---

〔1〕 周志怀：《两岸关系和平发展与机遇管理——全国台湾研究会 2009 年学术研讨会论文选编》，九州出版社，2009 年 11 月第 1 版，第 275 页。

〔2〕 张万明：《涉台法律问题总论》，法律出版社，2009 年 12 月第 2 版，第 277 页。

〔3〕 樊杰，等：《台湾海峡两岸地缘经济整合的驱动机制和途径》，载《地理学报》2003 年第 5 期，第 415 页。

全球化的要求。两岸经济不是经济利益冲突,而是政治体制的差异,在"'一国两制'的政策背景下,依靠市场机制与经济利益驱动力整合两岸经济,通过经济合作为两岸统一奠定基础,而统一最终必将带动两岸经济完全整合,使海峡两岸成为全球经济体系中的一个重要环节"[1]。作为国家统一战略的一个重要组成部分,海峡西岸经济区只是一个着力点和经济支撑点。国家会在更高更远的角度进行规划,将两大经济圈连接在一起,目的就是要拉近双方的距离。

(四)通过强化交通建设促进合作进程。

建设北京和台北高速路就是国家的中长期规划的重要内容之一,也"是中国整个高速公路规划的一部分"[2],具有重大的战略意义,而海峡西岸经济区的建设规划,则是这一战略意义的延伸和完善。2005 年初,交通部公布了 20 年国家高速公路网规划,具体列出了从北京到台北的高速公路网线。"如果从大中华经济圈的现实和发展前景来看,大陆的高速公路与台湾高速公路连接,绝不是海市蜃楼的奇想,而是完全可能实现的目标。"[3]这个目标的实现将为国家的统一事业奠定坚实的基础。同时,处于海峡西岸经济区前沿的福建省"在海峡西岸经济区中居于主体地位,与台湾地区地缘相近、血缘相亲、文缘相承、商缘相连、法缘相循,具有对台交往的独特优势"[4]。为了推动海西战略,打通双方便捷的联系通道,海峡隧道的建设也提上议事日程。1996 年,清华大学 21 世纪发展研究院台湾海峡隧道论证中心主任吴之明教授,就提出建设台湾海峡通道的设想。此后海峡两岸及海外专家先后举行 4 次研讨会,进行了大量科学论证[5]。2002 年 3 月,在厦门召开了第三次"台湾海峡桥梁隧道建设学术研讨会",其中有台湾大学、成功大学等高校的学者参加,探讨了如何具体建桥问题。联合国教科文组织也于 2005 年资助召开海峡桥梁隧道建设学术研讨会。近年来,随着地球层析技术的发展,对于台湾海峡隧道工程的工程地质问题、海港开发和沿海陆地的充分利用等,都进行了论证。目前已具备通过三维成像技术,探测台湾海峡地下底层三维成像结构和地球物理场的空间分布的能力。这些科研成果,可以作为台湾海峡工程的基本设计的主要依据。为了让大、中、小轮船在台湾海峡顺利通

---

[1] 樊杰,等:《台湾海峡两岸地缘经济整合的驱动机制和途径》,载《地理学报》2003 年第 5 期,第 417 页。

[2] 《中国想把高速路修到台湾》,载英国《金融时报》2005 年 1 月 14 日。

[3] 何亮亮:《风物长宜放眼量——从经济看北京至台北高速路》,载香港《成报》2005 年 1 月17 日。

[4] 张万明:《涉台法律问题总论》,法律出版社,2009 年 12 月第 2 版,第 269 页。

[5] 王伟东:《台湾海峡隧道何时能建》,载《环球时报》2005 年 11 月 16 日。

航，利用现代科技探讨台湾海峡两岸连接的最佳方案[1]，已成为一项现实任务。台湾海峡隧道的建成，“正如英国最终要和欧洲大陆通过海底隧道连为一体，成为欧盟的一部分，台湾最终也会通过隧道与大陆连接。”[2]

（五）建立产业集群辐射周边发展

为了带动区域发展，发挥海峡西岸经济区的辐射效应，国家要进一步加强海峡西岸经济区的基础设施建设，设立特色产业集群，积聚周边效应。海峡西岸经济区不同于城市的特区建设，“海西”不但是以整个福建省为主体，而且还涵盖周边区域，并对应台湾海峡，是一个具有自身特点和独特优势的区域经济综合体[3]。“建设港珠澳大桥，将香港、澳门与内地联为一体，可以毫不夸张地说，港珠澳大桥是港澳与珠三角的经济血脉。”[4]海峡西岸经济区的辐射效应将与港、澳融会贯通，进一步促进两岸三地的全面发展。

（六）通过优惠政策吸引优势产业带头发展

对利益最大化的需求，是促进两岸交流与合作最原始的动力。在进行的各种经济活动中，如果一种方式能够获得更多明示或者潜在的利益，这种交往模式一定会被选择。改革开放初期，中国大陆在沿海地区实行经济特区制度，以吸引外国和境外资金和技术，为全国的改革开放积累经验和创造条件。中国大陆在对待香港、澳门和台湾投资方面给予了更多的优惠政策，提供了更方便的服务，使一部分有远见的企业家捷足先登，逐步站稳脚跟。由于中央赋予经济特区具有制定特殊政策的权力，试行改革的几个经济特区，在对待台湾同胞的投资方面也积极照顾，为台商到大陆投资创造了良好的条件。海峡西岸经济区的建设，是中国改革开放 30 年经验的推广，更是为推动两岸经济合作与交流的新试验，也是国家推动经济整合的新部署。随着海峡西岸经济区建设的深入推进和向更大范围发展，大批台湾企业家将通过海峡西岸经济区为跳板，深入大陆腹地投资，使大批台商迅速成长。“在中央尚未顾及或中央无法顾及的情况下，各地方可在自己的立法权限内，制定一些涉台法规，拓展对台交流渠道，充分保护台湾同胞的合法权益，进而为海峡西岸经济区的建设提供强有力的法律支撑。”[5]通过依

---

〔1〕 郭履灿、彭阜南、曲韵笙：《台湾海峡架桥铺路的可行性及其层析技术作用的初步分析》，载 2004 年 10 月《CT 和三维成像学术年会论文集》第 105 页。

〔2〕 何亮亮：《风物长宜放眼量——从经济看北京至台北高速路》，载香港《成报》2005 年 1 月17 日。

〔3〕《闽设海峡西岸经济区的战略思维》，载《台湾新生报》2005 年 11 月 1 日。

〔4〕 白冰：《一桥飞架“大珠三角”》，载《参考消息》2003 年 8 月 5 日。

〔5〕 游劝荣：《两岸法缘》，法律出版社，2008 年 12 月第 1 版，第 315 页。

法扶持海峡西岸经济区优势产业的发展，台湾经济将成为整个中华经济圈产业链的重要组成部分，将与大陆经济形成紧密的依赖关系。

六、适时提供必要的经济制度供给

经济关系的紧密化程度和经济交往的频繁程度加强，形成了对法律制度的大量和广泛的需求。如果把这种需求转化为对法律制度的需求，就会发现：一旦在现有的法律制度的安排下，人们的潜在利益无法获得满足，而改变现有的制度安排，却能够得到在原有制度下得不到的利益时，人们就会产生对新的法律制度安排的需求。大陆正是适应经济发展的这种规律和经济发展对制度的迫切需求，及时出台了一些鼓励、规范台湾同胞在大陆的投资法律和政策，以满足经济发展的制度需求。例如，1994 年 3 月 5 日全国人大常委会制定和颁布的《中华人民共和国台湾同胞投资保护法》，国务院分别于 1988 年 6 月 25 日、1991 年 12 月 17 日、1999 年 12 月 5 日发布的《关于鼓励台湾同胞投资的规定》《中华人民共和国台湾同胞投资保护法实施细则》《中国公民往来台湾地区管理办法》，就是适应这种需求先后出台的。

在李登辉“戒急用忍”和陈水扁“积极管理、有效开放”经济政策的限制之下，台湾经济耗光了在蒋经国时期积累的老本和“亚洲四小龙”的信誉，开始走下坡路。台湾企业家放弃原有的交往模式，选择另外一种交往模式，纷纷走向大陆发展。实际上，台湾企业家的这一选择，来源于对制度的成本和收益所做的判断和选择。有的法律制度所涉及的成本会大于新的、潜在的制度安排所涉及的成本，新的制度需求就会出现，新的制度就很有可能催生新制度的连环需求。根据罗纳德·科斯的定理，交易成本是社会竞争性制度安排选择中的核心。用最少的成本提供给定量服务的制度安排，将是合乎理想的制度安排。任何制度安排都是当事人根据具体环境自由选择的结果。一种制度安排之所以从一个可供挑选的制度安排集合中选出来，是因为从成本和收益两方面考虑，它比这个制度安排集合中的其他制度安排更加有效，能给人们带来更多的制度上的收益。为了保证这种制度实施，新制度的产生需要一系列外围制度来做保障。在李登辉主政时期，台湾当局为了规避对大陆的依赖，在政治因素的干扰之下，曾强力推行“南向”经济政策。之所以没有多大效果，就是在制度成本收益的计算上得不偿失，没有相应的制度链带动其传递效力。

七、解决经济制度实施和推进中的矛盾和问题

在制度安排中，总是存在制度安排收益最大和制度安排收益最小甚至是受到损害的人，这是一种客观存在。就拿 2010 年 6 月 29 日在重庆签订《海峡两岸

经济合作框架协议》来说，台湾的一部分传统产业会受到影响。为了把这种伤害降到最低限度，台湾当局将拿出一部分资金帮助这些企业实现转型。

（一）正确看待交流中产生的问题

制度推动利益挪动是一种必然的反映。这就决定在制度变化上，制度需求主体可能存在着需求冲突。在当前历史时期，执政的国民党当局看到了制度变迁的潜在租金和社会效率，还看到了不进行制度变迁的后果。因此，它成为制度变迁的最大推动者，改革的积极性最高，对新制度需求最强烈。同时，民进党集团想维系传统的制度，不愿意成为制度变迁的受到影响的对象，他们千方百计反对、阻碍新制度的实施，即使他们中十分崇尚民主意识的人，通过各种民意调查都显示，支持《海峡两岸经济合作框架协议》的人远远大于反对的人。甚至通过中国国民党主席马英九和民进党主席蔡英文的电视辩论可以看出，民进党仍然不能理性接受《海峡两岸经济合作框架协议》确立两岸的交流措施，甚至以提出"公投"相威胁来阻止。由于各个利益主体制度需求的目的不同，制度需求的方向也就与预期制度安排的方向产生了较大的区别。国民党当局制度需求的方向与大陆的制度需求方向基本一致，而民进党集团制度需求的方向则与大陆方向相反，这就产生了需求上的冲突。这种制度的供给应充分考虑到反对方的利益需求，以减少该项制度执行的阻力，避免造成混乱。

（二）用制度调和利益主体之间的矛盾

制度需求的冲突，导致了个人之间、集团之间非常复杂而且是多种多样的博弈状态。法律通过确立权利与义务的方式，规定人们的行为模式，建立相应的行为预期，目的就在于把人们的行为纳入统一的秩序中，即使有冲突，也不至于导致秩序失控。法律制度的需求、产生和实现，也是立法所体现的国家意志的实现。"是自觉运用公共权力引导，推动社会变化，是人类自我管理水平提高的重要标志。"[1]在交流达到一定程度的时候，问题逐步积累，就要运用立法的形式解决制度执行中产生的矛盾和问题，将博弈各方的行为以权利和义务固定化，将利益分配关系纳入良好的秩序当中，从而调和各利益主体的矛盾，保证利益的发展方向。

（三）保护绝大多数人的正当利益

对于交流中产生的矛盾和问题，用诱致性制度需求满足路径来解决，以经济利益的诱导机制来完成。法律制度供给的必需性意味着针对的是法律制度的需

---

〔1〕 张文显：《法理学》，高等教育出版社、北京大学出版社，1999年10月第1版，第266页。

求。在台海社会里面,交流与合作的双方总是希望制度安排能促进自己利益的最大化。当一个制度在台海社会里面,对绝大多数人的利益不相容时,就会改变这个制度,但原有制度的受益者不可能这么轻易地退出历史舞台,觉得自己的利益受到损害。这就呈现了一种相互博弈过程,大多数人的制度需求逐渐增长,一小部分人继续维持原有制度的运作,而潜在的制度需求和新制度会逐步产生,最终代替旧制度。也就是说,制定新制度时,国家要用现实的经济利益和潜在的经济发展空间为诱导,促进制度需求主体逐渐增多,需求愿望逐步强烈。预期制度的供给成为一种必然趋势时,迅速宣传旧的法律制度的运行成本效益。在交流与合作的双方的理性选择中,新制度实施的阻力就会降低,再对一部分新制度实施受到损害的主体采取补救措施后,这部分人就会逐步放弃旧的法律制度,从而接受新制度的安排。以新的法律制度运作机制引导和护航交流和合作的正面效应,调控市场,促进经济增长,反而能更好地解决矛盾,保护绝大多数人的利益,促进台海社会生产力的发展。

(四)遏制非法利益诉求

在两岸交流与合作中,之所以对新的法律制度感兴趣,主要在于新的法律制度实施能解决一些迫切的问题。当民进党全力推动"台独"政策,并将其付诸实施时,就会造成一些新的问题,如导致台海局势紧张、股市动荡、资金外流,加剧人们的恐慌心理,违背人们追求稳定、正常发展的良好愿望,这是一种非法利益诉求。这时候,就需要一种制度来调节这种失衡的秩序,以稳定局势,保持人民的经济利益不受损害。在人与人之间的相互联系和相互影响中,尤其是受信息传播迅捷性的影响,这种需求具有一种较强的传导效应,从而再进一步影响周围的人,导致越来越多的人不断地感受到需要一项新法律制度,从而使对新制度的需求从点状发展到面状,对新制度的愿望逐渐增长。在主体需求越来越强的条件下,作为社会精英的学者——往往是掌握时代脉搏的人——鼓与呼的声音也就越来越大,会引导社会主流民意凝聚共识。在这种情况下,即使是一种会导致局势暂时动荡的制度,国家会把握需求主体的动向,积极收集需求主体在不同时机和不同的场所表达出来的对预期制度的愿望。跟踪和引导新的法律制度出台后的民意走向,鼓励和支持赞同新的法律制度的主体力量,从而诱发比较旺盛的制度需求,适时择机出台重大制度以满足这种需求。这种需求往往是决策者容许或者默认的,有些甚至是中央政府引导的,具有一种向外向上发散的特点,就像国家高调宣传出台反分裂国家法一样,就是对以旅英华侨单声等为代表的一些学者和知名人士,期盼依法遏制

"台独"分裂势力、保护自己利益制度需求的积极回应。

八、推动双方经济制度的靠拢和完善

法律制度的安排与经济发展进程一样是一个渐进的过程,经济发展到一定程度,法律制度的供给就推进到一定程度。经济发展有需求,而政治、社会条件不具备或不成熟时,该制度的需求就会相对滞后。当然条件是变化的,它会随着制度需求不断地调整在完善预期的法律制度的过程中,逐步创造和培育条件,促成制度早日出台,以满足一定的需求。在推进台海和平统一进程中,要在遵循客观经济规律的基础上,以扩大交流为目标,以为两岸同胞谋福祉为依归,有意识地预见和规划一些对双方有利、能促进双方经济制度逐步靠拢和融合的立法规划;充分吸收台湾法律的知识素养和制度元素,邀请台湾的法学专家学者和代表人士,参与这种制度制定研究,草拟和讨论,从经济利益角度考虑制度的相容和相似性,从经济制度开始建立两岸经济整合的发展方向。

第四节　积极规划两岸开展交流的步骤和方式

理性的人都是追求自己利益最大化的人,这种追求是通过交流的方式获得的。所以,只有在交流中互相了解、增进共识、加强合作,才能增进友谊、促进交流途径的增加和交流方式的深化。对当前的台海关系发展来说,只有依靠群众智慧,走群众路线,遵循分工规律,汇集各方共识,广泛吸取两岸文化营养,增进同胞感情,才能建立稳定的交流方式和途径。

一、根据现实情况把握时机逐步推进交流进程

国民党执政时期,两岸关系的大势有利于民族和解,使"台独"暂时失去市场。两岸在交流达到一定程度后,就应逐步启动和平统一谈判程序,采取合理的方式、循序渐进的步骤,进行和平统一谈判。从社会发展规律来说,这是符合历史进程的。但"国共关系的缓和松动中亦包含着新的对立"[1]。这是历史进程辩证运动的表现,我们不能过于乐观,更不能悲观。历史进程总的发展方向是前进的,但它有时候会出现倒退,呈现波浪式曲折前进。民进党执政时期,台湾的政治发展趋势是:"台独"势力强力推进其"台独"目标,导致两岸关系紧张,两岸交流基本停滞。国民党执政时期,台湾的政治趋势迫于岛内的民意和政治现实,

---

〔1〕 宋春、娄杰:《论1949年后国共关系的实质与特征》,载《长白学刊》1994年第1期,第66页。

在国家统一的问题上一直采取拖延战略。总的方向是主张维持现状的国民党与主张“台独”的民进党之间的拉扯,基本趋势是“台独”在一步一步地滑向危险的边缘。无论是蒋经国时代的“不接触、不谈判、不妥协”,还是马英九时代的“不独、不统、不武”,都说明以拖延政策为主轴。国民党的弊病在于,它是早期小资产阶级组成的官僚体系,自私自利是其无法根除的本性和传统,每到要紧关头考虑的都是个人利益。国民党是一个没有核心理念的政党,它无法坚持其某一个阶段提出的价值理念目标,更不用说长远的国家战略和民族责任感。这一点从它们对“台独”势力的某些危险主张,采取欲拒还迎的态度上就可以看出来。从以前大动作通过“公投法”,到选举的关键时刻就抛出“‘台独’是国民党的选项”就是最好的例证。正是这种因素导致了支持它的台湾人民无所适从,也是导致2000年在台湾丢失政权的重要原因。这就是台湾的政治现实情况,既是国家决策层必须考虑到的基本情况,又是把握时机解决问题的出发点。

目前在两岸交流正常的情况下,应充分考虑到岛内这种政治现实,充分吸取历史经验教训,利用国民党执政时采取维持现状的有利时机,循序渐进解决有关问题,推进交流进程。根据形势的发展,条件成熟就签订一个相关协议,和平谈判的方式一步一步地来,谈判的目标一个一个地解决,以积少成多,以致问题得到最后解决,不能靠一两次谈判就解决所有问题。2010年6月29日,在重庆达成的《海峡两岸经济合作框架协议》就是最好的证明。在一般交往中对达成的共识和容易执行的事项,及时形成书面材料,以免出现像“九二共识”那样各说各话的历史纠葛。如果达成的协议比较容易执行,能得到广大民众的拥护和配合,在交流中就能积累共识,为以后深化交流打好基础。所以,关于台海两岸的交流,在把握台湾政治脉搏的前提下,遵循经济和社会发展规律,中国政府应积极主动拓展交流途径,及时解决交流与合作中出现的问题,牢牢把握两岸关系和平发展的主导权,推动两岸交流的进一步发展和深化。

二、逐步建立军事互信交流机制

建立军事互信就是要利用适当时机,就两岸结束敌对状态进行谈判并签署协议。由于两岸历史上形成的恩恩怨怨加大了交流的难度,所以和平谈判需要一定的氛围,在双方交流合作的基础上,应该做好正面宣传解释工作。这样对于推动两岸关系的良性互动是有好处的。“和平协议是双方关系缓和的重要标志,它有利于安定社会人心,有利于增强两岸互信,有利于开展相互合作,有利于规范两岸未来,有利于增进周边和谐,有利于防范各种不测。"[1]作为主导两岸和平进程的一方,中国政府将和平解决台湾问题的决心和信心,以法律的形式昭告国内外,这是追求和平、迈向和解的关键。反分裂国家法作为中国政府解决台湾问题的基本法律,一出台就显示了积极的作用。一方面对"台独"分裂势力起到了巨大的震慑作用,另一方面就是明显地推动了海峡两岸的交流,国民党主席连战与亲民党主席宋楚瑜成功参访大陆即为明证[2]。反分裂国家法是促进国家统一工程的一个法律支撑。它最基本的作用,就是通过立法表明中国政府和平统一祖国的态度,整合、统一人民群众的意志,以法律形式明确大陆中央政府解决两岸统一问题的相关路径、程序、手段、战略目标,牢固掌握对台交流和合作工作的主动权。在反分裂国家法的指导之下,利用当前两岸关系稳定的形势,在深化经济交流的同时,逐步启动和解进程,就两岸结束敌对状态达成和平协议进行谈判,逐步建立军事互信交流机制,以早日促成两岸的和解,为两岸进一步交流打好基础。但同时要注意的是将敏感问题暂时搁置,建立军事互信机制的目的,就是要防止两岸关系因误判酿成重大危机,防止局势失控,而不是认可分离现状永久化。

三、通过交流促进双方法律制度融合

随着两岸关系的交流与交往日益频繁,问题会逐步衍生,也会产生一些法律方面的问题。如何协调和解决法律纠纷,成为进一步推进两岸交流的一个现实课题,也是两岸交流与合作的制度趋于同一化的交汇点。

(一)两岸法律具有相同的渊源

台湾地区的法制与中国大陆地区的法制同属于大陆法系。中国的法律现代化始于晚清修律,经过了北洋政府、国民政府几届政府的制宪修法,逐渐形成规模。在新中国成立后的一段时间,法学研究领域的专家学者对国民党在大陆的法律文件进行了系统的概括,统称"六法全书"。国民党迁台后,基本沿用了"六法全书"法律体系,并随着台湾地区的政治、经济、社会的发展变化,不断地修改完善。两岸的法律制度,从其社会制度和政党性质来讲是不同的,但就从法律文化渊源,共同面临调整市场经济关系的任务,追求人类法律文明的普遍性等方面来说,却有着不可否认的共性,相互接近、相互融合。所以,法律制度的交流与合

---

〔1〕 李家泉:《达成两岸和平协议的可行性研究》,载《中央社会主义学院学报》2008 年第 4 期,第 119 页。

〔2〕 梁文莉:《论台湾的法律地位——兼析〈反分裂国家法〉的特点和意义》,载《广东广播电视大学学报》2005 年第 2 期,第 97 页。

作才是两岸统合的基本途径。

（二）两岸法律制度可以互相借鉴

两岸法律制度的交流与合作方式：一是立法的参考与借鉴；二是资助两岸民间法学科研团体交流与合作；三是台湾重要的法学著作陆续在大陆的出版；四是将大陆政治敏感度低的法学学术专著在台湾出版发行，促成两岸的法制交流双向互动。在中国大陆的法学学科建立的历史上，曾经经历过一段曲折的过程。20 世纪 80 年代，中国大陆法制建设百废待兴。这是因为经过“文化大革命”的摧残，大陆法学界人才奇缺，法律资源和法律知识欠缺，学习和吸收外来经验是个必然的选择。大陆与台湾同种同文，不存在语言和文化上的障碍。大陆学习借鉴台湾地区的一些经验，也是一个经济快速的捷径，并在相当程度上经受了时间的检验。两岸民法学说的良性互动就是最大收获。

（三）两岸的法律制度具有通用性

两岸法律制度的合作与交流有着良好的基础。两岸实行的都是市场经济。市场经济是法制经济。经济生活中的法律运行机制，法制发展规律、法律规范的方式，有普遍的共同性和相通性。台湾地区在 20 世纪 80 年代以来，已初步建立起资本主义民主政治。这种制度中一些原则、机制、程序以及具体的法律规范等，存在于资本主义的法律体系，也适用于社会主义民主政治。我们在批判地对待台湾民主政治制度中的一些弊端的同时，应当承认、保障这些原则、机制、程序的正当性和普遍性，充分吸收其合理因素，促进社会主义民主政治的健全和完善。因为“民主不仅是一种社会体认的价值，而且成为一种政治资源配置机制。”[1]两岸关系交往中的民主，将是促进两岸交流合作和深化的一种重要途径，它将有效促进政治资源在台海两岸向有利于推进历史进程和符合社会发展规律的一方聚集，并形成制度化的东西。两岸交往的法律问题，从根本上说是政治问题，其解决的关键和症结也在于政治问题的解决。通过政治资源的汇集，形成的共识就相对集中，将形成的共识变成制度性的东西，就会逐步增加交流的范围。政治分歧缩小，共识增多了，联合制定的制度多了，两岸交往的法律问题就能得到比较顺利的解决。

四、两岸交往的法律问题及解决途径

台海两岸法律交流机制的建立，是研究反分裂国家法学法律运行机制的重要组成部分。它在交流与合作中会产生一些法律问题，需要及时予以解决，以推

---

〔1〕 曹沛霖：《西方政治制度》，高等教育出版社，2000 年 4 月第 1 版，第 274 页。

动这一机制的良性运行,保障双方团体和人员在交流中的合法权益。

(一)两岸交流中产生的法律问题

两岸交往中发生的法律问题,从法律运行机制的角度看,大体有以下几类:一是双方均有具体法律规定,但有所不同,有的甚至相反;二是遵照一方规定处理显失公平,需要援用对方规定却又缺乏法律依据;三是一方有具体规定而另一方没有相应的规定;四是现有规定已不适应两岸关系发展形势而必须加以调整;五是双方都尚未做出具体规定,但交流中确实有制度变迁的需要;六是双方均有相同或类似的规定,但执行涉入对方管辖区域内的人、物等。由于双方没有司法上的协作关系,以致难以执行,如在送达、调查取证、判决执行等方面;七是一方法律追求难以获得对方的认同或认可。

(二)两岸交流中法律问题的解决

要促成两岸合理畅通的交流渠道和交流方式,作为主导台海两岸和平统一进程的一方,中国政府通过一些大陆人民能基本接受,能适当倾斜照顾和激励台湾同胞积极赴大陆经商、发展、探亲和旅游的法律,以促进法律问题的解决和交流合作的深化。中国政府在这方面释放利益的做法,显示出有和平统一祖国的自信心,有向台湾同胞展现出照顾和吸纳人才、资源和产品的容量。同时,要向国际社会证明,中国有和平统一祖国的能力。这就需要:一方面要加强立法,使得两岸交往有章可循、有法可依,建立两岸交流与合作的法律通道;二是对法律追求上的歧义进行协商,化异为同,或求大同存小异,形成一些基本法律术语和基本认识的意见,并将这些法律术语和基本认识编辑成规范性文件;三是以务实态度对待两岸间的区际司法协助,积极协助台湾地区在大陆主张权利、仲裁机构的裁决、台湾地区法院判决的认可与执行,加强两岸司法执行协作。这是一项有利于双方交流与合作的重要工作,也是一项相当复杂的系统工程,牵涉到两岸执政党的政策,政府的立法、执法、司法的协调配合等各个层面。只有两岸执政党的主要领袖和机构积极协调,推动政党、立法机关,司法机关协调合作,才能取得积极成果。两岸关系的现状和特点,决定了单方面立法难以妥善处理涉及两岸交流的法律问题。所以,按协商达成的协议进行两岸区际司法和行政协作,将立法中一时达不成共识的法律问题,通过协调予以解决。

(三)用完善法律制度解决交流中产生的问题

通过两岸法律制度的交流与合作,寻求和发现交流中产生问题的解决的方式和途径,将待解决的问题方案和办法制度化是最好的选择。两岸交往的法律问题特殊性,决定了两岸交往中的法律问题不能完全适用于涉外法律法规。也不能完全适用于普通的法律法规,对两岸交往中具有普遍适用性的法律问题,可以参照适用现有法律法规解决相关问题;对两岸交往中特殊性的法律问题,就必须通过特别立法加以规范调整。普遍适用的法律由国家权力机关通过一般的立法程序来进行,而涉台立法是根据特殊需要进行的一种特别立法,按照法定程序由国家权力机关依法制定。中国大陆专门的涉台法律法规,集中在台湾同胞投资和两岸人员往来两个方面,是大陆鼓励台湾同胞投资和促进台湾同胞赴大陆的特殊安排,具有照顾和鼓励台湾同胞的性质,其内容与其他的规范投资、人员往来的法律法规有很大差异。台湾地区则是通过制定综合性的专门调整两岸事务的《台湾地区与大陆地区人民关系条例》,来解决两岸交往的法律问题,并通过各种行政措施严格限制两岸经贸和人员往来。这与大陆激励两岸人员来往的法律法规形成鲜明的对比。这种不对称的交流方式容易损害双方的长远利益,阻碍两岸交流的步伐。中国大陆就得与台湾各界进行接触,沟通情况,交换意见,积极推动这种带有政治色彩的制度向相对公平的方向发展,从而完善双方的法律制度,以接近和相似的制度解决有关法律问题。

五、通过完善合作机制实现战略目标

台海两岸的法律交流与合作,就是为了实现和促进两岸和平统一这个战略目标,因为"法治既是一个目标,又是一个运作过程。"[1]在相互交流与合作过程中,法律的运作在向同一目标靠近。因为"法是一个动态运作系统,在这个动态系统中活动着一个活生生的人(即便组织活动也是由人进行的)的观念、素质、能力和知识水平,直接决定着这个系统的运作状态。"[2]具体参与者的态度和主观意愿,直接决定着这个系统的运作方向和质量。只有共同志向和战略目标的领军人物推动,才能集合力量推进台海和平进程。

(一)建立配合机制

在两岸还未能充分协商达成协议的情况下,通过各自立法,处理两岸交往的法律问题,是最常用的手段,也是比较容易做到的。但由于受制于对方是否愿意配合等问题,相关法律法规在实际中的执行效果并不是很好,许多法律制度因得不到对方配合执行而形同虚设。例如,一方的判决需对方协助执行,而对方以种种理由拒绝协助执行,则判决就无法得到执行,有关当事人的正当权益就无法实现,建立配合机制就显得特别重要。两岸互涉立法,也是两岸法律制度互相协

〔1〕 张文显:《法理学》,高等教育出版社、北京大学出版社,1999年10月第1版,第373页。

〔2〕 张文显:《法理学》,高等教育出版社、北京大学出版社,1999年10月第1版,第371页。

调、相互配合的过程。通过两岸互涉立法,两岸法律差异也会缩小,法律冲突问题也会在一定程度上得以缓解。“我们可以发现,在有限学习理性进化过程中,不合适的规则会被逐渐淘汰,最适宜的规则会保留下来。最适合的规则通常能保证获得最大收益。”[1]这样两岸交流中同质化和同一化的利益聚集和汇合就成为一个主要方向,双方在交流与合作中获得的利益就会最大化。

(二)确立会谈机制

两岸的法律制度合作与交流,是通过良好的会谈机制起步的,应当确立制度化的会谈机制。从1990年9月开始,已取得积极成果,初步建立起制度化的交流与合作机制。海峡两岸红十字组织在金门就见证其主管部门执行海上遣返工作达成协议书,这是两岸隔绝对峙40多年来,有关方面以协议的方式解决两岸交往的法律问题的最初尝试。这主要包括:1990年9月12日,海峡两岸红十字组织在金门签订了《金门协议》,就双向遣返问题达成协议,建立了海上遣返渠道;1993年4月27日至29日,新加坡“汪辜会谈“签署的《汪辜会谈共同协议》《两会联系与会谈制度协议》《两岸公证书使用查证协议》和《两岸挂号函件查询、补偿事宜协议》;1994年12月,海协会和台海基会“关于增加寄送公证书副本种类事”的相互确认函;1997年6月,经海协会与台海基会相互确认的《港台海运商谈纪要》;2002年6月29日港、台间达成的《有关港台之间空运安排》;2008年6月,海峡两岸关系协会和海峡交流基金会会谈,签署《海峡两岸包机会谈纪要》和《海峡两岸关于大陆居民赴台湾旅游协议》,并就今后“两会”制度化交流和未来协商议题规划达成许多共识;2010年6月29日通过商谈,在重庆签署《海峡两岸经济合作框架协议》,为两岸关系的发展写下了历史新页。大量的事务性会谈和协商达成的一系列协议,积累了一系列经验,也对完成制度化协商管道奠定了坚实的基础。

(三)规范协商机制

两岸建立了稳定和制度性的协商管道,确立了协商对话机制,但应进一步加以规范。1986年的“华航事件”开启两岸协商的大门,1994年“千岛湖事件”推动两岸刑事司法协作,2005年台商春节包机安排促进两岸通商通航,2006年两岸旅游进行技术性磋商推动两岸旅游市场开放,2010年6月的《海峡两岸经济合作框架协议》确立经济合作对话渠道。当两岸立法和两岸协议逐步对两岸交往的

---

〔1〕〔美〕罗杰 · A. 麦凯恩(Rogers · McCain):《博弈论——战略分析入门》,机械工业出版社(原由汤姆森学习出版集团出版),2006年6月第1版,第258页。

法律问题做出进一步规定时,不宜适用一般法律规范。在不违背“一个中国”原则下,从有利于维护两岸当事人正当权益、稳定和发展两岸关系大局出发,积极建立一些规范化的沟通渠道,利用制度化协商机制,比照适用现有法律规定中最相近似的条款或有关规定作适当解释或执行变通的方法,审慎稳妥地处理某些两岸交往的法律问题,也是一种积极有效的制度方式。

(四)组建共同研究机制

目前两岸的法律交流与合作,是两岸一部分社会精英积极奔走、不停呼吁、主动建言的情况下,获得决策高层认可、稳步推进的,但“学者崇尚传统”〔1〕。作为学术和社会精英的学者,在交流中会有传统惯性的掣肘和拉扯,但理性和正当利益的需求,会进一步促使这部分人继续不停思考,探索和发表一些促进交流的超前性合理建议,为决策当局提供可供参考的方案。随着交流与合作的深化,伴随着各方面的问题也会发生,像谈恋爱的男女发展到结婚,在到生孩子,再到孩子长大,每个阶段的情况和发展形势不一样,发生的问题不一样。“发生种种问题是正常的,没问题才是不正常的。”〔2〕在两岸交流与合作中,要充分借助两岸学术界的智力资源,建立共同的研究机制,“理性地探究纠纷的根源,积极寻找解决问题的办法,”〔3〕以推动台海两岸法律合作与交流的进一步深化,促进双方的融合进程。

第五节　争取国际社会对中国统一事业的理解和支持

国家统一是一个系统工程,两岸关系因为有一些重要的国际因素掺杂在里面,所以要将台海两岸的发展趋势放在大的国际发展趋势中来考虑,营造有利于中国和平统一的国际环境。2004 年 5 月 17 日,中台办、国台办受权就当前台湾海峡两岸关系问题发表声明,使台海局势从被动转为主动,随后展开了一系列的后续动作,包括启动备受关注的反分裂国家法立法程序,进一步推进了这一趋势。随着《反分裂国家法》的颁布,中国政府在台湾问题上的立场是以国家意志的形式公之于世,使国际社会对中国政府和人民的态度有了明确的认识。在推进国家统一进程中,中国政府将继续搞好国际关系,进一步宣传中国政府对台决

〔1〕 夏泰宁:《民间交流不断,东京感乐观》,载香港《明报》2006 年 2 月 2 日。

〔2〕 夏泰宁:《民间交流不断,东京感乐观》,载香港《明报》2006 年 2 月 2 日。

〔3〕 刘建飞:《中国复兴需克服 4 种心态》,载《环球时报》2006 年 3 月 3 日。

策，让国际社会准确理解中国在台湾问题上的立场，以取得国际社会对中国统一大业的理解和支持。

一、搞好亚洲的交流与合作是根本

中国是亚洲的大国，在亚太地区有着重大的影响。台湾问题是中国与亚洲国家交往的基础性问题。亚洲国家在台湾问题上给予中国的支持，是中国政府依法推进和平统一进程的关键因素。

（一）中国积极参与亚洲事务对该地区有利

美国达特茅斯学院副教授戴维·耿的专著《对亚洲的误解：新分析需要新思维》一书，通过对亚洲各国情况的研究，"得出的结论是：亚洲很可能比大多数理论家估计的更加稳定，大多数国家（亚洲）会追随中国而不是制衡中国。他还找到了中国极可能在其他亚洲国家接受限度内行事的证据"[1]。

坚持实行睦邻政策。中国在亚洲行事低调，发言讲究含蓄内敛，实行睦邻、安邻、富邻的周边政策，与大多数国家关系良好，并积极参与多边外交机制合作，给中国的周边外交打下良好的基础。"中国加强多边外交是一个良好的发展势头，中国的一些邻国和政策倡导者认为，通过多边机制督促中国介入国际事务，而不是牵制中国，对亚洲格局更为有利，中国的参与证明这种策略是成功的。"[2]南海问题是影响周边问题的重要因素，也是局域内国家以及局域外国家企图介入争端的着力点。即使发生大的争议，中国政府也应在维护国家主权和保持南海局势稳定的天平上保持平衡，积极介入协调各方关系，不能轻易放弃睦邻政策。

主动融入国际体系。当前的世界体制，具有强烈的冷战色彩。一些重大的国际规则主要体现的是西方发达资本主义国家的意志，很多地方存在不公平的现象。中国在自身崛起的过程中，无力对一些不公平的国际规则做出修改，在根据自身实力维护本国和第三世界国家正当利益的同时，积极融入国际社会现有的体制当中，在自身综合实力逐步上升的同时，积极参与对国际社会不合理规则的改造。中国从反对现有体制到进入现有体制，是中国外交纠正实力与政策关系出现的偏差后，重归现实主义的正确调整。"中国进入国际体系的过程是一个相互碰撞、冲突、适应与融合的过程。从中国的角度看，中国必须采取更为积极

---

〔1〕 戴维·伊森伯格：《担心中国的强大可能是多余的》，载香港《亚洲时报在线》2003年7月4日。

〔2〕 阿米塔夫·阿查理雅：《以东亚的方式谋求发展》，载新加坡《海峡时报》2003年12月30日。

主动的行动。"[1]在受西方影响的亚洲，中国更应该如此，过去是被动适应，现在是主动适应。"中国经历了长期的探索发展道路的困惑，终于认定加入现有国际体制是中国扩大影响和发展自己的有效方式。"[2]

适时推动建立新秩序。随着中国国家实力和国际影响力的提升，"在新的世界版图上，中国正脱颖而出成为一个重要的经济增长发动机"[3]。21世纪头十年，欧、美大国先后陷入债权危机，从美国民主、共和两党为了提高债务上限表演的"民主特技"，到希腊、意大利、法国为摆脱债务危机发出的求救声音，可以看出当前世界经济处于不稳定当中。"在很多行业，中国的选择就是世界的选择，或者说中国正在为世界做出选择。"[4]中国应当抓住这一机遇，积极抵制和应对美国在亚洲建立的围堵中国的包围圈，从亚洲开始积极探索修改对中国的不平等规则，并将这一发展趋势与推进和平统一进程结合。在全球经济一体化和世界格局多极化的今天，建立起充分的自信，坚信中国和平统一祖国的选择，就是对亚洲和平的选择，也就是对世界和平的选择。

保持战略角色定位。国际社会已经习惯了中国在贫穷时打交道的方式，对于中国综合实力增强后与国际社会打交道的方式很不适应。一些亚洲大国对中国的崛起保持高度的警惕，拉拢南海局域内的一些国家介入纷争。一些亚洲小国依附美国，产生不自量力侵占中国南海领土冲动。作者认为，这是事物发展运动规律的正常现象。美国经济下滑，导致军费开支逐年递减，已经无法维持其庞大的军队维护费用，自然对中国的崛起产生焦虑感。为防止其国力过快衰退，美国必然会想尽一切办法保持其影响力，对中国进行遏制是其重要目标之一。所以说，"出于本能，任何国家对格局的改变和改变者都会产生一种抵触"[5]。我们应该在做出正确选择的同时，积极宣传中国政府的国内外政策，缔造一个热爱和平、维护和平的负责任的亚洲大国形象。在战略决策上，"21世纪的中国，在国际上只能树立'和平、发展、合作'的战略角色，只能扮演'参与、遵守和改造'的积极角色，专注和平理性的中间外交路线"[6]。只有这样，和平解决台湾问题的承诺才能获得亚洲国家的认同、理解和支持。

---

〔1〕 王帆：《中国从对立走向参与》，载《环球时报》2004年6月4日。

〔2〕 王帆：《中国从对立走向参与》，载《环球时报》2004年6月4日。

〔3〕《中国发展与世界共赢》，载《参考消息》2004年9月10日。

〔4〕《"中国已经醒来，世界正在颤抖"》，载《参考消息》2005年3月3日。

〔5〕 韦弦：《中国不可告别韬光养晦》，载香港《信报》2005年7月7日。

〔6〕 孟祥青：《中国国际角色完成历史性转变》，载《环球时报》2006年1月5日。

(二)重视与日本的睦邻关系

由于特殊的历史原因,日本对台湾的影响仅次于美国。在大多数时候,日本的对台政策又受制于美国的对台政策。所以,做好日本的涉台外交工作就显得更加重要。中国的崛起对作为邻国的日本来说,造成极大的战略压力,尤其是国家实力增强后对台湾产生的吸引力,使日本与台湾产生了疏离感,造成日本的忧虑。为因应这种形势,“美日联盟因中国的崛起而强化,随后做出调整以适应反恐战争的需求”[1]。中、日两国的特殊历史,使“中国和日本除了民族利益冲突外,还多了一层心理冲突和情感冲突”[2]。随着中国国家实力的迅速提升,中、日两国的差距会逐步扩大,“中日关系将真正进入千年历史上的首次结构性调整和双方民族心理调适”[3]。在中国成长为亚洲大国,国际影响力和经济总量超过日本位居世界第二之后,日本的担忧进一步加强,造成国民情绪的躁动和不安。在应对中、日两国一些涉外事务和领土争端时,日本往往反应过度,手法偏激,尤其是“作为中日关系中最敏感的问题,靖国神社问题过去几乎成为中日高层博弈和国家意志较量的试金石”[4]。在小泉纯一郎执政时期,这方面就表现得更为明显。对于“安倍时代”的中、日关系,当时大多数分析家的观点是可能在靖国神社问题上稍显缓和,但可能在另一些问题上进入更为实质性的交锋,如涉及中国国家核心利益的台湾问题、钓鱼岛问题、日本修改和平宪法、日美同盟等。而实际上在“安倍时代”第一任期里,中、日关系发展基本平稳,以往一些不正常的做法都得到纠正,中、日关系基本步入正轨。但到野田佳彦和安倍晋三(再次)执政后,上述问题再次凸显,导致两国关系恶化。因此,中国崛起后,中、日双方民众对彼此国家和自身定位的心理调适,将进入一个实质性更强、更漫长但希望理性的过程,这是历史发展的必然。中、日两国关系的正常发展和两国国民情绪的温和理性,是解决台湾问题必不可少的重要因素。

(三)促进与印度的交流与合作

由于中、印两国历史上发生过冲突,在一些重大的问题上曾经产生过分歧,尤其在西藏问题上,印度都扮演着暗中资助的角色,因此两国关系的发展充满曲折。随着国际形势的发展,两国关系总体上发展良好,从近年印度的态度变化中

---

〔1〕 阿米塔夫·阿查理雅:《以东亚的方式谋求发展》,载新加坡《海峡时报》2003 年 12 月 30 日。

〔2〕 倪乐雄:《中国复兴是中日和谐的基础》,载《环球时报》2006 年 1 月 26 日。

〔3〕 邱震海:《“安倍时代”中日关系将更复杂》,载新加坡《联合早报》2006 年 9 月 18 日。

〔4〕 邱震海:《“安倍时代”中日关系将更复杂》,载新加坡《联合早报》2006 年 9 月 18 日。

可以清楚地看出这一点。印度越来越强烈地认为,中国是机遇,而不是威胁[1]。英国前外交大臣杰弗里·豪认为:在过去的25年里,中国国内生产总值增长36倍,数亿人的生活水平发生了翻天覆地的变化。尽管中国经济面临不少问题,但令人鼓舞的是中国政府、大学、智囊机构都认识到问题的严重性,并采取积极措施。更令人感兴趣的是,中国和印度共同捐弃前嫌,彼此和解。这一切都是好消息,“但危险依然存在,其中最严重的是台湾问题”。所以,加强中国政府在和平解决台湾问题上与印度的沟通和交流也至关重要。

(四)加强与俄罗斯的传统友谊

俄罗斯是亚洲大陆最重要的大国,也是世界上举足轻重的大国。它与中国合作有着先天优势,是中国和平统一的战略盟友。2011年以来,美国实施“重返亚太战略”,意图从战略上应对中国的崛起,推动改造中东和继续推行北约东扩战略,给中、俄两国带来很大战略压力。国际形势的发展趋势,促使中、俄两国再次走在一起,如在2012年初的叙利亚问题上,中、俄就一致反对外部势力干预叙利亚内政,并在阿拉伯国家联盟提交的叙利亚问题决议草案付诸联合国安理会表决时,共同投了反对票。多年以来,俄罗斯在中国统一问题上给予极大支持,在台湾问题上俄罗斯的立场一贯坚定。反过来,对俄罗斯的国家统一问题,中国也给予极大的支持。在区域合作上,俄罗斯外长就认为,俄“最有前景的努力方向是参与大型多边组织活动,致力于建立对亚洲、美洲和欧洲都开放的多边合作机制”[2]。这种观点与中国政府的战略选择基本一致,奠定了两国合作的政治基础。中国政府新世纪的发展战略,就是谋求国家的统一、民族的振兴、世界的和平。“君子务本,本立而道生。”[3]战略的选择和确定是推进国家统一的基础。而与具有重大战略影响的内陆国家俄罗斯在中国国家统一问题上达成政治共识与法律合作,推行“海陆和合”政策,实为我国地缘战略之本[4]。

(五)重视朝鲜半岛的韩国

韩国是中国重要的邻国,也是中国改革开放初期重要的投资来源地。中国的改革开放取得巨大成果,其中韩国做出了重大的贡献。在近年两国关系的发展中,中、韩两国关系基本稳定,但偶然也有不和谐的杂音。面对两国关系发展中出现的不和谐因素,《环球时报》2006年9月8日刊发的国际问题专家王辑思

---

〔1〕〔印〕艾亚尔:《从“恐华症”到“中国热”》,载《印度教徒报》2006年2月27日。

〔2〕刘江永:《“海陆和合”中国地缘战略之本》,载《环球时报》2006年4月11日。

〔3〕刘江永:《“海陆和合”中国地缘战略之本》,载《环球时报》2006年4月11日。

〔4〕刘江永:《“海陆和合”中国地缘战略之本》,载《环球时报》2006年4月11日。

和韩国延世大学教授文正仁的对话,代表了两国社会的主流观点。王辑思说:"我认为中国需要超越近期的关切,着眼于长远。外交不能受内政的消极影响和操控。战略家,尤其是国家领导人,应该克服极端民族主义情绪在外交的影响。"[1]文正仁说:"国家间关系都有两个层面,冲突与合作。重要的是将冲突最小化,将合作最大化。"[2]两位专家的谈话,实质上是中、韩处理两国关系的应遵循的基本策略,也是两国协调和沟通和平统一问题基本方法。中、韩两国有着相同的历史任务,都有促进民族和解和推进国家统一的重大历史责任。双方在交流与合作中互相借鉴国家统一进程中的经验和做法,尤其是派遣专家到韩国统一部和国家统一研究院挂职学习或者进修,交流一些促进国家统一共同的经验和学术成果,容易产生思想共鸣,达成共识,相互支持。

(六)深化与东南亚国家的关系

东南亚国家是一个特殊的群体,它们一直在追求一体化进程。东盟成立之初只是一个保卫自己安全利益及与西方保持战略关系的联盟。"大陆提出以和平方式实现国家统一,使得各国尤其是东南亚国家开始认识到中国共产党的思想路线开始转变。"[3]因此,东盟与中国发展起友好关系就更引人注目。胡锦涛主席和温家宝总理经常飞行数千里去拜访亚洲各国领导人,向他们解释中国的政策、中国的发展战略,指出中国经济的发展会给整个地区带来的好处。1997年秋爆发的亚洲金融危机,使亚太地区安全合作支柱——东盟受到严重打击。金融危机虽不能归咎于东盟,但它未能遏制危机带来的战略和政治后果,无力阻止成员之间重现双边关系的紧张,严重损害了作为地区安全机构的信誉。面对金融危机进一步蔓延的局势,一些西方大国开出各种经济"药方",以拯救者的姿态对受金融危机影响国家提出各种条件,有的甚至袖手旁观。中国政府在这个时候以高度的政治责任感,不附带任何条件出手援助,使东盟短期内摆脱金融危机,恢复了正常的经济秩序。东盟国家对中国政府负责任的做法给予高度评价,也为以后的双方关系发展打下良好基础。西方国家通常的援助方式是"由援助国提出要求,命令受援国表示感谢,这种行为是让人很不愉快的,中国对外援助中的重要原则就是不附带任何条件"[4]。这是中国与东盟国家打交道的基础,

---

〔1〕 王辑思:《中日韩三国峰会能否实现》,载《环球时报》2006年9月8日。

〔2〕 文正仁:《中日韩三国峰会能否实现》,载《环球时报》2006年9月8日。

〔3〕 陈良生,等:《中国国家统一战略——战与和之间,我们选择全面打击和遏制"台独"》,明报出版有限公司(香港),2005年2月第1版,第63页。

〔4〕 张云:《选秘书长 日本失算了》,载《环球时报》2006年10月16日。

也是获得东盟国家信任的重要条件。中国政府应把握这种合作基础。

中国要以长远的战略眼光妥善处理好南海争端。因为"南沙争端涉及六国，具体而言中国、越南、菲律宾、马来西亚、印度尼西亚、文莱。"[1]2011年以来，美国、日本和印度也积极介入南海，导致局势进一步复杂化。中国政府应高度重视这一问题。南海是中国与东盟的利益交汇点，也是国家的核心利益点。处理好东盟国家与中国在南海问题上的争端，是稳定东盟与中国关系基础。保护中国在南海的合法权益：一是立德，我们要站在道义制高点，努力争取在南海问题上的国际话语权和战略主动权；二是立信，我们必须讲究信用，做到守信践诺，对个别南海周边国家出尔反尔不讲信用的言行，要坚决揭露和抵制；三是立规，我们要运用1982年通过的《联合国海洋法公约》为依据，强化维护南海主权的法理依据，以2002年中国与东盟达成的《南海各方行动宣言》为准则，规范南海周边国家的行为；四是立威，面对周边国家和南海外部势力涉足该地区争端的严峻形势，我们要做好在"南海一战"的准备。1974年1月的"西沙之战"使我国完全恢复了西沙主权，1988年的三一四海战使我们在南沙有了初步的立足之地[2]。所以，遏制南海周边国家非法侵占我国领土，阻止南海区域外国家势力介入该地区，是维护国家主权和领土完整的重要措施，也是维护与东盟关系的基础。

二、做好美国的工作是关键

台湾问题之所以成为问题，就是美国介入中国内战的结果 。在和平统一台湾的问题上，我们"绝对不可对美国的战略意图存任何幻想"[3]。但善意的沟通和交流是必不可少的，也是推动中国和平统一进程的必修课。"展望21世纪中叶，中、欧、美势必形成三足鼎立之势，正确处理好中国与欧洲、中国与美国的关系十分重要。"[4]

（一）加强与美国各界的联系

2011年年底，美国高调重返亚太，企图组建跨太平洋框架组织，遏制中国的目标明显。2012年1月5日，美国总统奥巴马亲自到美国国防部宣布新的军事战略，放弃在局域内同时打两场战争的战略，只专注打赢一场战争，对另一场潜在战争形成重大干扰的新战略，以确保南海和波斯湾航道的畅通。明眼人一看

---

〔1〕 王小波：《谁来保卫中国海岛》，海洋出版社，2010年10月第1版，第48页。

〔2〕 张政文：《南海之策，重在四立》，载《环球时报》2011年7月9日。

〔3〕 赵景伦：《中国统一是一大系统工程》，载香港《信报》2004年5月25日。

〔4〕 李亚非：《"和平统一"要以不放弃使用武力来支撑》，载《广西民族学院学报》（哲学社会科学版）2000年第11期，第61页。

就知道,美国的新战略就是针对中国和伊朗而来,对于台海局势来说,会带来不利的影响。这就是当前和今后相当长的时期内美国在亚太的基本政策,也是我们面临的现实。美国著名中国问题专家容安澜说:“海峡两岸关系的基本决定权掌握在最直接有关的台北和北京手中。但是,美国的作用也是至关重要。”[1]台海问题的和平交流与合作,离不开与美国的沟通与协调,最好的方式就是做好美国政府的工作,加强与美国政府、立法机关、社会团体的联系,通过交流督促美国切实继续履行中美三个联合公报原则,履行“三个不支持”诺言,重点通过美国政府、国会、舆论和民间四条主要渠道,全面加强同美国各界的联系,花大力气做好美国各界的工作,将美国亲台势力和反华势力的对立情绪降到最低程度,团结他们使之支持我们和平解决台湾问题。2012 年 1 月 11 日,在台湾选举关键时刻,美国前驻台北经济文化办事处处长包道格,受两岸交流远景基金会邀请赴台。12 日他在接受中天电视台专访时指出,“九二共识”是美国接受的“必要妥协方式”,有利于两岸关系,也符合美方利益[2]。香港《明报》2012 年 1 月 14 日消息则认为:“一些评论认为虽然包道格的言行显示他本身的政治偏好,但他的意见不会太偏离美国政府的立场。”所以,中国政府应积极主动与美国各界联系和沟通,敦促美国政府对“台独”制定出具体的遏制措施,或者不制定不利于和平统一的措施和不插手台湾问题,以便中国政府最终以和平的方式解决台湾问题[3]。

（二）让美国理解和接受中国的和平统一政策

中国政府的对台战略是“一国两制,和平统一”。“用‘一国两制’的方式解决台湾问题,美国应该是能够接受的,台湾也应该是能够接受的。”[4]这既能满足全国人民的统一要求,又能照顾到台湾人民的切身利益,还消除了中、美之间进一步发展关系的最大障碍,“这对太平洋地区和全世界的和平与稳定,也是一件好事”[5]。因而,用“一国两制”实现祖国的统一,是两岸双赢或多赢之路。邓小平曾充满信心地说:“实现国家统一是民族的愿望,一百年不统一,一千年也要统一。怎么解决这个问题,我看只有实行‘一个国家,两种制度’”[6],说的就是

---

〔1〕〔美〕Alan · D. Romberg　艾伦 · D. 龙伯格(容安澜):《悬崖勒马——美国对台政策与中美关系》,新华出版社,2007 年 9 月第 1 版,第 186 页。

〔2〕《美前驻台官员公开挺马》,载香港《星岛日报》2012 年 1 月 14 日。

〔3〕李亚非:《“和平统一”要以不放弃使用武力来支撑》,载《广西民族学院学报》(哲学社会科学版) 2000 年第 11 期,第 61 页。

〔4〕《邓小平文选》,第三卷,人民出版社,1994 年第 1 版,第 18 页。

〔5〕《邓小平文选》,第三卷,人民出版社,1994 年第 1 版,第 19 页。

〔6〕徐中明:《论“一国两制” 的台湾模式》,载《四川职业技术学院学报》2003 年第 3 期,第 15 页。

这个道理。

(三)促进中美双方核心利益同质化

从当前的中、美两国关系的发展战略出发,国家间应该试图去寻找彼此的共同点,促进双方利益的同质化,尽量缩小分歧。中国的发展不仅使自己的人民受益,而且对整个世界也是有利的。中国的经济开放和世界经济一体化使数亿人摆脱了贫困。中国近年来的发展进一步推动了全球经济和世界交易保持增长的势头。所以,中、美两国在加强经济交流与合作的过程中建立起的互信,是化解矛盾的重要途径。中、美两国关系发展的历史表明,许多敏感的问题最初都争执不下,经过辩论和沟通就能得出一个相对统一的意见,上报国家的外交决策层,推动了国家间外交政策的调整,台湾问题也是同样的道理。“如果代表永恒真理和正义的全能上帝站在你们北方或者站在你们南方一边,那么,经过美国人民这个大法庭的裁决,真理和正义将普照天下。”〔1〕台湾问题也要遵循林肯的这一理念,让大多数美国人了解自己反分裂促统一的历史,充分尊重中国人民为自己的核心利益——促进祖国统一所做的努力,支持中国的统一事业,让13亿多中国人民这个大法庭来“裁决”台湾问题。

(四)建立制度化沟通渠道积极化解矛盾

中国和美国在历史上很长一段时间里都在充满敌对的岁月里度过。随着国际形势的发展,中、美两国的关系逐步缓和,走上合作与发展之路,并在合作与争执中缓步前进。在合作中产生分歧是正常的,用美国布什政府时期的财政部长亨利·保尔森的话说,“我们之间确实有分歧,但我们的目标是促进共同利益,寻找解决之道”〔2〕。通过积极谈判建立必要的沟通渠道,及时有效地化解矛盾,促进双方关系稳定协调发展。

(五)建立信息通报制度减少误判和对抗

2005年7月19日,在美国访问的澳大利亚总理霍华德对布什说:“中美国两国领导人都清楚,在台湾问题上达成共识的重要性。”〔3〕他接着说:“澳大利亚的目标就是一如既往地寻找这些大国在地区和平和繁荣中的共同战略利益并广为宣传。”〔4〕也就是说,国际社会的一些主要国家的政治家,希望中、美两国在台湾

---

〔1〕 杨超、张书珩:《政治名人演讲快读》,远方出版社,2004年8月第1版,第92页。

〔2〕〔美〕亨利·保尔森:《与中国进行广泛的对话》,载美国《华盛顿邮报》网站2006年12月11日(作者为美国原财政部长)。

〔3〕 据2005年7月21日《新华网》消息。

〔4〕 左渐晓:《日想售台反导系统》,载《环球时报》2005年7月16日。

问题上有一个基本的共识。中、美两国的共同利益是国际社会判断国际形势和制定国家间政策的重要依据。中、美两国在台湾问题产生误判，对亚太地区和世界和平都是一种重大威胁。美国哈佛大学教授约瑟夫·奈曾说："两岸之间主要有任何形势误判，美国、中共和台湾都会因此受累。"〔1〕对这一情况，邱震海先生曾在香港《信报》撰文认为，冷战结束后，国际格局的一个重要特点是互动活跃、敌我难分，各种势力无不对潜在的敌对方保持高度警惕，但又注重接触，希冀在探索的互动中视对方的政策取向来调整自身政策。唯因如此，"政策误判率极高，决策者每将互动中的临界行为视为实质策略，并制定相应措施，由此导致恶性循环。"〔2〕所以，在一些重大问题上，保持一定的沟通和协调，对高层决策者做出正确的决策至关重要。

谈到台海的军事冲突问题，台湾人对自己自身的定位以及同大陆关系的看法都在发生变化。中国为了防止台湾"台独"分裂分子的挑衅，在海峡对岸建立起强大的的军事威慑力量。美国一些政界人士仍旧承诺在台湾没有挑衅对岸，在大陆攻击的情况下要保护台湾。这实际上导致这一地区的安全和军备竞赛，参与竞赛的三方是中国大陆、美国和台湾。任何国家在处理外部问题上，都有鹰派和鸽派两种势力，从而构成种种临界政策行为。"对最高决策者来说，重要的不是获取临界行为的极端值，而是平均中间值，并以此为出发点展开与对方的良性互动，尽可能的消弭敌意。"〔3〕中、美关系的重要性，决定了两国在采取重大政策时，不能贸然行事。"幸运的是，布什政府一年中一直能够让中国相信，华盛顿不支持台湾独立，同时他又维持着帮助台湾这个可信的承诺。"〔4〕2010 年 8 月 15 日，在美国国务卿希拉里就南海局势表态后，美国《华尔街日报》刊登了一篇由美国克莱尔蒙特研究所资深研究员马克·赫尔普林撰写的文章指出，从长远看，中国注定要在总的军事和经济实力上与美国旗鼓相当，美国应为中国的即将崛起做好准备。中国凭借提供大量的生活消费品不仅取得了社会稳定，还吸收并复制了西方的军事技术。不过，中国现在以十分谨慎的步伐前进〔5〕。

（六）扩大与支持同温和派人士的联系

香港《南华早报》2002 年 9 月 2 日的文章，引用约翰斯·霍普金斯大学高级国际

〔1〕《美国不会为"台独"而战》，中央社台北 2001 年 3 月 27 日电。

〔2〕邱震海：《中国须警惕"安全困境"》，载香港《信报》2004 年 8 月 28 日。

〔3〕邱震海：《中国须警惕"安全困境"》，载香港《信报》2004 年 8 月 28 日。

〔4〕《中国之路》，载英国《今日世界》月刊 2004 年 1 月号。

〔5〕《一个崛起中的大国》，载美国《亚洲华尔街日报》2004 年 12 月 14 日。

问题研究中心中国问题研究负责人兰普顿教授的话称:“有作战经历的军界官员最支持接触政策,而没有军界背景纸上谈兵的战略决策者不支持这种做法”[1]。两次到越南参战,并在20世纪80年代担任美国驻北京武官的前特种部队军官维赫尔姆认为,即使这样(指军方交流与合作,作者注)会提高中国的军事能力,双方也必须建立军事信任。他说,“如果解放军事实成为世界上最强大的军队,我们能阻止它吗?中国有达到这个目标的决心,物质能力和组织能力”[2]。2002年6月1日,美国国防部副部长沃尔福威茨在新加坡的一次会议上公开说:“台湾前途要由海峡两岸人民共同同意的态度去解决。”而过去美国的态度是“台湾的前途要尊重台湾人民的意见”[3]。我们知道,沃尔福威茨是美国政界典型的鹰派人物,在对华政策方面一直持强硬态度,这次具有重大转变意义的话从他口中说出,说明美国态度可能有一个重大转变。所以,美国军界的高级决策者的对台湾问题的思想认识,也会随着形势的发展变化发生变化的。“中国应该具有主动塑造中、美关系的战略意识”[4],积极加强与美国各界的交流,特别是对美国政府决策有巨大影响的美国军界温和人士的交流。2002年8月,北约在接管阿富汗国际安全部队指挥权之前,曾主动向中国驻比利时大使馆通报了有关情况,力图打消中国对安全的担心。事实说明,“中国的崛起既支持了美国的超级大国的地位,也暴露了一些与生俱来的弱点”[5]。究其实质就是,“这显露了美国坚硬的军事实力外壳下是一颗软弱的经济核心”[6]。作为超级大国的美国其实也是最大的债务大国,其超强的经济实力是建立在对其他国家债务负担基础之上的。尤其是目前中国持有美国国债1万多亿美元的情况下,美国更需要中国的大力支持。加强和扩大与美国温和派人士的接触和交流,对促进和平统一中国具有重要意义。

(七)抓住机遇与美国和谐相处

中国过去在近1/4的世纪里,一直强调和谐思想,它包括对世界关系的适用方面,表明了一种抛开政治分歧与美国交往的意愿和立场[7]。《环球时报》2002年8月8日以“与发展的中国相处”为题,登载了清华大学教授阎学通与美国中国问题专家哈里·哈丁的对话,阎学通教授认为:“要改善中美关系,唯一的办法

[1] 转引自特区文摘周报《美国难以出兵保台湾》,载《国际先驱导报》2002年10月18日。

[2] 转引自特区文摘周报《美国难以出兵保台湾》,载《国际先驱导报》2002年10月18日。

[3] 转引自特区文摘周报《美国难以出兵保台湾》,载《国际先驱导报》2002年10月18日。

[4] 袁鹏:《“大国协调”应对中国崛起的启示》,载《参考消息》2005年2月24日。

[5] 吴云:《北约想和中国多接触》,载《环球时报》2004年1月19日。

[6] 吴云:《北约想和中国多接触》,载《环球时报》2004年1月19日。

[7] 《中国的世界:箴言与疑虑》,载英国《经济学家》2005年11月19日。

就是尽可能扩大中美之间的共同利益。”[1]哈里·哈丁则说:“9·11”事件第一次为中、美两国提供了重大的战略共同利益,成为中美之间的“战略黏合剂。”[2]而著名的美国中国问题专家容安澜的观点则是:“中国不会成为任何人的敌人,同时我们也从中国与邻国的交往中,看到了‘中国威胁论’的无意义。”[3]这是学术界希望中、美两国共同交往的代表性观点。中国在对外交往中,会一直坚持和谐相处的原则。用澳大利亚前外长唐纳的话说:“在与中国所有的会晤中,他们不会攻击也不会批评美国,也不会试图说服我们远离美国。”[4]美国《亚洲华尔街日报》文章说:“1978 年召开的中共十一届三中全会的真正意义在于,与俄罗斯不同,它在向自由市场过渡过程中表现得非常谨慎,这样做是为了不被迫后退。中国所选择的渐进式的经济方针和政策是经过慎重考虑的,是各方妥协的结果,是为了国家生存和稳定而制定出来的。中国现在已开始扩张活动,驱使中国这样做的不是意识形态,而是市场和原材料需求。”[5]中国与世界接轨的主要渠道是经济与政治合作,途径是与世界和谐相处,追求与世界大国美国和谐共处,不追求政治和军事对抗。

(八)积极影响美国的政策制定

中国的崛起表明了它与外部世界相互影响的时代已经开始。一个最直接的联想,就是中国人喜欢用满足的神情来回顾以往,而美国人则喜欢用一种略带忧虑的目光审视未来,重返亚太战略就是美国陷入国民焦虑的例证。既然是相互影响,那中国人向前看就会带着过去的影子。作为一个后来者,我们是在别人的影响中,思考这会给这个世界更多地带来些什么;而已经是世界强国的美国,可能会更多地关心他们失去什么。这或许就是中国向前看与美国向后看的不同所在[6]。中国并不想挑战现有的世界秩序,中国的问题可能是,如何在现有的秩序下选择正确的道路,能否在美国动用各种资源围堵中国的强大压力下做出正确的选择。因此,我们如何影响世界,就是一个我们如何选择发展道路的问题[7]。中国只有加强与美国的合作,通过沟通了解达成共识,积极影响美国的

---

[1] 《与发展中的中国相处——哈里·哈丁与阎学通的对话》,载《环球时报》2002 年 8 月 8 日。

[2] 《与发展中的中国相处——哈里·哈丁与阎学通的对话》,载《环球时报》2002 年 8 月 8 日。

[3] 《中国发展与世界共赢》,载《参考消息》2004 年 9 月 10 日。

[4] [美]泰勒·马歇尔:《中国准备好在亚洲起主导作用》,载美国《波士顿环球报》2006 年 8 月 14 日。

[5] 《一个崛起中的大国》,载美国《亚洲华尔街日报》2004 年 12 月 14 日。

[6] 丁刚:《我们怎样影响世界》,载《环球时报》2006 年 7 月 31 日。

[7] 丁刚:《我们怎样影响世界》,载《环球时报》2006 年 7 月 31 日。

对华政策,才能促进台湾问题的和平解决。

三、加强与第三世界的联系与沟通是基础

中国与非洲、美洲国家的关系对中国的发展有着重要的战略意义。非洲大陆的一些重要国家,与中国政府具有天然的合作基础。在新中国成立后的很长一段时间里,非洲的一些国家在许多重大的国际问题上都给予中国极大的支持。中国已故领袖毛泽东评价这种关系时,有一句名言:“我们的朋友遍天下。”[1]新中国成立后,虽然中华人民共和国成为“中华民国”的合法继承者,但中国在联合国的席位在西方反华势力的操纵下,一直被溃退在台湾的蒋介石集团占据。20世纪70年代初期,在津巴布韦等一大批国家的大力支持下,中华人民共和国终于恢复了在联合国的合法席位,用当时国家领导人的话说,“是发展中国家把中国抬进联合国的”。同时,非洲又是台湾“外交”的重要基地。这是因为一些非洲的小国为了经济利益,经常玩弄“骑墙”政策,既想获取政治利益,又实行谁给的经济好处多就和谁建交的游戏。但大多数非洲国家对中国的国家统一事业做出了重大贡献。非洲国家在联合国席位恢复问题上对中国的大力支持,实质就是对中国国家统一问题的重要帮助,充分显示出非洲国家在中国和平统一问题上的助力分量。在南美洲的国家中,中国更应该注重与他们发展关系,以争取他们对国家统一事业的支持。

(一)21世纪的世界需要来自中国的激励

中国在回应西方对其发展前景的猜测时,还是集中在试图向他表明和平意图,说服所有人中国不是威胁。这样做是否有效,还是一个疑问。西方国家无力解决一系列国际问题,当今世界的和平亟须有助稳定的新生力量注入,有别于西方的新领导模式和经济发展的涌现。中国目前基本具备这样的条件。因为当前的现实是第三世界的发展离不开中国的帮助,中国的发展道路不受外界左右,却创造了人类历史上的经济奇迹。正是因为这一点,中国又能借助自己的经验与技巧创造出强有力的外交信誉[2]。欧、美给了发展中国家大量的经济援助,并派出了一批又一批的经济学家,去重新“设计”这些国家的经济政策。但奇怪的是,很多得到这些“帮助”的国家反而变得更加贫穷落后了,有的甚至因采用这些经济政策使国家陷入混乱和动荡不安的状态。

(二)中国以自己的发展模式与第三世界交往

中国如果只是被动地接受西方的领导,那么会陷入西方关于中国崛起的利

---

〔1〕《朋友遍天下,生意通四海》,载香港《明报》2006年11月2日。

〔2〕张锋译:《世界需要中国的激励》,载《环球时报》2006年9月11日。

弊无休止的争论之中。中国是无法控制这场争论的。但是,中国如果在其外交中体现出虽然还不成熟,但却能激励世界的一种中国式的发展模式,让外界认识到世界的和平与发展不是完全依赖于美国和西方,中国也是世界新和平的缔造者和维护者,那么中国就能自己主导外界关于中国崛起辩论的主题。这一主题,将不再是“中国崛起是和平的吗”,而是“中国将带来什么新机遇”。目前很多非洲国家推介中国的发展模式就是最好的证明。

(三)中国应当大力帮助第三世界国家

在中国与非洲、南美洲国家的交往中,在国家财力允许的情况下,逐步更新这些国家的基础设施建设,在当地设立经济特区,推动第三世界中被西方忽视领域的发展,鼓励中国公司在高风险的地区做好充分准备的情况下投资(西方公司是不想在这些地方冒险的)。中国相信第三世界国家的能力,支持他们自己制定发展战略,而不是听从西方的指挥,这是中国政府对第三世界援助的基本战略。这种援助方式获得大部分国家的信任,津巴布韦国民议会议长埃默森·姆南加古瓦对中国发展非洲关系充满乐观情绪,在官方的报纸说:“有中华人民共和国这样全天候的朋友——津巴布韦永远不会孤单。”[1]作为重要的战略合作伙伴,中国通过大力帮助第三世界国家的基础设施建设,促进共同发展,在和他们的交往的过程中,积极寻求其对中国政府和平统一政策的支持,是容易取得良好效果的。

(四)坦诚对待第三世界国家的批评

中国必须以更加开放的心态去迎接世界的质疑甚至敌意。中国与第三世界国家的交往并不是一片叫好声,会有来自各方面的质疑。中国的国家战略是推进和谐世界进程,不会采取实力优势赚取资源。我们应多做这方面的宣传工作:一是防止西方国家的挑拨;二是准确传达中国政府的声音;三是即使第三世界国家的政治人物和媒体提出对中国的批评,也要善意对待,体现出一个世界大国应有的风范。2006年年底,加利福尼亚大学教授纳瓦罗写了一本《即将到来的中国战争》一书。书中引用英国前外交大臣斯特劳的话说:“中国今天在非洲所做的多数是150年前我们在非洲所做的”,将西方国家殖民统治非洲的历史与中国无私援助非洲国家的问题相提并论。《华盛顿时报》上刊登的《中国在西半球的动向》一文中称:“中国与非洲、拉丁美洲和中东的交往出于一种目的,带着狭隘的商业利益动力追求原材料和自然资源,特别是能源。”中国政府在国家发展过程

---

〔1〕 慕亦仁:《中国的非洲之行》,载美国《耶鲁全球化》在线杂志2005年1月3日文章。

中需要能源是事实,但中国国家发展战略的本身,决定中国只能在与国际社会的正常交往中,获取自身发展所需要的能源,中国不会采取利用自身战略优势地位和强大的影响力去获取资源。"中国信奉多边主义,他们不相信英雄主义,在传统上是商人,而非侵略者。"〔1〕没有信任的力量只会带来危险。强大的实力和良好的国家形象未必彼此相随,强大而到处遭人憎恶的美国就是例证〔2〕。

(五)和平解决争端

中国坚持以和平方式解决与第三世界的争端。"在西方,竞相追求财富的超级资本主义大行其道,而在中国,政府的目标是满足所有社会层面的需求。中国所追求的是天人合一。"〔3〕这是对中国政府客观的评价。在与非洲和南美洲发展中国家的处事方式上,"中国人总是考虑周详,竭尽可能地实现自己的目标,他们的策略是温和而谨慎地行事,而不像西方人那样喜欢重拳出击,或者用暴力解决问题"〔4〕。在国际格局发展的方向上,一些国际政治家认为,"我们已经面临一个中国——西方两极化的时代。这并不是冷战期间两种意识形态的对峙,而是经济和商贸上的冲突"〔5〕。各种形式的经济制裁、反倾销调查、惩罚性关税就是这种冲突的具体表现。一些西方国家动不动就对一些非洲和南美洲发展中国家实施制裁。中国在这方面就被推上主持正义的位置,积极履行正义维护者的角色,就是对非洲和南美洲国家的最大支持。南美洲国家对中国的评价相当正面,对中国和平解决台湾问题、推进和平统一进程持积极支持的态度。"西方人经常认为自己拥有最好的发展体制,最好的政治制度,最好的生活方式。而我们所看到的中国是一个庞大的,成绩斐然的,具有悠久谋略思想历史的国家。"〔6〕"我们不能用台湾这个小指头遮挡中国这个大树。我们虽然也不必强行改变事态。让我们以中国人的处世方式,循序渐进地推动这一进程。"〔7〕这就是南美洲国家政治家的代表观点。

---

〔1〕〔哥斯达黎加〕马里奥·费尔南德斯:《破解中国龙的秘密》,载《工商》(双月刊)2006年8月号。

〔2〕尚未迟、寇维维、青木:《西方为何误读中国》,载《环球时报》2006年12月8日。

〔3〕〔哥斯达黎加〕马里奥·费尔南德斯:《破解中国龙的秘密》,载《工商》(双月刊)2006年8月号。

〔4〕〔哥斯达黎加〕马里奥·费尔南德斯:《破解中国龙的秘密》,载《工商》(双月刊)2006年8月号。

〔5〕〔哥斯达黎加〕马里奥·费尔南德斯:《破解中国龙的秘密》,载《工商》(双月刊)2006年8月号。

〔6〕〔哥斯达黎加〕马里奥·费尔南德斯:《破解中国龙的秘密》,载《工商》(双月刊)2006年8月号。

〔7〕〔哥斯达黎加〕马里奥·费尔南德斯:《破解中国龙的秘密》,载《工商》(双月刊)2006年8月号。

第六章　反分裂国家法整合机制研究

反分裂国家法的整合机制，就是从谋求国家战略利益出发，在坚持一个中国原则的基础上，积极化解两岸政治分歧，整合政治、经济、社会和文化资源，促进两岸的融合。和平年代的和平统一事业，文事胜武功。我们应在政治协商、经济互利、社会事业进步和文化交流的相互学习中，促进和追求双方利益的同质化，从制度建设方面消除双方的差异，完成两岸的统一。通过对双方交流与合作方面的制度制定、制度评估、制度运行情况的跟踪分析，建立动态的制度机制，以制度整合的方式推进和平统一事业稳步前进。

第一节　建立强有力的机构推动国家整合进程

国家的统一事业，需要在已经确定的统一战略的基础上，在条件成熟时建立一个强有力的运作机构，来推动和负责实施这一战略。必要时，可以采取国家统一动员的形式，以加快国家整合速度和进程。

一、大陆的对台工作机构

台湾开放岛内居民到大陆探亲的政策实施后，两岸关系开始缓和。为协调和处理两岸交流与合作中产生的问题，建立对台工作机构的建议就进入国家领导人的视野。1987 年 3 月 14 日，时任国家主席的杨尚昆在接见蒋经国私人秘书沈诚时，提出了中共中央关于两岸和谈的基本原则：中国共产党对中国国民党平等谈判。为了配合两岸关系交流和发展的新局势，促进双方关系的发展，保持适当的联络渠道，杨尚昆当时就提出："我们一定会在政府部门成立一个协调党政工作的机构来运作,"[1]以保持交流渠道的畅通。这是国家领导人早期建立两岸制度化交流的思想。

1988 年 9 月,国务院成立台湾事务办公室,丁关根任主任。1991 年 4 月,中共中央对台工作机构与国务院台湾事务办公室合并,成立中共中央台湾事务工作办公室(简称中台办)、国务院成立台湾事务办公室(简称国台办),王兆国任中台办和国台办主任。1996 年 11 月,陈云林接任主任。2008 年 6 月王毅接任主任。中台办、国台办是中共中央、国务院主管台湾工作的办事机构,其主要职责是遵循中共中央、国务院制定的方针政策,负责组织、指导、管理、协调有关部门和各省、自治区、直辖市的台湾工作;检查了解各地区、各部门贯彻执行中共中央、国务院方针政策情况;组织制定涉台事务的有关政策法规;协调管理有关促进两岸通邮、通航、通商的工作;会同有关部门协调和指导对台交流工作,指导对台新闻宣传。其内设机构是:秘书局、综合局、研究局、新闻局、经济局、交往局、交流局等[2]。

1991 年 12 月,民间团体性质的海峡两岸关系协会成立,它接受中台办、国台办的指导和授权,按照《海峡两岸关系协会章程》开展对台交往和交流工作,当时会长是汪道涵。海协会的职责是:加强同赞成该会宗旨的社会团体和各界人士的联系与合作;协助有关方面促进海峡两岸各项交往与交流;协助有关方面处理海峡两岸同胞交往中的问题,维护两岸同胞的正当利益;接受有关方面的委托,与台湾有关方部门和授权团体、人士商谈海峡两岸交往中的有关问题,并可签订协议性文件。

中台办和国台办的成立,对促进两岸交流与合作,协调和处理发生在海峡两岸管辖范围内的事宜,促进两岸关系协调发展,尤其是在受权代表党和政府发表一些重大政策声明,主导两岸交流与合作的政策导向,促进台海局势的良性发展和整合各方意见方面发挥了积极的作用。在某个关键的时间段,中台办、国台办发表的一些政策声明,对宣示国家对台重大政策起到重要的作用,如 1988 年,蒋经国开放台湾居民到大陆探亲,两岸局势缓和,党和政府及时抓住这一时机,在 1991 年 6 月 7 日,中共中央授权中台办、国台办负责人就海峡两岸关系与和平统一问题发表谈话:台湾作为特别行政区,享有高度自治权,司法独立,终审权不须

---

〔1〕 薛昕、汤家玉:《蒋经国对台湾问题的思考与抉择》,载《党史纵览》2004 年第 4 期,第 16－17 页。

〔2〕 中共中央台湾事务办公室、国务院台湾事务办公室:《中国台湾问题》(干部读本),九州图书出版社,1998 年 9 月第 1 版,第 178－179 页。

到北京;可保留军队;台湾当局和有关各方以及台湾人民的利益都将得到切实保障。这绝不是权宜之计,而是根本大计,是一个长期方针[1],对两岸关系的发展和交流确定了基调和铺平了道路,促进以后多年两岸关系的发展。2000年,陈水扁当选为台湾地区领导人,在台湾执政4年,从上台之初提出"四不一没有",到第一任后期极力推行"台独"政策,经常言而无信,行为反复无常。2004年3月19日又靠"两颗子弹"侥幸当选连任。2004年5月17日,中台办、国台办受权发表声明:现在,有两条道路摆在台湾当权者面前,一条是悬崖勒马,停止"台独"分裂活动,承认两岸同属一个中国,促进两岸关系发展;一条是一意孤行,妄图把台湾从中国分裂出去,最终玩火自焚。这次声明被媒体和专家解读为对陈水扁执政4年"听其言,观其行"的定性,也是中国共产党对台政策的重大转折,对全国人民认清"台独"分子的本质,并采取相应的对策起到积极的指导作用。2004年12月17日,新华社受权播发消息,"十届全国人大常委会第十三次会议将于本月25日到29日举行,会中将首次审议《反分裂国家法(草案)》[2],并由曾经担任过中台办和国台办主任的全国人大常委会副委员长王兆国做《反分裂国家法(草案)》说明,由王兆国代表中国政府释放出国家决心维护统一的重大政策导向和战略决策。

但是,目前一些海外专家学者认为,中台办和国台办封闭运行,观点看法和决策体系内循环,外界的建议和声音很难致达,使得民间对台湾问题很难深入系统地研究,不利于集思广益,对信息的反馈和决策判断都有很大影响。虽然目前两岸关系的僵局主要责任在台湾方面,但大陆的对台政策也有不足之处。例如:决策机制僵化,"一国两制"的解释仍停留在原则性宣示,缺乏具体内容和操作办法,对台湾民众缺乏号召力和亲和力,特别是1997年至1998年间,台湾方面要求重开谈判,但大陆方面坚持要先谈政治议题,拒绝谈事务议题,结果丧失了很多时机,导致双方僵持不下,最后"两国论"出笼,双方关系进一步紧张[3]。

鉴于这种情况,"有必要对此进行调整和改变,以集中全社会一切有志于国家统一研究的机构和个人成果,为中央的决策提供有益的参考"[4]。在初期,两

---

〔1〕《人民日报》1991年6月8日。

〔2〕陈良生,等:《中国国家统一战略——战与和之间,我们选择全面打击和遏制"台独"》,明报出版有限公司(香港),2005年2月第1版,第45页。

〔3〕郑海麟:《两岸和平统一的思维和模式》,海峡学术出版社(台湾),2001年12月第1版,第168页。

〔4〕陈良生,等:《中国国家统一战略——战与和之间,我们选择全面打击和遏制"台独"》,明报出版有限公司(香港),2005年2月第1版,第303页。

岸可协商先行设立政经合作委员会,解决涉及两岸公权力问题及增进两岸同胞民生福祉;在条件成熟时,可设立负责两岸和平统一事务的政治协商委员会,共同协商两岸统一的国号、国旗、国歌及制定统一的新宪法〔1〕。按照今后制定的相关法律,建立国家最高领导人亲自领导的国家统一委员会之类的超级机构是很有必要的〔2〕。建立专门的组织机构及其运行机制,保障国家统一战略的实施。

2001年12月1日,在香港出版的《中国评论》中,大陆海协会会长汪道涵的智囊、学者章念驰撰文,建议北京当局:"像统一这样的重大问题,国家有必要成立国家统一委员会,吸纳各方人士参加,包括台湾有关人士参加,来共议统一。"〔3〕作者也赞同在大陆设立由国家最高行政领导人担任主任的国家统一委员会。因此,应根据根据反分裂国家法的原则精神和相关法律规定,中央党、政、军各部门和各省(直辖市、自治区)对其自身机构设置和职能进行必要的改革,分别设立相应的对台战略协调机构。作为国家统一委员会的派出机构,受国家统一委员会的直接领导,负责协调和调动各部门、各地区的力量,以形成合力,整合各方面的资源,达到更大的效果。同时,尽快在大陆物色和培养有能力、有才干、学历高、形象好的台籍干部,尤其要对他们进行定向培训,掌握治理地方所需的知识和技巧,将来如果武力统一台湾,可以使他们成为治理台湾的骨干〔4〕。为最终解决台湾问题、实现国家统一留下法律基础、组织机构和运行机制、人才资源和充足的物质基础〔5〕。

二、台湾促进统一的工作机构

1988年7月7日至13日,中国国民党召开第十三次代表大会,会议通过一项"现阶段大陆政策案"。这项提案及相关报告中明确提出:"中国只有一个,中国必须统一"〔6〕。任何分裂国土的主张"都与民族大义所不容,国家法令所不允许"等等。14日,以陈立夫为首的34位国民党中央评议委员提出一项"以中国文

---

〔1〕 郑海麟:《两岸和平统一的思维和模式》,海峡学术出版社(台湾),2001年12月第1版,第54页。

〔2〕 陈良生,等:《中国国家统一战略——战与和之间,我们选择全面打击和遏制"台独"》,明报出版有限公司(香港),2005年2月第1版,第289页。

〔3〕 郑海麟:《两岸和平统一的思维和模式》,海峡学术出版社(台湾),2001年12月第1版,第44页。

〔4〕 陈良生,等:《中国国家统一战略——战与和之间,我们选择全面打击和遏制"台独"》,明报出版有限公司(香港),2005年2月1版,第304页。

〔5〕 陈良生,等:《中国国家统一战略——战与和之间,我们选择全面打击和遏制"台独"》,明报出版有限公司(香港),2005年2月第1版,第295页。

〔6〕 杨帆:《国民党去台高官大结局》,华文出版社,2010年2月第1版,第488页。

化统一中国"的议案,主张祖国和平统一,提倡两岸对话协商,互信合作,并有一些具体构想[1]。作为国民党三朝元老的陈立夫提出这样的议案,确实代表了以他为主的国民党元老期盼统一、完成夙愿的强烈愿望。1988年8月18日,台湾当局成立与大陆国台办对口的大陆工作机构——"行政院大陆委员会"。8月23日,中国国民党成立与中台办对口的"大陆工作指导小组"。1992年8月24日,中、韩建交,两岸关系受到重大冲击。8月27日,国民党大陆工作组召开早餐会,强调一个中国的政策和大陆政策不会因台、韩"断交"有所改变。9月12日,台湾"立法委员"胡秋原访问大陆[2]。

1990年10月7日,台湾当局成立"国家统一委员会"。它是台湾当局为推动大陆政策理念而成立的临时性任务编组机构,是"总统"在自由、民主原则下,加速国家统一,研究并咨询有关国家统一大政方针的咨询机构[3]。委员由岛内各党派、社会各界人士代表组成,委员人数为25至31人,另聘研究委员若干人,委员会每两个月召开一次,任期一年。第一期"国统会"主任委员李登辉、副主任委员李元族、郝柏村、高玉树[4]。

1991年2月23日,台"国家统一委员会"第三次会议全体通过制定了《国家统一纲领》,3月14日经台"行政院"第2223次会议通过。《国家统一纲领》最初是台"国家统一委员会"1990年10月7日成立大会上提出的。《国家统一纲领》全文分前言、目标、原则、进程等四部分,提出"建立民主、自由、均富的中国"的目标,强调国家必须统一,并提出大陆与台湾均是中国领土,促成国家的统一,应是中国人共同的责任。"'中国的统一',谋求的是国家的富强和民族的长远发展,也是海内外中国人的共同愿望。"[5]但陈水扁上台后,一方面高喊"四不一没有",一方面将其束之高阁,随后又终止"国统会"的运作。马英九上台后,出于政治考虑,没有再次启动"国统会"的运行机制,台湾当局的"国统会"处于名存实亡状态。

1990年11月21日,台湾当局成立"海峡交流基金会",它是台湾方面与大陆

---

〔1〕 陈良生,等:《中国国家统一战略——战与和之间,我们选择全面打击和遏制"台独"》,明报出版有限公司(香港),2005年2月第1版,第55页。

〔2〕 陈良生,等:《中国国家统一战略——战与和之间,我们选择全面打击和遏制"台独"》,明报出版有限公司(香港),2005年2月第1版,第55页。

〔3〕 张万明:《涉台法律总论》,法律出版社,2009年12月第2版,第184页。

〔4〕 陈良生,等:《中国国家统一战略——战与和之间,我们选择全面打击和遏制"台独"》,明报出版有限公司(香港),2005年2月第1版,第55页。

〔5〕 张万明:《涉台法律总论》,法律出版社,2009年12月第2版,第171-172页。

“海峡两岸关系协会(简称海协会)”对口单位,其主要功能是接受“陆委会”委托,办理两岸交流所衍生的各项事务,扮演两岸交流的“白手套”。该会分设由43人组成的董事会和由6人组成的监事会,内设秘书处、文化服务处、经贸服务处、旅行服务处及综合服务处等6个业务单位。国民党中常委、台湾工商协进会会长辜振甫任董事长[1]。它是台湾当局唯一授权与大陆方面联系、协商、处理涉及公权力两岸事务的机构,是台湾当局推行大陆政策的工具,直接受“陆委会”的监管,并在体制上与“国统会”“陆委会”一起构成一套大陆工作机构。

第二节　以传统文化与精神价值为纽带推动两岸整合

“中国”意为中央之国。许多民族认为,中国处于世界的中心,但另外一些为数不多的民族,则通过自己的历史来理解中国这个概念。中国至少有三千年时间是东亚最强大的国家。在16世纪之前,即在欧洲文艺复兴和发现新大陆之前,当时的中国无可置疑是世界的中心。中央集权,无限疆界和永恒统治是中国统治者的思考特征[2]。历史上的中国既是世界的中心,也是统一王国的象征。“统一”是指实现主权所有权合而为一,或者结束主权行使权同主权所有权的被动分裂[3]。所以,统一的主要标准应该是政治上的服从和一致,而不能仅仅根据制度上的相似和文化上的类同[4]。

一、大一统观念具有深厚的历史沉淀

“从秦始皇统一中国开始,我国的‘大一统’时期远远长于分裂时期,中华民族数千年的历史,一定意义上说就是维护团结,反对分裂的历史。”[5]建文帝四年(1402年)六月十三日,燕王(朱棣)顺利进入南京。当燕王来到皇宫时,“宫中火起,弟不知所终”。6月17日,燕王在谒拜祖灵后登基,是为明成祖[6]。明成祖是中国历史上为数不多的优秀皇帝,他有雄才大略,内外经营,使明王朝的国

---

〔1〕陈良生,等:《中国国家统一战略——战与和之间,我们选择全面打击和遏制“台独”》,明报出版有限公司(香港),2005年2月第1版,第56页。

〔2〕〔俄〕弗拉米尔·波波夫:《文明继承性推动中国重新走向巅峰》,载俄罗斯《政治杂志》2004年10月11日。

〔3〕王英津:《国家统一模式研究》,九州出版社,2008年6月第1版,第123页。

〔4〕葛剑雄:《统一与分裂——中国历史的启示》,中华书局,2008年7月第1版,第70页。

〔5〕秋风:《论“一国两制”在港澳的实践》,载《环球时报》2004年5月24日。

〔6〕刘志义:《中国叛乱实录》,齐鲁书社,2008年4月第2版,第285页。

力达到鼎盛,郑和曾奉旨几度出使西洋去寻找丢失的朱允炆。当时的锡兰国王拒绝接见这位中国将军,也拒绝向明朝进贡。1410 年,锡兰国王甚至发兵 5 万攻打郑和的船队。在这次战斗中,国王被俘,郑和将他们带回南京。明朝皇帝免他一死,并把国王的对手推上国王宝座。尽管他的第一次远征已经过去 600 多年,但给人们带来的信息仍强烈地萦绕在世人心头,那就是:中国确实处在世界的中心[1]。明朝盛世确立了中国大一统疆域,从此开始在历史上积累了深厚的大一统价值观念。

二、历史文化传统决定政治制度选择

从 1949 年以来,中国社会的发展和国情中的历史沉淀,要求实行现行政治制度和立法体制。中国是世界上重农抑商中央集权专制主义统治最长久,传统最深厚,影响最深广的国家。经过长期战争,形成党、政、军一元化高度集中领导,建立起人民共和国,政治体制参照苏联的集权模式建立起的基本框架,也是实行"一国两制"的国家。这些国情因素的综合作用,从根本上决定着中国应实行中央统一领导和相当程度的分权立法体制[2]。中国的这种发展历史文化,决定了中央集权与中国社会的一致性,也更适合于中国社会生产力的发展。

三、爱国心理是两岸人民的黏合剂

爱国主义是中国优秀文化传统与精神价值的重要体现之一,它作为一种精神积淀,深刻地影响着中华民族的每个炎黄子孙。"爱国心理是指人们千百年来巩固起来的对自己祖国的深厚情感。"[3]2000 年,台湾"中华文化协会"对岛内大学的"大学生两岸关系"民调发现,高达 72.9% 的大学生认为"自己是台湾人也是中国人",而自认是"台湾人不是中国人"的比例只有 23.5%。这主要是因为台湾民众中传承下来的爱国主义的精神纽带和青年人保持的"中国人"的基本价值取向,使得多数青年人深深知道促进台海和平发展,不仅对于台湾未来而且对整个中华民族的崛起与繁荣都有重要意义,祖国统一是不可阻挡的历史大趋势[4]。大陆是中国的"母体",中华民族的"根"在大陆。这种血缘关系是摧毁人为桎梏的潜在因素,也是我们做好对台工作的纽带[5],是促进两岸整合的天然基础。正如江泽民主席 1999 年 7 月 18 日应邀与美国总统克林顿通话时所

---

〔1〕 阿德里安·孔博:《当中国控制各大洋的时候……》,载法国《回声报》2006 年 6 月 11 日。
〔2〕 张文显:《法理学》,高等教育出版社、北京大学出版社,1999 年 10 月第 1 版,第 277 页。
〔3〕 刘明:《当代台湾青年政治走向评析》,载《青年探索》2003 年第 4 期,第 43 页。
〔4〕 刘明:《当代台湾青年政治走向评析》,载《青年探索》2003 年第 4 期,第 43 页。
〔5〕 卢林:《台胞心理与对台工作》,载《大庆社会科学》1987 年第 3 期,第 24 页。

郑重指出的："台湾问题事关中国的主权和领土完整，事关中国的和平统一大业和全体中国人民的民族感情。实现祖国统一，是中国政府的坚定决心，也是全体中国人民，包括台湾同胞，以及海外同胞的共同愿望。"[1]

四、中华民族具有坚强的凝聚力

"祖国的统一是中国历史发展的主流和中华民族的根本利益所在，是全中国人民包括台湾同胞、港澳同胞和海外侨胞的共同愿望。"[2]祖国统一和民族团结是爱国主义的政治基础，是维系民族凝聚力和民族感情的精神支柱，这种文化传统是两岸整合的基础。从明末清初的民族承续历史来说，"当清朝的统一最终成为中国的事实时，它已为全国包括汉族在内的绝大多数人所接受，因为它已被当作明朝的合法继承人。"[3]清末民初，中国遭遇帝国主义列强的侵略和欺辱，在帝国主义侵略者瓜分和征服的危机中，中国各民族同命运、共患难，同仇敌忾，在共同抗击帝国主义侵略的斗争中，结成了更加密切的血肉关系，形成了共同的历史命运。这时期中国民族关系中的一个突出特点，就是各族人民在历史上形成的民族关系的民族凝聚力日益增强，争取民族解放、国家独立就成为全中华民族的共同追求，这是国家利益与民族利益一致的必然结果。中国历史上存在的各民族，在共同生活过程中形成的中华民族精神得到进一步升华、提炼，并成为各族人民团结奋斗，抵御外侮，共创中华各民族新纪元的强大精神力量。中华民族团结一致抵御外侮，共同抗击帝国主义侵略者，是这一时期中国民族关系的基本特点，并始终成为这一时期中国历史运行的主轴。当年孙中山先生曾说过："中国是一个统一国家，这一点已牢牢地印在中国历史意识之中。正是这种意识，才使我们作为一个国家被保存下来，尽管它过去遇到了许多破坏的力量。"在 20 世纪初期，孙中山先生的教诲提醒着每一个中国人，"中国现在祸乱的根本，就是军阀和那援助军阀的帝国主义者"。今天，在维护统一、反对分裂这一问题上，绝大多数中国人的认识是一致的。爱国是中华民族团结的纽带，尤其是在祖国面临生存和发展的关键历史时期，这条纽带就显得更为重要和有力。坚强的毅力和凝聚力支撑着中国人民追求国家的统一。21 世纪初期，中国最大的祸乱就是"台独"以及在背后支持"台独"的国际反华势力。我们要打击"台独"，就要同时遏制那些援助"台独"的反华势力，"打破这两个东西，中国才可以和平统一，才可以

---

〔1〕《江泽民主席与克林顿总统通电话江泽民重申中国政府在台湾问题上的严正立场克林顿表示美国政府坚持一个中国政策》，载《人民日报》，1999 年 7 月 19 日。

〔2〕奚广庆：《邓小平理论概论》，中国人民大学出版社，2003 年第 1 版，第 333－334 页。

〔3〕葛剑雄：《统一与分裂——中国历史的启示》，中华书局，2008 年 7 月第 1 版，第 184 页。

长久治安"[1]，这更需要坚韧的毅力来凝聚共识，增加力量。

五、语言文字统一是国家统一的前提

台湾前"监察院"院长王作荣在向马英九的一次建言中说：大一统中国是三千年来中华民族的历史文化传承，可以接受不同种族统治，但不接受分裂。这道出中国历史文化深厚的大一统情结。其中，文字是传播历史文化的载体。公元前221年，秦始皇统一六国之后，采用"书同文、车同轨"的政策。而且"百代都行秦政法"，国家的统一被后世奉为圭臬，"大统一"的政治模式在中国扎下了根，至今仍深刻地影响着中国政治。因此，在文化精神枢纽方面，两岸文字的整合更为重要。中国历史告诉我们，"书同文"是任何政治统合或统一的最基本条件。也就是说，在文化的凝聚力上，文字比语言更具有重要性，你可以使用不同的方言，但应该使用统一的文字。由于近年来中国大陆经济的崛起，汉语也逐渐成了世界性的语言，学习汉语也成了世界的趋势。然而由于客观形势的对比，世界上的汉语学习多以大陆的简体字为基准。而这样的形势，某种程度上也形成对台湾人民的刺激，也就是说，繁、简字体越发成了拉开两岸认同的触媒。推动"两岸文字趋同化"作为文化统合的重点工作，拉近双方认同距离，也是促进统一的一种手段。但这一工作未必是舍繁就简，或者是去简归繁这样的选择题，而是希望能够结合两岸与全球华人中对于中国文字、文化有造诣的专家，依汉字的造字原则，重新检讨文字之简化。同时也考虑书写的简便性，据此讨论是否可以"读繁写简"为基础，或者以逐步回归正体为原则，来使两岸的文字逐渐走向整合之路，一方面方便传统与现代接轨，一方面借以增进两岸的文化整合。2009年3月，台湾"行政院"举行会议，决定将之前在台湾岛内使用的"通用拼音"统一成祖国大陆使用的汉语拼音。这一决定反映马英九就任后，继加强两岸之间政治经济交流之后，试图从语言文字上实现"两岸统一"，具有重大意义[2]。

六、人民的选择是国家整合的动力

中国共产党的执政地位的取得来自中国人民的选择。中华民族凝聚力是中华民族赖以统一、独立和生存、发展的内在动力。中国共产党是中国的执政党，是中华民族凝聚力的核心和领导力量。经过20世纪30年代"中国社会性质大论战""围绕文艺大众化而进行的艺术理论论争"以及延安整风时期的理论学习和思想改造运动，中国共产党人对中国半殖民地半封建的社会性质，对中国现代

〔1〕 彭光谦、王卫星：《"台独"是中华民族的公敌》，载《瞭望新闻周刊》2009年6月第25期，第23页。

〔2〕 《两岸拼音下月起将统一》，载《兰州晨报》2009年3月9日。

革命的实质及这场革命所应追求的前途等至关重大的理论问题,做出了自己独特的抉择与回答。中国共产党人在传统精英文化衰落的情况下,得以获得更富原创冲动和新鲜活力的民众文化(特别是农民文化),作为创造新型主体文化的本土资源。这个过程,实际就是对中国传统文化进行现代改造及创造性转换的过程,也同时是使马列主义这一外来理论体系本土化(中国化)的过程。经由这一过程产生发展出来的毛泽东思想,尤其是其核心部分(新民主主义革命理论),不仅为当时现实的中国革命提供了理论指导,还为中国社会的未来发展(现代化进程)提供了一种全新的范式。这是一种能够消解现代中国社会二元结构,能将分散零细的社会资源有效集中起来,加速推动现代化进程的新发展范式。这种模式要取得成效必须具备几大前提:政党具有控制社会的足够权力资源;政党能够创造在价值或利益上可获得全社会普遍认可及信赖的意识形态,这种意识形态能够为自己掌握政权的合法性提供有力的辩护;政党形成了具有绝对权威的魅力型领袖人物[1]。中国人民就是在原创文化的指导之下,选择了适合自己的政治制度。同时,在民族危亡时刻,中国人民(包括国民党政府的政治、军事和学术精英)都选择了中国共产党,支持中国共产党完成国家统一的主张。

七、执政党的领导文化具有标杆作用

中国共产党始终高度重视其自身的建设。经过延安整风和新式整军、整党运动,中国共产党自身加速成熟和发展壮大起来。这个党的大多数成员具备了对历史必然性(革命的胜利、共产主义的实现及中国的独立、统一、自由、民主、富强即现代化的必然性)的信仰,道德的纯洁性这两项真正革命者必备的素质。这个在当时绝大多数成员都很年轻的党,不仅易于在思想上和实践中接受新事物,还以其坚定的信仰,转换出的强大内驱力与精神凝聚力,以其身体力行的道德品性,构成了强大的社会感召力。中国共产党在中国赢得了道义的力量,由乡村到城市,由农民、工人到知识分子、工商业者,越来越多的中国人逐渐坚定了这种信念:中国共产党人是一批德行高尚、主义纯正,既有热情也有能力拯救民族危难的志士仁人。他们身上寄托了中国统一、民族独立、国家富强、人民安乐幸福的所有新希望。从抗战胜利到1949年,中国共产党赢得了“民心”,拥有了充当中华民族凝聚中心的实力,具备了控制社会的足够权力资源。毛泽东在中国革命生死存亡的关键时刻,将中国共产党由绝境带入了坦途,其文采武略和传奇般的革命经历,都使他的权威获得了一种驾乎职位之上的人格魅力。全民抗战

〔1〕 亨廷顿:《变化社会中的政治秩序》中译本,三联书店,1989年第1版,第366-388页。

的胜利,使其成了中国共产党具有绝对权威的魅力型领袖人物,而人民解放战争的胜利,则使国家和民族有幸拥有了一批卓越的新领导人。“这是一种良性互动循环,进入了这样的循环之中的中国共产党,其胜利已成为一种不证自明的公理。”[1]今天的两岸关系现实,同样需要中国共产党发扬革命战争时期的优良传统,以凝聚人心,整合两岸政治资源。

中国的地理条件、文化传统、民族融合,是统一的多民族国家形成和发展的主要原因。中国自古以来就有对付分裂的原则和传统。从古代的秦始皇统一六国,汉、唐、明、清维系疆土的战争,到近代的“北伐战争”铲除军阀割据,直至通过国内战争最后建立新中国,这些都是以武力制止分裂,实现了国家的统一。从汉代起,就有了对边疆民族的特殊对待办法。到了唐代,这种政策更加成熟,就是羁縻制度。此外,以番邦制、朝贡制的方式达到全国疆域的统一,也属于非武力的方法。国家统一对中国的社会稳定、经济发展、文化进步、边疆开发、赈济灾荒、抵御侵略等发挥了重大作用。在中国历史上,每一次统一都会带来经济繁荣、社会进步、民族大融合。今天的“一国两制”是一个伟大的构想,在统一中国香港、澳门后,台湾与祖国大陆的和平统一逐步提上议事日程,两岸统一后会逐步形成一国多法的整合性的法律构架[2]。

第三节 中国的崛起是整合台湾的契机

21 世纪的世界正面临着战略主动权的激烈竞争和争夺,两岸同胞只有统一起来,集中华民族之合力,才能迎接时代的挑战。但目前的实际情况,有一小撮“台独”势力甘愿充当国际强权遏制中国发展、阻止中华民族崛起复兴的马前卒和“第五纵队”,企图借助外部势力分裂民族和国家,给中国的和平发展和国家安全造成一定困扰。这种困境在当前的发展中成为一种现实。我们只有在国家的逐步发展和民族的振兴中逐步予以解决,以实现整个中华民族的复兴,促进国家的和平统一。

一、制定正确的统一战略

中国人民追求统一,但并不是无原则地迁就和退让,不是放弃社会主义的成

[1] 齐佩芳:《中国共产党取得全国政权原因新解》,载《社会科学家》1999 年增刊,第 101 页。

[2] 张文显:《法理学》,北京大学出版社、高等教育出版社,1999 年 10 月第 1 版,第 181 页。

果而退向资本主义,而是要坚持以社会主义为主体的原则。中国人口的绝大多数,在中国共产党的领导下选择了社会主义,并已经建立了完整的社会主义制度体系,坚持社会主义就是坚持中国人民的根本利益。否定和破坏大陆的社会主义制度,就必然否定和损害大陆人民的根本利益,必将遭到大陆人民的反对。因此,一个国家要推动民族振兴,就是要在执政党的领导下,制定国家的振兴战略和国家统一战略,以"一国两制"推动国家逐步整合。

(一)保护台湾同胞的正当利益

台湾同胞是祖国大家庭的一员,只有保护好台湾同胞的利益,才能促进社会公平。从国家角度看待台湾对社会民主政治的追求,它是社会进步的必然反映,也是推动社会前进的原始动力。台湾的自治是一种必然的途径,但台湾的"独立"要求必然导致台海两岸秩序的剧烈动荡,危及中华民族的整体利益。当极少数人的不正当利益危及中华民族的整体利益时,这部分人的利益不但无法得到保护,还要遭受制裁。从社会学角度上说,"台独"是违背公平正义的政治诉求。所以,应以国家整体发展战略为依据,制定对台工作战略,以引导台湾政治和民意诉求向国家整合方向发展,并与自己的利益结合。台湾是中华民族的屈辱史、奋斗史、血泪史、斗争史的见证。我们要有正确的观念,学会辩证地看待优势和劣势,善于发现自己的优势并能充分地利用优势。历史上收复台湾的成功做法只是给中国的国家战略结构调整提供了思路,而不是现成的道路。对于学者,尤其是规范出身的法科学者来说,对台湾问题从法律角度做出解释,尤其要重视利益保护和平衡研究,做出自己的判断,既要研究自己的核心利益,又要研究对方正当利益,"自己能够正确地认识自己,比别人能够正确的认识我们重要得多"[1]。学习历史和法学的人不但要有探索台湾历史发展规律的意识,更应该具有洞察历史的敏锐性,为党和国家制定统一战略积极建言献策。从长远看,少数人的利益得不到保护往往会危及多数人的利益。真正的民主政治应切实地保护少数,统一后的中国将是一个多样化的社会。中国大陆、香港、台湾和澳门居民各有其特殊的利益和政治要求,保护港、澳、台少数居民的利益必然成为一大现实课题。"一国两制"的提出和实践,从根本上解决了这一难题。国家会根据港、澳、台的特殊情况和其居民要求,允许其保留原有的资本主义制度不变,这就既确立了保护少数人正当利益的基本原则,又坚持了国家基本制度不变的原则。

---

〔1〕 周建明:《中国已经崛起了吗?》,载《环球时报》1999年11月26日。

（二）尊重双方的价值观念

在台湾问题上，中国国民党的价值是三民主义，中国共产党的价值“一国两制，和平统一”，民进党的价值则是“台独建国”。中国共产党与中国国民党在国家统一问题上的价值观念基本相同，民进党与国、共两党的价值观念发生重大冲突。三方在意识形态和价值观念上的较量，通过政治诉求和利益折中，走向同一是历史的必然。在20世纪上半叶，历史已经做出裁判，将国家振兴、民族团结的历史责任，已经赋予中国共产党领导的中国人民。在21世纪，国家应该做的就是将自己的统一战略变成制度化和规则化的东西，充分吸收国民党、民进党的正确主张和观念，将正确的观念、价值和信仰法律化加以保护，以强化正义的力量，削弱非正义的力量，推动大多数人接受、认同“一国两制、和平统一”的观念和价值。这种价值观念将变成绝大多数中国人认同的正义事业，使中国人的需要、社会的发展和科学规律自然结合起来，变成国家整合的推动力量。

（三）重视战略制度设计和供给

在制定国家统一战略的实践中，应注重制度设计和制度供给，通过制度的导向作用，引导占台湾人口的少数社会精英管理、规划、安排台湾人民的生产和生活，为台湾创造一个安定团结、和谐有序的生活环境。制度是理解历史的关键。历史的演进在某种程度上来讲，就是制度演进的历史。只要考证历史，我们就可以发现，无论是哪种社会形态，它的历史发展过程其实就是制度不断演进的过程，是逐渐消除与经济增长和社会发展不相适应的原有制度，建立新的与经济增长和社会发展相吻合的制度的过程。这一过程无疑是非常复杂、非常艰难的，但在利益的交换和折中当中，整体趋势是逐步走向同一化的，这种路径首先是从制度的整合开始的。事实上，一部制度的演进史，就是制度供给与制度需求相互博弈、不断协变的过程。这种概括最主要目的，在于揭示人们由于在制度需求上存在着主体和内容的多重、不确定程度的多样以及需求存在冲突的可能，从而导致了个人之间、集团之间非常复杂而且是多种多样的博弈状态[1]，在国家推进统一战略过程中也是一样的道理。所以，实现“中国崛起，不仅要实现力量崛起，更是实现规则和标准崛起。”[2]

（四）确定战略任务

在中国共产党的十六大会议上，确定了党的主要任务是：“实现民族的伟大

〔1〕 李声炜、王哲：《法律制度的需求层次、博弈及路径分析》，载《河北法学》2004年第5期，第34页。

〔2〕 刘义桅：《美国着手构建国际新秩序》，载《环球时报》2006年11月13日。

复兴,从而为全人类的进步贡献自己的力量。”[1]这是在新的形势下,执政党对历史经验的总结和今后发展方向确定的基本战略。中国共产党是一个具有坚定信仰的组织,具有在艰难困苦条件下,长期坚持自己理想信念的优良传统,在推进国家统一战略上也是一样。“若深入研究大陆过去数十年来对台政策的发展变化,不难发现,它有很大的延续性和一贯性。”[2]在台湾统一问题上,一直采取的大视野、大胸襟的态度,持积极主动的立场。“中国大陆与台湾加强对话和经济融合,邀请国民党、亲民党及坚持“一个中国”立场的各界人士访问大陆,推动两岸直航,不仅是为了制约‘台独’势力,更是中国全球战略的一部分。”[3]2001年元旦,在全国政协举行新年茶话会上,江泽民说:“进入新世纪,我们必须紧抓三大任务。那就是:一继续推进现代化建设;二完成祖国统一;三保卫世界和平,促进共同发展。”这使人不由得想起邓小平1980年1月在党中央召开的干部会议上提到的80年代的三大任务:反对霸权,统一台湾,经济建设[4]。从这些历史脉络可以清晰地看出中国国家战略的重点和全景。进入21世纪,台湾的形势发生了很大变化,主张“台湾独立”的民进党曾经执掌台湾政权8年。在陈水扁的刻意操弄之下,台海局势骤然紧张,也凸显解决台湾问题的紧迫性和必要性。正如“目前任职于美国企业研究所的卜大年表示,为了重拾历史光荣,北京当局认为国家不容长久割裂,因此把台湾议题优先次序提前”[5]。这是国家为解决安全困境,依法出台《反分裂国家法》的重要原因,也是将执政党统一战略上升为国家意志的重大举措,是新世纪国家决策层的重大成果,对扭转台海局势向良性循环的方向发展,维护台海秩序,确定国家统一战略打下了坚实基础。

(五)将和谐理念贯穿于国家统一战略

中国在国家的整体战略中,提出了创造和谐社会的理念,并通过政党政策的形式形成制度性的文件,随后又进一步提出建设和谐世界的思想,对推动国家统一战略起到极大的推动作用。这种和谐战略从大陆来讲,是建设和谐社会;从台海两岸的关系来说,是构建和谐台海秩序。这从根本上确定了国家的大政方针,

---

〔1〕《俄共领袖久加诺夫访华之后——当俄罗斯当局埋葬社会主义的时候,社会主义中国正在赶超美国》,载《苏维埃俄罗斯报》2004年4月29日。

〔2〕王家英:《十六大不会改变对台政策》,载香港《新报》2002年11月9日。

〔3〕陈冰:《中国新全球战略初见端倪》,载新加坡《联合早报》2006年6月27日。

〔4〕〔日〕石井明:《21世纪中国的四个课题》,载日本《外交论坛》2004年7月号。

〔5〕《亚洲国家不愿美中国因台湾开战》,载台湾《中国时报》2005年7月24日。

也就是说，“中国拥有其全球战略，但他并不分化世界以达到本国利益”[1]，而是以构建和谐世界为目标。对这一战略，印度尼赫鲁大学中国研究中心副主任、副教授，新德里中国问题研究所荣誉会员谢钢认为，“和谐世界”战略是中国在不断调整国际关系道路上所开辟的另一个新的蹊径。在考虑与世界关系问题上，中国始终在理论思考的最前沿[2]。他是印度研究中印关系中，为数不多熟练运用中文的专家，他的观点在整个亚洲具有代表性。历史上，中国一直是重农业轻工业，重陆地轻海洋，重防守轻进攻，自给自足，这使中国完全可以在对外封闭的情况下解决自我生存问题[3]，缺乏与外界打交道的经验。即使在国内，也不能平等地对待自己的同胞，“把东边的民族称为夷，西边的称为戎，南边的称为蛮，北边的称为狄，全部都带有贬低蔑视之意。”[4]历史上的和亲实践，只是在少数民族势力比较强大的地方予以推行。马克思也说过：“与外界完全隔绝曾是旧中国存在的首要条件，而当这种隔绝状态被英国的暴行破坏的时候，接踵而来的必然是解体过程，正如小心保存在密闭棺材里的木乃伊一接触新鲜空气便必然解体一样。”[5]中国近代的历史正是这样，台湾及其附属岛屿被割让给日本也是同样的道理。所以，“历史绝不能忘却，可该记住的不只是曾有过的辉煌或遭遇的苦难，最主要的应该是经验和教训。”[6]将和谐理念推而广之，予以坚持，与自己的同胞和谐相处，与世界和谐相处，在与世界的交往中推广和谐理念，在建立和谐世界的过程中保护国家的主权和核心利益。

（六）建立自己的民族自信心

中国近几个世纪的积贫积弱，不但形成自卑和受害的民族心理，而且世界强国也习惯了与中国忍气吞声打交道的方式。所以说“国际地位低落是中国大陆民族主义的悲情根源”[7]。随着全球化进程加快，中国综合国力和国际影响力提高，与世界的交往中自然自信和理直气壮起来，用戴维·兰普顿的话说，“事实证明，中国比预想的要强硬”[8]。这让一些西方大国很不适应，自然就有了“中国威胁论”的论调，“无论是美、日官方合唱的‘中国威胁论’，还是欧洲民间酝酿

---

〔1〕 汪析译：《中国不一样的战略》，载巴基斯坦《每日时报》2006年11月26日社论。

〔2〕 唐璐：《国际专家纵论中国“和谐世界”理念》，载《参考消息》2006年12月28日。

〔3〕 孔寒冰：《摆脱悲情情结 加快中国复兴》，载《环球时报》2006年12月6日。

〔4〕 孔寒冰：《摆脱悲情情结 加快中国复兴》，载《环球时报》2006年12月6日。

〔5〕 孔寒冰：《摆脱悲情情结 加快中国复兴》，载《环球时报》2006年12月6日。

〔6〕 孔寒冰：《摆脱悲情情结 加快中国复兴》，载《环球时报》2006年12月6日。

〔7〕 杨开煌：《看大陆实力》，载台湾《联合报》2005年11月8日。

〔8〕 〔美〕戴维·兰普顿：《中国的实力面孔》，载美国《外交》月刊2007年1—2月号（提前出版）。

的‘中国威胁论’,都试图给中国发展使绊子。他们不只是说说而已,也实际开始行动了"[1]。从中国国家整体战略来说,"中国致力于和平发展的决心是毋庸置疑的。但历史告诉我们,和平发展从来不是仅凭良好的愿望就能实现的"[2]。这种决心和愿望,要想获得西方国家的理解和支持并不容易。在国家的发展道路上,"既要看到国家经济快速发展的主流,也要看到国力上升后仍充满艰辛难题,更要看到国外一些敌对势力不愿看到中国强大起来,中国的崛起每一步都将直面国内外不少阻力"[3]。在国家统一问题上,"尤其是 1997 年香港回归和亚洲金融危机,中国对自己的力量开始有了明确的意识,开始自觉地使用这种力量"[4]。

(七)充分吸收世界顶级学术智力成果

随着中国的逐步复兴,中国在制定和规划本国战略和世界蓝图的同时,世界一些知名学术机构和学者也开始热衷研究中国,影响自己国内政府对中国的政策制定,并对中国的发展趋势做出评价,意图塑造对自己有利的中国角色,以致希望中国的发展不会对目前的国际格局造成大的冲击。美国俄亥俄州立大学企业管理学教授奥代德·尚卡尔说他的新书"《中国世纪》既不是痛批中国的书",也不同于 20 世纪 80 年代出现的"日本是一流国家"的论调。他在接受记者采访时说:"中国的崛起是一个分水岭,可以把它与美国在 19 世纪末的崛起相提并论""中国一心要重新拥有过去曾有过的辉煌"。尚卡尔说,中国将不只取得日本那样的成功,"它将在 2020 年到 2025 年期间赶超美国"[5]。面对这种乐观的预测,西方国家专家、提出"北京共识"的美国高盛公司政治经济问题资深顾问雷默把"北京共识"拔高到与"华盛顿共识"相抗衡的高度,这未必符合实际。但他的批评是有见地的,他说:"中国的成就正在表明,现代化的最佳途径,既不是休克疗法,也不是大跃进,而是‘摸着石头过河’。现代生活在中国的人更应该戒骄戒躁,小心谨慎,郑重看待,中国仍在过河中。"[6]所以,"模式是一个国家发展经验的总结"[7]。中国所面临的并非是把现有经验上升为"北京共识",而是如何发

---

〔1〕 陈冰:《中国新全球战略初见端倪》,载新加坡《联合早报》2006 年 6 月 27 日。

〔2〕 杨毅:《占领富国强兵的道义高地》,载《环球时报》2006 年 4 月 27 日。

〔3〕 韦章尧:《中国应对"国际赞美"》,载香港《镜报》2006 年 5 月号。

〔4〕 张剑荆:《中国崛起——中国如何应对成长中的烦恼》,新华出版社,2005 年 10 月第 1 版,第 273 页。

〔5〕《中国的崛起是一道分水岭》,据路透社华盛顿 2005 年 2 月 8 日消息。

〔6〕 蔡省三:《中国仍在"过河"中》,载香港《新报》2005 年 1 月 4 日。

〔7〕 郑永年:《切勿夸大"北京共识"》,载香港《信报》2005 年 2 月 15 日。

展和完善“中国模式”，使得这个模式是可持续的。可持续发展是一个科学的概念，只有可持续发展，才能维护稳定的发展。“出于可以理解的原因，中国政治领导关注的是稳定。”[1]由于发展的不可持续性，或者因自然灾害、社会动荡对发展造成的冲击和中断，就会带来极大的政治风险。“中国必须清醒地认识到自己的不足，随着综合国力和国际影响的不断增强，采取更加负责任的、更加合作的态度和立场，来证明自己的和平发展意图”[2]，促进世界的和平发展。“中国采取这种立场并非从短期利益出发，而是基于长期的战略考虑。”[3]美国卡内基国际和平基金会高级研究员阿什利·泰利斯，在2000年在兰德公司出版了与一位同事合著的《中国大战略》一书。六年后，他说那本书最根本的结论已证明是正确的。因为他提出了如下观点：中国将精力高度集中于经济发展，因为这是它再次成为大国的一张门票。因此，中国会极不情愿去做损害这一政策的事，这已经说明结论是正确的。他说他的看法很大程度上是通过考察历史而形成的，有些情形一再出现。当一个国家变得更强大、更有信心时，他开始清晰地认识到自己的利益，开始运用自己的力量保卫自己的利益，这都是自然的[4]。所以，作者认为，在国家统一战略上，随着中国综合实力上升，国际著名的科研机构和知名学者会对中国的研究产生极大兴趣，对唱衰中国的要吸取其中的经验教训，对有益的建言和研究成果充分吸纳，以全世界的智力做参考，推动国家整合。

（八）理性对待西方的敌意

西方对东方的不信任根深蒂固，对实行社会主义制度和信仰共产主义的中国更是如此。“在目前西方话语霸权的语境下，我们连把自己正当合理的声音发出去都存在不少困难。”[5]不管中国有多少合作，他得到的信任仍旧很少。这主要是因为，美国和其他国家会从根本上怀疑中国提供合作的背后动机，甚至认为中国是出于为了维持与它们的良好关系才勉强提供合作。它们更希望这种合作来源于真正共同的信念，担心中国的合作态度可能不会持续太久。当中国真的在某一问题上主动与西方采取同一立场时，这些国家很可能会认为它们的对华策略成功了，因此，可以对中国施加更大压力，提出更多要求。看来唯一能让他们满足的就是中国完全站在西方自由民主共识这一边，但这对绝大多数中国人

〔1〕〔德〕埃伯哈德·桑德施奈德：《龙还是熊猫》，载德国《世界报》2006年1月。

〔2〕《综合国力 中国有多强》，载《环球时报》2006年1月9日。

〔3〕白胜晖：《李光耀说：中国致力于和平发展》，载新加坡《海峡时报》2006年5月18日。

〔4〕《美国战略走向与中国未来》，载《参考消息》2006年11月2日。

〔5〕倪峰：《国际地位 不能只看 GDP》，载《环球时报》2006年8月3日。

来讲是不可想象的[1]。更耐人寻味的是,中国遵循西方传统的外交原则,却遇到充满敌意的回应。但中国和发展中国家有一段与西方国家不同的交往史,对这些国家的态度也与西方国家迥异,而且中国还把自己看成他们中的一员,这使它在解决问题时具有独特的优势。而中国的外交和信誉——特别是与西方所谓“问题”国家的关系——提供了解决当前和未来最紧迫的国际问题的真正机遇。单凭西方外交是无力解决这些问题。这就是中国与西方的互补性所在,这种互补性就是中国对西方的政治机遇[2]。

(九)充分吸取历史大国兴衰的经验教训

中国在制定国家统一战略时,应充分吸取美国战略失误的经验教训。冷战结束后,美国处于“一超独霸”的时代,也逐步产生了傲视一切的心态和迷信军事实力的思想。“布什政府的愿景是,理念的要素和力量的要素相结合形成这一观念”[3]。美国主导的伊拉克战争,其宗旨是通过中东改造加强美国的全球领导地位,然而事态并没有朝着美国的希望方向发展。“欧亚对政治的追求与美国对全球霸权的追求成为完全不同的两种趋势。”[4]在两极格局瓦解后的近10余年里,美国的领导地位从没有像今天这样,遭遇世界主要国家的普遍反对。一个大国能不能在世界上建立起霸权,能不能主导世界政治生态系统,关键要看这个国家价值观念和实力的运用,能否得到其他国家的追随和响应。一个成功的政治家之所以成功,在于它拥有众多爱戴者;一个成功的世界大国之所以成功,在于有众多的国家心甘情愿地追随左右。作为超级大国的美国在冷战期间曾经能够做到这点。“美国的经验表明,追求领袖地位,特别是目标过高地追求,会导致巨额开支,还会使这种领袖地位很快走到尽头。”[5]中国的民族复兴已是现实,尽管西方国家不愿也不乐意看到中国国际地位和国际影响力上升,但“对美国来说,中国的崛起只意味着一点:接触。华盛顿别无选择。中国太大,也太重要了,太富有生机了,有太多的国家需要与他合作”[6]。同时,要学习美国的规则制定经验。在合作中寻求共识,化解分歧,在国家发展战略和国际新秩序构建方面积

---

〔1〕 施明德:《中国得不到西方多少信任》,载《环球时报》2006年10月23日。

〔2〕 施明德:《中国得不到西方多少信任》,载《环球时报》2006年10月23日。

〔3〕 《美国战略走向与中国未来》,载《参考消息》2006年11月2日。

〔4〕 程亚文:《中国的国际压力在减弱》,载《环球时报》2005年1月10日。

〔5〕 〔俄〕德米特里·科瑟列夫:《中国的目标是“不当超级大国”》,俄新社莫斯科2006年10月26日电。

〔6〕 〔美〕戴维·兰普顿:《中国的实力面孔》,载美国《外交》月刊2007年1—2月号(提前出版)。

极沟通协调,树立积极主动善意沟通的意识和国际谈判能力,通过谈判建立新的国际规则。因为"国际谈判能力无疑是一个国家综合实力的体现 。至今世界不但分财富强国和财富穷国,也分为知识强国和知识弱国,更分为规则强国和规则弱国"[1]。由于国际经济迅速发展,在国际经济规则的制定中,标准制定越来越重要。公平合理的标准和规则,能有效促进国际社会和谐相处,推动国家统一进程。

二、把握崛起的机遇推动两岸整合

中国和平崛起,受世界政治经济高速发展的强势促进和拉动,具有顺应历史潮流而动的正当性,也是积极主动参与世界政治经济分工与合作的结果,与世界的政治经济发展趋势同步。它的吸附效应和同步积聚功能,将促进政治经济资源向大的方向流动,推动具有正当地位的一方力量壮大起来。所以,对绝大多数人有益的事业,就是正义的事业。中国政府和中国人民维护国家主权和世界的和平,具有合符世界历史发展规律的正当性,也是人类的正义事业。

(一)统一事业具有正义力量

"正义"被用作评价社会制度的一种道德标准,具有普世价值,对社会进步和社会发展具有正面的推动作用。罗尔斯在他的《正义论》中界定:正义的对象是社会的基本结构——用来分配公民的基本权利和义务、划分由社会合作产生的利益和负担的主要制度。人们的不同生活前景不仅受到政治体制和一般经济、社会条件的限制和影响,还受到人们与生俱来的不平等的社会地位、自然禀赋的深刻而持久的影响,然而这种不平等却是个人无法自由选择的。企图谋求极少数人的利益,而违背世界政治经济发展的客观规律是非正义的行为,在历史长河在将会逐步淘汰。所以,维护国家主权和领土完整,促进世界和平,既是我们这个时代的公民神圣职责,也是应尽的义务。

(二)顺应崛起形势推动整合

2004 年 2 月,时任中国国家主席的胡锦涛明确提出了"中国要走和平崛起的发展道路"的战略思想,并科学阐明了"和平崛起"的深刻内涵:中国和平崛起——就是努力争取和平的国际环境,来实现中华民族的伟大复兴。同时又以自身的崛起强大来维护世界永久性和平和促进全球的持续发展,推进全球一体化进程。权威人士指出,中国的和平崛起必须具备三项法理要素即:组织和体制上规范与保障,健康与健全的国民精神支撑,民主、均衡、和谐的社会环境和坚持

〔1〕 侯若石:《加入世贸,适应新秩序》,载《环球时报》2001 年 9 月 28 日。

科学发展观。通过建立基本的社会功能机构,在政治组织、国家体制、民族精神、社会环境、和谐理论学说方面构建完整的科学体系,完善新世纪社会主义和谐理念价值体系,推动和谐社会建设。实现这种科学体系的途径就是把握国际政治经济发展的历史机遇,顺应历史发展潮流,用逐步构建起来的法律体系的助力推移作用和承载社会的结构的制度,向国家统一的方向整合。用法律的明晰和规范作用,将社会的共同利益,注入每个社会成员的行为之中,使社会成员知道自己的利益与社会共同利益的一致性。法律效用获得的成果,会随着新的形势,根据社会发展的伦理、价值和目的的需要,来构建社会的发展轨迹和未来的远景[1],促进台海两岸顺应国际发展和国家崛起的形势,推动两岸的制度整合。

(三)循序渐进推动整合进程

梁启超《少年中国说》一文的核心语义是:故今日之责任,不在他人,而全在我少年。同样,正是由于中国与世界联系如此紧密,故有中国智则人类智,中国强则世界强,中国稳则世界稳,中国富则世界富,中国自由则世界自由,中国进步则世界进步!可见,中国发展则世界发展,中国崛起则世界崛起。崛起的关键要素是民族精神和国民内心世界的振作,"心理因素不只是短暂的冲刺状态,而是一种恒久的强国意识"[2]。世界的发展是向政治民主,经济成长,国际社会和谐相处的方向前进的。崛起是一项全人类的事业,放大缩小都是人的主观努力和社会实践。崛起过程既是历史的又是现实的社会生活,既是艰苦创业的过程,又是痛快享受劳动成果的幸福体验。中华民族崛起的过程是一个主观能动的动态系统,是循序渐进和累积渐变的,它与国内的社会发展良性互动。由于国际社会之间相互影响、相互促进、相互推动,各国不断扬弃的过程就是"有较强塑造自己生存发展环境的能力的过程"。[3] 在国际社会的交往中,国际社会的每一成员不论基础强弱,在彼此的交往与合作中,不但都需要用国内法来巩固自身在崛起与发展中取得的一切文明成果,更需要用国际法来维护人类社会发展的共同利益和权利。而这种权利与利益的维护,需要有强大的法律运行机制才能得到保障和巩固。中国和平崛起权利的内在正义价值和外在法律价值的整合与定位,完全取决于中国自身的发展战略选择[4]。用法律确定和保护和平统一祖国的战略就成为重要的选择。

---

[1] 曾哲:《中国和平崛起正义论》,载《时代法学》2007年第4期,第13-14页。

[2] 孔寒冰:《摆脱悲情情结,加快中国复兴》,载《环球时报》2006年12月6日。

[3] 谷源洋:《从大国兴衰看中国崛起》,载《环球时报》2004年2月20日。

[4] 曾哲:《中国和平崛起正义论》,载《时代法学》2007年第4期,第17页。

(四)藏富于民使得民富国强

和平崛起的过程就是和平发展的过程,崛起的权利即为发展的权利。按照马克思法哲学的观点,离开了物质条件的“政治平等”,只是“在他们的政治世界的天国是平等的,而在现实的世界中的人却是不平等的”[1]。在国家的发展进程中,基础较弱的中国充分发展经济基础是最优先的课题,而提高国家的综合实力则是发展的战略目标。国家发展强大了,就应该使广大人民群众受益,大陆人民的日子过得好了,才能对台湾人民产生强烈的吸引力。衡量国富民强的标准应该是人均年收入,而不是国家的国民总收入。从目前的情况来说,中国的整体能力还处在较低水平。通过世界国家综合竞争力评价,中国国际竞争力的世界排名是:1994 年 34 名,1995 年 31 名,1996 年 26 名,1997 年 27 名,1998 年 21 名,1999 年 29 名,2000 年 30 名,2001 年 33 名,2002 年 31 名[2]。中国目前的能力到底有多强、发展潜力有多大,大多数专家会从一些主要工业产品的产量和国家外汇储备得出结论。但也有一些头脑冷静的学者对国家的外汇储备做过详细统计:“我国官方外汇储备 1999 年年底为 1547 亿美元,到 2006 年 10 月底达 1 万亿美元。从 2000 年到 2006 年 11 月底我国外贸顺差累计为 3930 亿美元,同期吸收外资累计 3690 亿美元,到 2005 年年底外债余额为 2810 亿美元,三项合计为 10 430亿美元。”[3]在我国,外汇储备主要以美元为主,西方国家都很重视藏“汇”于物。以石油为例,美国分为战略储备和商业储备两种,仅商业用油够用 150 天。最稳定可靠的外汇储备是黄金。美国拥有 8135 吨,德国拥有 3440 吨,法国有 3025 吨,意大利有 2452 吨,我国仅 600 吨[4]。从这些数据看出,中国在庞大的人口数量面前,人均拥有的资源量是相对较低的。当前和今后相当长的一段时期,发展经济仍是一项艰巨的战略任务,而且“中国企业必须在最短的时间里具备全球竞争能力,最快捷的途径就是借助西方的技术和资本”[5]。但截至 2011 年年底,中国外汇储备已达 3 万多亿美元。庞大的外汇储备在美国和欧元区债务危机面前,是否出手救援和增持美欧债券成为国内最大的分歧,甚至有人提出给国人发红包的形式分散外汇储备的风险。作者认为,外汇储备是不能用来发红包的,但国家发展经济的重要目的就是国强民富,对待财富的大政方针

〔1〕 曾哲:《中国和平崛起正义论》,载《时代法学》2007 年第 4 期,第 16 页。

〔2〕 赵彦云:《中国的竞争力在哪里》,载《环球时报》2002 年 6 月 17 日。

〔3〕 周世俭、王丽军:《中国还是发展中国家吗》,载《环球时报》2006 年 12 月 27 日。

〔4〕 周世俭、王丽军:《中国还是发展中国家吗》,载《环球时报》2006 年 12 月 27 日。

〔5〕 〔德〕埃伯哈德·桑德施奈德:《龙还是熊猫》,载德国《世界报》2006 年 1 月。

就是藏富于民、让国家发展、人民得实惠。一个法制健全、地大物博、国富民强的国家,才是自己同胞生活和居住的安全之所。这对台海两岸的民众来说,具有重大的吸引力,在凝聚台湾同胞人心向归方面具有重要意义。

(五)反思历史把握方向

历史需要反思,可反思的不是别人当初不该做什么,而是当初为何自己没有做、为何不抢占先机、事先成为世界强国。这需要有一种科学理性的精神和辩证思维,合理地吸取各方面的营养。在中国实现民族复兴的战略上,仁者见仁,智者见智。由于研究者所处的国度不同,国家体制、意识形态各异,同一问题得出不同的结论也是正常的。"芝加哥大学政治学教授,美国艺术与科学院院士米尔斯·海默断言:中国和平崛起根本没有可能。"[1]公认的看法是芝加哥大学是保守主义思想的发源地,海默持这种观点不足为奇。中国学者谷源洋引用前驻法大使吴建民的话说:"吴建民在法国当大使的时候,希拉克总统曾对他说,'中国的崛起是必然的,而且崛起的速度比你们预料的还要快'。"[2]谷源洋自己的看法是:"我觉得中国崛起是必然的,但是,我们很可能遇到预料不到的困难。对此,我们头脑一定要清醒,再清醒一点,少说大话,踏踏实实地苦干。"[3]事物的发展是辩证的,机遇和困难同在,发展与阻碍发展的因素并存。要抓住中国的发展机遇就要在国际政治中驾驭形势和塑造环境,创造适应自己生存和发展的环境,把握好和平发展的方向。而"对和平环境的渴望是中国提出和平崛起理念的内部动力。"[4]

(六)坚持和平崛起

对和平崛起的概念和内涵,中央党校教授李君如解释说:"和平崛起"的含义还包括,"不仅自己要有机遇,还要给人以机遇,这样自己才会获得更大的机遇"[5]。而郑永年的观点则是,和平崛起可以从各方面来理解:其一是中国能够崛起,不被外力所遏止或围堵,其二是中国崛起不会对现存国际权力结构造成过大冲击;其三是中国在崛起的同时能够扮演一个负责任大国的角色。和平崛起理论引导着中国对软实力的追寻,而软实力的发展正在逐渐充实着和平崛起理

---

〔1〕 陈有为:《中国和平崛起,美国怎么看?》,载新加坡《联合早报》2004年10月4—5日。

〔2〕 谷源洋:《从大国兴衰看中国崛起》,载《环球时报》2004年2月20日。

〔3〕 谷源洋:《从大国兴衰看中国崛起》,载《环球时报》2004年2月20日。

〔4〕 郑永年:《中国软实力悄然崛起》,载《参考消息》2005年1月13日。

〔5〕 宋念申:《和平崛起,中国发展之路》,载《环球时报》2004年4月23日。

论[1]。从目前的国际政治现实看,自冷战结束以来,世界上190多个国家中消亡或分裂的不足10个国家,如东德、苏联、南斯拉夫、捷克斯洛伐克等。世界现有的190多个国家中,有可能实现崛起的不足十分之一,而中国就是其中的一个。实现民族的振兴,不但要促进发展,更要重视既得利益的保护。当前迅速扩展的国家利益和相对落后的保卫手段之间的矛盾逐步显现,日益增长的外部制约因素之间的矛盾也逐渐增大,需要强化维护国家利益手段的迫切性。维持既得利益就是维持生存,维持生存就意味着防止已有国家利益的丢失,发展意味着现有国家利益增加,而实现崛起则意味着发展速度要赶超他国[2]。世界上的一些主要大国所持的态度同样会影响到国际形势的发展和中国振兴战略的顺利实施。2005年2月,法国《回声报》副主编、法国国家经济委员会委员埃里克·伊兹拉莱维奇所著的介绍中国经济实力上升的新书《当中国改变世界》在法国出版。书中认为,中国有着争取成功、不断进取、有摆脱贫困的惊人意志力。作者认为我们应该得出这样的结论:“一切都取决于我们,取决于我们有没有能力改变和适应形势,以参与这一神奇的发展进程。”[3]

(七)驾驭力量避免重大冲突

“从国际政治角度讲,国家利益是与他国利益发生冲突才形成的。”[4]中国、美国和日本,针对台湾问题角逐的利益不是同一的,其利益组合也有一定的落差。对中国来说,台湾与大陆和平统一最符合自己的利益;对美国和日本来说,台湾和平地“独立”最符合他们的利益。鉴于目前国家间实力和国际影响力的差距,“我国的影响力尚不能满足维护国家利益的需要,也还需增强主动影响和塑造重大事态进程的战略主导权”[5]。中国在历史上曾辉煌过,到了近代走向衰落,但是通过中国人民不懈努力,“在经历了长期贫穷和孤立之后,中国终于在世界上找到了合适的位置。因为,在历史上一个国家的崛起通常是让人不高兴的”[6],会与现有国际格局和相关国家利益的既得者发生不必要的冲突,形成国家利益的重叠和争执。这就需要我们秉持和谐理念,采取积极主动化解矛盾的态度,采取恰当和巧妙的外交策略,促进双方利益最大化,将分歧最小化,促成矛

[1] 郑永年:《中国软实力悄然崛起》,载《参考消息》2005年1月13日。
[2] 阎学通:《安全利益是中国首要利益》,载《环球时报》2006年5月30日。
[3] 《当中国改变一切的时候》,载法国《回声报》2005年2月10日。
[4] 阎学通:《安全利益是中国首要利益》,载《环球时报》2006年5月30日。
[5] 杨毅:《占领富国强兵的道义高地》,载《环球时报》2006年4月27日。
[6] 《中国的崛起是21世纪最重要的事件》,载《参考消息》2005年6月16日。

盾的解决。“当然还一个巨大的风险和挑战,就是台湾问题。但和平崛起道路本身就要求和平统一,并且有利于和平统一。”[1]化解国家利益冲突,促进国际社会和谐发展,本身就是中国国家战略选择,而积极主动融入国际社会,参与全球化进程则是高层的科学决策。世界已发展成地球村,世界经济已经实现全球化。在这种情况之下,“‘民族主义’已经失效,人们嘲笑‘台独’那种理念是井蛙心态,中国也决不能背离世界大潮流独善其身了”[2],“台独”势力更没有能力扭转这种发展趋势,其分离运动是违背世界历史发展规律的。

中华民族伟大复兴的目标正变得越来越清晰,对此我们满怀信心。同时,我们也应对自身力量的发展、前进道路上的艰险,保持一份充分的战略清醒,不能只看 GDP,忽视全面的、可持续的发展。我们是一个大国,有着五千年的生存经验,只要我们用心,就会对世界做出较大贡献。[3]

三、充分运用软实力吸引、整合台湾

中国是一个有着五千年历史的多民族国家。[4] 浓厚的历史和深厚的文化底蕴对中国人而言,既是一笔财富,也是一种负担。说它是财富,是因为它使中国人在不同的发展阶段中,为个人的身份、民族的使命和国家的兴衰提供一个纵向的历史坐标。这就使中国人哪怕在国难当头时,也能怀有国家复兴的坚定信念。说它是负担,是因为两千余年的帝国社会,似乎已经使中国人习惯了这种强大。这种独特的历史视角使中国人在内心深处具备一种历史使命,即中国注定是强大和伟大的,虚弱和屈辱是暂时的,所有中国人都要为延续过去的辉煌而努力[5]。这种积淀下来的历史文化情结,已深入到每个中国人的心中,形成一种共同的心理潜意识,从而促使和支配着中华民族对国家和传统文化的认同。

(一)增强民族凝聚力

两千多年来,中国仍能把人类的很大一部分团结到一个大屋顶下,主要是人们喜欢这种超级人口大国的社会政治体制。比起“小国寡民”体制,它有着空间广阔、经济发展、生活稳定等诸多优点,这就是中国的“世界性”。它与“和谐性完全不矛盾”。换句话说,中国的形成本身就是“和谐愿望的凝聚”,关键就在于“治国者”(用孙中山的话来说,是管理“众人之事的人们”)要有打造“既要金山

---

〔1〕 郑必坚:《中国的和平发展》,载《参考消息》2004 年 11 月 18 日。

〔2〕 谭中:《“和谐中国”与“和谐世界”相辅相成》,载新加坡《联合早报》2006 年 10 月 10 日。

〔3〕 倪峰:《国际地位 不能只看 GDP》,载《环球时报》2006 年 8 月 3 日。

〔4〕 张锋:《中国复兴不是回到过去》,载《环球时报》2006 年 6 月 20 日。

〔5〕 张锋:《中国复兴不是回到过去》,载《环球时报》2006 年 6 月 20 日。

银山,也要绿水青山和人民的笑颜”的那种和谐状况的本领。秦、汉时建立的中国帝制发展到隋、唐时的新帝制,其受到印度文明和谐精神的渗透,因此增加了可持续性。“不过,很多人已经意识到,建设和谐社会的重点已经悄然从思想意识形态层面的论证转移到制度建设层面。这是非常重要的一步。”[1]说到底,和谐社会的建设必须落实到制度建设层面,以制度建设推动和谐建设成果的巩固和推广,以增强民族凝聚力。

(二)促进和谐文化的影响力

中国的和谐文化,是建立在深厚的文化土壤和厚重的历史感之中的。英国退休海军军官孟席斯(《1421:中国发现世界》一书的作者)曾说:“我并没有发现任何东西。事实都摆在那里——它们都是前人提过的。”他指的是六千多种有关中世纪中国人探险的书籍和一部分厚厚的传记。“不过它们绝大部分是中文的,或是其中的信息以前从来未传到西方”[2]。同时,中国人民对世界优秀文化遗产的继承,对中国的和谐文化产生了极大的推动作用。2003 年 12 月 7 日,时任国务院总理的温家宝在美国访问时,在纽约华尔夫大道酒店前,面对 3000 多名欢迎他的华侨,他深情引用印度诗人泰戈尔的诗,来形容这种割不断的和谐感情:“无论你走到哪里,你的心总和我在一起,无论黄昏的树影有多长,它总和树根连在一起。”“这就是华人华侨和祖国的关系。”当他说到振兴中华民族的重要任务——台湾问题时,他说:“浅浅的一湾海峡,国之大殇,乡之深愁!”[3]在随后的日子里,他在谈到台湾回归祖国时说,有一天自己走不动了,爬也愿意去台湾看一看。作为一个大国的国家总理,他的情怀和容量,将是推广和谐理念最重要的助力,对同样是中华民族一分子的台湾政治领导人,他们应该做什么,起到标杆作用。对台湾地区的人民来说,他们的选票应该投向什么样的政治人物,也有一个参照系数。温家宝以一个大国总理的身份说出这样感动天下人的话,不知在多少人心中掀起波浪。这句话的磁吸效应是不言而喻的。作为当政时期的国家领导人,温家宝代表人民发出的声音,产生了中国软实力。这种软实力的作用就是通过吸引别人,而不是强制他们来达到你想要达到的目的的能力。“它包括:政治制度的吸引力,价值观的感召力,文化的感染力,对内的吸引力、凝聚力,对外的影响力以及领导人与国民形象的魅力、亲和力。”[4]

---

[1] 郑永年:《中国和谐社会进入制度层面》,载新加坡《联合早报》2006 年 10 月 3 日。

[2] 戴维·威尔逊:《改写历史》,载香港《南华早报》2002 年 12 月 1 日。

[3] 何洪泽:《国之大殇,乡之深愁》,载《环球时报》2003 年 12 月 10 日。

[4] 詹得雄:《软实力对中国的启示》,载《参考消息》2004 年 7 月 1 日。

(三)重塑国家认同

中国是一个封建专制统治历史很长的国家,君权体制下崇拜皇帝的心理淡化了对国家的认同。例如,梁启超很早就认识到,传统上中国没有国家认同感,老百姓认同的是皇帝个人。中国人觉醒得最早的是最原始的民族主义情绪。它是唤醒中华民族促进近代中国革命的催化剂。第一波民族主义情绪从清末开始,到孙中山的民主革命达到高潮。中国的民族主义者开始追求能够吻合中国国情的民族国家体制。第二波民族主义情绪产生和发展于抗日战争期间,中国共产党和中国国民党通过精诚团结,终于打败日本帝国主义,为中国人民赢得了民族自尊和自豪感。第三波民族主义情绪表现为中国共产党领导人民开展自上而下的国家建设。清末民初,帝国主义在中国扩张造成了无法消除的恶果,中国沦为一个半殖民地国家。澳门沦为葡萄牙的殖民地,香港沦为英国殖民地,台湾沦为日本殖民地。长时间的殖民历史,使国家认同在这些地方比较淡薄。"而台湾的挑战更大,它不仅仅是个认同的问题,而是国家整合的问题。"[1]

利益指向和价值观念的同一性,对各方凝聚共识、促进国家认同具有重要意义。然而在台湾问题上,为促进利益的一致,目前只能维持现状。但"所谓两岸'维持现状',是维持两岸不断走近的趋势,因为这个趋势是真正的'现状'。绝对静态的现状是不存在的,事物的发展规律决定了,不是朝着一个方向发展,就是朝着另一个方向发展"[2]。进入新世纪,国家终于选择了以法律杠杆来矫正和调整国民的国家认同标准,这是国家在人民整体理念的基础上,整合公民从法律上认同国家主权的法律规范。2005 年 3 月 14 日上午,十届全国人大三次会议以 2896 票赞成、0 票反对、2 票弃权的结果,表决通过了反分裂国家法。这是在进入 21 世纪,中国政府适应国际国内形势,为推行依法治国战略和建设和谐世界做出的重大战略选择。在法律调整或安排的背后"总有对各种互相冲突和相互重叠的利益进行评价的某种准则"。推行国家统一的中国共产党、中国国民党和推行"台独"政策的民进党之间的利益评价标准,由占中国人口绝大多数的一方主导和制定。早期国、共两党在各方利益的角逐中,人民选择了中国共产党。进入新世纪,中国共产党再次担当起整合两岸的重大历史责任。"反分裂国家法的立法动机是为了以法律手段遏制所谓'法理台独''渐进台独',终极愿望是为

---

〔1〕 郑永年:《中国要建设国家认同》,载《环球时报》2004 年 8 月 16 日。

〔2〕 《历清台海现实,顺应历史大势》,载《环球时报》2012 年 3 月 24 日社评。

了保障两岸和平与解决分歧。"[1]这就对各方利益的评价尺度设定了标准,即认同一个中国。它会引导和凝聚各种资源向大的一方移动,这是充分利用软实力的法制基础条件。

(四)积聚国家软实力

中国领导人专注软实力路线的决策是清醒的决定。"英国广播公司去年(2005年)对22个国家进行的民意调查发现:几乎所有的人都认为中国在世界上发挥的作用比美国更积极。"[2]在信息化时代,"软实力强调的是吸引力这一无形力量,而吸引力是不能被量化的"[3]。从更深层次上来说,"软实力究其本源说可以分为资源权力和行为权力"[4]。资源权力也许还是可以衡量的,但行为权力则难以衡量。中国目前尚未形成一个理想的软实力组合,来实现其内政和外交政策目标。"中国要成为真正的全球领袖还有很长的路要走。"[5]为此,一是要运用文化吸引力,为国内价值观念和政策树立榜样。文化是软实力的一个重要源泉,中国在扩大文化影响力方面,有着某种无与伦比的优势。几千年来,中国的耀眼光芒吸引着商人、使节、学者和教授纷纷前来寻求财富、教诲和灵感。诺贝尔经济学获得者保罗·克鲁格罗2005年5月15日访问中国时,先后在中央电视台、北京大学等地演讲,他说:"中国令人惊叹的经济增长速度,靠的是辛勤劳动而不是灵感妙计。"二是要树立外交政策的道德权威,从外交政策体现出国家和民族的价值观。外交政策假如被认为是合情合理的并具有道德威信,假如它有助于控制事态,使人因自感不切实际而无法表达偏好,那它就增强了软实力。积极解决施展软实力过程中出现的问题,化解外交政策目标和尚不完善的软实力资源之间出现的冲突,树立良好的外交政策权威,就能有效化解软资源使用不平衡的问题。

(五)力促台海两岸稳定

在社会转型期,国家的大政方略就是稳定压倒一切。维持稳定与凝聚共识,应在双方保持平衡的情况下,形成一种潜移默化的累积过程。润物细无声的量变位移,最终达到质变的结果,这是资源效用聚集的一般规律。一般来说,一个

〔1〕 梁文莉:《论台湾的法律地位——兼析〈反分裂国家法〉的特点和意义》,载《广东广播电视大学学报》2005年第2期,第97页。

〔2〕〔美〕乔舒亚·库兰奇克:《中国采纳软推销》,载美国《华盛顿邮报》2006年10月15日。

〔3〕 吕娜:《中国的软实力正不断上升》,载《环球时报》2006年6月2日。

〔4〕 吕娜:《中国的软实力正不断上升》,载《环球时报》2006年6月2日。

〔5〕〔英〕贝茨·吉尔、黄岩中:《中国软资源的源泉和局限》,载英国《生存》季刊2006年夏季号。

社会由三种基本权力组成,即政府、企业和社会,分别代表政治、经济和社会权力,这三者既相互依赖,又保持一个均势状态。台海两岸的特殊性,决定了双方的互动和交流同样需要基本权力的组成和运行机制保持平衡状态,以维持台海局势的稳定。通过长时间的积累,实现社会发展的软实力自然聚集,推动双方的思想意识向国家的统一目标靠近。

中国政府提出建立和谐社会的战略,对全世界来说都具有认同和推广作用,对台湾来说同样具有重要的吸引力。和谐的理念来源于中国古代思想家的智慧,受到历代的传承和发展,在世界上产生了广泛的影响。目前已经提出和谐战略,但"核心问题是,如何将这一理论变成一个计划,如何具体来推广这一理论"[1],让和谐的大陆对台湾产生强大的吸引力。德国著名社会学家、杜伊斯堡大学东亚研究所和政治科学研究所教授托马斯·海贝勒说:"德国著名诗人歌德曾提出了'教育人民建立一个和谐和自由的人类'的理想,一切人类有价值的力量都应该动员起来,以缔造和谐的平衡。因此和谐已被看成了整个人类的梦想。"中国的这种战略是深耕本土和谐文化,紧密结合世界和谐思想的结果。台海两岸只有和谐相处,就能保持稳定。

(六)树立良好的社会形象

一个民族精神的崛起很重要。自信、成熟、温和、理性,就是我们对待台湾同胞的应有之道,让台湾同胞真正感受到老大哥的胸襟和情怀。自信、成熟、温和、理性的民族精神,是一个大国心态的必备条件。首先是精神的崛起。"一个民族总是先具备了崛起的精神,然后才有崛起的历史,先有汉、唐精神,才有汉、唐盛世,因为汉、唐精神衰退,然后才有汉、唐盛世的终结。"[2]其次要自信。坚持正义事业必胜的信念,国家的统一只是时间问题,迟早都会实现。"信念是人们对未来的向往、追求以及理论真实性和实践行为的正确认识,一旦形成就会成为持久的活动动机。"[3]毛泽东说:"中华民族有光复旧事物的决心,有自立于世界民族之林的能力。"[4]所以,应造就国民的健康心态,在国家统一问题上具有坚定的信念。三是要用辩证思维看待台湾问题。"中国改变自己的一项重要工作就是培养国民健全的大国心态。"[5]积极开展社会科学教育,特别是哲学科学教

---

〔1〕 唐璐:《国际专家纵论中国"和谐世界"理念》,载《参考消息》2006 年 12 月 28 日。

〔2〕 阎学通,等:《中国崛起及其战略》,北京大学出版社,2005 年 12 月第 1 版,第 195 页。

〔3〕 许志功:《肩负起理论工作者的时代使命》,载《人民日报》2000 年 4 月 30 日。

〔4〕 许志功:《肩负起理论工作者的时代使命》,载《人民日报》2000 年 4 月 30 日。

〔5〕 章百家:《改变自己,影响世界》,载《环球时报》2000 年 2 月 28 日。

育，培养成熟的国民心态，用辩证和历史的观点看待世界、看待台湾必然回归祖国。“对中国来说，最关键的问题是要摆脱由近代史造成的严重的受害者意识，形成理性的大国意识。”〔1〕“为了尊重台湾人民，大陆应该放下身段，以大事小，在形式与实质上都以对等态度，与台湾共议统一大业。”〔2〕以小事大，小待大以智。台湾的社会精英应该充分认识到台湾问题的敏感性，以高超的政治智慧处理好与大陆的合作与交流问题，认真对待国家的前途和中华民族的振兴。四是要有耐心。中华民族几千年的发展历史证明，中国的成败不在于一时一事的得失，而在于能否认清形势、把握时机，不断从现存的国际体系中获利，又积极参与其中，主动塑造自己的发展环境。事物有其自身的发展规律。世界和平的发展潮流对中国的反动保守势力是不利的，却为中国先进的革命者和改革者提供了机会。近期岛内政客的所作所为就清楚地再次验证，他们用投机手段谋取执政权，又利用短期掌握的权力，将少数人的私心私利当成追寻的目标无限放大，到头来仍是竹篮打水一场空。所以，通过遵循客观规律，制定积极主动的战略并循序渐进地推动，国家的统一自然是水到渠成之事。对于不良政客执掌政权产生的政治经济和安全困扰，我们同样要有自信、成熟、温和、理性的态度，积极寻求对策予以解决。

四、努力解决好自身存在的问题

中国政府应积极解决社会积弊，才能真正影响台湾，吸引台湾，整合台湾。中国是一个正在复兴的区域大国，而大陆又是中国占据绝大多数地域、人口和资源的一方，对国家统一担负着重要的历史责任。马英九说过：“有生之年看不到两岸统一。”同时也说过：“如果台湾要求统一，大陆准备好了吗？”大多数大陆人觉得这句话听着不舒服，认为马英九对待统一态度消极。如果认真思考后半句话，我们就不能不十分严肃地对待。在社会实现转型的关键时期，必须下大力气解决大陆自身存在的问题，充分展示社会主义制度的优越性，发挥社会主义对推动人类发展的能动性，才能对台湾产生正面的示范作用。

（一）尊重言论自由

我们应该以宽广的胸怀、更大的肚量看待台湾的政治现实和合理诉求，能够倾听来自台湾和大陆关于国家统一的各种意见。随着国家综合实力的增强和法

---

〔1〕〔日〕船桥洋一：《再谈“中国和平崛起论”》，载日本《朝日新闻》2004年4月29日。

〔2〕林洋港：《一个中国，对等协商，和平发展——对新总统及新政府的献议》，载台湾《联合报》2000年5月2日。

律能量的积聚,社会资源就相对集中到正当的一方。通过建立相对宽容的法律制度,吸纳各种有利于两岸整合的意见和资源,这本身就是创造财富的力量。19世纪德国经济学家李斯特曾说:"创造财富的力量,永远要比财富本身更重要。"[1]我们如何对待台湾的社会发展和民主政治要求,是我们的认同和吸纳能量的问题。而正确地看待自身存在的问题并及时妥善地加以解决,强化自己对正当资源的吸附能力和整合能力,是主导国家统一进程的关键因素。

中国是一个幅员辽阔的大国,各地政治、经济、社会和文化发展不平衡,在判断处理一些具体事件时,所使用的手法经常会出现一些极端恶劣的现象,在国际社会产生不良影响,也给台湾一些亲绿的政治人物和媒体提供了攻击抹黑大陆的口实。在言论自由方面,如处理贵州瓮安的群体事件,驱逐记者,禁止记者现场采访;不经司法程序,当地政府就轻易将其定性为"反对党委和政府的事件",媒体和司法全被控制,从而使人权得不到保证。其他地方压制言论自由,跨省追捕网络上发帖的公民,封锁网站,删除批评渎职官员的留言,即使发表一条普通的批评言论,都可能遭受牢狱之灾。网络已经成为现代生活的组成部分,它是了解民意的渠道,也是公民社会监督政府和司法机关的平台。我们的立法、司法和行政权力既要充分重视公民社会的言论自由,保障其获得发展,又要引导舆论发展方向,依法处理网络言论自由问题。通过依法管理网络,保证公民的监督权得到行使。当然,对随意制造谣言,扰乱社会秩序的行为也要依法惩治。

(二)下大决心解决腐败问题

腐败问题是影响一个国家政治稳定和健康发展的问题,中央政府必须下大力气整治,建立廉洁的政务机构。一些海外媒体就认为,在中国,"腐败已不是个人行为,而是充斥着政府机构的系统性问题"[2]。也"有人认为,贪污腐败和任人唯亲现象深深根植于中华文化"[3]。"很长时间以来,我们华人一直屈从于这种看法。如果承认这种消极的看法,那就是在重复中国古代极权由盛而衰的历史悲剧。"[4]国家要发展,就必须治理腐败,创造一个勤政廉洁的环境,在清廉稳

---

〔1〕 孔寒冰:《人口多更是一种财富》,载《环球时报》2006年11月8日。

〔2〕〔新〕严崇涛:《势不可挡的中国将成为一支生生不息的力量》,载新加坡《海峡时报》2004年9月1日。

〔3〕〔新〕严崇涛:《势不可挡的中国将成为一支生生不息的力量》,载新加坡《海峡时报》2004年9月1日。

〔4〕〔新〕严崇涛:《势不可挡的中国将成为一支生生不息的力量》,载新加坡《海峡时报》2004年9月1日。

定的环境中,逐步推进国家整合的步伐。当前不少腐败的官员普遍的做法是钻中国制度不健全的漏洞,在走上重要工作岗位后,先将子女和妻子移民国外,然后大肆贪污受贿,将赃款转移国外后,以旅游和考察名义溜之大吉,跑到与中国没有引渡协议的国家,过起富人的生活。随着国家法制的逐步健全,一方面将加大对“裸官”的管理;另一方面随着国家实力的增强,中国将加大与有关国家的谈判力度,引渡一些外逃贪官,签订一些司法协助条约。2011 年 8 月 27 日,赖昌星的成功引渡和押解回国就是很好的证明。“赖昌星为躲避法律制裁,于 1999 年逃往加拿大,利用中国与加拿大没有引渡条约关系,企图长期逍遥法外,但最终逃脱不了法律审判。”〔1〕所以,“在政治稳定的情况下,狠心治理腐败问题,中国势不可挡,成为一支生生不息的力量”〔2〕。

(三)重视和尊重生命安全

2011 年 9 月 27 日,上海十号地铁线列车发生追尾事故,导致 260 人受伤。这是继温州动车追尾事故之后发生的极其相似的事件。从同期发生的一连串事件看,中国人命关天的技术运行存在诸多疏漏。中国一些地方的煤矿不管怎么抓,重大伤亡还是层出不穷。地铁、动车这些快速交通系统决不可陷入类似煤矿事故屡抓屡犯的低级循环,把人民群众的提速出行,变成风险自负的无奈过程。就中国最发达的上海来说,虽然已经有发达城市的外表,但地铁追尾、楼房失火等多种事故告诉我们,它确实是一个发展中国家的城市。地处沿海、内陆的一些大、中城市,频频发生重大安全事故,凸显国家的治理水平和责任感有待进一步提高。

(四)维护社会公平

要下大力气解决社会不公问题,积极化解社会矛盾。社会贫富差别越来越大,财富集中在少数富人手中,中产阶级成长缓慢,贫困面扩大,社会不公平现象加剧,已经严重影响到社会的稳定。社会不稳定,必然影响到社会的发展。德国东亚问题经济学家尤希尔认为,社会“和谐成本”对发展有重要意义。他认为德国解决社会不公有几大高招:一是改善低收入者和困难群体的状况;二是通过各种途径积极扩大就业;三是完善收入分配政策,使中产阶级达到 75%,穷人富人各占 10%;四是建设与经济发展水平相适应的社会保障体系,国民教育体系和医

---

〔1〕 李英华:《赖昌星被遣返昭示:逃是逃不掉的!》,载《检察日报》2011 年 7 月 26 日。

〔2〕〔新〕严崇涛:《势不可挡的中国将成为一支生生不息的力量》,载新加坡《海峡时报》2004 年 9 月 1 日。

疗卫生体系,强化税收调节功能[1]。这对中国解决社会不公有重要的参考作用。

(五)根治野蛮拆迁问题

旨在完善官僚机构、加强法治、扩大政治参与以及保障人权的政治体制改革并未伴随经济的发展同步发展。其显而易见的后果是无孔不入的权力腐败,日益悬殊的贫富差异,社会资源配置的不平衡以及对民众权益触目惊心的侵害。2011年5月26日,因房屋被非法拆除的钱明奇,其正当诉求长期得不到合理解决,分别在其原籍江西省抚州市临川区的三个地方制造了连环爆炸事件。这类骇人听闻恶性事件,我们以为只有在报纸和电视上才能看到。钱明奇的绝望是中国式的私力救济失灵后的报复,也将暴力拆迁留下的隐患暴露在世人面前。四川成都的唐福珍、江西宜黄的钟如奎自焚事件会让我们想到一些人连生命都无法保障,谈何保障人权。作者认为,这类问题出现是现代维权意识的提高与行政权力的碰撞:一方面宪法确立了保护人权的原则,物权法将公民财产权明确细化,公民依法维权意识提高;另一方面一些地方政府部门的个别工作人员,对党和国家提出建设服务型政府的思想不能正确理解,醉心于威权,迷信暴力,处处与民争利,将党的政策和国家法律丢到一边,导致暴力事件层出不穷,群体性事件时有发生,严重损害党和政府的形象。个别公民为维护自己合法和正当的财产权益,不得已采取极端行为。恶性事件频繁发生,导致台湾亲绿和西方媒体恶意歪曲事实真相,抹黑中国国家形象,使得台湾同胞对祖国产生误解。

(六)解决教育就业资源不公平问题

教育资源配置不公平的问题日益突出。一些地方教育资源配置不平衡,人才培养不均衡,人才评价主体的素质不高和评价体系不健全,导致人才被压制和浪费严重等。作者认为中国政府要真正强化和提高整合能力需要练好内功,着力解决上述问题。要让台湾像现在的第三世界国家一样支持、追随中国,并让台湾感受到大陆在教育资源的公平使用上对其具有真正的吸引力,中国大陆就应将一部分教育资源使用到国家的和平统一事业上去。取消重点和普通小学、中学之分,为台商子女提供和大陆学生一样公平的教育机会。扩大招收台湾优秀学生,为他们在大陆取得的学历和学位回台承认创造条件。除特殊部门外,为来大陆寻求发展的台湾高校毕业生、专家学者、技术人才和管理人员创造条件,吸纳他们到政府、经济部门和社会机构工作,让台湾人民看到大陆有信心、有能力、

---

〔1〕 青木:《人均GDP1500美元是道坎》,载《环球时报》2005年12月26日。

有容量接纳他们。

（七）重塑传统道德风尚

“一个国家的实力不仅表现在经济上，而且表现在国民素质、文化发展和道德情操上。”[1]中国的复兴之路不会一路平坦，国家整合的进程也是同样，“需要警惕未来可能的挫折”[2]。国家的发展方向和发展进程应主动规划和塑造，努力促进社会向良性方向发展。在国民精神上，要坚持勤俭节约和艰苦创业的优良传统。追求高尚生活、讲究生活品位。防止人们所有的欲望、情感、行为，总是被封锁在这种物质文化的囚牢之中，从而出现社会生活物质化、庸俗化、奢靡化和低级化现象。从国外的情况看，“美国人是出了名的心浮气躁，美国作家诺里斯曾用‘镀金鸟笼’来形容美国商业文化中的主题心理模式，即金钱成为人们的微型的心理监狱”[3]。浮躁是一种情绪，一种并不可取的生活态度。人浮躁了，会终日处在又忙又烦的应急氛围当中，脾气会暴躁，神经会绷紧，长久下来会被生活的急流所挟裹。“在西方的大多数观察家看来，整个社会的浮躁往往会导致一种经济和社会危机。”[4]“美国‘股神’巴菲特有一句名言：只有退潮时，你才知道谁在光着身子游泳”[5]。“从社会学理论看，社会风气影响社会中每一个个体。要打破某种社会风气，同样需要社会个体的点滴努力。”[6]所以，从个体角度来说，每个人都应当有高尚的追求，有一定的人生目标，平心静气地做好自己的本职工作，为社会的进步、经济的发展、民族的振兴、国家的兴旺发达做出应有的贡献，培养积极意识，从自我做起推动国家整合进程。

我们不能经常抱怨台湾的不足，而要反思自己的不足和缺点，否则是无法推进国家统一进程的。一些问题在发展中能解决的当时就应积极解决，无法解决的待条件成熟后再解决。如果当时能解决的问题没有解决，加上在发展中不断产生的新问题，问题就会堆积成山，影响社会的健康发展。中国要走向现代化，一定要妥善处理台湾问题。只引进现代科技，却限制民权，就会重蹈历史覆辙。回顾历史、反思体制，是为了吸取教训、增长智慧，为台海两岸和平统一和民族复兴找出正确的道路。政治家今天的作为，明天都会成为历史记录。如何建构两

---

〔1〕《在十一届全国人大四次会议记者上温家宝总理答记者问》，载《陇南日报》2011年3月15日。

〔2〕刘妍：《别走美国式浮躁老路》，载《环球时报》2006年9月28日。

〔3〕刘妍：《别走美国式浮躁老路》，载《环球时报》2006年9月28日。

〔4〕刘妍：《别走美国式浮躁老路》，载《环球时报》2006年9月28日。

〔5〕刘妍：《别走美国式浮躁老路》，载《环球时报》2006年9月28日。

〔6〕刘妍：《别走美国式浮躁老路》，载《环球时报》2006年9月28日。

岸人民对一个中国的认同,让未来的两岸合作不只是个追求物质利益,还是一个有助于强化两岸人民彼此认同的一条最理想的路径。让台湾回归祖国的怀抱,把"从旧金山到新加坡接近6000万海外华人组成一个庞大的社区"[1],让散布于全球的华人能够更便捷与紧密地整合在一起,共同为人类的和平与繁荣尽一个民族应尽之力,以崇高的道德风尚构建和谐世界,推动国家统一进程。

(八)培养责任意识

目前,一些人在社会大环境中不能保持清醒,国民道德的沦丧,导致责任意识缺失,鲜廉寡耻。有些官员以包养情人为荣,已是公开的秘密。而作为国家栋梁的部分专家教授,也耐不住寂寞:一些人干起坑蒙拐骗的勾当,"一干人等,吃人家一顿大宴,掖走东家几十万,一件人工制作的'金缕玉衣'合伙鉴定成价值24亿,使谢根荣骗贷数亿多元"[2];一些人学术品行严重不端,剽窃他人成果,学术造假乐此不疲;一些人严重违背学术中立原则,受聘受雇于各上市公司担任顾问,大把捞钱。主张和引进股票的经济学家成为各大企业的顾问,进而通过持有公司内部发行的股票和掌握发行股票内幕消息的优势,成为亿万富翁,将集团利益引向少数人。作为传道、授业、解惑,以培养学生精神生命为己任的教师,自身必须超出常人的师道师德,才堪为模范[3]。不然台湾的一部分人会认为大陆的教授都这样了,根本就不能教育出好学生。

从国家、民族的角度看,法治需要制度和胆识;从团体来说,通过价值预设,引导这一部门及派别推动法制完善和社会进步;从个体来说,通过每个追求不同利益的个体向着同一方向主观努力,推动社会发展和发现社会的发展规律,自觉地走上利益同一化的轨道。社会主义的核心价值是公平,社会的发展需要财富的积累,更需要公平。社会财富增加了,推行社会公平和法制有了雄厚的物质基础,效果会更好。社会公平和法制得到推进,使合法获得的财富有了可靠的保障,人们不必担心自己的合法财产有一天会被剥夺,从而更加踏实和理直气壮投资于国内的发展;让非法暴富和通过非法手段获得的财富还之于民,使社会公平落到实处。在一个缺乏公平和法制的社会里,合法拥有财富的人心里不踏实,非法暴富的人受不到制裁,到最后合法和非法财产都从国内转移到国外,利益分化就成为必然,矛盾就自然激化了。所以,担负起历史责任,通过摆脱利益集团的

---

〔1〕〔泰〕帕尔·金:《海外华人实力有多强》,载泰国《亚洲时报》2000年11月25日。

〔2〕老土:《"走眼"不要紧,"走心"才要紧》,载《检察日报》2011年9月8日。

〔3〕刘洋:《师德的底线》,载《检察日报》2011年9月9日。

纠缠，大胆决策，勇于立法，通过法律调节一部分人的利益，就需要公平的制度建设和国家决策层的胆识。将台湾的资本、技术及技术人才吸引过来，同时与台湾签订双向投资协定，鼓励大陆有实力的企业到台湾去投资，做到你中有我、我中有你。经济融合、人员交流与合作密切了，两岸统一也就指日可待。

(九)树立公平的价值观念

民主进程的加快，政治自由的增加，使社会各界人士都有机会进入国家的权力机关。但政治与资本的结合有时致使公平受到扭曲。资本追逐利润的本性，使商业团体无孔不入。利益既得集团逐步向国家的决策机构渗透，参与法律制度的起草、制定和修改，通过出台法律制度来保护他们的既得利益，为他们取得更大的利益护航。这就阻碍了国家决策层的各项重大决策和关系国家长远发展规划的实施，阻碍了关系国计民生的重大改革。如果舍弃了大多数人的利益，让极少数既得利益集团的代表人和代言人来制定作为社会公器的法律制度，是违背人性的，是违背社会发展规律的，也是违背公平价值的。苏联哲学家图加林诺夫认为：价值是人为了满足其需要和利益所需要的东西。一个社会的极少数富人满足了，绝大多数人得不到满足，与社会主义制度的本质格格不入，无法获得社会大众的有力支持。政治家的责任就是铁肩担道义，真正的学者就应该辣手著文章，揭露社会弊端，开出整治良方，推进和保持社会公平，增强中国大陆的影响力和整合台湾的能力。

五、整合国际友好力量、发挥大陆软实力的优势

要想获取国家的统一、民族的振兴，台湾是一道必解的方程式。而争取和平统一的周边和国际环境，发挥中国的软实力优势，争取国际社会对国家统一事业的支持非常有必要，以形成有利于祖国统一的国际格局。“所谓格局，是指国际关系的一种相对稳定的力量结构状态。”[1]也就是说，解决台湾问题，充分发挥大陆软实力的优势，做到不会对现有的国际格局造成大的冲击，不会对国际社会秩序造成大的破坏。

(一)建立和谐世界新秩序

和谐世界理念的提出，就是中国和平发展向世界释疑、解惑、取信的一大努力，使中国内政与外交有机结合，达到一个新的高度。目标就是：“坚持国家和谐与世界和谐，国家利益和全人类的共同进步联系在一起，既充分利用世界和平发

---

〔1〕 谷源洋：《从大国兴衰看中国崛起》，载《环球时报》2004 年 2 月 20 日。

展带来的机遇发展自己,又以自己的发展更好地维护世界和平,促进共同繁荣。"[1]正是充分利用了国际社会和平发展的趋势,中国政府适时提出了"和谐中国"与"和谐世界"的理念,利用自己主动塑造的和谐世界秩序,努力解决台湾问题。中国在积极参与国际社会的发展进程中,实力逐步增强;在施展自己的软实力与国际社会打交道的过程中,自信心逐步增强,看待问题也趋于理性。正如约塞夫·奈所指出的:在信息时代,最有可能施展软实力的是那些主导思想接近全球准则的国家,全球准则如今强调自由开明,多元化和自治。中国应该积极参与制定全球准则,推动世界向多极格局发展,建立自己的世界强国地位,发展自己的硬实力和软实力。"历史证明,能在国际上占据主导地位的国家,历来是两种实力兼备的国家。"[2]同时,"还有一点很重要,就是强国不但要受到国际社会的重视,而且应赢得国际社会的尊重"[3]。中国的目标是在保持独立的同时实现增长。"其实核心都是:中国按照自己的国情,走自己发展之路。"[4]加蓬国立大学邦戈大学人文科学研究所的政治和防务研究室主任吕西安·马若库说:"无论是一个家庭、一个共同体抑或一个国家,都憧憬生活在一个和平的环境里。"[5]可见,和谐世界是人们共同的追求。

(二)追求和维护世界和平

在运用软实力凝聚资源的时候,国际社会追求和平、反对分裂的氛围也是中国可以利用的重要因素。"只有和平与发展,才是世界文明的大潮流和国际政治的大趋势"[6]。国际社会和国际法对待分裂国家的行为一直持否定态度。这种态度体现在《联合国宪章》及相关国际关系宣言中。国际法不支持分裂国家,允许主权国家以和平方式和非和平方式维护国家主权和领土完整。这不仅是因为国际法是建立在主权国家基础上的法律体系,还因为国际社会如果放纵分裂势力,只会导致越来越多的动荡、战乱和灾难,危害地区稳定和世界和平。国际社会的一些主要国家,通常都是通过制定维护国家主权和领土完整的法律惩治分裂行为,以法律手段维护国家的安全和统一,是世界各国通行的做法。对于具有

---

〔1〕 王义桅:《和谐世界观改变国际政治视角》,载《环球时报》2005年8月12日。

〔2〕《中国决意提升软实力》,载香港《信报》2004年7月9日。

〔3〕 谷源洋:《从大国兴衰看中国崛起》,载《环球时报》2004年2月20日。

〔4〕 余木:《西方学者提出"北京共识"》,载《香港经济新闻》2004年5月17日。

〔5〕 任亚秋:《国际专家纵论中国"和谐世界"理念》,载《参考消息》2006年12月28日。

〔6〕 范毅:《论自决权的性质——一种国际法与国内法的综合分析》,载《现代法学》2005年第3期,第158页。

统一祖国任务的中国来说,“我们的目标不再是超越零和实现局部利益的‘双赢’,而是实现全面、共同、和谐发展的‘共赢’。中国外交更多地从世界整体和长远观出发,思考中国与世界的根本问题”〔1〕,以有力地推动国家的整合步伐。将中国提出的和谐理论,变成促进国际冲突和平解决的指导思想,必在某种可行的政策方面使其得到贯彻,必须将它转化成具有吸引力的具体计划〔2〕。中国是一个多民族国家,国家的民族政策就是各民族和谐平等相处,“一个能使藏人、维吾尔人、蒙古人、朝鲜人热爱的‘和谐中国’,就会是‘和谐世界’缩影”〔3〕。在处理国际关系时也是一样,和谐的理念同样具有普世价值,只要各国和各共同体之间保持一定的善意和理解,就不会有冲突〔4〕。在推进国家整合的过程中,曾经有很好的实践经验,如在香港、澳门的回归问题上,中国政府完全可以采取单方面的行动,但考虑到中、英与中、葡之间的友好关系,中国政府还是愿意取得英、葡两国政府的合作,以求问题得以妥善解决。在台湾与大陆的统一问题上,性质是明确的,纯属中国内政,但解决台湾问题亦非孤立之举,不能不考虑国际因素。因此,“在解决港、澳、台问题时,最好选择一种有关各方都能接受的办法”〔5〕,通过追求和维护和平的方式,通过协商解决统一问题。

(三)充分发挥华夏文化的影响作用

中国的文化对世界主要国家具有重要的影响作用。美国前总统肯尼迪在1959年说:“我们都在学俄语。”而俄罗斯总统普京在2002年告诉大家:“我的女儿正在学汉语。”〔6〕这就是说,随着中国国际影响力的提升,汉语成为世界一些国家公民学习的重要语言。法国国际关系专家皮尔说:“中国未来将会在国际舞台上胜出,但他不会利用自己的胜利把自己的价值和规则强加给别人。”〔7〕皮尔是一个地缘政治学博士,能从战略角度观察问题。他说:“我个人很喜欢和谐这个词,和谐概念包含在孔子思想和中国传统理念内,不过同时也有现代意义。”〔8〕中国政府提出和谐理论获得国际社会的理解和认同,使国际社会做出了正面回应。时间证明中国做出了正确选择。和谐理念当中既有华夏人文文化传

〔1〕 刘义桅:《美国着手构建国际新秩序》,载《环球时报》2006年11月13日。

〔2〕 唐璐:《国际专家纵论中国“和谐世界”理念》,载《参考消息》2006年12月28日。

〔3〕 谭中:《“和谐中国”与“和谐世界”相辅相成》,载新加坡《联合早报》2006年10月10日。

〔4〕 唐璐:《国际专家纵论中国“和谐世界”理念》,载《参考消息》2006年12月28日。

〔5〕 何永红:《一国两制是和谐选择的结果》,载《廊坊师范学院学报》2002年第3期,第49页。

〔6〕 〔俄〕弗拉基米尔·列先科:《中国的英明决策》,载《苏维埃俄罗斯报》2004年9月25日。

〔7〕 严明:《国际专家纵论中国“和谐世界”理念》,载《参考消息》2006年12月28日。

〔8〕 严明:《国际专家纵论中国“和谐世界”理念》,载《参考消息》2006年12月28日。

统的深厚基础,又有对未来发展前景规划。中国和谐文化的影响具有一定深度和广度,对指导国家解决台湾问题与参与国际社会协调沟通具有重大的作用。

(四)努力搞好睦邻友好关系

在处理与邻国的关系时,同样要充分运用与邻国的良好关系,强化对台湾问题的宣传解释力度,取得周边国家在国家整合问题上的理解和支持,在采取与台湾有关的安全措施时,"中国会考虑邻国的安全"[1]。中国的和谐政策,就是在周边国家实行睦邻、富邻和安邻政策,做到和谐相处。"中国目前的疆域基本维持了2000年,并不想控制周边国家。"[2]这本身就是软实力的良好示范,对推动国家统一具有良好的助力作用。

第四节 历史上国共两党合作的途径和方式

从国际政治经济学角度来看,要做一个区域整合的领导者,最需要做的就是释放"公共财(公共物品)(public goods)"与建立规则。中国大陆在政治经济实力发展到一定程度的情况之下,向台湾开放市场,组织各地大宗采购台湾滞销的农产品和减免农产品税收,吸纳台湾学生到大陆就读,开放就业市场,本身就是释放"公共资源"的大胆试验,而随后与台湾方面签订的《海峡两岸经济合作框架协议》则是建立合作规则的重要尝试。从目前的两岸发展趋势来看,在2012年1月马英九赢得连任后,这种做法会循序渐进,会逐步加强和深化。一方面大陆会不断释放公共物品,一方面双方协同制定规则。在历史上,从一个政治联合体的统合过程来看,都是强大的一方必须扮演主导角色。普鲁士透过关税同盟,建立一个日耳曼共同市场,最后促成了德国的统一。法、德两个大国作为欧洲的火车头,带领着欧洲统合前进。

一、抗战时期的"一国两制"

抗日战争时期就有类似的"一国两制"合作方式。其主要内容是:在承认国民党正统统治地位的基础上,承认新民主主义政权的合法性,并对两种制度进行适当的调整,建立双方使用的规则。这主要表现在:在抗战的形势下,随着共产党的地位由"非法"变为"合法",根据地也随之变为"中华民国"的"特别行

---

〔1〕〔泰〕帕尔·金:《中国的战略向共同安全转变》,载泰国《亚洲时报》2000年11月25日。

〔2〕〔美〕亨利·基辛格:《遏制中国不会奏效》,载美国《华盛顿邮报》2005年6月13日。

政区”。

（一）两种法制思想和理念能够融合

抗战时期，各根据地政府承认了国民党在国家中的执政党地位，确立了国民党政府在国家中的领导地位，国家实现了统一，两种法制也相继出现融合趋势。在宪法指导思想上，两种法制都承认孙中山所提倡的三民主义。国民党政府在1936年5月5日公布的“五五宪章”，尽管这样一个根本大法只是一纸空文，并未付诸实施，但仍是依照三民主义和五权宪法的精神进行制定；而《陕甘宁边区施政纲领》则明确指出该纲领是根据孙中山先生的“三民主义”“总理遗嘱”及中共中央的“抗日民族统一战线原则”来制定的[1]，在政治机构和人员组成上，吸收了社会各界的力量。1937年4月12日，国民党政府公布了《国民参政会组织条例》，在其规定的200名参政员中，国民党员87人，共产党员7人，中国青年党员7人，国家社会党员7人，社会民主党员1人，中华民族解放行动委员会会员1人，余为无党派人士[2]。抗战时期两种法制的融合，说明有些问题特别是国家统一问题，可以在政党之间通过协商解决，并上升为法律。但因为法律本身所固有的稳定性，并不能适应迅速变化的外界环境，它还需要其他社会规范，来共同发挥对社会秩序的调节作用。各种已经存在的法律文件，则成为两党之间进行斗争时，为了达到自己预定政治目标进行论争的合法依据。抗战时期国、共两党合作，处理两种法制之间问题的经历，使我们看到只有遵循民主、健全的程序，才能使得正确的政策上升为国家的法律。法律在自己的发展中，总是有所继承和移植的。考察抗战时期的“一国两制”，对于我们今天来说有着十分现实的意义。“它首先为我们证明，不管在任何苦难的日子里，中国人民是有着解决好本民族自己事务的能力和智慧的。”[3]同时，抗战时期实现两种制度合作的经历，也给我们展示了民主法治在构建和谐社会中的重要性。作为执政的国民党，当它通过纲领体现民意的时候，它就可以把持有共同政见的个体公民团结起来，形成强大的社会力量，在法律中就能够最大限度的保护全民族的利益，而当它只着眼于自身利益而忘却了民主的时候，就会造成社会的无序和混乱[4]。

---

〔1〕 蒲坚：《中国法制史参考资料》，中央广播电视大学出版社，1989年第1版，第319页。

〔2〕 王桧林：《中国现代史》（下册），北京师范大学出版社，1983年第1版，第45页。

〔3〕 程鸿勤：《试论抗战时期的“一国两制”——论国共合作的法制基础》，载《北京政法职业学院学报》2005年第3期，第42页。

〔4〕 程鸿勤：《试论抗战时期的“一国两制”——论国共合作的法制基础》，载《北京政法职业学院学报》2005年第3期，第42页。

(二)国共共同抗击日本侵略

在抗战前后,中国共产党是一直积极推动国、共两党合作的力量,以团结奋斗抗击日本侵略为基本标志。1935 年 8 月 1 日,中国共产党发表了著名的《八一宣言》,呼吁停止内战,以便集中一切国力去为抗日救国的神圣事业而奋斗。1936 年 5 月 5 日,中国共产党中央委员会向国民党政府发出《停战议和一致抗日通电》,将"抗日反蒋"政策转变为"逼蒋抗日"政策。这一政策为西安事变的和平解决奠定了理论和实践基础。1937 年 2 月 10 日,中共中央发表的《致国民党五届三中全会电》,表示了五项要求和四项保证。四项保证中的第二项:苏维埃政府改名为中华民国特区政府,它成为两种制度合作并存的理论和现实依据,也是在中国共产党领导的历史最早的特区政府建设。在中国共产党的努力下,1937 年 9 月 23 日,蒋介石发表关于国共合作谈话,承认了中国共产党的合法地位,两种制度合作的道路最终正式形成。

(三)两军能够协同作战

抗战时期的"一国两制",还有一个十分重要的特点,就是军事上既有统一,又有各自独立,是属于两种法律制度下的军事协同、共同抗战。在共产党的努力和"八一三事变"局势的影响下,两党最终达成了将红军改编为国民革命军第八路军的一致意见,并任命了共产党著名领导人为八路军的指挥人员。国民党要求委派政治部主任的意见被拒绝,在八路军的内部依然坚持的是共产党的领导。八路军属于国民党政府军事委员会所划分的五个战区中的第二战区,受国民政府军事委员会统辖,接受国民政府的财政拨款,归属国民党第二战区的序列,参与到统一抗战之中。"九一八事变"以后,各民主党派人士纷纷抨击国民党的一党独裁。罗隆基在《沈阳事件》一文中,提出改组政府,并"希望有个容纳全国各项人才、代表各种政见的政府来暂时负担国事,做政治上和应急的过渡办法"[1]。应该说,民主党派人士对于两种制度的合作形成,也起到了很大的作用。

二、中国国民党追求国家统一的历程

几千年来,各民族友好相处,以自己的勤劳和智慧耕耘着祖国这片广袤的土地,彼此间建立了深厚的友谊和牢不可分的经济政治联系,其间也具有公共资源释放和规则漫长建立的轨迹,显示出基本的发展规律。

---

〔1〕 王桧林:《中国现代史》(上册),北京师范大学出版社,1983 年版,第 300 页。

(一)国家统一具有历史规律

17 世纪以后,台海两岸之分合竟成了中国统一道路上屡次出现的问题,个中教训耐人寻味。只是在经历了几个世纪的沧桑之后,这种历史性变故的态势才显示出清晰的轮廓,表现出其内在的规律[1]。历史常常有惊人的相似之处。台湾初为殖民势力所占是在明朝,而收复台湾者则是苦撑明朝倾覆之最后一角的郑氏集团。郑氏集团既得台湾,又以反清复明为宗旨割据台湾,与占据中原的清朝政权相抗衡,然终为清所降伏。而在晚清及民国,如出同一脚本的历史活剧次第重演,只是角色有所改变,殖民势力由日本取代了荷兰,郑氏集团变成蒋介石集团,而"反清复明"的宗旨则代之以"反共复国"的旗号。

(二)孙中山的国家大一统思想

孙中山先生是中国近代史上的伟大先驱,其崇高的理想和威望,使国、共两党共同尊其为精神领袖。他终生致力于国家的统一,在很大程度上是为了促进各民族的共同发展,和平相处,实现中华民族的大团结。早在同盟会时期,有人攻击他的"民族主义"是"排满革命",是要制造中国的分裂。对此孙中山严正指出,"民族主义并非是遇着不同族的人,便要排斥他""民族革命的缘故,是不甘心满洲人灭我们的国,主我们的政,定要扑灭他的政府,光复我们民族的国家"[2]"复彼政府,还我主权",不是要搞大汉族主义,而是要建立包括满族及其他各民族人民在内的民主共和国,实现民族平等。这是孙中山早期的民族主义思想的精髓。中国国民党自成立起就担负着统一国家的历史使命。1894 年 11 月,孙中山在檀香山成立了中国近代第一个革命团体兴中会,在《檀香山兴中会章程》中写道:"方今强邻环列,虎视鹰瞵,久垂涎于中华五金之富,物产之饶。蚕食鲸吞,已效尤于接踵;瓜分豆剖,实堪虑于目前。有心人不禁大声疾呼,亟拯斯民于水火,切扶大厦之将倾"[3],明确指出兴中会创立"专为振兴中华,维持国体起见"[4]。

国家统一观念深深根植于中国人民的历史意识与民族情感之中,具有牢不可破的思想基础。十月社会主义革命和"五四运动"以后,孙中山在中国共产党的帮助下,寻找新的依靠力量,制定了"联俄、联共、扶助农工"的三大政策,完成了由旧三民主义向新三民主义的转变。孙中山对祖国的挚爱深深地建立在对祖

---

〔1〕 孙力:《台海两岸分合历史之反思》,载《史学集刊》2003 年 4 月第 2 期,第 42 页。

〔2〕《孙中山全集》,第一卷,中华书局,1981 年版,第 324 - 325 页。

〔3〕《孙中山全集》,第一卷,中华书局,1981 年版,第 19 页。

〔4〕《孙中山全集》,第一卷,中华书局,1981 年版,第 19 页。

国悠久历史和优秀文明的严肃认真的理性思考之上。孙中山一再宣称,中国为“地球上最古老之文明国”,中华民族“为地球上最和平之民族”“中国之文明,已著于五千年前,此为西人所不及”。正由于文化的昌盛,所以中国“在历史上向来都是统一的,不是分裂的”[1]。“国土统一已数千年矣,中间虽有离析分崩之变,然为时不久复合为一,近世五六百年,十八省土地几如金瓯之固,从无分裂之虞。文字俗尚则举国同风。”[2]故中国有识之士,“喜闻保全之论,而恶分割之言也”[3]。他多次指出:“中国是一个统一的国家,这一点已牢牢地印在我国的历史意识之中,正是这种意识才使我们作为一个国家而被保存下来,尽管它过去遇到了许多破坏的力量。”[4]他反复强调:“中国的各省在历史上向来都是统一的,不是分裂的,不是不能统属的,而且统一之时就是治,不统一之时就是乱的。为什么要把向来统一的国家再来分裂呢?”[5]

在就任中华民国临时大总统的当天,孙中山就在《临时大总统宣言书》中明确指出:“国家之本在于人民,合汉、满、蒙、回、藏诸地为一国,即合汉、满、蒙、回、藏诸族为一人,是曰民族之统一……行动既一,决无歧趋,枢机成于中央,斯经纬周于四至,是曰领土之统一。”此外还有“军政之统一”“内治之统一”“财政之统一”,合为“五个统一”。[6] 这是孙中山把中华民族历史上的“大一统”观念在新形势下赋予了崭新的内容。孙中山极力主张:“统一成而后一切兴革乃有可言,财政、实业、教育诸端始获次第为理,国民意志方与以自由发舒,而不为强力所蔽障。”[7]孙中山先生的遗言:革命尚未成功,同志仍须努力,中兴大业,共同打拼,兴复台湾,一统中华。[8] 孙中山还认识到民主政治是国家统一的基础,在追求国家统一过程中,积极践行民主政治。

(三)两蒋时期一致致力于国家统一

中国国民党在内战失败后溃退台湾,在政治上和法律上仍坚持“一个中国”原则。由于蒋介石和蒋经国主政台湾期间,均长期坚持“一个中国”原则,国际反华势力企图将台湾从中国分离出去的各种论调与方案,都未能对“台湾是中国一

---

[1]《孙中山全集》,第一卷,中华书局,1981 年版,第 304 页。

[2]《孙中山全集》,第一卷,中华书局,1981 年版,第 222-223 页。

[3]《孙中山集外集补编》,上海人民出版社,1981 年版,第 14 页。

[4]《孙中山全集》,第六卷,中华书局,1985 年版,第 528-529 页。

[5]《孙中山全集》,第九卷,中华书局,1985 年版,第 304 页。

[6]《孙中山全集》,第二卷,中华书局,1982 年版,第 19 页。

[7]《孙中山全集》,第二卷,中华书局,1982 年版,第 51 页。

[8]《“台独”:孙中山是“古代人”,“敌国人”?》,载新加坡《联合早报》2004 年 11 月 12 日。

部分"的"政治定位"产生实质性的影响。海峡两岸在国际领域的斗争仅局限于"中国代表权正统性之争"。蒋介石曾表示,"台湾是中国的一部分,在法律上是没有问题的"[1]。"中华民国领土,绝对不允许割裂"[2],它主要表现在三个方面:一是蒋经国认为"中华民国为一主权独立国家",其领土所辖范围包括大陆、台湾、澎湖、金门和马祖;二是蒋经国不承认中华人民共和国政府为中国的唯一合法政府,并视其为"叛乱团体",坚持"中华民国政府"作为中国"唯一合法政府"的"正统性"与"合法性";三是蒋经国在国际上处理涉及海峡两岸关系问题时采用"汉贼不两立" 的原则,以避免"两个中国"的出现[3]。

1979 年 1 月 3 日,蒋经国在国民党中常会上,就中国共产党提出的和平统一的方针发表意见说:"决不能相信,决不能上当!"4 月 4 日,蒋经国在国民党的一次会议上,确定了台湾当局与中共"不接触、不谈判、不妥协"(简称"三不"政策)的大陆政策。7 月 12 日,台湾"行政院院长"孙运璇阐述了台湾的大陆政策说:"台湾是中国的一部分,中国只有一个;但台湾不能与中共接触。任何接触都会被说成台湾接受地方政府的立场。"1979 年 8 月 2 日,蒋经国在回答南非记者提问时说:"统一是中国人民的共同愿望,但中国的统一,必须以自由民主为基础。"[4]

(四)台湾舆论界的声音

1979 年 10 月 10 日,台湾《中国论坛》杂志与《联合报》举办"从中国的历史文化看台湾的现在与未来"座谈会,会议形成的共识是:两岸最后应该是统一的。并要求台湾知识界平心静气地讨论一下,在统一过程中台湾应有的立场和统一方法,努力构思提出方案[5]。台湾《自由之声》杂志还发表文章,专门探讨中国和平统一的具体问题。文章建议和平统一可以分三阶段进行:第一阶段双方进行改革,消除统一障碍;第二阶段通商、通航、通邮,人民相互交流,相互认识,寻求共识;第三阶段双方可以进行商谈,由人民选举代表,召开全国代表会议,举行大选制定宪法,完成中国的统一。根据当时的政治形势分析,这篇文章绝不仅仅是普通学者的观点,还反映了台湾当局通过舆论界的声音试探和平统一的意图。

---

〔1〕 刘国奋:《李登辉谋求重新"定位"两岸关系问题之分析》,载《台湾研究》1999 年 4 期,第 18 页。

〔2〕 刘国奋:《李登辉谋求重新"定位"两岸关系问题之分析》,载《台湾研究》1999 年 4 期,第 18 页。

〔3〕 刘国奋:《李登辉谋求重新"定位"两岸关系问题之分析》,载《台湾研究》1999 年 4 期,第 18 页。

〔4〕 薛昕、汤家玉:《蒋经国对台湾问题的思考与抉择》,载《党史纵览》2004 年第 4 期,第 13 页。

〔5〕 薛昕、汤家玉:《蒋经国对台湾问题的思考与抉择》,载《党史纵览》2004 年第 4 期,第 13 页。

(五)台湾当局的做法

1982年8月22日,台湾当局的"中央日报"发表了题为《论统一》的署名文章,非常直白地说:"统一思想,我国自古有之。实际政治,也以统一为常,分裂为变。"1983年3月,在美国旧金山举行的一次有海峡两岸学者共同参加的学术讨论会上,国民党在美国的四大学者之一、美国"与台湾关系法"起草小组实际负责人丘宏达教授,发表了《台湾对统一的看法》的论文,提出和平统一的四项条件:第一,自卫权,包括统一前后购买防御性武器;第二,统一后,任何一方不得改变谈定的条件;第三,台湾完全自治;第四,适当的国际地位。文章说,中共如果能够同意这些条件,"在台湾的中国人自然会愿意考虑和平统一"。该文后来在台湾的《青年战士报》上公开发表,这是台湾当局首次向祖国大陆提出了和谈的条件。5月,台湾《亚洲世纪》发表文章说,中国已经到了应该统一的时候了,应该毫无顾忌地把和平统一的问题摊开来,让所有关心中国统一、中国前途的人公开讨论,以求得问题圆满解决。9月,香港由国民党主办的《香港时报》发表了题为《中国和平统一之路》的署名文章,承认"和平统一是80年代乃至90年代中国人所面临的一项伟大而艰难的政治工程","需要所有的中国人共同贡献心力与智慧努力以赴",应当"由全球包括海内外的中国人选举具有代表性的人士共同协商,然后研讨中国和平统一的途径与方案"。1984年2月,国民党十二届二中全会提出,在对中共"坚守不谈判、不妥协、不接触立场"的前提下,在国际民间活动中将采取"不逃避、不退让、不畏缩"的原则,并以"迂回、间接无形等方式推动工作"〔1〕。

(六)实行对大陆开放政策

在开放台湾同胞到祖国大陆探亲之前,蒋经国指令曾任他英文秘书的马英九完成《民众赴大陆探亲问题之研习》。为了保密,马英九将这一提案取了一个代号——"颖考专案"(用的是《左传》中的典故:共叔段在其母支持下,阴谋夺取郑庄公的政权,郑庄公打败了共叔段,放逐了他的母亲,大夫颖考巧妙安排,使郑庄公与他的母亲团聚)。1987年6月,马英九完成了"颖考专案"。蒋经国经过慎重考虑,于1987年7月15日宣布废除在台湾本岛和澎湖地区实施长达38年的"戒严令",打开了两岸交流的大门。这是蒋经国在发展两岸关系方面迈出的最重要的一步。次日,台湾当局又宣布,解除台湾民众前往港澳地区观光为第一站的限制,允许台湾同胞到祖国大陆探亲。10月14日,国民党中常会通过解除

〔1〕 薛昕、汤家玉:《蒋经国对台湾问题的思考与抉择》,载《党史纵览》2004年第4期,第15页。

台湾民众赴祖国大陆探亲的禁令,原则上决定开放台湾同胞到祖国大陆探亲,每人每年以一次为限,每次可停留 3 个月。1988 年 1 月 2 日,台湾当局原则决定,今后以弹性的态度参加国际活动,不一定坚持必须以“中华民国”的名义参加。

(七)国民党元老的奔走呼号

1988 年 1 月,台湾“政治强人”蒋经国去世。在其临终的一个多月前,蒋经国还表示要“坚决反对‘台独’的分离意识”[1]。同年 7 月,在国民党第十三届全会闭幕后召开的中央评议委员会会议上,身为国民党第十三届评议委员会主席团主席的陈立夫,率领 34 名国民党中央评议委员,联署提出了一项关于中国和平统一的议案。议案认为,中国的出路在于“以中国文化统一中国”,“中国之统一为台湾海峡两岸及海内外全体同胞之共同愿望,故仅为时间问题”。议案还提出,中国的统一“惟必须由中国人自力以达成之”[2]。陈立夫先生谈到对两岸关系的看法,他说“依我的看法,世界上的强国,没有一个愿意我们中国统一的。而不论海内海外的中国人,没有不愿意中国统一的”。陈立夫在当时的处事原则是明确的,能不管的事尽量不管,然而要管的事仍然得管[3],尤其是关系国家统一的事,他都在积极去奔走呼号,建言献策。台湾前“行政院”院长郝柏村 2001 年 2 月在台湾《国是评论》月刊发表《和平统一中国救台湾》的文章称,“反对所谓‘台湾独立’,坚持国家和平民主统一的终极目标,是我多年来的一贯立场与主张,从来没有改变,已为国人所供见”。政党轮替本是民主国家常态,但是“中华民国”的政党轮替,意为统独轮替。郝柏村说,2000 年 3 月 19 日,他在《世界日报》发表了意见,明确指出,陈水扁当选,两岸之间面临和与战的关头,台湾内部则是治与乱的关头,都看他的施政走向而定。如今观之,这些都接近事实。台湾人民被“台独”政客欺骗,甚至被麻醉,现在终于尝到苦果。台湾唯一的光明前途,是在维护人民现有一切权益福祉为前提的“一个中国”原则下,达成和平民主的统一。两岸关系在本质上不是法理问题,而是战略问题。法理是主观的,基于政治立场为自己辩护。战略是客观的,力量决定战略方针。两岸的僵局,绝非理论探讨、法理裁判或文字游戏所能解决,我们必须展示力量。假如力量不足,就应该增强,并且团结一切可以引为奥援的力量。最好的办法,就是与大陆同胞共同合作,成为朋友。最坏的做法就是反对一个中国,不承认自己是中国人,因此制造

---

〔1〕 刘国奋:《李登辉谋求重新“定位”两岸关系问题之分析》,载《台湾研究》1999 年第 4 期,第 18 页。

〔2〕 杨帆:《国民党去台高官大结局》,华文出版社,2010 年 2 月第 1 版,第 489 页。

〔3〕 远梦:《陈立夫晚年呼唤两岸统一》,载《人物志》1999 年第 5 期,第 70 页。

12亿个敌人。要好要坏？生存还是灭亡？端看台湾同胞的觉醒，不再为政客所欺骗[1]。

(八)台当局的立法和政策均坚持“一个中国”

从中国国民党当局的立法及其党的政策看，始终坚持“一个中国”的原则。台湾地区的1947年“宪法”中明确表述了台湾是中国领土的一部分的主张，并于其“国会”中设有大陆代表。1991年及其后历次“修宪”也采取了同样的立场，设置了事实上与大陆代表类似的“全国性代表”。1994年和1997年的“修宪”条文中还规定：“自由地区与大陆地区间人民权利义务关系及其他事务之处理，得以法律特别之规定”，将中国分为了两个不同的区域，但主权仍然只有一个。1992年台湾当局通过的“台湾地区与大陆地区人民关系条例”也同样明确而具体地表明了台湾是中国领土的组成部分，规定“大陆地区指在台湾地区以外之中华民国国土”。国民党于1990年设置“国家统一委员会”“海基会”，在其推动下于“行政院”通过了“国家统一纲领”。1992年“国家统一委员会”还通过了《关于“一个中国”含义》的声明。所有这些行动、文件都主张世界上只有一个中国，台湾只是暂时的分裂，中国必须统一[2]。

1996年8月，前“陆委会”副主委许惠岭在“亚太营运中心与大陆政策公听会”上称：“‘一国两区’的概念是针对大陆提出来的。在国际上，我们当然自我定位为中华民国，这是毋庸置疑的。”[3]而1997年台“新闻局”发布的《透视“一个中国”问题》说帖又强调“一个分治的中国”。这些事实表明，台湾方面在对外宣示时大多避谈“一个中国”，其主要目的是突出台湾不是中华人民共和国的一个省和海峡两岸是“对等政治实体”。在客观上台湾方面对坚持广义的“中国”的立场并未明确放弃，如从“国统纲领”至“台海两岸关系说明书”，台湾方面尚没有明确以“两个主权国家”定位两岸关系。

国民党在台湾地区失去执政权5年以后，峰回路转、浴火重生。2005年4月，国民党主席连战应中共中央总书记胡锦涛邀请，率团访问大陆，国、共两党最高领导人60年后的再次握手。连战访问大陆的主要成因：一是大陆方面积极主动的善意和诚意；二是岛内民意的推动；三是国民党的历史责任感。由孙中山一手创建的中国国民党，在历史上曾经是一个革命的政党。而在50年前失去大陆

〔1〕 郝柏村：《和平统一中国救台湾》，载台湾《国是评论》2001年2月号。

〔2〕 王鹏、宋阳：《“废统论”可以休矣》，载《河北法学》2006年第12期，第165页。

〔3〕 台湾《联合报》1996年8月24日消息。

政权、50年后又失去台湾政权的严酷实事面前,不得不反思,寻求出路。他们得出的结论是两党合则双赢,共同关注台湾,挽救台湾的历史命运;国共分则两损,台湾也受到损害[1]。

(九)两岸新的尝试

两岸的整合也出现一些积极因素,由国民党执政,与大陆临近的金门县政府提出在金门试验“一国两制”。2006年11月6日,李炷烽(时任金门县县长)说:“金门作为‘一国两制’试验区”,其主要目的在于缓解当前台湾法规制度对金门发展的束缚,是以特区特有之立法令构建特有制度,取两岸制度之所长,将金门列为“特殊的行政区”,并为两岸军事重新开启另一种互动选项,谋求新的政治发展可能,实现两岸双赢[2]。2012年1月14日,在马英九赢得台湾领导人连任之后,作为国民党主席的吴伯雄曾在3月22日到访大陆,在与胡锦涛总书记会见时,提出台湾的“宪法”和“两岸人民关系条例”所确立的台湾与大陆的关系是一个中国两个地区,被媒体迅速解读为“一国两区”。2012年5月20日马英九在当天的就职典礼上发表演说时,重申这一概念。台湾媒体认为:提出“一个中华民国,两个地区”,避开“一国两区”争议,是全力守住“中华民国底线”[3]。马英九说20年来两岸的“宪法定位”就是“一个中华民国,两个地区”[4]。关于马英九就职演说的“一个中华民国,两个地区”的部分,5月30日,国台办新闻发言人杨毅做出回应,称台湾与大陆同属于一个中国法律事实没有改变,再次重申了《反分裂国家法》关于“台湾和大陆都是中国一部分的”法律意涵[5]。作者认为,“一国两区”的概念,在1996年8月,由前“陆委会”副主委许惠岭在“亚太营运中心与大陆政策公听会”上提出来后,没有任何进展。1994年和1997年台湾地区的“宪法”修正条文和“台湾地区和大陆地区人民关系条例”均将大陆和台湾定位为一国“两区”,具有明确的法律规定。但民进党执政后在高压政治之下,国民党怕被民进党抹红,连法律明确规定的概念都不敢坚持。形势比人强,国民党在这上面转了一大圈,又回到“一个中国”的基本论述上,算是回归理性。虽然与全中国人民的期待仍有差距,但回到“一个中国”本身就是务实的体现,有利于两岸和解和今后两岸关系的基本稳定。

---

〔1〕〔美〕江南:《蒋经国传》,中国友谊出版公司,1988年第1版,第225页。

〔2〕周礼、王晓琳:《金门想搞“一国两制”试验》,载《环球时报》2006年11月10日。

〔3〕台湾《联合报》2012年5月21日。

〔4〕司马岩,等:《马英九抗议声中连任》,载《环球时报》2012年5月21日。

〔5〕白晓雯:《大陆对马英九就职演讲“不意外”》,载《环球时报》2012年5月31日。

三、抗战胜利后中国共产党整合国家的努力

从共产党宣言以及共产党当时的实际做法可以看出,抗战结束后,共产党是坚定不移地走和平发展道路的。1945 年 10 月 9 日,毛泽东在答英国记者甘贝尔时指出:“目前中国只需要和平建国一项方针,不需要其他方针”“在全国实现和平、民主、团结的条件下,中共准备作重要的让步,包括缩减解放区的军队在内”[1]。毛泽东还说:“如果联合政府成立了,中共将尽心尽力和蒋主席合作,以建立独立、自由、富强的新中国,彻底实行孙中山先生的三民主义。所以,不管时间发展到什么时候,只要两岸不统一,北京不可能将国家统一目标这等大事永远摆着不处理。每一世代的中共领导核心,都有历史责任和国家使命去强化及创造民族业绩。”[2]

(一)重庆谈判的主张

1945 年 10 月 10 日,国、共两党举行了具有历史意义的重庆谈判,签订《双十协定》。其第 1 条规定了关于和平建国的基本方针,两党一致认为:“中国抗日战争业已结束,和平建国的新阶段即将开始,必须共同努力,以和平、民主、团结、统一为基础,并在蒋主席领导之下,长期合作,坚决避免内战,建设独立、自由和富强的新中国,彻底实行三民主义。”[3]1946 年 1 月召开的有各党派参加的政治协商会议,通过了五项协议,其中《和平建国纲领》总则的第一条:“遵奉三民主义为建国之最高指导原则”;第二条:“全国力量在蒋主席领导之下,团结一致,建设统一自由民主之新中国”。在此将“三民主义的最高指导原则”和“蒋主席的领导”放在了重要的地位。

(二)追求和平的诚意

中国共产党表现出了高度的历史责任感和对和平建国的最大诚意。1946 年 1 月 10 日,毛泽东向全党发布停战通告,认为国、共双方达成的《关于停止国内军事冲突的协议》,是“全中国人民在战胜日本侵略者之后,为建立国内和平局面所作之努力,今已获得重要之成果。中国和平民主新阶段,即将从此开始”[4]。在政协会议结束的第二天,中共中央发出党内指示,认为“中国走上了和平民主建设的新阶段”,并指示全党:“中国的主要斗争形式目前已由武装斗争转变为非武装的群众的议会斗争,国内问题改由政治方式来解决。党的全部工作必须适应

---

[1] 《毛泽东文集》,人民出版社,1996 年第 1 版,第 25 页。

[2] 陈毓钧:《北京可能寻求的突破》,载台湾《中国时报》2012 年 2 月 16 日。

[3] 中央档案馆:《中共中央文件选集》,第 15 册,中央党校出版社,1991 年第 1 版,第 326 页。

[4] 《毛泽东文集》,人民出版社,1996 年第 1 版,第 88 页。

这一新形势"[1],并且做好了共产党中央迁址和共产党人加入改组后的国民政府的准备[2]。当和平的希望荡然无存时,共产党坚持在军事上全力打击国民党,在政治上揭露国民党假和平真战争的面目,同民主党派加强政治联系和沟通,在解放区推行土地改革,释放农村生产力,取得农民的支持。共产党反内战、促和平、求民主等措施,增强了民众对其的向心力,促进了抗战胜利后国内民族力量的整合[3]。

(三)新时期肩负新使命

进入21世纪,海峡两岸由分裂走向统一具有客观历史的必然性,是历史进程中波浪式前进的必然选择,而这一使命落到中国共产党人身上。剑桥大学中国现代史终身教授汉斯·范德文说:"最重要的是,中国共产党已经和中国的命运紧紧联系在一起了。"[4]整合两岸统一到一个国家之内,国、共两党应放弃历史恩怨,从国家和民族的利益出发看待和推动统一;既然两岸的分裂源于历史上的国、共内战,两党又分别是两岸的执政党(指2016年前的国民党),又具有"和平统一"共识,那么国、共两党必然肩负着为中华民族共同利益,而促进和平统一进程的重大历史责任。中国是一个领土主权完整的国家,历史上就有着反对外来侵略、维护民族独立和国家统一的光荣传统,统一是不可逆转的时代潮流。国家统一最终要取决于国、共两党的和谈与合作,这是因为海峡两岸的统一最根本的是两岸政治关系的整合统一。和平统一从定义上来讲,必须是两岸协商一致的结果,或者说必须是台湾方面愿意接受两岸的统一。

"今天,中国共产党已经拥有有8000多万党员,国家繁荣昌盛,人民幸福安康。"[5]中国国民党有党员109万,目前执掌台湾政权。国、共两党合作,联合岛内反"台独"党派,团结一切可以团结的力量,发展两岸关系,共谋统一大业,是历史发展的趋势和时代的要求[6]。

四、"一国两制"理论的形成和坚持促进了国家整合

"一国两制"作为解决国家统一问题的一个政治制度,经历了酝酿、产生、正

---

〔1〕《毛泽东年谱》(下),人民出版社,1993年第1版,第55页。

〔2〕《毛泽东选集》,第一卷,人民出版社,1991年第1版,第126页。

〔3〕黄宗华:《内战时期国共软实力之比较——解读内战进程和结果的一个视野》,载《长白学刊》2008年第4期,第127页。

〔4〕吴薇,等:《中共高调纪念辛亥百年》,载《环球时报》2011年10月10日。

〔5〕胡锦涛:《在庆祝中国共产党成立90周年大会上的讲话》,载甘肃《党的建设》2011年第7期,第1页。

〔6〕张春英:《台湾百年历史变迁与国共两党关系》,载《党史研究与教学》2007年第2期,第69页。

式提出和到香港和澳门实践的过程,它是国家几代领导人思考解决台湾问题的智慧结晶。

(一)毛泽东的统一思想

1957 年初,毛泽东重申台湾只要同美国断绝关系,回归祖国,其他一切都好办。1958 年 10 月 13 日,毛泽东再次会见曹聚仁,对和平解放台湾的方针政策作了更为具体的阐述,其要点有两个方面。一是联蒋抵美。"只要蒋氏父子能抵制美国,我们可以同他合作。我们赞成蒋介石保住金门、马祖的方针,如蒋撤退金、马,大势已去,人心动摇,很可能垮。只要不同美国搞在一起,台、澎、金、马都可由蒋管,可管多少年,但要让通航,不要来大陆搞特务活动。台、澎、金、马要整个回来。蒋介石不要怕我们同美国人一起整他。"二是台湾一切照旧。"台湾如果回归祖国,照他们自己的生活方式。他们同美国的连理枝解散,同大陆连起来,枝连起来,根还是你的,可以活下去,可以搞他的一套。军队可以保全,我不压迫他裁兵,不要他简政,要他搞三民主义。"这是毛泽东关于"一国两制"思想的雏形。

(二)周恩来的和平主张

1958 年 2 月 10 日,周恩来在第一届全国人大第五次会议上发表讲话,在谈到国际形势时指出:"中国政府和中国人民坚决反对制造'两个中国'的阴谋。不管这个阴谋在什么场合,以什么方式出现,我们绝不容许这个阴谋得逞。中国只有一个,那就是中华人民共和国。台湾是中国领土不可分割的一部分,中国人民一定要解放台湾。"至此,两岸同是"一个中国"的完整含义基本形成。1963 年 1 月 4 日,周恩来进一步把毛泽东和我们党提出的对台方针政策概括为"一纲四目",通过张治中致陈诚的信转达给台湾当局。"一纲"是:"只要台湾回归祖国,其他一切问题悉尊重总裁(指蒋介石)与兄意见妥善处理。""四目"包括:"台湾回归祖国后,除外交必须统一于中央外,所有军政大权、人事安排等悉由总裁与兄全权处理;所有军政及建设费用,不足之数,悉由中央拨付(当时台湾每年赤字约 8 亿美元);台湾之社会改革,可以从缓,必俟条件成熟,并尊重总裁与兄意见协商决定,然后进行;双方互约不派人进行破坏对方团结之事。"[1] 两天后,蒋经国就做出了答复:同意"两党对等谈判,中央层次模式"。周恩来的"一国两制"和平主张和努力得到台湾方面善意回应。

---

〔1〕 李合敏:《毛泽东关于解决台湾问题的战略思想述论》,载《中国海洋大学学报》(社会科学版)2005 年第 5 期,第 81 页。

（三）叶剑英关于和平统一的方针政策

1981年9月30日，叶剑英委员长向新华社记者发表谈话，提出了“有关和平统一台湾的方针政策”（简称“叶九条”），正式提出了以“一个中国”“和平统一”为核心的九条建议，明确主张“国家统一后，台湾可作为特别行政区，享有高度自治权，并可保留军队，中央政府不干预台湾地方事务”[1]。其内容如下：(1)中国国民党与中国共产党两党可以对等谈判；(2)双方在通邮、通商、通航、探亲、旅游及开展学术、文化、体育交流达成协议；(3)统一后的台湾可保留军队，作为特别行政区，享有特别自治权；(4)台湾社会、经济制度、生活方式与同其他外国的经济、文化关系不变；私人财产、房屋、土地、企业所有权、合法继承权和外国投资不受侵犯；(5)台湾政界领袖可担任全国性政治机构领导，参与国家管理；(6)台湾地方财政有困难时，可由中央政府酌予补助；(7)台湾人民愿回大陆定居者，保证妥善安排、来去自如、不受歧视；(8)欢迎台湾工商界人士到大陆投资，保证合法权益与利润；(9)欢迎台湾各界人士与团体，提供统一的建议，共商国是[2]。

（四）邓小平的治国愿望

1979年3月，邓小平会见香港前总督麦理浩，首次阐述了“一个中国”为核心的统一政策。他建议，中国统一后，台湾“作为一个地方政府可拥有广泛的自治权”，但是“不能有两个中国，也不能有一个半中国”[3]。1983年6月26日，邓小平提出了和平统一的六点构想，表示中国统一后，台湾可以有自己的独立性，可以实行同大陆不同的制度，司法独立，终审权不须到北京，大陆不派人驻台，不仅军队不去，行政人员也不去，台湾的党、政、军等系统都由台湾自己来管，中央政府还要给台湾留出名额[4]。在中国共产党提出的政治架构设想上，在“一个中国”原则下，任何事情都可坐下来在两岸间协商。1984年邓小平首次提出“一个国家，两种制度”概念。1987年，邓小平又进一步阐述了“一国两制”的内涵：“一国两制”要讲两个方面，一方面，社会主义国家里允许一些特殊地区发展资本主义；另一方面，整个国家的主体是社会主义，“一国两制”不是一种制度吃掉另一种制度，也不是两种制度的相加，更不是权宜之计，而是两种制度在以社会主义制度为主体的前提下长期和平共处，各自从对方汲取有利于自身的因素而得到和谐发展。邓小平在解释用“一国两制”收回香港时说：“我们采取一个国家两

〔1〕《人民日报》1979年10月1日。

〔2〕游劝荣：《两岸法缘》，法律出版社，2008年12月第1版，第328页。

〔3〕李家泉：《一国两制与台湾前途》，人民日报出版社，1991年第1版，第2页。

〔4〕薛昕、汤家玉：《蒋经国对台湾问题的思考与抉择》，载《党史纵览》2004年第4期，第14页。

种制度的办法解决香港问题，不是一时的感情冲动，也不是玩弄手法，它完全是从实际出发，是充分照顾到香港的历史和现实情况的。"邓小平说："在统一的主权的社会主义中国，允许一些特殊地区搞资本主义，不是搞一段时间，而是搞几十年成百年。"[1]这是邓小平根据当时台湾的历史和现实做出的选择。"一国两制"是为解决台湾问题提出来的，但首先适用于香港、澳门，并取得成功。

（五）江泽民和平统一的八点主张

1995年1月30日，时任中共中央总书记、国家主席的江泽民同志在中央台办、国务院台办、台盟、中国和平统一促进会、全国政协祖国统一联谊会、中华全国台联会、海峡两岸关系协会等单位共同举办的迎新年茶话会上，发表《为促进祖国统一大业的完成而继续奋斗》的重要讲话。江泽民在讲话中进一步阐述了邓小平关于"和平统一，一国两制"的思想精髓，重申坚持一个中国的原则立场，再次指出台湾是中国领土不可分割的一部分，并就现阶段发展两岸关系、推进祖国和平统一进程的若干重要问题，提出八项主张。(1)坚持一个中国的原则，是实现和平统一的基础和前提。(2)对于台湾同外国发展民间性经济文化关系，我们不持异议。但是，我们反对台湾以搞"两个中国""一中一台"为目的所谓"扩大国际生存空间"的活动。(3)进行海峡两岸和平统一谈判，是我们的一贯主张。在一个中国的前提下，什么问题都可以谈。谈判过程中，可以吸收两岸各党派、团体有代表性的人士参加。(4)努力实现和平统一，中国人不打中国人。(5)面向21世纪世界经济的发展，要大力发展两岸经济交流与合作，以利于两岸经济共同繁荣，造福整个中华民族。(6)中华各族儿女共同创造的五千年灿烂文化，始终是维系全体中国人的精神纽带，也是实现和平统一的一个重要基础。(7)2100万台湾同胞，不论是台湾省籍还是其他省籍，都是中国人，都是骨肉同胞、手足兄弟。要充分尊重台湾同胞的生活方式和当家做主的愿望。(8)我们欢迎台湾当局的领导人以适当身份前来访问；我们也愿意接受台湾方面的邀请，前往台湾。江泽民同志八点主张的提出，是继1979年叶剑英发表对台讲话（"叶九条"）后的又一次重要系统性声明，在海峡两岸和国际上都引起了很大反响。

（六）胡锦涛在新形势下发展两岸关系的四点意见

2005年3月4日，时任中共中央总书记、国家主席的胡锦涛发表了《新形势下发展两岸关系的四点意见》。第一，坚持一个中国原则决不动摇。坚持一个中

[1] 肖玮：《"一国两制"创造性的伟大构想——访中国人民大学教授许崇德》，载《检察日报》1999年10月12日。

国原则,是发展两岸关系和实现祖国和平统一的基石。当前两岸关系发展困难的症结,在于台湾当局拒绝一个中国原则,不承认体现一个中国原则的“九二共识”。只要台湾当局承认“九二共识”,两岸对话和谈判即可恢复,而且什么问题都可以谈。不仅可以谈我们已经提出的正式结束两岸敌对状态,建立军事互信,台湾地区在国际上与其身份相适应的活动空间,台湾当局的政治地位,两岸关系和平稳定发展的框架等议题,也可以谈在实现和平统一过程中需要解决的所有问题。第二,争取和平统一的努力决不放弃。胡锦涛强调,包括台湾同胞在内的13亿中国人民都热爱和平,真诚希望维护和享受和平,更希望自家骨肉兄弟能够和平解决自己的问题。和平解决台湾问题、实现祖国和平统一,符合两岸同胞的根本利益,符合中华民族的根本利益,也符合当今世界和平与发展的潮流。他说,两岸和平统一了,可以使两岸一起共同促进世界和平与发展的崇高事业,使两岸同胞共享伟大祖国的尊严和荣誉;可以真正确保国家主权和领土完整,使两岸同胞共同促进中华民族的伟大复兴。胡锦涛表示,我们真诚希望台湾有关人士和有关政党严肃思考这个重大问题,从民族大义出发,从两岸同胞的福祉出发,为保持台海和平、发展两岸关系、实现和平统一做出正确的历史性抉择。第三,贯彻寄希望于台湾人民的方针决不改变。胡锦涛指出,台湾同胞是我们的骨肉兄弟,是发展两岸关系的重要力量,也是遏制“台独”分裂活动的重要力量。无论在什么情况下,我们都尊重他们、信赖他们、依靠他们,并且设身处地为他们着想,千方百计照顾和维护他们的正当权益。我们将进一步陆续出台解决台湾同胞关心的问题、维护台湾同胞正当权益的政策措施。只要是对台湾同胞有利的事情,只要是对促进两岸交流有利的事情,只要是对维护台海地区和平有利的事情,只要是对祖国和平统一有利的事情,我们都会尽最大努力去做,并且一定努力做好。这是我们对广大台湾同胞的庄严承诺。第四,反对“台独”分裂活动决不妥协。胡锦涛说,维护国家主权和领土完整,是国家的核心利益。任何人要危害中国的主权和领土完整,13亿中国人民坚决不答应。在反对分裂国家这个重大原则问题上,我们绝不会有丝毫犹豫、含糊和退让。中国是包括2300万台湾同胞在内的13亿中国人民的中国,大陆是包括2300万台湾同胞在内的13亿中国人民的大陆,台湾也是包括2300万台湾同胞在内的13亿中国人民的台湾。任何涉及中国主权和领土完整的问题,必须由全中国13亿人民共同决定。我们相信,广大台湾同胞一定会同我们一道,坚定地维护国家主权和领土完整,坚定地维护中华民族的根本利益。[1] 2011年10月9日中国政府在人民大会堂举行了纪念辛亥革命100周年大会,胡锦涛代表中国政府和人民发表重要讲话,在3700多字的讲话中,胡锦涛8次提及"振兴中华"、23次强调"中华民族的伟大复兴"[2]。在这次纪念活动上,胡锦涛将和平统一的主张推向新的发展阶段,他首次用"终结两岸对立,抚平历史创伤"的提议,向台湾同胞传递了温和的信息。他表示:"以和平方式实现统一,最符合包括台湾同胞在内的全体中国人民的根本利益。"[3]

(七)习近平在国家前途问题上的"四个坚持"

2013年6月13日下午,中共中央总书记习近平在人民大会堂会见了中国国民党荣誉主席吴伯雄和他率领的中国国民党访问团全体成员。习近平强调,今天两岸关系已站在新的起点上,也面临着重要机遇。我们应该认真总结经验,清醒认识并主动因应形势发展变化,坚定不移走两岸关系和平发展道路,巩固和深化两岸关系和平发展的政治、经济、文化、社会基础,推动两岸关系不断取得新的成就。[4] 当天,习近平就发展两岸关系提出四点意见。第一,坚持从中华民族整体利益的高度把握两岸关系大局。我们坚持维护中华民族的根本利益,维护包括台湾同胞在内的全体中华儿女共同利益。从中华民族整体利益把握两岸关系大局,最根本的、最核心的是维护国家领土和主权完整。大陆和台湾虽然尚未统一,但同属一个中国,是不可分割的整体。国共两党理应坚持一个中国立场、共同维护一个中国框架。希望两党都本着对历史、对人民负责任的态度,以中华民族整体利益为重,把握好两岸关系和平发展大局,推动两岸关系沿着正确方向不断向前迈进。第二,坚持在认清历史发展趋势中把握两岸关系前途。经过中华儿女不懈奋斗,中华民族伟大复兴展现出前所未有的光明前景。我们应该登高望远,看到时代发展、民族振兴的大趋势,看到两岸关系和平发展已经成为中华民族伟大复兴的重要组成部分,摆脱不合时宜的旧观念束缚,明确振兴中华的共同奋斗目标。两岸关系发展是大势所趋,我们应该据此确定自己的路线图,继续往前走。我们两党应该以实现民族复兴、人民幸福为己任,促进两岸同胞团结合作,积极宣导"两岸一家人"的理念,汇集两岸中国人智慧和力量,在共同实现中华民族伟大复兴的进程中抚平历史创伤,谱写中华民族繁荣昌盛的崭新篇章。

---

[1] 游劝荣:《两岸法缘》,法律出版社,2008年12月第1版,第334页。

[2] 吴薇,等:《中共高调纪念辛亥百年》,载《环球时报》2011年10月10日。

[3] 吴薇,等:《中共高调纪念辛亥百年》,载《环球时报》2011年10月10日。

[4] 萧师言,等:《两岸能否迈向"深水区"》,载《环球时报》2013年06月14日。

第三，坚持增进互信、良性互动、求同存异、务实进取。增进互信，核心就是要在巩固和维护一个中国框架这一原则问题上形成更为清晰的共同认知和一致立场。良性互动，就是要加强沟通、平等协商、相向而行，相互释放善意，维护两岸关系来之不易的和平发展局面，合情合理解决彼此间的问题。求同存异，就是要本着同舟共济的精神，发挥政治智慧，聚集和扩大推动两岸关系发展的共识，妥善处理和管控分歧。务实进取，就是要本着实事求是的态度，坚持从实际出发，循序渐进，稳步向前，不因遇到困难而停滞，不被任何干扰所困惑，防止和避免出现倒退。两岸关系进入巩固和深化的新阶段，更需要我们双方保持积极进取精神，以更大勇气和决心面对和克服前进道路上的困难。希望双方共同努力，促进两岸关系发展取得更多积极成果，不断拓宽两岸关系和平发展的道路。第四，坚持稳步推进两岸关系全面发展。首先要继续保持两岸关系大局稳定。"台独"分裂势力及其分裂活动仍然是对台海和平的现实威胁，必须继续反对和遏制任何形式的"台独"分裂主张和活动，不能有任何妥协。在两岸关系大局稳定的基础上，两岸各领域交流合作有着广阔空间。两岸双方应该为深化经济、科技、文化、教育等领域合作采取更多积极举措，提供更多政策支持，创造更加便利条件，以拓宽合作领域，提高合作水平，产生更大效益。我们要努力增进两岸民众福祉，让更多民众共享两岸关系和平发展成果，积极促进两岸同胞在厚植共同利益、弘扬中华文化的过程中，增进对两岸命运共同体的认知，增强民族自豪感，坚定振兴中华的共同信念。[1] 这是习近平入主中南海半年内第三次会见台湾政治领导人，他高度评价了吴伯雄具有深厚民族情怀和振兴中华的使命感，为促进两岸关系发展做出了重要贡献，也将他的两岸关系政策理念初步向国际社会公开，具有重大的历史意义。[2]

（八）"一国两制"的重要意义

"一国两制"的重要意义，是保留了台湾的国防资格，台湾领导人可以到大陆担任最高副职。在对外关系方面，台湾可参照香港模式，以适当名义参加不具备主权性质的国际组织的活动。"一国两制"已不是新问题，我国大陆采用"一国两制"政策来解决台湾问题已走过了二十多年的艰难历程[3]。应该说，这是比香港模式更宽松的模式，是统一大业这一最高国家利益特殊形式的典型体现，也具

〔1〕《习近平晤吴伯雄，就两岸关系提四个坚持》，央视网，2013 年 06 月 14 日。

〔2〕《吴伯雄：反对"台独"是国共两党一致立场》，新华网，2013 年 06 月 13 日。

〔3〕孔朝霞：《影响海峡两岸关系因素的分析》，载《长春市委党校学报》2001 年第 6 期，第 59 页。

备了一定的法律架构。"'一国两制'发展到今天,我国法律体系各个层面的规范性文件中均有表现,为这项基本国策的实施提供了有力的保障"[1]。

对于"一国两制"的重要意义,与香港有着殖民关系的英国人的观点更具有代表性。如鲍威尔勋爵是1981年前后进入唐宁街的,成为玛格丽特·撒切尔夫人首相的私人秘书和外交及国防事务顾问,1982年和1984年曾两次随撒切尔夫人访华。鲍威尔说:这是一个对香港人民,对中、英两国都有好处的结果。两个强有力的政治人物,从完全不同的立场最终达成一个很好的协议,是很明智的事情。他形容这是一个非常成功的操作,非常成功的外交谈判和外交模式。而邓小平提出的新概念"一国两制"对这个结果起了关键作用"[2]。理查德·伊文思爵士1962年至1964年在英国驻华代办处工作,1983年至1988年任英国驻华大使,是中英关于香港问题谈判的英方团长。伊文思说:"《中英关于香港问题的联合声明》体现了'一国两制'这个富有想象力的构想,并且证明和平谈判是解决历史遗留问题的最好办法。"

(九)理性看待"一国两制"

"一国两制"原则的形成,直至法律基础的建立,具有重大而积极意义的,但该项制度要真正在台湾实施,也是需要进一步完善和探讨。"一国两制"在实际运用中,人们总是过多地强调决策者理性的运用,而忽视了事物本身的发展规律在其中所起的作用。对于处于舆论中心的决策者来说,有时候可能仅仅是迫于现实,做出了在当时情况下明显是唯一可行的决定,但人们仍倾向于将该决定视为当事者高度的理性创造的产物,而不是现实本身所蕴含的力量使然,这是不符合科学精神的。我们要充分尊重当时国家决策层尤其是国家领导人的政治决策,认真执行推进国家整合的指导方针,又要根据认识的深化和事物本身的发展变化,坚持与时俱进的思想观念,制定一些切合实际的规则,纠正一些决策过程中产生的认识偏差,才是真正地对马克思主义的灵活运用。就拿香港来说,"一国两制"原则在香港实施的成效自不待言,但其未能彻底解决的政治难题也正逐渐显现。香港特区政府与中央政府各自政治权力的界限,以及香港民众可以在多大程度上参与香港乃至全国性的政治生活,这些问题似乎都有待进一步解决。但就推动台海两岸和平统一的进程,整合两岸关系而言,"一国两制"政策目前收

---

〔1〕 肖玮:《"一国两制"创造性的伟大构想——访中国人民大学教授许崇德》,载《检察日报》1999年10月12日。

〔2〕 施晓慧:《"一国两制"天才的杰作》,载《环球时报》2004年8月11日。

效甚微，还需要丰富其内涵，阐明其具体内容，明确其操作步骤，进一步加大宣传力度，稳步推进两岸整合进程。

五、统一台湾的模式

对于台湾的前途和发展模式，站在不同立场的人提出不同的主张。学术界同仁对国家统一的关心，站在各自的立场，提出了不同的思考，有些具有一定的参考意义。对"一国两制"及其相关的模式，作者通过查阅资料，发现提出的有关解决两岸关系的模式和主张，除邓小平提出的"一国两制"外，各种"一国两制"及相关的主张或模式共101种，大致可以分为如下三类：

（一）"一国一制"模式

这种模式标志是主权与治权都统一，有11种。其中属"大陆模式"类1种，系台湾部分统派人士提出，主张以大陆的社会主义制度统一台湾。属"台湾模式"类有10种，系蒋经国等人提出，均主张以台湾的资本主义制度代替大陆的社会主义制度。

（二）"两国两制"模式

这种模式标志是主权与治权都分开，共70种，其中属"一国两府"类共24种，系李登辉等提出，均强调"台湾主权独立"；属"邦联制"的有13种，系张旭成等人提出；属"经济模式"类有18种，系郑竹园等人提出；属"文化统一"类2种，如陈立夫等人提出的"三民主义文化统一中国方案"等；属"奥运模式"类2种，如翁松燃的"奥运会模式"；有称"一个半中国" 属"一中一台"类11种，系彭明敏等人提出。

（三）不便分类者

这种模式共20种，虽大体可判断属"非一国两制"，但究竟属"一国一制"还是"两国两制"，无法明确分类。其中，属"大陆主体" 类的有5种，如台湾某些统派人士提出的"改良型一国两制"等"联邦制"的有10种，如日本中岛岭雄提出的"中华联邦共和国"等；属其他类有5种，如侯立朝的"和平统一中国方案"等。

"一国两制"构想顺应历史潮流，符合民心，以统一大业为重，它能容纳两种不同制度的差异；它是尊重历史和现实，兼顾各方面利益的模式，有利于大陆和台、港、澳地区之间的合作。"一国两制"的成功实践，为最终以和平方式解决台湾问题指明正确的道路，提供了宝贵的经验。中国政府提出的"一国两制"符合中华民族的利益，也符合国家利益。作者赞同"尊重中国的历史和现状，以一国两制或一国多制的方式完成统一是明智的选择"[1]的观点。

第五节 两岸整合的基本途径

一个中国的原则是对中国主权完整性的坚持,中国最终统一的合法性、正当性,来源于必须坚持"一个中国"原则,来源于对"一国两制"的整合。

一、通过政治谈判完成整合

政治整合是两岸走向统一的必然之路,政治制度的相互妥协和相互参照,政治空间的扩展,政治人物的友好交流和合作,都是台海两岸必须面临的问题。

(一)为台湾的政治精英提供更广阔的政治舞台

参与国家管理的权利对台湾的政治精英来说是不可或缺的。统一后的台湾政府当然只能是地方特区政府,但台湾政治精英的政治舞台则不能仅限于台湾。1956年12月9日,周恩来在访问印度时举行记者招待会,当时有人问台湾问题如果和平解决,中共是否会给蒋介石一个部长职位,周恩来平静而认真地说:"部长的职位太低了。"可见,在中国领导人的思维中,是不会贬低台湾政治精英的政治地位的,可以满足他们在中央政府担任一些重要职位的合理愿望。建立台湾政治精英拥有获得国家最高政治权力职位的制度,以及这种制度可能性的统一安排,是对他们产生吸引力的关键因素。

(二)合理满足台湾民众当家做主的愿望

对那些乐见两岸统一的台湾民众,大陆政治民主化非常重要。两岸政治制度的整合,一方面可以使他们无须担忧现有的政治自由因统一而受到影响,另一方面也可以确保他们能够平等地参与全国性的政治生活。一个国家如果一方面制度性地将国内某一部分民众长期排除在最高政治权力之外,另一方面又要求这些人永远保持对国家的忠诚,这是不可能的。国家的决策层应充分考虑到这点,应满足台湾同胞参与政治和管理国家的愿望。

(三)适当加快大陆政治民主化改革进程

两岸的统一过程同时也会成为中国政治进一步民主化的过程,这无疑是包括台湾民众在内的全体中国人民之最大福祉。中国大陆方面应该正面看待台湾方面对大陆政治民主化的呼吁,以使两岸统一的前景对台湾民众更具吸引力,而

---

[1] 葛剑雄:《统一与分裂——中国历史的启示》,中华书局,2008年7月第1版,第201页。

不是将民主和自由的道义优势拱手让与各种分裂势力。如果中国大陆能够根据国情适当加快政治民主化的进程,稳步推进政治改革,统一的政治战线将直接扩展到台湾岛内。到时候,抗拒统一的将只有那些极为顽固的"台独"人士,他们必将在政治和道义上遭到空前的孤立。但如果中国大陆在政治改革方面裹足不前,统一事业的号召力则将被削弱。所以,适当的政治改革也是大陆政治民主本身发展所需要的。

(四)重视政治道德建设

大陆一些地方屡屡出现的社会问题,不可能不影响台湾民众在"独统"问题上的政治选择,中央政府必须高度重视,妥善解决。在今天的中国,从法规和政策的制定与执行,到各种经济和社会资源的分配,莫不因人而异、因地而异,缺乏科学决策。个别地方政府领导垄断政治权力同时又缺乏最起码的约束,必然会迅速而普遍地腐化。所以,一些地方个别领导政治道德败坏是社会道德败坏的根源。地方政府作为法律秩序的唯一供应者和执行者的信誉一旦丧失,社会诚信缺乏与道德失范则不可避免,会直接影响到台湾民众在"独统"问题上的政治选择。

(五)寻求战略妥协

和平统一能否实现,取决于两岸能否取得一致的共识,即两岸能否找到政治和谈的战略妥协点,而寻求战略妥协也就意味着两岸都需要做出必要的让步。为了实现和平统一,台海两岸唯一现实的战略妥协似乎是台湾方面放弃对独立的追求,大陆方面则尽快推动两岸政制的整合。对大陆而言,推进两岸的政制整合,本来就是比让台湾保留军队更为可取的选择。两岸的统一进程同时成为中国政治制度进一步民主化与合理化的进程,不但可以提高统一方案对台湾方面的吸引力,也可以避免牺牲两岸统一后国家主权完整的紧密性与持久性。必须清醒地认识到,两岸政制的整合尽管有助于两岸的和平统一,却并不能确保两岸的和平统一,更不能成为大陆方面放弃战略准备的理由。中国大陆仍有必要以强大的军事力量保持和加强对台的军事威慑。和平统一方针须有武力解决相配合[1],这至少可以让分裂势力为和平统一政策的失败承担绝对与完全的责任。也只有在这种情况下,和平统一的替代措施才可能被认为是不可避免的,从而也具有了更为坚实的道义基础。

---

〔1〕 李亚非:《"和平统一"要以不放弃使用武力来支撑》,载《广西民族学院学报》(哲学社会科学版)2000年第6期,第60页。

（六）建立政治和解共生机制

“政治系统的主要功能有：利益表达，利益整合，政治沟通，法规制定，法规执行等。”[1]在20世纪的上半叶，国、共两党“政治生活缺乏和解机制。正是在‘反反复复’的政治较量中，才形成一种真正的共识和政治理念”[2]。在当前的中国，中国国民党和中国共产党是两岸最大的政党，也是当前的执政党。“政党是凝聚和交流政治见解的传统组织。”[3]政党与政党之间也可以凝聚和交流政治见解。国民党应该充分吸取二十世纪一党独裁专制造成的恶劣影响，因为一种思想和一种政治势力只有经过人民的反反复复的选择才能决定其生存，而不是采取一种杀戮手段予以消灭；要以更加宽容的胸怀对待岛内各个党派，凝聚道义优势，壮大自己力量，担负起政党和解、国家整合的历史责任。对于不适应历史发展潮流和对大多数人民利益造成伤害的政治势力和政治思想，不管它当时曾经多么强大，在物竞天择的历史进程中它会自然凋零，这是符合历史唯物主义，也是符合历史发展的基本规律的。国、共两党通过在国家统一问题上以增进了解、加强交流的方式交换各自的意见；求同存异，扩大共识，利用当前执政的有利形势，充分运用政党政治系统的功能，推进国家整合进程。国家利益的内涵包括阶级性与民族性，形式上体现为特殊利益与普通利益的交织。作为阶级利益的代表，中国共产党和中国国民党在历史上曾经捐弃历史前嫌，推动政治和解和整合。两次国共合作极大地推进了中国的统一事业。第一次国共合作创立了广东革命根据地，取得了北伐战争的胜利，打垮了北洋军阀的主力，收回了汉口、九江的英租界，使革命统一由珠江流域推进到长江流域，并得到了西南各省和北方一些省份的响应。第二次国共合作发动了百年来未曾有过的全国范围的对外抗战，打败了日本帝国主义，使得中国在近现代反侵略战争中第一次赢得了完全彻底的胜利。这不仅光复了“九一八”事变后失去的半壁江山，而且收回了台湾，收回了全部租界，收回了除北九龙以外的租借地，基本上确定了现代中国的疆界。

（七）建立合理的政治架构

在国家统一后的政治架构安排上，中国大陆的基本设想是建立台湾特别行政区。特区政府的提出，是随着国家的地方政治制度的发展而发展起来的，“它作为地方政府必要的补充，有助于解决一些国家因为历史原因而遗留的政治问

---

〔1〕 王惠岩：《政治学概论》，高等教育出版社，1999年12月第1版，第31页。

〔2〕 曹沛霖：《西方政治制度》，高等教育出版社，2000年4月第1版，第75页。

〔3〕 曹沛霖：《西方政治制度》，高等教育出版社，2000年4月第1版，第211页。

题、民族问题、宗教问题和国家统一问题”[1]。由于特区政府的设置往往突破了正常的行政隶属关系，形成了独特的政治地位，而且这种独特的行政地位相对于同层级的一般建制政府的行政地位要高，这就决定了特区政府在国家政治、经济和社会生活中具有不可替代的作用。台湾的特别行政区又有别于港澳特区，“其指导思想为：地方政府与中央政府是相互独立的，但地方政府必须受中央政府的监督和调控”[2]。1982 年宪法规定了特别行政区制度，这一制度是和平统一台湾的主要法律依据，也是目前解决台湾问题的最好方式。《宪法》第五十九条规定，特别行政区得选举全国人民代表大会代表，参与组成最高国家权力机关[3]。两岸关系和平发展是未来祖国完全统一的前奏。因此，获得台湾人民对两岸关系和平发展框架的认同，将为争取台湾人民对统一的支持发挥重要作用。

（八）构建两岸关系和平发展运行机制

中国共产党的十七大会议提出了“构建两岸关系和平发展框架”的任务，它是两岸统一进程中非常重要的前期基础工程，也是新时期党提出的具体目标。它至少应包括以下内容。一是两岸以政治谈判为开端，正式结束敌对状态，并约定双方在一定的期限内均不单方面采取行动改变两岸现状。二是两岸全面开放三通，扩大两岸在各领域的交流，实现经济领域内的关系全面正常化。三是建立两岸和平谈判制度化的管道，确立进行经常沟通的机制，稳步推进两岸和平进程。四是建立军事互信机制，建立共同的危机处理机制，防止因误判形势造成台海秩序动荡。五是求同存异，促进共识。两岸均秉持善意，相互尊重，对彼此在国家统一问题上的认知差距表示理解，逐步积累和扩大共识；至于未来的“一个中国”该如何表述，如何追求和达成，两岸可以平等协商。六是把握节奏，逐步融合。两岸关系从“和平发展”到“最终统一”的过程，也将是一个两岸建构共同价值的过程，因为现代国家的统一和团结，越来越依靠国民对共同价值、良好法律制度的认同，而不能仅仅依靠相同血缘、共同祖先这些传统纽带。

“两岸和平发展框架”是一个“综合性的框架”，但是“和平协议（定）”只是其中的一项内容。两岸应最好完成签订一个基础性的协议，用以规范两岸定位与走向的基本原则，它对整个中华民族、华人社会都有重要意义，也是海内外中华儿女负有责任关切和讨论的大事。在签订基础性文件时，采用恰当的词语也是

---

〔1〕 曹沛霖：《西方政治制度》，高等教育出版社，2000 年 4 月第 1 版，第 348 页。

〔2〕 王英津：《国家统一模式研究》，九州出版社，2008 年 6 月第 1 版，第 57 页。

〔3〕 周叶中：《台湾问题的宪法学思考》，载《法学》2007 年第 6 期，第 44 页。

必须考虑的因素。因为:一是在法律意涵上,“协定”与“协议”是完全一致,英文都是 agreement;二是就中文而言,“定”比“议”强一些。因此有大陆学者认为,在政治意涵上,“协议”没有“协定”正式,比较适合两岸的情形,可降低政治的色彩。通过签订一系列的文件,建立健全“两岸和平发展框架”机制。这些体制和机制的建立和完善,是保证两岸关系良性运行的重要前提。

二、举行政治谈判的基本内容

政治制度的兼容并蓄,是台海两岸完成整合的一个基本的发展方向。两岸通过政治谈判签订和平协议,这不是一般的战术问题,而是具有高瞻远瞩性质的战略考虑,以抓住发展机遇,实现国家的长远战略利益。作者认为:在“一个中国”原则下,谈判签订两岸和平协议,必须包含以下内容。

(一)设定双方的谈判目标

在谈判的目标设置上,应确定政治谈判的最高目标、次级目标和最低目标,如在“一个中国”前提下,“什么问题都可以谈”,但也要设定中国大陆在谈判中的“底线”。这个“底线”就是可以在和平统一后的台湾地区尝试实行同解决香港问题和澳门问题有所区别的模式。两岸应设定时间表,根据目标的大小和阶段规划,共同商定现阶段需要解决的问题。在谈判过程中,即使遇到重大分歧或遇到台海政治关系冲击也要理性地坚持下去,不能随意放弃,待政治氛围好转后继续进行谈判,以巩固阶段性取得的谈判成果。

(二)选择合适的谈判地点、时机和灵活的方法

在谈判的时机和地点选择上,双方应妥善协商。地点可选在与台湾政治环境相似香港、澳门、新加坡,也可以是台商相对集中的北京、上海、成都,还可以在台湾本土的台北、高雄。双方派出的谈判代表可以根据谈判的进展程度来提高双方谈判代表的层次。只要有诚意谈,只要有接触,双方就能减少分歧;谈话和接触越早,越有利于两岸的早日统一。在两岸的早期接触当中,海基会董事长江丙坤说,在具体做法上,透过两岸民间智库举办“和平论坛”“经济论坛”,凝聚议题的共识,研拟两项议题的基本框架草案,供台当局参考,等时机成熟,就可考虑设立“综合性经济合作协议”与“两岸和平协议”两个专案小组,负责推动[1]。只有把握好时机,选择合适的地点,采取灵活的方法,两岸关系就能向前发展。目前“经济合作框架协议”已经签订,具体实施的细节正在一步步落实,“两岸和平协议”已提上议事日程,成为今后推动两岸关系的重要目标。

---

〔1〕《江丙坤:机不可失 两岸可考虑签和平协议》,载《台海网》2008 年 7 月 22 日。

(三)采取循序渐进的方式

政治意见存在分歧和妥协,是在谈判中的正常现象,不能急于求成,应采取循序渐进的方式推进谈判进程。江丙坤就建议"两岸和平协议"可以采取循序渐进和阶段式方式进行。他认为"阶段化"意为两岸安全宣示以四年为一期;"相对化"意为在台湾领导人正式做出"四年任内反对'台独'"的宣示,大陆领导人也做出"四年内放弃武力与武力威胁"的保证,并建立一个客观的查证机制。所以,应从循序渐进的谈判的方式推动制度和观念的改变,有时可以及时公开谈判的分歧,引导民间展开理性讨论,然后逐步整合到同一认知轨道上来。从"理性选择制度主义"说,在中国大陆的眼中,战争与"台独"是同义字,因此基于安全与稳定的考虑,台湾必须理性地放弃"台独"选项,从"社会学制度主义"说,当追求安全已经成为一种文化认知、一种习惯时,没有人会尝试挑战这种论述,人民会自然而然地避开战争,选择放弃"台独"。

(四)尊重和融合双方法律

在法律依据上,"和平协议"应以宪法为根据。宪法是解决台湾问题的根本依据,因为它规定了国家和公民统一台湾的义务,规定了和平统一台湾的机制,为运用非和平方式统一台湾提供了法律依据,而且还是对台立法工作的基本依据[1]。而对这一问题做更加细化和规范的则是作为宪法重要组成部分的反分裂国家法。而对于台湾地区的法律法规来说,目前其基本的法律构架和体系均坚持"一个中国",这有利于两岸和平统一。应当充分吸收和移植其中关于"一个中国"的内核和含义,对分歧较大的暂时不动,对分离含义的法律元素,应通过谈判过滤,予以排除,对一些模糊的可以保留,留待以后双方做出补充解释,予以明确。

(五)安排好台湾领导人的政治待遇

关于台湾政治领导人的安排问题,1955 年 5 月周恩来在宴请曹聚仁时,就"如果通过谈判台湾归还祖国后,中央政府对蒋介石等如何安排"的问题表示,"蒋介石将来总要由中央安排,台湾还是他们管,如果陈诚愿意做,蒋经国只好让一下做副的。其实陈诚、蒋经国都是想干些事的,陈诚愿到中央工作,职位不在傅作义之下,蒋经国也可以到中央工作。我们希望台湾整个回归祖国怀抱。他们的一切困难都可以提出,我们是诚意的,希望他们也拿出诚意来"。所以,作者建议,台湾统一后,凡由台湾民选出来的地区领导人,均可在中央政府兼任要职。

---

〔1〕 周叶中:《台湾问题的宪法学思考》,载《法学》2007 年第 6 期,第 43 页。

这是国家几代领导人做出的承诺，是对国家和民族发展前途做出重大思考的情况下的意见。在今后的国家统一过程和统一后，台湾民选政治领导人在中央政府的安排和政治待遇会一定高于台湾，可以在两地同时任职，并且会在正式协议当中做出具体安排。

（六）明确两岸政党合作关系

关于两岸政党关系，中国历史进程一再证明：国、共合作有助于发动全国民众，形成最广泛的全民族团结，从而推进中国革命和国家统一，走向一个光明的伟大的前途[1]。两岸的三个主要政党，即共产党（红）、国民党（蓝）、民进党（绿），构成不等边的“三角关系”，可以保持相互间的交往和良性互动。但民进党目前坚持“台湾独立”的政策，政党领导人接触的可能性小，而对民进党党员和县市长以个人身份访问大陆的，有关部门可以热情予以接待和沟通情况、交流信息。中国共产党和中国国民党的领导人在平等的基础上可以达成互访、保持政党高层领导人经常性接触的机制。协议中应就两岸领导人的定期会晤协商，建立制度性保证。国家的统一战略应该放到整个国家的政治体制平稳转型的环境中去考察和实践。国民党以前的合法地位是在当年中国大陆民主选举的，台湾民众肯定不愿意看到台湾的经济优势因为两岸统一而被稀释，也不愿意看到其政治生活受到冲击，其政治领导人受到不平等对待。这是一种特殊情况，只有特殊对待。国、共两党都是爱国主义政党，这是两党最大的交集，也是建立平等交往的前提。历史一再证明国、共两党对于中国，合则加分，分则减分。中国先后10多年的内战，两岸隔海60多年的对峙，台湾分裂势力的崛起，外国势力的乘虚介入，都与国、共两党的分裂是分不开的。“历尽劫波兄弟在，相逢一笑泯恩仇。”[2]如果两岸和平框架是未来两岸的骨干，那么明确两党的政治地位和合作关系就会加强。政治认同是两岸交流的唯一渠道，只要国、共两党认同一个中国，就能促成两岸的血肉联系。建立在“一个中国”认同之上的国、共两党平等交往、共谋统一，两岸关系才能稳固，两岸和平框架才能稳固。

（七）妥善解决台湾的政治地位问题

关于台湾的“政治定位”，既要尊重客观事实，又要从两岸长远关系来考虑。中国是单一制国家，这既是历史的选择，也是民族的情感选择，同时，也是被国际

〔1〕 朱健安：《论20世纪中国由分到合的特点》，载《湖州师范学院学报》1999年第3期，第3页。

〔2〕 李家泉：《达成两岸和平协议的可行性研究》，载《中央社会主义学院学报》2008年第4期，第122页。

法认可的。中国在历史上选择了许多主义、许多种制度、许多条道路，均无法使中国由黑暗走向光明，由落后变为先进。为了打开两岸关系目前的僵局，我们也要继续解放思想，寻找新的思路和新的方法来定位两岸关系。对“一个中国”的表达可以做变通商量，寻求一种公约数较大的说法。对台湾的“国旗”“国歌”亦可协商做重新选择。在“一个中国”原则前提下内涵可以各说各的，找到一种使双方能够坐下来进行政治谈判的形式，谈出统一模式。也就是说，和平统一台湾的模式最终是谈判出来的。妥善解决好台湾的政治地位，这同样需要政治勇气、理论勇气和实践勇气。

（八）明确确立台湾的行政建制

在台湾的行政建制上，根据台湾目前的实际情况，可以参考中国历史上“大行政区”的模式。所谓“大行政区”模式，就是类似新中国建国初期所设置的大行政区制，代表中央管辖若干个省级单位，其本身亦设置有若干个部、委机构，其地位高于各省市级政府和现有特区政府。其实，现在所提出的使用于台湾的“一国两制”的实际的自主性已类似“大行政区”这种模式，具体形式还可以再做讨论。在和平统一台湾后，台湾当局管辖的台北和高雄两个直辖市的地位不变，继续保留其行政架构和层级。

（九）解决好台湾“国际空间”问题

关于台湾的“国际空间”，总的应在“一个中国”原则下求得解决。例如，参加联合国，可仿效联合国成立时的做法，即由国、共两党共组代表团，现可改为两岸共组代表团。至于台湾的对外关系，以及参加包括世卫组织在内的只有主权国家才能参加的国际组织，亦可参照此做法。协商在“一个中国”原则下，两岸共组使馆或代表团的方式予以解决，共同参与。

（十）规划两岸和解步骤

“两岸和解”有三个步骤。初期阶段：恢复“海基会”和“海协会”的功能，开展以经贸文化交流为主要内容的交往，争取早日实现两岸直接“三通”，签订相关的经济框架协议，落实具体的经济措施。2007 年台湾举行“总统”选举前期，据“中时电子报”报道，国民党“总统”提名人马英九昨跨海访金门，强调要用“后大三通”的角度，思考金门未来前途。他表示，若能顺利当选，将立刻大幅开放“小三通”适用范围，并与大陆谈判两岸海、空直航，在“威胁极小化、机会极大化”原则下，“化解大陆超过 900 枚飞弹对准台湾的危机”〔1〕。两岸尽快、尽早实行“三

〔1〕《马英九：评估金门与对岸建大桥》，载《联合早报网》2007 年 6 月 18 日。

通”,其中可以首先选择通航,加强双方的往来了解。经济是基础,政治法律制度是上层建筑。这是马克思历史唯物主义的一项重要原则,在台湾同样适用。如果经济发展不上去,台湾的政治人物说话就底气不足。所以发展经济就是政治人物的优先课题,这一课题在马英九当选之后顺利得到解决。中期阶段:开展两岸各政党和政团之间的交往,就签订两岸和平协议进行酝酿、广泛听取意见、交流沟通和协商,将两岸的交流领域进一步拓宽到军事、司法、立法、行政机关、学校等双边相互交流。要充分调动和利用在大陆定居的台胞、台商、台属对大陆熟悉和认同感,通过他们去做台湾人民的工作,就两岸签订和平协议的基本内容和正面作用做出解释。这样就可以影响台湾的民众选择推进国家整合的政治人物,容易让台湾当局信任中国大陆的统一政策及其诚意,早日达成共识,有利于在协议签订后执行。最后阶段:就两岸和平统一的初步方案,进行广泛深入的讨论,进一步拓展两岸和平统一的方案在岛内的宣传范围及力度。可按台湾现行的行政区域、行业、单位等进行多媒体、互联网、文字进行广泛交流,也可以充分利用两岸举办的各种研讨会不失时机地开展宣传。让两岸加深对两岸和平统一的方案了解,深化认识,从而增加认同感,以达到做台湾人民和平统一工作的目的[1],以凝聚共识,积极促进和推动签订协议,最终实现两岸和平统一大业。

(十一)确立区域合作制度

各级政府部门要认真落实党中央、国务院的决策,全力支持海峡西岸经济区加快发展,促进海峡两岸交流、交往,带动中部地区与台湾交往。台湾海峡西岸城市群发展将是继长江三角洲城市群、珠江三角洲城市群和京津冀环渤海城市群后正在崛起的、以产业分工合作为主要特征的中国沿海大城市群。加快海峡西岸城市群建设,推进海峡西岸经济区建设,将进一步促进海峡两岸经济紧密联系,互利共赢,推进祖国统一大业[2]。2012 年 2 月 14 日,福建省宣布平潭县作为特区对台湾开放,实行“放地、放权、放利”的三放政策,以高薪等优厚条件引进台湾人才,并借鉴台湾的社会管理模式,在某些特定区域甚至可以由台湾人来治理开发[3]。这一决定将加速海峡两岸制度的融合。但作者认为在取得经验的基础上,应进一步开放海峡西岸经济区的一些县市做前期实验。今后,对台资企业在大陆投资,应进一步实行优惠,切实保护好台资企业的利益和台商的合法权

---

〔1〕 张翼安:《论国家结构与两岸统一》,载《陕西省行政学院、陕西省经济管理干部学院学报》2001 年第 1 期,第 22 – 23 页。

〔2〕 汪光焘:《台湾海峡西岸城市群正在崛起》,载《新华网》2007 年 6 月 18 日。

〔3〕 陈太曦:《福建对台特区激起岛内兴趣》,载《环球时报》2012 年 2 月 16 日。

益。同时，也可考虑大陆企业去台投资，做到“你中有我，我中有你”，通过区域合作问题，中国大陆带动全国与台湾积极开展经济合作，全国经济自然就会与台湾形成统一。关于跨国区域合作问题，中国大陆应积极鼓励和协助台湾以适当身份加入东盟自由经济贸易区，充分利用成员身份在经济合作领域享受零关税政策，共同参与跨国区域合作，增强台湾的竞争力和共同应对危机的能力。

(十二)签订两岸和平协议

政治和解达到一定程度，就可以建立“军事互信机制”，签订和平协议，尽早结束敌对状态。协议中应有以下基本内容：台湾军队可保持相对独立性，应保持在不威胁对岸安全的水平。大陆应明确不承诺放弃使用武力的本意、指向和使用武力的前提，向对方做明确宣示，明确“正式结束两岸敌对状态”的结束，包括从作为内战延续至今的两岸军事对峙和敌对状态，同时结束两岸在政治上的敌意，建立互信与合作，结束阻碍两岸经济关系发展的人为障碍。两岸互称对方为“友军”，相互开展友好访问，互派代表参加对方军事演习，相互通报自己的重大军事行动。双方均不派军情人员至对方进行干扰破坏，应明确商定海峡两岸不搞军备竞赛，双方可提出一些能共同接受的约束办法。商谈包括海峡两边如大陆的福建和台湾的金、马相互相削减驻军。在没有出现“三个如果”的情况下，大陆应尽量不要在台海地区搞军事演习，防止挫伤台湾民众的情感，避免产生误解，以免被台湾少数政客和亲绿媒体利用。台湾地区在军事力量和武器采购方面有一个量化的控制，还应就美国的“与台关系法”中售台武器数量、质量做出明确的限定，逐步降低军售的幅度及直至最后终止的具体时间表。

在“正式结束两岸敌对状态”达成协议的基础上，“共同承担义务，维护中国的主权和领土完整，并对今后两岸关系的发展进行规划”，在条件成熟时，签订两岸和平统一协议。通过构建法律机制确立两岸关系和平发展的框架，确立有利于台湾人民了解两岸关系和平发展框架的主要内容，并基于其对法律的信仰与服从，增强对两岸关系和平发展框架的认同。

三、两岸国际参与的整合和同一

台湾无论是“重返”“参与”或是“加入”联合国，都牵涉到国际政治的现实，绝非台北一厢情愿就能实现。这个议题之所以在台湾历久不衰，即使马英九获得执政和连任，也不敢在这个问题上有所退缩，显示出“参与国际活动空间”的确是台湾人民的一项需要。台湾一直在利用各种机会做各种努力，我们应该“分析其产生的过程和运作机制,也许能给我们提供认识国家主权的另一个视角"[1],也要为台湾的合理要求提供一个基本的参与途径。目前,国际组织分只有主权国家参与和一些非主权政府可参与的国际组织,对于台湾的这种诉求,可以通过两岸谈判妥善地加以解决。

(一)正确对待悲情意识问题

台湾个别私心重的政客,正是利用台湾的悲情意识不断进行炒作,竟然能有效地将中国大陆塑造为一个打压台湾主体性的"他群",进而减少两岸人民的认同,增加了大陆整合台湾的难度。我们对于政客们利用这个议题,操弄这个议题进行揭露和批判的同时,必须看到这个问题存在一定的操作空间。妥善解决台湾参与国际活动空间的问题,对反制台湾政客在两岸认同上的长期操弄,去除整合台湾的外部障碍具有重要作用。也就是说,如果两岸能够在国际参与问题上找到答案,将有助于彻底地解决"台独"政客利用参与国际社会的议题操作"悲情"的可能。

(二)确立相关机构的参与模式

目前的国际组织,第一种是国际政治组织,例如,联合国及其安全理事会、国际法院(TICJ)等。这类国际组织,只有主权成员国才能参与,而没有主权的政府就无权参与。如果两岸的和平协议正式签署,保证不分裂中国的条款列在其中,从国际法上说不存在着两岸同时"出现"在同一只有主权国家才能参与的国际组织,就不会造成两岸分裂的法理事实。第二种是国际经济组织,例如,世界贸易组织(WTO)、国际货币基金(IMF)、世界粮农组织(TFAO)、一些国际性的渔业组织、欧洲复兴发展银行(TBRAD),欧盟成员国与欧洲共同体(TEC)等。欧洲共同体允许以不是主权政府的身份参与,以观察员身份参与。参考这类方式,以"两岸三席"的方式参与这类经济组织,即北京代表团、台北代表团与两岸共同体代表团(第三席)共同出现在该国际组织中,或以两岸共同组成代表团共同参与该类国际组织。这类国际组织的存在将使得台北即使以正式成员(或观察员)身份参与,也不会造成"台湾独立"的法理事实。第三种是一些区域性的国际组织,如亚洲开发银行、美洲国家开发银行。这种国际组织可以在两岸协商达成一致意见的或者默契的情况下,允许台湾以"中华台北"的名义加入。第四种是国际文化体育组织。台湾具体参与文体组织的问题已经得到很好的解决,例如,两岸参

---

〔1〕 胡国爱:《博弈论视角下国家主权理论的新思考》,载《广西政法管理干部学院学报》2007 年第 4 期,第 92 页。

与国际奥委会的“奥运模式”就是典型的解决方案。1975年,中国奥委会要求恢复其在奥林匹克运动中的作为中国唯一合法代表的权利。1979年,国际奥委会通过《名古屋决议》,恢复了中国奥委会在国际奥委会的权利[1]。《名古屋决议》承认设在北京的奥委会名称为“中国奥委会”,使用“中华人民共和国国旗和国歌”,提出“‘中华民国’奥委会”将在“中国台北奥委会”的名称下继续参加奥运会,但不得使用以前使用的“中华民国”“国旗与国歌”。由于台湾当局不接受这样的安排,因此被暂停参与国际奥委会所有活动。1981年,在当时国际奥委会主席萨马兰奇的协调下,国际奥委会与台北奥委会在瑞士洛桑举行会议,并正式签订协议。根据该协议,台北的奥委会正式改成“中国台北奥委会”,同时规定,会址设在台北的奥委会改名为“CHINESE TAIPEI OLYMPIC COMMITTEE”。大陆方面自此将“CHINESE TAIPEI”翻译为“中国台北”。同年,台湾奥运组织确认接受《名古屋决议》,并将“CHINESE TAIPEI”翻译为“中华台北”。由此可见,两岸双方的不同翻译是历史形成的。洛桑会议确立了“中国台北奥委会”的会旗、会歌。有关台湾参加奥运会的规定,也就是我们平常所说的所谓“奥运模式”[2]。1989年4月6日,两岸奥委会负责人在香港签署了如下协议:台湾地区体育团队及体育组织赴大陆参加比赛、会议或活动,将按国际奥委会有关规定办理。大会(即举办单位)所编印之文件、手册,寄发之信函,制作之名牌,以及所做之广播等等,凡以中文指称台湾地区体育团队及体育组织时,均称之为“中华台北”。虽然双方翻译的词语不同,但大陆方面一直按照在香港签署的协议,在协议规定的范围内,使用“中华台北”。而在协议规定范围之外,继续沿用“中国台北”的译名。台湾某些媒体和人士认为大陆媒体违背香港协议,有意将“中华台北”改称为“中国台北”。这是混淆了香港协议的内、外范围,与客观事实不符,不利于双方建立互信。

第六节 欧美国家整合经验的借鉴

欧美大陆的整合经验,对台海两岸的整合具有一定的参考意义,它可以作为中国国家整合的借鉴和参照。在欧洲为例,从十七八世纪起欧洲的精英就在思

---

〔1〕 施文忠,等:《试论“一国两制”的“奥运模式”对开创我国体育新局面的历史意义》,载《南京体育学院学报》2001年第1期,第20页。

〔2〕 刘峰:《“奥运模式”不容动摇》,载《环球时报》2004年9月23日。

考,如何为整个欧洲人建构认同,但是少数欧洲精英的努力,仍旧无法抵抗各国领导阶层对于权力与利益的贪婪。两次欧洲大战导致生灵涂炭的结果,才使得欧洲人真正开始思考,如何建构欧洲人民对于同属欧洲的认同,用以化解彼此间的“分别心”。20 世纪 50 年代起,欧洲精英用欧洲共同体的方式创造了“分中有合、合中有分”的欧洲。迄今几乎没有人会认为在同属欧盟成员的土地上还有发生战争的可能。这种在“分”的现实基础上追求“合”的共识与可能,是供两岸借鉴的重要参考因素。

一、德国的整合实践

德国历史上历经分裂,又最终统一。二战时,德国由于自身政策的失误导致战争失败,被盟国分区长时间占领。由于在战后勇于承担责任,德国获得国际社会的谅解,逐步走向整合并再次完成统一。德国历史上的整合经验是国际社会维护国家统一,促进民族振兴的宝贵财富,也是人类文明发展史上的重要遗产。

(一)俾斯麦铁腕推动国家统一

联邦德国首位总理康德拉·阿登纳的外交政策,是用“一个德国”政策的逻辑来看“一个中国”政策,但这并未降低德国当时的立场所具有的重要意义。在形势的进一步发展中,反过来由此产生了中国对德国统一的一贯支持,并且中国也非常早地看到欧洲统一对全球的意义,中国在欧洲共同体成立之初,就看到它是将来重要的全球力量。“中国太大太重要了,以至于不能只在显得必要时,才把他当作对话伙伴。”[1]德国在早期的历史上曾经是一个长期分裂、境内诸侯林立的国家。1861 年普鲁士的威廉一世任命奥托·冯·俾斯麦(1815—1898)为内阁首相兼外交大臣。俾斯麦对于普鲁士有能力统一德意志深信不疑。他认定:武力是取得政治和外交成就的基石[2]。正是在“铁血首相”俾斯麦领导下,德国实现了国家的统一。

(二)科尔创造国内外环境再次促进统一

二战结束后,德国被盟军占领,被迫分为苏、美、英、法四个国家的占领区。这是盟国在战后的对德政策存在矛盾,继而转变为互为敌视的情况下形成的,造成德国历史上再次分裂。历史进入 20 世纪 80 年代末期,国际、国内形势的新动向使作为东西方冷战体制产物的德国分裂局面出现了戏剧性的变化。1989 年

---

〔1〕〔德〕汉斯-迪特里希·根舍(Hans-Dietrich Genscher):《不要害怕中国人》,载德国《每日境报》2004 年 12 月 14 日。

〔2〕陈良生,等:《中国国家统一战略——战与和之间,我们选择全面打击和遏制“台独”》,明报出版有限公司(香港),2005 年 2 月第 1 版,第 4 页。

11月9日,东德政府宣布开放柏林墙;同月28日,西德总理科尔就逐步实现统一问题提出"十点计划"。1990年5月18日,两德签署关于建立经济、货币和社会联盟的国家条约("第一个国家条约"),以法律形式肯定了两德经济、社会的一体化,是两德统一进程中所取得的第一个实质性成果;同年8月31日,两德政府又签署了关于实现德国统一的条约("第二个国家条约")。在两德签署这两个条约的过程中,"2 + 4"外长会议先后召开了4次会议,并在1990年9月12日的莫斯科会议上达成了妥协,两个德国和四国的外长签署了"最终解决德国问题条约",从国际法上解决了与德国统一有关的全部外部问题。"1990年10月3日,有关德意志联邦共和国实行统一的条约生效。翌日组成全德政府。在其后一周时间,联邦议院和参议院通过了彻底调整对德关系条约。"[1]当日,一个统一的德国宣告诞生;同年12月2日,德国举行了统一后的首次大选。1991年1月17日,全德大选后的第一届政府成立。实际上,两德统一所采取的实质上是"东德加入西德"的方式。

在两德统一前夕,即1990年9月23日,当时的联邦德国对基本法做了重要的修改,完成了基本法的整合。一是修改了基本法序言的规定:主要是取消了原来的"为了建立过渡时期国家生活的新秩序"等,增加了"本基本法对全体德意志人民有效"的规定。这为基本法在德国统一以后继续生效提供了依据。二是取消了原基本法第二十三条:"本基本法先在巴登、巴伐利亚、不来梅各州生效。本法在德国其他部分加入联邦共和国之后,也将在那里生效。"两德统一就是依据这一条的规定,由东德加入西德而得以实现的,也就是说,两德统一所采取的实质上是东德加入西德的方式。德国统一以后,再也不存在所谓的"德国其他部分",因此此次修改取消了这一条的规定。三是在规定联邦参议院构成的第五十一条中增加了"超过700万的州有6票"。这样,在德国统一以后,由于新州的加入,加上这一修改又提高了人口较多的州在联邦参议院中所拥有的议席,联邦参议院议员总数由原来的45名增加到了68名。四是修改了基本法第一百四十六条:"本基本法在德国人民根据自由决定所通过的宪法开始生效之日起丧失其效力。"这一规定说明了基本法所具有的临时性。这次修改规定为:"在实现德国的统一和自由后适用于整个德国人民的本基本法,在德国人民以自决方式通过的宪法生效之日起失效。"这样的修改并没有充分明确将来应是修改基本法还是制定新宪法,这对于统一后德国宪法制度的发展来说,确实是一件遗憾的事。这次

[1] [俄]米谢戈尔巴乔夫:《我与东西德统一》,中央编译出版社,2006年7月第1版,第120页。

修改是基本法从1949年实施以来的第36次修改,也是1990年统一的德国成立之前的最后一次修改。

二、美国的整合经验

在美国,早期北部和西部的结盟,不仅仅是简单意义上的经济商业交往,更是在此基础上形成的更高层面上的政治整合。随后在国会选举、政党活动、总统选举等活动中,西部逐渐抛弃了南部与北部联起手来,致使早期的南、北平衡最终以南部失去西部、北部与西部结盟而被打破。令南部更为恼火的是19世纪四五十年代涌进美国的移民,都躲开南部,进一步使北部在人口数量上占居多数。铁路和工业的发展,加强了自由州在经济上的优势。1860年,已经发展起来的密集的铁路网,把中西部连接在一起了,只有几条铁路通往南部[1]。这是导致南部地区经济逐渐落后,生产和生活落后于北部,也是最终导致南方脱离北方的重要原因。今天,中国大陆关于修建北京到台北的高速公路和高速铁路的计划,就是出于区域整合战略的长远考虑,尽量在两岸统一之前,不要与台湾在生产和生活方面的距离拉得太远。这对国家整合战略来说十分重要。

〔1〕 李连广:《美国南部首先挑起内战的原因》,载《济宁师范专科学校学报》2005年第2期,第21页。

第七章　反分裂国家法抵御机制研究

反分裂国家法抵御机制研究，是指中国人民和中国政府，为了反对国内、外敌对势力分裂祖国的言行，为维护国家主权和领土完整，抵御分裂和干涉势力的种种分裂企图而进行斗争过程的研究。通过分析中国人民在近代史上有效运用各种资源，集合公众力量揭露和抵御国内、外分离势力分裂祖国的言行，分析国际非法势力干涉中国特定的国际背景和企图。回顾中国人民和中国政府在过去反对分裂势力和国际强权斗争的历史，提出应对分裂势力和国际非法干涉势力的措施，从而有效地维护国家的主权和领土完整。这些经验教训对国家推进祖国统一进程，抵制国内分离势力和国际非法干涉势力干涉国家内政，维护中华民族的根本利益具有重要的参考意义。

第一节　美国的对台政策

美国的对台政策始终随其国家利益变动而变动。20 世纪 50 年代初期，当腐败无能的国民党即将被中国共产党领导的人民军队打败溃退台湾的时候，美国政府曾经打算放弃对国民党的支持。第二次世界大战后，日本战败投降，将台湾归还当时的中央政府。从那时起，台湾不仅在法律上，而且在事实上已经成为中国的领土。现在"之所以又出现台湾问题，与随后中国国民党发动的反人民内战有关，但更重要的是外国势力的介入"[1]。朝鲜战争爆发后，美国出于称霸全球的战略目的考虑，对台政策做了重大调整，开始正式介入台海事务。"从表面上

〔1〕 李大光：《中国安全抉择——构筑 21 世纪的国家安全体系》，石油工业出版社，2002 年 1 月第 1 版，第 264 页。

看,朝鲜战争的爆发使美国对台湾的政策来了一个180度的大转弯。"[1]此后,对中国内政进行了长达60多年的干涉。通过研究美国早期干涉台湾事务的历史发现,它主要集中在干涉的道德和及合法性方面:一是干涉是以实力为基础,以私利为目的;二是干涉是外部力量对一个国家内部事务的干预[2]。

一、美国对华正式政策

美国管理对华政策的结构框架主要是由相关法律、政府间协定及其他沟通管道所构成,在法律渊源中由中、美三个"联合公报"组成基本架构。中、美三个"联合公报"具体是指1972年的"上海公报"、1978年的"建交公报"和1982年的"八一七公报"。

(一)中美两个联合公报

它们是由中、美两国政府签订并公开发表的政治协定。1972年2月28日的"上海公报"是中、美第一份联合公报。在该公报中,中、美双方各自就台湾问题阐明了立场。中方认为:"中华人民共和国政府是中国唯一的合法政府","台湾是中国的一个省","中国政府坚决反对任何旨在制造'一中一台''一个中国、两个政府''两个中国''台湾独立'和鼓吹'台湾地位未定'的活动"。美国方面也声明:"美国认识到,在台湾海峡两边的所有中国人都认为只有一个中国,台湾是中国的一部分。美国政府对这一立场不提出异议。"中、美"上海公报"的发表,打破了中、美关系中的坚冰,启动了中、美关系正常化的进程。1978年12月16日,中、美就建立正式外交关系达成了一致意见,并起草和公布了公报,这就是"建交公报"。双方宣布:自1979年1月1日起互相承认并建立外交关系。美国承认"中华人民共和国政府是中国的唯一合法政府。在此范围内,美国人民将同台湾人民保持文化、商务和其他非官方关系","美国政府承认中国的立场,即只有一个中国,台湾是中国的一部分"。公报还涉及中、美建交之后的美、台关系和今后对台湾的安排等事项。1979年1月1日,中、美正式建交。但在1月26日,卡特政府即向国会提交了关于未来美、台关系的"综合法案"[3],目的是与台湾人民在非官方基础上维持商务、文化及其他关系。国会参、众两院外委会于2月下旬分别就政府法案举行听证与辩论,在长达两个月的辩论中,两院对政府法案提出

〔1〕 王绢思:《论美国"两个中国"政策的起源》,载《世界历史》1987年第3期,第35页。

〔2〕 刘星:《国际政治范畴中的"干涉"概念》,载《武汉大学学报》(哲学社会科学版)2004年第1期,第135页。

〔3〕 程美东:《透视当代中国重大突发事件1949—2005》(下),中共党史出版社,2008年1月第1版,第558页。

重大修正,并于3月28日、29日分别通过修正后的法案文本,4月10日送卡特政府签署,成为法律,即“与台湾关系法”。也就是说,中、美建交公报正式生效不满半年,卡特就签署并批准了“与台湾关系法”。“与台湾关系法”强调美国对台湾安全的承诺,宣称美国决定同中华人民共和国建立外交关系是基于台湾的前途将通过和平方式决定这样的期望,并宣称将向台湾提供防御性武器,使美国保持抵御会危及台湾人民的安全或社会、经济制度的任何诉诸武力的行为或其他强制形式的能力。

(二)美国对台军售问题承诺

由于“建交公报”并未解决美国对台军售问题,加上“与台湾关系法”又将对台军售问题列在其中,给中、美关系的正常发展造成一定的困扰。为此,中、美建交后就这一问题进行了长期艰苦的谈判,并于1982年8月17日两国签署并发表了著名的“八一七公报”,这是中、美第三份联合公报。双方一致认为,“互相尊重主权和领土完整、互不干涉内政是指导中、美关系的根本原则”。美方承诺将“不寻求执行一项长期向台湾出售武器的政策”,向台湾地区出售的武器在性能和数量上将不超过中、美建交后近几年供应的水平,并准备逐步减少它对台湾的武器出售,并经过一段时间导致最后的解决[1]。该公报为解决美国售台武器问题进一步规定了所应依据的原则和步骤。应当说,如果得以认真执行,必然将为中、美关系的进一步发展扫清障碍。但事实上,里根总统在“八一七公报”发表前的1982年7月14日,以私人信件的方式,向台湾当局做出了“六项保证”。其中包括:美方不会同意设定期限停止对台湾的武器出售;不会同意就对台武器销售问题和中国政府进行事前协商;不会同意在北京和台北之间扮演调解人的角色;不会同意中国政府的要求,而重新修订“与台湾关系法”;没有改变其对“台湾主权”问题的立场;不会对台湾施加压力,迫使其与北京进行谈判。这六项保证充分表明,里根政府根本就没有认真履行即将发表的公报的诚意。

(三)“与台湾关系法”的负面影响

“与台湾关系法”对中、美关系产生的恶劣影响持续30多年。1993年1月20日,克林顿入主白宫,随后正式宣布:包括本届政府的每一届政府,皆确认“与台湾关系法”在法律上优先于1982年公报,前者是美国法律,后者为政策声

---

〔1〕 张万明:《涉台法律总论》,法律出版社,2009年12月第2版,第369-372页。

明[1]。1994 年生效的“穆考斯基修正案”是美国政府第一次以国内立法形式确认《与台湾关系法》在军售问题上的效力高于“八一七公报”。1995 年美国国会再次在《国务院授权法案》中附加了有关“与台湾关系法”优于“八一七公报”的条款。这样,从美国国内法律来看,在管理对台政策中,“与台湾关系法”无疑是优先于美国的政策声明包括公报在内。它在事实上造成了作为行政机构签订的三个“联合公报”,在美国国内法律体系中的地位远低于作为美国国内法的“与台湾关系法”的事实。在实践中,“与台湾关系法”成为美国政府在干涉台湾问题上的一张外交王牌,在公开和私下的外交场合,美国政府及政治人物会选择性的解释“与台湾关系法”,为其干涉台湾问题进行辩护。同时,美国在台湾政策管理中的其他管道包括美台私下沟通渠道,如美国驻台协会等。

二、美国对台湾的介入政策

在美国,第一个提出占领台湾的是美国东印度舰队司令马修·佩里准将。早在 1854 年,他率领军舰在台湾基隆登陆,进行勘察。他在给美国政府的报告中说:“在占全球 1/4 的东方地区,极应建立一个美国的基地,作为保持美国在东方海上权利的手段,而且是绝对需要的插足手段。”为此,“美国应单独在台湾采取先机行动,建立一个美国殖民地或居留地,作为美国发展其东方商务的中心”[2]。佩里这个在美国历史上创立“太平洋基地论”的著名人物,其侵台主张虽然在当时没有实现,但对二次大战后美国企图控制台湾无疑具有重大的影响。

(一)地缘政治因素考虑

美国国务卿西华德(1861—1868) 首倡“太平洋帝国论”,竭力主张美国向太平洋扩展。“海权论”的鼻祖马汉对“太平洋帝国论”进行了具体论证。他认为,“以中国为中心的未来世界之责任”,应由美国负起。推进以夺取中国为中心的“太平洋帝国论”,便成为美国政治精英形成介入台海事务政策的思想源头。

台湾的战略位置受到美国政策制定者的重视。台湾是一艘“永不沉没的航空母舰”,这是美国五星上将麦克阿瑟的一句名言,此话准确地概括了台湾在美国全球战略中的地位[3]。台湾所处的地理位置,使得美国、日本的某些军界和政界人士,在二战后期及战后初期对台湾的“政治定位” 问题进行各种谋划。1941 年太平洋战争爆发之时,美国国防部就成立“远东战略小组”,评估台湾的战略地

〔1〕 程美东:《透视当代中国重大突发事件 1949—2005》(下),中央党史出版社,2008 年 1 月第 1 版,第 561 页。

〔2〕 宋连生、巩小华:《穿越台湾海峡的中美较量》,云南人民出版社,2001 年第 1 版,第 2 页。

〔3〕 朱听昌:《论台湾的地缘战略地位》,载《世界经济与政治论坛》2001 年第 3 期,第 67 页。

位。1942 年,美国五角大楼远东战略小组成员乔治·克尔为美国军方准备了一份报告。报告对战后台湾的"政治定位"提出三种方案:一为台湾"独立自治";二为台湾"移交中国";三为先对台湾进行"托管",随后以"公民自决"的方式决定其"政治命运"。该报告还认为由于台湾对美国有"潜在的"经济与战略意义,美国不要"轻易"将台湾移交给中国。同时,美国国务院在其出台的一份报告中也称:"台湾保留在友邦的手中,商业上对美国是有利可图的,更重要的是,台湾具有非常重要的战略价值。"虽然在以后的一段时间里,美国军事占领台湾的计划未能实施,但美国政府许多公开或隐蔽的做法,已表明他们对台湾的企图和占有欲望。一位美国学者指出:"尽管美国的占领计划未能实现,但是美国二战期间对台湾表现出浓厚的兴趣和关注","这些关注继续在美国对华政策中受到重视"[1]。

台湾的军事价值促使美国企图占领台湾。1941 年珍珠港事件后,美国开始正式关注台湾问题。二战中,美国领导人看到,台湾既是日本在东南亚和西太平洋地区的军事行动基地,又是日本战时经济的重要补给地。美国出于自己的战略利益,逐步涉入台湾事务。以后的发展事实证明,美国侵占台湾的思想占主流,共和党议员麦卡恩就明确表示,美国应该用武力保护台湾从中国"独立"出去[2]。第二次世界大战期间,美国凭借其政治、外交、军事等优势,公开承认他国的领属权,甚至公开声明要控制太平洋中的任何一个岛屿。因此,台湾光复时,中国已了解到美国的企图:(1) 在战略上,美国可能比其他国家先行登陆台湾,借防御台湾的名义在台设防,战后转化为工业生产基地以控制台湾经济;(2) 美国籍"珍珠港事件",报复台湾,将所有工业建设毁灭;(3) 战前台湾电力工厂向美国借资 60 万美元,美国可能向台湾清账,施加压力;(3) 美国已在澳洲备有台湾人才,可能不向中国借用台湾人才,单独管理台湾。

冷战政策推动美国介入台海事务。第二次世界大战结束后,美国开始从美、苏冷战和全球对抗的角度考虑台湾的战略价值。时任驻日盟军总司令的麦克阿瑟,于 1950 年 5 月 29 日和 6 月 14 日两次向华盛顿方面提交了关于台湾战略地位的备忘录。麦克阿瑟声称:台湾,无论从地理上还是从战略上讲,都是美国从阿留申群岛至菲律宾的远东防线中极其重要的一环。一旦战争爆发。如果美国控制台湾,就可以"锁闭"共产党的交通运输,使苏联不能获取或大大削减其获取

---

〔1〕 宋连生、巩小华:《穿越台湾海峡的中美较量》,云南人民出版社,2001 年第 1 版,第 2 页。

〔2〕 刘爱成:《美国怎么看台湾问题》,载《环球时报》2005 年 2 月 21 日。

东亚和东南亚的战略物资的可能。如果此地落入共产党控制之下，敌方的力量将“百分之百”地增长，连共产党的轻型飞机都可以攻击美国在菲律宾的设施。麦克阿瑟将台湾比喻成“永不沉没的航空母舰和潜艇基地”。他说如果这一战略要地落入中共手里并能为苏联所用，那么它就等于给了敌人相当于数十艘航空母舰组成的舰队。因此，麦克阿瑟力促华盛顿采取断然措施，“决不能让台湾落入共产党手中”。美国冷战政策的出台，特别是朝鲜战争的爆发，使原本打算放弃台湾、抽身退出中国内战的美国，重新考虑台湾的战略地位，尤其它在美国西太平洋防线的战略作用。

朝鲜战争导致美国正式出台干涉政策。早在日本战败投降前期，时任美国陆军部长的史汀生就对日本有了更加长远的考虑。他认为，历史已经证明日本能够吸收西方文明，如果能够使日本在战后成为“太平洋大家庭”中的一员，是符合美国利益的。如果说《旧金山对日和平条约》是对这一构想的实现的话，那么和约中的“台湾地位未定论”则是美国为将台湾纳入“太平洋大家庭”而铺设的台阶。1950 年 6 月 25 日朝鲜战争爆发。6 月 27 日美国总统杜鲁门发表声明，推翻了他半年前做出的关于不干涉台湾的承诺，命令美国第七舰队侵入台湾海峡，并声称“台湾未来的地位必须等待太平洋安全的恢复，对日和约的签订或经由联合国考虑”。这是美国在冷战初期对台湾地位的初步考虑，为“台湾地位未定论”埋下了伏笔。随后，美国为防止所谓“共产扩张”，支持逃台的国民党当局作为“中国唯一合法政府代表”，而对中华人民共和国实行围堵封锁及不承认的政策[1]。1954 年 10 月，杜勒斯在一份递交给艾森豪威尔的秘密文件中建议：“我们对中国和台湾采取的政策，应当同我们正在德国和朝鲜奉行的政策属于同一类型，表示他希望台湾和中国大陆之间的分裂状态长期继续下去。”[2]后在助理国务卿杜勒斯的一手操办下，最终将“台湾地位未定论”纳入《旧金山对日和平条约》。《旧金山对日和平条约》中提及中国的条款不多，但遗留的悬案却很多，为日后美国干涉中国内政提供了借口。

美国的全球战略目标考虑。苏联解体后，美国称霸全球经久不变的战略目标，依然是控制欧亚大陆的边缘地带，防止欧亚大陆上的任何一个大国向美国霸权地位发起挑战。美国在失去了在菲律宾的海空基地后，它的军事基地北撤了

---

〔1〕 刘国奋：《李登辉谋求重新“定位”两岸关系问题之分析》，载《台湾研究》1999 年 4 期，第 17 页。

〔2〕 王辑思：《论美国“两个中国”政策的起源》，载 资中筠 何迪编《美台关系四十年（1949—1989）》，人民出版社，1991 年 11 月第 1 版，第 67 页。

1000 海里,台湾可作为美军向波斯湾、印度洋部署军事力量时的补给地和休养地,还可扼守中国邻近海域的出入口和控制中国的东南沿海。因此,美国把台湾视作牵制中国和称霸亚太的重要战略要地[1]。布热津斯基声称:"美国如果默认使用军事力量强行统一台湾的尝试,那么美国在远东的地位将受到毁灭性的破坏,因此,如果台湾那时候无力保护自己的话,美国决不能在军事上无所作为","换句话说,美国将不得不进行干预。但那并不是为了一个分离的台湾,而是为了美国在亚太地区的地缘政治利益"。

美国一直在干涉中国内政。20 世纪 70 年代以来,美国仍然在不停地干涉中国内政。在 1971 年第二十六届联合国大会通过第 2758 号决议以前,对中国重返联合国进行过多次讨论。早在当年 8 月 2 日,美国国务卿罗杰斯就曾发表"关于中国在联合国的代表权问题的声明",一方面声称"支持要求中华人民共和国入会的行动";另一方面又宣布"美国将反对任何排除'中华民国',剥夺它在联合国代表权的行动"。这是十足的制造"两个中国""一中一台"的荒谬主张[2]。1991 年,美国国会通过法案,公然声称西藏是"一个被占领的国家","它的真正代表是达赖喇嘛和西藏流亡政府",并说"西藏一直保持着不同于中国主权的、文化的和宗教的特性",说中国是一个"非法占领者"。从卡特政府的"与台湾关系法"、里根政府的对台"六项保证"、老布什向台湾地区出售 150 驾 F16 战斗机,到克林顿提升美台交往层级、允许李登辉访问美国,小布什出售 8 艘潜艇、"不惜一切代价协防台湾"等均如出一辙,美国政府和国会一直在赤裸裸地干涉中国内政。

进入新世纪,美国倚仗其冷战结束后的超强地位,在国际上连续发动阿富汗和伊拉克战争,继续通过军事手段建立有利于称霸世界的国际新秩序。面对新的国际形势,阎学通教授曾说过:"对于布什政府来说,美国的责任是以军事来塑造一个符合美国利益的世界,因此他试图以军事力量消灭世界范围内与美国敌对的政权和力量,建立起亲美的政权和国家。"[3]美国借盟国之手推翻利比亚、制裁叙利亚和千方百计挑动叙利亚内战就是美国新干涉政策的新动向,我们应该对此保持高度警惕,并积极加以应对。

(二)经济利益驱动

台湾无可替代的战略地位,使美国出于经济利益考虑也紧紧抓住台湾不放。

---

〔1〕 朱听昌:《论台湾的地缘战略地位》,载《世界经济与政治论坛》2001 年第 3 期,第 68 - 67 页。

〔2〕 刘文宗:《从国际法论台湾"参与"联合国的非法性》,载《台湾研究》1997 年第 1 期,第 17 页

〔3〕《战略失误导致美国接连受挫》,载《环球时报》2006 年 11 月 15 日。

即使中、美建交后,美国依然与台湾保持密切的经济关系,继续以经济和军事援助的方式干涉中国的内政。

追求利润是资本主义社会的本质。美国是一个年轻的国家,他们早期的公民是当年从欧洲漂洋过海去"新大陆"拓荒的移民,不少是受宗教迫害的清教徒,其中很多人受过启蒙思想的影响。他们憧憬着要在这片处女地上建立起人间天堂,实现启蒙思想家的梦想。当他们被迫切断同英国王室的政治联系宣布独立时,便想设计出一个没有国王又能正常运转的崭新体制。今天人们看到的联邦制、多党议会民主和三权分立的政治体制,就是经历了200多年风雨形成的东西。应该说,这是历史的进步,同时也是历史长河中精彩的一幕。它在民主实践中的经验教训,是值得其他国家人民关注和参考的,其中不乏值得学习的地方。美国建国后,经过近90年抵制南方奴隶制扩张和反对分裂的斗争,直至取得南、北战争胜利才真正实现全国政局的稳定。对于一个饱受国家分裂折磨之苦的民族来说,美国并没有吸取经验教训,随着自己实力的增强,逐步走上干涉他国内政之路。与其说是民族的特性,不如更露骨地说是资本主义社会的逐利本性和贪婪的驱动,它追求的是没节制的经济利益。

美国的价值观念是追求私利。资本主义和西方价值观念熏陶的一代美国人及其继承人就是赚钱。美国人的事业就是做买卖,总统就是总裁,资本主义制度就是放大了的董事会。它干涉台湾的目的就是卖军火,它给世界一些动荡地区出售一批又一批的军火就是让别人自相残杀,自己从中赚钱。进入21世纪,美国无论是政界还是学界,在干涉中国内政方面,没有任何的收敛。从近来的情况看,明显的例子就是美方最有力的发者来自前国防部长唐拉德·拉姆斯菲尔德。他在2005年6月4日新加坡举行的东南亚安全会议上大声质疑:"现在没有人威胁中国,因此我们不禁要问,中国为什么要这样大幅增加军费?"[1]也就是说,在军事利益集团的寡头看来,中国正常的军费增长是对美国的威胁,而美国向全球大量出售军火赚取大把的美元是理所当然。包括芝加哥大学的约翰·米尔斯·海默在内的分析家直截了当地指出,中国不可能和平崛起,中国的经济发展积累的实力会用到军事能力上。他们预言:"美国和中国之间的安全竞争可能加剧,爆发战争的可能性相当大"[2]。他们认为,美国是天然的霸主,就应当用军火赚全世界的钱,中国军费的正常增长是不能容忍的,是对美国的重大威胁。但

---

〔1〕《参考消息》2005年6月5日。

〔2〕〔美〕约瑟夫·奈:《中国使人意识到和平的可贵》,载新加坡《联合早报》2005年3月18日。

持中立立场的学者也大有人在，容安澜就认为，"台湾问题是当今世界上唯一可能真的导致两个大国发生战争的问题。可见，这是严肃重大问题，制定政策的人最好弄清楚他们正在做的事情"[1]。

美元霸权就是为了维持其经济优势。美国为了自己的美元霸权，在人民币国际化问题上加大了对中国的施压和干涉力度。由20年前日本的遭遇，我们可知道今天美国针对中国所做的一切，其实已和财经无关，而是赤裸的国际权力政治。诚如美国财经专家威廉·佩塞克所说："这是一种夹杂了嫉妒、恐惧与恨意的心态，……它是很棒的政治操作，但却是很烂的经济学。"美国参议员格拉斯里称之为"不假思索的抽搐式的保护主义"[2]。美国这样做的目的就是保护其经济优势，巩固其超级霸权地位。美国参议员格雷厄姆是一直在国会对人民币国际化施加压力的代表人物，2006年9月28日正式宣布，他们将放弃向参议院提交的向中国出口的美国商品征收惩罚性关税的议案。他指出，"威胁性的手段不是与中国打交道的方式，而且无济于事"[3]。事实说明，威胁的目的就是确保美元霸权。美国在人权和经贸领域对中国进行干涉的议员不在少数，众议院多数党领袖佩西洛就是一个代表人物。"虽然不止佩西洛一个人有这样的观点（指对中国人权状况指责），但她肯定的语气和思考的深度令我印象十分深刻。"[4]哈佛大学麦克里兰教授就明确指出："美国政治是各种正式与非正式复杂因素之间相互平衡的政治。换句话说，是各种利益集团利用党派形式在议会里不断争夺和妥协的政治。"[5]2011年10月，美国参议院竭力推进一项人民币汇率法案，叫嚣"惩罚中国"。在美债陷入危机、华尔街动荡、欧洲国家债务危机越发严重的情况下，美国总统奥巴马和参、众两院配合，企图站在中、美债权债务的制高点，用中国的钱袋子脱困，又无法容忍中国模式的发展和影响，千方百计达到赖债的目的。可见美国既想赚中国大陆的钱，又想抓住台湾的小市场不放。

以美国为代表的西方发达国家，目前拥有强大的军事优势，对国际游戏规则的制定和修改，也拥有主导权甚至决定权，从中赚取更大的经济利益。同时，他们还拥有国际话语主导权，占领着多数国际舆论和行为准则的"道义高地"，所以

---

〔1〕〔美〕Alan·D. Romberg 艾伦·D. 龙伯格（容安澜）：《悬崖勒马——美国对台政策与中美关系》，新华出版社，2007年9月第1版，第13页

〔2〕《人民币背后的政治角力》，载香港《亚洲周刊》2005年6月26日（提前出版）。

〔3〕邹德浩、尚未迟：《美国议员放弃制裁中国议案》，载《环球时报》2006年9月30日。

〔4〕〔美〕汤姆·普拉特：《北京新的眼中钉》，载香港《华南早报》2006年10月26日。

〔5〕詹得雄：《关于民主的札记》，载《参考消息》2006年7月6日。

在国际事务中经常出现“只许州官放火，不许百姓点灯的现象。”[1]对他国内部事务横加干涉。

(三)美国希望中国的分裂状态持续下去。

20世纪初期，中华民族处于危亡之际，一些民族振兴运动此起彼伏。在胡佛任中国工程师期间，义和团的盲目排外和反洋教斗争给他留下了不好的印象。虽然胡佛在中国开矿时大发横财，但他对中国并无太多的同情。在其回忆录中，胡佛一方面表达了对中国民众和中华民族的敬仰，另一方面又担心“任何真正的民主在中国都将失败，中国人不是好的管理者，他们有时是成功的独裁者，并经常伴随暴力”[2]。胡佛作为当时美国资产阶级的代表，他的言论在美国政府和反华派中具有代表性。他们作为对华政策的强硬派，刻意抹杀台湾与中国大陆的历史关系，也是美国政策制定者形成传统思维的助推手。

美国制造了台湾的分裂。1946年，国民党政府置中国人民期盼和平的呼声于不顾，发动内战。失去人心的国民党军队，在解放战争中节节败退。美国政府眼看自己一手扶植起来的国民党政府如此不堪一击，为防止所谓台湾“落入由克里姆林宫操纵的政府手中”，美国国家安全委员会就“对台政策立场”提出一份草案，表示“台湾、澎湖的地位有待于一项最后的‘对日和平条约’来确定”，为以后美国干涉台湾问题预留借口。1950年1月5日，美国总统杜鲁门发表声明，正式宣布放弃台湾并不再援助国民党军队，明确承认中国对台湾享有主权，美国决不卷入中国内战。1月12日，国务卿艾奇逊在一次演讲中提出，台湾“在我们的防御范围”之外。同时指出，台湾岛内残存的60万国民党军队是毫无战斗力的乌合之众，其中海上军队只有3.5万人，舰艇50多艘，且缺乏维修部件；空军约8.5万人，飞机400架，有实际作战能力的仅占一半左右，汽油存量只够用两个月[3]。局势的发展证明国民党军队不堪一击。败退台湾后，在中国大陆用惯封建专制手段的国民党政府，将同样的手段用于刚收复不久的台湾，进而导致台湾发生“二二八”事件。这一事件进一步加剧了一部分台湾民众要求“台独”的倾向，更刺激了美国政界精英企图实现“台独”的野心[4]。1951年4月，英国向美国提出备忘录，提议由新中国参加签订“对日和平条约”，理由是中国国民党政府

---

〔1〕 杨毅：《占领富国强兵的道义高地》，载《环球时报》2006年4月27日。

〔2〕 宋连生、巩小华：《穿越台湾海峡的中美较量》，云南人民出版社，2001年第1版，第72页。

〔3〕 李合敏：《毛泽东关于解决台湾问题的战略思想述论》，载《中国海洋大学学报》(社会科学版)2005年第5期，第79页。

〔4〕 宋连生、巩小华：《穿越台湾海峡的中美较量》，云南人民出版社，2001年第1版，第28页。

业已丧失大陆控制权,无法履行条约[1]。美国政府没有接受这一建议。1952年4月28日,由美国一手安排签署的日、台"和约",重新确定了干涉中国内政的论调,美国在此后也主要依据这两个和约限定的所谓"法律依据"来干涉台海关系[2]。所以,是美国一手制造了台湾的分离状态,导致台湾一致与祖国分离。

美国不希望两岸和解。美国在台海政策上,一直是促"和"不促"合",在公开场合表面上欢迎两岸关系和解,实际上不赞成台湾领导人采取两岸合作与交流的政策。蒋经国在位时就认为:"美国是一百个靠不住的国家,中国统一的问题须由中国人民自己解决,无须外人插手。"[3]面对蒋经国的两岸和解政策,"美国人觉得他不太听话,美国'抑蒋换马'的念头长年不散,蒋经国与美国的矛盾始终不得缓解"[4]。在随后的几年,美国一直暗助台湾党外势力围攻国民党逼蒋经国放权[5]。"美国一直处心积虑,先是安排李登辉打入国民党,再由李登辉栽培更激进的'台独'分子,并在选举期间一直强调要尊重台湾人民的选择,目的正是希望民进党上台。"[6]就在两岸人民期待蒋经国采取更大的行动推动中国统一进程的关键时刻,1988年1月13日,蒋经国突然去世。台湾有人写文章,认为蒋经国之死是个谜,因为蒋经国虽然身体不太好,也不至于猝然死亡,而且在他猝死之际,他最信任的保健医生恰好离开台北[7]。

台湾主动投靠外部干涉势力。在台海关系发展的历史上,台湾的主动投靠也是美国向深层次干涉台湾问题的重要原因。民进党执政时期,为了防止大陆用武力制止"台独",加紧在军事上投靠美、日,与美、日结成实质性军事同盟关系,妄图凭借外力保护其实现"台独"的美梦。在美国2004年举行的大规模的军事演习中,台湾军队也积极参与其中,"据中国报道说,台海军舰将加入这7个航母战斗群,完全是19世纪炮舰外交政策的现代翻版"[8]。2006年在台举行的"汉光22"军演过程中,美国"一方面派现役太平洋司令法伦访问中国大陆,另一方面由前任太平洋司令布莱尔率领的美观察团也全程进驻衡山指挥所观

---

[1] 刘合波:《论〈旧金山对日和平条约〉与战后台海关系》,载《齐鲁学刊》2007年第1期,第57页。
[2] 刘合波:《论〈旧金山对日和平条约〉与战后台海关系》,载《齐鲁学刊》2007年第1期,第58页。
[3] 薛昕、汤家玉:《蒋经国对台湾问题的思考与抉择》,载《党史纵览》2004年第4期,第14页。
[4] 薛昕、汤家玉:《蒋经国对台湾问题的思考与抉择》,载《党史纵览》2004年第4期,第16页。
[5] 薛昕、汤家玉:《蒋经国对台湾问题的思考与抉择》,载《党史纵览》2004年第4期,第16页。
[6] 马力:《美暗助"台独"阻碍统一》,载《香港经济日报》2001年3月27日。
[7] 薛昕、汤家玉:《蒋经国对台湾问题的思考与抉择》,载《党史纵览》2004年第4期,第14页。
[8] [美]查默斯·约翰逊:《驶向中国的风暴》,载美国《洛杉矶时报》2004年7月15日。

摩"[1]。台湾邀请美国深度介入其军事指挥系统的行动,为未来台、美两军可以在各自的作战系统中,准确地显示彼此部队的位置和行动范围创造条件。它不仅可以敌我识别,避免误击,还可以有效地确认双方作战意图。"更为重要的是,此举也是军界介入台海冲突的必要基础准备。"[2]

中国对外部干涉势力有清醒的认识。中、美两国的关系,尤其是涉及台湾关系的问题,主要是由美国国内保守势力强力主导的。早在20世纪80年代,邓小平就明确指出:"美国有一种议论说,对中国的统一问题即台湾问题,美国采取'不介入'的态度,这个话不真实。因为美国历来是介入的。"[3]自小布什上台以来,虽口头上也向中国人民承诺"一个中国"政策,但却大幅右摆,给台湾分裂势力输血打气,这已激起中国人民的强烈反感[4]。李肇星在担任中国驻美大使时就说过:"每当中美关系得到改善或即将改善时,就一定会有人跳出来制造事端,破坏两国关系发展。"[5]所以说,只有中国早日实现统一,才能杜绝美国干涉中国内政的机会。"香港、澳门问题的顺利解决,实质上是中、英与中、葡实力较量的结果。台湾问题的解决,最终也将靠中、美实力较量来解决。"[6]

三、美国的新干涉政策

从1999年3月24日开始到6月10日,以美国为首的北约以"消除人道灾难"为借口,不顾中国和俄罗斯的强烈反对,绕开联合国发动"科索沃战争"。对巴尔干进行78天的狂轰滥炸,以"人权无国界""人权高于主权"的幌子,提出所谓新干涉战略。随后,美国军方也抛出了所谓的"内部冲突"论,其内容主要为"内部冲突"是美国在新世纪来临之前面临的主要现实威胁之一,其严重性仅次于"越境侵略",美国军方必须予以高度重视。他们提出的内部冲突的形式主要有四种:内战、内部侵略、武装起义和内乱。

(一)"内部冲突"是新干涉主义的借口

内部侵略是指"一个国家镇压本国的人民或一个民族反对另一个民族"等。"内部冲突"一般都会威胁到美国的"重要利益",因为它们"可能会超越最初卷

---

[1] 李伟、刘斌:《"美军保卫台湾"计划曝光》,载《环球时报》2006年6月6日。

[2] 李润田:《台美军队统一作战符号》,载《环球时报》2005年10月14日。

[3] 《邓小平文选》,第三卷,人民出版社,1994年第1版,第21页。

[4] 徐中明:《论"一国两制"的台湾模式》,载《四川职业技术学院学报》2003年第3期,第16页。

[5] 张勇:《美国有个"反华帮"》,载《环球时报》1999年9月18日。

[6] 陈良生,等:《中国国家统一战略——战与和之间,我们选择全面打击和遏制"台独"》,明报出版有限公司(香港),2005年2月第1版,第100页。

入的各方，招致外部力量的干预，影响美国的经济利益，或将该地区美国公民的安全和生存置于危险境地”，美军应积极干预；即使有些“内部冲突”威胁不到美国的“重要利益”，但也会威胁到美国的“人道主义利益”，因为美军有责任“保护有关国家人民的安全、生存和自由”。按照这样的理论，世界上到处都能成为北约和美国进行军事干预的地方。因为，判断一个国家是否有“人道主义危机”的标准是由美国和北约制定，“法官”是美国和北约本身，而解决危机的手段确定者和执行者也是他们本身。因此，无论是北约的新战略，还是美国军方的“内部冲突”论，在本质上是一种建立在践踏别国主权基础上的新干涉主义。南联盟战争中，北约对中国大使馆进行了轰炸，当时就有学者分析，此举就是北约在试探中国对南联盟战争的态度，并对他们提出的新干涉政策进行实验。对于北约轰炸南联盟中国大使馆这样重大的侵略行为，“中国只能凭自身判断来判定北约这次行动的动机”[1]，并确定其法律性质。

(二)人道主义干涉是为其战争行为辩解

1992年12月3日，安理会通过第794号决议，断定“索马里冲突导致巨大的人类灾难，这种灾难由于分发人道主义救援物资受阻而进一步加剧，从而构成对国际和平与安全的威胁”。安理会决心“在联合国的主持下以促进政治解决为目的，恢复和平、稳定和秩序”，并援引《联合国宪章》第七章，授权联合国秘书长和有关会员国“使用一切必要手段以尽快为在索马里的人道主义救援行动建立一个安全环境”。“联合国在索马里的行动可以说是一次真正的人道主义干涉实践。”[2]也就是说，只有建立在安理会一致通过基础之上的人道主义干涉，才是符合国际法的。北约对南联盟狂轰滥炸，是美国单方面“新干涉主义”理论的一次重要实践，他们推出了“人权高于主权”的“科索沃模式”。随后克林顿公开宣称“科索沃模式”可以成为人道主义干预的普遍模式。美国的新干涉主义政策，引起中国和俄罗斯的高度警惕。因为“中、俄分别有台湾、车臣问题，两国担心在以非和平方式维护祖国统一时，美国可能借机以武力干涉，因此对‘科索沃模式’表示坚决反对。”[3]从国际法上说，1928年的《巴黎非战公约》，特别是1945年《联合国宪章》都禁止在国际关系中单方面使用武力。北约对南联盟的狂轰滥炸，使人道主义干涉开创了恶劣的先例，无论其结果多么高尚和迫切，它都是以

[1] 林国炯：《北约欲试探中国》，载《环球时报》1999年5月14日。

[2] 杨泽伟：《人道主义干涉在国际法中的地位》，载《法学研究》2000年第4期，第134页。

[3] 王俊彦：《中美俄智慧博弈》，国际文化出版公司，2010年4月第1版，第188页。

美国为首的北约粗暴干涉他国内政的典型。它使人道主义干预的法律地位发生根本性变化。这种干涉的合法性遭到绝大多数国际法学者的批评。法国西玛蒙蒂教授强调,科索沃事件是一个特殊个案,它不应当被理解为是为未来北约在安理会授权之外采取行动开绿灯。英国科学院院士、著名国际法学家伊恩·布郎利教授指出,40 年来的国际法渊源没有对人道主义干涉的合法性提供任何实质上的支持。1999 年 9 月 22 日,克林顿在联合国大会上公开兜售"人道主义干预",中国外交部长唐家璇针锋相对指出:霸权主义和强权政治是造成当今世界动荡的主要根源,国际和平受到严重威胁〔1〕。

(三)美国对台湾事务的新干涉

美国国会众议院在 1999 年 10 月 4 日借台湾"9·21"大地震后国际人道主义实施救援之机,公然通过了支持台湾加入世界卫生组织的决议案。接着,美国参议院又于同年 11 月 20 日全票通过了支持台湾加入世界卫生组织的第 1794 号法案〔2〕。这是美国干涉中国内政的又一恶劣行径。美国干涉台湾问题的战略意图是,尽力保持中、美与美、台和两岸关系稳定,长期维持两岸"不独、不统、不战、不和"的现状,从而达到美国可以居间利用、谋取最大战略主动和实际利益的目的〔3〕。2001 年 4 月 20 日,美方同意李登辉再次访美。4 月 24 日,美、台军事官员在美国举行年度军售会议。4 月 25 日,美国宣布向台湾出售武器的清单,包括导弹驱逐舰 4 艘,P-30 侦察机 12 架,潜艇 8 艘以及 MK-48 鱼雷和复仇者地对空导弹等进攻性武器。4 月 26 日,布什总统宣布将"竭尽全力协防台湾"。"5 月 13 日,美宣布允许陈水扁 5 月 21 日至 23 日从纽约过境。美国的对台战略放弃模糊传统做法,转向战略清晰,美对华政策转向强硬。"〔4〕2005 年 2 月 19 日的日、美"2+2 会议"将"台湾海峡问题"的和平解决作为日、美共同的战略目标,对中国行使武力进行了牵制〔5〕。美、日"新防卫合作指针"在某种程度上更是确立了两国寻求共同介入台湾问题的战略机制,特别是美国一直利用"与台湾关系法",不断加大提升对台军售武器的数量与质量。2011 年 9 月 15 日美国《华盛顿时报》引述不具名美国国会和政府官员的话说:美国总统奥巴马已决定向台湾地

〔1〕 王俊彦:《中美俄智慧博弈》,国际文化出版公司,2010 年 4 月第 1 版,第 237 页。

〔2〕 周洪钧:《论台湾法律地位及其对中美关系的影响》,载《华东政法学院学报》2001 年第 4 期,第 36 页。

〔3〕 杨清勉:《克林顿政府对台政策的调整》,载《美国研究》1999 年第 4 期,第 22 页。

〔4〕 王俊彦:《中美俄智慧博弈》,国际文化出版公司,2010 年 4 月第 1 版,第 237 页。

〔5〕〔日〕野岛刚、五十川伦义:《中日美三角关系转向互惠》,载日本《朝日新闻》2006 年 11 月 6 日。

区出售价值约 42 亿美元的武器装备,包括升级 F－16A/B 战机的零部件等,国会将在 16 日获得有关简报[1]。这些干涉中国内政的行为表明,美国今后为了自身利益必然会插手台湾问题,阻挠中国统一大业。台湾问题,可能成为新世纪中国统一与安全的爆炸性因素,而美、日顽固干涉中国内政,关键在于台湾显要的地缘战略地位。台湾独特的地理位置无论对中国,还是对美国和日本都有至关重要的地缘战略意义,是中、美、日三国战略利益的交汇之地。这是中国坚决维护祖国领土完整和主权统一,美国(暗地里还有日本)顽固干涉中国内政的最深层次的原因[2]。

当然在芝加哥大学教授约翰・米尔斯・海默看来:"拥有实力的中国早晚会把美国赶出亚洲。"[3]这是保守主义零和游戏思想在国际关系中的典型反映。为了和平共处,为了两国的利益,新世纪的东北亚关系和新秩序的构建应建立在双赢或多赢的格局之上,共同维护世界的和平。

四、美国对台政策的制约因素

中、美双方的决策者,应该想想修昔底德两千多年的一句告诫:认为冲突必然爆发的想法可能会成为导致与对方作战,因为认定冲突必然发生,于是做了充分的军事准备。在对方看来,这样准备的工作恰好印证了自己最担心的事情——敌人是我们亲手制造的。

(一)美国普通民众不支持武力干涉台湾

在美国国内,历届政府历次的民意调查均显示,美国普通民众不支持干涉台湾的政策。1986 年美国外交关系委员会委托盖洛普研究中心进行的一次民意调查,共发出 1585 份问卷,对"如果中国武力进攻台湾,美国是否出兵"这一问题,选择"应该出兵"的只占 19%,不该出兵的占 64%,17% 不置可否。2001 年 6 月 11 日,美国皮尤研究中心和外交关系协会就"美国是否协防台湾"所进行的一次民意调查显示,59% 的美国人希望维持与中国的良好关系,希望具体协防台湾的美国人占 26%,反对美国协防台湾的占 64%。2003 年 11 月,美国外交政策协会就"美国是否支持'台独'"所进行的民意调查显示,65% 的人反对支持"台独"。对此,美国亚太问题专家乔治・帕卡德一针见血指出:"大多数美国人大概会反对任何简单地放弃台湾,以及任何武力解决台湾的方案,但是大多数美国人大概

---

〔1〕 陈一鸣、葛元芬:《美媒称奥巴马批准 42 亿对台军售》,载《环球时报》2011 年 9 月 17 日。

〔2〕 朱听昌:《论台湾的地缘战略地位》,载《世界经济与政治论坛》2001 年第 3 期,第 66 页。

〔3〕〔日〕野岛刚 、五十川伦义:《中日美三角关系转向互惠》,载日本《朝日新闻》2006 年 11 月 6 日。

也会拒绝为台湾而开战。”

(二)盟国不会追随美国的干涉政策

美国军事行动非常频繁,而单独对外用兵的情况则非常罕见。如果盟国不配合,美国难以单独行动。从历史上看,台湾问题是美国扶植国民党为排挤其他列强的在华利益而介入中国内战而背上的包袱。因此,在台湾问题上,美国难以说服盟国与其一起出兵。以美国亲密的盟友英国为例,自1949年以来,美国多次就台海危机征询英国的意见。英国明确表示,台湾的法律地位无法改变,即使台湾落入中国共产党之手,英国也不准备为之采取行动,只希望中共占领该岛时不要引起太大的破坏。台湾目前的分离状态符合美国的利益,中国大陆对台湾采取军事行动,美必然干涉。美国当年操纵制定《旧金山对日和平条约》时,就留下伏笔。当初“美国担心,如果在《旧金山对日和平条约》中规定将台湾交还中国,则美国第七舰队保障台湾就因失去法律依据而有干涉中国内政之嫌”[1]。在台湾问题上,美国的目标是防止中国挑战美国霸权。但美国的独立行动并不能达到这个目标。“没有亚太地区其他国家的合作,美国的单边主义会遇到越来越大的困难。”[2]在1999年3月初,美国会通过了“1999年国家导弹防御法案”。3月5日,朱镕基总理在记者招待会上严肃地说:“我们反对TMD(战区导弹防御系统),尤其坚决反对把台湾纳入TMD。因为TMD不但违反了有关导弹的国际协议,也干涉了中国内政,是对中国主权和领土完整的侵犯。”[3]7月23日,克林顿签署“国家导弹防御系统法案”,将发展和部署NMD(国家导弹防御系统)的问题政策化、法制化。该法案规定:只要技术条件成熟,NMD必须部署,企图将台海周边国家均纳入其中。但作为美国重要盟国的澳大利亚和韩国出于自己战略利益考虑,先后宣布不加入TMD后,美国基本上放弃了高调宣传,只向日本推销。从这一事例看出,美国如果不能和其他亚太国家在台湾问题上结成联盟,那么唯一的选择就是遏制“台独”,甚至牺牲掉在台湾的利益。

(三)中国的国家意志将强力抵制

1996年台海危机就使美国认识到中国在国家统一问题上的态度:中国政府将调动全国人民的意志和智慧进行有力的抵制。危机过后,美国前国防部长佩里曾说:“台北应尽快重开谈判,寻找与北京相处的模式,美国不会给台北无限制

---

[1] 周洪钧:《论台湾法律地位及其对中美关系的影响》,载《华东政法学院学报》2001年第4期,第37页。

[2] 郑永年:《2005年,寻求和平均衡点》,载《环球时报》2004年12月31日。

[3] 王俊彦:《中美俄智慧博弈》,国际文化出版公司,2010年4月第1版,第187页。

和无条件的支持。”因为“与台湾关系法”的存在，美国在台湾问题上实施单边主义是必然的。但这并不是说美国会为了台湾的利益而和中国严重对立。随着中、美两国在其他各个方面的共同利益越来越多，美国不会为了“台独”势力的利益而把中国推向美国的对立面。解决台湾问题是中国复兴的标志事件，中国综合实力的增强是推动台湾与大陆统一的关键因素。在国家统一问题上，美国“制定新的遏制政策来阻止中国崛起是不切实际的”[1]。美国是著名的实用主义国家，会随着国际局势的发展和中国国家力量的提升调整对台政策。

五、美国对台政策的困境

20世纪的大多数时间里，美国均处于“一超独大”的地位，先后发动多场战争，企图通过军事手段威慑世界上一些不按美国意图行事的中、小国家，建立起对己有利的世界新秩序。但随着世界新兴国家的崛起，美国自身也面临长期的安全困境。美国学者罗伯特·杰维斯认为：“安全困境不能消除只能改良。”改良的途径是寻求一种方法，对国家间的行为施加某种规范性的限制，使各个国家认同一定的准则、规则和原则。这些规范性的东西可使相关国家互惠互限。这种方法实际上就是合作的方法，或者说以国际安全确保国家安全[2]。

（一）干涉政策后果严重

美国干涉的结局和结果是使全世界人民遭受灾难。回顾中、美两国最大的一次冲突——抗美援朝战争，应该引起美国学界和政界精英的高度重视，以吸取血的经验教训。中国在抗美援朝战争中消耗62.5亿人民币，按当时人民币与美元2.5:1的比值计算，约25亿美元，消耗作战物资560多万吨，共投入27个野战军参战，损失36.6万人；美国损失更大，战争费用高达400亿美元，物资消耗高达7300万吨。中、朝方面公布的毙伤敌总数为109万，其中美军39.7万余人[3]。“9·11事件”后，美国以反恐为名发动了阿富汗战争，挑出一些国家说他们是邪恶轴心，这是一种典型的霸权心态在国际关系中的反应。其实，“‘9·11事件’本身就是美国极力推行霸权主义和强权政治的结果”[4]。德国政治分析家特奥·佐默说：“通常任何一个国家都不会挑一些国家说它们是邪恶的，除非这个国家准备与它交战。从逻辑上讲，如果一个国家被说成是邪恶的，它会认为自己

---

〔1〕〔英〕贝茨·吉尔、黄岩中：《中国软资源的源泉和局限》，载 英国《生存》季刊2006年夏季号。

〔2〕向冬梅、徐德荣：《中美日三边关系中的台湾问题》，载《思想理论教育导刊》2005年第6期，第47页。

〔3〕甘肃省委：《党的建设》，2010年第8期第60页，转引自《党政干部参考》。

〔4〕秋风：《“韬光养晦”再思考》，载《环球时报》2004年8月20日。

将会受到打击。"[1]美国以反恐战争的名义发动伊拉克和阿富汗战争,几年来耗费了巨大的人力和物力。两场战争下来,"留给美国的不仅是2万多士兵的死伤,更是阿拉伯和伊斯兰世界对美国外交政策的集体反对"[2]。美国应该吸取经验教训,反思推行干涉政策的后果。

(二)国际格局多极化趋势平衡了各方力量

面对经济全球化和政治格局多极化的趋势,国际政治向"一超多强"局势发展,"冷战结束后美国主宰的单极世界已经成为历史"[3],美国的全球战略也会从传统安全向非传统安全转变。地区强国的崛起,对各国的力量起到平衡作用,中国实力的逐步增强会对美国"一超独霸"的强权作风形成有力的牵制。美国要想维持其全球领袖地位,必须站在正义的角度重树其道德权威,积极争取其他国家的配合。美国前国家安全事务助理、著名学者布津热斯基在1993年出版的《大失控与大混乱》一书中强调,"美国缺的不是武力,而是道义"[4]。因为在历史上,"多边主义也曾经是美国的大旗。(但现行)美国的这种睦邻政策的实质是一种帝国主义扩张"[5],更不用说其全球政策。

(三)追求和平是东北亚大多数人民的愿望

和平之轴同时也是发展之轴,它对东北亚地区所有国家而言,都是比冲突与威胁更重要的外部资源,"相信除了美国的军工集团和极少数意识形态领域的偏执狂,没有哪位政治家愿意在东北亚发生武装冲突及战争"[6],尤其是两个拥有核武器的大国。美国应该为东北亚安全的软着陆提供平台,而不应该为制造战争气氛集结航母编队。"毕竟,美国人也有和平的智慧。"[7]例如,在朝核问题上,会谈遇到困难时,"美国同时又将矛头指向中国,让中国承担消除由于美国威胁朝鲜而致朝鲜发展核武后果的责任"。[8] 朝核问题如此,作为影响东亚稳定关键的台湾海峡问题又何不如此,不得不引起美国政府的深思。美国有几位学

---

[1] [美]H·P·S.格林韦:《"邪恶轴心"论是布什最大外交失误》,载 美国《波士顿环球报》2003年7月18日。

[2] 殴虹、张楠伊:《美反思"邪恶轴心"失败》,载《环球时报》2006年10月17日。

[3] [美]罗杰·科恩:《美国与中国:民主对抗与和谐》,载美国《国际先驱论坛报》2006年11月21日。

[4] 詹得雄:《软实力对中国的启示》,载《参考消息》2004年7月1日。

[5] 郑永年:《中国软实力悄然崛起》,载《参考消息》2005年1月13日。

[6] 王泠一:《从六方会谈看东北亚安全》,载《参考消息》2004年7月1日。

[7] 王泠一:《从六方会谈看东北亚安全》,载《参考消息》2004年7月1日。

[8] 沈丁立:《美国用朝鲜核试谋求主动》,载《环球时报》2006年10月24日。

者说,过去我们到中国访问时,中国朋友总是对美国对台政策进行强烈批评。现在对美国对台政策的批评仍不绝于耳,尤其是美国对台军售问题。但人们的一般感觉是:"布什政府在最敏感最危险的'台独'问题上采取了一种建设性的处理方式。"[1]中国要求美国提供合作,遏制台湾民进党政权的"独立"活动。美国对此应予以回应,表示无论是中国大陆还是台湾都不应该采取改变现状的单方面决定,对台湾民进党政权也提出警告。同时,美国要求中国加紧劝说朝鲜放弃核武器[2],以促进东北亚的和平发展。

正如美国著名中国问题专家容安澜所说,"由于这里所涉及的问题和关系不仅发人深省,而且对美国的国家利益、对千百万人的民族利益和生命产生深刻后果",所以他像其他人一样,花费巨大精力致力于"台湾问题"研究。他在探讨这些问题的时,确信建立积极而富有成果的中、美关系有着极端重要性,确信维护太平洋的和平与稳定有着关键意义。他相信,只要最关心此事的人们具有创造性和常理感,并且把注意力集中于根本性原则和战略性利益,而不要拘泥于形式和策略,那么,这个任务是可以完成的[3]。

第二节 日本对台湾事务的介入

"甲午战争失败后签订的《马关条约》使台湾、澎湖于1895年后为日本占据。"[4]日本在军事侵略方面尝到甜头,一直筹划侵略中国大陆。"1914年第一次世界大战爆发后,英、德、法、俄相继投入欧洲战场,无暇东顾,日本乘机扩大在华势力,于11月占领青岛,接管了德国在山东的权益。"[5]1928年秋,张学良东北易帜后,中国大陆从形式上实现初步统一。1931年日本制造"九一八"事变,开始将侵略的魔爪伸向祖国大陆,占领东三省;1935年制造华北事变,侵略华北广大地区;1937年又制造卢沟桥事变,妄图吞并整个中国。抗战胜利后,两国关系经历了五六十年代的对抗。1972年,中、日两国签署联合声明,宣布建立外交

---

〔1〕《"理解和研究中国正在发生的一切"——本报驻华盛顿记者李学军专访布鲁金斯学会会长塔尔博特》,载《参考消息》2006年11月9日。

〔2〕〔日〕野岛刚、五十川伦义:《中日美三角关系转向互惠》,载日本《朝日新闻》2006年11月6日。

〔3〕〔美〕Alan · D. Romberg 艾伦 · D. 龙伯格(容安澜):《悬崖勒马——美国对台政策与中美关系》,新华出版社,2007年9月第1版,第9页。

〔4〕葛剑雄:《统一与分裂—中国历史的启示》,中华书局,2008年7月第1版,第224页。

〔5〕杨帆:《国民党去台高官结局》,华文出版社,2010年2月第1版,第104页。

关系。日本承认中华人民共和国政府是中国的唯一合法政府,充分理解和尊重中国政府关于台湾是中华人民共和国领土不可分割的一部分,并且坚持遵循《开罗宣言》和《波茨坦公告》第八条规定的立场,中、日关系才基本走入正轨。

一、日本对台湾的早期占领

日本作为中国的近邻,很早就认识到台湾的战略价值。1884 年,甲午战争期间,日本前首相松方正义当时就毫不掩饰地说:“台湾非永久归我国不可”,“台湾之于我国,正如南门之锁钥,如欲向南发展,以扩大日本帝国之版图,非闯过此一门户不可”。日本将台湾视为“投向南边的石头”,获得台湾才能继续向东南亚扩张。

(一)用残酷的手段实行殖民统治

日本在 1868 年“明治维新”以后,逐渐走上军国主义道路。明治政府的对外侵略政策包括“大陆政策”和“南进政策”,其中的“南进政策”,就是以征服中国的台湾为首要目标。1894 年,日本挑起中、日甲午战争,其重要的意图之一便是攫取台湾。1895 年,清朝政府依《马关条约》将台湾及其附属岛屿割让给日本。日本开始了 50 多年的血腥殖民统治。在此期间,日本殖民当局对台湾人民进行了血腥的镇压和野蛮的同化,此一时期的法律即为其镇压和同化台湾同胞的工具。1895 年 6 月,日本政府任命桦山资纪出任第一任台湾“总督”,率兵接管台湾,台湾军民对日军进行强烈抵抗。日本动员了 7 万多陆军、40 多艘军舰,进行了历时 5 个多月的血腥镇压。据日本自己发表的数据,自 1898 年至 1902 年,台胞被捕时因抵抗被杀及被处死刑的就达 11 950 人。另外殖民者在镇压“大坪顶起义(1896 年)”中屠杀了 3 万余台胞;1901 年在“后壁林惨案”中屠杀台胞 3473 人;1902 年在“噍吧事件”中屠杀台胞 3 万余人;1913 年 12 月间的“苗栗事件”中屠杀台胞 1200 余人;1915 年在“西来庵起义”中屠杀台胞数万人。有学者统计,在日本殖民统治台湾期间,被日本残杀的中国人达 60 万人。这对当时最多只有 500 余万人的台湾来说,可以说是空前绝后的大灾难。

(二)用严密的控制系统实行殖民统治

日本殖民者在台湾城乡各地,建立了密如蛛网的警察机构和保甲制度,保甲外还组织壮丁团,接受警察当局指挥监督,其警察遍布台湾的各个角落,对台湾进行监视。到 1943 年,全台湾共设保 6074 个,设甲 58 378 个,控制户数达 50 余万户;壮丁团团丁最高时达 134 613 人。保甲制度作为日本殖民者对台湾民众实行殖民统治的重要手段,成为法西斯统治基础。1945 年 9 月 2 日,日本无条件投降,台湾才又一次重入中国版图,回到祖国的怀抱。

（三）用歧视性的法律实行军人统治

日据时期，台湾法制的最大属性或特征之一就是它的殖民性。对这一属性的研究是揭示日据时期台湾法制演变规律的关键，其理论意义重大。纵观其50年的史实，主要体现在以下几个方面：一是暴力镇压或军事压迫；二是民族（种族）差别或歧视；三是强制推行民族同化或文化灭种；四是保障经济掠夺或榨取；五是武人总督与军令统治。1896年3月31日，台湾归拓殖省管辖，同时颁布《台湾总督府条例》，确定台湾总督府采取"军事官衙"之组织。此后，根据1897年颁布的《台湾总督府官制》之规定，"总督为亲任，以陆海军大中将充之"。日本据台50年间，先后派驻19任台湾总督，其中10任为军人。第一任总督桦山资纪为海军大将，第二任总督桂太郎、第三任总督乃木希典、第四任总督儿玉源太郎、第五任总督佐久间左马太均为陆军中将，第六任总督安东贞美为陆军大将，第七任总督明石元二郎亦为陆军中将。自第八任田健治郎开始，号称以文人任总督，但不过9任，至1936年又派海军大将小林跻造任第17任总督。此后直至1945年日本殖民统治结束，其间三任总督（小林跻造、长谷川清、安藤利吉）均为海军或陆军大将。

（四）日本不甘心退出台湾的统治

1938年4月，蒋介石在国民党临时全国代表大会上发表讲话："日本自明治以来，早就有一贯的大陆侵略计划。过去甲午之战，它侵占我们的台湾和琉球，日俄战争后吞并了朝鲜，侵夺我们旅顺和大连，就已完成了其'大陆政策'的初步；日本以台湾为南进的根据地，想从此侵略我们华南和华东；而以朝鲜和旅、大为它北进的根据地，由此进攻我们的满蒙和华北。"日本虽然在第二次世界大战失败后，被迫把台湾归还给了中国，但日本在台湾依然有着"特殊的、巨大的政治经济利益"。中国收复台湾之后，则可以阻止日本的战略南下企图，避免日本势力伸入中国东南腹地。另外，台湾地处西太平洋要冲，是南下东南亚，西去波斯湾、欧洲的海上交通要道。日本每年在这条航线上的运输量达5亿吨左右，其中包括日本所需石油的90%和核燃料的100%。日本是资源贫乏的岛国，经济发展严重依赖海上运输线，布热津斯基曾形容日本是"脆弱的花朵"。在日本宫崎公立大学执教多年的王智新教授告诉记者，"台湾关乎日本海上生命线的观念，根深蒂固地存在日本人的心中"〔1〕。日本京都大学教授中西辉政就认为，"台湾对

〔1〕 庚钦，等：《日本心态杂看台湾》，载《环球时报》2006年6月14日。

日本的安全来说,是最后的生命线"[1]。而日本前驻泰国大使冈崎久彦则公开表示,"台湾如果被中国大陆统一,日本将不得不另寻生路"[2]。可见,台湾在日本人心目中的地位。日本的某些军政人士亦在二战结束前后,企图对台湾的"政治地位"进行有利于日本利益的安排,他们试图发动"台湾自治运动",并支持"台独"组织发展,从而使"台独"分子以日本为大本营开始了有关活动。

二、中国从日本手中收回台湾具备合法性

《马关条约》是在武力威逼情形下签订的,是通过侵略战争对另一主权国领土的割据和占领,其本身就不具备法律效力。

(一)《马关条约》违反国际法

根据现代国际法,通过武力手段获得对台湾的控制权是非法的、无效的。"条约必须信守原则"虽然规定了在条约有效期内,当事国有依约善意履行的义务,但它是包含着的一个前提,就是条约所规定的义务,必须是平等互利的而不是非法的或不道德的。《马关条约》是日本强加于中国的掠夺性条约。根据《联合国宪章》《维也纳条约法公约》及《奥本海国际法》等文件,尊重国家主权、领土不可侵犯、平等互利等原则,乃是出于维护人类的共同利益,而制定的具有强行性或强制性的国际法规范,任何条约都不应违反这些规范。《马关条约》与这些国际强行法相违背,因而是非法的、无效的。所以,日本依据《马关条约》占据台湾50年是非法行为。

(二)中国收回台湾符合国际惯例

按照国际惯例,中国收回对台湾的主权不必等待"对日和平条约的签订或经联合国考虑"。历史上法国对阿尔萨斯—洛林地区恢复统治,就没有等待凡尔赛和约的签订,而是从1918年11月11日停战之日起,就直接行使对该地区的主权。二战结束后,德、意所占据的领土立即归还给法、比、荷、挪等国,英吉利海峡的古恩赛岛与西岛也立即归还英国,并未等待和约的签订。日本放弃了对台湾的主权后,中国自然便收回了对台湾的主权,无需等待和约的签订。所以,非法占有他国领土必须归还之原则,是国际法及国际实践早已确认的原则,无须附加其他任何条件。

(三)《旧金山对日和平条约》不具备法律效力

《旧金山对日和平条约》是非法的、无效的。因为美国不依照二战期间盟国

---

〔1〕〔日〕中西辉政:《台湾是日本的最后生命线》,载日本《呼声》2004年4月号。

〔2〕王亦然:《日渲染大陆武力攻打台湾》,载《环球时报》2006年6月21日。

商定的程序,单独筹备对日和会,拉拢一些与日作战无关的国家,于1951年9月8日在旧金山签订了对日和平条约。参与会议的51个国家中,苏联、波兰、捷克三国拒绝签字,而对日作战和对台湾拥有主权的国家——中国,则被排斥于这次和会之外。《旧金山对日和平条约》之第二条乙、巳两款,规定日本放弃对台湾、澎湖列岛、西沙群岛的一切权利和要求,但未写明归还中国。对此,周恩来于1951年9月18日代表中国政府发表声明,指出旧金山单独"对日和约"不仅不是全面的和约,而且也不是真正的和约。此和约没有中华人民共和国参加筹备、拟制与签订,故是非法的、无效的,中国政府无须对其承担义务或责任,有权抵制对台湾地位的非法处置。

三、日本对台湾的干涉政策

1972年,中、日签署了《中日联合声明》,在台湾问题上日本政府正式表示:日本国承认中华人民共和国是中国唯一合法的政府,充分理解和尊重中国政府的立场;台湾是中华人民共和国领土不可分割的一部分。这是日本官方在正式场合所持立场。

(一)日本右翼势力阻碍中国统一

从台湾海峡局势中的日本因素看,冷战后虽然日本也曾多次隐晦地表露过它力图对台湾前途施加影响的决心,但关键还是取决于日本在地区问题上的战略定位。美国曾分析过日本可能选择的四种国家战略:(1)单独大国战略,即在军事上脱离美国的保护伞,发展独立的军事实力;(2)地域战略,即在日本所处的东亚地区营造除美国外包括该地区多数国家在内的,以日本为核心的地区经济集团;(3)维持现状战略,继续以美国同盟条约体系为日本对外政策的轴心;(4)全球性的非军事强国战略,以日本强大的经济实力为依托在全世界扩大影响。美国在20世纪90年代初的分析判断是:日本倾向于在第一和第四种可能中做出选择。实际上,日本选择了维持现状战略,与美国强化了军事同盟,追随美国的全球战略。也就是说,实质上,日本的对台政策是以追随美国为目标的。但在中、美两国签署的《联合公报》中,美国第一次表示了对台湾海峡两岸同属一个中国不持异议的观点,承认台湾是中国的一部分。美国事先未通知其重要盟国日本,便在对华政策上采取"越顶外交",这对日本政府造成了巨大冲击。日本国内出现的要求恢复中日邦交的强烈呼声,终于导致了一味追随美国反华的佐藤内阁的下台[1]。在台湾问题上,日本右翼势力一直明里暗里支持"台独",企图制

〔1〕 刘合波:《论〈旧金山对日和平条约〉与战后台海关系》,载《齐鲁学刊》2007年第1期,第59页。

造两岸冲突,阻止中国的统一,成了台海危机的幕后黑手。因此,“对北京来说,日本在台湾问题上言行不一无疑是中国完成统一大业的一大隐患”[1]。

(二)日本已经于习惯插手台湾问题

从历史上看,相比美国日本在干涉对台事务方面更加露骨和大胆。“在西方列强及日本在世界舞台上争权夺利的时候,中国成了他们的战利品和牺牲品。”[2]正是日本的这种心态,日本干涉台湾事务成为日本政界的习惯性做法。前日本首相助理冈本行夫曾于1997年4月宣称“台湾海峡就在日本附近,日本是台湾海峡的准当事国”,“台湾海峡的安全是日美安全条约的对象”。1997年8月17日,时任日本内阁官房长官的山静六公然宣称,中国大陆与台湾的争端“当然属于”日、美防卫合作的范围,并且辩称当中、台发生争端,美国采取行动时,日本能够拒绝提供支援吗?原自民党干事长山崎拓甚至公然发表过“中日再战”的言论,声称:“假如中国攻打台湾,那将威胁到日本的安全,日本就要以此为理由,派兵干涉台湾问题,与中国交战,把台湾置于日本的控制之下。”[3]1998年11月,江泽民访问日本时,日本又坚决拒绝将新“三不政策”[4]写进联合公报。凡此种种充分表明日本在军事上染指台湾的真实企图。在中国统一问题上,明火执仗干涉的是美国人,但真正寝食不安的是日本人。因此有人讲,“在台湾问题上,老惹麻烦的是美国人,但真正令人担心的是日本人”。

(三)地缘政治位置使日本倾向支持台湾分离

中国现代国际关系研究院日本研究所的研究员马俊威说:美、日其实并不认为台海很快会出事,因为只有他们大力支持“台独”,才会真正激化台海局势。而且目前他们不会这么做。“因此,强化前沿战略支撑点,制造军事布局才是重点。”[5]日本介入台湾问题当有其自身的政治与安全动机,如国内新保守势力的兴起,在战略上牵制中国的需要,以及对台海保持分离的偏好等,但美国的推动则起催化作用。“一直以来,美国在台海利益主要是为了把台海当成遏制中国的棋子,而日本则对台海有更多的野心和实际利益。”[6]日本的对台政策,“在最后

[1] 南方朔:《两岸虚像动作下的实像》,载香港《信报》2005年2月28日。

[2] 张锋:《中国复兴开启新时代》,载《环球时报》2004年8月30日。

[3] 张莉霞,等:《日本敢军事介入台海吗?》,载《环球时报》2006年1月16日。

[4] 1998年6月30日上午,克林顿访华时,在上海图书馆与上海法律、教育、文艺和宗教界人士进行座谈。当问到美国对台湾的政策时,他说:“我们的台湾政策……是,不支持‘台湾独立’或‘两个中国’或‘一中一台’。另外我们并不认为台湾应该加入以国家为主体的国际组织”。简称对台“新三不”政策。

[5] 钟成,等:《日本用冲绳牵制台海》,载《环球时报》2006年1月4日。

[6] 吴心伯:《日本在台海难掀大浪》,载《环球时报》2004年10月24日。

摊牌之前，日本官方在台湾问题上的处理手法仍是：两手准备，为已留有余地，平衡中、美、台三方利益”[1]。

（四）日本企图主导东北亚格局

日本对地区局势的定位恰恰是与中国争雄，这并不符合当前的东北亚政治现实。当前东北亚秩序的基本架构是“六方框架”，对美国来说，既可以控制朝鲜，还有利于拉住韩国，并与中、俄沟通，让日本见见世面，巩固自己在东北亚和朝鲜半岛的合法存在。“六方框架”是以中国为主导，以中、美为主轴运行的。从中、美积极合作中，可以看到后冷战时期正形成新的国际格局所需要的行为规范，即主要参与国际博弈的大国以顺应大势的合作姿态，不断引领潮流，营造共赢局面，“而不是单纯的利益分割甚至钩心斗角，这也代表了今后世界的发展趋势”[2]。从这一角度来说，日本的战略目标定位不切实际，也不符合东北亚的新形势。日本的一些做法和政策，有把自己逐步推向边缘化的危险。在事关东北亚局势稳定的朝核问题上，日本也有自己沉重的负担。朝鲜半岛对日本积怨过重、偏见颇深，如果日本什么都不做，反而会落个利人利己的结果。不是别人刻意疏远日本，而是日本自己的作为使自己成了一个被边缘化、被疏离的对象。自己的所思所想所作所为都在大局势之外，而自己却还认为已经掌控大局，这可能是日本最值得反省的。这种主观与客观的背离，是日本百年以来常犯的错误。

（五）沉重的历史包袱使日本没有道义优势

当年日本在侵略中国大陆和殖民统治台湾时，血腥的杀戮政策给全中国人民带来深重灾难，在全世界人民心中留下了负面的印象。在东亚地区，日本的侵略与殖民历史已成经成为一个很大的负担。“台湾问题是一个关系到中华民族尊严的问题，日本在道义上不占任何优势。”[3]为了记录历史，美国著名制片人泰德·莱恩塞斯拍摄了《大屠杀》的电影，他认为如果这个故事（指南京大屠杀）由第三方讲述，可信度会更高[4]。日本战败后，中国出于民族大义，并没有对日本政府提出惩罚措施，并放弃对日本赔偿要求。在随后的岁月里，日本出于内心的反悔和良知，先后给中国赠送了大量的汽车、电视机、电冰箱，但其真实目的是让中国在配件上严重依赖日本，用经济手段继续牵制中国。2006 年 9 月 22 日，《环球时报》以《日本两大报纸社论主管对话》（副题：日本需要成年人的智慧）刊

---

〔1〕张望：《记者揭示日对台政策实录》，载香港《信报》2004 年 8 月 31 日。

〔2〕康欣：《日本在东亚被边缘化》，载《环球时报》2006 年 11 月 6 日。

〔3〕〔美〕薛涌：《帝国在反击吗》，载美国《纽约时报》2005 年 3 月 16 日。

〔4〕尚未迟，等：《美导演争拍南京大屠杀》，载《环球时报》2006 年 11 月 27 日。

登了《读卖新闻》社论主笔渡边恒雄和《朝日新闻》社论主笔若宫启文的对话。渡边说："无论如何要告诉后人，记住当年日本军队多么糟糕。还有一点就是苏联在战争结束前突然撕毁日、苏、中条约进入中国东北地区。对于8月15日就投降的日军，过了9个月还没有结束战争行为。有近60万日本军人被绑架到西伯利亚强制劳动，造成5.3万人死亡。"若宫说："20多年前，中曾根面对突然而起的反日动向，决定停止参拜，第二年的1986年9月，中曾根说了十分出色的话：'国际关系不能一方通行。特别是还有亚洲各国的国民感情问题。如果不按这种理念行事，最终会损害国家的利益。'"这是日本一些有良知的政界精英的对历史正反两方面的回顾，应该引起日本国民的重视。

要在台湾问题上最大限度地减少外界的不利影响，关键要将解决台湾问题的主导权掌握在自己手中。尽可能减少外部势力对台海问题介入，降低其对台海问题上的消极影响，是我国和平解决台湾问题的重要前提。如果日本不能正确认识形势，继续在台海问题上的一意孤行，必将遭到中方在行动上的有力抵制。

第三节　干涉一国内政构成国际非法行为

对于台湾当局的地位，任何国家承认其为中国合法代表或承认其为独立国家，或事实上支持台湾当局对抗中华人民共和国政府的行为，都是违反《联合国宣言》和《国际法原则宣言》的，都是干涉中国内政的非法行为。

一、侵略的定义及外国对台湾的侵略

台湾问题纯属中国内政。解决台湾问题，必须排除外来干涉。据统计，"自16世纪下半叶以来的400多年中，台湾前后有16次遭到日、美、英、法、荷、西诸国的霸占或侵略，其中有两次沦为外国的殖民地"[1]。台湾问题由来已久，且十分敏感，它是国际和国内双重背景下，政治、经济、军事、外交等多重因素交互作用、相互影响的产物。

（一）侵略的定义

从国际法上看，侵略的内涵和外延长久以来处于不确定状态。1967年12月18日，联合国大会通过第2330号决议，设立一个制定侵略定义的特别委员会（即

〔1〕 陈碧笙：《台湾地方史》，中国社会科学出版社，1982年第1版，第303页。

关于侵略定义问题的特别委员会)，负责起草侵略定义。该委员会经过7年的争议与研究，终于在1974年12月14日由联大通过第3314(XXIX)号决议，以协商一致的方式通过了《关于侵略定义》，确定了侵略定义。《关于侵略定义》第三条详细具体地列举了许多构成明显侵略的行为，规定“任何下列行为，不论是否经过宣战，都构成侵略行为：(a)一个国家武装部队侵入或攻击另一国家的领土；或因此种侵入或攻击而造成的任何军事占领。(b)一个国家的武装部队轰炸另一国家的领土；或一个国家对另一国家的领土使用任何武器。(c)一个国家的武装部队封锁另一国家的港口或海岸。(d)一个国家的武装部队攻击另一个国家的陆、海、空军或商船和民航飞机。(e)一个国家违反其与另一国家订立的协定所规定的条件，使用其根据协定在接受国领土内驻扎的武装部队，或在协定终止后，延长该项武装部队在该国领土内的驻扎期间。(f)一个国家以其领十供另一国家使用让该国用来对第三国进行侵略行为。(g)一个国家或以其名义派遣武装部队、武装团体、非正规军或雇佣兵，对另一国家进行武力行为，其严重性相当于上述所列各项行为；或该国实际卷入了这些行为”。《关于侵略定义》第三条明文列出的侵略行为清单，与1991年联合国国际法委员会起草的《危害人类和平及安全治罪法草案》第十五条所列举的侵略行为，在措施上完全一样。根据《关于侵略定义》的决议，对另一个国家的严重的武装侵犯，包括以武装直接支持与合法政府相对的反叛的交战团体，即构成了侵略，应该承担更严重的国家责任。所以，任何国家只能选择不给予台湾任何国际地位，都无权支持台湾当局反对中国政府。联和国大会1981年通过的《不容干涉和干预别国内政宣言》明确宣布：任何国家或国家集团均无权以任何方式或任何理由干涉或干预其他国家的内政或外交。

(二)历史上多国企图侵占台湾

自晚清以来的百余年间，积弱积贫的中国出现列强环逼、鼎革频仍的数千年未有之变局，台海两岸的统一再次受到乱世的震荡。首先依然是殖民势力入侵。在19世纪后60年，英、法、美、日诸国无不垂涎台湾，其中尤以日本为甚。自19世纪70年代开始，中国发生列强侵略边疆的危机，清廷因国力虚弱而穷于应付，日本则假明治维新之势“开疆拓土”，而台湾是其扩张的首选目标之一。1871年，有琉球船民漂至台湾遇害，日本立即利用这一事件，先是于翌年强封琉球国土尚泰为藩王，为吞并琉球和“征台”制造口实；尔后又于1874年打着“保民”的旗号出兵犯台，后来虽为清军逼退，但得以利用清廷的虚弱，吞并琉球，从而扫清侵台前沿。日本仗着明治维新的政治气势，一步一步对清政府进逼，继而通过甲午战争霸占台湾。

二、国际上非法干涉他国内政的行径

从国际法角度来看,美国几届政府均承认“上海公报”“中美建交公报”和“八一七公报”中承认“只有一个中国,台湾是中国的一部分”,“中华人民共和国是中国的唯一合法政府”。但按照美国的“与台湾关系法”,如果台海发生冲突,美国的“严重关切”可以有很大的解释弹性,它既可以售台武器,可以对我武力威慑,可以直接参战,也可以不参战,这都不违反“与台湾关系法”,显示美国对台政策的自相矛盾。

(一)美国以国内立法的形式干涉中国内政

“从国际法的角度看,‘与台湾关系法’违反了中、美建交公报产生的美国对中国的条约义务。”[1]根据国际法,一国国内法是没有域外效力的,条约的缔结也应对第三者既无损也无益。美国利用国内法和条约干涉中国内政是没有国际法律依据的。美国1979年4月出台的“与台湾关系法”明确规定,台湾海峡的和平稳定有利于美国的政治、安全、经济等方面的利益,美国坚决反对中国以任何非和平方式决定台湾的未来。1996年3月20日,美国众议院通过了要求美国政府帮助保卫台湾的决议;21日美参议院通过了要求克林顿使台湾保持充分自卫能力的决议。虽然这些决议最后没有成为法律,但美国国会的行为不断加剧了台湾海峡的紧张局势,粗暴干涉了中国内政。“1999年3月24日,美参议院外交委员会主席赫尔姆斯等人提出‘加强与台湾关系法’[2]。”1999年4月12日,美国参议院通过议案,支持台湾地区卫生组织“应有适当而有意义的参与”,在“与台湾关系法”立法届满20周年之际,重申美国对台湾地区安全承诺。为了遏制美国的非法行为,中国政府制定出台了反分裂国家法,它的出台起到了以正法反击歪法、恶法的效果。反分裂国家法的制定是以主权法对抗干涉法,是中国主权范围内的事,它不会对任何国家构成威胁。不像美国制定的“与台湾关系法”,以国内立法形式干涉他国内政,在别国制造分裂和混乱。联合国大会通过的《国家权力义务宣言草案》第十三条、《维也纳条约公约法》第二十七条、国际常设法院在“但泽波兰国民案”等规定,一当事国不得援引其国内法规定为理由而不履行国际条约[3]。但就美国的干涉行为,不仅涉及对美国根本利益的判断,也涉及

---

〔1〕 周洪钧:《论台湾法律地位及其对中美关系的影响》,载《华东政法学院学报》2001年第4期,第34页。

〔2〕 王俊彦:《中美俄智慧博弈》,国际文化出版公司,2010年4月第1版,第188页。

〔3〕 彭光谦:《〈与台湾关系法〉不是“台独”救命符》,载《环球时报》2007年9月19日。

一旦运用这种"能力"可能产生的风险和代价。美国尽管不想放弃台湾这张牌，但也不想被台湾某些势力所绑架，美国不能不给自己留一点回旋余地。

（二）美对台军售严重干涉中国内政

美国在国、共内战当中涉入甚深，现代化的飞机大炮并没有挽救国民党的腐败政权。国民党政府逃往台湾后，美国利用朝鲜战争爆发之际，军事侵入台湾，制定"共同防御条约"，进行军事援助，干涉中国政府统一台湾的努力。在大额军售方面，美国政府不顾上海"八一七公报"，一直向台湾地区出售先进武器。20世纪90年代以来，美对台军售进一步加剧，开始出售具有战略进攻能力的武器。1992年9月2日，老布什来到通用动力公司的F16战斗机生产厂视察，"竟然附合亲台派的一再要求，宣布解除禁令，同意向台湾地区出售150架F16战斗机，从而解除了长达10年的禁令，布什可以得到58亿的可观收入"〔1〕。克林顿政府时期的1999年2月和4月，美国防部出台《台湾海峡安全形势报告》和《亚太地区战区导弹防御系统选择报告》，大肆渲染中国大陆对台湾的"军事威胁"，极力主张向台湾地区出售高技术装备，并把台湾地区纳入亚太地区战区导弹防御系统。"1999年7月30日，美国又违反中、美"八一七公报"，宣布售台5.5亿先进武器。"〔2〕小布什上台后，2001年4月24日，美、台军事官员在美国举行年度军售会议。4月25日，美国宣布向台湾出售武器清单，包括导弹驱逐舰4艘，P-30侦察机12架，潜艇8艘以及MK-48鱼雷和复仇者地对空导弹等进攻性武器。4月26日，布什总统宣布将"竭尽全力协防台湾"〔3〕。奥巴马政府上台后，同样坚持错误的军售政策。"2011年10月，奥巴马政府宣布了新的对台军售。数额达58亿美元。加上2010年对台军售64亿美元，奥巴马政府任内不到三年，对台军售就达到122亿美元。"〔4〕这些军售损害了中国的核心利益，伤害了中国人民的感情，也违反了上海"八一七公报"约定的军售条件和范围，中国政府和人民一直以来表示坚决反对。

（三）打破"禁令"提升美台官方交流层级

克林顿上台后的一段时间内，逐步调整其强硬态度，在改善对华关系，对华接触的同时，采用两面手法，以抬升美、台官方关系，支持台湾加入国际组织等方

〔1〕 王俊彦：《中美俄智慧博弈》，国际文化出版公司，2010年4月第1版，第31页。

〔2〕 王俊彦：《中美俄智慧博弈》，国际文化出版公司，2010年4月第1版，第201页。

〔3〕 王俊彦：《中美俄智慧博弈》，国际文化出版公司，2010年4月第1版，第265页。

〔4〕 段聪聪：《中国民众支持反制美对台军售》，载《环球时报》2011年9月14日。

式，打台湾牌牵制中国[1]。在当时的美国商务部长布朗访华结束不久，美国政府就于1994年9月7日宣布"全面调整"对台政策，提升美、台官方交往层次和级别，保持"副部长级官员"接触；允许台湾高级官员过境美国，允许美国经济、技术和商务部门官员访台，并会见台湾各级官员，允许美国在台协会台北办事处主任、副主任等所有官员进入台湾"外交部"办公室洽谈公务，允许美国经济及技术部门内阁官员，通过美在台协会安排与在台湾代表官署会晤；美方同意原台湾驻美机构"北美事务协调委员会"，更名为"台北驻美国经济文化代表处"，并使之公开化、合法化。"1994年10月20日，美国在台协会主席白乐崎悍然打破禁令，跨进台湾'外交部'的办公室，与台湾'外交部长'钱复举行会谈"[2]。1995年5月22日，美突然宣布批准李登辉在6月的第一周赴美进行"非官方的、私人访问"，参加康奈尔大学的毕业典礼，并允许发表鼓吹"台独"的演说。5月23日，中国做出强烈反应，指出美国允许李登辉访美打破了将近17年不准台湾当局最高领导层访美的"禁令"，严重损害了中、美关系的政治基础，又为台当局推行"两国中国""一中一台"政策撑腰，助长了台湾当局和国际反华势力的嚣张气焰。

（四）遏制中国的战略违犯国际法和平共处原则

韩国延世大学政治系教授、前韩国总统办公室国家安全顾问文正仁曾说过，现在一些国家出现的"中国威胁论"是国际政治中现实主义思维理解中国崛起的一种范式反映，是西方一些保守势力的"发明"，服务于其国内政治目的，而不是出于对中国发展战略的客观理解。大多数韩国人认同他的这种观点。首先必须认识到，遏制、孤立中国的政策根本就是行不通的。如果美国采取对华遏制和孤立政策，只会导致自我失败，这是愚蠢的战略上的自杀行为。中、美两国只有合作才能促进世界的和平，就东北亚的朝核危机来说，"有核武器的朝鲜是东北亚不可承受之重"[3]。没有中国的支持，美国在东北亚地区什么事都做不成。所以，在东亚的重大政治、经济、安全问题，中、美之间是相互依赖的。作为东北亚的均衡者，韩国可以告诉美、日，联合起来围堵中国是错误的，围堵中国违反和平共处的国际法原则。中国不能被孤立和遗忘。在中国的南侧，东南亚对中国的看法发生重大转变，东盟秘书长鲁道夫·塞韦里诺宣布：中国确实因此给人留下

〔1〕 王俊彦：《中美俄智慧博弈》，国际文化出版公司，2010年4月第1版，第75页。
〔2〕 王俊彦：《中美俄智慧博弈》，国际文化出版公司，2010年4月第1版，第79页。
〔3〕 朱锋：《中美合作要过朝核这道坎》，载《环球时报》2006年11月9日。

好印象。而中国提出的不干涉他国内政的理念恰逢其时[1]。

(五)以军事联盟发动战争侵犯他国主权

军事联盟已经过时了,像美、日同盟这样的双边军事联盟的作用从根本上说是有限的。“突破军事联盟有效性的瓶颈,最终克服地区安全困境的唯一途径就是推动多边安全合作,它的终极目标是联合国宪章规定的集体安全保障制度”[2]。北约在南联盟战争中,打着解除科索沃人道主义灾难的口号,高举人权旗帜,却对南联盟塞尔维亚人做了最不人道的事情。北约和华约是在二战后雅尔塔体系的基础上建立起来的。在战后40余年中,北约的核心战略是围绕保证西方世界的军事安全而制定的,其目标非常明确,那就是遏制华约,其所采用的手段主要是军备竞赛(特别是核军备竞赛)和经济封锁,并对两大集团之间的中间地带进行渗透和争夺。通过采取这些手段,在持续40余年的冷战期间,北约在经济上拖垮了以苏联为首的华约组织,使得华约组织在20世纪80年代末已人心涣散,到1991年4月份轰然崩溃。但这些并没有使西方大国感到满足和高枕无忧,他们倚仗其从冷战中积累下的军事和经济优势,更进一步地采取了一系列的措施,来强化其在全球经济、政治中的地位,而提出的所谓北约新战略就是这些措施的总体体现。剥去华丽的辞藻,新战略意味着这样一个现实,即北约就可以把一些原属于主权国家主权范围内的事情划归在其职权范围之内,主权国家内部的一些国内矛盾,如民族矛盾等都将纳入他们的管理范围,并且可以不经联合国安理会的授权,也无须北约全体成员国的一致同意。这是严重践踏国家主权,违反国际法的行为。虽然中国的综合实力发展到今天,让美国联合其他国家发动军事侵略要三思而行,但在新中国成立初期,美国以军事手段的干涉中国内政的准备就一直没有停止过,以军事联盟形式侵犯他国主权的行为也没有停止过。

(六)介入分裂国家内争

在当今世界中,最容易被美国抓住辫子借以实践其新的战略理论的,就是许多民族国家在同国内民族分裂分子进行斗争时所引发的一些问题。实际上,科索沃危机的爆发,就为北约实施其新战略进行投石问路提供了一个绝好的试验场。科索沃阿、塞两族民族矛盾的激化恰恰发生在北约基本完成了其对冷战遗

---

〔1〕〔美〕乔舒亚·库兰齐克:《中国的魅力,中国的软实力影响》,载美国卡内基国际和平基金会网站2006年6月5日文章。

〔2〕《遏制中国就是“战略自杀”》,载《环球时报》2006年5月4日。

留问题的解决、“新战略”的构思基本成熟的时刻。这时,北约方面需要这么一个乱摊子由他们出面加以解决,以向天下昭示其“新战略”漂亮的人道主义外衣,给以后干涉别国内政提供完美的先例。在这一背景下,阿族分裂势力得到了西方势力和媒体的鼓舞及怂恿,使科索沃的民族矛盾愈演愈烈,给北约对南联盟实施空中打击提供了完美的借口。

(七)资助和鼓动民族分离运动

科索沃战争爆发后,特别是北约用导弹袭击我驻南联盟使馆后,引起中国政府的高度警觉。中国是个多民族的国家,台湾尚未统一。北约新战略提出后,某些不愿意看到中国强大,死抱着冷战思维不放的北约成员国,企图在中国的西藏、新疆以及台湾问题上对中国的主权进行类似南联盟的粗暴践踏。科索沃使北约新战略得以演练,美国企图找借口在台海危机期间实施其“内部冲突”理论。中国为捍卫主权尊严及领土完整,必须提高警惕。流血的科索沃并未由于美国和北约的“人道主义”干预而停止流血。美国及其反华势力会利用一切手段向中国的分离势力提供资助,鼓励其从事分裂活动。“1999 年 8 月 13 日,美国派众议院国际关系委员会主席吉尔曼率团访问台湾,会见李登辉,允许达赖喇嘛到纽约活动。”〔1〕2008 年 6 月,到欧洲访问的布什又联合欧洲议会搞涉藏声明,压迫中国政府与达赖谈判。中国外交发言人秦刚强调,西藏事务是中国内政,外国无权干涉。我国是一个多民族的国家,少数民族分裂分子在某些国际势力的支持、怂恿下,与境外的民族分裂分子内外勾结,频频制造事端,破坏民族团结,鼓吹民族独立。中国政府对外对内实行双重遏制就显得迫切需要。

(八)以人道主义危机为借口干涉他国内政

人道主义干涉本身潜伏着严重的弊端。例如,它使禁止使用武力原则产生漏洞,损害《联合国宪章》和一般国际法的威信;挑战联合国的集体安全体制,有损安理会的权威;许可这种干涉可能导致更多的交叉干涉(如反对干涉的干涉),加上先进的现代武器具有的强大杀伤力,往往造成更大的人身伤亡和财产损坏风险。这种干涉的行使带有很强的任意性,因为当今世界各国强弱不一、贫富不等,几乎每个国家都存在这样或那样的人权问题。对这种干涉的认可,容易使之成为大国推行霸权主义和强权政治的一个冠冕堂皇的借口。基于这方面的因素,欲在这种干涉上产生前后一致的反复国家实践和法律确信意见,从而形成国际习惯法规则,几乎是不可能的。分析冷战后的人道主义干涉实践,结论是清楚

〔1〕 王俊彦:《中美俄智慧博弈》,国际文化出版公司,2010 年 4 月第 1 版,第 236 页。

的:没有理论证据证明、未经安理会授权而进行的人道主义干涉已成为国际习惯法。

（九）一些中等国家也走上干涉他国内政之路

土耳其和伊朗也走上干涉他国内政的道路,总企图重温奥斯曼帝国泛突厥主义的旧梦。这两个国家,虽然目前在世界上算不上是先进、强大的国家,但也在干涉其他国家的内政。土耳其认为,苏联解体对突厥世界来说,是"300 年不遇的良机",并立即通过各种途径与这些国家建立和发展关系,声称"泛突厥主义"符合伊斯兰"逊尼派"的正统教义,鼓吹"土耳其模式"对这些国家政治经济的现实意义,公然宣布要在这里建立一个"突厥国家联合体"。无论是土耳其的"突厥国家联合体",还是伊朗要建立的"伊斯兰带",都把我国的边界划入其势力范围,从而极大地影响到了我国这些地区的社会稳定[1]。同时,土耳其和伊朗为实现其意图都在支持新疆的民族分裂势力,他们容留热比娅就是明显的例证。当前,"蒙独"势力在一些国家的暗中支持下,在国内的分裂活动已现苗头,它们的理论主要是要实现"三蒙统一"(即外蒙、内蒙古和俄罗斯的布里亚特共和国),中国政府应对这些分裂势力保持高度警惕,并采取有效的措施加以应对。

三、中国政府通过国内立法支持和维护国际法的效力

"中国的和平崛起在国际法的视野下,同样是维系国际社会共同利益的最基础性的保障。"[2]中国重视自己的发展,同样重视国际社会的发展和繁荣。"没有繁荣和安宁相伴随,这种愿望就不可能实现。没有发展,就没有真正的民主化进程。"[3]这是中国学者发出的心声,也是顺应国际局势发展正确认识。

（一）反分裂国家法维护国家主权独立原则不受侵犯

2000 年,联合国大会的 189 个会员国签署的《联合国千年宣言》中明确表示:"将不遗余力,促进民主自由,加强法治,并尊重一切国际公认的人权和自由,包括发展权。"[4]为了维护和保护发展成果,促进国际社会的公平正义,中国政府制定和出台涉及对台重大利益的反分裂国家法。它的出台符合国际法和国际社会维护国家主权和领土完整的实践,也确认了一些国际法的基本原则,维护了国际法的权威。根据国际法,每一个主权国家都有对内的最高权和对外的独立权,都有通过立法、行政和司法等手段来管理自己国家的权力。虽然没有任何国家

---

〔1〕 苏力伟、金丰:《"东突"为何把土耳其当庇护所》,载《环球时报》2013 年 7 月 24 日。

〔2〕 曾哲:《中国和平崛起正义论》,载《时代法学》2007 年第 4 期,第 16 页。

〔3〕 曾哲:《中国和平崛起正义论》,载《时代法学》2007 年第 4 期,第 16 页。

〔4〕 曾哲:《中国和平崛起正义论》,载《时代法学》2007 年第 4 期,第 17 页。

可以向别的独立国家发布在法律上有约束力的、单方面的命令,但是,国家出台反分裂国家法,实质上对他国的管辖权及行为产生了一种法律上的规制,设置了台海问题的法律边界,对他国干涉中国内政产生一种法律抵制。因为,"每一个国家都有义务不做任何构成侵犯另一个国家的独立与领土完整和属人权范围的行为,并防止本国人员以及在某种情况下防止本国国民做此种行为"。中国制定反分裂法,通过立法手段来处理自己的内部事务和反击外国干涉,符合国际法基本原则。

(二)反分裂国家法反对外国干涉中国内政

反分裂国家法是对外国势力非法干涉中国内政的回应。不干涉内政原则是国际法的重要基本原则之一。《国际法原则宣言》等重要国际法律文件,要求任何国家或国家集团"不干涉任何国家国内管辖之事件",不得"干预另一国之内争"。1974年联大通过的《关于侵略定义的决议》明文规定"以武装直接支持与合法政府相对的反叛的交战团体"也构成侵略,应承担更严重的国家责任。外国势力不断武力阻挠大陆统一台湾、对台军售,有些国家还将台湾海峡问题定为"共同战略目标",以至通过所谓决议案对中国反分裂国家法妄加评论、无理指责等,都是对中国内政的粗暴干涉。反分裂国家法以法律的形式抵御外国干涉势力,其实就是对国际法原则的认可和支持。该法第三条规定:"解决台湾问题,实现祖国统一,是中国的内部事务,不受任何外国势力的干涉。"台湾当局早已不是中国的合法代表,台湾无权从中国分离而"宣布独立",其分离与否纯属中国内政,任何国家不得加以干涉,任何国家不得承认台湾当局是中国合法代表或独立国家的代表,并负有不支持台湾对抗中央政府的义务。

(三)西方的新论调违反国际法

以美国为代表的西方国家一面推销他们的新主权观,以拆散其他国家,为其独享霸权或主导权制造理论依据;另一方面在涉及它们自身主权和利益的问题上坚决、毫不含糊地以其传统国家利益为上[1]。要认清西方的"人权高于主权"的主张的本来面目。所谓北约新战略和美国的"内部冲突"论,其核心是以取得其自身最大利益为最终目的,人权只是一种华丽的借口而已。美国和北约并不关心真正的人权问题,美国国内种族歧视和枪支泛滥导致的凶杀案层出不穷,就是对人权的严重侵犯。我国实行社会主义制度,是和西方大国有本质区别的,这

---

〔1〕 陈良生,等:《中国国家统一战略—战与和之间,我们选择全面打击和遏制"台独"》,明报出版有限公司(香港),2005年2月第1版,第2页。

就决定了西方社会对我国的敌视态度。中国政府和人民只有团结全世界大多数国家,积极维护国际法的效力,反对国际强权和国际霸权主义的新干涉政策和对国际法原则的践踏,才能建立一个公平、正义的国际政治经济新秩序,为人类进步事业服务。

四、其他形式的非法干涉

对台湾事务的干涉,除一些外国政府出于自己的目的进行各种干涉外,一些国家的非政府组织和一些民间组织出于自己的意识形态和某种不可告人的目的,也积极介入其中横加干涉。

(一)美国非政府机构的干涉

在美国,活跃着一群院外游说集团,他们受雇于特定的机构和个人,通过对政府机构、国会议员进行游说,来影响政府的决策,干涉中国内政。例如,从1994年开始,美国卡西迪公司就受雇于台湾执政当局。李登辉在位时聘请美国卡西迪公司为其在美进行游说。陈水扁上台后,自“2000年7月至2003年7月,就向卡西迪公司支付攻关经费703万美元,用于在美进行攻关”[1]。

(二)欧洲亲台势力鼓噪

在欧洲,欧洲议会是对中国不友好的组织,经常就台湾问题发表一些不负责任的言论,对台湾从事分裂的行为进行或明或暗的支持。有时欧洲议会经常通过一些支持台湾的决议,对台湾的其他一些做法,也积极予以响应,如“2002年台湾废除了死刑,欧洲议会还专门通过决议,对台湾废除死刑表示欢迎”[2]。

(三)利用科技手段无形干涉

在世界格局已经发生巨大变化的今天,一些西方国家的情报机构正在利用最新的高科技手段,暗中无形干涉。2013年6月,美国中情局雇员爱德华·斯诺登揭露出来的美国互联网帝国及其实施的“棱镜”项目就是明证。网络监控,“其中包括国际互联网,在全球范围经营这一规模空前庞大的监控体系,对全世界每个角落的电话、传真,电子邮件通讯进行不间断的电子侦查”[3]。通过搜集情报,一些西方国家干涉中国在国家统一事业上的努力。

(四)干涉不会阻止中国发展

新加坡国际问题研究所所长西蒙·泰(音)就亚洲的现状指出:“由于中国的

---

〔1〕 香港《星岛环球网》2007年3月26日。

〔2〕 吴云:《欧洲议会的“亲台帮”》,载《环球时报》2004年6月30日。

〔3〕 王庆东:《网络安全事关国家命运》,载《环球时报》2003年7月18日。

崛起，亚洲这个躯体上生出中、日两翼。亚洲好不容易获得了起飞的机会，但是翅膀朝向不同的方向，是根本没办法直飞的。”[1]日本应放弃干涉中国内政、阻碍中国发展的企图和行为。中、日两国只有协调一致，才能促进共同发展。“历史表明，阻挠任何国家国际地位上升的做法既不是明智的，也是不可能的，比较务实的政策应该接受他，并共同创造一种有利无弊的局势。”[2]

（五）西方的干涉政策是为自己制造难题。

西方国家随意干涉他国人权的理论给其自身的人质待遇带来了困境。在美国发动战争的阿富汗和伊拉克，人质的待遇经过了非常细致的区分。你可以注意到，根据国籍不同，他们受到差别很大的对待。美国人被立即处死，法国人可以商量，土耳其人和阿拉伯人可以用赎金赎买。现在，我们知道，英国人会在被最大限度利用后被处死。[3]

中国人不能容许其他国家打着“全人类价值观”的旗号，藐视自己的祖国，不希望沦为某些国际组织形形色色计划的试验田，中国人非常执著地热爱生活，争取成功，敬仰高尚。“妒忌中国是愚蠢的，我们原本选择的就是正确的发展道路。”[4]资本主义模式无法保证人类实现公平，也不会给普通的基层民众带来实际利益。2011年以来欧洲严重的债务危机引发的动荡和美国的华尔街占领运动，就是再好不过的证明。

第四节　中国人民抵制国际非法干涉的对策

台海局势事关东北亚的稳定和繁荣，关系国家的统一大业，对中国的民族复兴具有重要作用。中国人民在推进国家统一的进程中，国际势力会采取一些手段非法干预中国解决台湾问题，阻碍中国维护国家主权和领土完整。中国人民会采取积极的对策进行抵制。

一、中国人民坚决抵御分裂国家的行为

20世纪初，在国际上，日本驻军南满、沙俄觊觎蒙古、英国入侵西藏，边疆频

---

〔1〕〔日〕野岛刚、五十川伦义：《中日美三角关系转向互惠》，载日本《朝日新闻》2006年11月6日。

〔2〕《申奥成功有助消除中国受困心态》（原题《中国举办奥运会意义远超出体育》），载新加坡《海峡时报》1999年7月16日。

〔3〕《扎卡维已使自己成为世界头号受通缉的恐怖主义主谋》，载英国《泰晤士报》2004年10月9日。

〔4〕〔俄〕弗拉基米尔·列先科：《中国的英明决策》，载《苏维埃俄罗斯报》2004年9月25日。

频告急;在国内,列强侵蚀、军阀纷争、百业凋敝、百姓遭殃,中国的领土面临被列强进一步肢解的危险。当时在国内具有重大影响的两个政党——中国国民党和中国共产党都清醒地认识到,帝国主义是中国四分五裂的祸根。因此,要打倒封建军阀首先必须反对帝国主义,要除掉帝国主义这个总祸根,就要废除一切不平等条约,废除帝国主义在中国赚取的不正当利益和一切特权。

(一)对军阀分裂国土的抵制

孙中山比较准确地认识到中国近代社会的基本矛盾和造成国家分裂与混乱的主要根源,是帝国主义和封建军阀相勾结的统治。因此,中国要重新统一,必须扫除军阀和帝国主义两大障碍。他指出:"中国现在祸乱的根本,就是军阀和那援助军阀的帝国主义……打破了这两个东西,中国才可和平统一,才可以长治久安。"[1]他还多次对海内外人士讲,列强"不愿见中国团结统一","不许中国统一"[2]。"帝国主义者本着'分而治之'的原则,豢养中国军阀,唆使他们互相混战",因此"中国人民最恶毒、最强大的敌人就是帝国主义","中国非完全排除此等外力,则国家之统一不能永久"[3]。孙中山在总结革命失败的教训时,借鉴俄国十月革命的经验,革新了自己的学说。他审定的《中国国民党第一次全国代表大会宣言》,发出了进行"反对帝国主义及军阀之革命",以实现中国统一的基础。只有进步才能团结,只有团结才能抗日,只有进步、团结、抗日才能统一。只有打倒军阀和帝国主义的勾结,才能奠定复兴的基础。提出"我们要一个人民大众的民主的统一,不要独裁者的专制的统一",要"真统一",而不是"假统一"[4]。1921 年 7 月 1 日,中国共产党成立,这是中国近现代史上最重要的事件。在中国共产党二大会议上,第一次提出了"打倒军阀和推翻国际帝国主义的压迫","统一中国","渐次达到一个共产主义的社会"的奋斗纲领,忠实继承和契合了孙中山先生的统一思想,并在随后的革命斗争中积极付诸实践。

(二)台湾自身对一些分裂企图的抵制

台湾虽处于险恶的国际环境中,但全中国人民"励精图治,积极建设,省民矢忠共向建国大途迈进"的思想和精神占主流。国内、外极少数别有用心的政客与国际极端保守势力相勾结分裂祖国的阴谋,最后都以失败告终。当时台湾的一些爱国人士一直认为,"台湾乃'中华民国'疆土,台胞本炎黄世胄,与祖国不能分

[1] 《孙中山全集》,第十一卷,中华书局,1986 年版,第 338 页。

[2] 《孙中山全集》,第十一卷,中华书局,1986 年版,第 375 页。

[3] 《孙中山全集》,第十一卷,中华书局,1986 年版,第 337 页。

[4] 朱健安:《论 20 世纪中国由分到合的特点》,载《湖州师范学院学报》1999 年第 3 期,第 2 页。

离”。原台湾省主席魏道明在1947年底强烈谴责美国企图分离台湾的阴谋,并表示:“如果发生这种情况,600万台湾民众和4.5亿大陆中国人民将不惜为之流血斗争。”[1]国民党政府退居台湾之后,虽然面临严峻的形势,严重依赖美国援助,反共立场十分顽固,但对一个中国和两岸最终要统一的立场却十分明确,因而对于美国种种分裂国土,多次策划要求其“划峡而治”的图谋表示拒绝,使美蒋之间出现矛盾[2]。

(三)对旧政权残余势力分裂祖国行径的抵制

在中国历史进程中,历经改朝换代,国家历史也经历了统一与分裂交替前行过程。统一进程往往受到国内国际不确定因素的掣肘,因此,实现祖国的完全统一需要一个漫长的过程。在历史上,新兴政权建立中央政权之后,必须倾全力肃清溃散于陆海各处的旧政权残余力量,稳定局势,巩固政权,从而实现国家新的统一。纵观近代国家统一的历史,在统一初期,有一部分残余的分离主义势力割据一方,与中央政府相抗衡。在台湾,旧政权残余力量自大陆退居台湾后,其第一代尚存反攻大陆、复辟旧朝的志向,到第二、三代,因严酷的国际、国内政治现实限制,理想破灭后遂打起分裂国土、自立为王的念头,甚至为遂一己政治野心,不顾民族利益,走上实质分裂国家的道路。郑氏集团的反清复明的理想破灭后自立为王,蒋介石无能为力“反攻大陆”和李登辉提出“两国论”就是最好的证明。

康熙扫平三藩平定郑氏集团。清朝入主中原后,逐步平定大陆地方抗清武装及南明政权,平定西王吴三桂等“三藩”割据南方数省、危害国家统一的“藩王”。深谙“吴逆蓄谋久,不早图之,养痈成患”之理的康熙帝,决计“撤藩”是当时正确的战略决策。这项政策的实施引发历时8年的平定“三藩”战争。战争结束当年,康熙帝随即做出“宜乘机规定澎湖、台湾”的决策,虽然受制于“军费被挪用修建颐和园”[3]的现实,但康熙仍能乘势进攻占据台湾一方、抗衡大陆的郑氏集团,于第三年(1663年)统一了台湾。

中国政府打败企图分裂国家的蒋介石集团。中国共产党领导人民积极倡导团结一致、建立民主联合政府,但蒋介石集团背信弃义,撕毁“双十”协定,挑起国共内战,最终导致国、共两党分裂。共产党领导人民打败企图分裂国家的蒋介石集团,建立新中国。人民期盼中国大陆获得真正意义上的统一,并摆脱令人屈辱

---

〔1〕《我国制定〈反分裂国家法〉历史依据》,载《理论学习》2006年第4期,第59页。

〔2〕李合敏:《毛泽东关于解决台湾问题的战略思想述论》,载《中国海洋大学学报》(社会科学版)2005年第5期,第80页。

〔3〕张伟:《李鸿章日本遇刺与(马关条约)》,载《环球时报》2003年9月8日。

的外国势力的干预[1]。新中国成立之初,中国人民解放军仅半年多时间,便将蒋介石集团残余力量赶出大陆,同时攻占海南、舟山等沿海岛屿,锋芒直指台湾。1950 年 6 月 25 日,朝鲜战争爆发。美国派第七舰队进入台湾海峡,公然以武力阻止台海两岸统一。朝鲜战争停战后,美国又与蒋介石集团签订“共同防御条约”,将台湾置于美国的“保护”之下,致使台海两岸长期处于紧张对峙状态。

解决旧政权残余势力是国家的战略任务。1954 年 7 月,中共中央再次提出“解放台湾”的任务,坚决反对美国军事干涉和占领台湾。根据毛泽东的部署,人民解放军于 9 月 3 日开始炮击金门。这是一种特殊的斗争方式,它在中国还不能通过联合国等渠道申述自己原则立场的情况下,将中国人民反对外来干涉,一定要“解放台湾”的不可动摇的决心充分地表达出来,并把台湾问题突出地提到国际社会面前,以求得对残余势力的彻底解决。

旧政权分裂分子不甘心退出历史舞台。中国是个多民族国家,新中国成立以来我们与民族分裂分子的斗争就未曾停息。少数民族分裂主义分子,在外部敌对势力的支持下,以国外为基地,积极从事民族分裂活动,他们与国内民族分裂势力往来密切、遥相呼应,并不断在国内制造暴乱、骚乱事件。据不完全统计,20 世纪 80 年代末以来,达赖先后前往各国和地区“访问”150 多次,并与一些国家的元首和政府首脑会谈或被接见 20 余次。同时,达赖不断利用一些国际会议的讲台,大肆宣传“藏独”,制造国际影响。中国政府从来都是对旧政权的残余势力采取团结绝大多数,坚决打击极少数,予以积极地抵制和打击。

国际形势缓和使和平统一政策提上议事日程。美国对台海局势的公然军事干涉,使海、空力量极度缺乏的中国大陆只能将“武力解放台湾”的政策束之高阁。而当时的苏联是否愿意看到中国的统一,至今也仍是一个历史之谜。当时“武力解放台湾”不再是一个现实可行的选项,探寻和平解放的途径也就势在必行。在国际上,朝鲜停战于 1953 年 7 月达成协议。1954 年春柏林会议召开,4 月至 7 月的日内瓦会议又签订了越南停火协议。1955 年 4 月,旨在推动亚非国家在不同社会制度与意识形态下求同存异、友好合作的万隆会议召开。这些表明,国际紧张对峙局势开始趋向缓和,对以后中国提出和平统一政策、抵御和解决盘踞在台湾的残余势力创造了良好的国际环境。

2003 年 4 月 25 日,德国《我们的时代》周报刊发了罗尔夫 · 贝特霍尔德(德意志联邦最后一位驻华大使,1982—1990 年在华履行大使职责,作者注)的文章。

---

〔1〕 张雪忠:《两岸统一的结局性安排》,载《南风窗》(半月刊)(上)2007 年第 7 期,第 42 页。

他说,如果人们观察一下有关中国的国际报道,就会发现无论是资产阶级的报章,还是左翼的出版物,都很难客观和真实地评价这个国家的发展。“中国的社会主义发展进程已经证明,社会主义社会是有责任、有能力进行自行纠正和自我完善,也有能力抵御内、外敌对复辟势力的进攻。”[1]

(四)注意揭露各种非法干涉行径

充分认识到反对民族分裂的斗争的错综复杂性是十分重要的。在信息高度发达的社会,现代化的通信和新闻网络基本都由西方大国控制,各种各样的消息可以迅速传递、真假难辨,这给分裂分子利用虚假信息蛊惑不明真相的群众带来了极大的便利。我们应该充分利用大众传媒的优势,及时有效地揭露和批驳国际反华势力制造混乱的阴谋。同时,要运用公关手段广泛宣传,运用国际、国内各种场合,以研讨会、学术交流会等方式,旗帜鲜明地反对美国和北约在其他国家实施所谓“人道主义干预”,这有利于争取国际上对我国开展反分裂斗争的支持。坚决抵制一个国家的一部分国民或团体借“民族自决”之名,行分裂国家、破坏国家统一和领土完整之实的非法行为,形成任何外国或国际组织都无权干涉他国内政的共识[2]。对主权国家内政进行干涉的,有权采取一切措施予以坚决制止。

值得注意的是,在近几年来,境内外分裂势力的活动,正由分散向统一集中的方向发展。新疆分裂势力、“藏独”势力、“蒙独”势力、“民运”分子等反动、分裂组织联合反华,并提出了分裂中国的“新战略”,还欲将国内民族问题国际化,企图引进外力对中国内政进行干涉,我们对此应保持高度警惕,采取积极有效的措施予以揭露和抵制。

二、对日本分裂中国企图的抵制

日本是中国的近邻,与中国发展关系具有天然优势,但日本自明治维新国力上升以来,私欲逐步膨胀,走上侵略中国,支持台湾与大陆分离的道路,在给中国人民制造苦难的同时,给自己也带来无尽的麻烦。

(一)中国人民反对台湾分离

中、日甲午战争之后,腐败的清政府与日本签订了《马关条约》,将台湾割让给日本。消息传出,“京城内外,各级官员纷纷上疏清廷和议,反对割台”[3]。正

---

〔1〕〔德〕罗尔夫·贝特霍尔德:《中国2003年迈向社会主义道路》,载德国《我们的时代》(周报)2003年4月25日。

〔2〕刘文宗:《国际法不容许“住民自决”和“新宪公投”》,载《统一论坛》2006年第4期,第8页。

〔3〕樊繁:《台湾民众奋起抗击日军》,载《环球时报》2005年2月18日。

在北京参加科举考试的台籍举人与在京台籍官员也多方奔走，并在台湾会馆集会，上书都察院，表明台湾民众心迹，只要清政府不舍弃台岛，台地军民必能舍生忘死，为国家效命，在康有为和梁启超等人的组织下，18 省举子 1300 余人在京城聚会，公推康有为起草请愿奏折[1]。这就是历史上抵制分裂国土著名的"公车上书"事件。

（二）美国政府也曾反对日本分裂中国

1931 年"九一八"事变，日本侵占中国东北，在日本侵略者的扶持之下，以"分裂分治"行为为目的的伪满、汪伪政权粉墨登场，"声称在那里建立满洲国时"，伪满、汪伪政权遭到反法西斯同盟国家的反对，并拒绝给予承认。1932 年 1 月 7 日，时任反法西斯同盟国——美国国务卿的史汀生立即宣布，美国"不能承认任何事实上的情势为合法"。由此在国际法上确定了"不法行为不产生权利"的原则（Wrongful act does not have the right to），以及在该原则同"事实产生权利"（Facts have the right）相矛盾时前者优先的法理。"尽管这是美国政府的声明，但这一声明相继被国际联盟决议和其他国际协定所接受。"[2]

（三）中国采取军事手段维护国家主权和领土完整

1941 年 12 月 9 日，当时的"中华民国"政府发布文告，正式向日宣战。其中特别提出废除与日本之间的一切条约、协定等，《马关条约》随之也不被承认，中国公开声明要收回台湾。公告全文如下："中国为酷爱和平之民族，过去 4 年余之神圣抗战，原期侵略者之日本于遭受实际之惩创后，终能反省。在此时期，各友邦亦极端忍耐，冀其悔祸，俾全太平洋之和平，得以维持。不料强暴成性之日本，执迷不悟，且更悍然向我英、美诸友邦开衅，扩大其战争侵略行动，甘为破坏全人类和平与正义之戎首，逞其侵略无厌之野心。举凡尊重信义之国家，咸属忍无可忍。兹特正式对日宣战，昭告中外，所有一切条约、协定、合同，有涉及中、日间之关系者，一律废止，特此布告。"据中国政法大学历史研究所所长、博士生导师郭世佑计算，中、日实际作战长达 14 年。为了驱逐列强，收复国土，自 1931 年"九一八"事变开始，中、日已经开战数次。中国进行抗日战争的目的，不仅要将日本侵略者赶出东北、华北，还要收复包括台湾在内的一切失地。二战后期，日本侵略政策陷入恶性循环，袭击珍珠港、对美开战，是为了彻底解决中国，但为确保对美制胜，又需扫平中国。中国成了日本的梦魇，日本在中国遭到重大打击的

〔1〕 樊繁：《台湾民众奋起抗击日军》，载《环球时报》2005 年 2 月 18 日。

〔2〕 端木正：《国际法》，北京大学出版社，2000 年 4 月第 3 版，第 82 页。

时候，向美国建议，企图共同占领中国。“如果日本有胜算，何必向美国提案，一同解决中国。”[1]所以，抗战期间国、共两党精诚团结，抵御日本分裂中国国土的努力，为台湾的回归祖国怀抱做出了不可磨灭的贡献，也得到以美国为首的反法西斯同盟的支持。

(四)日本与中国为敌，于己不利

抗战胜利前夕，在当时国民政府的积极参与和努力之下，《开罗宣言》和《波茨坦公告》以当时在重庆的国民政府为中国唯一合法代表，将台湾归还给中国政府。这是二战结束后，中国人民在维护国家核心利益，进行对日本斗争取得的重要成果之一。从这一点上正说明中国只有一个，“分裂分治”非法，而且是注定要灭亡的[2]。中、日作为近邻，本应携手合作促进共同发展，但特殊的历史和日本军国主义的本质决定了他的贪婪和不满足，中国政府将会积极抵制。中国政府在抵制日本对国家核心利益的干涉方面，有许多对日本使用的筹码，如在日本加入联合国安理会常任理事国问题和讨论联合国改革问题时，北京的强硬态度不亚于华盛顿。正是中国人首先提议推迟讨论有争议的安理会改革问题，“赞成印度同时反对日本成为安理会常任理事国，并提醒各方：下一任秘书长应由亚洲人担任”[3]。最终将对中国相对友好的韩国前总理潘基文送上联合国秘书长的位置。目前日本作为南海区域外国家，却高调介入南海争端。作为回应措施，中国一方面应加强在钓鱼岛的海上常态巡逻，宣示钓鱼岛主权，保持在钓鱼岛的军事存在和高压态势；另一方面应大力开发图们江流域，扶持图们江经济区发展，与朝鲜合作，打通图们江出海口，进入日本海巡逻，加大与俄罗斯在日本海的军演规模和频次。另外，中国还应根据《联合国海洋法公约》做好海洋科技勘探和调查，熟悉日本海的海洋生态环节和地质情况，在日本海保持自己的合法存在。

三、中美两国围绕国家统一的较量

美国出于其称霸世界的野心和全球战略利益考虑，对台湾事务涉入很深。美国在新中国成立之后，采取了对华敌视政策；在发动侵朝战争的同时，公然武装占领台湾，多次对我国大陆领空进行军事挑衅，妄想把新中国扼杀在摇篮之中。中、美建交后，老布什继续向台湾出售先进战斗机，克林顿提升美台官方交流关系并允许李登辉访美，小布什和奥巴马同样通过对台出售先进武器装备干

---

〔1〕《中国对击败日本有巨大贡献》，载香港《成报》2005年8月22日。

〔2〕卢月：《分裂祖国的行为没有历史和国际法依据》，载《台湾研究》1999年第2期，第23页。

〔3〕〔俄〕阿尔图尔·布利诺夫：《诸葛亮与邓小平的外交方略》，载俄罗斯《独立报》2005年10月24日。

涉中国内政。美国历届政府的做法严重损害了中国的国家核心利益。因此,中、美两国在国家利益的角逐主要体现在对核心利益的维护上,而矛盾最突出的则是在台海问题上持续大半个世纪的较量。“不可讳言,中共的态度是各国考虑与台湾关系的重要因素”[1],美国也不例外。

(一)中国政府反对美国侵占台湾

新中国成立后即宣示中国政府在台湾问题上的严正立场和政策主张。为了维护祖国领土完整,中国政府采取坚决反对外国势力干涉中国内政的立场。中国政府针对美国在台湾的驻军,一再坚持要求全部美国武装力量和军事设施必须从台湾撤走,并通过多方努力促成中、美大使级会谈达 135 次(1955—1968),以解决困扰中、美关系的实质问题,即美国在台湾的驻军问题。在中、美建交前夕,双方终于促成建交三原则:断交、毁约、撤军。这迫使美国退出对台湾的军事占领。

(二)国共两党均反对美国“划峡而治”方案

20 世纪 50 年代,美国政府出于自身利益考虑,不愿意看到中国统一和强大,进一步干涉中国内政,直接插手台湾事务。美国一方面同中国政府进行接触,寻找新的折中方案,另一方面从政治经济上给台湾当局从金门、马祖撤军施压,企图以这种“脱身”政策,避免在军事上将自已卷入中国内战,摆脱自己进退维谷的被动局面。同时,美国向蒋介石推荐“划峡而治”策略,企图斩断蒋介石与大陆联系的纽带,在地理上隔离台湾,以便实行其“两个中国”“一中一台”的图谋。中国政府识破美国的这一阴谋后,国家领导人积极采取应对措施,采取了“直接对蒋,间接对美”的方针,在金门通过有限的军事行动,与台、澎、金、马保持“联系”,维持中国内战的态势,并利用美、蒋矛盾,贯彻“联蒋抵美”的策略,粉碎美国分裂中国的阴谋,维护国家和民族的根本利益,打击美蒋的嚣张气焰。1953 年 1 月 31 日,中国人民解放军决定第一次炮击金门。为了保持斗争效果,毛泽东与中共中央出人意料地命令福建前线部队于 1958 年 8 月 23 日万炮齐发,第二次炮轰金门。同时,毛泽东从实际出发,就和平解决台湾问题做了进一步的探索和努力。10 月 3 日至 13 日,他连续主持召开政治局常委会议,讨论台湾海峡形势。他指出:“让金、马留在蒋介石手里如何?这样做的好处是金、马离大陆很近,我们可以通过这里同国民党保持接触,什么时候需要就什么时候打炮,什么时候需要紧

---

〔1〕 徐学江:《危险的一步——李登辉“两国论”真面目》,新华出版社,1999 年 8 月第 1 版,第 49 页。

张一点就把绞索拉紧一点,什么时候需要缓和一下就把绞索放松一下,可以作为对付美国人的一个手段”,并决定“方针已定,还是打而不登,断而不死,让蒋军留在金、马”[1]。

(三)中国人民不惜一切代价维护国家核心利益

台湾问题涉及国家的核心利益,中国政府和人民会不惜一切代价维护这种利益。美国为了它的所谓“地缘政治利益”,决不会看着台湾与大陆顺利实现统一。中国政府和中国人民对美国从来就不抱任何幻想。但如果美国军事介入台海军事冲突,中、美之间可能因此发生大规模的军事对抗,这必然会打破美国的全球战略部署,无论胜负,都是美国战略的重大失败。美国历届政府都明白,中国是一个重要的核大国,同中国进行一场大规模战争,就意味着世界大战的开始,人类生存的前景就会受到严重威胁。同时,双方都认识到,在台湾海峡避免一场战争的发生,才是双方决策层明智的选择。良好的中、美关系符合两国人民的根本利益。为了世界的和平及“出于自身利益的需要,美国必须和正在不断强大的中国合作,必须承认台湾是中国的台湾。美国方面认识到这符合美国的最大利益”[2]。

(四)中国政府和人民坚决反对美国对台军售

在与美国交往的过程中,中国政府和人民从长远角度看待问题,充分尊重国际邦交礼仪,采取了有礼有节的手段来维护自己的核心利益。所以,“处理中美关系,需要足够的战略耐心和战略智慧”[3]。在20世纪90年代,围绕台湾问题,中、美关系出现一系列激烈较量:1992年9月2日,布什政府向台湾地区出售150架F16战斗机。9月3日,刘华秋副外长紧急召见美国驻华大使芮效俭,就美国政府决定向台湾地区出售150架F16战斗机提出最强烈抗议。同日外交部发言人说,美国此举严重违反中美“八一七公报”,中国决定不参加联合国安理会五常任理事国中东军控会议。1993年11月17日,江泽民访问美国时,表达了中方对美国向台湾地区出售150架战斗机的愤怒之情。2001年4月25日,美国宣布向台湾地区出售包括8艘潜艇在内的武器清单;4月26日,布什总统宣布将“竭尽全力协防台湾”。美国的上述行为严重损害了中国的国家核心利益。2002年10月23日至25日,江泽民对美国进行访问。在得克萨斯州偏远的克劳福德

---

〔1〕 李合敏:《毛泽东关于解决台湾问题的战略思想述论》,载《中国海洋大学学报》(社会科学版)2005年第5期,第79页。

〔2〕 刘爱成:《美国怎么看台湾问题》,载《环球时报》2005年2月21日。

〔3〕 唐永胜:《2004年中国国家安全形势与战略》,载《参考消息》2004年12月30日。

牧场(布什的家里),江泽民严肃阐述中国政府的立场,布什总统当时说了两遍反对“台独”。西方媒体注意到,这是美国总统第一次以明确无误的语言表示反对“台独”,这比他上次访华时进了一大步。布什在关键问题上的明确表态,对发展中、美关系非常重要。《环球时报》旗下的环球舆论调查中心,在2011年9月8日至9月11日在中国7个城市进行了民意调查。调查结果显示,84.1%的受访者表示反对美对台销售先进武器,76.1%的受访者支持中国政府采取强烈措施阻止美对台军售,五成以上受访者支持中国政府通过制裁对台军售美国企业进行报复。专家认为,绝大多数受访者态度鲜明地反对美国对台出售先进武器,这一结果合情合理,有理有据,代表大多数中国民众的态度[1]。

(五)坚决抵制美台提升官方交流层级

美国政府于1994年9月7日宣布“全面调整”对台政策,提升美、台官方交往层次和级别。9月10日,中国外交部副部长刘华秋在北京约见美国驻华大使芮效俭,奉命就美国提高美、台关系交流层级向美国政府提出抗议:美政府不顾中方多次交涉和坚决反对,公然宣布将采取一系列提高美、台关系的措施,这是美方蓄意制造“两个中国”“一中一台”的政治行动,不但严重违反中、美之间三个联合公报所确认的原则,而且粗暴干涉了中国内政、践踏了中国主权,中国人民对此表示不满和愤慨。美方的行动,是在台湾问题上重大政策的倒退,后果严重。10月3—4日,钱其琛副总理兼外交部长对美国进行访问,同美国国务卿克里斯托弗举行会谈。钱其琛在谈到台湾问题时,对美政府采取的一系列提高美、台关系的措施表示严重关切。他说,台湾问题是中、美关系中影响全局的根本性问题,如果美方不能以十分负责任和谨慎的态度处理台湾问题,这将会引发严重后果。克里斯托弗说,同一个强大、稳定、繁荣和开放的中国保持合作关系是美国的目标,美国愿意同中国在各个领域中,就广泛的问题交换意见。克里斯托弗重申,美将奉行“一个中国”政策,遵守中、美之间三个联合公报,将美、台关系限制在非官方范围内。11月14日,江泽民和克林顿在印尼首都雅加达举行第二次亚太地区领导人非正式会议期间举行会谈。江泽民说,台湾问题事关中国主权,是一个重大原则问题,并发出严厉警告:台湾问题上的任何风吹草动,都会牵动着12亿中国人民的感情,对于制造两岸动荡的外国干预,我们绝不会容忍。我们提出“和平统一,一国两制”,就是希望和平解决这一问题,如果台湾当局搞“台独”,外国势力又插手干涉,必将引

---

〔1〕 段聪聪:《中国民众支持反制美对台军售》,载《环球时报》2011年9月14日。

起台湾海峡局势的大乱,我们决不会坐视不管。

1995年5月22日,美国突然宣布李登辉访美。5月26日,中国外交部宣布,中国政府决定推迟国务委员兼国防部长迟浩田原定于6月对美国的访问;国务委员李贵鲜、空军司令于振武访美中止。5月28日,中国政府决定暂停中、美关于《导弹及其技术控制制度》和核能合作的专家协商,副部长以上官员的访问全部停止。6月16日,中国驻美大使李道豫奉命正式通知美国政府,由于美国允许李登辉访美,造成了恶劣后果,他奉召回国述职,把对美关系实际上降为代办级。这在中、美两国建交后的关系史上还是第一次。

1995—1996年李登辉访美和美国片面提升美、台官方关系,导致中、美两国对抗骤然升级。为了显示中国政府维护国家主权的决心,中国同期在台湾海峡进行军事演习。中共军方人士表示,1996年中共进行军事演习,原先定位就在警告"台独",此讯息也告知美方。后来美方出动航母。中共潜艇立即自南海基地出动,并警告美方,如果美航母敢进入台湾海峡,中共舰艇将会捍卫领土,"令美方心生顾忌的是,美军竟然测不到中共潜舰位置,因此最终未进入台湾海峡,也化解了中、美两军发生的冲突的危机"〔1〕。随后美国相继增加了售台武器等,但由于中、美双方的政治意志在导弹试射中得到考量,其后,美国的对台政策退守到在东亚维持现状的立场。1998年6月克林顿访华时,重申了美国在台湾问题上的立场,即美国在台湾问题上公开承诺"三不"政策。"三不"政策虽然并不直接意味着美国对华政策在台湾问题上有重大变化,但作为一种政治象征,它反映了中、美双方对台湾海峡发生军事冲突的考虑。从中国方面看,亚太安全的核心仍然体现为美、日安全关系的条件下,不承诺放弃使用武力和坚持独立自主的对外政策。这无疑是中国保障自身发展所凭借的安全依据,同时,也是遏制美国在台湾问题上提升对台官方交流政策的有力武器。从美国方面看,虽然美国国内对中国统一有不同看法,但主流观点认为,中国出于现代化建设需要所强调的以和平统一方式解决台湾问题的方针,符合美国在东亚的利益。事态的进展表明,在这种考虑下,美国的立场恢复到继续执行"一个中国"的政策,并表示它愿意促成两岸之间就统一问题进行谈判。

(六)向美国发出明确信息

21世纪初,在台湾执政的民进党操弄统独议题,台海局势日趋紧张。2004年11月20日,胡锦涛前往智利参加亚太经合组织第十二次非正式会议。中、美

---

〔1〕《大陆潜艇成功"吓阻"美航母》,载台湾《联合报》2006年12月26日。

两国首脑在智利会见时，胡锦涛明确向美国传达“台独”就是战争的信息，并且多次表示，中、美两国要共同遏制“台独”。在随后的美国国务院简报上还出现了“台湾不是独立的”表述。很显然，如果中国多边主义战略使用得当，完全有可能迫使美国在台湾问题上战略明显化，明确反对“台湾独立”〔1〕。2004 年 4 月中旬，美国副总统切尼访华。胡锦涛会见切尼时说，近年来中、美领导人交往频繁，双方在许多领域的合作取得积极成果，在重大国际和地区问题上保持密切磋商与协调，希望美方坚持一个中国政策，不向台湾当局发出错误信号。也就是说，美国支持台湾的一些举动，被台湾的民进党认为是对支持其“台独”政策，中国政府明确告诉美国政府，这种做法是错误的，会误导民进党的政策走向，进而损害美国的国家利益。美国的对台政策始终前后摇摆不定，每个总统上台时都会出现对台政策震荡期，导致台海局势一再紧张。与此同时，北京对美政策却前后一致，这与美国国内对华政策的不协调形成鲜明对比。中国领导人意识到发展与美国的关系对实现本国的发展目标的重要性，同时也知道中国作为经济伙伴对美国的重要性。中国的政治家告诉美国，中国的“和平崛起”不会威胁任何人。“即便像能源和其他资源匮乏这样尖锐的问题，北京也不会通过军事扩张或排挤他国的方式来加以解决。”〔2〕

目前，中国对全球秩序的看法仍是以美国为中心，这主要是因为美国政策对中国的经济发展和国内稳定的核心目标具有潜在影响。尽管中国（像其他国家一样）表面上十分反感一个美国支配下的全球体系，但实际做法是顺应时势。今天的东亚安全的结构特征依然是美国主导，中、美大致形成战略均势基础上稳定的局面。中国选择的是避免与美国发生不必要对抗的这种深谋远虑的做法。“同时，与其他国家和国家组织建立一种关系网，使之成为中国与美国就台湾问题发生冲突的情况下，以及美国试图胁迫和遏制中国时可以加以利用来施加压力的工具。”〔3〕。“在台湾问题上，美国批评中国的人权纪录和美国试图破坏联合国安理会权威性等问题上，中国会始终对美国采取强硬立场”〔4〕，向美国发出

〔1〕 郑永年：《2005 年，寻求和平均衡点》，载《环球时报》2004 年 12 月 31 日。

〔2〕〔俄〕阿尔图尔·布利诺夫：《诸葛亮与邓小平的外交方略》，载俄罗斯《独立报》2005 年 10 月 24 日。

〔3〕〔英〕玛丽·富特：《中国在一个美国支配下的全球战略和解与防范》，载英国《国际事务》2006 年 1 月号。

〔4〕〔英〕玛丽·富特：《中国在一个美国支配下的全球战略和解与防范》，载英国《国际事务》2006 年 1 月号。

明确的信息，准确阐明中国政府对台湾和重大国际问题的立场。中国学者阎学通就说过："在台湾问题上，有些国家对'台独'持默许甚至支持态度，我们就不能指望这些国家成为中国的朋友。"[1]选择这种明确反对支持"台独"的态度，目的就是对美国干涉中国内政发出清晰的信息，对美国干涉中国内政的行为进行有力牵制。

（七）建立和扩大双方共同利益

美国两大智库——战略与国际问题研究中心和国际经济研究所历经3年研究，共同出版了新书《重估中国崛起》，提出"中国不致崩解"的评估，但认为台湾始终是今后中、美两强在军事上冲突的潜在因素。书中指出，为了内部发展，中共当前倾向搁置与其他国家的争议，但统一台湾仍是中共的政策主轴。尽管在国际事务中，中国避免和美国唱反调，并对美国在东亚的驻军与政治影响尽量持模棱两可的态度，但在台海问题上与美国对抗的准备始终进行着。中国自1991年起，每年的军事预算以两位数成长，其作战理论、训练、采购和战略部署，似乎是针对台湾有备而来，希望在美国或其他国家介入台海时，能够阻遏甚至击败对方[2]。台湾海峡的分离状态以及台湾岛内的"台独"势力的激进做法，依然是一个严峻的挑战。"但对中、美来说，在今后相当长的一段时间内继续维持现在地区安全秩序符合各自的基本利益。"[3]因为，中、美在朝鲜问题上合作越是密切，在台湾问题上也会采取合作态度。美国布鲁金斯学会高级研究员理查德·布什指出："近几年，中、美都采取了压制台湾的姿态，台湾形势非常稳定。"[4]促进中、美利益最大化的基本途径就是加强在重大国际问题、反恐、核裁军、武器扩散、网络安全等领域的沟通与协调，强化经贸关系的交流与合作，增进了解。通过政治、经济、人权和军事等交流与合作，促进双方的共同利益，从双方共同利益出发寻找合作的途径。只有促进经贸关系健康发展，促进商品流通，互惠互利，就容易将双方的利益拉近。"大炮不能解决的事情，商品经济可以解决，而商品经济可以摧毁一切万里长城。中、美关系现在是经济在美中之间发挥作用。"[5]2007年5月22日至23日，中、美经济战略对话在华举行，随同美国财长保尔森访华的美国前助理国务卿帮办薛瑞福，将现在的中、美经济关系比喻成冷战时期

---

〔1〕《遏制中国就是"战略自杀"》，载《环球时报》2006年5月4日。

〔2〕《重估中国崛起不致崩解》，载台湾《联合报》2006年9月21日。

〔3〕朱锋：《中美合作要过朝核这道坎》，载《环球时报》2006年11月9日。

〔4〕〔日〕野岛刚、五十川伦义：《中日美三角关系转向互惠》，载日本《朝日新闻》2006年11月6日。

〔5〕〔日〕野岛刚、五十川伦义：《中日美三角关系转向互惠》，载日本《朝日新闻》2006年11月6日。

美、苏间的“确保相互摧毁”的关系。中、美之间重大的共同利益是中国抵御美国干涉中国内政的有效杠杆。2000 年 9 月 6 日至 8 日,江泽民在出席联合国千年峰会的各国元首共进午餐闲谈时严肃指出,中、美关系尽管几经风雨,但总的趋势是不断向前发展的。事实说明,中、美两国保持并发展健康、稳定的关系,符合两国人民的根本利益,有利于亚太地区乃至整个世界的和平、稳定与发展。中、美两国都要站得高、看得远,牢牢把握两国关系的大局,在中、美三个联合公报的基础上,扩大交流,加强合作,妥善处理双方的分歧,特别是处理好台湾问题,使中、美关系在新的世纪里,健康、稳定、持续地向前发展。

(八)共同打击和遏制分裂势力

2001 年 11 月 12 日,联合国安理会首次就反恐问题举行外长会议。唐家璇外长出席会议并发表讲话,阐述了中国政府在反恐问题上的主张和立场,并指出“东突”恐怖势力是彻头彻尾的恐怖主义,是国际恐怖主义的一部分,应予以坚决打击。“东突”这个词首次出现在中国媒体上。2002 年 9 月 11 日,联合国认定“东突”为恐怖主义组织。10 月 25 日江泽民在访问美国期间,他们夫妇来到得克萨斯州偏远的克劳福德牧场小布什的家里。江泽民明确告诉布什,打击恐怖主义是美国政府的头等大事,也是中、美两国合作的重要领域。在反恐领域,中、美双方基本一致,美方已认定中国境内的“东突伊斯兰运动”是恐怖组织,并决定冻结其在美国的资产,中国赞赏美国的这一做法。以后,中、美还将就进一步认定一些组织为恐怖组织问题保持磋商,在反恐和国际反分裂领域进行新的合作。

(九)力促美国对华政策稳定

“对美国来说,在东亚已经进入日、美同盟与美、中合作这两大支柱并存的时代”[1],应该研究东亚的新形势和经济处于平缓发展状态的中国的新情况。如何在促进世界和平的前提下维护东亚的稳定,而不用冷战时期美、苏两极争霸的老一套理论来指导和应对东北亚的安全形势,成为美国知识界精英的重要课题。正如美国著名中国问题专家鲍大可指出的:“这是一个国际关系理论家而不是地区研究专家,把业已成型的理论机械地应用到某一国家,而不是通过研究这一国家来改良原有的理论。”[2]面对日、美同盟与美、中合作共存的新形势,三国就有必要进行调整。日本希望确认美、中合作的真实意图,中国希望确认日、美同盟的目标。“日、中关系的定期对话是一个方案,不应是那种怀疑其他两方面接近

〔1〕〔日〕野岛刚、五十川伦义:《中日美三角关系转向互惠》,载日本《朝日新闻》2006 年 11 月 6 日。

〔2〕张锋:《美对华政策的第三种选择》,载《环球时报》2005 年 7 月 4 日。

的三角关系,而是通过了双边关系的紧密化而产出相乘效果的深度合作。"[1]只有这样,才能促进中、美关系的稳定。

台湾问题的解决事关中国的主权与领土完整,关系到中华民族的独立与尊严,攸关国家的核心利益安全。任何一个有良知的中国人,决不容许中国近代惨遭西方大国任意宰割的历史悲剧重演。任何一届中国政府不会坐视"台独"重大事变的发生,不然它还将刺激中国新疆、西藏等地的民族分离主义运动,形成新的和更大的危机。这就是中国历届政府领导人都一再宣示,将不惜一切代价维护祖国统一的战略决心与意志的深层动因,也是不怕美国介入和干涉的重要原因。中、美围绕台海局势数十年的较量就充分证明,中国人民具有维护国家主权和领土完整的坚定决心和坚强毅力。

三、抵制国际非法干涉势力所应采取的具体措施

台湾与祖国大陆的特殊关系,决定两岸最终统一的必然性。国家的统一过程是艰难的,但前途是光明的,两岸的统一只是时间迟早的问题。在推进祖国统一的过程中,今后会遇到各种国际势力的非法阻挠和干预,中国政府和人民对此应有充分的思想准备,积极主动地寻求对策予以抵制。

(一)全力维护国家核心利益

"美、日对台海问题的基本态度十分明确,那就是促使台湾作为独立国家永久分化中国的能量。"[2]对美国来说,美、日担忧的不是"台独"本身,而是中国的强硬态度。一是全力反制美国对"台独"势力或明或暗的支持。对于台湾不同党派、不同程度的"主权独立"诉求,美国更多的是根据北京的态度决定其政策走向。美国的对台政策和台湾理解的美国对台政策有巨大的落差。美国的战略是"以台制华",民进党执政时期理解的美国对台政策是美国无条件支持"台独"。在台海政策认知差距较大的情况之下,新一轮的"修宪"行动在多大程度上获得美、日的迁就又取决于中国的态度[3]。二是积极反对美国对台军售。在中国军火市场无法被美方染指的情况下,未来只有台湾才能确保美国军火寡头的利益。美国既想赚大钱,又想避免不必要的冲突,他们会根据中国政府的态度,随时调整对台军售政策。

几个世纪以来,中国饱受列强欺凌之辱,尤其是在台湾问题上。为了摆脱外

---

〔1〕〔日〕野岛刚、五十川伦义:《中日美三角关系转向互惠》,载日本《朝日新闻》2006年11月6日。

〔2〕平可夫:《以武促统与以武拒统》,香港《亚洲周刊》2004年4月4日。

〔3〕平可夫:《以武促统与以武拒统》,香港《亚洲周刊》2004年4月4日。

国势力对中国的殖民统治，振兴民族利益，维护民族尊严，中国人民与帝国主义的保守势力进行了坚决的斗争，以鲜明的态度全力维护国家的核心利益。

日本先后侵占我国的东北、华北和台湾，给中国国家的核心利益造成巨大损害。在驱逐列强、收复国土的进程中，中国始终将废除日本强加在中国人民头上的不平等条约当作首要的目标来完成。中国政府站在人类进步事业的前沿，拥有道义优势，通过团结广大人民群众，与日本帝国主义侵略者展开了顽强的斗争，终于在抗战胜利后将台湾收回。但由于国、共内战和国际强权再次干涉，台湾至今仍然不能与祖国大陆完全统一。国家不统一，国家的核心利益就得不到维护，中国人民振兴国家的愿望就不能实现。因此，中国要一如既往地坚持走推进国家统一的道路，以实现中华民族的伟大复兴、推动人类的进步事业。

（二）大力增强国家综合实力

国家的综合实力是国家崛起的基本保障。一是国家的综合实力是抵御西方敌对势力干涉中国内政、维护国家主权和领土完整最根本的手段。中国在国家扶持的军工技术发展推动之下，其他行业的发展也随之稳步前进，促进了国民经济整体发展，壮大了国家的综合实力，奠定抵抗外力干预的坚实基础。因此，当西方敌对势力面对一个强大的中国时，它们不得不对其违法行为带来的严重后果有所顾忌。二是增强国家的国防实力。坚持改革开放方针，以经济建设为中心，加快经济发展，并在经济建设取得成就的基础上不断增强我国的国防实力，这是防止西方敌对势力非法干涉我国内政的最有效的手段。近几年，中国的国防开支在财政开支的比重有所下降，占总开支的比重由 1980 年的 13.7% 下降到近年的不足 8%，同期占 GDP 比重也由 3.7% 降至约 1.6%。“与美国一样，中国的许多高新技术都是由国防需求带动而研发出来的。”[1] 军工技术的发展和军民两用技术的发展，既提升了军事科技水平，又带动了国家的整体科技水平发展，提高了国家的综合实力。但从总体情况上看，国家技术发展水平还面临不少问题。在国家的战略统一实施过程中，国家的综合实力提高不会是一帆风顺的，会遇到各种困难。只有不断克服困难，根据实际情况调整对策，逐步提高国家的综合能力，才能保证国家的统一战略目标得以实现。

中国政府和国家领导人，在各种场合表明中国始终会坚持走和平发展的道路，但国际社会仍然持怀疑态度，担心中国在综合实力上升之后会走向霸权。“北京会以自己所说的那样和平崛起，还会不会禁不住诱惑去仗势欺人？实力是

〔1〕《坚持和平崛起毋忘以武维和》，载香港《大公报》2004 年 7 月 31 日。

一回事,而意识则又是另一回事。一涉及这个问题,预言就变得困难起来。"[1]国际社会残酷的现实说明,国家政策和战略的制定,必须以其他国家特别是竞争对手和潜在敌人的能力为基础,这是一个实用政治原则,也是国家综合实力达标的基础标准。关于中国国家实力增强后,走和平发展道路是否可信,最好的办法是"要把理念和实践结合起来考察"[2]。作者认为,德国政治经济学家和社会学家马克斯·韦伯认为中国人缺乏诚信的观点在很多方面已经过时,他认为儒家文化使东亚各国变成现代化工业国家的论点早已被事实推翻,成为西方学者歪曲东方文明的恶劣典型。作为礼仪之邦的中国就绝对不能搞利欲熏心的短期欺骗行为,"不管他的目的是为国家还是为个人"[3]。孟子说:"上上交往征利而国危矣。"对于中国的和平发展战略,中国政府在不停地向国际社会"做好宣传解释工作,可能起一些作用,但不会很大"[4]。中国政府和人民只有以实际行动来践行这种诚信战略。

1999年基辛格曾撰文指出:美、中若发生冲突可能重蹈"一战"覆辙,更进一步说中国的军事力量将会随着综合国力增强而增强。他认为在可见的未来,美国对中国仍拥有外交、经济及军事优势,美国完全可以运用这些优势来塑造中国未来的角色。中国会运用在国家发展过程中积累起来的实力,维护好国家的核心利益,同时努力防止在国际交往中轻易启动导致国际秩序激烈动荡的措施。所以,用汉密尔顿学院教授李成的话说:"在过去的五年当中,美国发动了阿富汗和伊拉克战争,与之形成鲜明对比的是,中国今天的首要战略目标不是冲突,而是避免冲突。"[5]中国会严格执行既定的战略,谨慎驾驭不断成长的力量,以抵御外国非法干涉中国内政,但绝对不会滥用综合实力。

(三)运用外交和法律手段争取国际社会支持

中国学者对国际体系有三个分类:强权体系,类似一战两大同盟形成前的体系;霸权体系,类似冷战时期稳定结盟体系;主权体系,中国西周和现在美国主导的西方民主体系[6]。从社会历史发展规律来看,国际社会总的发展趋势是走向

---

〔1〕〔美〕马文·奥特:《东南亚和美国必须适应中国崛起》,载美国《耶鲁全球化》2004年9月6日。

〔2〕詹得雄:《关于民主的札记》,载《参考消息》2006年7月6日。

〔3〕谭中:《缺诚信不能怪儒家文化》,载《环球时报》2006年7月21日。

〔4〕段吉勇:《中国崛起要先过统一关》,载《参考消息》2004年7月22日。

〔5〕〔美〕罗杰·科恩:《美国与中国:民主对抗与和谐》,载美国《国际先驱论坛报》2006年11月21日。

〔6〕《遏制中国就是"战略自杀"》,载《环球时报》2006年5月4日。

和平,大国之间的矛盾相对缓和。在推进国家统一进程中,中国政府和人民的基本做法就是运用外交和法律手段,积极主动适应国际形势,团结国际友好力量对中国统一事业的支持,最大限度地孤立台湾少数顽固不化的分裂分子以及他们在国际上的支持者。外交是内政的延伸,内政则是外交的依归。通过外交和法律手段加强与友好国家的合作,从而创造良好的周边环境,对和平解决台湾问题有重要的帮助作用,尤其是"稳定发展与持续繁荣的东北亚地区,将是中国和平崛起的一个重要支撑。"〔1〕

团结美国人民。在争取国际友好力量的同时,应该做好爱好和平的美国人民的工作,尤其是有重要影响的华裔美国人和美国知名人士的工作。美国是一个移民组成的多元社会,对美国的角色和作用应该辩证的分析,搞好与美国的关系。对中国的统一事业来说,"最大的阻力来自美国的霸权主义思潮和势力,矛盾最尖锐之处是台湾问题"〔2〕。但强权毕竟不是真理。"一个言行谨慎的超级大国本身就是一个矛盾的结合体。和谐或许不是最终目标,但不和谐是任何超级大国都必须面对全球责任的一部分。"〔3〕我们应该团结美国一切可以团结的力量,为维护国家核心利益积极努力。2004 年 11 月 20 日胡锦涛与布什在圣地亚哥出席 APCE 会议期间举行会谈。他直率地告诉布什:"'台独'将断送台海和平,也将破坏亚太地区的和平稳定。"〔4〕他说:"维护国家主权和领土完整,是中国的核心利益,中国将坚持'和平统一,一国两制'的方针,没有人比中国人民更想用和平方式解决台湾问题,但中国决不允许'台独',决不允许台湾从中国分裂出去。"大国首脑面对面的外交,就是要把中国人民的关切直接告诉对方,让对方的国家领导人和人民,充分了解一个国家的重大关切和重要利益,以获得对方的尊重、理解和支持,从而团结他们共同促进中国的国家统一事业。

与美国政策制定者交流。争取美国外交政策的制定者在国际战略制定方面采取更加平衡的做法,同时考虑大国之间的价值目标、经济目标与安全目标、是推动国家统一进程的重要措施。在解读美国的外交政策时,需要从美国的全球战略和美国同世界各国的关系来思考问题,积极主动与美国政策制定者交流,争取有利于中国国家统一的政策。在国内,"一般公众集中于中、美关系,觉得美国

〔1〕 王泠一:《从六方会谈看东北亚安全》,载《参考消息》2004 年 7 月 1 日。

〔2〕 段吉勇:《中国崛起要先过统一关》,载《参考消息》2004 年 7 月 22 日。

〔3〕〔美〕罗杰·科恩:《美国与中国:民主对抗与和谐》,载美国《国际先驱论坛报》2006 年 11 月 21 日。

〔4〕 王建民:《胡锦涛率直外交初露锋芒》,香港《亚洲周刊》2004 年 12 月 5 日一期(提前出版)。

人眼里老盯着中国,就容易导致对美国政策的误读"[1]。在国外,美国的一些学界领袖对中国也持客观的看法,这是与美国政策制定者和政府智囊交流的基础。例如:美国加州大学圣戈分校全球冲突与合作研究所主任、著名中国问题专家谢淑丽(Susan Shirk)说过:中国的外交政策制定非常灵活,并能很好地适应国际形势,它使美国以及世界上其他国家认识到,中国正在成为一个负责任的大国,并令他们对此具有信心。保持中、美关系稳定与促进人权哪个重要时,大多数美国人认为中、美关系稳定更重要。又如美国国际战略问题的著名学者布热津斯基指出,中、美两国有广泛的合作空间,唯有台湾问题可能引发双方冲突,即使冲突是局部性的,也会使中国的经济发展停顿甚至瘫痪。不过他认为,虽然中国领导人在谈到台湾问题时态度很强硬,实际上他们的表现相当谨慎。所以,有人建议,"北京不妨采取的最佳策略是在台湾问题上保持'紧绷状态',引起国际社会焦虑,但要避免发生冲突。"[2]

提出对台政策建议。在中、日、美三方的关系当中,对建立中、美新型大国关系和处理台海问题要积极提出建议,并对所提新框架建议要求所有三方政治领导人勇敢地采取积极行动,施展高超的外交技巧。"除此之外上,可以预见其他选择方案却太具破坏性,以至于有责任感的领导人不得不认真,并尽快考虑让事态脱离危险轨道的办法。"[3]中、日、美三国在台湾问题上必须做好协调,重大事项达成共识并努力坚持,才能在保持台海关系基本稳定的基础上,积极推动统一进程。

利用大国力量制衡美国。从国际关系看,世界上对台湾问题的政策仍然以美、日与美、中为主体的大国的力量的影响为重要的参考依据。台湾问题背后的国际背景之一是大国力量的组合,即美国、俄罗斯、中国和日本四大国长期竞争和相互制衡。美国与中、小国家关系的维持,主要借助于它无所不在的军事存在和军事保护。但这种强大的军事存在本身,必然导致中、小国家寻求通过与中国发展关系来平衡美国的军事压力。这决定了在台湾问题等地区问题上中国和其他中、小国家的和平共处关系具有天然的基础。中国政府在解决台湾问题上坚持"和平统一、一国两制",并坚决不承诺放弃使用武力的基本方针,在亚太地区的中、小国家中拥有广泛的政治基础,容易获得认同和支持。在与大国关系和交

---

〔1〕《公众舆论与外交决策》,载《环球时报》2004年1月16日。

〔2〕陈有为:《中国和平崛起,美国怎么看?》,载新加坡《联合早报》2004年10月4—5日文章。

〔3〕〔美〕戴维·兰普顿、李侃如:《防止下一场战争爆发》,载美国《华盛顿邮报》2004年4月12日。

往上,可以充分考虑各方力量,平衡美国在台湾问题上对中国施加的压力,利用大国力量制衡美国的无理要求,团结其他大国支持中国的统一战略稳步推进。

运用国际法据理力争。中国同第三世界有着同样被侵略、被殖民的历史,在摆脱外力干涉、维护国家主权和领土完整方面任务艰巨,具有团结奋斗的共同基础。在第二十六届联大会议上,由阿尔巴尼亚等国提出的主张“一个中国”的提案和由美、日等国提出的主张“两个中国”的提案进行了针锋相对的激烈斗争。最后,“两个中国”提案及其所鼓吹的“双重代表权”遭到了彻底惨败。联合国大会采纳阿尔巴尼亚等国的提案,以绝对多数票通过了著名的第2758号决议:“中华人民共和国之政府代表为中国之唯一合法代表,并且将非法占据联合国及一切与之有关机构的蒋介石(台湾)代表驱逐出联合国。”正是加强与国际友好力量的团结与合作,中国在联合国的代表权问题在政治、法律和程序上都得到了彻底的解决,并成为永远不可更改的历史事实[1]。国际法赋予中国合法的国家主体资格,就可以以维护国家主权和领土完整的国际法律文献和国际惯例为依据,扎实稳步地推进国家的和平统一进程。对于外国势力非法干预国家统一的行为,中国政府和人民就可以依法据理力争,驳斥其非法行径。所以,中国人民为了国家振兴、民族团结做出不懈的努力,其主张和行动符合国际社会发展趋势,也符合国际法,得到世界大多数国家和人民的支持。

必要时与友好国家建立战略协作联盟。伊拉克战争再次表明,“国际关系的一个主要公理是不可动摇,平衡仍然是最好的遏制因素”[2]。国际关系的发展必须尊重国家之间的根本利益。保持战略平衡,才能维护世界和平。随着时间推移,一些国家的国家力量和国家实力的增长,会刺激这些国家的领导人采取傲视一切的心态,随意侵犯他国主权。中国只有根据当时的国际形势选择结盟对象,平衡国际关系,维护国家利益。历史上,中国曾经先后与美国和苏联结盟,全力维护国家核心利益。中国与苏联由于地理位置相邻,是天然的战略伙伴,两国关系虽然几经起伏,但总的方向是走向合作。在中国抵抗日本帝国主义侵略的整个抗战期间,“苏联共向中国提供了897架歼击机、轰炸机,派出了近3000名飞行员,他们中有14人获得苏联英雄称号,6人在空战中击落5架或5架以上日本飞机”[3],就是当时联弱抑强、反对帝国主义的成功案例。随着苏联国力强

---

〔1〕 刘文宗:《从国际法论台湾“参与”联合国的非法性》,载《台湾研究》1997年第1期,第18页。

〔2〕 《胡锦涛在朋友之间》,载《俄罗斯报》2004年5月28日。

〔3〕 柳玉鹏、华玉贤:《1938年,苏联战机轰炸台湾》,载《环球时报》2006年9月26日。

盛,其施行的对外政策显得咄咄逼人。1969 年,中、苏发生的珍宝岛战争,给中国造成巨大战略压力。“中国四位最有影响力的军事活动家陈毅、叶剑英、徐向前、聂荣臻联名上书中共中央,主张效仿三国时代战略家诸葛亮所采取的联弱制强战略,认为北京应当与华盛顿进行合作,共同对付莫斯科”[1],有力地平衡了当时的国际关系,促成中、美两国和解,建立正式外交关系。时移世易,进入 21 世纪,强力干涉中国统一、对中国和平统一事业造成重大威胁的对象成了美国。中国在推进国家统一进程中,目前可以团结的天然盟友成了俄罗斯。国际高油价、丰富的资源、强大的军队、在安理会的否决权均具备抗衡国际霸权的实力,这些因素都是中、俄两国领导人应注意的合作方面。应积极挖掘中、俄两国全面合作带来的有利因素,加强在反对国际霸权主义和国际非法干涉势力方面的合作,促进双方在维护国家统一和主权完整的交流与合作,加强彼此在维护国家主权和领土完整方面的支持。

扩大与美、日交流,增进共识。认清美、日干涉的实质,是抵御他们非法干涉的基础。台湾执政后的民进党最希望的是中、美发生直接军事对抗,进而为“台湾独立”创造机会。“一个毫无外在制约、具有无限扩张性的美国霸权,加上一个内心极度不安和不自信的日本,再加上一个想依赖美、日力量在自保的同时,推动‘独立运动’的台湾,使得美、日、台同盟雏形已经跃上纸面。”[2]这种形势促使美国、日本和“台独”势力进一步勾结在一起。“由于这种不确定因素并没有消失,因此台湾的走向将继续给美、中关系投下阴影,日本的外交也得时刻注意这一点”[3]。美国和日本对“台独”势力的支持,造成其在心理上有恃无恐、行为上不计后果的做法,容易导致三国四方在台海形势上的误判、造成局势失控的局面。因此,中国政府应经常定期和不定期地积极主动与美、日交流与沟通,揭露“台独”势力及其推行分裂运动的后果和危害,扩大台海局势稳定对维护各方利益的共识,提醒他们以自己国家的重大利益为重,不要一时受台湾政客的愚弄,造成不可收拾的局面。

“台独”损害美国利益。美国过去在台湾问题上玩弄两面策略,但当它的策略被陈水扁钻空子用来推动“台独”冒险行动,随时会把美国拖入台海战争时,极有可能危害美国根本利益。为此,美国不得不将它过去的“模糊”政策明晰化,由

---

〔1〕〔美〕阿尔图尔·布利诺夫:《诸葛亮与邓小平的外交方略》,载俄罗斯《独立报》2005 年 10 月 24 日。

〔2〕郑永年:《中国面对美日台联盟》,载香港《信报》2005 年 2 月 22 日。

〔3〕〔日〕野岛刚、五十川伦义:《中日美三角关系转向互惠》,载日本《朝日新闻》2006 年 11 月 6 日。

美国政府高官一再向陈水扁发出一系列警告:美国政府承认一个中国原则,台湾是中国一部分,美国政府反对单方面改变台海现状,不支持“台独”、反对“台独”,反对“入联公投”。有了前车之鉴,今后美国将继续遏制“台独”,不允许它破坏东亚和太平洋地区和平稳定,损害美国在中国、在亚太地区的根本利益。有分析指出,随着中、美关系和两岸关系的发展,会有越来越多的美国人认识到,对台售武给美国带来的战略损失大于战略利益,“与台湾关系法”势必寿终正寝。

(四)团结台湾人民使其认识投靠外国的危害性

在漫长的历史长河中,中国已经形成独具一格的民族特性和精神支柱,具有深厚的历史沉淀,这种特性已经融入中华民族的血液当中。中华民族尊严的核心内容是独立自主,它是千百年来培养起来的民族精神灵魂。所以,投靠外国势力、挟洋崇外、丧失民族气节、出卖民族利益,在中华民族的历史上是被人们所不齿的,被视为没有做人骨气的汉奸行为。

揭露台湾依靠日本右翼的真相。对日本的关系上,台湾的很多政客都认为日本是他们天然的盟友,经常将一些日本政客的言论当作支持他们从事“台独”的最大力量。其实这是一种错觉,一个简单的例子可见一斑。陈水扁曾说,小泉纯一郎在2005年10月底进行内阁改组,任命的17名阁员中有9位是恳谈会即日、台议员联盟的成员,加上内阁官房长官和外务大臣都是反华人士,陈水扁当局均将之解读为小泉政府对台友好的表现。“但事实上,这9名议员同时又是中、日本友好议员联盟的成员。”[1]也就是说,台湾所依靠的外国保守势力,其本身就出于自身的政治需要,并不是死心塌地为“台独”忠实呐喊的助推手,而是谋求最大政治经济利益的保守势力。

团结台湾减少外部干涉的机会。古人云:物先自腐而后虫生。台湾在几个世纪以来,之所以受到列强的“青睐”,与国家的内忧外患和其本身的虚弱政治需要外力支援的情况紧密相关。台湾发生内乱时,外部势力乘虚而入,台湾割据势力占据台湾时,又要倚仗外国势力对抗中央政府的统一攻势。反清复明的郑氏集团如此,败退台湾的蒋介石集团如此,侥幸上台的民进党也是如此。执政后的民进党的大陆政策,一直和美国的两岸政策存在着巨大的差异,其主要矛盾集中在台湾一直希望在台海危机中拖着美国,利用美国作为“台独”的保护神,而美国仍然维持的是“模糊战略”,美、台之间的交流和沟通就出现困难。从历史上看,蒋介石集团败退台湾得以立足、喘息,就与美国的支持是分不开的。但美国的支

---

〔1〕《台湾要为日本“抬轿”是一厢情愿?》,载美国《华盛顿观察》(周刊)2005年11月16日。

持也是与台湾战略位置重要这个地理因素有关的，因为美国需要前沿阵地遏制中国大陆。台湾位于亚欧大陆与太平洋的结合部，背靠亚洲大陆，面向广阔的太平洋，恰好处在陆权与海权两大地缘政治权力中心的交接部位，也就是所谓“边缘地带”，而“边缘地带”往往是陆权与海权争夺的“要害地区”[1]。美国支持台湾是出于其全球战略考虑，并不是为了支持“台湾独立”。大陆实行与台湾和解政策，台湾获得相对的安全感，有了充分的自信，就会减少对外部势力的依赖，外部势力也就没有足够干涉的机会，找不到干涉的借口。台海两岸加强交流与合作，扩大双方的共同利益，增进了解、扩大共识，双方敌意降低，台湾对美、日的投靠和依附的程度就会相应地降低。所以“一旦两岸谈判真正走上一定格局，最紧张的将是美国和日本”[2]。

努力揭露引入外部势力干涉的后果。早在1946—1947年，美国开始推动“对日和平条约”时，蒋介石政府就为其积极支招，提出“对日和平条约”应由所有与远东有关的国家起草一份苏、美、英、中四强保有否决权的条约。同时，因当时中国内战正酣，苏联政府已经承诺只承认“中央政府”，而不支持中国共产党，因此蒋介石领导的国民政府强调应争取苏联参加，否则中国将重新考虑立场。那时，国民党政府处于战略进攻阶段，中国内战局势尚不明朗，蒋介石在“外交”上还有相当的攻防余地，因此，在“对日和平条约”问题上仍极力争取苏联的入围，以免开罪苏联。但随着国、共双方攻防形势的转变，直至国民党败退台湾，蒋介石政府在能否参与签署对日和约问题上周旋的余地越来越小，到最后不得不在“对日和平条约”问题上一步步屈从于美国的安排[3]，甚至将蒋介石所在的台湾当局排除在外，造成了严重的后果。

鼓励台湾同胞的做人骨气。抗战期间，美国之所以需要台湾，是因为帝国主义和封建势力依然十分强大，他们需要找到新的代理人——蒋介石。而蒋介石逐步篡夺了国民党的领导权，背叛了革命，投进美国的怀抱。实践表明，中国“祸乱的根本，就是军阀和那援助军阀的帝国”，“打破了这两个东西，中国才可以和平统一，才可以长治久安”。抗日战争期间，蒋介石妄图以取消共产党、取消八路军和新四军实现专制统一，毛泽东以中国人民应有的气节，针锋相对地发出了“我们的统一论，就是全国人民的统一论，就是一切有良心的人的统一论”。这种

---

〔1〕 张环宙：《从地理视角看台湾与祖国的统一》，载《湖州师范学院学报》1999年第3期，第20页。

〔2〕 平可夫：《两岸关系棋盘 美日可能出招》，载香港《亚洲周刊》2003年6月12日（提前出版）。

〔3〕 刘合波：《论〈旧金山对日和平条约〉与战后台海关系》，载《齐鲁学刊》2007年第1期，第56页。

统一论是以抗战、团结、前进三件事做基础的[1]。作者认为,这里面有一个中国文化更深层次的问题,就是民族气节问题。就是做人尤其是要做中国人,就得挺起胸膛,堂堂正正地做人,不能让人戳脊梁骨。中国历史上有太多的事例证明,出卖民族利益,屈膝仰仗外国势力支持,作威作福的汉奸行为或者挟洋自重的叛徒行为,虽然依靠强势取得权力能逞一时之能,终究会在人民反反复复的选择中被抛弃,为国人所不容,其政权和所得到利益都是短命的,会遭到历史的惩罚。

促使台湾摆脱依附外国的意识。达赖喇嘛在西方看来是和平主义者,但达赖也对当年发生在西藏的那场间谍战进行反思。他认为,西藏及他本人在冷战中成为被利用的工具。他说:“藏人开始反抗的目的很单纯,但(美国)中情局介入后,情况就变得复杂。”[2]1958—1965年负责西藏事务的中情局官员肯·克瑙斯说,“支持西藏反抗运动不是中情局而是美国政府的主意”[3],目的就是利用分离主义势力推动美国的干涉政策。投靠外国势力其实就是被人当棍使,成为外国势力干涉中国的工具,台湾人民应充分吸取教训。

帮助台湾建立真正自治。从台湾方面看,冷战结束后,随着美、苏两极格局的结束,和平与发展成为时代的主题,台湾在美国全球战略中的地位的重要性受到削弱。过去,之所以保台势力在美国决策中占据上风,主要是防止“多米诺骨牌”现象,担心美国失去台湾这艘“永不沉没的航空母舰”后,使美国在日本和菲律宾的军事存在受到威胁。中、美关系正常化之后,给台湾的政治造成重大冲击,当台湾“副外长”钱复收到美国总统里根的六项保证时,“蒋总统指出,里根总统保证无意对我军事设定结束期限最为重要,由此项保证不能受中共限制”[4]而感到欣慰。但如果台湾自身出现重大变化,美、中将根据各自的立场采取行动不会受制于台湾的任何政治人物。美国最不情愿的就是因两岸冲突将自己拖进一场无休止的大规模战争,这种政策认知差异严重制约着美国的军事干预。美国国家安全委员会主管亚太事务的资深主任、著名中国问题专家李侃如,在谈到美国介入台海冲突的情势时说:台湾部分人士期待不论台湾做什么,美国都可以保护他的安全,我认为那是一个错误;同样的,如果在台湾没有任何挑衅动作的情况下,任何人期待美国在一旁坐视武力进犯台湾,那也是一个错误。换言之,那是一个由情势来决定的问题、不必然的发生。如果台湾采取挑衅动作,那恐怕

---

〔1〕 朱健安:《论20世纪中国由分到合的特点》,载《湖州师范学院学报》1999年第3期,第2-3页。

〔2〕 〔美〕梅林达·刘:《当天堂流血时》,载美国《新闻周刊》1999年4月19日一期文章。

〔3〕 〔美〕梅林达·刘:《当天堂流血时》,载美国《新闻周刊》1999年4月19日一期文章。

〔4〕 《钱复回忆录评述8.17公报始末》,中央社台北2004年2月21日电。

就不能期待美国的保护,因为美国认为那是台北自找的。如果台湾以一种负责任的态度来处理事情,而相对的中国大陆是不负责任的,那美国则会感到有一种强烈的义务来保护台湾的安全。这就是所谓美国政策的核心和实质表述。陈水扁上台后,没有把握美国政策的实质,一味追求"台独",导致台海局势进一步紧张,因此,国际社会认为"他是岛内外不得太平的一个主要乱源"〔1〕。对目前已形成两党局势的台湾政治生态下的民众来说,两岸加深交流,吸取大陆的一些成功做法。选择具有中国民族尊严、真正的民主自治途径,帮助台湾建立真正的民主自治,是摆脱外国势力对其政治环境操控、走向新世纪的重要途径。

(五)依法揭露和驳斥日美非法干涉的国内法依据

根据国际法,一国的国内法是没有域外效力的,一个主权国家的显著标志是对内最高管辖权和对外独立权,其制定的法律只适用于其主权管辖范围内。

日本对台干涉的法律体系。日本一直积极准备各项法律法规,为其军事介入台海战事提供国内法律依据和预做准备。其法律体系主要是"有事法制",包括《武力攻击事态法》《自卫队法修订案》《安全保障会议设置法修订案》以及《周边事态法》。其主要目的:一是通过把台湾问题预设在"周边事态"之中,试图为日军事干涉台湾事务提供法律上的前提条件;二是设定日本可对外直接使用武力的"准有事"概念,试图将我武力解决台湾问题推断为"准有事"而实施军事介入。日本的这些立法,始终贯穿着其干涉中国统一台湾的思想,并采取一系列配套措施予以完善。对中国政府和人民来说,认识和理解日本这些法律的原则有七个方面:一是国家宪法已明确台湾的法律地位;二是《反分裂国家法》和领海毗连法对台湾的法律地位已有明确规定;三是国际法律文献《开罗宣言》和《波茨坦公告》规定日本已将台湾归还中国;四是中国对日本宣战导致国家间条约无效;五是《马关条约》本身就是在武力威逼下签订的条约,违背国家主权平等原则;六是国际法关于一国不得援引其国内法作为干涉他国内政依据;七是1972年中、日两国签署联合声明,日本承认中华人民共和国为中国唯一合法政府,台湾是中国的一部分。中国依法收复台湾是中国内政,日本干涉构成非法行为。

美国的"与台湾关系法"。美国的"与台湾关系法"是美为干涉中国内政所制定的专项法律,是美对台实施军事干涉的主要国内法依据。该法预设的军事干涉理由主要有四点:一是该法公然把台湾的法律地位与"外国、民族、国家、政府或类似实体"等同,试图将美介入台湾事务排除在干涉中国内政之外;二是该

〔1〕 王胜:《陈水扁公开讨好日本》,载《环球时报》2005年11月18日。

法将我“以非和平方式”解决台湾问题,视为“对西太平洋地区和平与安全的威胁”,是“美国严重关切的”事项,试图把美军干涉台海战事,说成是维护地区和平与安全的需要;三是该法宣称将对我“危及台湾人民的安全或社会、经济制度的强制行动”,进行“抵御”,试图把美军事干涉台湾问题,界定为其“保护”台湾人民的“义务”;四是该法规定一旦发现足以危及台湾安全的情况,将“依照”其宪法程序来“决定美国应对任何这类危险的适当行为”,试图为美依据该法实行军事干涉,提供国内法律程序上的保障。该法本身就和日本的涉台立法一样,是违背中、美之间政治协定,干涉中国内政的法律。

国际法赋予中国维护主权的权利。美、日有关干涉台海事务的国内法是违反国际法的行为。《维也纳条约公约》以及联合国大会通过《国家权利义务宣言》等国际法文件明确确定,任何国家不得制定与国际法基本原则相抵触的国内法,不得用国内法的规定改变国际法的原则、规则和制度;不得援用国内法来为其不依法履行国际法的义务辩解,国内法的规定不能作为免除其应承担国际法义务的理由;如果依照与国际法相冲突的国内法行事,发现国家违反国际法的行为,应承担国际违法责任。美国、日本作为国际上有重要影响的国家,不带头遵守国际法,反而在台湾问题上,违反国际法的上述规定,将“有事法制”和“与台湾关系法”凌驾于国际法“尊重国家主权”“不干涉他国内政”的基本原则上,对抗具有国际法效力和中、美与中、日建交公报确立的法律原则。这种以国内法践踏国际法的行为,中国政府和人民将依法予以揭露和坚决反击。

反击美日联合干涉。进入21世纪,美、日强化了地区同盟,签署了新的《美、日防务合作指导方针》,将美、日共同军事行动的范围,扩展到“对日本的和平与安全产生重要影响的事态”的“周边有事”,目的就是为美、日军事干涉台湾问题提供国家间直接的条约法“依据”。美、日之间针对我台湾问题订立的干涉盟约,是完全违背国际法的。联合国大会通过的《不容干涉和干预别国内政宣言》就有明确规定:“联合国有义务避免同其他国家缔结旨在干涉或干预第三国内政和外交的协定”。所以说,这些“依据”在法理上根本站不住脚。我们应该依据国际法原理进行有力的回应。

必要时实行武力自卫。《联合国宪章》明确规定,一个国家遭到武力攻击时,可以实行自卫。我国对台使用武力时,美、日有可能对我国采取军事干涉行为。对我国采用非和平措施解决台湾问题,造成小部分伤亡的情况下,美、日有可能歪曲国际法的“人道主义原则”,打着“人道主义救助”的幌子实施军事干涉,我们要依据《世界人权宣言》《国际人权条约》规定,每一个缔约国都应承担保护本国人权的义务,要求作为缔约国的美、日承担同样的义务据理力争,戳穿美军事干涉的所谓"人道"借口。当美、日以武力干涉我国解决台海事务时,我国可依国际法进行武力自卫。

(六)切实做好军事斗争的准备

2004年成立的军事科学院政治工作研究所副所长公方彬说:前不久颁布的《中国人民解放军政治工作条例》中,引人关注的"舆论战、心理战和法律战(简称"三战")被明确写进条例。未来战场,通过法律战,可以找到己方出兵的打击依据;通过舆论战,可能营造出对方不合法的氛围;通过心理战,可以直接打击对方士气,"'三战'成为中国军队的正式作战样式,是中国特色军事变革的要求"[1]。而法律战将是今后对台工作和反击外力干预的重要手段,国家的军事行动在反分裂国家法依法运行的情况下,会自然维护国家的主权和领土完整。

军事手段是和平统一的保障。不是中国大陆要求台湾马上与大陆统一,而是"台独"势力的发展和岛内局势的演变,使得反对分裂成为大陆当前别无选择的任务[2]。在台湾局势发展到万一非动用军事手段不可的一天,我们一定要正视严酷的事实,不要抱幼稚的侥幸思想,等待侵略成性的帝国主义大发慈悲和"台独"分裂势力回心转意。中国大陆必须在慎重决策的基础上,做好依法军事打击"台独"分裂势力的充分准备,采取坚决果断的手段予以打击。《左传》曾说:思则有备,有备无患。我们应该认真思索用武力收复国土和抵御外国势力干涉的种种情况,并采取必要的准备手段。只有做最坏的打算,才能获取最好的结果,即便发生重大"台独"事变,我们也可以战胜敌对势力的干涉。台海间的冲突,从来就不是纯军事的。对于军备能力较逊的中国大陆,政治战略的考虑更为优先。"不放弃在必要的时候使用武力的权利是为了更好地和平解决两岸问题,而不是表明中国政府希望用武力方式解决。"[3]维护国家领土完整和主权统一,是中国政府和中国人民的坚强意志,但维护国家的统一的愿望不是一番良好的想象就能实现的。对于饱受外力干预之苦的中国人民,由于一个世纪以来一直怀有实现领土统一的民族夙愿,中国拿政权的合法性,来担保它不会允许台湾在法律上成为一个主权国家。中国正在部署更多可用于攻击台湾的导弹,并在寻

---

〔1〕 江迅:《台海必有一战的征兆》,载香港《亚洲周刊》2004年6月6日。

〔2〕 陈良生,等:《中国国家统一战略——战与和之间,我们选择全面打击和遏制"台独"》,明报出版有限公司(香港),2005年2月第1版,第10页。

〔3〕 吴用:《两岸关系解决模式之国际法探讨》,载《湖南省政法管理干部学院学报》2001年第4期,第70页。

找在美军代表台湾一方进行干预时予以重创的办法。当然,“一些评论人士认为,从短期和中期来说,致使中国加强军事力量的主要因素是台湾问题。而更长期的目标则不好说”[1]。按当前和今后相当长的发展趋势看,最有可能需要以武维和来处理的是台湾与大陆统一的问题。在鼓吹“武力拒统”的陈水扁篡权和美国大举对台售武的情况下,以武防独或以武促统已成为必要部署,否则难保台湾不会彻底走向“独立”[2]。

民意对美国政府的决策没有决定性影响。中国以台湾问题衡量美国,以为美国公众不会同意因台湾与中国交战。“美国从战略利益上衡量台湾问题,认为中国使用武力取得台湾,本身就构成了对美国的战略利益挑战,这是根本差别。”[3]在美国,公众有可能牵制政府的政策与行动,但正如伊拉克战争证明的那样,这种牵制只发生在战争造成严重后果之后,而不是战争行动开始之前。“中国在台湾问题上如果以美国民意为决策基础,可能事与愿违。”[4]如果“中国以为美国当前受到反恐战争,就无力对付中国,这种估计可能会失误。”[5]所以,在军事上做好同美、日斗争的准备显得很有必要。

充分做好与美、日干涉势力军事决战的准备。刘亚洲在其著作《金门战役检讨》中说“历史是教科书”。将来我国对台作战,务必做好第三股力量以突如其来形式介入战争的准备。这第三股力量可能是日本,主要是美国。他说:“我可以断言,一旦台海爆发战争,美国必然参战。昨天,我们从蒋介石那里学到的‘枪杆子里面出政权’的道理,今天我们应从美国人那里学会‘枪杆子里面出主权的道理’,主权不能用嘴巴来保卫,只能用武力,我们必须做好与美、日一战的准备。”刘亚洲是空军高级将领,他发表的一些观点,曾引起各界高度关注。他关于建设空军的思想是顺应世界军事技术发展趋势的认识,其“远端进攻,精确打击,首战用我”观点和主张获得学界和军方的极大认同,必将成为今后国家对台作战、抵御外国干涉势力的主要手段。根据当前及今后一个时期国际政治形势,我国对台湾实施军事打击时,美、日会在不同情况下采取不同强度的军事干涉行动。事实上,中国取得高性能武器的目的就是在威慑美国,但是不要以为永远不会用。

---

〔1〕〔英〕玛丽·富特:《中国在一个美国支配下的全球战略和解与防范》,载英国《国际事务》2006年1月号。

〔2〕《坚持和平崛起毋忘以武维和》,载香港《大公报》2004年7月31日。

〔3〕陈有为:《中国和平崛起,美国怎么看?》,载新加坡《联合早报》2004年10月4—5日。

〔4〕陈有为:《中国和平崛起,美国怎么看?》,载新加坡《联合早报》2004年10月4—5日。

〔5〕陈有为:《中国和平崛起,美国怎么看?》,载新加坡《联合早报》2004年10月4—5日。

对中国的战略决策者来说，"重视不是畏惧，而是花工夫，去找美国人的困难和弱点，特别是致命弱点。美国的弱点是我们打击的重点。"[1]这种政策线路使我国可以随时集中全力，投入到捍卫国家统一的斗争中。美国兰德公司中国武器专家詹姆斯·马尔韦农说：中国的一些使者也同他进行了接触。他说："中国的目标是给台湾造成最大的冲击，而又不使美国介入。"[2]虽然这种结果更好，但如果没有决胜的胆量和决心，就无法阻止非法干涉者妄想和冲动。

第五节　国外抵制外国干涉势力的做法

维护国家主权和领土完整，是普世价值，也是各国人民维护国家发展、人民安居乐业的基本需求。在世界历史上，各国在维护国家主权和领土完整的斗争中，具有很好的经验和教训，其中俄罗斯和美国的做法就有很好的借鉴作用。

一、俄罗斯的做法

俄罗斯的国家综合实力是其坚决维护国家主权和领土完整、抵御外部干涉势力的根本因素。俄罗斯的车臣共和国的分裂企图，给俄罗斯带来极大的困扰。普京上台后，对分裂势力采取了铁腕手段。俄罗斯在镇压车臣分裂分子时，基本上没有遇到北约方面的强烈反对。这主要有两个方面的原因：首先，俄罗斯方面注意了舆论上的宣传工作，借车臣匪徒制造恐怖活动之机，确立了一个打击恐怖主义的国际形象，使得出兵车臣师出有名。其次，俄罗斯的政治、军事、经济力量非南联盟可比，西方大国在很多方面还有求于俄罗斯的配合与支持，因而同俄不会在此问题上造成剑拔弩张的局面。

二、美国的经验

林肯在面对美国国家存亡之际，向全国发表了演讲。他说："如果代表永恒真理和正义的全能上帝站在你们北方或者站在你们南方一边，那么，经过美国人民这个大法庭的裁决，真理和正义将普照天下。"[3]美国南、北战争中北方团结一致、成功避免外部势力的干涉，就是利用法律对抗外国干涉的典范。

美国内战的爆发，是美国建国以来即存在的两种不同的社会制度，北方雇佣劳动制度与南方种植场奴隶制度之间，不可调和的矛盾和斗争日益尖锐化的必

---

〔1〕 牛军：《不怕美国的干涉》，载《环球时报》1999 年 9 月 24 日。

〔2〕《美正为应付"台海"不测事件准备》，美联社华盛顿 1999 年 8 月 13 日电。

〔3〕 杨超、张书珩：《政治名人演讲快读》，远方出版社，2004 年 8 月第 1 版，第 92 页。

然结果。1860年11月,反对奴隶制的共和党候选人林肯当选为总统,代表奴隶主的民主党下台。于是,南方奴隶主要求脱离联邦及采取军事行动的呼声甚嚣尘上。同年12月20日,南部的南卡罗来纳州脱离联邦。不久,南方又有10个州相继宣布脱离联邦,于1861年2月成立了一个"国家"——"美利坚诸州同盟"(简称"南部同盟"),颁布了"宪法",推选大奴隶主戴维斯为南方政府的"总统",定都于弗吉尼亚的里士满。此时,美国出现了两个"总统"、两个"国会"、两支"军队"。1861—1865年,美国南、北双方围绕分裂与反分裂、摈弃联邦与维护联邦,进行了长达4年的战争,这是世界战争史上最为著名的内战案例。

1861年4月12日,南部同盟军炮击联邦军守卫的萨姆特堡,爆发了历时4年的大规模内战。战争中,就北方联邦政府来说,其法律战的主要使命,就是力促欧洲各国特别是英国和法国承认南、北战争是美国的内部事务,不承认南方的交战国地位,从而排斥外国的干涉。而对南方来说,则要诱使欧洲各国承认其合法地位,以争取国际援助。联邦政府为了排除外国势力的干涉,同英国、法国展开了干涉与反干涉、统一与反统一的激烈的政治法律斗争。联邦政府反对外部干涉的法律战,主要围绕承认南方同盟、英法武装干涉、"特伦特号"事件等方面展开。内战爆发伊始,南、北双方就在南方交战团体的法律地位和封锁问题上展开了激烈的法律战。英国利用北方对南方实施封锁的机会,宣布承认南部同盟为交战团体,并发表中立宣言。随后,欧洲一些国家相继宣布中立或是承认南部同盟,从而造成美国内战期间第一次外交危机。对此,美国政府坚称,南部同盟不过是地域性的叛乱,纯属美国内政,与外国无关。就国际法意义而言,战争并不存在[1]。

内战第二阶段开始,美国就面临着英国和法国直接武装干涉的危机,欧洲所有的政府都准备承认南部同盟为独立的国家,迫不及待地想干涉内战。林肯总统敏锐地看到:为了博得全世界进步力量的同情和支持,为了破坏欧洲列强武装干涉的企图,一个解放奴隶的政策是绝对必要的。并于1862年9月24日清晨,他颁布了《解放宣言》,因而博得了全世界进步力量的同情和支持,巩固了国际地位,粉碎了英、法武装干涉的计划。林肯总统适时颁布《解放宣言》,实际上可以看作联邦政府为阻却国际势力干涉美国内政,而进行的一次成效显著的法律战[2]。

---

〔1〕 董继民:《美国近代史述评》,中国社会科学出版社,2004年第1版,第250－251页。

〔2〕 刘祚昌:《美国内战史》,人民出版社,1978年版,第273－280页。

美国内战中,联邦政府为维护联邦的统一,从内战爆发实施海上封锁后,对英国承认南方“交战国”地位的对抗,到内战期间对英国违反国际法原则变相干涉内战的活动做坚决斗争,以及战后就中立国义务问题与英国交涉、谈判,展开了卓有成效的法律斗争,避免了英、法等欧洲列强对美国内战的直接干涉。1861年11月8日,美国海军从英国“特伦特号”商船上逮捕了南部联盟的密使、英国准备借机武装干涉联邦政府。12月20日,英国外交大臣罗素要求美国在七日内交出遭逮捕的南部联盟的密使,道歉并赔偿损失,同时英国派1.1万名部队开赴加拿大,准备兵戎相见。在英国武装干涉一触即发之际,林肯总统谨慎认真地分析了英国的政治动向,认定英国想以“特伦特号”事件为借口,对美国实行武装干涉。在这种情况下,林肯指出:“一个时期,只能打一个战争。”基于此,林肯灵活运用国际惯例,一方面向英国政府声明“特伦特号”事件事先并“没有得到政府的训令”,另一方面,接受了英国开出的条件(林肯事后评论道:“英国人不给我们回旋余地,这是很伤我们尊严的,但是我们手头正在进行一次大的战争,我们不愿意同时进行两个战争”)。美国由于灵活运用法律,使英国失去了对美宣战的借口,再次成功地避免了英国的武装干涉[1]。

美联邦反对南部蓄奴州分裂国家的斗争,同我国反“台独”斗争有两个很重要的相同点:一是打击的是少数分裂分子;二是矛盾和斗争有一定的地域分界,即美国的南北之间和我国的海峡两岸。我国对台特别立法,要充分贯彻“寄希望于台湾人民”的主张,广泛争取台湾民心,孤立和分化“台独”势力,力求以最小的代价赢得反分裂斗争胜利,达到“收岛、收心”的目的。美联邦在反分裂斗争中对法律手段的运用,是多方面、多层次和持续不断的,既对宪法进行了重大修正,又颁布和推行了一系列新的法令法案,并根据斗争需要及时修订和完善,对完成国家统一、保证战争的胜利起到依法保驾护航的作用。

---

〔1〕 杨鲁:《美国内战运用国际法的成功经验》,载西安政治学院科研部编《军事斗争准备中的法律问题研究》(内部刊物),第308页。

第八章　反分裂国家法危机管理机制研究

台海危机是两岸围绕分裂和反分裂进行斗争的集中体现,也是测试中国政府维护国家统一决心和意志的试金石。从第一次台海危机开始,中国大陆便紧紧围绕一江山岛战役展开法律较量。这是中国政府和军队在进行军事斗争的同时,第一次在战略层面系统地运用法律武器,动员国际力量与敌对势力进行法律斗争的成功范例。其中的经验和做法,对以后几次运用法律管控台海危机的程度和进程起到积极的指导作用,对我们今后认识和研究法律在反分裂斗争中的能动作用、有效地运用法律武器遏制和反对"台独"分裂势力,具有重要的现实意义。

第一节　危机的概念和种类

在人们的生活中,"危机"常常被看作是一个贬义的词。战争、地震、动乱、爆炸、环境恶化等都可能演化为严重的政治危机。对于台海局势来说,发生危机往往会将人们的视线误导到即将发生战争的角度来看待问题,经常造成海峡两岸局势的极度紧张和剧烈震动,给国家的经济建设和社会安定带来严重的负面影响。

一、危机的概念

"危机"源于希腊语的分离(kinetin)一词,它本是医学用语,其原意是指决定病人走向死亡还是逐渐恢复的关键时刻。研究危机的先驱 C·F.赫尔曼对危机下过一个经典的定义,危机是指符合如下条件的一种局面:(1)威胁到决策主体的高度优先目标;(2)在做出政策调整前的反应时间有限;(3)其发生使决策主体感到突然。一些美国学者认为,西方的主流看法是把危机视为异常与威胁。而长期以来中国领导人却倾向于把危机视为常态和包含着机遇，中文的“危机”一词就由“危险”与“机遇”两个词组成的。

(一)危机的基本特征

关于危机的基本特征，国内外学者的观点基本一致。中国人民大学教授张成福指出：“危机是指这样一种紧急事件或者紧急状态，它的出现和爆发严重影响社会的正常运作，对生命、财产、环境等造成威胁、损害，超出了政府和社会常态的管理能力，要求政府和社会采取特殊的措施加以应对。”危机具有不确定性、时间的紧急性以及后果的威胁性等特征。由于环境的不确定性、人类的有限理性，往往产生危机过程不确定性、影响规模不确定性。时间的紧急性是指决策者对于危机情形的处理，在决策上只有有限的反应时间，决策者面临着巨大压力和不确定性。后果的威胁性是指危机的出现会威胁到一个社会或者组织的基本价值或目标，造成一种混乱的非常规状态。在现当代国际政治与战略理论研究中，经典的危机内涵的界定有以下几种：美国政治学家卡尔·多伊奇（K. W. Deutsch）认为，国际危机应有四种特性：(1)危机包含一个重要的转折点在内，导致事件的发展可能有不同的结局；(2)必须做出某种决定；(3)至少某一方的主要价值受到威胁；(4)因突发的紧急事件而必须在有限的时间压力下做出决定。赫尔曼（Charles Hermann）的观点是，危机是一种具有下述三种特性的状况：(1)威胁到决策单位的高度优先目标；(2)在情况变化前，可用的反应时间非常有限；(3)危机的发生常令决策单位的各个成员异常震惊。理查德·莱保（Richard Ned Lebowa）也从三个方面定义危机，决策者认知到：(1)另一国际行为体的行为严重损害了具体的国家利益、本国优势地位或维持自身统治权的能力；(2)他们用以对抗威胁的任何行为将会升高爆发战争的前景；(3)他们自身将在有限时间内采取行动。斯奈德（Glenn H. Snyder）与戴辛（Paul Diesing）则认为，国际危机是两个或多个主权国家政府之间互动所体现的三种特性：(1)极其严重的利益冲突；(2)虽尚未发生实际战争，但已含有相信战争发生概率极高的认知；(3)高度情绪性的展示与凸显。迈克尔·布雷彻（Michael Breacher）认为：“危机是一种情况，它具有以下四种充分与必要的性质：(1)国家内外环境的激烈改变；(2)对国家基本价值的威胁，如领土完整、主权独立、生存繁荣与安全等；(3)可能伴随或导致军事冲突的高度可能性；(4)对外在威胁只有有限的反应时间。

(二)国际危机

根据通常的定义，国际危机主要由三个因素构成：危机双方或各方的重大利益或核心利益受到威胁；存在时间限制或紧迫感；发生冲突的严重危险〔1〕。有的中国学者认为："国际危机是一种特殊的社会状态，即国际间因某种矛盾激化而导致的一种破坏正常国际关系的恶性状态，是一种改变或破坏社会系统当前平衡状态的现象。美国研究国际政治危机的著名学者欧文·杨认为："国际政治中的危机是一个被看作发生高度紧张事件的互动过程，其特征有正常的政治流程被突然打断、持续时间短、发生暴力的可能性上升以及对国际政治中的某些系统（或关系样式）的稳定产生重大影响。""进入21世纪，世界范围内出现了一系列重大危机，如'9·11'事件、非典暴发、禽流感流行以及印度洋地震海啸等"〔2〕，对世界各国人民的生命财产和正常的生活带来严重影响。

二、危机的类型

根据目前中国的实际情况，危机往往发生在集体决策的国家宏观调控失利、地方政府政策实施失当和行政暴力执法；个人犯罪引发的火灾、爆炸、投毒和食品安全等重大事故；极端组织对社会造成的严重危害。近年来的贵州瓮安、云南孟连等群体性事件就属于行政执法暴力行为诱发的案件；石家庄爆炸案、南京投毒案、邪教"法轮功"等犯罪案件出现社会危机是个人犯罪引发的重大安全事故；而一些发生在国家管辖范围之外侵犯中国合法权益的事件也会引发危机，如劫机、劫持人质、空难等导致的危机。

（一）危机的种类

关于危机的种类，中国学者亦提出了关于偶发性危机、结构性危机（双方长期存在根本利益的冲突）和第三者引发危机的分类。美国的学者则把危机分为：机遇准危机、对外政策危机、国际为机遇持续冲突中的危机、威胁性危机与机遇性危机、直接对抗危机、准对抗危机与联合反对的危机等。美国学者帕特里克·詹姆斯提出，"准危机"即通过以下方式接近于国际危机强度的冲突：各行为体感知到对基本价值的威胁、反应时间紧迫、演变为军事敌对状态的可能性并未增加。以此可以更好地理解，为什么有些国际冲突上升到全面危机，而另外一些冲突则没有升级。1995—1996年的台海危机可视为一种完全的国际危机个案，而中国驻贝尔格莱德大使馆被炸和中、美撞机事件则可归为准危机（即中国学者所说的偶发性危机）；2002年以来爆发的历次朝核危机则是中、美双方"联合之治"危机的实例（即中国学者所说的第三方引发的危机），在这场危机的大多数问题

〔1〕 许海峰：《冷战后中美危机处理机制的管理与构建》，载《前沿》2008年第2期，第153页。

〔2〕 参见《半月谈》2005年9月23日相关消息。

上,中、美两国站在了“同一战线上”[1]。从我国近几年的情况看,中国是世界上危机发生频繁的国家,受自然灾害影响也最为严重,灾害种类多、发生频率高、损失严重。由于受灾害影响的人口大体在2亿左右,约占全国人口的1/7,自然灾害在我国有着较强的社会性。随着经济建设的发展,灾害造成的损失也逐步增加。我国有70%以上的大城市、半数以上的人口、75%以上的工农业生产值,分布在气象、海洋、洪水、地震等灾害严重的沿海及东部地区,因此,危机预防和管理尤其显得必要。

(二)发生危机的诱因

从我国国内的情况看,危机的爆发主要有两个方面的诱因:一是长期的冲突背景,二是诱发冲突朝危机方向发展的事件。就台海局势来看,任何一方在政治或军事上的重大敌对动作,都可能导致严重的台海危机的发生,如1996年台海危机的爆发就与李登辉出访美国有着直接的联系。台湾问题处理得不好会导致局势日趋恶化,随时会造成重大危机。它的解决取决于中国人民认识社会矛盾的水平,并加以依法解决的程度。古人说得好,“得民心者得天下”。台湾问题实际上是政治问题,它的解决根本要依靠人民,尤其是台湾人民。《孙子兵法》指出,即使作战也要“修道而保法”。如果一个国家政治清明、有向心力和凝聚力,统一必然成为民心所向,极少数顽固分子就很容易被孤立。到时台湾问题会迎刃而解,导致台海发生危机的诱因也就相对降低。

(四)理性看待危机

对台海危机要用历史唯物主义的观点来看待。一是社会危机。有位著名的政治家说过,历史常常在新的基础上重演,我们也常说“以史为鉴”。我们可以通过历史来分析当前台海局势的现实。在中国近代史上,当社会出现政治危机时,通常先出现严重的贪污腐化和社会秩序紊乱;腐朽的统治阶级害怕人民及群众运动,对内镇压、对外妥协投降以求自保。贫富分化严重,由于人祸而导致的天灾,会造成社会秩序剧烈动荡,社会的主流意识形态丧失号召力,人民自发地寻求精神武器、寻求正当的出路,导致了外敌步步紧逼甚至国土分裂和丧失。中国的这种情况单纯靠学习西方的军事、技术,或者单纯发展实业,甚至教条地照搬西方的一些思想、制度以及一些经验,往往只是头疼医头、脚疼医脚,并不能从根本上解决中国社会存在的问题。因此,目前的台海危机,应充分借鉴历史上管理社会危机的经验教训,摸准台海危机的规律,实行有效管控。二是自然灾害引发

---

〔1〕 许海峰:《冷战后中美危机处理机制的管理与构建》,载《前沿》2008年第2期,第154-155页。

的危机。严格地说,危机管理机制是一个正本清源的问题,应该追求一种"happiness",即"全民的满足",保证人民群众安居乐业。在但近几年发生的重大公共危机当中,突发自然灾害占绝大多数。事故灾害造成严重的损失,公众的正常生活节奏被打乱,公众心理也受到巨大冲击。通过四川汶川"5·12"地震、南方特大雪灾、舟曲特大泥石流灾害的冲击,唤起了国人的危机意识,引起了人们对公共危机管理的反思,同时也催生了我国现代危机管理机制体系,对如何防范和管控危机积累了丰富的经验。

(五)涉台突发事件不是台海危机

涉台突发事件主要包括:发生在中国领海(包括台、澎、金、马周围海域)或台湾海峡涉及两岸人民的重大渔事纠纷,台湾军方抓扣大陆渔民及渔船,台湾军队驱射大陆渔民,涉及两岸人员走私、抢劫等违法活动,发生在大陆或台湾涉及两岸人员的重大刑事案件、交通事故、民事纠纷等[1]。作者认为这是可以控制的突发事件,不是引发台海危机的事件。台海危机是因重大政治和军事事件引起的容易导致秩序失控、引起双方严重对立的敌对行动的事件。

(六)科学管控台海危机

"对突发事件准确定性,是决策过程中的基础环节,在此基础上坚持正确的原则立场,是决策合理性的重要保证。"[2]所以,对台湾海峡发生危机的起因和程度进行研究,准确把握危机的强度和发展局势,做出正确的决策应对危机,对危机进行有效的管控,促使形势向良性和平稳方向发展具有重要意义。历史上政治危机或者经济危机的之所以反复重演,是社会矛盾基本运动规律使然,是矛盾在自发强制解决后又重新恶化的结果。从这个意义上说,目前台湾问题的恶化有更深层的原因。中国人寻求的是使国家民主富强的道路,没有照搬西方霸权文化任何现成理论和思想。这需要通过对东西方文化进行进一步扬弃才能完成蜕变,解决台湾问题的系统理论仍不全面。西方科学的实证思想,最早可以追溯到古希腊的分析和还原的方法。如果说这种方法在传统的自然科学上取得了部分成功,而应用在社会科学领域却有巨大的缺陷。当人们用孤立的、静止的、绝对"精确"概念的组合,用归纳的方法来描述不断运动发展的人类社会时,得到的结论往往是局部适用的和不全面的。这和东方强调联系发展和具体分析的辩

〔1〕 中共中央台湾工作办公室、国务院台湾事务办公室编《中国台湾问题》,九州出版社,1998年9月第1版,第174页。

〔2〕 程美东:《透视当代中国重大突发事件1949—2005》(上),中央党史出版社,2008年1月第1版,第25页。

证思考形成了对比。但是东方的儒家思想虽然承认"道者,反之动",却将血缘关系和社会关系相混淆,将社会的管理者和被管理者绝对化,造成了中国封建社会的种种社会问题。因此,中国仍然需要通过"古为今用,洋为中用"来创造新的精神文明,以解决中国人的精神危机。这只能通过发扬和谐精神,管理者将被管理者当成朋友方,用宽容、引导、友善的方式管理社会,辅之以对极少数被管理者予以必要的惩罚,才能完成中国人现代精神质的转变和提升。只有将这种精神升华的容量普遍适用于台湾人民,国家的统一才有根本的保障,历史悲剧才不会重复,而统一国家和管理统一后的台海社会就更加容易。

三、危机管理机制

在台海危机管理方面,借鉴国外关于危机管理的理论研究与实践操作层面的经验教训,尤其是美国的经验对深入分析台海危机具有重要的意义。"美国的危机管理系统是在美国总统领导下的,由美国国土安全部统一规划、协调的大系统。"[1]台海危机的重要特性是:对核心利益与高度优先目标的威胁;战争与和平的转折点;强烈的突发性、感知到时间上的急迫感与压力感;高度情绪化的流露与凸显。运用乔治·亚历山大关于危机管理的防御性战略与进攻性战略理论框架来检验台海危机管理的战略与策略,从而深刻认知到建构成熟的台海危机管理机制,对于双方关系的健康发展和台海和平与稳定具有深远的意义。

(一)危机管理理论已经逐步成熟

通过危机管理的视角,分析台海危机的整体演进逻辑与动因,是研究台海危机的重要手段。冷战期间,由于两大阵营的尖锐对抗和意识形态上的极端敌视,危机管理研究迅即为学者们所关注,并形成了一套系统的危机预防和处理的相关理论。20世纪60年代的美国学者如麦克莱兰(Charles A. McCelland)、赫尔曼(Charles Hermann)、艾里森(Ganham Allison)、斯奈德(Glenn H. Snyder)、戴辛(Paul Diesing)等著名学者都相继进行了系统深入的研究,促发了危机管理研究的热潮,使得危机与危机管理理论日趋完善。在古巴导弹危机之后,当时的美国国防部长罗伯特·麦克纳马拉曾在国会举行的听证会上说:"今后不再有任何像战略这样的东西存在,而只有危机管理。"这话在一定程度上反映了危机管理在当今国际关系中的重要性。

(二)了解危机管理的实质

"一般而言,危机管理(Crisis Management)既指某种管理过程,包括:计划

〔1〕 刘小冰:《国家紧急权力制度研究》,法律出版社,2008年11月第1版,第203页。

的、连续的和动态的过程,还指政府或组织针对潜在或当前的危机,在事前、事中、事后所采用的科学方法和一系列因应措施。”从广义的角度看,“危机管理意味着成功地实现行为者控制危机的目标,不管这种目标是什么”。对同一形势中的危机,有关各方可根据其国际利益、目标和能力,使用不同的危机管理战略,遭遇危机的有关各方通常控制危机的发展方向,实现其国家目标。

(三)把握危机发展方向

台海危机管理,一方面是调控危机以防止因失控(或由于参与方的误判或事件自身的演进逻辑和动力)而导致战争,另一方面确保在维护国家至关重要利益的基础上使危机得以圆满解决。危机调控是指采取的强力行动和决策的后续效应,它伴随着实质性的风险。台海危机是现实的,“中国政府认为威胁来自于两方面:台湾分裂势力和“台独”分裂活动是对台海地区和平与稳定的最大现实威胁。某些国家干涉中国内政,不断提升售台武器的数量和质量,也威胁到台海地区的局势稳定”[1]。危机管理的一项任务就是把风险降低至尽可能的低和使之具有可控性,同时,使强制性外交和冒险策略在令对手让步和维持自身利益问题上尽可能卓有成效。危机管理在政策宣示、相互竞争、展示实力、技巧取胜、把握方向以及避免战争之间取得平衡。正如威廉姆斯所强调的,“危机管理艺术的本质在于在对抗的压力下寻求和解,这是危机内在的双重特性——它不仅要求决策者意识到危机管理的内在困境,而且要有在困难情形下做出权衡的意愿和能力”。在做出决策前,把握危机管理的两大特性:一是每种情况都具有某种可控性;二是不存在能确保完全成功的特定设计或模式,危机管理的进程伴随着实质性的风险。

(四)选择正确的危机管理战略

作者认为,台海危机管理战略的选择,按照乔治·亚历山大(Alexander L. George)的定义通常包括防御性与进攻性两种方法。防御性战略意在防止挑起危机者改变现状,如遏制“台独”势力进行实质的行为,防止对一个中国基本框架的改变;进攻性战略则在于挑起危机或利用危机,用以改变现况,如炮击金门显示决心,打击美国协防台湾的信心。推行防御性战略的主要手段有:(1)加强涉台各方的强制性外交;(2)有限度升高危机水平;(3)采取相对应的对抗措施;(4)指出对方谬误和非法行径,接受对方挑战;(5)划出摊牌的底线;(6)以实际行动展现决心与承诺,避免挑战者误判;(7)适度反映,延期决策,等待有利时机,寻求

---

[1] 李鹏:《台海安全考察》,九州出版社,2008 年 5 月第 1 版,第 101 页。

使双方皆能满意的解决。实施进攻性战略的主要手段有:(1)保持对对方高强度的政治、军事和经济压力;(2)有限度的试探,获取下一步行动的数据和信息;(3)顶住压力,情绪化宣传,理性化决策;(4)抢占先机,造成既定事实;(5)运用外交手段,逐步化解困境。但无论是采取防御性或进攻性的危机处理战略,均坚持三个原则:一是要达到的目标与采用的手段力求平衡原则;二是武力的运用,采取渐进施压和适可而止原则;三是策略与手段的选择,做到进退自如。总的来说,两种危机管理战略基本上均采取渐进施压,以影响对手意志、慑止敌对行为。

(五)不同程度地区别对待中美在台海发生的危机

在与美国交涉涉及台湾问题的危机时,上海国际问题研究所国际战略研究中心主任夏立平的"利益加实力"的研究成果具有重要的参考意义。他在研究中、美危机的性质时,曾提出"危机结构"的概念,并将中、美危机的性质分为五类。他指出,危机的结构(Structure of Crisis)指危机是由什么构成或导致的。中、美危机的第一类是因中国周边的冲突而导致中、美之间发生危机,如朝鲜战争等;第二类是因台湾问题而导致的危机,如1955年和1958年台湾海峡危机、1995年和1996年台湾海峡危机等;第三类是因偶然性暴力而导致的危机,如1999年北约轰炸中国驻南联盟大使馆事件、2001年美国侦察机碰撞中国军机事件等;第四类是因中国国内事件而导致的危机,如1989年"天安门事件"等;第五类是因双方在防止武器扩散问题上的争议而导致的危机,如"银河号"事件等。根据这种理论,中、美双方在台湾海峡发生危机时,应根据危机的不同程度采取不同的对策。夏立平认为,从国家利益的角度剖析,在这五类危机中,中、美所涉及的各自国家利益的重要性是不同的。因为一国的国家利益可分为核心利益、重要利益和次要利益。当危机涉及国家的核心利益时,决策者的妥协余地极小,往往倾向于采取强硬的手段,甚至不惜使用武力。而当危机只涉及国家的重要利益或次要利益时,妥协的余地就大一些。所以,"双边危机对于各自国家利益的重要性"的判断,对于危机管理能否成功至关重要。对于同一危机,双方的利益往往又是不平衡的,而利益的不平衡很可能是决定大国之间危机结果的最重要因素。涉及国家核心利益的一方态度会更为强硬,而涉及国家重要或次要利益的一方倾向于妥协。在台湾问题上,中国将其视为国家的核心利益,不惜使用武力来解决;而对于美国而言,台湾属于重要利益或次要利益。所以按此推理,台湾问题在利益平衡上有利于中国。但是,除了利益分析外,实力分析也是必要的。双方的实力对比也将对危机的结局产生影响。在危机管理过程中,实力强的一方显然具有更大的优势,态度也更强硬。中、美双方的实力对比虽然总体上美国占据优势,特别是美国的军事力量占优势。但是,中国作为一个拥有核武器的国家,只要美国不能确定它对中国进行第一次打击时就能全部摧毁中国的战略核力量,或者中国在遭受美国第一次核打击后还有能力将至少一枚核弹头打到美国本土,那么,中、美之间的战略实力不平衡就不会成为决定中、美之间危机结果的主要因素。

(六)利益和实力均决定中国必须保护国家核心利益

通过利益和实力对危机结局进行综合分析:中、美之间的实力对比与国家利益平衡将会成为决定双边危机结果的两个基本变量,即中、美危机的结局,将取决于中、美在该地区的利益平衡状况和实力对比情况相互作用的结果。将“利益—实力”模式应用于中、美台湾海峡的危机处理上,我们不难发现,从国家利益角度分析,对中国来说,台湾无疑是中国的核心国家利益所在;而对美国而言,至多只是一个重要利益,因此台湾在双方国家利益平衡上显然对中国更有利。而从两国的实力对比角度分析,虽然美国在总体上,特别在军事实力上仍占有较大优势,但是由于两国都是有核国,中、美之间“不均衡核威慑”关系将在很大程度上弥补中国在常规力量上的差距。“如果中、美两国因台湾问题发生危机,其结局将由双方在该地区的利益平衡和实力对比之间的互动决定。”但双方都会认识到,两个核国家之间一旦发生直接冲突,其后果将是不可想象的,双方在危机中的决策必须是非常谨慎的,从而能对危机依法实施有效管理。

第二节　中国近代的边疆危机

欧洲资本主义经济的发展,使西方工业文明很快超越东方农业文明,在世界政治中占据统治地位。从16世纪开始,欧洲的葡萄牙和荷兰开始侵入中国。随后,列强将中国沿海岛屿列为觊觎的目标之后,大肆蚕食中国的邻国,中国的周边安全环境迅速恶化,国家的主权和领土完整出现前所未有的危机。到20世纪初,沙俄觊觎蒙古、英国入侵西藏,边疆频频告急,中国的领土面临被列强进一步肢解的危险[1]。在亚洲,日本经历了“明治维新”,实现“脱亚入欧”后,也加入西方列强侵略亚洲的行列,成为侵略邻国的殖民主义国家,日本的侵略行为加剧了亚洲人民的灾难,也给中国人民制造了莫大的边疆危机。

---

〔1〕 朱健安:《论20世纪中国由分到合的特点》,载《湖州师范学院学报》1999年第3期,第3页。

一、中国近代史的几次边疆危机

1840年6月至1842年8月,中、英发生鸦片战争。列强看到当时的清政府软弱腐败、不堪一击,更加激起他们侵略中国的兴趣,开始大举进军中国。经过两次鸦片战争,中、法战争,中、日甲午战争,八国联军战争,清政府在对外交往中被迫与当时的世界主要资本主义国家英国、法国、美国、俄国、德国、意大利、瑞典、挪威、比利时、西班牙、丹麦、荷兰、奥地利以及明治维新后崛起的日本等签署了许多不平等条约,强行要求中国打开国门,赚取在中国租界的领事裁判权,使中国逐步沦为一个半殖民地、半封建的国家。

列强对中国邻国的侵略和占领,对中国造成了极大的安全压力,成为诱发边疆危机主要原因。1858年,印度在经历了多年、数次流血抵抗之后,最终因不敌侵略势力的强势进攻沦为英国的殖民地,成为"英国王冠上的一颗宝石"。1898年,美国战胜西班牙,占据菲律宾,并使之为其殖民地。日本加入进攻中国周边国家或掠取中国领土的行列,进攻台湾、占领琉球,并通过中、日甲午战争,迫使中国割让台湾及澎湖列岛,使朝鲜脱离与中国的藩属关系,并为其日后侵占朝鲜打下了基础。面对清政府的软弱和节节败退,列强的步步紧逼,当时维新变法的代表人物康有为指出:"俄北瞰,英西映,法南瞬,日东眈,处四强邻之中而为中国,岌岌哉。"[1]这就是当时中国周边和安全情况的现实写照。远东殖民统治体系建立后,列强肆无忌惮地鲸吞中国的领土,在中国攫取特殊利益,侵犯边疆的合法权益,使中国周边环境极为恶劣。中国的内政外交面临极大的困难。

1842年,英国首先迫使清政府与其签署《南京条约》,割让香港,并获得在广州、厦门、福州、宁波、上海五口岸的自由贸易权,在近代中国历史上出现了第一次边疆危机。1895年,中、日甲午战争后,日本通过《马关条约》割取了中国的台湾,包括澎湖列岛在内的大片领土。随后日本侵占辽东半岛,在俄、德、法三国"干涉"下,增加3000万两白银将中国自己的领土赎还,这便是著名的三国"干涉还辽"事件。中国以前只被西方大国打败过,如今竟被东方小小的岛国日本打败了,不仅割国土、赔巨款、丧权利、蒙受奇耻大辱,还进一步刺激了列强侵略中国的野心,大大加速了中国半殖民地化的进程,中国的民族危机愈益深重了[2],这形成中国近代历史上第二次边疆领土危机。1912年中华民国建立时,列强利用辛亥革命引发的全国政局动荡和南北对抗的局面,制造一系列事端,分离中国的

---

〔1〕 汤志钧:《康有为政论集》,中华书局,1981年版,第156页。

〔2〕 戚其章:《甲午战争史》,世纪出版集团、上海人民出版社,2005年7月第1版,第504页。

疆域。英国策动西藏分离势力宣布西藏“独立”,俄罗斯策动外蒙古分裂势力成立“大蒙古帝国”,并出兵侵占了外蒙古唐努乌梁海地区,日本则在中国东北和内蒙古地区策动“满蒙独立运动”,企图煽惑清朝遗老和蒙古王公将东北划出中国版图,形成近代中国第三次边疆领土危机。1931 年日本侵略者发动“九一八”事变,侵占中国东北四省,扶植伪满洲国,中国国民政府所执行的“依赖国联外交”,不能阻挡日本对于中国东北领土的扩张。日本由东北而华北,由华北而全国,不断扩大侵略中国的步伐,形成近代史上中国第四次边疆危机,也是中国近代历史边疆最严重的危机。1937 年 7 月,日本发动的长达 8 年的侵华战争,以侵占全中国和迫使中国臣服为其主要目标,使整个中华民族面临亡国灭族的危险,形成中国第五次边疆危机。在中国抗日战争胜利前后,由于美、英、苏三国背着中国签署“雅尔塔密约”,以出卖中国权益来换取苏联对日参战,迫使中国国民政府在 1945 年 8 月 14 日签署的《中苏友好同盟条约》中承认了外蒙古采取“公民投票”的方式决定“独立”,最终导致面积达 180 万平方公里的蒙古脱离中国版图,[1] 形成中国近代第六次边疆危机。

“边疆问题从来是世界大国特有的关注”[2]。回顾这段历史,了解中国近代史上的几次边疆危机,对今天的分离势力的性质和本质会有更清醒的认识。只有广大人民认清这种本质和性质,从中发现和探求规律性的问题,才能有针对性地采取相对应的措施,才能在促进祖国统一进程中发挥具有建设性的作用。

二、造成中国近代边疆危机的原因

中国近代边疆危机频发,民族矛盾加剧,社会剧烈动荡,有深刻的政治经济原因和国际背景。从国内来看,晚清政府已处于强弓之末,多年积聚的社会矛盾一触即发,社会要求变革的呼声高涨。从国际上看,以大中华体系为中心的国际政治经济秩序被远东殖民体系所取代,国际强权势力利用新旧两种国际秩序转换的时机,大肆侵略和瓜分中国,谋取在华特殊利益。

(一)晚清政治腐败是导致国土被割裂的原因

近代中国历史上出现的六次重大边疆危机,完全是列强侵略和扩张造成的,同时也是中国晚清政府贫弱、落后和腐败无能的结果体现。在面对强大和众多的敌人的时候,自己国家的综合实力不足以对付环视中国的列强,对列强提出的

---

〔1〕 1945 年 10 月 20 日,外蒙古举行“ 公民投票”,投票采用记名法,选票上须填写名字,再表示赞成或反对独立。24 日公布投票结果,共有 493 291 人参加投票,483 291 人赞成独立,其他弃权。次年 1 月 5 日蒙古正式宣布独立,同日,中国国民政府发布文告,承认外蒙古独立。

〔2〕 胡仕胜,等:《中国西南边疆会更稳定》,载《环球时报》2006 年 7 月 5 日。

各种无理要求就不能理直气壮地予以拒绝，其后果不仅使中国的领土受到极大的损失，而且给国人的心灵留下了伤痛。抚平这种伤痛唯一的办法就是以经济建设为中心，增强国家综合实力，早日实现国家的主权和领土完整统一，振兴中华民族。

（二）列强无理挑衅导致边界冲突不断

1920 年 10 月，日本以“珲春事件”为借口，公然出兵延边地区，挑起重大外交冲突事件[1]。随后，该地区被长期处于日本非法设置的警察署和强行派遣的军事联络员监视和管辖。1931 年，“九一八”事变发生，日本军队借机大举进攻中国。在中国南边的边界，中、英片马争执是英国挑起中、缅边界争端的典型案例。而中、蒙北塔山冲突是苏联制造中、蒙边界争端的重要案例。中国边疆地区不断出现的领土争端，不仅严重损害中国与周边国家的友好关系，而且也给日后中外领土争端和边界冲突留下后患，给新中国成立后的中国的周边外交带来了严重的负面影响。

（三）列强煽动叛乱是分裂活动加剧的诱因

列强侵略、削弱中国的重要传统手段之一，就是煽惑地方分裂势力、离心势力进行分裂中国的罪恶活动。这些分裂活动，不仅当时在中国边疆制造混乱、动乱，甚至叛乱，对中国的统一和安全造成了极大的损害，还对新中国的边疆安全和国家统一留下严重隐患。1907 年日、俄签署密约，外蒙古成为沙俄的势力范围，并进一步策划“满蒙”独立。“满蒙”指中国东“满蒙”，它是中国东北南部和内蒙古东部地区，经 1912 年日、俄密约划定为日本的势力范围。1931 年“九一八”事变后，日本终于扶植清廷废帝溥仪，建立了伪满洲国分裂中国的国土，该政权成为国际公认的日本傀儡政权。抗日战争结束前后，通过美、英、苏签署《雅尔塔协定》并逼迫中国签署《中苏友好同盟条约》，最后导致外蒙古通过公民投票，脱离了中国的版图。

（四）中国晚清政府无力抵制列强攻势是重要因素

晚清政府国力微弱，无力抵抗列强的攻势。列强相互妥协，订立协议，共同划分势力范围，强占“租借地”，掀起了瓜分中国的狂潮。它们利用民族、宗教等问题，挑拨中央与地方关系，散布分裂主义言论，策划“独立”，达到其侵吞中国边

[1] 珲春事件，指 1920 年 10 月 2 日，韩国独立党人从俄国境内的双城子潜入中国东北珲春，焚烧日本领事馆及街市，击毙日本警察等 10 余人，日军以此为借口，出动兵力万余，占领珲春及延边县，焚烧韩国侨民家房地 1000 余户，惨杀侨民 2100 人，华人 200 人，并在所到之处设日本替察署，引起中日间重大交涉。

疆领土和分裂肢解中国的目的。侵略中国边疆侵略的手段,从直接侵占演变为主要物色、培植中国边疆民族地区的民族分裂分子作为其代理人进行"独立"、分裂中国,这种做法比起直接策划独立更具有蛊惑性。前台表演的是民族分裂分子,他们大多是一些民族地方的当权者,对本民族具有一定的号召力与控制力,后台以帝国主义国家为靠山,以"民族""宗教"为号召,以脱离祖国为目的。而帝国主义国家则通过挑拨民族关系,以"援助弱小民族自决""独立"相诱骗,扮演救世主角色,相互勾结、相互利用,扮演一出出分裂中国的大戏。

(五)民族政策失误是列强乘虚而入的关键

中国历史上,各民族在自立发展基础上的融合是构成统一多民族中国边疆的基石。"中国疆域的基本特点就是少数民族区域与边疆区域的大体重合,这决定着中国历史上民族问题与边疆问题往往交织在一起。"[1] 近代以来,特别是1900年前后的30余年间,中国不断遭受到西方帝国主义国家的侵略,而边疆地区成为其首先蚕食鲸吞的对象,中国边疆面对的地缘政治安全环境发生了重大而深刻的变化,重要的原因之一就是民族政策出现重大失误。民国政府推行"移民实边"政策,对蒙古地区社会生产力造成极大破坏,加剧了民族矛盾,也没有起到充实边防、抵御帝国主义入侵的作用。"移民实边"的推行,不仅引起蒙、汉人民的不满,也引起王公贵族和宗教上层的强烈反对。不少封建王公与清政府貌合神离;还有一些蒙古封建王公贵族,在新的阶级分化中,沦为破落贵族。但是他们绝不甘心屈居平民阶层,在帝国主义的唆使利诱下,公开与其勾结走上了"独立"、分裂中国的道路。

三、中国收复边疆国土的斗争策略

在列强大力进攻中国的情况下,国民政府既无力控制边疆、驱逐外国势力出境,又要争取苏联对于中国抗日战争的政治、经济和军事支持,必须保持与苏联的良好关系。在此两难的境况下,只能实行韬光养晦、等待时机的政策。面对列强对中国的强势进攻和侵略扩张,在近代中国史上一次又一次的边疆危机中,中国政府的应对政策是一个值得研究和总结的重要问题。

(一)韬光养晦以拖待变

抗日战争爆发后,面对日本的大肆进攻,中国政府虽然无力抵抗日本的侵略,却始终没有承认日本的侵略行为,更不承认日本所扶植的"伪满洲国"的任何

---

〔1〕 李国栋、刘佳鹏:《清末民初的民族问题与边疆危机——以蒙古、西藏、新疆地区为例》,载《烟台大学学报》(哲学社会科学版),2006年第4期,第448页。

合法性,并在其"建国"之后,成功地阻止除萨尔瓦多外的世界所有国家承认这个日本的傀儡政府。随后,中国政府从根本上改变了应对方针,将政治解决与和平谈判当成中国政府处理边疆危机的主要手段,如中国与日本经过长达数年的艰难交涉,最终使日本退出山东,恢复了中国对山东的主权。

中国近代统治者迫于帝国主义和殖民主义强权压力,虽然难以取得理想的交涉结果,但一般也不轻易让步,通过妥协与抗争,与列强诸国周旋,使这些争端成为悬案,以待有利时机的来临。一有合适时机,中国政府必再提旧事,重新进行交涉,力争较好的交涉结果。所以,在近代中国边疆危机应对当中,"搁置外交"是中国在国势微弱时处理边疆危机时常常使用的方法。中、英在西藏问题交涉中,北京政府不承认"西姆拉条约","搁置"西藏问题便是一个成功的案例。在长达数十年的时间里,中、英间曾就西藏问题进行过无数次正式的和非正式的交涉,始终未能达成一致。中国政府锲而不舍地坚持"西藏属于中国"的原则和立场,也不惜暂时承受西藏"半独立"的现状,这是中国在无力解决西藏问题的情况下,被迫无可奈何地接受现状。当时的南京国民政府处理新疆"半独立"状态的经历,是处理不同类型边疆危机的又一个成功的案例。当苏联势力与新疆盛世才集团相结合,全面控制新疆之时,国民政府采取隐忍不发的"搁置外交",静观局势的发展,既不承认苏联与新疆地方政府合作的合法性,也不采取强制措施反对苏联和新疆地方政府的结合,以免局势失控。而当新疆地方军阀盛世才与苏联发生分裂,国民政府立即果断地利用盛世才向中央政府"倒戈"的机会,断然派遣中国军队进入新疆,彻底更换行政长官,迫使苏联势力退出了新疆。这为新中国后来完整无缺地接收新疆创造了条件。

事实证明,弱国在没有力量解决某些重大争端时,暂时"搁置"问题,等候历史机遇的出现,或争取有利局面的形成,不失为"弱国外交"的一种有益的方式。在中国贫弱局面没有根本改变,综合国力没有大幅度提升的情况下,中国收复失地的努力将不得不依赖于世界大局的变化和国际机遇的降临。两次世界大战的爆发和中国的参战,都给中国收复失地和改善边疆安全带来了机会。

当然,在拖延的过程中需要审时度势,抓住有利时机果断决策才是政治家应有的作为。在历史上,中国未能适时地提出收复琉球的要求,甚至在罗斯福总统在开罗会议上主动问及琉球归属问题时,中国政府仍未有明确地表示。当战争结束后,琉球地区出现要求独立和回归中国的运动时,中国政府也没有确定明确的政策,给予积极的应对和支持,坐失收回琉球的良好机遇。

(二)武力抵御列强的侵略和进攻

武力抵御列强曾经是中国官方主要的应对方针。康熙皇帝抵御沙俄对中国东北地区的进攻,郑成功驱逐荷兰殖民者出台湾,是早期中国抵抗列强侵略、保卫中国领土的成功案例。为挽救民族危机,孙中山先后在华南组织和领导了八次反清武装起义,力图以革命的手段推翻清政府,以消除内乱和免于瓜分,实现国家的独立和真正统一。武昌起义爆发后,孙中山回到国内,出任南京临时政府的首任大总统。为尽快实现国内和平和国家统一,孙中山主动让位于袁世凯,以促成共和政府在全国的实现,表现出了一个革命家不计个人得失,心忧国运,心系国家富强、统一的崇高精神品质[1]。然而,随着中国综合国力日渐衰弱、军事抵抗能力逐渐丧失,武力抗击列强的结果却是中国领土的不断沦丧,中国政府对于边疆地区的控制能力也日益减弱。例如,中国军队平定西藏叛乱的举措曾经节节胜利,但一旦英国抗议和威胁,中国军队立即就偃旗息鼓;面对外蒙古"独立"局面的出现,虽然一度"征蒙论"四起,但也是雷声大雨点小,最终不了了之。

(三)"以夷制夷"互相牵制

以有利于中国的方式将各国势力引入东亚,使之权力均衡,以打击中国的主要敌手、确保中国的边疆安全和国家的统一,是中国政府应对边疆危机的主要策略方针。所谓"以夷制夷",即利用列强共同控制中国并在对华利益上存在矛盾和冲突的格局,驱使一个强国对付另一个强国,使他们互相牵制、制衡、甚至削弱,以避免一国独霸中国和中国领土完整受到影响。"以夷制夷"的策略,既是中国历代王朝对付边疆或内部少数民族的传统思想的继续,又是近代西方力量均衡理论影响中国外交的反映,更是近代中国统治者为挽救外交危局,在列强的隙缝中求取生存的应付之道。无论是晚清,还是民国时代,这个策略在中国政府处理边疆危机中得到了广泛的运用。

邓小平曾指出,从鸦片战争以来欺负中国的十几个列强国家中,"从中国得利最大的,则是两个国家,一个是日本,一个是沙俄,在一定时期,一定问题上也包括苏联"。中国"以夷制夷"的打击对象也主要是这两个国家。在晚清,虽然曾经出现过"联日制俄"的主张,但为时甚短,占主导地位的始终是"联俄制日",其始作俑者是执掌晚清外交大权的李鸿章。甲午战争后,三国"干涉还辽"的成功,鼓舞了清政府和李鸿章对这一政策的实施。

---

〔1〕 贾孔会:《试论孙中山的国家统一思想》,载《三峡大学学报》(人文社会科学版) 2006 年第 6 期,第 73 页。

从袁世凯主持对日“二十一条”交涉到巴黎—华盛顿会议关于山东问题交涉，从南京政府在“九一八”事变后的“依赖国联外交”到抗日战争时期的“南联英美，北结苏俄”外交，体现了中国“以夷制夷”外交实施的必要性和可能性，对于抵御日本的侵略、维护中国领土的完整和统一起了积极的作用。

（四）顺应形势发展、维护国家利益

面对严峻的边疆危机，晚清政府和民国政府都采取了一些应变对策。这些政策，客观来讲，对维护国家统一，加强边疆与内地的政治、经济、文化等方面的联系，促进边疆少数民族与内地的相互了解和相互交往，起到了一定的积极作用。但由于列强干扰、边吏不善，在抵御外侮侵略中，始终处于软弱无能的被动地位，致使危机不断加深，总体上未能扭转列强瓜分中国的势头，甚至出现了蒙古、西藏地区与中央政府关系的严重恶化。民国政府成立后，军阀混战，国内政局动荡不安，中央很少顾及边疆，边疆民族地区出现明显的分裂主义倾向，外蒙古、西藏曾宣布脱离中央而独立，东北和内蒙古出现伪政权。中国边疆不仅无法成为抵御外敌入侵的屏障，反而在局部对国家统一构成了一种新的威胁。近代以大中华帝国为中心的远东国际秩序和国际关系体系逐步让位于列强远东殖民统治体系。中国周边的国家，已不再是昔日的友好邻邦和藩属国，这给近代中国的周边外交带来很多新的难题，也是中国边疆出现严重危机的根本原因。

（五）主动塑造有利的危机管理体系

巴黎—华盛顿体系恢复了几个列强共同统治中国的局面，虽然使中国仍然处在列强的共同控制之下，但给中国改善自身国际地位提供了某些条件。在大的国际背景下，积极主动塑造有利于中国的边疆管理体系，成为当时中国政府的政策选择。中国政府经过外交努力，收回战争期间已落于日本之手的山东权益，以及威海、胶州租借地和若干外国租界，并对收复旅大、九龙、广州湾租借地形成一定的声势和冲击。中、美与中、英等废除了中外不平等条约，使中国收复了丢失半个世纪之久的租借地九龙租界，清除了列强在华势力范围，维护了国家的统一和完整。

中国这种在列强淫威之下不妥协的态度，表明中国反对侵略、坚持和平的严正立场。其长期坚持不懈的反抗侵略的斗争，不但获得了世界的同情与尊敬，而且也使自己后来成为当时日本的敌国——美国、苏联之朋友，为中国在战后收回东北失土奠定了基础。著名的开罗会议通过宣言，决定战后日本归还侵占中国的东北、台湾及澎湖列岛等领土。这就是中国几届政府在历史上为维护国家核心利益取得的重大胜利。同时，抗日战争的胜利也为中国周边国家的独立运动创造千载难逢的机遇。在中国的积极支持下，朝鲜、越南、缅甸、印度、菲律宾等民地国家先后获得独立，大大改善了中国的周边环境，促成了远东殖民统治体系彻底瓦解，这是中国参加抗战取得历史性胜利带来的有利局面。事实证明，任何代表帝国主义、殖民主义势力，妄图割裂中国，制造战乱的侵略者们，都必然会遭到具有强烈爱国爱家的中国各族人民的英勇抗击，这对于维护中华的领土完整和国家统一，无疑是具有积极的借鉴意义。

第三节　中国台海危机管理政策

近年来随着国内外重大事件频发，政治经济危机发生的频率也有所增加，严重影响了人们的正常生活，对社会秩序的稳定和国家的建设造成的严重负面影响。这些危机在唤醒国民危机意识的同时，也使国家决策层对危机的防范和管控有了新的认识，并采取一系列立法措施确立了危机管理程序，从而积极应对台海危机并产生了良好的效果。在关系国家核心利益的台湾问题上，中国政府对台海危机的管理形成了一套行之有效的惯例和方法。应尽量将这些经验上升为具有法律效力的规范性文件，以便在今后的工作中依法定程序决策、依法律手段管理危机。

一、中国政府的危机管理立法

2003 年 5 月 7 日，国务院第七次常务会议审议通过了《突发公共卫生事件应急条例》。2005 年，紧急状态法草案列入全国人大常委会当年立法计划。2005 年 1 月 26 日，国务院第七十九次常务会议通过了《国家突发公共事件总体应急预案》以及 25 件专项应急预案、80 件部门应急预案。预案将突发公共事件分为自然灾害、事故灾难、公共卫生事件、社会安全事件四类。按照各类突发公共事件的严重程度、可控性和影响范围等因素，分为特别重大（Ⅰ）、重大（Ⅱ）、较大（Ⅲ）和一般（Ⅳ）四级。按照不同的责任主体，预案体系设计为国家总体应急预案、专项应急预案、部门应急预案、地方应急预案、企事业单位应急预案五个层次。我国政府还根据风险分析结果，将可能发生和可以预警的突发公共事件用红色、橙色、黄色和蓝色表示。政府要求对发生的特别重大或者重大的突发公共事件及时上报，不得迟报、缓报、瞒报和漏报，并要在突发公共事件发生的第一时间向社会发布简要信息。各省、自治区、直辖市也分别完成了省级总体预案的制定工作，许多市、区（县）也制定了应急预案。

二、国家危机管理体制

2005 年 2 月,时任国务委员兼国务院秘书长华建敏表示:全国应急预案框架体系已初步形成。这意味着,我国已初步建立起自己的危机管理机制。通过建立应急预案,面对突发事件,如自然灾害、重特大事故、环境公害及人为破坏等,进行应急管理、指挥、救援等。它一般建立在综合防灾规划之上,其几大重要子系统为:完善的应急组织管理指挥系统;强有力的应急工程救援保障体系;综合协调、应对自如的相互支持系统;充分备灾的保障供应体系;体现综合救援的应急队伍等。截至目前,对台海局势还没有一套完整的危机应对政策,只是以往在实践中形成的一些基本处理办法,但台海局势的现实,急需国家在危机管理政策系统中制定完整的法律程序和应对措施。

三、国家层面的台海危机管理政策

完善的危机管理机制是现代民族、国家捍卫自身安全的重要屏障,也是维护自身利益的主要手段。正如以色列学者、国际著名政策科学家叶海尔·德罗尔所言:"危机管理对许多国家具有极大的现实重要性,对所有国家则具有潜在的至关重要性。危机越是普遍或致命,有效的危机应对就越显得关键。"对于中国来说,台湾问题一直是国家安全面临的一个巨大挑战,也是危机管理急需健全的领域,更需要中国政府在逆境中制定理性的政策。

(一)认识台海危机的实质

美国是根据其国家利益决定对台政策。台湾问题是国、共内战的产物,同时也是外力干涉的结果。美国不但对台湾问题的形成有不可推卸的责任,而且美国对台湾问题的走向有巨大的影响。美国的外交政策一贯是为其国家利益服务的,在冷战时期,美国在实力遭到削弱和力不从心的情况下,为了遏制苏联,不得不放弃和中国对抗的政策,转而联中制苏。这时,美国就背叛自己的"老朋友",放弃"台湾地位未定论",不得不承认台湾是中国的一部分。冷战结束后,美国国际压力减轻,出于国家利益的考虑,又给台湾当局发出一些错误信号。所以,台海危机的实质就是美国插手中国内政,干预中国统一事业。台湾的某些政治势力企图追求"独立",采取政治和军事冒险行动导致局势严重动荡,是对台海和平秩序的公然挑衅。

(二)内部危机采取文韬武略

1999 年 7 月 9 日,李登辉借德国记者采访之际,公然声称,两岸之间至少是"特殊的国与国关系"。"两国论"的出笼使台湾问题再次成为人们关注的焦点,它标志着台湾当局正开始从"暗独"走向"明独"。陈水扁执政后期,患上"台独"

焦虑症,不断铤而走险,在"台独"分裂的道路上越走越远,在某种程度强化了台湾民众的分离意识。他认为在2008年北京举行奥运会之前的这段时间,是实现"台独"的最后"机会"。他不仅坚持"2006年修宪、制宪",还鼓噪就"一中"问题进行"全民公投",2008年实现"台独"的时间表。所以,台海危机主要来源于台湾当局的"台独"活动,而"台独"分裂活动成为民进党执政时期诱发台海危机的重要根源。台海危机是"台独"势力挑战中国主权、图谋分裂国家造成的,它不仅牵制了我国"聚精会神抓发展"的战略部署,而且使经济社会发展充满变数。它是中国内部发生的危机,国家采取了文韬武略的方针。对于从事"台独"活动的骨干分子挑起的危机,国家媒体均采取了直接点名的方式予以批判,一方面口诛笔伐,在宣传上加强对"两国论"的批驳,揭露其分裂本质;另一方面采取军事威慑,加强战备,强力遏制"台独"分裂势力铤而走险,并在必要时使用非和平手段予以打击。

(三)外部危机审时度势应对

2001年小布什执政以来,美国一方面积极推动6108亿新台币的对台军售,一方面加强了在台海周边地区的军事部署。美军除了在太平洋地区继续保留近30万人的兵力外,B－52轰炸机、核潜艇和AGM－86型巡航导弹已经进驻关岛基地;美军还将向夏威夷增派1艘核动力航空母舰战斗群,在澳大利亚设立训练中心,派驻军队;在东南亚地区,美军已取得新加坡港口的使用权,常驻濒海战斗舰,还积极与东南亚国家接触,企图在菲律宾、越南建立军事基地。军事专家认为,五角大楼这一系列军事调整,克服了"距离上的障碍",使美军战略核潜艇抵达台湾海峡的时间缩短了5天。还一度传出美军要在距台湾本岛仅460公里的下地岛兴建军事基地的消息。美国的这些作为,都被"台独"势力理解为分裂势力保驾护航。2011年底,奥巴马高调强势推出重返亚太战略,决定在澳大利亚达尔文军事地基驻军2500人,联合南海区域内菲律宾、越南等国和南海局域外印度、日本等国介入南海争端。为此,中国政府在提高自身防御能力的同时,积极采取应对措施,重新评估亚太的安全形势,严防发生重大危机,影响国家统一台湾的战略。

(四)共同管理台海危机

台湾问题是中国内政,解决的主力是台海的当事方,但对于台海危机政策的管理,中国政府应有限度地与美、日沟通和交涉,共同管理台海危机。在2008年国民党执政以后,台海局势有所缓和,但变数仍然很多。从国家层面的战略角度来看,主要把握中、美与中、日之间政策层面的沟通,需要依靠明确的政治信号、先进的信息技术与高效的通报机制，最大限度地减少大国间错觉与误判的概率，以确保有效地管理台海危机。要达到这样的目的，国家间不仅需要达成共识，更需要付出行动协同制定危机管理政策。通过发展关系和建立各种机制，避免今后产生不必要的误解、误算和险情。如果一方与另一方有广泛的联系渠道，双方就会更好地了解彼此的意图。因此，中、美之间必须建立快速顺畅的沟通机制和多样化的沟通管道，来相互通报信息。近年来，中美两国在这方面已取得了一定的进展，建立了两国领导人"热线"和多层次的战略对话机制。当然，双方仍需在建立能让美、中两国的国防部长和军方高层能够直接沟通的"军事热线"。2011年10月，美国第七舰队新司令斯科特·斯威夫特说："现在同中国人民解放军有了直接通信联系"[1]，证实了中美"军事热线"开通。这对军事演习、重大突发事件前通报通告等制度的建立，保证信息畅通，避免相关大国间的偶发事故误判，最终酿成双边冲突，具有较好的预防效果。相关国家共同管理危机的做法，将在管理台海危机方面发挥更加主动、更加有效的作用。

（五）严防危机扩大化和导致台海秩序失控

台海危机如果处理得不好，有可能转化为台海战事，可预测的评估是：台湾问题会得到彻底解决，产生负面影响也是相当严重的。一是正常的经济发展秩序将会打乱，甚至倒退。当前，我国正处在经济发展的黄金时期和社会矛盾多发的关键时期，战争既可能转移社会矛盾，也可能加深和激化社会矛盾。二是维系我国和平发展的政治格局将重新调整，美国要维持自己在亚太地区的政治利益，从牵制中国发展的战略考虑出发，必然将日本推到前台。由于中、日之间的历史恩怨和各自维护国家利益的需要，中、日两国有可能引发为海岛尤其是钓鱼岛之争。本来属于国家内部的矛盾——台海的矛盾，会转变为中国与日本之间的国与国的矛盾。中、日之间的海域涉及中国、俄罗斯、美国的国际通道，具有极其重要的战略位置，日本力图成为政治大国，维系经济大国地位，对中国沿海海域尤其是南海的野心只会扩张，绝不会克制。加上美国暗中支持，中、日之间的较量如处理得不好，将会演化为一场严峻的国家间危机。2011年10月以来，美国高调重返亚太，强力主导《跨太平洋战略经济伙伴关系协定（TPP）》谈判，在澳北部一个特别区域——达尔文军事基地驻军。在日本表态参加（TPP）谈判的情况下，东盟怕失去主导权，于11月17日在印尼巴厘岛召开的东盟峰会上决定，2013年

〔1〕《第七舰队司令说，热线已建立》，载香港《南华早报》2011年11月10日。

后成立由东盟和中、日、韩等六国共同参与的广域自由贸易区[1]。面对这种新形势,如果处理不好台海危机,中国就会丧失在"重要战略机遇期"里保持和平发展的环境。中国应重新审视走向世界的战略,重拾和重视20世纪90年代的"安邻、睦邻、富邻"的东南亚地缘战略政策,"重返"亚洲,积极搞好与东南亚国家的关系,主导东南亚和平发展的环境,努力化解美国重返亚太带来的战略困境,从美国的围堵战略中重新出发,逐步走向世界。"倘若如此,中国更应该留守亚洲,冲破美国的包围圈,以利于中国的和平发展。"[2]要不然,南海危机,加上处理不好导致日渐升级的台海危机,既不利于中国的发展,也不利于台湾问题的和平解决。在确保台湾属于中国不可分割的领土的前提下,努力化解而不是被动地激化台海危机,应当成为中国政府处理台湾问题的基本原则。在历史上,有多次两岸局势走到战争一触即发的边缘,中国政府都通过努力保持克制、理智应对,使危机一次次化解。事实证明,中国人民有能力、有智慧,也有决心解决自己的国家统一问题。

四、危机管理的对策建议

危机管理是决策理论中的一个重要领域。两次世界大战的惨痛教训、冷战期间一系列危机事件给世界和平带来的重大威胁,让学者和政治家们认识到必须深入研究危机,探寻危机升级为冲突和战争的原因,寻找危机预防与管理的经验和教训,以实现中国的和平崛起。台湾问题既是我国的内政问题,又有复杂的国际背景,对亚太地区的和平与稳定具有重大影响。在国际安全局势日趋复杂、台海问题更为诡谲的背景下,探讨危机预防与管理的理论和实践经验,做好台海危机的预警,提高危机管理水平和决策质量,对于维护台海局势的稳定、争取和维护有利的国家安全环境、努力推动中国和平崛起进程,有着重要的学术价值和现实意义。

(一)加强台海危机管理对策研究

据《人民日报》(海外版)2007年9月21日转发新华社北京9月20日电:"台湾海峡危机的预防与管理"学术研讨会在北京举行的消息称:9月16日至19日,由北京大学台湾研究中心和全球华人政治学者论坛联合主办的"台湾海峡危机预防与管理"学术研讨会在京举行。祖国大陆、香港地区高等院校、研究机构

---

〔1〕《亚洲大经济圈构想》,载日本《朝日新闻》2011年11月18日转引自《参考消息》2011年11月19日。

〔2〕朱志群:《应重返亚洲的,其实是中国》,载《环球时报》2012年7月19日。

的著名专家学者和来自美国、日本、澳大利亚等国家的知名华人学者，就近期两岸关系及台海和平面临的主要威胁、如何有效预防"台独"分裂活动引发台海危机、促进两岸关系和平稳定发展等问题，进行了充分、深入的研讨。国务院台办主要领导和北京大学主要领导出席会议并讲话，共有14位来自海内、外高校和研究机构的华人专家学者围绕"近期两岸关系及台海和平面临的主要威胁""中美共同防范台海危机"等议题展开了热烈讨论，并就如何营造有效遏制"台独"的外部环境，向有关部门提出了许多有益的政策建议。国务院台湾事务办公室副主任孙亚夫在这次研讨会上指出，陈水扁当局不顾一切地推动以台湾名义加入联合国的公投、以台湾名义申请加入联合国等"台独"冒险活动，正在一步步把两岸关系推向更为危险的边缘。陈水扁当局的"台独"分裂活动，是对中国主权和领土完整的最大祸害，对两岸关系发展的最大障碍，对台海地区和平稳定的最大威胁。维护国家主权和领土完整是中国的核心利益，我们绝不会吞下"台独"的苦果，绝不允许任何人以任何方式把台湾从中国分裂出去。从整个台海局势发展和海峡两岸关系发展规律来看，民进党执政时期是台海局势的高危期，"台独"分裂势力的肆意妄为，使台海和平与稳定面临严峻考验。与会学者对于在高危期内可能爆发的台海危机提出了很多具体的政策建议：

根据岛内政治形势采取对策。冷静观察岛内政治形势的变化，通过及时释放灵活的反应信息而积极介入岛内政治，牵制和影响"台独"言行。有学者指出，尽管"台独"分裂势力正在不断膨胀，岛内政治的发展仍存在很多变数。但无论是大的国际环境，还是大陆反"台独"斗争的决心和行动，乃至岛内两党政治的基本格局，都对"台独"势力形成了强有力的制约。

释放经济利益影响民意。大陆方面应通过不断释放经济利好信息来干预岛内政治发展的走向，可以在给台湾经济"送大礼"的时候把工作做得更细，措施落实到县、乡，让不搞"台独"、反对"台独"的"立委"所在的选区得到不同于"台独""立委"所在选区的优待，以此差别待遇来影响台湾的民意。虽然这种方式产生的效果缓慢，有时在台湾南部地区甚至不见效果，但我们仍然要一如既往地坚持。我们应该利用两岸关系和平发展不断形成的有利态势，坚持把做台湾人民工作放在对台战略的核心位置，加强两岸民众的交流与交往，不断增强台湾民众对大陆的了解，让台湾民众成为反对"台独"分裂活动的主要力量，大幅削弱"台独"分裂势力的群众基础，这是有效解决台海危机爆发的重要手段。

加强对美涉台外交，保持最高层的热线沟通。面对陈水扁当年的公投阴谋，很多学者指出，台湾当局推动"入联公投"的行为已经触动了美国台海政策的底线。从近期来看,由美方出头来批“入联公投”对中方来说并非坏事。美方对“入联公投”做出的强烈反应,会促使岛内的年轻人、中间选民乃至绿营内部重新思考这一问题,有利于遏制“台独”势力的膨胀。鉴于台海局势的不确定性,中美双方的最高决策层应保持热线联系,确保一旦发生危机事态,能进行及时有效的沟通,防止危机升级。

加强军事斗争准备。必要时有限度使用武力,加大对“台独”分裂势力的威慑力度,争取解决台湾问题的主动权。有学者指出,要充分警惕台湾当局使出各种手段制造危机、加剧台海紧张局势的可能。例如,台军的飞机或军舰可能会在海峡做出某些挑衅行为,台湾当局有可能蓄意在岛内制造某些针对大陆人员的伤害事件等等,对此大陆应准备应急预案。还有学者建议,我方应借鉴1958年台海危机的经验,在必要时敢于应对危机,主动创造掌控台海局面的有利态势。如果大陆方面不对“台独”分裂活动做出反应,那么,台海就难以有真正的危机局面,而没有危机局面,很多危机管理的措施就拿不出来,主动权就无从谈起。

保持政策的可信度。有学者强调,针对“台独”分裂行为以及外部干涉企图,我方必须保证军事上的压力有效可信。完全放弃对台湾使用武力只能“望海兴叹”,而在近期之内单靠使用武力“下洋捉鳖”的代价又过于沉重。应超越这种两分法思维,走“张羽煮海”的中间路线,即将和平边缘的手段作为我方近期内较佳的战略选择。

(二)应建立和完善台海危机预防和管理的法律制度安排

反“台独”斗争是一项长期而艰巨的历史任务,为了完成这一历史任务,有学者建议,应当构建和完善台海危机的预防和管理机制。一是统筹协调,建立和完善台海危机的国内综合预警机制。有海外学者指出,美国的国家安全委员会在协调和处理危机方面有很多成熟经验和做法值得我们借鉴。还有学者建议,国台办、外交部、国家安全部、军方以及其他部门应加强协调,建立统筹一体的预防和管理台海危机机制。参照美国的反恐危机管理体系,设定台海危机风险管理级别,并围绕军事打击来设计各个层级的预警机制。二是力争使中、美在处理台海危机方面的政策协调机制化。中、美两国的政策协调,必须把握在沟通、协调的实际运作中,不能形成具有法律效力的文件,否则具有请人干涉中国内政之嫌。台湾当局的“台独”分裂行为,不仅对中、美危机的发生起过催化剂的作用,而且还常常直接推动危机升级,台湾当局的行为加重了中、美在台海危机中爆发冲突的风险。在未来的中、美关系中,积极妥善地搞好台海危机的预防与管理,建立高层战略互信,避免发出错误信号,将始终是两国避免发生重大危机和进行危机管理的关键。有的学者还建议,由国台办牵头协调中方各部门与美方的涉台部门联络沟通,不仅要注意保持沟通的有效性,还要替美国人在应对"台独"的具体问题上出主意。

(三)着眼于高危期之后建立台海地区和平发展的长期稳定框架

有学者认为,从长远来看,台湾问题的最终解决仍有赖于海峡两岸中国人的智慧和耐心。应着眼长远,建立新的对台政策战略框架和政策手段,推动台海地区的和平发展与两岸关系的和谐稳定。还有学者建议,大陆应努力与台湾方面达成互信共识,推动两岸对话的制度化,双方都不和第三方结盟做伤害对方利益的事情,在适当的时候颁布"两岸和平发展法",推动台海地区的和平发展。有的学者还认为,我方应放弃简单的蓝绿情结,与蓝绿双方都要打交道。2008 年国民党胜选后,大陆应当抓住有利时机推动两岸和平谈判,在某些措辞上可以做出让步,如提出"两岸中华"的说法,给台北一个体面妥协的机会。作者认为,2012 年国民党连任后,应积极呼应和推动马英九的两岸和平协议。2012 年 3 月 22 日,胡锦涛在北京会见了中国国民党荣誉主席吴伯雄,吴伯雄说:"台湾现行推动两岸关系的依据是'两岸人民关系条例',这是'一国两区'概念的法理基础,处理两岸关系的是'大陆关系委员会'而非'外交部',这就足以说明,两岸并非'国与国的关系'而是'特殊关系'。"[1] 作者建议,既然台海两岸目前已经有"一国两区"的共识,就应该固定下来,没有必要再提具有退步意义的"两岸中华"。"我们认为'胡吴会'中将'一中各表'法律化、宪法化的端仪,是两岸新思维的珍贵头绪,循此以往应可望两岸和平发展寻得更宽阔平稳的道路。"[2] 这样就可以形成长期稳定的和平发展框架,为两岸的真正统一打好政治法律基础。

(四)充分利用海外华人学者的智慧管控危机

改革开放以来,海外华人在学术界已经逐渐形成了具有一定政治影响力的群体。这些华人学者有长期在海外工作研究的背景,使得他们接受信息的范围、研究的视角、对海外舆论的影响力,都有国内学者所不具备的特色和优势。因此,充分发挥海外华人学者的智慧,可以集思广益,更好地研究台海危机问题。有海外学者提出,对于美国对台军售问题,不宜一揽子反对,要从美国的国内政治入手,例如,从利益集团、传媒和公关因素出发,进行区别细分,工作要落实到美国公司、落实到代表那些军火厂商所在选区的国会议员身上,对与中国有大单

[1] 萧师言、姚杉杉:《吴伯雄在"胡吴会"提"一国两区"》,载《环球时报》2012 年 3 月 23 日。

[2] 《"一国两区"也是"一中各表"》,载台湾《联合报》2012 年 4 月 4 日社论。

生意的美国公司又给台湾出售军火的进行制裁，就能牵制军工集团对美国政府的影响力，防止美国利用大额军售制造台海危机。在中、日关系中，要特别注意做日本国会年轻议员的工作，让他们更加全面地理解中国政府在台湾问题上的立场和态度。要特别注意日本冲绳地方当局在台海问题以及对华关系上的特殊态度，并加以妥善利用。要加强在琉球主权方面的研究，利用琉球特殊的历史牵制日本政府的动向。还应注意争夺国际舆论的制高点，多做海外舆论媒体的工作，加强与美国学界和智库的联系，充分利用海外华人学者的影响力去影响海外的舆论。在某些时候，还可以利用海外学者的特殊身份，作为政策试探的气球，发布一些信息，观察外国政府、学界和媒体的反应，为中国政府预防和管理台海危机收集信息依据。

（五）妥善利用美国因素增强台海危机管理能力

在台海危机管理中，我们必须妥善处理美国因素。由于美国因素的长期、强势介入，我们在台海危机管理中必须重视美国力量的存在，重视美国力量对台海危机管理的正面影响和负面影响。“要更好地应对和管理中、美之间的危机，中央必须建立领导有力、决策科学、信息灵通的危机管理机制，并制定一整套相应的决策程序、办事规则和应变预案。”〔1〕尽管台湾问题是中国内战的产物，属于中国内政问题，但美国长期涉入其中，成为影响台湾问题的重要国际因素。在这种情况下，我们就需要妥善利用美国因素来为我台海危机管理服务。在陈水扁执政 8 年期间，特别是陈水扁第二任期内，中、美两国在台海危机管理上建立了某种合作与对话的机制。中国在台海危机管理上的配合有力地打击了民进党“台独”分裂势力的野心，有效控制了台海危机情势的升级；特别是在“入联公投”问题上，美国对台湾当局的打压不断升级，在很大程度上使台海危机情势紧张升级的氛围大大降低。

（六）增强台海危机管理的实力基础

国家实力对比与国家利益的关系才是影响危机管理的首要因素。国际社会的无政府状态决定了国家实力在危机管理中的重要地位。国家实力的强弱在很大程度上决定了其危机管理的能力高低和危机的大致结局。例如，在围绕伊拉克核查危机的较量中，美、伊（伊拉克）在国家实力上的过分悬殊是造成伊拉克政府危机管理失败、萨达姆政权被推翻的根本原因。对于中国政府来说，要增强台

〔1〕 陈良生，等：《中国国家统一战略——战与和之间，我们选择全面打击和遏制“台独”》，明报出版有限公司（香港），2005 年 2 月第 1 版，第 338 页。

海危机管理的能力,就必须坚持走和平发展道路,牢牢把握住百年难得的战略发展机遇期,增强国家的综合实力,形成有效的管理台海危机的能力。

冷战结束以来,中、美之间通过多次危机管理的实践,双方积累了许多在危机管理方面的经验。加上通过 1996 年台海危机、1999 年北约轰炸中国驻南联盟大使馆危机、2001 年的撞机事件等双边危机,中国总结了危机管理的经验,形成自己的一套完整的、有序的危机管理和处置原则、程序、惯例和机制。这些都有利于两国在危机管理方面更趋理性、成熟,也会形成制度性办法。但是,要更好地应对和管理国际政治中的危机,特别是中、美之间因台海问题引起的危机,必须建立"领导有力、决策正确、便于协调、信息灵通"的危机管理机制。

第四节　中国近代史上的台海危机

抗日战争胜利后,国、共两党发生内战。内战的结局是国民党当局退居台湾。60 多年来,海峡两岸一直延续着内战状态。海峡两岸在法统竞争中,军事斗争一直没有停止过,只是强度有大有小。两岸军事对峙强度的变化,受两岸政治形势变化的影响,同时也受国际因素的影响。从军事对峙紧张程度来分析,两岸经历了五次大的台海危机。

一、第一次台海危机:解放台湾

1949 年 4 月,中国人民解放军发动渡江(长江)战役,在数个月的时间内解放了江南大部分国土,南京国民党政府不得不决定自大陆退守台湾。同年 8 月,中国人民解放军攻占福建,并进占湖南、甘肃。9 月,中国人民解放军攻下绥远、新疆。战事频频胜利,使中国共产党领导的人民军队控制了绝大多数中国领土。同年 10 月 1 日,中华人民共和国政府在北京宣告成立。

(一)厦门战役

新中国成立后,大陆就积极筹划解放包括台湾岛、海南岛、福建周边岛屿在内的沿海岛屿。1949 年 10 月初,解放军在解放大西南的同时,决定解放金门、厦门。10 月 15 日,中国人民解放军第三野战军第 10 兵团首先开始佯攻鼓浪屿,盘踞厦门岛的国民党军队没有察觉,调预备部队至鼓浪屿围攻我军先头登陆部队。尽管登陆鼓浪屿的部队遭受了重大伤亡,但解放军主力部队在厦门岛上击败了国民党军队,厦门岛与鼓浪屿均被我军拿下。这场战役是"解放战争一次成功的渡海登陆作战"。

（二）古宁头战役

1949年10月24日晚，解放军登陆厦门岛后的第七天，解放军第10兵团第28军、第29军中的3个加强团，近万人发动了攻打金门岛的战役，并于25日2时30分夺取了金门古宁头阵地。但因后续兵力跟不上，加上国民党军队快速增援，26日下午7时，登陆的解放军大部分战死，部分被俘，这次战役中解放军受到重大挫折。

（三）海南岛战役

古宁头战役的失利，并没有阻止解放军解放沿海岛屿的决心。1949年12月31日，中国共产党发表了《告前线将士和全国同胞书》，提出1950年的战斗任务："解放台湾、海南岛和西藏"。为了削弱国民党军队的整体力量，解放军还发动了对舟山群岛、海南岛、万山群岛等军事行动，并解放了海南岛、舟山群岛的主要岛屿与万山群岛全部岛屿。

（四）攻台军事准备

1950年4月，中国共产党再次提出"解放台湾为全党最重要的战斗任务"。接着，华东军区、第三野战军前委发布了《关于攻台准备工作的批示》，解放台湾已成为新中国的头等大事。为了攻打台湾，解放军先后组建了海军、空军部队。当时，福建前线集结了一支15万人的精锐部队，除了进行密集两栖进攻的训练外，在福州、厦门、汕头及其他港口准备了大量的登陆舰和其他类型的船只，还准备了数百架飞机和30个左右的空军基地。6月，毛泽东主席指定由粟裕负责组织台湾战役，计划7月解放军对台湾进行了侦察，8月决定开展攻台作战。此时，国际社会也普遍认为，解放军将在台风季节到来之前发起对台湾的军事进攻。一时台海战云密布，台湾岛内更是充满紧张气氛。

（五）朝鲜战争导致收复台湾的计划搁浅

然而，就在台海战事一触即发，台湾岛处于朝不保夕的时刻，1950年6月25日朝鲜战争爆发。美国第七舰队开进台湾海峡，使大陆解放台湾的计划不得不搁置。我军主要力量投入"抗美援朝"战争，解放攻打台湾的计划被搁置起来，国民党得以苟延残喘，继续盘踞台湾。

（六）危机导致美国的介入

对美国决策层来说，一直主导美国决策思维的更深层战略考虑，是利用台湾问题作为牵制中国崛起的筹码。它根据美国对华战略的需要，运用政治经济手段牵制大陆的发展。在第一次台海危机中，时任美国中央情报局局长的杜勒斯耸人听闻地宣称：如果不保住金门，美国从东京到西贡都面临非常严重的形势。

鹰派参议员威利也宣称,“我们要么现在就在台湾海峡保卫美国,要么日后在旧金山湾保卫美国”。第一次台海危机发生后,美国对统一台湾的干预及朝鲜战争对中国安全的威胁,促使中国最终参加朝鲜战争,这场战争使两国敌对情绪迅速激化。美国由此认识到中国的能力,将中国存在和意识形态的扩散,视为美国在亚洲谋求霸权的最大威胁,遏制中国的发展就成为美国必要的选择。从台海角度来说,两岸之间的论争在20世纪50年代是法统之争,90年代以来成为统独之争。每次危机发生都具有军事准备的前奏,危机发生时美国均乘势而入介入两岸纷争。外部力量的介入牵制大陆的行动,使这场争端带上复杂的国际背景,使台海危机呈现出国内冲突与国际冲突相交织的新特性。

二、1954年前后第二次台海危机:海上大战

1953年7月,朝鲜停战协议签字,朝鲜战争正式结束,解放军主力部队撤回国内。朝鲜战争结束后,为遏制中国,美国便与台湾筹划签订《共同防御条约》,大量增加对台湾的经济和军事援助。蒋介石倚仗这些优势,“反攻大陆”的野心急剧膨胀,不断地对大陆东南沿海地区进行武装骚扰。

(一)炮战升级

1954年,海战升级。5月16日,国民党军1艘驱逐舰被击中。次日,双方再度发生激战,彼此均损失严重。5月28日,两军在大陈岛以北头门岛交战。7月6日再度发生海战,国民党军“106”军舰受重伤。7月23日,《人民日报》据此发表了题为《一定要解放台湾》的社论。8月军委成立了以张爱萍为司令员兼政治委员的浙东前线指挥部,并成立了海空军指挥所和登陆指挥所[1]。为打击台湾当局的嚣张气焰,9月3日,秘密集结在福建厦门、莲河的解放军炮兵万弹齐发,打向对岸金门岛。这次炮击持续多日,解放军共发射炮弹87 600多发。11月14日,国民党军王牌“太平号”军舰被击沉,解放军还攻占大陈岛周围的鲠门、头门、田岙等岛屿。

(二)反击美国对台防御

1954年9月,中国炮击金门的举动使美国决策者陷入了进退两难的境地。艾森豪威尔坦言:“现在我面临着这个问题,美国应该采取什么政策?……对任何纯属沿海冲突,美国将限于物质援助,还是加以改变?”美国军方强硬派就力主出兵台海,帮助台方轰炸大陆。杜勒斯在参院外交委员会的一次秘密听证会上宣称,如果中国大陆军队摆出“威胁”台湾的姿态,美国将准备对其发动海空打

---

〔1〕 张伟:《第一次台海危机始末》,载《环球时报》2004年1月12日。

击,摧毁其主要港口和机场。他危言耸听地说:“如果我们想在远东站住脚,我们就必须准备冒同中国打仗的风险……如果我们不愿冒这个险,那么好吧,做出决定吧。让我们撤出来,然后在加利福尼亚构筑我们的防线。”中国领导人根据当时的形势给予了强烈的反击,在不同场合多次表示:我们不要战争,但如果有人来侵犯,我们就要坚决予以回击。

(三)大陈岛战役

1955 年 1 月 18 日上午 8 时,解放军华东军区以 1 个步兵师、137 艘各型舰艇、22 个航空兵大队,对大陈群岛中的一江山岛发起进攻。与此同时,美国向台海地区调集了大批部队,包括 5 艘航空母舰、3 艘巡洋舰、40 艘驱逐舰和 50 艘其他舰只,先后出动 2000 多架次飞机飞临大陈岛空域活动,企图阻止中国人民解放军解放大陈岛。当天下午 2 时,在海、空军的联合掩护下,解放军陆军部队开始向一江山岛强行登陆,下午 5 时 30 分占领全岛。此次战役是解放军三军部队首次对近海岛屿的国军发动的联合作战。2 月 13 日,解放军全部控制大陈群岛。

(四)美国出台干涉决议

在中国人民解放军攻占大陈岛后,中国领导人认为,台海局势应就此缓和下来。但美国决策层却错估形势,杜勒斯在考察台湾后断言,“那里的形势远比我想象的严重”。他认为中国大陆决意要占领台湾,中、美在台湾海峡发生对抗是不可避免的,美国必须采取强硬态度,否则就会被中共视为“软弱”,从而导致中共的进一步“扩张”。中、美两国的强硬态度,使台海局势剑拔弩张。1955 年 1 月 24 日,周恩来代表中国政府发表声明,向全世界庄严宣告:“台湾是中国领土不可分割的一部分,解放台湾是中国的主权和内政,决不容他人干涉。”声明援引了联合国宪章第二条第七款的规定:“本宪章不得认为授权联合国干涉在本质上属于任何国家国内管辖之事件,且并不要求会员国将该事件依本宪章提请解决。”声明据此指出:“因此,联合国或任何外国都无权干涉中国人民解放台湾。”在此后几天的时间里,美国决策者连续召开会议,商讨对策。艾森豪威尔声称:“划出最后界限的时刻已经到来。”正是在这种因渲染而强化的紧迫感下,美国国会以罕见的高效率迅速批准了对于总统的战争授权。1 月 28 日,应艾森豪威尔的请求,美国会众参两院分别以 409 票对 3 票和 85 票对 3 票的压倒多数通过决议,授权总统:必要时可动用武装部队防御和保卫台澎列岛不受武装进攻,企图为美国军事介入台海事务提供法理依据与通行证。大陈岛军事行动达到预期的目的,并没有乘势进军台湾本岛及其附近的澎湖岛。中共中央和毛泽东主席审时度势,根据国内外形势的变化,调整了对台政策,提出了“和平解放台湾”的主张,海峡两岸的武力对抗有所缓和。

第二次台海危机爆发后,美国受其自身利益的驱使,为谋求对华的优势地位,采取保持两岸分裂与平衡策略,并探索把台、澎从中国分离出去的可能性。实际上美国并不支持国民党军队反攻大陆,也不相信其有这样的能力,更害怕这样的行动会把美国拖进与中国大陆的全面对抗中。相对中国在"解放台湾"问题上的试探性举动,美国对台湾的支持也有所克制,体现了在两岸平衡政策中一定的灵活性。

三、1958 年的台海危机:"八二三"炮战

解放大陈群岛后,双方的零星交火不断,其中主要集中在金门、马祖周围水域及西面的对岸地区。三年后,台海两岸又爆发了大规模的军事冲突,即"八二三"炮战,台海第三次危机由此产生。

(一)炮击金门

1958 年,蒋介石反攻大陆的叫嚣引发新的台海局势紧张。7 月,美国从本土和地中海调派了大批军舰、飞机,加强了靠近台海的第七舰队的力量,致使台海紧张局势升级。随着台海局势的不断升温,美国军方开始准备制订应急计划,并在 8 月中旬提出分析报告,称如果中国大陆对沿海岛屿进行封锁,台军仅有 45 天的补给,除非美军进行干预,否则台军无力打破封锁。国民党在美国的支持下,公开宣称不与对岸谈判,并继续推行"反攻大陆"的政策,东南沿海局势持续紧张。此时,中东危机爆发,美、英军队悍然派兵武装干涉。为了粉碎美国制造"两个中国"的阴谋、惩治国民党军的军事挑衅和支持中东人民的斗争,中共中央和毛泽东主席决定再次大规模炮击金门。解放军海、空军部队于同年 6 月向福建地区转移、集结,并于 8 月初基本到位。8 月上旬,解放军地面炮兵全部进入阵地。8 月 17 日,中央政治局北戴河扩大会议最后决定炮击金门。8 月 22 日,解放军空军战机飞临马祖上空,并与国民党空军战机发生激战,预示一场大的军事冲突即将展开。8 月 23 日中午 12 时,从角尾、厦门、大嶝、小嶝到泉州湾的围头,长达 30 公里的战线上,解放军万炮齐射金门群岛,两小时落弹 5.75 万,金门防卫司令部副司令吉星文、赵家骧、章杰中炮不治身亡,两名美国顾问也当场被打死,史称"八二三"炮战。8 月 25 日,两军在东椗岛上空与水域展开了空、海作战,双方均有不同程度的损失。8 月 26 日,解放军在重炮轰击大担岛的同时,准备登陆解放大担岛。但忽遇南来强台风袭击,登陆受阻。

(二)国民党损失惨重

"八二三"炮战的结果,据当时官方公布的资料是,"我军击沉击伤蒋军各型舰艇23艘,击落击伤蒋机34架,毙伤蒋军中将以下官兵7000余人;解放军官兵伤亡460余人,被击落击伤飞机20多架,毁坏火炮32门”。“八二三”炮战后,解放军随即将主要力量投入加强已占沿海岛屿的防御。金门炮战爆发达到预期的目的:一是挫败美帝国主义“划峡而治”、搞“两个中国”的阴谋;二是支持盟友黎巴嫩武装起义;三是进一步“肃清”在东南沿海岛屿的国民党军队。

(二)中美发生严重对峙

1958年8月27日,蒋介石向美方提出了求援信,要求美、台双方立即制定具体的联合作战行动计划。8月29日,在白宫召开的会议上,艾森豪威尔批准了美国的军事干涉方案。金门炮战爆发后,美、台组成海军联合编队,对被炮火包围的金门群岛展开海上补给,解放军炮击的重点转向运补的国军舰船。9月2日,两军在料罗湾发生激烈海战(亦称“九二海战”),国民党军有3艘军舰被击沉。料罗湾海战后,美军从中东调来的第六舰队及从美国运来的航空部队、海军陆战队抵达台湾,与美军在台湾海峡已有航空母舰7艘、重型巡洋舰3艘、驱逐舰40艘汇合。9月3日,美国国防部表示,美军已经做好随时介入的准备,以制止中国军队进攻金门与马祖。美国还宣称,将派出第七舰队为台军舰只护航。美国军政高层紧锣密鼓地迅速决策与反应,显示了美方对于危机可能升级的高度警觉与担忧。面对严峻的形势,周恩来警告美国政府:美国如果继续进行侵略和干涉,把战争强加在中国人民头上,必须承担由此而产生的一切严重后果。这使中、美双方都显示了各自的战略决心与姿态。

在这次台海危机中,本来仅是中国意在防止台海分裂现状永久化的有限军事行动,却引发了美国的过度反应。正如毛泽东在1959年所讲的,“我们没有想到打炮会引起这么大的风波,只是想打一下,没曾想他们调动这么多的兵舰”。在1958年的台海危机爆发后不久,美国海军参谋长伯克就赤裸裸地扬言:“这些岛屿没有任何意义,它纯粹是一种象征性的东西,它仅仅意味着谁是老大?世界上谁在这个地区说了算?”声称美国决不能让步,“否则,我们面临着10年之内失去整个世界的危险”,使第三次台海危机发展到高潮。面对台海危机进一步升级的形势,毛泽东高瞻远瞩,运筹帷幄,巧妙地将军事行动和政治形势结合起来,搞清了美国在台湾海峡的战略底牌,也使蒋介石集团进一步认清了美国的险恶用心。为避免危机升级和中、美发生直接冲突,我国政府于1958年10月6日上午发布文告,宣布暂停炮击金门,第三次台海危机宣告结束。

四、1995—1996年的台海危机:大陆导弹试射

20世纪90年代以来,随着岛内政治生态的转变,台湾当局谋求“台独”分裂

的意图与行径日益明显,"台独建国"开始成为其日渐强烈的政治诉求。随着中国综合国力的迅速提升,两岸经贸往来日益密切,极大挤压了"台独"分裂势力的生存空间,使其感受到一种时不我待的深重危机感与失落感。在这种形势之下,台湾当局公然推行"台独"政策的步伐加快,在国际上制造"两个中国"的企图越来越明显和大胆。

（一）美国允许李登辉访美

1995年5月,美国参众两院的表决通过李登辉访美的决议案,时任美国总统的克林顿迫于国会亲台势力的压力,允许李登辉访美,做出向台方领导人发放访美签证的决定。但最为关键的仍是美方决策层对于台湾问题的敏感性与重要性认知不足,才引发了中方的强烈反应。5月23日,我国外交部发表声明,向美国政府提出强烈抗议,指出:"对于已经站起来的中国人民来说,没有什么比国家主权和祖国统一更为重要,中国政府和中国人民准备面对任何挑战!"大陆还在外交、两岸交流方面采取了相应措施,以反对美国允许李登辉访美。6月,中方宣布驻美大使李道豫回国述职[1]。"从6月开始,中国政府同台湾当局和美国政府在外交、政治、舆论和军事等各个领域进行了坚决斗争,台海地区出现1979年以来最为紧张的局势。"[2]在此后的中、美外长和副外长会谈中,我国领导人在会见美国客人时,都反复强调台湾问题是中、美关系中最重要、最敏感的核心问题,强烈要求美国遵守中、美三个联合公报关于台湾问题的各项原则,执行一个中国政策。"7月24日起,《人民日报》、新华社连续发表评论,对李登辉在康奈尔大学的政治演讲展开剖析与批判。此后又相继发表了一系列社论、评论员文章和署名文章,揭示李登辉和台湾当局分裂祖国的真面目。"[3]10月,江泽民出席联合国成立50周年庆祝活动期间,于24日与美国总统克林顿正式会谈。江泽民强调:"影响中、美关系最重要、最敏感的问题是台湾问题,构成中、美关系基础的三个联合公报的核心问题也是台湾问题。我们不希望再发生两国关系稳定发展受到干扰的事件。"[4]此后,中、美间的高层互访和政治磋商逐步恢复,两国围绕着李登辉访美问题进行的斗争暂时告一段落。

（二）严厉谴责李登辉公开鼓吹"台独"

李登辉访美期间,在美公开鼓吹"台独",在国际上造成了恶劣的影响。李登

[1] 高群服:《台湾秘密档案解密》,台海出版社,2008年1月第1版,第377页。

[2] 李鹏:《台海安全考察》,九州出版社,2005年7月第1版,第60页。

[3] 高群服:《台湾秘密档案解密》,台海出版社,2008年1月第1版,第375页。

[4] 王俊彦:《中美俄智慧博弈》,国际文化出版公司,2010年4月第1版,第98页。

辉分裂祖国的言行,激起中国政府和中国人民的强烈愤慨,如果对此保持沉默,必将带来非常严重的后果。李登辉以后的分裂言行将会更为激进,美国可能公开支持李登辉搞“台独”,其他国家有可能效仿美国支持“台独”。为了制止李登辉的分裂言行,也为了警示美国,我国政府采取了强硬的回应措施。据当时的媒体形容,李登辉访美后,先是中国方面默不作声,接着是微弱的反应,然后似乎是源自中国军方的抨击突然爆发。一时之间,中国所有的传声筒同时对李登辉展开攻击,谴责他是分离主义分子,寻求“脱开祖国”。

(三)用军事演习警告李登辉的分裂言行

在海峡的另一端,面对两岸剑拔弩张的紧张局势,台湾当局不但没有任何收敛残局的迹象,军方还为配合李登辉的表演,在 1995 年夏初举行了 4 次“反制大陆进攻”的陆、海、空联合军事演习,导致大陆进一步升高对抗层级,最终决定导弹试射,以警告李登辉一意孤行。1995 年 7 月 18 日,新华社发布新闻:解放军将于 7 月 21—28 日在东海公海海域进行地对地导弹发射训练。22 日凌晨 4 时左右,2 枚导弹从大陆的导弹基地发射,击中预定目标。22 日和 25 日夜间,二炮部队再次先后各发射 2 枚地对地导弹,第一批 6 枚中国导弹发射到距台湾北部约一百里的东海后,在台湾海峡激起强烈震动,引起民众恐慌,使台湾股市惨跌。面对严峻的形势,美国国务院紧急约见中国驻美大使,并提出强烈抗议。克林顿的顾问尴尬之余,力图冲淡这一事件的影响。8 月 10 日,交通部又发表公告:解放军将于 8 月 15—25 日在东海海域和海域上空进行导弹实弹演习。随后,东海舰队再次进行海空联合作战和海上封锁演习,展开舰对舰、空对空导弹发射,共发射 20 多枚战术导弹。11 月下旬,南京战区陆、海空部队在闽南沿海地区举行了三军联合作战演习。1995 年秋季开始的一系列军事演习,可以认为是中国突出台湾问题的“严重性”和向美国显示中国的决心与能力的措施之一。用当时中国政策分析圈内的话语来表述,解放军在台湾海峡的军事行动的目的,就是“震慑‘台独’,敲打美国”。解放军的军事活动,影响了台湾的经济,打击了“台独”势力,在岛内形成了要求缓和和发展两岸关系的有利环境。

(四)美国航母示威诱发中国导弹试射

1995 年 12 月 19 日,美国航空母舰“尼米兹”号驶经台湾海峡,这是 1979 年中、美关系正常化以来,美国航母第一次驶经台湾海峡,这激起中国政府和中国人民的极大愤慨。为打击李登辉和国际反华势力倒行逆施的分裂活动,牵制美国的军事示威,1996 年 3 月 5 日,中国政府授权新华社宣布消息,解放军将在台湾海域附近进行导弹演习。新闻电稿上打出经度和纬度,并形容它是“禁航区”,

警告所有的商船都要远离该区。当华盛顿的幕僚划出坐标时,赫然发现这次演习简直就像要对台湾发动攻击。"目标区"距台湾的商港入口不会超过二十至三十里,而且就在国际海运线中间,近到足以让台湾人听到飞来的弹头以每小时4500里的速度由大气层降落的音爆。3月8日,中国军方表示,台湾所做的任何对中国导弹或海军舰船的拦截举措,将会被北京视为战争行为。同日,有香港媒体报道称,如果台湾当局针对大陆演习采取报复行动,大陆便将出兵拿下台湾外岛,或攻击台湾本岛的军事基地,对台湾当局造成强大的压力。3月8日夜,在沿海某二炮部队基地,隐蔽在各集结地的导弹发射部队迅速完成发射准备部署。随着一声令下,四枚导弹点火升空,并迅速越过台湾海峡,飞向锁定目标。四枚中的三枚射向高雄外海,并在距离高雄港西南30至150海里的水域落水爆炸,溅起了十数尺高的水柱;另一枚射到基隆外海29海里处,这是解放军二炮部队第二次在台湾海峡进行导弹试射,这就是著名的"1996年台海危机"。

中、美在台海的军事对峙,是这一时期以来中、美一系列矛盾集中爆发的表现。双方在几乎所有领域,包括知识产权、人权、大规模杀伤性武器的扩散、中国的贸易最惠国待遇地位、美国对中国的制裁等等,都集中在一起发生了矛盾。所有领域的矛盾,几乎都是具有对抗性质或包括采取对抗的方式才能获得解决的。在中、美都处于强烈不信任与对抗的气氛中,美国政府在台湾问题上的某些举动,包括给李登辉发访美签证、派航空母舰穿越台湾海峡等举动,被中国决策层定义为,"在国际反华势力的推动下,测试中方在台湾问题上的底线",是赤裸裸的"外交挑衅"。

(五)美国派出航母战斗群对中国进行军事威胁

在大西洋的另一端的华盛顿,1996年3月7日,美东部标准时间上午11时(北京时间8日凌晨零时),美国情报卫星侦测到两枚导弹,由隐藏在大陆东南深谷和山脉里的机动发射器发射升空的浓烟。负责操作中国核导弹及传统导弹的中国第二炮兵部队士兵和支持人员为导弹窜入夜空而欢呼。一枚导弹在降落时通过台湾最北端上空,此事引起华盛顿的震惊。他们认为,这是中共有史以来第一次发射极为精准且可能威胁到台湾经济命脉的致命新式武器。第七舰队、航空母舰或军用飞机都无法阻止这类大批弹道导弹。台湾对这些导弹毫无防卫能力。这些试射引出一个问题:在未来任何的冲突中,中国是否可能根本不必出动飞机就能打赢对台湾的空战?靠着精确弹道导弹,中国可破坏机场跑道,使台湾的八座军用机场瘫痪,防止台湾的空军集结对抗中国的海军封锁。在这段极短的时间内,克林顿处理美国外交政策的能力再遭考验。克林顿召集国家安全顾问到白宫研究可能的战争形态及美国的反应。曾在波斯湾战争期间因机智及务实作风而赢得好评的四星上将沙利卡什维利，已准备好一份附有图表的活页报告放在克林顿面前，报告中用梯形来显示万一中国发射的一枚弹道导弹射偏，实际命中台湾，或是如同情报所指出，大陆故意把导弹瞄准台湾目标，或者是解放军已集结在台湾对岸的15万名部队攻占台湾所控制的金门、妈祖等外岛时，情势可能升高的状态。沙利卡什维利的报告使克林顿感到事态严重，认识到意外爆发战争的风险相当大。他的眼光离开沙利卡什维利的报告后，环视坐在桌前的国务卿克里斯托弗、国防部长佩里、国家安全顾问莱克，然后告诉他们他非常震惊。台湾情势就如一桶火药，他们必须竭尽所能防止即将发生的浩劫。他说，他不希望沙利卡什维利在简报中提到的任何可怕的情况出现。

为了表示对台海形势的"严重关注"和作为对中国演习的回应，克林顿总统命令"尼米兹"号航空母舰特混舰队从海湾地区驶往台湾附近水域，并同"独立"号航母会合。这两个航空母舰战斗群由13艘战舰和150架飞机组成，是美国自20世纪70年代越战结束以来，在东亚地区最大的一次军事集结，也是美军为了牵制中国军事演习而展开的大规模的"炮舰外交"现代版。把航空母舰调遣完后，美军开始评估大陆可能的反应。大陆会不会借此对台动武，成为白宫和国会辩论的焦点。当时，有共和党议员们趁机宣扬"中国威胁论"，给克林顿出难题。克林顿政府则认为，美军的行动应有所收敛，否则两国关系将倒退到敌对状态。时任美军太平洋舰队司令的普理赫说："我们按兵不动，密切注视着局势。我们肯定大陆不会攻打台湾。"在向台海派遣航母战斗群的同时，美国也通过相关渠道，警告台湾当局不要轻举妄动。普理赫说："我们通过外交方式告诉台湾，我们这样做不是给你开空白支票。我们是在阻止事态继续发展，这并不意味着你就可以为所欲为"。

（六）解放军举行大规模演习

"1996年3月12—20日，中国人民解放军在东海与南海进行海空实弹演习。"[1]在福建南端的海湾上空，由歼击机、强击机、轰炸机、电子干扰机、侦察机等组成的强大突击机团，展开空中打击演练；在南海海域，空中机群来回穿梭，海空导弹频频发射；联合反潜、舰载直升机编队与水面舰艇同时出击，鱼雷、火箭、导弹齐发。3月18—25日，解放军展开海、陆、空登陆联合作战的第三次军事演

〔1〕 程美东：《透视当代中国重大突发事件——(1949—2005)》(上)中央党校出版社，2008年1月第1版，第119页。

习。由导弹驱逐舰、护卫舰、扫雷舰、登陆舰艇和民用船只组成的登陆编队,在空军、陆军航空兵和海军舰炮、导弹火力的支援下,水陆两栖坦克突击群展开抢滩登陆;由步兵、装甲兵、炮兵、防空兵等组成的登陆艇部队和民兵、预备役部队编队向岸上进军;大批空降兵和陆军特种兵则在纵深阵地伞降着陆。同时,主攻部队在空军、陆军航空兵和地面炮兵火力掩护下,向假想敌发起猛攻,由直升机、坦克和步兵组成的合成突击部队快速移动围歼纵深核心阵地之假想敌,并很快夺取阵地,完成登陆作战任务。在此期间,中国政府在积极实施演习的同时,在3月21日,中国指责美国国会与政府干涉台湾问题,并发出警告:如果美军接近中国海岸线,人民解放军将会"埋葬"美国太平洋舰队,台海军事对抗急剧升温。

3月25日新华社宣布,中国人民解放军在台湾海峡进行的海陆空联合演习已经结束。中国结束演习数日后,美国的"独立"号航母返回了冲绳基地,"尼米兹"号航母返回了华盛顿州不来梅顿基地。而美国方面则向台湾当局施加压力,促使其取消了原定在4月举行的马祖地区的设计演习和5月举行的汉光12号三军实兵对抗演习。"1996年3月以后,持续了10个月之久的台海危机基本告一段落,两岸关系渐趋缓和。"[1]

(七)美国严防危机失控

在1996年3月的台海危机中,一个由美国国防部主导的专门小组迅即开始定期集会研究,以防止紧张局势持续升高的结果会引发擦枪走火的意外,并对台湾一旦遭到攻击如何应对展开新的思考。当中方宣布将在靠近台北、高雄的台湾近海进行导弹试射演习时,美国军方担心这会成为台海冲突的导火索。美国情报部门对台海局势24小时昼夜监测,如中央情报局局长道奇(John Deutch)在众院常设情报委员会秘密会议中所说,"每一分钟都在监听中",足见美方反应的迅速与紧迫。在这次台海危机中,作为军方负责人的美国国防部长佩里对到访的中国官员声言,中国的导弹试射已经构成直接攻击的前奏,这是"鲁莽的(reckless)、不可接受的(unaccepted)、将有严重后果(grave consequences)"。在美国国会,有部分议员还叫嚣,"派五艘航母到台湾海峡,炸了中国的港口"。但真正负有决策职权、担负重要责任的普理赫事后则说:"那些不用承担责任、负责任的人讲什么都可以。当你要承担责任的时候,你就得要负起责任。虽然有时候说这些话的是很重要的人,但是如果你按他们说的去做,他们会感到震惊,他们那些话是说给别人听的。"

---

〔1〕 高群服:《台湾秘密档案解密》,台海出版社,2008年1月第1版,第379页,

(八)美国评估危机后果

美、中若发生直接对抗,可能危及克林顿的总统职位。这次危机是在美国太平洋舰队的过渡期发生,当时的五角大楼内没有一个人能回答悬在空中的问题:如果数百或数千美国军事人员拥进台湾,他们该在何时及何种情况下离开? 自从华盛顿与北京在 1972 年签署"上海公报"及 1979 年建立外交关系以来,美国即承认台湾是中国的一部分,中华人民共和国是中国人民的唯一合法政府。美军只要部署在台湾,即使是防卫性质,都会被北京视为入侵。中国一定会在联合国提出这种主张,而中国是安理会五个常任理事国之一,享有否决权,可用来在很多关乎美国安全的重要问题上牵制美国,如防止朝鲜半岛发生战争、围堵伊拉克总统萨达姆、维持巴尔干半岛和平等。而美国政府内部开始检讨这次危机的失误。克林顿的许多顾问,包括即将去职的驻北京大使芮效俭都认为,如果克林顿过去曾把注意力放在对华政策上,他应该预见国会议员会以压倒性多数支持让李登辉访美,造成中、美关系和台海局势的剧烈动荡,并及早透过与北京协商而防止这次危机的发生。对中国政府来说,"在经历了 1995 年至 1996 年的台海危机之后,对于外国势力在台海危机中所起的作用的评估,尤应有清醒的认识"[1]。

五、第五次台海危机:反击"两国论"

1997 年以后,两岸紧张局面有所缓和,两岸两会也开始了接触,海基会董事长辜振甫于 1998 年 10 月访问大陆,大陆海协会会长汪道涵也准备于 1999 年秋天访问台湾。然而,将于 2000 年 5 月卸任台湾"总统"的李登辉,突然于 1999 年 7 月 9 日在接受德国媒体采访时抛出"两国论"。李登辉所主导的台湾当局的反复无常和分裂言行再次激怒了大陆,使中国政府不得不再次做出强烈反应。

(一)中国政府发出严重警告

1999 年 7 月 11 日,国台办发言人发表谈话严正指出:"我们严正警告台湾分裂势力,立即悬崖勒马,放弃玩火行动,停止一切分裂活动。"7 月 18 日,江泽民与美国总统克林顿通电话时强调,"两国论"是李登辉在分裂祖国的道路走出的十分危险的一步;并说"如果出现搞'台湾独立'和外国势力干涉中国统一的情况,我们绝不会坐视不管"。"两国论"出台后大陆各界的反应强烈,大陆军对李登辉分裂祖国的罪恶图谋,也做出了一系列应对措施。7 月 15 日,《解放军报》发表评

---

〔1〕 程美东:《透视当代中国重大突发事件(1949—2005)》(上),中央党校出版社,2008 年 1 月第 1 版,第 123 页。

论员文章,指出全军指战员无比愤慨,中国政府一贯主张和平统一,但从未承诺放弃使用武力,我们坚决拥护这一严正立场,正密切注视着海峡对岸的动向和事态发展。7月31日,解放军举行建军72周年招待会,中央军委副主席迟浩田上将在庆祝会上强调:“中国人民解放军严阵以待,时刻准备捍卫祖国的主权和领土完整,坚决粉碎任何分裂祖国的图谋。”

(二)举行跨军区大兵团联合作战演习,警告分裂势力

1999年8月下旬,中国空军首次在高海拔地区进行地对空导弹实弹打靶演习;海军则在台湾岛以北海域举行反潜演习,测试由海底发射导弹攻击海上目标,意在加强潜艇攻击能力,提升雷达的扫描范围及精确度。9月初,人民解放军在北京军区、济南军区、沈阳军区的特种部队和两栖侦察队,在山东中部山区首度集结演练。9月上旬,人民解放军南京军区、广州军区的陆、海、空三军和第二炮兵及民兵预备役部队,在浙东、粤南沿海举行了大规模的诸兵种联合渡海登陆实兵演习。中国大陆宣传部门开动宣传机器,各大媒体连续发表评论员文章,抨击李登辉的分裂行为。但就在台海局势紧张程度不断升级的时候,台湾发生了“9·21”大地震。出于人道主义考虑,也为了避免国际社会的不理解与误会,中国大陆在地震发生后停止了各项军事演习,台海局势得到缓解。

回顾五次台海危机可以清楚地看到,阻碍统一、酿成危机的始作俑者正是外国势力支持下的台湾分裂势力,但海峡局势的主动权始终完全掌握在中国人自己手中。从第四次台海危机开始,由于“台独”分子作梗,“一个中国”的前提受到挑战,但台湾分裂势力的图谋屡次遭到祖国大陆的强烈反击而遭到挫败。海峡的和平稳定乃至最终统一,是每个炎黄子孙的最大心愿,准确把握台海危机的性质和程度,积极有效依法对危机进行管理,具有重要现实意义。

第五节 台海危机的管理和控制

《周易》里面有一句名言:安而不忘危,存而不忘亡,治而不忘乱。这是中国人传统文化深层潜意识沉淀下来的一种危机意识。在中国的历史上,由于国土辽阔、民族众多、朝代更替频繁,经常发生政治、经济和社会危机,从高层决策者到一般普通的老百姓,都有一种应对危机的本能。进入现代社会,环境恶化导致的自然灾害,不明病菌迅速传播形成的重大传染病事件,人为破坏造成的安全事故等都会形成重大危机,而且往往超出人们正常的应对能力,这就需要现代危机

应对手段。中、美及台湾地区数十年间陆续发生了金门炮战、1993 年"银河号"事件、1995 年李登辉访美、1996 年台湾海峡危机、1999 年北约轰炸中国驻南联盟大使馆事件、2001 年 EP－3 撞机事件等多次双边危机，但处理这些危机的过程都体现中国为维护国家利益而进行的不懈斗争。

一、中国政府在台海危机中的对策

新中国在处理历次台海危机中，一直采取以强力遏制措施为主、外交手段为辅的两手策略。主要表现为以军事手段对付台湾的军事手段，综合运用政治、军事、外交、经济、法律等手段与涉台各方进行交涉，根据现实需要，灵活地运用各种策略和手段预防和控制台海危机。

（一）使用有限的军事手段

20 世纪 50 年代，刚成立的新中国将主要精力放在经济建设方面，这是因为当时的中国经济实力弱、军事装备落后，不具备大规模渡海登陆作战的能力。针对美国对中国内政的干涉，中国政府坚持既敢于斗争又讲究策略的方针。朝鲜战争结束后，美国加紧了对台湾控制，加快了谈判的步伐，密谋签订"美台共同防御条约"。为了防止美国分裂中国，以免将台海分裂局势长期化、固定化，1954—1955 年，中国政府采取了有限的惩罚手段，决定炮击金门。由此发起了炮击金门的作战行动，宣示了中国政府和人民维护领土完整与国家统一的决心与意志，打击美、台相互勾结，并引起国际社会的关注。但最终并未达到阻止美、台缔约的目的，导致"美台共同防御条约"出台。

（二）避免与美国发生正面冲突

中国大陆当时采取的政策是"直接对蒋，间接对美"的方针。1954 年，中国大陆对美、台缔约的反应是 1955 年 1 月 18 日，一举收复一江山岛这个大陈岛的门户。1 月 24 日，美国总统艾森豪威尔向美国国会提交了题为《台湾海峡正在发展的局势》的特别咨文，要求国会立刻用具体的决议授权总统"在必要时使用美国的武装部队来保证台湾和澎湖列岛的安全"，"在可以证明是对台湾及澎湖主要阵地的进攻的一部分或其肯定预备步骤的局势下"，总统可以"使用国会所可能授予的权力"。美国国会于同年 1 月 28 日通过了《授权总统在台湾海峡使用武装部队的紧急决议》，该决议授权美国总统不经国会许可即可动用美军干涉台湾海峡事件，导致局势再度紧张[1]。虽然国会开出了授权总统发动战争的空头

---

〔1〕 郑永平：《台湾海峡危机期间的美台关系》，载资中筠、何迪主编《美台关系四十年（1949—1989）》，人民出版社，1991 年 11 月第 1 版，第 132 页。

支票，但艾森豪威尔仍公开表示，美军将纯粹用于防御目的，他不会派遣美国军队去保卫金门和马祖，除非他确信对这些岛屿的进攻是进攻台湾本身的前奏。至于大陈岛，根本不在他考虑保卫的范围之内。在美国的压力与说服下，台方同意在第七舰队的协助下撤出大陈岛。为避免冲突，杜勒斯将此事通知了苏联外长莫洛托夫，希望中国人民解放军在台军撤退时不要加以攻击。否则，第七舰队将攻击中国大陆机场，但须事先获得总统批准。事实上，在解放沿海岛屿的军事行动中，毛泽东和中央军委早已明确指示，在反击台方的军事行动中，要避免与美军直接发生冲突。5 月 2 日，毛泽东在对副总参谋长粟裕的请示报告中就批示："不要先向美军开炮，只取守势，尽量避免冲突。"8 月 21 日，毛泽东对关于大陈岛地区美军活动报告的批语说："请注意，需确实查清没有美舰美机，方可对上下大陈进行攻击，否则不要攻击。"中国在军事行动上的慎重态度，反映了中方在外交上的成熟与理智，有效防止了中、美因台海冲突陷入尖锐激烈的军事对抗，以免导致局势失控。

（三）依法巧妙维护中国主权

1954 年 9 月 23 日，中国政府总理周恩来严正指出：中华人民共和国屡次宣布台湾是中国神圣不可侵犯的领土，决不容许美国侵占。"美国参加签订的《开罗宣言》和《波茨坦公告》都肯定台湾是中国的领土，这是庄严的国际协议，决不容许美国背信弃义地加以破坏。""一切想把台湾交联合国托管，或者交中立国代管，以及'中立化'台湾和制造所谓'台湾独立国'的主张，都是企图割裂中国的领土、奴役台湾的中国人民，使美国侵占台湾的行为合法化。这都是中国人民绝对不能容许的。"

1958 的台海危机中，中国大陆的主要目的就是要试探"美台共同防御条约"的效力，看美军在台海的介入力度有多大。毛泽东当时确定了"只打蒋舰，不打美舰"的方针，并且规定如美舰向我开火，我军也不予以还击的原则，如毛泽东所讲，"主要目的不是要侦察蒋军的防御，而是侦察美国人的决心，考验美国人的决心"。9 月 8 日，当解放军炮兵群向卸货的台方舰只和金门岛发动压倒性攻击时，发生了戏剧性的一幕——美军在台海地区集结的 6 个航母编队约 200 艘舰船，一炮未发便退至公海。从这一点证明，美国并不想直接卷入中国的内部冲突。随后，周恩来发表声明，在强烈谴责美国侵略行径的同时，代表中方公开倡议"同美国政府坐下来谈判，谋求台湾地区紧张局势的和缓与消除"。当时美方对于中方的和谈建议立即做出了反应。艾森豪威尔马上召集会议，表示中、美之间可以"立即恢复谈判"。同中方之前所提"准备恢复谈判"一语相比，美国人的心情更为迫切。这反映了双方均力图避免危机进一步升级的愿望。

(四)谨慎运用自己的力量

1996年台海危机后,中方作为核大国和安理会常任理事国,在应对外部势力干涉中国内政的问题上,有了更强的信心与决心,而美方在介入台海事务上也更加谨慎。中国大陆对台湾采取军事手段施加压力。国的军事演习明确显示了中国维护领土完整的坚定决心,震慑了"台独"分子。这种行动所产生的警示作用非常显著,台湾当局必须放弃对"一个中国"原则的挑战,停止在国际上寻求制造"两个中国"或"一中一台"的分裂举动。这种强力牵制显示积极的作用,使"台独"分子在中国大陆强大的军事压力下,不敢再发出挑衅,阻止了事态的恶化。在与美国的交涉当中,中方使用强制性外交手段,目的是要美国改变对台政策:美国必须停止对"台独"势力日益增加的间接支持。

武力的使用是中国强制性外交的至关重要的组成部分。中方的大规模军事演习与导弹试射,就是意在向美国和中国台湾地区表明其政策的内在危险性和为此需要承受的巨大风险。这种武力的使用使美国和中国台湾地区政策的潜在代价更加可信。而美国在历次台海危机中的强制性外交与威慑外交的目的,就在于向中方和周边各国领导人传达美国战略承诺的可信性。它通过影响各国对美国决心的认知来寻求达到声望的目标。由于中、美追求两种不同类型的有限的战略目标,每一方都能基本或部分达成各自目标。中国大陆使台方清晰认知到"台独"的惨重代价,也成功地扭转了美国对台政策的演进趋向,使美国对"台独"的支持有所收敛。而美国也认为维护了其声望目标,通过派出两艘航母战斗群的举措,向当事各方和地区盟友表明了美方承诺的坚定性,防止美国可信度的受损。

这一现象在1995—1996年台海演习的出招与接招方面表现得尤为明显。1995年11月,中方决定在福建海域举行了大规模的三军联合演习。1996年2月下旬,美军参谋长联席会议制定了应对台海局势的预案,其中军事措施包括美国海、空军的直接干预。克林顿总统在听完参联会主席沙利卡什维利的介绍后,担心中、美军队的冲突会升级为核战争,因而要求其国家安全事务助理尽力防止这种局面的出现。在中方宣布人民解放军将于3月12日至20日在东海和南海继续进行预定的实兵演习和导弹发射训练时,克林顿政府负责安全事务的高级幕僚认为:"需要更换一种更强硬的方式表明美国的关切和决心","如果不做出强力反应,中方将对美国和平解决台海冲突的承诺产生疑问。这将鼓励中方在未来升高威胁,增加中、美陷入更为敌对的危机的可能性"。最后,克林顿政府决定派遣两个航母战斗群在台湾附近水域游弋,但没有进入演习区域。尽管如此,美方仍担心海峡两岸对美国派遣航母的举动产生误解,遂以不同方式向中国台湾和中国大陆表明美方的意图。美国首先希望中方理解美海军部署的意图及其有限性。参联会主席沙利卡什维利和国防部长佩里都公开表示,中国的演习是一场恐吓台湾人民的“排练”,不会发生军事冲突。同时,1996 年 3 月 11 日,应美方要求,台“国家安全会议”秘书长丁懋时作为特使,赴美与副国务卿塔诺夫及国家安全顾问会谈,美要求台方不要挑衅大陆。美国越过现有的美、台正式沟通渠道,直接将信息传达给台湾当局的方式,说明美国对于中、美因台海危机而卷入军事冲突的高度警觉与防范。而中方对于美方的炫耀武力也仅是适时给予了警告,在美方向台海调集两艘航母之后,中国 14 艘核潜艇全部离港出动,而美航母战斗群则悄然后撤了近 100 海里,双方均谨慎地使用自己的力量,避免了双方直接发生冲突的危险。

(五)依法管理台海危机

2000 年,面对台湾岛内的政治形势,在李登辉玩弄“弃连保扁”的阴谋之下,民进党当时推出的“总统”候选人陈水扁极有可能当选。当年 2 月,中国政府及时发布了《一个中国原则与台湾问题》的白皮书,划定了台海关系的红线,慑止“台独”分裂活动,出台被专家称为对台动武的三个原则:如果出现台湾被以任何名义从中国分割出去的重大事变;如果出现外国侵占台湾;如果台湾当局无限期的拒绝通过谈判和平解决两岸统一问题。这一白皮书的发布对台湾选举期间的分裂言行进行了有力的牵制。

台海局势自 20 世纪 90 年代以来,在“台独”势力的恶意主导之下,相继经历了台湾当局领导人炮制的“两国论”“一边一国”“公投绑大选”“终统风波”的困扰。为了向全世界表明中国政府遏制“台独”分裂活动的决心和坚定态度,为打击“台独”分裂活动提供法律依据,在 2005 年 3 月,中国全国人民代表大会通过了《反分裂国家法》,进一步在法律上界定了对台使用非和平方式的三大前提,即:“‘台独’分裂势力以任何名义、任何方式造成台湾从中国分裂出去的事实,或者发生将会导致台湾从中国分裂出去的重大事变,或者和平统一的条件完全丧失,国家得采取非和平方式及其他必要措施,捍卫国家主权和领土完整”。这一立法规定把战略模糊与战略清晰完美地结合起来。何谓重大事变,何谓和平的可能性完全丧失,由中国政府解释。“非和平方式及其他必要措施”,可以解释为中国对台经济制裁、海岸封锁、定点清除甚至战争等措施,从而使中方牢牢掌控了台海红线的判定权与主导权,也拥有了危机管理和预防判断的法律标准。

中国学者龙民根据以往台海危机管理的历史经验进行了总结，提出了在危机管理具体操作时应注意：一是成功的危机管理要求保持有限和明确的目的。目标与阻力是对称的，目标越高，阻力越大，管理的难度就越大。追求无限目标的危机是不可管理的。二是保持危机双方的沟通渠道的畅通。三是降低互动频率，给对方机会做出明智的选择。为了减少危机升级势头，双方不一定立即对对方的每一个行动做出反应，特别是要判断好对方动作的性质，区分真正的信息与“噪音”。四是给对方保留体面结束危机的退路。五是防止一旦军事逻辑启动后难以控制的压倒外交逻辑，更重要的是在政治上必须反思对错利害，在两者之间做出选择。对错利害是战略决策所要处理的两个不同维度的问题。对于某一个决策主体而言，正确的不一定是有利的，错误的不一定是有害的。在全球公理和规则没有得到普遍认同或没有得到一致遵守的情况下，历史上和当今世界常见的决策者把有利的说成是正确的，目的就是在法律层面为维护自己的目标利益管理危机[1]。

二、美国对台海危机的管控

美国在不同的历史阶段对台战略会做出相应的调整。在20世纪50年代，美国力求通过遏制、孤立与分化中国来达到台湾“独立”的最终目标。随着国际战略格局的转换，从20世纪70年代中、美建交以来，美国开始转向“暗中支持‘台独’、阻滞两岸统一”的政策，虽然表面宣示的是台海问题必须和平解决的立场，实际上极力维持的是两岸暂时的“不统、不独、不战、不和”的僵局。

（一）美国的政策是保持台海基本稳定

长期以来，美国在处理台海问题的实践中逐渐形成了以其国内法律为框架、模糊战略和“维持现状”策略的台海危机管理结构模式。冷战结束后，台湾岛内政治生态的演变特别是“台独”分裂活动，成为冲击美国台海危机管理结构模式的重要破坏力量，对台海局势造成了剧烈震荡。中国大陆综合实力的显著增强，也给美国长期坚持的“维持现状”冷战思维政策带来了挑战，使美国的台海危机管理面临着越来越严重的战略困境。这种趋势，使美国确定了维持台海两岸保持基本稳定的政策。

（二）美国不会支持“台湾独立”

美国在台湾问题上的利益，是利用台湾牵制和分化中国的能量，阻却中国快速成长为世界大国的步伐，实质是保持台湾“不统、不独”的状态，以牟取其最大

---

〔1〕 龙民：《警惕朝鲜核问题陷入恶性互动》，载《环球时报》2006年10月26日。

利益,而不是真正支持“台湾独立”。“台湾独立”是美国不可承受之重。一个“独立”的台湾对美国是一个美好的结局,也为以后侵略中国、分化中国提供了方便条件,但一个“独立”的台湾是永远无法实现的空中楼阁。现实很清楚,“台湾独立”意味着中国大陆将动员全世界的中华儿女,发动一场剿灭“台独”分裂势力和反对国际反华势力的战争,届时亚太地区的剧烈动荡将是美国各界不愿意看到的。中、美冲突的不可控制也是一个巨大的风险。中国领导人多次表明,“‘台独’意味着战争”,就是这个道理。

(三)美国会利用政策杠杆调控台湾

美国对台政策的现实主义态度,与台湾理解的美国对台政策有巨大的差距。台湾当局在 20 世纪五六十年代的战略是“以拖待变”,等待适当的时机反攻大陆。在 20 世纪 90 年后调整为“专守防卫”,寻求维持现状。民进党成立后制定的党纲目标是“追求独立”。2000 年民进党在台湾上台站稳脚跟后,逐步将“台独”推向实质阶段,这就引起台海局势的剧烈震动,诱发美国、中国大陆与台湾地区之间发生重大利益冲突,进而形成重大的台海危机。对民进党来说,台海危机表面上看是其利益获得进展,实际上却给自身的生存带来巨大风险。对大陆来说,它挑战了国家核心利益的底线,必然会动员一切资源进行强力制衡。这包括与美国交涉,批评这一时期美国政府对台湾发出的混乱信息,误导民进党政治人物的判断方向;向美国施加压力,要求美国约束政府官员的支持“台独”的言行,就台海政策明确表态,发出清晰的信息,不给民进党政治人物发挥想象的空间和愚弄岛内选民的借口。在美国的台海危机管理中,比较成功的典型案例是,2007 年民进党为争取 2008 年“总统”选举连任,美国采取的一系列调控措施。当时陈水扁 8 年任期将满,民进党挟带执政 8 年积累的政治气势,强势争取 2008 年选举连任的政治操作,其采用的策略已经走到相当危险的地步。在中国大陆强大的压力之下,美国为防止台海危机失控,开始出招调控“台独”势力的冒险举动。2007 年 7 月,美国太平洋战区司令基廷对陈水扁搞“入联公投”行为进行了批评。接着,美国国务院发言人麦考马克明确表示:“美国反对以台湾为名申请加入联合国的公民投票。”8 月,美国国务院副国务卿内格罗蓬特表示,台湾处理“公投”是项错误,美国也将视其为“朝向宣布‘台湾独立’和改变台海现状的一步”。接着,美国国家安全会议亚洲事务资深主任韦德宁在白宫简报会时表示,“台湾或‘中华民国’此刻在国际社会中都不是一个国家”,美国认为“‘中华民国’是个未定的议题”。9 月,美国国务院主管亚太事务的副助理国务卿柯庆生表示,美国不承认台湾是“独立国家”。他表示,美国的底线是,这个“公投”对美、台利益可能伤害很大,因此美国必须强烈反对台湾当局“公投”这样的倡议。在第十五次亚太经济合作组织领导人非正式会议上,布什总统对胡锦涛主席表示,美国奉行一个中国政策,遵守美、中达成的三个联合公报,反对任何单方面改变台海现状的行为。关于“入联公投”问题,布什表示,内格罗蓬特已代表美国政府迅速、明确地表明了反对台湾当局推动“入联公投”的立场。同月,韦德宁在 APEC 会议的情况说明会上表示,“台湾”或“中华民国”并不是一个国家,民进党推动“入联公投”只会在两岸关系上增加没有必要的紧张情势。美国除了频繁严词批评陈水扁的“入联公投”外,也采取了一些反制措施,包括拒绝陈水扁在 2007 年 8 月“过境”美国本土出访中美洲,对民进党的进行强力牵制起到较好的作用。在中、美两国共同努力和遏制之下,民进党的“台独”冒险政策失败,国民党推出的候选人马英九当选。马英九在就职的同时,将涉嫌贪污和滥用职权的陈水扁送进监狱。“台独”势力得到遏制,台海局势基本保持在一个大体稳定的状态。

三、中美双方会在共同利益的基础上管理台海危机

中、美两国特殊的历史关系,决定了美国是台海关系的重要参与方,近代以来每次台海危机的产生和发展都有美国在其中起作用的影子。我们应重视美国在台海事务中的影响,积极与美国协调对台政策,通过以公共关系的方式打交道、沟通交流对台信息。同时,应把握必要的基本原则,不能形成制度性的文件,以免给人一种邀请别人干涉中国内部事务的印象。对美国来说,也有自己的原则立场,“尽管北京加强要求美国插手,华盛顿可能不会跟北京联手约束台北”。所以,中国政府在处理台海危机时要最大限度地寻求双方最大利益,共同管理和预防台海危机,以维护台海局势的稳定。

(一)采取冷静理智的立场

坚持一个中国框架,是中、美双方协调处理台湾问题的战略基础。一个中国的框架是中、美两国处理台湾问题的基本依据,也是必须坚持的原则。美国的一个中国政策与中方的“一个中国”原则是长期较量和相互妥协的结果。中、美双方都认识到台海危机失控会导致严重的后果。防止和控制台海危机,是中、美在当代历史进程中的基本责任。中、美两国各自在 1961 年的古巴导弹危机、1995—1996 年的台海危机和朝核危机中得到的经验教训,是一笔重要的财富,将有助于中、美管控未来的台海危机。美国为了避免与中国在台海发生战争也愿意协调对台政策,这是中、美两国最基本的共识。在历次的台海危机决策中,事前都有规划和评估,事中有一番激烈的较量,在双方都明确了解对方的意图和实力的时候,就为下一步采取措施打下良好的基础。管理危机的目标都是防止冲突失控,尽量防止双方在危机中都采用强硬的行动来威慑对方时发生错误的判断。在危机发生后,中、美双方保持沟通渠道的畅通,有效、及时通报危机信息,使双方决策层尽量在第一时间内掌握对方行动的最新动态。双方通过经常的渠道进行沟通,防止错误判断而做出错误决策。在危机决策时,中、美双方对各自的行为都要有所克制,自我约束,留有余地。在危机管理手段上采用斗争和谈判并用的基本策略。"历史证明,成功的危机管理必然是有关各方都有最终接受政治或外交解决的意愿、并为此付出一定的代价。"危机管理并不必然意味着避免使用武力,也并不必然意味着危机降级。妥协只是策略,威慑也是绝对必要的。这样,威慑(强制)与妥协之间的平衡才能达到理想的效果。

(二)构建联合管理危机机制

中、美两国在经贸、核不扩散等领域存在着共同利益,但是在地区安全、台湾、人权等议题上,双方的矛盾仍然是深刻的。这种双边关系现状,决定了中、美危机管理对维护中美关系的大局稳定具有相当关键的作用。两国每解决一次危机都积累了一些经验,并开始初步建立某些危机管理机制。但由于双方国际战略体系、政治制度、意识形态和文化传统的差异,中、美两国现有危机管理机制也存在很大的差异,并且需要较长时间的相互磨合与适应过程。当前,构建一个中、美两国对于危机处理的框架结构,是必要且紧迫的。中、美两国逐步建立起危机的共同管理惯例,避免过不必要的误判,防止危机发生失控现象。中、美关系可以说是前进道路上布满暗礁,危机始终不断,突出表现在军事、安全方面的危机,包括 1995—1996 年的台海危机、1999 年美国轰炸中国驻南联盟大使馆和 2001 年的撞机事件。"9·11"恐怖袭击之后,美国调整了其全球战略,把打击恐怖主义和防扩散作为其战略重点。随着中国综合国力的增强,在面对台海危机时能动用的能量也在增大,中国与美国的竞争中发生的危机,从军事、政治方面逐步向经济、贸易和非传统安全等方面转变。从而使中、美两国关系出现了一些新的特点,这表现为中、美在军事、安全中的危机不再是矛盾对立的主体,而发生在经济、贸易方面危机的频率相对来讲有所提升。但经济、贸易领域的危机毕竟比军事、安全方面的危机强度要低,并且相对来讲,经济、贸易领域的危机大多会利用综合手段解决,比较容易控制,也比较好管理。面对冷战后国家间危机发展的新形势,中、美两国势必要积极地调整自己的角色,使两国间爆发的危机得到及时的化解,以及构建一个适合两国国情的危机预防与处理机制。

(三)努力化解危机认知分歧

中、美两国对危机的认知是有差异的,在处理时也受各种利益因素的影响,这对双方造成严重的困扰。作者认为，国家精英意识在认知、理解和应用历史先例上会有所不同。在这种情况下，产生误解、导致冲突意外升级、无法找到令双方满意的解决策略均是可能的。1999 年中国驻南联盟大使馆被炸和 2001 年中、美军机碰撞事件，进一步考验了两国应对危机的能力。在危机解决过程中，两国都会受到一系列不可预知的因素的影响，如媒体的实时报道与网络的普及使各种消息迅速传播，两国政府在危机处理中都面临着国内舆论或民意的强大压力，使相互的妥协面临着极大的风险。但在最终处理这些事件时，作为国家精英层的决策者并没有被民族主义情绪主导，而是理智都占据上风，缩小了在双方在危机认识方面的差距。两国在权衡各方利益的基础上，使问题得到妥善解决，没有使两国的关系偏离轨道，从而进一步完善了两国间危机管理机制。

（四）总结以往危机管理经验

在处理朝核危机上，中、美两国就积累了很好的经验。朝鲜是中国的近邻，也是中国事实上的盟国，朝鲜半岛的局势事关中国的国家安全和中国的核心利益。所以，危机爆发后中国没有消极应对，而是积极展开外交斡旋，特别是同美国方面进行沟通，安抚美国的愤怒情绪，有限度地支持由美国提交的联大关于制裁朝鲜的议案，同时，又保持自己独立的姿态，虽然也对朝鲜进行制裁，但其制裁措施是有限度的。这为中国在朝、美之间进行斡旋留下了外交余地。朝核危机的爆发是发人深省的，中、美两国作为六方会谈的当事方，同时又是安理会常任理事国，有责任对朝核危机进行管理。这一危机的成功应对，改变在这之前中、美两国作为危机双方的对立态度，成了危机的共同管理者。这主要是利益促使双方走在一起。这项经验完全可以应用到台海危机的管理上，用来努力谋求台海局势的稳定。

（五）讲究危机管理方式

危机控制与管理是外交的一项重要内容，也是一门斗争的艺术。由于中国和美国文化、价值观念、对外战略、外交政策、决策机制、决策程序不同，因而应对危机的方式也不同。如果台海发生严重的危机，美国军事决策的流程将是：总统和国防部长组成最高指挥当局，决定“打或不打”；然后由参谋长联席会议主席通过国家军事指挥系统，把命令下达给联合作战司令部司令；接下来，由联合作战司令部司令负责具体作战事宜。在实际操作中，太平洋司令部司令的权力相当大，如在 1996 年台海危机期间，普理赫就直接下达了向台湾东部海域派遣航母战斗群的命令，而并非由克林顿总统亲自决定。所以，了解双方的决策程序，找到一种合适的危机管理方式，对积极构建两国间的危机管理机制具有重要意义。

(六)积极推动双方军事交流

每当台海危机达到一定程度,首先见招和过招的就是军方的措施和强度,所以,保持军方的信息畅通是把握危机程度的关键。中、美两国建交后,双方的军事交流也一直在进行,而且随着两国关系的发展逐步深化,并建立了相应的交流机制。但美方在此问题上,受国内政治因素的影响较大,因而经常使中、美军事交流陷入停滞甚至倒退。例如,1989 年后,美国政府严重干涉我国内政,宣布暂停中国海军司令员张连忠和国防部长秦基伟的访美安排,导致两军交往中断 5 年之久。其后发生的 1995 年李登辉访美、1999 年美国轰炸我驻南联盟大使馆以及 2001 年中美撞机事件,使两军交往一直走走停停、在曲折中前行,这对危机的管理与控制带来了一定负面影响。

中、美双方应当在吸取以往台海危机处理中的经验与教训,明确危机管理的目标,提前进行战略预置,建立危机沟通的有效管道,使双方沟通方式长期化、机制化、多层次化,着眼长远,珍视战略互信等。中、美双方对台湾当局做出的可能导致台海动荡的挑衅举动未雨绸缪,适时制止,以避免被迫卷入一场非自身意愿的冲突当中。正如美国高官和学者们警告的,一旦中、美因台海问题而开战,将不会有赢家,可见台海危机管理对维护中、美和台湾地区三方利益和维护亚太地区的和平与稳定意义重大。

第九章　反分裂国家法惩戒机制研究

反分裂国家法的出台，明确界定了岛内政治活动的分界线，它意味着“台独”分裂势力从事“台独”活动，越过这种界限是一种严重的违法行为。为了使这种行为得到有效约束，并对跨越这种界限的行为依法进行惩治，国家应建立起相应的违法惩戒机制。目前国家应启动相应的法律修改程序，将《中华人民共和国宪法》反分裂国家法《中华人民共和国人民检察院组织法》《中华人民共和国刑法》《中华人民共和国国家安全法》《中华人民共和国国防法》《中华人民共和国国防动员法》中有关分裂国家罪、煽动分裂国家罪、资助分裂国家罪的法律条款协调统一起来，以形成对分裂言行约束的法律体系。学术界也应当将反分裂国家法的法学理论结合起来进行系统研究，以便形成完整的惩戒法律理论体系。通过论证惩戒措施和惩戒机制的相关性、必然性、正当性与合法性，以健全和完善国家制裁分裂国家的罪魁祸首及其相关法律制度。只有做到法律责任明确、措施得力、法律规范执行保障有力，就能使“台独”势力的骨干和首要分子，让他们明确知道所从事的分裂行为应在何种情况下停止，明确认识他们所从事的分裂行为应当承担的法律责任，从而起到特殊的警戒和预防作用。

第一节　加强反分裂国家法律的准备工作

纵观我国历史，早在春秋战国时期，就形成了大一统的政治理论。半壁江山、偏安一隅、割据一方的状况总是不能长久的。这种历史和政治传统，源于各族人民在这块共同地域上，历经长时期交往融合形成的大致相同或相类似的经济生活方式和文化心理素质，其所蕴含之内坚韧而绵长，这就是我们中华民族的凝聚力[1]。这种凝聚力体现在维护国家主权方面,就是通过国家最高领导人代表人民连续不断地宣示,建议国家最高立法机关制定的法律明确主权的归属,不断流传和延续下来,并逐步得到加强。

一、完善战时法律体制建设

通过法律确立国家主权和领土完整,在中国法制史是有一定渊源的。隋开皇三年(583 年)隋文帝命苏威、牛弘等更定的新律《开皇律》中,就确立了"十恶"罪名,其中谋反、谋叛即是维护国家主权和领土完整的法律规定,唐朝以后得到进一步的发展和完善[2]。台湾问题事关国家主权和领土完整,牵涉到国家的核心利益,用法律维护国家的核心利益是重要的手段。台湾问题寄希望于和平解决,但不完全靠和平解决,在和平方式起不到应有作用时,非和平手段就排上议事日程。既然要面临非和平局面,就要做充分扎实的准备,包括法律战的准备,以便运用非和平方式时,严格按照法定的程序进行,依法推动国家的统一进程。

(一)建立和完善战时行政执法体制

反分裂国家法是一个有机运行的动态系统,它的基本功能既要防止分裂、维护当前的稳定秩序,又要按照台海局势的发展规律,逐步推进国家和平统一进程。它是由《中华人民共和国宪法》《中华人民共和国人民检察院组织法》《中华人民共和国刑法》《中华人民共和国国家安全法》《中华人民共和国国防法》《中华人民共和国国防动员法》《中华人民共和国人民防空法》《中华人民共和国兵役法》《国防交通法(草案)》《中华人民共和国民兵法》等一系列法律中,有关维护国家统一和制裁分裂国家行为的法律规范组成的有机系统。维护国家主权和领土完整是国家的战略目标,但在战争中只是沿海的少数省份扎驻前线部队和建立作战前沿阵地,它们都是经济发达的地区,是国家的重点局域。在启动对台作战时,需要军方与地方建立和完善行政执法协调体制,依法保护好这些地方的合法财产,维护好当地的社会、经济秩序。依托地方各级政府和所属行政机关的现行体制,充分利用现有行政资源,按照"精干高效、统一协调、结构合理、权责明确、保障有力"的原则,建立起战时综合行政执法体制,统一行使行政救援、行政强制、行政征用、行政规制、行政协助等行政执法权。通过建立战时顺畅的法律

---

〔1〕 李劲祥:《多民族国家走向统一的历史趋势——康熙统一台湾述评》,载《检察日报》1999 年 8 月 18 日。

〔2〕 叶孝信:《中国法制史》,北京大学出版社,1989 年 8 月第 1 版,第 132 页。

运行机制,保证有效实施社会治安管制、交通管制、新闻管制、电信通讯管制、市场管制、出入境管制等,确保战时前沿地带的社会和经济秩序有序运行。

(二)完善国防动员法或战争动员法

国防动员法或战争动员法是一种重要的战时法律措施。国防动员法或战争动员法在整个国防法律体系中居于重要地位,它既是国家宪法中有关战争状态、国防动员和戒严等条款的具体规范,又是制定单项国防动员法规和地方性动员法规的依据。2010 年 7 月 1 日,新的《中华人民共和国国防动员法》施行,对涉及维护国家主权和领土完整的部分做出明确规定。该法第一条规定:"为了加强国防建设,完善国防动员制度,保障国防动员工作的顺利进行,维护国家的主权、统一、领土完整和安全,根据宪法,制定本法。"第八条规定:"国家的主权、统一、领土完整和安全遭受威胁时,全国人民代表大会常务委员会依照宪法和有关法律的规定,决定全国总动员或者局部动员。国家主席根据全国人民代表大会常务委员会的决定,发布动员令。"第四十四规定:"国家依照宪法和法律,进行全国总动员或者局部动员。"并在《国防法》中为"国防动员和战争状态"设置了专章,制定了基本规范;在其他法律法规中对国防动员事项的某些方面也做出了规定。目前,我国制定了国防动员基本法,但没有建立起完整、系统的动员法律体系,致使我们在集中力量进行经济建设的同时,未能全面建立起有效的国家动员机制。从台海局势发展的新时期我国可能面临的威胁看,战争中再次遭受丢城失地之辱的可能性很小,但如果在和平时期缺乏动员准备,就难以应对反"台独"军事斗争的国家动员之需要,将会地影响军事斗争胜利的进程。因此,应以新《国防动员法》为骨干,尽快建立起一套完整的国防动员法律体系,不断完善动员体制、增强动员潜力、提高动员能力。世界上许多国家都十分重视动员工作,它们通过不断完善动员法律规范,强化动员法律体系建设,推动国家动员力量发展,如法国经过多年的积累,目前已有各种动员法律、法规 40 余个,主要包括《法国总动员法》《法国人力动员法令》《法国物力动员法令》等。1953 年 2 月,美国国会通过了《克拉克法案》,对战时动员状态下的资本发生、战时资源管理、战时贸易、海战保险等做出规定,形成了比较完善的动员法规。例如,海湾危机时,美国国会为适应新形势下有效使用后备部队和人员的需要,根据总统的要求,修改了动员法规的有关条文,将后备役人员服现役的期限增至 180 天,并视情况还可再延长 180 天,从而迅速动员了 20 多万后备兵员,有效地保障了战争的需要。

(三)制定国防经济动员法

制定《国防经济动员法》是对台作战和促进国家统一的基础工作。我国涉及国防经济动员方面的法律规范基本欠缺,不能很好地适应现代战争需要。现代战争对经济动员工作的要求越来越高,国防经济动员在决定战争胜负中的作用也日益突出,如美军在海湾的3天地面作战就消耗了相当于美军侵朝战争20倍的战略物资。一场战争的消耗,对双方国家财力、物力所造成的巨大负担有时是无法估量的。因此,全国人大常委会应尽快组织制定《国防经济动员法》,并在《国防经济动员法》的基础上,由国务院、中央军委联合或单独制定与之相配套的工业、农业、渔业、通信、卫生动员等方面的法规,以便使战时国防经济动员工作在法律保障下,确保战时经济动员的顺利进行。为了与国家的战时动员相协调,保障国家专门动员法律、法规的实施,国务院有关部委、解放军各总部也要根据需要可联合或单独制定相应的规章、实施条例或细则,以保证国家在对台作战和维护国家核心利益时,各种相关法律、法规和规章协调顺畅地有机运行,实现国家的作战目标。第二次世界大战之后,美国在总结战时动员经验教训的基础上,制定并修改了一系列国防经济动员法律规范,如《美国国防生产法》。

(四)制定《国防信息安全法》或《国防信息动员法》

国防信息安全,主要是指国防信息不受威胁和侵犯,保证信息的完整性、可用性、机密性、可靠性和真实性,保证信息的采集、传输、处理、存取和使用的安全。"信息动员,是国家根据战争或军事斗争准备的需要,对经济、政治、科技和军事等各个领域的信息资源所进行的全方位动员。"[1]国防信息安全是决定现代战争胜负的关键因素。现代战争最关键的就是电磁对抗,信息干扰和信息控制。我国以往的国防信息安全和动员仅局限于微波和有线通信领域,远远窄于目前已涵盖的卫星通信、计算机网络、多媒体网络、移动通信等资源的庞大的国防信息网,已极不适应现代高技术战争的形势需要。面对美国已经建立的网络攻击部队和"棱镜"项目对中国的潜在威胁和挑战,为确保国防信息资源安全可靠,需要尽快建立一个权威性、操作性和系统性比较强的信息安全和动员法规体系,成立专门的信息安全机构,为建立完善的信息安全和动员机制提供法律保障。在2003年召开的第十届全国人大一次会议上,一份由36名代表联名的《尽快制定国防信息动员法》的该案已提交大会[2]。

(五)制定军事征用法律

军事征用法是指国家最高权力机关、宪法授权的国家和军事机关,为满足国

〔1〕 吴子勇:《战争动员学教程》,军事科学出版社,2001年第1版,第28页。

〔2〕《铸牢"信息边疆"安全门》,载《解放日报》2003年3月12日。

防安全和公共利益或公益危机的必需，依据国防动员任务的需要制定的有关规范性文件的总称。军事征用是指国家军事机关因公共利益的需要，按照一定的法律程序强制将组织和个人的设备、设施、交通工具和其他民用资源收为国家使用，并予以补偿的行为。军事征用立法是解决作战和重大抢险救援行动所需物资来源问题的一种制度性途径，它在体系化架构内可以在紧急状态下，起到动员社会各种力量有秩序地应对危机的作用。通过将平时用于民用的物资迅速地集中到当前作战等重要任务上，对推进和保证战争的胜利具有重大的作用。在军事征用立法上，面临一个重要的法律困境，即国家紧急权与公民财产权平衡问题。宪法对私人财产有明确规定，且 2007 年 10 月 1 日正式实施的《物权法》对个人财产保护力度更大。面对这种情况，在国家立法时，应优先充分尊重国家法律对私人财产的保护。这是一项基本原则，是社会在正常发展情况下必须坚持的原则。但国家有时为应对突发事件，为了国家和社会公共的重大利益，就在一些立法中授予军事机关在紧急情况下特殊权益，这是一种艰难的选择。公民应该理解，以高尚的社会主义道德和中华民族优良传统，支持国家大局，服从国家在特定时期依法进行的军事征用，以保证国家军事机关完成重要任务。在单行立法层面上，我国已经在《中华人民共和国国防法》第四十八条第一款、《中华人民共和国刑法》在危害国防利益罪一章中规定了拒绝军事征用罪，为军事征用制度提供刑法保障。《中华人民共和国戒严法》第十七条第一款、《中华人民共和国香港特别行政区基本法》、《破坏性地震应急条例》、《中华人民共和国防震减灾法》、《中华人民共和国防洪法》、《中华人民共和国传染病防治法》等法律在内的单行法律，对征用问题已有初步的原则性规范。同时，我国还出台了一些行业性、地区性的征用法规，如 1995 年国务院、中央军委联合发布的《国防交通条例》、《民用运力国防动员条例》，广东省的《广东省海上民用船舶动员征用规定》等等[1]。

（六）制定紧急状态法

战时军事、刑事法律法规不健全，战争适应性不强，缺乏针对性和操作性，亟待制定军队处置紧急状态法律法规，以保证战争的胜利和军事行动目标的实现。和平时期建立完善紧急状态法律制度，对于保证台海突发战争的胜利，维护战争胜利的成果有着重要意义。例如，苏联 1990 年 3 月 14 日通过的《紧急状态法律制度法》第一条规定：紧急状态是在发生自然灾害、重大事故或惨祸、流行病、兽

〔1〕 陈耿、李晶：《军事征用立法研究》，载《当代法学》2005 年第 2 期，第 126 页。

疫以及在发生群众性骚乱时，为了确保苏联公民的安全，根据苏联宪法和本法律宣布的临时措施。

关于战争状态的法律规定。在1997年3月14日第八届全国人民代表大会第五次会议通过的《中华人民共和国国防法》第八章即为“国防动员和战争状态”，该法第四十九条规定：国家依照宪法规定宣布战争状态，采取各种措施集中人力、物力和财力，领导全体公民保卫祖国、抵抗侵略。

关于港澳台紧急状态法律制度。《香港特别行政区基本法》第十八条第四款明确规定：全国人民代表大会常务委员会决定宣布战争状态或因香港特别行政区政府不能控制的危及国家统一或安全的动乱，而决定在香港特别行政区进入紧急状态，中央人民政府可发布命令将全国性法律在香港特别行政区实施[1]。澳门和台湾也可以参照此类规定予以立法。

关于确认紧急状态法律制度。在一些法律法规中，比较抽象地涉及国家处于紧急状态情况下，如何发生相应的法律关系问题，还涉及紧急状态的确认和随后采取相关法律措施的问题。例如，《中华人民共和国对外合作开采海洋石油资源条例》第二十六条规定：在战争、战争危险或其他紧急状态下，中国政府有权征购、征用外国合同者所得的和所购买的石油的一部分或全部。

关于紧急状态的宣布制度。紧急状态出现的时间紧迫，若要及时地做出反应，启动紧急应急机制，就必须对已经或即将出现的紧急局势进行必要和及时的确认，并通过法律程序及时地加以宣布。《中华人民共和国戒严法》第十一条规定：戒严令应当规定戒严的地域范围、起始时间、实施机关等事项。第十二条规定：根据本法第二条规定实行戒严的紧急状态消除后，应当及时解除戒严[2]。

关于紧急状态的统一性标准。国家应通过立法明确紧急状态的认定标准。例如，加拿大《紧急状态法》规定：“全国性紧急状态”系指一种临时性的紧急的和危急的局势，即(a)严重危及加拿大人的生命、健康和安全，且其所涉领土或情事超出一省的应对能力与权力，或者(b)严重威胁到加拿大政府保持本国主权、安全和领土完整的能力。“全国性紧急状态”又划分为“公共福利紧急状态”“公共秩序紧急状态”“国际紧急状态”和“战争紧急状态”。

关于紧急状态期间决策权力。紧急状态期间决策权力应当坚持中央统领的原则，保持中央政策的权威和效力。“由于紧急权本身具有独特属性，规范紧急

---

〔1〕 刘小冰：《国家紧急权力制度研究》，法律出版社，2008年11月第1版，第61页。

〔2〕 莫纪宏：《中国紧急状态法的立法状况及特征》，载《法学论坛》2003年第4期，第9页。

权运作的法律规定必须对其消极方面进行约束。"[1]。例如,在美国,从中央到地方,从应急机构的总指挥部门到各分支部门,通过一整套报告、共享、咨询、协商制度,强调整体协调,保证应对措施及时有效和资源整合。

关于紧急状态期限和实施程序。英国《国内紧急状态法案》第二十六和二十七条明确规定了对紧急状态规章进行审查的程序和方法,对紧急状态期限给予了充分的关注,同时规定了议会休会或延期情况下,立法审查工作的补救措施。俄罗斯《紧急状态法》对紧急权的监督主要指紧急状态实行过程的立法机关监督。该法第四条规定,俄罗斯联邦总统发布紧急状态的命令宣布后,应当立即将此情况向俄罗斯联邦委员会和国家杜马通报,同时,该命令要立即送俄罗斯联邦议会——联邦委员会批准。

(七) 制定和完善戒严法

目前我国戒严法法律体系相对来说已经基本建立,主要分三个层次:一是现行宪法关于戒严的规定;二是《中华人民共和国戒严法》的规定;三是在戒严时期,可以由全国人大常委会或国务院根据当时的情况发布的戒严令。根据《中华人民共和国戒严法》第三十一条规定:在个别县、市的局部范围内突然发生严重骚乱,严重危及国家安全、社会公共安全和人民的生命财产安全,国家没有做出戒严决定时,当地省级人民政府报经国务院批准,可以决定并组织人民警察、人民武装警察实施交通管制和现场管制;限制人员进出管制区域,对进出管制区域人员的证件、车辆、物品进行检查;对参与骚乱的人可以强行予以驱散、强行带离现场、搜查,对组织者和拒不服从的人员可以立即予以拘留;在人民警察、人民武装警察力量还不足以维持社会秩序时,可以报请国务院向中央军事委员会提出,由中央军事委员会决定派出人民解放军,协助当地人民政府恢复和维持正常社会秩序。但对涉台作战期间沿海地区和军事占领台湾本岛后实施戒严的法律没有明确规定,应完善这部分法律规范,如果启动对台作战,应将《戒严法》的效力明确适用于台湾地区,包括在台湾周边海域属于中国主权管辖的领海范围内。

(八)制定封锁法律法规

科尔(《海上长城:中国海军进入21世纪》一书的作者,美国防学院副院长,作者注)说:"中共的人民解放军正绞尽脑汁研究如何向'台独'施压,以便美国

---

〔1〕 顾林生、刘静坤:《国外紧急状态立法经验》,载2008年清华大学紧急状态法律立法研究课题组《国外紧急状态法律体系评估研究报告》,第7页。

干预前逼台湾就范,最可能的做法之一就是海上封锁。"[1]在启动对台威慑手段时,如何依法进行军事封锁是一个现实而迫切的课题。目前,对台封锁法律是一项空白,理论研究方面也没有一定的共识。对台海周边地区进行封锁用何种法律,应进行充分的研究,形成成熟的理论之后尽快制定相关的法律。中南财经政法大学的教授夏勇、齐文远指出:实行军事封锁,在论证其合法性的基础上,还必须分清其性质,如我国未来可能进行的军事封锁的法律属性不同于海战法中的封锁,它是我国行使主权的行动或实现主权的内部事务,其性质类似于戒严。封锁具体涉及海峡水域的法律属性也应明确。海军军事检察院陈创东认为,虽然根据《中华人民共和国领海与毗连区法》和国际海洋法,台湾海峡包括"非领海海峡",超出其领海范围之外,各国船舶可以自由航行,但根据《联合国海洋法公约》的规定,演习、封锁也是一种自由航行。这种自由航行虽然与其他国家航船的自由航行相冲突,但举行演习、封锁的国家在正式通知其他国家的情况下,其他国家的船舶一般不得进入演习区或封锁区,如果进入实际上就是以自己的自由航行妨碍了举行演习或封锁国家的自由航行。何况台湾岛的东面有一条巴士海峡,其优越的航运条件确保了在封锁的同时,可以做到不妨碍其他国家行使公海自由的利益。这些观点虽然有待进一步论证,但作者认为具有一定的启发意义。

二、健全和完善与反分裂国家法相配套的法律体系

反分裂国家法是宪法的重要组成部分,是国家的基本法律,其实施和实现还需要同其他法律法规相配套,才能发挥其反对分裂和促进统一的作用。

(一)修改和增加宪法的有关条款

宪法是国家的根本大法,具有最高的法律效力。在涉及维护国家主权和领土安全方面,1982年的《中华人民共和国宪法》第二十八条规定:国家维护社会秩序,镇压叛国和其他反革命的活动,制裁危害社会治安、破坏社会主义经济和其他犯罪的活动,惩办和改造犯罪分子。第六十二条规定全国人民代表大会行使下列职权:(14)决定战争和和平的问题。第六十七条第十九款规定:全国人民代表大会常务委员会决定全国总动员或者局部动员;决定全国或者个别省、自治区、直辖市的戒严。第八十条又规定:中华人民共和国主席根据全国人民代表大会的决定和全国人民代表大会常务委员会的决定,公布法律……发布戒严令,宣布战争状态,发布动员令。第八十九条规定国务院行使下列职权:(1)根据宪法和法律,规定行政措施,制定行政法规,发布决定和命令……(16)决定省、自治

[1] 《美专家:台海非军事区与美利益冲突》,载台湾《联合报》2004年2月21日。

区、直辖市的范围内部分地区戒严。这些条款在涉及对台法律调整和对台作战方面基本齐全,但有些条款已经不能适应形势的需要,应做出适当的修改和增加。需要修改的部分如1997年3月14日修订的刑法将反革命罪修改为危害国家安全罪,现行宪法第二十八条和1979年7月1日第五届全国人民代表大会第二次会议通过、1983年9月2日第六届全国人民代表大会常务委员会第二次修订的《中华人民共和国人民检察院组织法》第四条:人民检察院通过行使检察权,镇压一切叛国的、分裂国家的和其他反革命活动,打击反革命分子和其他犯罪分子,维护国家的统一,维护无产阶级专政制度……仍然沿用反革命罪的规定,且时间已长达十几年,显得很不协调,应予及时修改。作者认为需要在宪法中增加的部分,应将国家领土组成部分增设专章,把中国所属省、直辖市、自治区,以逐一列举的方式增列单独条文,尤其是细化台湾的部分。[1] 该章修改时实行特殊制度,即非经由全国人大代表人数的3/4出席,出席代表3/4的实名表决通过,不得更改国家领土。防止历史上屡次出现个人擅自建议割弃台湾的情况,改变台湾历史上由少数人决定、随意割让的周期性宿命。因为,"国土入宪有利于打击和防止一切分裂国家、割裂国土的罪恶行径"[2]。

(二)对刑法的相关条款做出司法解释

在《中华人民共和国刑法》方面,我国《中华人民共和国刑法》第十三条关于犯罪构成规定:一切危害国家主权、领土完整和安全,分裂国家、颠覆人民民主专政的政权和推翻社会主义制度,破坏社会秩序和经济秩序,侵犯国有财产或者劳动群众集体所有的财产,侵犯公民私人所有的财产,侵犯公民的人身权利、民主权利和其他权利,以及其他危害社会的行为,依照法律应当受刑罚处罚的,都是犯罪,但是情节显著轻微、危害不大的,不认为是犯罪。在《中华人民共和国刑法》分则第一章专门有"危害国家安全罪"的规定,该法第一百零二条:勾结外国,危害中华人民共和国的主权、领土完整和安全的,处无期徒刑或者十年以上有期徒刑;与境外机构、组织、个人相勾结,犯前款罪的,依照前款的规定处罚。第一百零三条:组织、策划、实施分裂国家、破坏国家统一的,对首要分子或者罪行重大的,处无期徒刑或者十年以上有期徒刑;对积极参加的,处三年以上十年以下有期徒刑;对其他参加的,处三年以下有期徒刑、拘役、管制或者剥夺政治权利。

---

〔1〕 辛亥革命胜利后,孙中山就任中华民国临时大总统,1912年3月8日由临时参议院(南京)制定了《中华民国临时约法》,3月11日公布施行。该法第3条规定:中华民国领土为22行省、内外蒙古、西藏、青海。

〔2〕 韦志中:《一种主张:国土入宪》,载《现代法学》2001年第5期,第152页。

第一百零七条:境内外机构、组织或者个人资助实施本章第一百零二条、第一百零三条规定之罪的,对直接责任人员,处五年以下有期徒刑、拘役、管制或者剥夺政治权利,情节严重的,处五年以上有期徒刑;煽动分裂国家、破坏国家统一的,处五年以下有期徒刑、拘役、管制或者剥夺政治权利,首要分子或者罪行重大的,处五年以上有期徒刑。这些条款构成《刑法》保护国家主权和领土完整的基本内容。作者认为,由全国人大常委会在适当的时候对这些条款的具体适用对象和适用范围做出法律解释,明确规定这些条款适用于从事分裂和煽动分裂活动的"台独"骨干分子,以及从资金上资助"台独"、从技术上培训从事"台独"的外国军事技术人员和有关专家,对企图分裂国家的"台独"势力、骨干分子和进入台湾资助"台独"的外国军事人员,具有重要的惩戒和威慑作用。

(三)完善军事法律对台调整方面重要内容

在涉及军事法律方面,1984年《中华人民共和国兵役法》第九章专门规定了"战时兵员动员",该法第四十七条规定:为了对付敌人的突然袭击,抵抗侵略,各级人民政府、各级军事机关,在平时必须做好战时兵员动员的准备工作。第四十八条又详细规定了战时动员的主要事项:在国家发布动员令以后,各级人民政府、各级军事机关,必须迅速实施动员,(1)现役军人停止退出现役,休假、探亲的军人必须立即归队;(2)预备役人员随时准备应召服现役,在接到通知后,必须准时到指定的地点报到;(3)机关、团体、企业事业单位和乡、民族乡、镇的人民政府负责人,必须组织本单位被征召的预备役人员,按照规定的时间、地点报到;(4)交通运输部门要优先运送应召的预备役人员和返回部队的现役军人。这部分内容在新的《中华人民共和国国防动员法》中也有规定。1995年的《中华人民共和国预备役军官法》第一条就规定:为了健全预备役军官制度、完善国家武装力量动员体制、加强国防后备力量建设,根据宪法和兵役法,制定本法。第三条第二款规定:军官预备役按照平时管理和战时动员的需要分为两类,在预备役部队任职的和预编到现役部队的预备役军官为第一类军官预备役,其他预备役军官为第二类军官预备役。对国防利益保护方面,根据《中华人民共和国刑法》对危害国防利益罪的规定,包括平时、战时均可构成的十四种危害国防利益和战时特有的七种危害国防利益罪,就犯罪行为的认定做出更为具体的规定,以便为战时预防犯罪和司法提供明确依据。1996年《中华人民共和国人民防空法》第二条也规定:人民防空是国防的组成部分。国家根据国防需要,动员和组织群众采取防护措施,防范和减轻空袭危害。人民防空实行长期准备、重点建设、平战结合的方针,贯彻与经济建设协调发展、与城市建设相结合的原则。

(四)发挥国务院的行政法规及中央军委颁布的军事法规在涉台法律事务方面的重要作用

在军事行政法规方面,如1995年国务院、中央军委发布的《中华人民共和国国防交通条例》第六章就专门规定了"运力动员和运力征用",该条例第三十条规定:本条例所称运力动员,是指战时国家发布动员令,对任何单位和个人所拥有的运载工具、设备以及操作人员,进行统一组织和调用的活动。中央军事委员会作为一级国家机关,应充分根据台海事务的具体需要,适时发布一些涉台事务方面的法规,对特定的事务和领域进行调整和规范。

(五)重视中央军委制定的军事规章对涉台法律实施重要补充作用

中央军委发布的军事规章对涉台法律实施重要补充作用,如《中国人民解放军内务条令》第一百二十二条就规定:国家发布动员令或部队紧急战备需要召回时,一切请假、休假的人员均应立即返回部队。

三、加快法律资源和人才队伍建设

在军事斗争前期、中期和军事斗争结束的整个过程中,积极开展法律战是取得军事胜利、保护军事胜利成果的基本手段。开展法律战的目的就是尽量依法拓展自己的军事活动空间,最大限度地压缩对方违法的军事行动,依法揭露和对抗敌方违法作战。法律战初期的目的就是利用法律武器,挤压敌方军事活动空间,限制敌方军事行动自由,拓展我方军事行动的活动余地,最大限度地依法采取军事行动。在武装行动结束后,开展法律战的目的就是通过随时发布法律,用法律巩固军事斗争的成果,实现军事行动开始前所预设的政治目标。要完成对台作战的法律战任务,当前急需的一项重大任务就是整合法律人才资源,建立一支具有国际视野、法学理论扎实、文化素养高、善于实际运用反分裂国家法法学理论,解决涉台事务的法律研究和法律适用的人才队伍。

(一)建立国家统一研究院

建立国家统一研究院,使之成为国家统一委员会的智囊机构,对涉及国家统一和领土完整的重大法律理论课题实行项目制度,具体按国家社科基金重大项目管理办法的规定执行。还可以采取特殊方法,实行市场化导向的课题制度,面向海外华人法律学者公开招标,前期费用由研究者自筹承担或者按比例分期拨付,研究成果经国家组成的权威专家小组鉴定结项或通过后,课题经费一次性拨付到位;同一课题可以向多个专家招标,同一课题的多个研究成果通过鉴定后同时予以验收,科研经费同时拨付。在实际做法上,借鉴韩国国家统一研究院的做法,专门负责国家统一政策和法律的研究。在目前美国介入钓鱼岛和南海争端、国家领土争端成为新时期热点问题的情况下,要高度重视并积极落实维护国家主权和领土法律的研究。在国家统一领土法律的研究范围上,确立陆地、海岛和领海主权三个板块。在陆地方面,当前以台湾统一为主要研究任务,同时启动西藏、新疆、内蒙古等内陆省份维护国家统一制度的法律研究,尤其是要研究外蒙古丢失的历史经验教训;在海岛方面,以台湾、澎湖、金门、南海诸岛、琉球群岛等岛屿为重点,钓鱼岛为主线,加强我国沿海及所属海岛主权的法律基础研究;在领海方面,从北起日本海(以图们江出海口着力)、黄海、东海、台湾东部外海、南海等领海主权出发,强化领海主权法律研究。在研究团队上,以现有国家统一法律研究学者分布情况为基础,相关陆地、海岛和领海法律研究学者为骨干,组建专门的研究团队,做到发挥所长、分工负责,以形成布局完整、结构完善、种类齐全的研究机制。同时,吸纳客观中立、学术观点独立的港、澳、台和海外华人学者加入研究团队,解决他们的工作和生活困难,以便他们全身心地投入研究,为国家主权法律研究提供基本素材和理论基础。鉴于对台工作的法制急需完善、民进党有可能再次上台执政且铤而走险继续推动"台独",进而导致台海局势紧张的现实,国家会随时对"台独"分裂势力实施打击。对目前国内有影响的对涉台法律研究项目,实行政策倾斜制度,建立专门的社科资助项目,以解决这方面急需的法学基础理论。同时,根据对台法律研究专家的分布情况,大力资助在对台研究方面具有重大贡献的学者,如中国军事科学院百科部的杨鲁教授在研究美国内战中运用战争法的成功经验上就有显著成绩,对在未来的军事斗争中反对美国干涉提供了很好的理论根据和实践依据。所以,要搜集、整理中国台湾地区、美国关于台湾问题的资料,有组织、有分工地对具体问题进行研究[1],以进一步完善这方面的法律理论。因此,杨鲁和西安政治学院李广义教授提出:要对台海局势进行深入的分析和预测,以美国内战的国际法实践为例,对美国可能进行的干涉进行有理、有利、有节的斗争。

(二)揭露和批驳美台所谓"专家学者"的伪科学

民进党的党纲将"台独"纳入其中,甚至将要以"公决""修宪"的形式固定下来。也就是说,民进党的目标要"台独",将分裂国家的行为"法律化、制度化",并纳入到台湾政治生活及法律体制的实际运作当中。民进党及其一批御用学者会从各种角度寻找自己的理论和"法律依据",为其从事"台独"分裂活动和国际

---

〔1〕 余子明、司利芳:《军事斗争准备中的法律问题研讨会学术观点综述》,载《西安政治学院学报》2000年第6期,第126页。

反华势力进行非法干涉中国内政进行辩护。夏勇、齐文远教授就指出:“台独”分子中有不少是法律专业毕业的硕士、博士、教授、律师,他们擅长颠倒黑白、曲解法律、巧言诡辩,其言论虽然荒谬,却在台湾岛内具有很大的欺骗性和蛊惑性,决不可掉以轻心。在事关祖国统一的大是大非面前,需要进一步运用法理做出有力而周全的回应,揭露和批驳其本质。现在美国和台湾岛内的一些法律专家,已经发表了许多攻击中国大陆“使用武力解决台湾问题为非法”的文章和言论,企图论证其分裂行为的合法性。如果对台作战一旦打响,这样的言论将大量出现在西方的各种媒体上,会在国际上造成恶劣影响。只有充分认识到敌对一方利用法律伪装的诡辩的负面作用,并引起足够重视,及时予以批驳,就能揭穿分裂分子分裂国家的阴谋。在非和平手段开始前,积极准备运用法律战的手段,采取先发制人、先机制敌的方针。通过制定法律、发布行政法规、张贴公告、启动宣传机器的方式,揭露敌对方的非法行为和言论,论证“台独”势力分裂国家、外国势力武力干涉和阻挠我方军事行动的非法性。充分论证台湾是中国的一部分的法律依据、出兵攻占台湾本岛打击“台独”军事行动的合法性,才能在法律宣传和法律运用方面把握主动权。西安政治学院张天荣院长曾指出:要懂得运用战争法的出发点和立脚点是最大限度地维护中华民族的根本利益以及我国的军事利益,同时,要教育我军官兵学法、懂法、守法、用法,应当将法律作为我们保护自己、战胜敌人的锐利武器。

(三)培养对台工作门类齐全的法律人才

对台法律工作是一项相当复杂的工程,它涉及国家事务的各个方面,从国际和国家政治、经济、社会、外交、法律研究和教学的多个层面,需要全方位的重点培养门类齐全的法律人才。一是从国家决策层来说,需要具有丰富法学和实践经验、为国家领导人提供决策建议的智谋人才,需要能够为中央决策提供权威性法律咨询的人才。二是从法学研究和教学方面来说,需要一大批著名的专家学者进行法学科研项目和培养法律适用人才。三是从实务工作方面来说,需要外事部门在对台事务中拥有高超外交技巧、善于通过交涉维护国家利益的人才。在中共中央和国务院台办,各省、直辖市、自治区和特区政府涉台事务部门日常生活中,需要熟练稳重的处理涉台事务的高素质人才。四是从战时决策方面来说,需要提供法律咨询人才队伍,包括:能够为地方政府调整各种社会关系提供决策咨询的人才;能够为军队指挥机关制定战略决策、作战计划提供法律咨询的人才。五是战时法律服务人才队伍,包括:为战时经济提供法律服务的人才;为战时社会管理提供法律服务的人才;为战时部队管理提供法律服务的人才。六是开展法律战的专业人才队伍，包括：为维护国家信息安全开展信息法律战的人才；维护国家经济安全的经济斗争法律战人才；谋求最大作战效益的军事斗争法律战人才。七是实际适用法律的人才，包括：调查和收集分裂国家犯罪分子实施犯罪行为的侦查人才；为指控分裂犯罪分子实施犯罪行为的公诉人才；为惩罚犯罪分子制裁违法行为的审判人才；为关押和改造犯罪分子的管教人才。

（四）抓紧整合法律和人才资源

通过国家有计划的法律制定工作，在涉及国家安全重大事务的法律基本健全，但面临的一个情况是，大量法律的资源和法律资产的闲置和不协调问题始终存在，在涉台事务法律方面也是一样。目前我国缺乏研究对台法律问题的专家学者，除最权威的机构中国社会科学院台湾研究所外，其他的都是各大学的台湾研究院（所、中心）都是对台综合研究机构，没有一个专门负责对台法律研究的部门。所以，应建立一个受国家统一委员会隶属的独立国家统一研究院，在国家统一研究院内成立专门的法律研究分支机构，负责涉台法律事务研究和统合，以凝聚和整合法律资源和人才资源。在具体做法上：一是在国家统一委员会的主动协调下，军队与地方院校合作适当调整专业设置，扩大国际法、战争法专业的招生规模和招生数量，培养足够的国际法和战争法专业人才；二是由国家统一委员会协调，普通高等院校的法律专业也应适当增加涉台法律的教学内容，以丰富相关法律毕业生的视野和知识结构，以胜任对台法律事务工作；三是在国家机关和军队法制部门、政法机关、法学教学和科研队伍中，有计划地培养战时法律人才，做好平时迅速转化为战时法律人才储备工作；四是适当扩充军队公职律师编制，培养和储备军队律师人才，保证战时决策咨询和法律服务需要；五是建立军事法律战专业人才队伍建设，配备必要的专业设备和法律战力量，保证在战前、战中和战后法律对抗的实际效用；六是通过国际军事交流活动、公费派遣留学生、访问学者等多种途径，有目的地培养锻炼国际法、战争法人才，推进国际法（尤其是海洋公法）和战争法的研究。“为最终解决台湾问题、实现国家统一留下法律基础、组织机构和运行机制、人才资源和充足的物质基础。”[1]

只有做好充分的战争准备，包括法律战的准备，才能赢得和平解决台湾问题的希望。同时也要看到，法律战的胜负取决于军事实力的对比，法律的实现往往要靠强制力。伊拉克战争中，虽然伊拉克在法律上占有优势，但是美国依靠其强

〔1〕 陈良生，等：《中国国家统一战略——战与和之间，我们选择全面打击和遏制“台独”》，明报出版有限公司（香港），2005年2月第1版，第295页。

大的压倒性的军事力量，根本没有给伊拉克开展法律战的机会，历史又一次演绎了“强权即真理”的悖论。

四、加强法律研究和适用的物质基础建设

对台法律研究的正常开展和涉台法律的正确适用，必须要有扎实的物质基础和硬件设施，需要有良好的物质基础建设和完善的司法机构做保障。

（一）法学研究和教学机构建设

中国目前的法学研究和法律教学，主要依托从中央到地方的科研机构、大学的专门研究和教学机构。培养的研究生基本上充实到科研机构担任科研人员或到高等院校当教师，少部分进入国家机关和国有大中型企业；培养的本科生基本上进入国家机关和企事业单位。对于涉台法律事务的研究和教学，基本上都是依个人兴趣的选择，做比较分散的研究，没有一个专门的机构负责统筹规划。国家应该在这方面及时建立专门的机构——国家统一研究院，负责科研院（所）和大学教育机构涉台事务法律研究和教学的基础设施建设，并确定专门的机构管理课题申报、审定和批准实施，实施必要的经费资助。

（二）法律实施设施的基础建设

涉台法律的实施需要建立、健全相应的军事司法体制和确定专门的司法机构，以保证反分裂国家法惩治违法行为的作用得到有效的发挥，它包括调查、起诉、审判和执行全过程的基础设施建设。

建立和完善军事检察院和军事法院法律体系。军事司法权是军事司法机关代表国家处理军事领域相关案件的权力，特别是反分裂国家法方面的案件。一是配置的主体要合法。由于司法权的行使涉及生命、自由、财产等公民的基本权利，因此我国2000年《立法法》明确规定，诉讼制度只能制定法律。军事司法制度作为司法制度的一部分，也只能由法律规定。根据我国《人民法院组织法》和《人民检察院组织法》规定，专门人民法院、专门人民检察院的组织和职权，由全国人大常委会另行规定。例如，西安政治学院李昂教授强调，在军事斗争中，建立战时军事刑事诉讼制度具有非常重要的作用，它是国家实现战时刑罚权的有力武器，是维护军事利益的法律保障，是军事司法程序合理运作的法律根据。为此，应着重确立战时军事刑事管辖权、战时侦查制度、战时诉讼制度、战时军事审判制度等。我国的军事司法机关的体制在结构体系上都还比较单一，远远不能满足军事司法实践的现实需要，应制定专门的军事刑事法加以解决。与军事刑事诉讼活动有着直接关系的《军事法院组织法》《军事检察院组织法》和《军队律师条例》等法律、法规至今尚未健全，军队保卫、检察、法院和法律顾问处等机关缺乏切实可行的操作规则，应尽快制定与军事刑法相配套的战时军事刑事诉讼程序法。

完善军事检察院和军事法院体制。中国检察机关包括最高人民检察院、地方各级人民检察院和军事检察院等专门人民检察院。最高人民检察院是最高检察机关，领导地方各级人民检察院和专门人民检察院的工作，上级人民检察院领导下级人民检察院的工作。人民检察院的职责是维护司法公正和法律的正确实施。根据法律规定，人民检察院对叛国案、分裂国家案以及严重破坏国家的政策、法律、政令统一实施的重大犯罪案件，行使检察权[1]。依据这项法律规范，将台湾发生的叛国案、分裂国家的犯罪案件交由军事检察院管辖，由军事检察院侦查和起诉，由军事法院审判，符合目前国家的司法体制运行机制。目前我国军事检察院按三级设置，分为：(1)人民解放军军事检察院；(2)大军区军事检察院、海军军事检察院、空军军事检察院；(3)地区军事检察院、空军军一级军事检察院和海军舰队检察院。军事检察院内部设置检察委员会。军事检察院列入军队建制，实行双重领导的体制。我国现行的军事检察、军事审判机构的设置，是按照和平时代的社会环境设置的，难以适应对台作战时的需要。军事司法体制应按照“平战结合”的原则，在现行体制的基础上，建立战时军事检察、军事审判体制。根据战时需要，可按三级设置：第一级是在战区设置的军事检察院、军事法院；第二级是在各作战集团军设置军事检察院、军事法院；第三级是在师级单位设置的军事检察院、军事法院。为履行特殊的司法职能，可设立特别军事检察厅和特别军事法庭，对参战被俘的“台独”骨干人员的以分裂国家罪进行侦查、起诉和审判。

建立临时关押场所。“战俘是指在战斗或武装冲突中落在敌方权力之下的合法交战人员。”[2]对战俘进行扣押和拘留不是因为战俘本人有什么过错和犯罪行为，扣押和拘留的目的是防止其再次参加战斗。对台作战是维护国家主权和领土完整的平叛行为，是中国内政，被抓获的一般作战人员不是战俘，不适用对待战俘的规定。在对台作战当中，将会有大量的作战人员被扣押。所以，建立临时的关押场所，将在作战中扣押的人员集中关押在一起，待战事结束后再行释放和遣返，情节严重的依法追究刑事责任。

建立专门的监狱。台海战事的启动必然是极少数顽固的“台独”分子执迷不

---

〔1〕 国务院新闻办公室：《中国的法治建设》（白皮书），载《检察日报》2008年2月29日。

〔2〕 端木正：《国际法》，北京大学出版社，2000年4月第3版，第443－444页。

悟、一意孤行的结果。对"台独"分裂势力特别是顽固分子背叛民族的本质,应当有足够的认识。为起到震慑和打击的作用,应在我国刑法关于"危害国家安全罪"的规定基础上,对分裂国家的行为由全国人大常委会在适当的时候以法律解释的方法在法律上认定,为惩治"台独"分裂分子奠定法律体系基础。对从事分裂国家的"台独"骨干分子和忠实的追随者,在缉捕之后,应依法展开调查,确定其罪行,并依法进行审判。在终审判决确定有罪之后,应当送到专门的监狱进行特殊的教育和劳动改造,对在关押期间积极悔改的,可以依法减刑,对有重大立功表现的,可以假释或提前释放,如美国在联邦内战中,为了惩罚分裂国家的罪魁祸首,就通过立法宣布分裂国家的叛乱分子为国事犯,没收其全部财产,并根据法庭的判决处以死刑。

研究和开发用于对台作战的特殊装备。特殊装备是现代战争中必不可少的设施。一是研究和配备用于战场上抢救伤病员的专门医院船和野战医院车,用于抢救伤病员。二是研究和配备用于法律战宣传的装备,如研制"三战"专用的特种飞机、野战卫星新闻车、航空宣传弹、通缉令扑克、精巧收音机等新技术装备。将这些设备用于和空投到台湾地区充分予以宣传,让一般群众了解和支持国家作战行动,反对"台独"分子一意孤行。这对于传达中国对台作战重大政策信息,瓦解敌方斗志,抓捕骨干犯罪分子具有重要作用。

储备用于人道主义保护的物资准备。非和平手段启动后,会产生一部分遭受损失的难民。对这部分人进行救助:一是可以减少对战时社会秩序稳定造成严重影响,杜绝国际上敌视中国的势力借机攻击的口实;二是对遭受困难的普通居民予以救济的物资准备,真正难民出现之后以备急需;三是实行人道保护的标示性物质准备。虽然对台作战不是国际法上的战争,但应遵守有关战争法的规则。根据战争法的规定,"历史纪念物、艺术品或礼拜所"等文化和精神遗产,以及所设立的"医院及安全地带与处所"等,在作战中是受特殊保护的,为此应设置"特殊标志",严防受到攻击和破坏。

第二节　通过威慑手段警告分裂势力

"台独"分裂势力进行"台独"活动,其本质是不会改变的,它们会根据国内外政治经济形势的发展采取不同的方式,或明或暗地推行"台独"分裂活动。中国政府应根据其采取行为的程度积极应对,通过军事威慑和经济制裁手段来警告“台独”分裂势力，削弱其从事分裂活动的意愿和力量。

一、开展舆论宣传攻势进行围困

中国共产党领导的中国人民政府，对台湾主权的主张具有充分的法律依据，它是继承原国民政府的国际法人格新成立的国家，是占绝大多数中国人民的选择，对台湾行使主权具有正当性和合法性，兼具道义优势和正义资源。因此，中国人民坚信正义的事业必胜，任何逆历史潮流而动的分裂主张和行为，都是违背历史发展规律的，也是违反国际法和反分裂国家法的，必须受到历史的审判和法律的制裁。

（一）法律政策宣传

1995 年 5 月李登辉赴美访问，在其母校康乃尔大学发表一系列“台独”言行，对台海两岸关系带来严重冲击，在国际上造成恶劣影响。同年 6 月《人民日报》和新华社评论员先后发表了四评“李登辉在康乃尔大学的演讲”和四评“李登辉的‘台独’言行”共 8 篇文章，揭露李登辉分裂国家的本质和危害。中国大陆的报刊、电视台、广播电台等主要舆论机构也就李登辉的分裂行为发表了一系列的批判文章。用当时国务院台办发言人的话说，中国大陆的目的就是在于揭露李登辉的“台独”真面目，批判李登辉“挟洋自重、分裂祖国的行径”，在当时起到了较好的宣传效果。

2002 年 8 月 3 日，陈水扁向在日本东京举行的“世界台湾同乡联合会第 29 届年会”发表讲话，公然声称“台湾跟对岸中国一边一国”。中共中央台湾工作办公室、国务院台湾事务办公室新闻发言人就此发表谈话进行批驳：近日来，陈水扁多次发表谈话，公然声称“要走台湾自己的路”，两岸是“一边一国”，准备用“公民投票”方式“在有需要的时候”决定“台湾的前途、命运和现状”。这些言论与李登辉“两国论”如出一辙，充分暴露了他顽固坚持“台独”立场的真面目，是对包括台湾同胞在内的全体中国人民的公然挑衅，也是对国际社会公认的“一个中国”原则的公然挑衅，必将对两岸关系造成严重的破坏，影响亚太地区的稳定与和平[1]。

在“台独”分子进行分裂活动企图混淆视听，扰乱台湾的正常政治、经济和社会秩序时，就应当启动对台法律宣传机制，重点进行法律、政策解释、法律威慑与法律防护宣传。从法律、政策解释的角度出发，以宪法、刑法和国家关于反对分裂和维护国家主权的法律规定及其精神进行宣传，运用党的对台政策的具体措

---

〔1〕 参见新华网 2002 年 8 月 5 日消息。

施,揭露"台独"分裂势力的分裂言行的危害性及其从事"台独"的严重后果。从法律威慑战角度出发,宣示中国政府言必行、行必果的政府威信,造成对违反法律的行为进行惩罚的威慑效力。主要手段就是运用法律资源,对分裂言行进行威慑和遏制,使其充分认识到一意孤行的严重后果。一是强化正义的气势,运用法律制造舆论攻势,实施舆论对抗,开展强有力的法律宣传工作,从法律宣传的气势上压倒敌方;二是开展国际合作,从国际环境上造成打击和遏制"台独"舆论氛围,依法促进国际军事合作对敌施加压力;三是明确划定"台独"分裂势力不能逾越的法理底线,使其不敢轻举妄动;四是结合年度、例行、专项和联合军事演习,采取实质行动对"台独"分裂势力的挑衅依法提出严正警告;五是明确宣示违反反分裂国家法的法律责任;六是列举"台独"分裂势力进一步冒险,大陆将采取行动的权利。通过这些措施,运用法律心理战打击和瓦解"台独"分子的气势,最大限度地团结绝大多数、争取少数,打击极少数"台独"分裂势力的骨干分子和核心成员。

（二）揭露"台独"的虚伪本质

在对台宣传中,有很多的历史和现实事件需要通过宣传说明真相,打破顽固"台独"势力企图建国的幼稚幻想,揭露"台独"分裂势力利用这些事件对台湾人民进行欺骗的实质。

深入揭露对武器迷信造成的误局。国民党在大陆的内战中之所以失败,是违背人民的意愿,是人心向背、失去人民支持的结果,不是武器装备的问题。分析人士在评论 2004 年五角大楼报告时指出,美国往往过分看重双方拥有的武器或军事装备。"如果这是唯一的决定因素,那么全部用美国武器装备的国民党政府在半个世纪前的内战中就不应该败给人民解放军。"〔1〕所以,武器装备是战争重要的因素,但不是决定性因素。20 世纪 40 年代的国共内战就是很好的说明,"台独"分裂势力迷信洋武器仍然不会逃脱失败的结局。

台湾军队无法支持"台独"。2000 年 2 月 28 日,著名军事专家王卫星在军事科学院接受《解放军报》记者采访时,对台湾军队的情况以引用一位学者的话做了总结:一是台湾军队是由解放战争后期败退到台湾的国民党延续下来的军队,败军的传统影响会延续下来;二是台湾军队受着严重的岛屿文化影响,对现代战争的承受力比较差;三是台湾是个典型的工商社会,长期养尊处优,大都怕苦、怕累、厌战、畏战、恐战;四是受地域影响,战时容易把固守顽抗的希望寄托在美军

〔1〕 程翔:《中国准备在台湾海峡开战》,载新加坡《海峡时报》2004 年 6 月 23 日。

的支援上,士气变化较大;五是台湾受地理环境的限制战时缺乏战略纵深,没有回旋空间。台湾军队的现状,极大地影响着整体战斗力。1999 年台海危机期间,有人又总结他们有六怕:一怕导弹攻击;二怕海上封锁;三怕联合登陆;四怕人民战争;五怕洋武器靠不住;六怕"洋人"釜底抽薪,这是很有道理的〔1〕。"青山留不住,毕竟东流去",正如孙中山先生所言,统一是中国全体国民的希望,民之所欲,天地从之。早日解决台湾问题,完成统一是不可阻挡的历史潮流,台军的现状不具备抵抗大陆统一战争的攻势。

无视和平将会遭到历史惩罚。历史既是无情的法庭,也是最好的法庭。当年内战后期,国民政府中一部分有识之士为了防止战争扩大,积极主张和谈,以挽救即将失败的危局。在一次行动中,"蒋经国同屈武同车,分手时他(蒋经国)狠狠地对屈武说:'文白(张治中的字,作者注)先生真是太天真了,现在还讲和平,将来是没有好结果,我看他会死无葬身之地的。'"〔2〕蒋家两代政治强人在台湾先后逝世,蒋家后人淡出台湾政坛后,因反攻大陆的愿望没有实现,没能力实现在大陆入土为安的遗愿。在"台独"势力的刻意阻挠之下,民进党玩弄民粹政治,操弄族群意识,企图将所有带有蒋家图腾的标志和文物都去掉,撤掉守卫蒋介石陵寝的卫兵,搬掉蒋介石在台湾各处的铜像。"两蒋"遗体在几十年的时间一直无法入土安葬,可见当年两蒋不讲和平的代价。内战结束后,中国政府对参与内战的国民党军政人员进行了起诉和审判,惩治了一大批战犯。随后,"为了表达诚意,1959 年 12 月 24 日至 1966 年 3 月 20 日,人民政府先后分 6 批特赦 263 名蒋介石集团战犯,进行了妥善安排"〔3〕。对今天的台海局势来说,已经今非昔比,国家的发展进程和综合实力的大幅上升,已经成为国家推动统一事业的重要力量。况且一些人只看到"台独"势力和李登辉、陈水扁之流的分裂言行的诱惑性和欺骗性,没有看到台湾社会并不是铁板一块的现实。当台湾人民在 2000 年选举结束后发现李登辉"弃连保扁"阴谋并觉醒的时候,愤怒的国民党支持者包围了他的住宅,李登辉被迫辞去国民党主席一职。在民进党执政的后期,虽然"陈水扁的'台独'面目的确越来越明朗,但他并不是不受任何约束"〔4〕,但他的言行同样会受到台湾人民和爱好和平的华夏儿女的检视,陈水扁的从事"台独"的力度超过任何一届台湾领导人,但下场比任何一届台湾领导人悲惨。历史

---

〔1〕 张锋:《洋武器难挡祖国统一步伐》,载《解放军报》2000 年 3 月 1 日。

〔2〕 泰栋、李政:《蒋介石在大陆最后的日子》,载《西湖》1983 年 11—12 期相关连载。

〔3〕 王卫星:《是谁把台湾推向战争》,载《解放军报》2000 年 3 月 15 日。

〔4〕 郝雨凡:《台海一战能否避免》,载《环球时报》2002 年 8 月 22 日。

是无情的，无视台海和平，违背历史规律，追求一己之私，谋取个人利益的人，都会受到历史审判和惩罚。

破除迷信美援的侥幸心理。“台独”分裂势力上台执政，之所以敢大胆地推动实质行动，重要的心理因素就是认为不管他们如何折腾，美国为了亚太地区的战略利益都会援助他们，甚至会帮助和支持他们搞“台独”。2004 年 12 月 20 日，时任美国副国务卿的阿米蒂奇在接受电视媒体采访时，就一语破的地说：“‘与台湾关系法’并没有规定美国必须保卫台湾”，以为美国一定会为“台独”两肋插刀，只不过是一厢情愿的幻想〔1〕。美国到底会不会介入台海事务，国家利益和国家实力是最重要的参考因素。因此，必须从中、美两国的战略利益契合角度做好正面宣传，从国家利益和国家实力角度，破除“台独”分裂势力依靠美援分裂国家的幻想，制止其冒险行动。用乔治·舒尔茨的话说：“我们生活在一个充满希望的时代。美国、中国及其盟友能够在全世界集合人民。我们拥有制胜的手段。我们必须以技巧和信心使用这些手段。”〔2〕同时，“中国拥有反制手段。在国际经贸关系中，军备控制，裁军谈判，防止核武器扩散，国际反恐怖主义，国际缉毒合作，朝鲜半岛，印巴争端，联合国表决等种种问题上，美国都无一例外地需要中国的合作”〔3〕。据说布什总统曾首两度斥骂陈水扁，而 2004 年代表布什总统前来台北参加陈水扁就职仪式的美国众议院亚太小组召集人利奇，甚至言之凿凿指出，布什总统对陈水扁只有一个信息，不希望看到“台湾独立”。陈水扁在北京和华盛顿决策者心目中，不仅是麻烦制造者，而且基本上已经不具备可以正面对话的诚信要素，说什么都没人信，摆什么姿态都没人真给以起码的注目，这才是陈水扁的悲哀〔4〕。“北京加速导弹部署的做法说明，它仍然决定以武力收回台湾。尽管布什总统为保护台湾免受攻击比他的前任付出了更多的努力，但台湾人的争论不休和中国日益壮大的军事实力破坏了他的努力。”〔5〕

解释中国的重大政策。中国有一句古老的名言：“自古知兵非好战。”中国五千年的历史中，发生过无数次大大小小的战争，深知战争给人民生命和财产带来

---

〔1〕 彭光谦：《〈与台湾关系法〉不是“台独”救命符》，载《环球时报》2007 年 9 月 19 日。

〔2〕 美国斯坦福大学胡佛研究所杰出研究员、前尼克松政府财政部长，前里根政府国务卿乔治·舒尔茨《国家主权面临的挑战和对策》——2004 年 6 月 14 日在北京和平共处五项原则国际研讨会上的演讲。

〔3〕 王卫星、林治波：《军事专家从论台海局势》，综合《深圳特区报》、《21 世纪》杂志消息，载《国际先驱导报》2002 年 10 月 18 日。

〔4〕 陈子帛：《扁十点难获主观预期实效》，载香港《信报》2004 年 11 月 12 日。

〔5〕《避免与中国开战》，载美国《亚洲华尔街日报》2004 年 5 月 20 日。

巨大灾难,不到万不得已,绝对不会轻易启动战端。但是面临国家核心利益遭到重大威胁,中国政府绝对不会心慈手软,一定会出手维护国家的核心利益。“和平统一,但绝不放弃武力等国家紧急权力的行使,这是我们的基本立场。”〔1〕

中国政府和人民必须有尚武精神。中国政府必须展示维护国家主权和领土完整的决心和意愿。乔治·舒尔茨说过:国家体系的成员身份不仅要求保持职业的武装部队,还需保持职业的外交和外事部门。他提醒人们注意一个古老的说法:美国国徽揭示了这个说法,其揭示的意义在现在同我们早先的年代一样清楚。中心角色是一只鹰,一只鹰爪抓住橄榄枝,另一只鹰爪握住13支箭。杜鲁门总统在二战结束时坚持认为,老鹰总是面对着橄榄枝,因为美国永远追求和平,但是,老鹰将永远紧握那些箭,以显示为了有效地追求和平,你必须拥有力量并且有使用这些力量的意愿〔2〕。威慑战略的效力是军事能力与政治决心的乘积,当军事能力与政治决心的任一项为零时,威慑战略就没有效力。维护国家统一的实力也是军事实力与政治决心的乘积。“1991年,当苏联政府没有决心使用军事力量维护国家统一时,尽管苏联拥有超级大国的军事实力,也无法阻止国家解体。”〔3〕一直以来,台湾岛内的一部分人和从事分裂活动的顽固势力,一直不相信中国在面临分裂势力分裂国家时会采取行动,这是一种错误的判断。国家主权和领土完整是国家的核心利益,在这个原则问题上没有任何讨价还价的余地。如国家启动非和平手段时,形势会发生突然逆转,“台独”分裂势力的思想也会受到强烈冲击和发生逆转,那时已经来不及反思当初的向往,将会面对实实在在的严重后果。所以,只有“大陆有做好遏制‘台独’的军事准备,台湾问题才能和平解决。解放军的导弹是否升空,按钮其实就握在台湾当局的手中”〔4〕。进入20世纪90年代,“台独”分裂势力的分裂言行更加露骨和大胆,因此,北京的战略家主张,如果采取军事行动,就赶早不赶晚〔5〕。在决策层的理性思考之下,中国政府一直保持着克制的态度。重要的因素就是,在和平的潜力没有用尽之前,不会轻易发动军事打击,中国政府在等待适当的时机,不断积聚法律能量,寻找恰当的机会。从“历史上,无论是外国占领者或是台湾地方割据势力,大陆对

〔1〕 刘小冰:《国家紧急权力制度研究》,法律出版社,2008年11月第1版,第254页。

〔2〕 美国斯坦福大学胡佛研究所杰出研究员、前尼克松政府财政部长,前里根政府国务卿乔治·舒尔茨《国家主权面临的挑战和对策》——2004年6月14日在北京和平共处五项原则国际研讨会上的演讲。

〔3〕 阎学通,等:《中国崛起及其战略》,北京大学出版社,2005年12月第1版,第85页。

〔4〕 朱显龙:《台当局最怕大陆导弹》,载《环球时报》2003年8月6日。

〔5〕〔美〕李侃如:《可怕的海峡:台湾问题的风险》,载美国《华盛顿邮报》2004年1月8日。

他们采取的军事行动都能速战速决,一役制胜"[1]。"台湾是个过日子的好地方,雨水充沛,景色宜人,但天生就不是一个战场。"[2]在"台独"分子的操弄之下,如果导致台海局势失控,发生台海战争,美丽的台湾就会变成一片火海,"台独"分子就是台海两岸人民的千古罪人。所以,中国国家的对台基本政策概括起来就是:台海两岸是发展中的尚未完全统一的大国,谁对这个政策发起挑战,中国政府必然动手。"历史和现实的辩证法都一再证明,能战争能言和,谈和更需备战。"[3]

适时明确宣布台湾政权的性质。台海两岸目前的内战状态一直在延续,由于没有签订有关的和平协议结束战争状态,仍属于交战的双方。如果为了推行"台独"跨越中国政府和法律划定的红线,导致战争发生,中国政府应立即迅速宣布当时由"台独"骨干分子所组成的当局政权为非法组织,公布打击的重点对象和处罚措施,展开缉捕和清剿行动。例如,在第二次车臣战争中,俄政府宣布车臣"总统"巴萨耶夫政府为非法政权,与其签署的和平协议作废,就是很好的案例参照。

表明中国政府抵制非法干涉的坚定态度和抵御非法干涉的能力。采取国际法许可的方式,坚决抵制和反对外国干涉内政的非法行为,揭露其干涉的非法行径,并采取相应的对策予以反制。美国南、北战争中,美联邦政府向国际仲裁法庭申请仲裁,迫使英国做出赔偿。俄政府在车臣战争中,针对美国等西方国家借口"人权""人道主义"所进行的指责和施压,邀请联合国难民署等国际组织进行实地考察,列举种种事实予以驳斥,排除了外来干涉的法律借口。

重申中国政府不会首先使用非常规武器庄严承诺。中国政府自掌握核武器技术爆炸的那一刻,即向全世界做出庄严承诺:中国不会首先使用核武器,不对无核国家使用核武器和以核武器进行威胁。在氢弹爆破成功,中子弹研制完成后的数十年,一直信守和坚持这份庄严的承诺,这份承诺对台湾同样适用。做这项宣布,这主要是考虑到"台独"分裂势力企图以中国政府不会信守承诺制造混乱,为自己随意使用非常规武器制造借口。长期观察中国导弹发展的麻省理工学院中国问题专家傅泰林表示,台海军事平衡与中国发展核导弹没有直接关系,中国核导弹的现代化,并不是冲着台湾问题而来,中国发展新型核导弹是 20 世

---

〔1〕 胡锡进:《台湾经不起战争》,载《环球时报》2003 年 12 月 12 日。

〔2〕 胡锡进:《台湾经不起战争》,载《环球时报》2003 年 12 月 12 日。

〔3〕 孟祥青:《中国实力需科学评估》,载《环球时报》2004 年 4 月 16 日。

纪80年代初,当时中、美关系正在好转,中国发展核导弹是针对中、美为台湾起冲突的说法说不通[1]。面对中国政府的庄严承诺,海内外一些人是不相信的,如台湾的舆论就说,"中国屡屡强调,将不会首先使用核武器,但'兵不厌诈',处在国家生死存亡关键时刻,中国当然不会让一句承诺束缚自己的手脚"[2]。就连俄罗斯专家也持怀疑态度:"确实,这样的武器是被国际法禁止的,但当国家到了生死存亡关头时,谁会去考虑国际法"[3]。但这不会动摇中国政府的坚定承诺。潜在的逻辑很清楚,那就是核战争具有极大的破坏性且难以控制,有可能彻底破坏体系现状,从而极大地损害主导国的核心利益。所以,具备实质理性的主导国不会选择首先使用核武器,发动核战争[4]。即使在中、美之间发生冲突,美国对中国使用核武器,如果没有绝对把握保证一次性摧毁中国核武库(实际上也不可能),"只要一息尚存,中国核力量的反击将是毁灭的。虽然我国是唯一承诺'不首先使用核武器'的国家,但在国家和民族生死存亡的时刻,我们的核力量绝不会是'银样镴枪头'。"[5]但作者希望二战结束后,亲手在长崎投下原子弹的投弹手克米特·比汉上尉的临终愿望能够实现:"但愿我是世界上最后一个投下原子弹的人!"[6]中国有战略反击能力,不首先使用不等于永远不用,它只对首先使用者使用。

美国的南、北战争,英国反对北爱独立的斗争,加拿大反对魁北克独立的斗争,俄罗斯的车臣战争,都是主权国家制止分裂、维护统一的成功实践,得到了国际社会的普遍认可和接受,已成为国际习惯法,为国家使用武力解决台湾问题提供了参考依据,在必要时实施威慑战略逼迫其就范也是对台宣传的重要手段。

二、采取经济手段施加压力

陈水扁继承了李登辉的衣钵,加速推行"台独"的步伐,导致两岸关系一度紧张,致使岛内发展环境急剧恶化。由于恐惧战争,台湾资金加速外流,移民海外人数增多,已直接影响了台湾当年规划的建立亚太营运中心的计划。在李登辉执政时期,为了排除异己,台湾街头运动俯拾即是,政局动荡不安,传统道德沦丧,刑事犯罪率飙升,社会治安恶化,严重影响投资意愿;岛内黑道势力猖獗,李

---

〔1〕《中国战略导弹再触美国神经》,载《华盛顿观察》(周刊)2006年7月19日。

〔2〕《中国已具备"点穴战"能力》,中央社台北2006年10月27日电。

〔3〕〔俄〕尼古拉·波罗斯科夫:《非致命武器》,载俄罗斯《新闻时代》2004年8月11日。

〔4〕阎学通,等:《中国崛起及其战略》,北京大学出版社,2005年12月第1版,第21页。

〔5〕罗援:《兰德评估中美开战,如何解读》,载《环球时报》2011年11月16日。

〔6〕魏启敏:《美向日投掷核弹的台前幕台》,载《环球时报》2005年8月5日。

登辉纵容黑道进入政治层面，黑金政治泛滥，也损害了投资者的信心[1]。台湾经济发展水平逐步降低，经济实力逐步下降。搞"台独"是需要一定的本钱的，纵观从李登辉主政时期和陈水扁执政时期，岛内外都看得非常清楚，台湾并没有搞'台独'的实力，除了"制宪公投"，台湾没有强大到足以维持独立的经济力和军事力[2]。

（一）切断贸易关系

实质上，台湾当局购买军备的这笔钱是海峡两岸人民的血汗钱。为了促进两岸和平统一，1978 年以来，祖国大陆对台湾敞开了大门，开展对台贸易合作。截至 2008 年，两岸贸易总额累计为 8573.9 亿美元，其中大陆进口台湾商品 7056 亿美元，台湾进口大陆商品 1518.4 亿美元，台湾贸易顺差达 5537.6 亿美元[3]。陈水扁执政时的台湾当局就是用这笔钱来购买军备，分裂祖国，图谋独立，这是对两岸和平贸易的最大亵渎，也是对海峡两岸中国人民最大的愚弄。在"台独"势力从事"台独"活动猖獗的时期，中国大陆应当切断对台贸易，以阻止其进一步获取贸易顺差购买武器对抗大陆的企图。

（二）通过经济手段孤立"台独"

对中国来说，新的战略机遇期给中国发展带来了良好的机会。"国家在某一特定时期，主导经济创新的能力，它利用主导成果创造有效的军事实力，反过来加强了现有的经济优势，造就了稳定的政治秩序，维持了自身的战略优势，同时也有利于总体的国际体系。"[4]对台湾和亚太地区来说也是一样，通过中国自身的发展，造就凝聚效应，产生吸附功能，积聚资源优势，带动台湾和亚太地区的经济向以中国为中心的方向发展。台湾的绿色专家林中斌就认为："对中国来说，经济发展对统一问题更重要，除了战争外，中国还可以采取外交孤立的办法，增强台湾对大陆经济的依赖，争取台湾普通百姓的心。"[5]同时他还认为，从外部影响因素来看，"美国可能投入了过多的财力来为台海战争做准备，然而它低估了中国的非军事手段，具体来说就是对台湾经济和文化构成的蚕食威胁。"[6]加

〔1〕 贺星岳：《关于台湾地区西方式民主政治的思考》，载《浙江工贸职业技术学院学报》2006 年第 3 期，第 22 页。

〔2〕《北京声明硬中有软，逼阿扁第三条路》，载香港《太阳报》2004 年 5 月 19 日。

〔3〕 数据来源于《商务部台港澳司网站》。

〔4〕 孟祥青：《中国实力需科学评估》，载《环球时报》2004 年 4 月 16 日。

〔5〕《林中斌谈台海两岸军力对比》，路透社台北 2004 年 1 月 10 日电。

〔6〕 林中斌：《北京温和地对台湾统治》，载美国《国际驱论坛报》2006 年 3 月 29 日。

上运用经济杠杆调节“台独”生存和发展空间的能力，以经济优势为导向影响台湾发展方向的能力。

（三）警告“绿色商人”

2000年台湾举行“总统”选举时，被看作是李登辉铁杆“好友”的奇美集团董事长许文龙，在李登辉操纵的“弃连保扁”的阴谋之下，许文龙从国民党的金主突然转向，率先表态支持民进党的“总统”候选人陈水扁，让当时的台湾各界深信，李登辉“弃连保扁”的阴谋是空穴来风。陈水扁当选台湾领导人之后“知恩图报”，许文龙被聘为“国策顾问”，在奇美集团发展上给予大力支持，使许文龙的企业占尽资源优势。2004年“3·19”枪击案发生后，陈水扁舍近求远，直奔许文龙的奇美医院，可见陈水扁对许文龙的信任。奇美集团是两岸关系解禁后首批登陆的台资企业，大陆广阔的腹地为奇美集团的发展提供了巨大的空间，也为奇美实现产业转型积聚了雄厚的经济实力。正是这样一个靠大陆发展壮大的企业集团，将大陆赚到的钱汇回台湾之后，全力支持陈水扁搞“台独”。多年来中国政府和人民看在眼里，记在心里，一直隐忍不发，希望在大陆发展的台资企业家，能有一点民族责任感和民族自尊心。但像许文龙这类资本主义社会逐利本性培养起来的资本家，始终想两头通吃，执迷不悟。在《反分裂国家法》即将通过的前夕，国台办意有所指地指责“绿色台商”，虽然没有直接点名批评许文龙。但“绿色台商”在媒体的深度解读之下，加上国台办保持沉默，使人们有了更大的想象空间，一时之间传言纷纷。有的说中国政府要制裁“绿色台商”，有说政府税务机关开始清查奇美集团纳税情况，给奇美的发展氛围造成严重困扰。奇美集团股票出现剧烈波动，使之在大陆到了继续发展和撤退的选择。2005年3月14日《反分裂国家法》通过以后，当时的陈水扁当局通过一周的谋划，企图做最后的挣扎，举行“3·26”反制《反分裂国家法》的大游行。具有讽刺意味的是，曾经的“台独”大金主许文龙3月25日宣布辞去奇美集团董事长后，发表了退休感言，表示台湾与大陆同属一个中国，认同《反分裂国家法》条文的言论。也许是良心发现，一味搞“台独”是一条死路，亲自体会到在政治上跟着搞“台独”，是一条危险的死胡同。所以，不论是出于无奈也好，或是自愿也罢，许文龙最终还是从经济考虑，作了“台湾、大陆同属一个中国”的明确表态[1]。

（四）有选择地制裁“绿色企业”

在台湾岛内，对支持“台独”分裂的骨干分子，也可以用施加经济压力的方式

---

〔1〕 刘建兴：《评许文龙现象》，载《台湾研究》2005年第5期，第25页。

促使其转变立场。据中评社报道,台湾高铁公司由于背负高达4400多亿元新台币债务,经营陷入困难,将由国民党重新执政后的台湾当局接手主导。台湾高铁2009年9月22日将召开临时董监事会改选董事长,现任董事长殷琪下台,改由具有官方代表身份的台湾高铁公司执行长欧晋德接任。据此前台媒报道:殷琪,台湾高铁董事长,1955年3月17日出生,祖籍浙江平阳(现苍南)金乡。为曾任国民政府财政部次长的殷汝骊的孙女、企业家殷之浩的女儿,原大汉奸、"冀东防共自治政府"主席殷汝耕的侄孙女,是"虔诚的藏传佛教信徒",也是达赖喇嘛支持者。高雄市政府发文邀请达赖喇嘛访台,殷琪为推动邀请达赖来台的幕后主要推手。台湾高铁由"政府"接手主导后,官股董监事席次增加,现有公司股权结构不变,"政府"不加码投资。原则上,殷琪及另四名高铁原始股东代表仍将继续担任高铁董事,其他高铁董事则将于董事长改选后再择日召开选定[1]。台湾高铁2009年9月19日对于"政府"接手主导公司,不愿表示意见;高铁员工则私下表示欢迎,强调"这样台湾高铁就没有倒闭的风险了,员工不必担忧被裁员、减薪"。这是发生在台湾岛内绿色企业一味从事"台独"走下坡路的情形。今后大陆遇到类似绿色企业,除岛内的变化促使"台独"企业主下台外,还可以选择此类企业予以制裁。

从上述两个例子来看,中国运用经济手段和团结岛内具有进步思想、推进国家统一进程的力量,通过施加经济压力剥夺"台独"分子从事"台独"的物质基础是可能的,也是有效的。

三、运用军事战术进行威慑

由于一个世纪以来,一直怀有实现领土统一的民族夙愿,中国拿政权的合法性,来担保它不会允许台湾在法律上成为一个主权国家。中国正在部署更多可用于攻击台湾的导弹,并寻找在美军代表台湾一方进行干预时予以重创的办法。

(一)展示军事实力

2000年8月,两架台军的法制"幻影"战斗机从新竹机场起飞,在台湾海峡执行巡逻任务时(3万米高空),被大陆S-300防空导弹直接锁定,并在两架"幻影"采取战术回避动作后仍能牢牢将其咬住[2],充分展示中国政府维护国家主权的军事实力。也就是说,如果没有具有实际效果的军事威慑,与台湾当局谈和平统一,无异于与虎谋皮。坚持"和平统一"、"不承诺放弃使用武力收复台湾"

---

〔1〕《马当局接手高铁 推达赖访台的汉奸侄孙女下台》,载《环球时报》2009年9月20日。

〔2〕青铜:《海峡两岸导弹实力分析》,载香港《广角镜》月刊2001年12月号文章。

具有重要的战略意义。这主要出于四点考虑:一是充分显示中国政府维护祖国统一,捍卫领土完整的坚强决心;二是对台湾分裂势力铤而走险起到震慑、阻止作用;三是有力地反掣外国反华势力对台湾分裂势力的支持;四是在当前形势下具有促使形势发生变化的作用。

德国的腓特列大帝在长期的实践中得出一个著名结论:没有军事的外交,不过是没有乐器的乐章。“由言辞传递的意图可轻易改变,而实力确是实实在在的。”历史上,国家的军事能力决定着国家关系的底线。美国兰德公司在2000年发表的国家实力评估报告中,仍然重复着这种观点:“国家实力基础源于一国主导世界经济领先部门的能力,实力最重要的体现将继续是军事能力。”前美国驻华大使尚幕杰认为,中国是一个爱好和平的国家。他首先回顾了1840年开始的屈辱的中国近代史,“指出从1978年开始,中国军队主要用于自卫防御,其武器不够先进,没有强大的空中战斗力,不具备侵略性的进攻能力,而且中国从来也不是一个喜欢战争的国家”[1]。也就是说,有着悠久的历史经验和智慧的中国不会轻易动用军事手段,但一直在进行紧张而扎实的军事准备,近期的目标是防止台湾的“独立”,远期目标是维护中国在世界上的合法权益。在理查德·费希尔看来:“情况发生了变化,如何进行威慑和平衡力量的问题正在演变成如何建立互信和紧张关系的问题。”[2]中国的发展壮大了自己的力量,增强了自己的综合实力,军事力量本身的成长和集聚对“台独”分子就是一种无形的压力。同时给国外非法干预中国内政的反华势力也带来巨大的威慑。据美国媒体报道,中国于2007年正式部署了“东风-31A”型洲际导弹。麻省理工学院中国问题专家傅泰林乐观地说:中美之间发生核战的概率也随之减少,双方反而能达成稳定的核关系。傅泰林认为:“中国核导弹机动性越来越高,其二次打击能力也在提升,美国首先打击中国的可能性随之降低。”也就是说,中国在近期的军事目标上追求遏制台湾的分裂势头,阻止外国非法干涉势力的干涉企图,使干涉势力在采取行动前考虑到面临的威胁,本身就能起到良好的军事威慑作用。美国兰德公司军事专家麦艾文强调:“即便台海发生冲突,双方都不希望形势升高到必须动用核武的地步。中国发展核导弹的首要目的还是在于威慑。”[3]因为中国的军事实力得到展示,事实上也有二次反击能力。

---

〔1〕《尚慕杰:中国从不喜欢战争》,载香港《星岛日报》1999年10月17日。

〔2〕〔英〕蒂姆·卢亚德:《军事力量对比对台湾不利》,英国广播公司在线2004年3月10日消息。

〔3〕〔美〕徐琳:《中国战略导弹再触美国神经》,载美国《华盛顿观察》(周刊)2006年7月19日。

(二)举行军事演习

在军事威慑的手段当中,具有理想效果的就是通过年度、例行、专项和联合军事演习,它既可以隐藏真正的军事目的,又能通过实弹射击展示军事实力,警告从事"台独"的骨干分子和反华势力。台湾问题迟迟得不到解决,一个最大的障碍就是美国对中国内部事务的介入,"具体表现在冷战思维依然存在,唯一超级大国试图搞单极格局,霸权主义和强权政治仍然威胁世界和平稳定的根源"[1]。例如,1995 年 5 月,李登辉赴美访问,导致台海局势紧张,中国政府随后展开了一系列的军事演习。12 月,李登辉领导的国民党在"立法委员"选举中失去许多席次,拥有的席位创历史新低,只比过半数略多一点。这主要归功于中国军方的大规模演习,威慑策略基本生效。随后,中国大陆报纸开始把台湾海峡称为"南京战区",加强了对台湾的军事压力。在反对外来干涉方面,事实证明"导弹试射已经成为和平年代各国在国际舞台上进行外交博弈的利器"[2]。虽然中国在军事保密工作方面做得好,也有"邦之利器,不可示人"的军事传统。随着国家决策层的经验积累,集体决策变得逐步成熟,会吸取历史经验,单独针对"台独"分子言论进行的演习会变得很少。因为目前中国的军事实力已经挤入世界大国行列,与友好国家合作演习已成为一种常态,参与多国演习也是今后的一种发展趋势,军事技术和军事实力会经常得到展示。2012 年以来,中国海、陆、空的先进军事装备得到良好发展,确实提高了中国人的民族自信心。今后国家将逐步通过尖端武器测试、成熟武器列装部队,通过举行年度、例行、专项和联合军事演习,提高实战能力,展示先进武器的性能,其本身就是对"台独"分裂势力和外国干涉势力的一种强有力的威慑。

(三)利用非军事力量进行威慑

利用内卫部队进行突袭也是一种有效的威慑手段。武警部队的前身是中国人民公安部队,于 1949 年 8 月 31 日正式组建。1982 年 6 月 19 日,根据《中共中央批转公安部党组〈关于人民武装警察管理体制问题的请示报告〉的通知》精神,中国人民解放军担负地方内卫任务及内卫值勤的部队移交公安部门,同公安部门原来实行义务兵役制的边防、消防等警种统一起来,重新组建中国人民武装警察部队。后来根据形势需要,将交通、水电、黄金三支基建部队一并编为武警系列。1983 年 4 月,中国人民武装警察部队总部在北京成立。目前,武警部队拥有

---

〔1〕 王惠岩:《政治学概论》,高等教育出版社,1999 年 12 月第 1 版,第 410 页。

〔2〕 左渐晓:《导弹试射,外交斗争利器》,载《环球时报》2005 年 2 月 25 日。

三类八个警种。第一类,内卫部队。第二类,列入武警序列受国务院有关业务部门和武警双重领导的部队。这些部队既担负经济建设任务,同时又负有维护国家安全和社会稳定的任务,包括黄金、水电、交通、森林等四个部队。第三类,列入武警序列由公安部门管理的部队,包括边防、消防和警卫三个部队。警卫部队的主要职责是处置突发事件,主要是对突然发生的危害国家安全或者社会秩序的违法事件依法实施处置,包括处置叛乱事件、骚乱及暴乱事件、群体性治安、械斗事件等。在战时,要协同解放军进行防卫作战[1]。2004 年 3 月 19 日,台湾发生枪击案件,连宋竞选总部怀疑是陈水扁的阴谋,发动群众抗议,秩序一度失控。国台办发言人随即发出警告:如果台湾社会秩序发生混乱,台湾当局不能控制局面时,中国政府不会坐视不管。台湾的报纸随后解读说,"当时美曾担忧台湾发生内部动乱,中共趁机突袭台湾,你看北京后来发表声明指台湾内部发生动乱,中共绝不会坐视而不管,显见美军的忧虑不是没有原因"[2]。军情官员认为,北京将台湾问题定位为内政问题,如果台湾内部动乱,解放军不见得有借口出兵犯台,"但如果用武警部队,就可以向国际表明,只维护国内秩序,具有正当性,没有违反国际法规定,让国际社会无从干预和介入"[3]。在大陆有一部分专家就认为,在台湾没有宣布"台独"的情况下,如必须发动对其威慑,可以"台湾内乱"为出兵借口,同时为避免国际干预,中共的武警将取代解放军的军事角色以"稳定台湾秩序为由",以迅雷不及掩耳之势袭击台北。如果美军想干涉,美军也不能直接协防,因为武警不是军人。以美军攻击武警,将会触及国际法的相关争议。外媒认为解决台湾问题,北京心中很清楚,虽然政治上可以国际化,直接透过华盛顿政府施压围堵台湾,但军事上却必须限制在解决内政问题的框架中,否则如果"师出无名",包括联合国和西方强国在内,势必都会出面干预。所以,如果不能以军事手段出兵,则改以维护秩序为名由武警袭击台湾,而根据 1974 年联合国通过的"关于侵略定义和决议"规定,是否属于军事侵略行为应由安理会判定。而中国又是常任理事国,待平定台湾的"维和"行动转为外交上的攻防,中共就有更大的胜算。

当代军事斗争要求武装力量具有整体上的"实时性",随时处于优良的能战状态,即处于"可以直接使用的状态"。在战争初期进行战略反击,不给敌人选择

〔1〕 闵光玉:《武警部队立法问题探析》,载《河北法学》2008 年第 2 期,第 190 页。

〔2〕《枪响后,传美军立即警戒》,载台湾《中国时报》2004 年 7 月 2 日。

〔3〕《中共可能以武警对台奇袭》,载台湾《中国时报》2004 年 7 月 5 日。

战场的自由,迫使敌人分出更大的力量进行战略防御,达到分散其战略进攻力量的效果,并尽最大可能把战争破坏推向敌人一边。即使在战争长期化的情况下,也要力争在源头上消灭敌人的战略进攻能力。这就存在一个国家军事能力转化的问题,即把各种资源迅速转化为实战的能力。随着现代战略打击能力的突飞猛进,"可以使用"的力量是指真正能起威慑作用,而在威慑失效后能给敌方以战略打击的能力。

第三节　通过军事行动摧毁从事"台独"活动的基础

中国共产党和中国政府的战略方针,是以最大的诚意、尽最大的努力争取和平解决台湾问题。一旦台湾走上分裂之路,面临国家被分裂的危险时,做出的唯一选择就是不惜一切代价,坚决捍卫国家的主权和领土完整。即使遇到再大的困难、付出更大的代价,也动摇不了中国共产党、中国政府和13亿中国人民维护祖国统一的坚定决心。这既是迫不得已的选择,也是中华人民共和国宪法赋予中国人民解放军的神圣职责。

一、"台独"分裂势力采取以武拒统战略

民进党在位执政时期,极力推行冒险政策,"台独"的现实危险性也越来越大,其"台独"动作尤以2002年为甚。国民党2008年上台之后,台海局势虽然有所缓和,但和平统一的步伐推进缓慢。2012年1月14日国民党推出的候选人马英九再次连任后,和平统一情势的发展仍然是缓慢不前。民进党有再次执政的可能性,届时会再度利用行政资源推行"台独"政策,中国政府和人民必须做好准备。只有做好了最坏的打算,才有最好的结果。我们可以回顾一下民进党为了推行"台独"而逐步实行的军事战略。典型的是2002年民进党在初步稳住政权后,陈水扁有重点地加速对台湾军队进行改造,加上提出"决战境外"的军事战略,目的就是将台军变成"台独"军队。军事专家总结为以下几点:

(一)改变原有军队体制

台湾军队一直沿袭国民党退居台湾前在大陆时期的管理制度,军政、军令长期分立,造成军队结构和体系庞大重叠。2002年3月1日,台军按照"国防部组织法"与"国防部参谋本部条例"(简称"国防二法")规定,正式实行军政、军令一元化的新的"国防"体制。新体制架构将过去军政、军令由"国防部长"、"参谋总长"分管改为统一由"国防部长"管理,陆、海、空三军"总司令部"及其他兵种"司

令部”由过去的受“参谋总部”节制,改为由“国防部”统筹。原由“总统”下令“参谋总长”执行指挥军队作战的指挥流程,变成“总统”下令给“国防部长”,再由“国防部长”下令给“参谋总长”指挥军队作战,形成“台独总统”可以直接“御用”的工具。2002 年 7 月 23 日,台“国防部”公布的“国防报告书”,首次将作战构想从过去的“制空、制海、反登陆”调整为“制空、制海、地面防卫”,并提出了以“资电先导、遏制超限、联合制空、制海,确保地面安全,击灭犯敌”为指导,建立“小而精、反应快、效率高”的建军构想。在此基础上,台军初步形成了《兵力结构及组织精进案》,计划到 2006 年将三军总兵力由 2001 年刚完成“精实案”后的 38.5 万人,进一步裁减到 35 万人。其中,陆军在 19.9 万人基础上裁减 15%,海、空军分别在 5.6 万人基础上裁减 3% ~ 5%。未来十年台湾将把建军重点放在“制海”上。

(二)规划购买武器项目

借着与美国的特殊关系,台军采购军备愈演愈烈。在计划采购的武器装备计划上,包括制海、制空、反登陆三大项。据统计,2002 年美先后宣布向台出售武器装备九批次,累计金额达 29.83 亿美元。其中包括 AH - 64D“长弓—阿帕奇”攻击直升机、AN/MPN - 14 空中军事交通管制雷达系统及其相关设备、“标枪”反装甲导弹(该型导弹是首次大批量销往亚太地区)、ATM - 1/2 型“响尾蛇”空空导弹、AGM - 114 - 3 地狱火型空对地反装甲导弹、F - 16A/B 战斗机、F - 5E 战斗机、C - 130H 运输机与 IDF 战斗机所需雷达系统、两栖攻击登陆艇。其后的规划主要是:柴油动力潜艇、远程警戒雷达系统、攻击直升机、P - C3 反潜机、“爱国者”导弹、“基德”级驱逐舰和两栖突击车等,共计 203 亿美元。典型的一项是台湾公布的 2003 年军费预算总额为 2615 亿台币(约合 78.05 亿美元),比上年增加了 5 亿台币。

(三)提拔台籍将领灌输分裂理念

据台湾“国防部”1965 年统计显示,台湾军队中仅有 13.8% 的尉官、9.6% 校官和 1.3% 将官是本土出生的。这一比例结构到 1978 年是台湾军队中有 34.7% 的尉官,18.8% 的校官和 7.4% 的将官是台湾本土出生的。直到 1987 年,军队中才有 49.7% 的尉官,37.4% 的校官和 16.7% 的将官是台湾本土出生的。尽管外省人在军队中人数逐渐减少,但对军队高层领导权的掌握依然牢固[1]。2002 年

---

〔1〕 陈良生,等:《中国国家统一战略——战与和之间,我们选择全面打击和遏制“台独”》,明报出版有限公司(香港),2005 年 2 月第 1 版,第 54 页。

陈水扁先后三次对军方高层人士进行大幅度调整。在年初的第一次调整中，台籍将领汤曜明出任"国防"体制调整后的第一位全面掌控军队实权的"国防部长"，另两名台籍将领为"国防部"副部长。同时，一次性调整了包括参谋总长、三个副总参谋长及陆、海、空三军总司令和军管区司令、宪兵司令等在内的约30名中将以上职位，其幅度之大、范围之广，均创历史之最。年中，陈水扁又晋升一批将官，其中12人晋升为中将，其余34人晋升为少将。据统计，陈水扁上台以后，已先后六次对军队的人士进行了调整，加官晋爵的将领多达240名，其中多为本土籍将领。至此，李登辉与陈水扁先后推动的军权本土化目标已基本完成。值得注意的是，新提升的一大批高级将领普遍有着美国背景，为陈水扁与美国建立实质性军事与政治同盟培植了班底。为了稳固陈水扁在军队中的地位，台湾当局不断向军队灌输陈水扁的施政理念，强调军人要"恪遵宪法，服从元首"，支持民进党政府，还不断向台军灌输其"统一不是唯一的选项""两岸无共识""中共依然是威胁台湾安全的敌人"等分裂意识，要求军队强化"敌情"观念，树立"忧患"意识，企图使台军彻底成为民进党实现"台独"、分裂祖国的帮凶。

（四）深化美台军事合作规模

2002年，美、台军事合作与交往的数量和质量呈明显上升趋势。3月10日至12日，汤曜明应美国军方邀请访美并参加了"美台防御高峰会议"，与美国防部副部长沃尔福威茨等军政高级官员进行商讨。4月初，美军参谋长联席会议官员访台，直接与台"国防部长"、"参谋总长"及三军高层将领共同商讨有关台湾防御问题。4月15日，美国防部邀请台军政官员赴美太平洋总司令部"亚太安全研究中心"，接受为期12周的培训。4月下旬，美太平洋总部首次派遣两名将级军官直接进入台衡山指挥所，全程指导台湾"汉光18号"军事演习，并对C4ISR（C4：指挥—控制—通讯—计算机；I：情报；S：监视；R：侦察）做出全面评估。7月17日，美、台安全战略对话在美国加州举行。7月中旬，美由一名现役少将带队赴台与台军方共同协商制造潜艇事宜。9月7日至15日，台"国防部副部长"康宁祥赴美与沃尔福威茨等官员"再次确认台美双方相互支援、合作的军事关系"。10月15日至25日，台陆军副总司令高华柱率台25名将校级军官，赴美"战略培训班"接受培训。上述现象表明，台、美军方高层直接联系渠道基本形成，美、台关系正朝着实质性军事同盟的方向发展。

（五）针对大陆的军事演习明显加强

2002年，台军不断强化各类演训活动，以增强部队"以武拒统"的实战能力。据统计，台军全年共进行大小演习200余次，其中重大演习80余次，包括"汉光

18号”演习、“联兴86、87号”两栖登陆演习、“万安23号”联合防空演习、“金锤”三军联合火力演习、“联勇”三军联合攻击演习等。其中，以“汉光18号”三军联合演习为全年度的重头戏。演习以中国政府武力解决台湾问题为背景，假想在2005年春季，中国政府人民解放军完成军队现代化建设后，战斗力大幅提升，具备了一定程度的渡海作战能力，突然对台发动大规模的作战行动，台湾军队如何在不到5分钟的预警情况下，做出快速反应和进入作战状态，以及如何进行人力和物资的紧急动员。演习从4月8日开始，到5月20日结束，为期42天。据台媒体报道，这次的“汉光18号”军事演习从规模到批次，都大大超出以往，仅实弹射击打掉的枪、炮弹就要花上亿元新台币，保障演习的各项费用也在3000万新台币以上。

同时，台当局还积极推行代号分别为“天频计划”“强汉计划”“强武号计划”“频管计划”“庐山计划”“万箭计划”“擎天计划”以及“翔升计划”等在内的20多项武器研制计划也正在紧锣密鼓地进行，以企图增加“台独”能力，提高对抗大陆统一攻势。

二、“台独”分裂势力企图绝境求生

民进党当局在对军队机构体制、科研项目和采购武器等方面进行扎实准备的同时，积极开展地面作战系统的改造和升级，以提高战时防护和攻击能力。

（一）完善预警系统

在逐步建设金门、马祖、澎湖以及台湾本岛雷达预警网的同时，台湾明显加大了早期预警能力建设，E2－T预警机的装备，使台湾增强了对大陆战斗机起飞集结及低空机群行动的侦测控制，为其作战准备赢得了近20分钟的预警时间。2000年购入的“远程预警雷达”系统，则可多角度侦测和监视潜艇发射的洲际弹道导弹，该系统与台湾先期购买的“爱国者”导弹连接，可提前5～6分钟实施导弹预警。

（二）建立防空及反导系统

据报道，按面积和兵力配置，台湾本岛的防空导弹密度仅次于以色列，居世界第二位。台湾的导弹防御网大致分为低空、中空与高空三个防御层次。1500米以下低空防御层，主要由防空火炮及美制“毒刺”、“复仇者”导弹，法制“西北风”导弹等构成；1500米至7600米的为中空防御层，主要由美制“复仇者”“霍克”导弹，法制“西北风”导弹以及台湾自行研制的“天弓—1”“天弓—2”型导弹构成；7600米以上的高空防御层，主要由美制“奈基”导弹、台湾自行研制的“天弓—3”型导弹构成。台湾军方将此三层空防体系称之为台湾空防的“铁三角”。

(三)建设地下军事设施

这是台湾抗击第一波攻击的重要措施。经过50余年的经营,金、马外岛及台澎地区的军事指挥中心、通讯、后勤保障设施以及部分海空基地设施均实现了地下化。据台刊透露,位于大金门中部的太武山内建有长约4公里的主坑道,在此不仅设置有指挥机构,还建有医院、礼堂和供车辆行驶的通道。而位于台北士林区鸡南山地下的台"国防部"衡山指挥所,占地数平方公里,地下三层,从坑道口到指挥所,长达1公里左右,地下隧道最远可达台北松山机场。在台湾中部山脉的一些重要隘口处,台军利用地形构筑了许多进可攻、退可守的地下、半地下防御阵地,并在洞库内囤积有大量的物资弹药。从20世纪70年代初开始,台湾军方加大了对东部基地的建设投入,自1980年起投资预算446亿台币,开始了佳山基地及其余8项台军东部战备地下化工程建设。2008年陈水扁因涉嫌洗钱等弊案被关押一段时间后,不知是头脑出了问题,还是出于恶意报复,竟将战时"总统"逃亡的绝密路线捅给媒体,当时舆论一片哗然。可见这些地下设施确实存在,也显示了其重要程度。

三、中国政府采取非和平手段应把握的几项原则

据刘先照先生(《中国民族问题研究》一书的作者,作者注)的统计,自秦汉以来,中国统一和割据的历史中,统一时间为2/3,分裂时间为1/3。历届中国政府都以实现国家统一为天然使命。对于当代的政府领导人也是一样。温家宝总理曾说:"中国有一句古话:一尺布,尚可缝;一斗粟,尚可舂。同胞兄弟何不容?"2013年3月17日,新一届国务院总理李克强总理在答台湾《联合报》记者提问时说:"所谓打断骨头还连着筋,同胞之间、手足之情,没有解不开的结。"[1]这都充分表达了我们党和政府追求和平的诚意和实现国家和平统一的愿望。

(一)要有维护国家主权和领土完整的坚定决心

台湾人民是中华民族大家庭中不可分离的重要成员,实现祖国统一是所有炎黄子孙的共同愿望,是历史的必然。对于饱受分离之苦的中华民族来说,"和平统一是解决台湾问题的最佳方式,但绝不是唯一方式"[2]。在国家统一的方式上,仅有诚意是不能赢得和平的,任何分裂祖国的行为都会受到惩罚,直至使用战争手段消灭分裂分子[3]。对中国政府来说,台湾是反映中国长期以来遭受

---

〔1〕 新华网—图片频道《李克强答问风采》2013年03月19日。

〔2〕 《武力是为促进和平统一》,载《环球时报》2003年12月8日。

〔3〕 贺星岳:《关于台湾地区西方式民主政治的思考》,载《浙江工贸职业技术学院学报》2006年第3期,第22页。

外国列强奴役的一面镜子，台湾不仅仅是一个政治和经济上必须夺取的目标，台湾的地位是与民族自豪感和国家威望紧紧地联系在一起的。在中国历史上，没有任何一种政治势力能承担起导致国家分裂的历史责任，也没有任何一种政治势力在国家分裂后无动于衷。因此，中国共产党领导的中国人民政府面临国家被分裂的危险时，同样会担当起自己的历史责任，做出的唯一选择就是不惜一切代价，维护国家的主权和领土完整。

（二）把握解决台湾问题的最佳时机

台湾问题何时解决，要根据客观实际和国内外形势决定，尽量稳妥推进，不可贸然行事，时间对中国大陆有利，越是往后越有利于这一问题的解决。

客观理性分析解决台湾问题的时间点。对于台湾的统一问题，曾有学者主张尽快解决：如果武力统一不可避免，早晚要统一，则可使长痛化为短痛。台湾问题已经给我国造成了几十年的困扰，这种困扰给我国带来的麻烦积累起来也不亚于一场小规模局部战争。在早武力统一与晚武力统一代价相等的情况下，早统一则可减少统一前台湾制造种种麻烦的时间〔1〕。当然也有学者认为，打与不打，有时是形势所逼，有时是人为因素，但最终决定的还是决策者的理性思考和所担负的历史责任。更重要的是对像李登辉等人这样顽固狡诈的分裂主义者来说，阵发性和应对性的军事威慑不大可能真正奏效，或者一时奏效，其作用也不会太久。不论是大打还是小打，都必须考虑另外三项因素：台湾部分民众反过来同情当局的可能性；多种形式的美国武装干涉的可能性；李登辉这个可能算是统一大业最坏的对手（至少在可预见的时间里是如此）以局势危险为由宣布“紧急状态”，从而长久盘踞台湾统治权的可能性。“总的来说，这三项因素是不大有利的。”〔2〕学界在研究这些因素时，予以充分分析是很有必要的，对于中国共产党领导的中国政府来说，国家的分裂是不可承受之重，“新兴政权不论以何种方式求得台海两岸和平统一之实现，都不会承诺放弃使用武力”〔3〕。对于战争对国内局势造成的影响，有学者认为，“如果台湾发生战争，中国反而不会解体，因为一场维护国家主权的战争使国内人民更团结”〔4〕。因此，从维护国家的主权和领土完整军事手段来说，它必须具备的基本条件为“国家军事实力，特别是当

〔1〕 阎学通：《何时统一台湾》，载《环球时报》1999年9月10日。

〔2〕 时殷弘：《争取以最小代价完成统一》，载《环球时报》1999年11月12日。

〔3〕 孙力：《台海两岸分合历史之反思》，载《史学集刊》2003年第2期，第45页。

〔4〕《台海爆发战争并非遥不可及》，载香港《信报》2004年7月23日。

即可以使用的作战能力,是国家的核心能力"[1]。从维护国家核心利益的外交角度来说,德国铁腕人物俾斯麦曾说过:"对于一个外交家来说,最大的危险就是抱有幻想。"[2]从国际社会的实践上看,自1648年威斯特伐利亚和约通过以来,武力一直是维护国家统一和领土完整的有效方法。冷战以后,最终放弃使用武力遏制分离主义的国家,其结局基本上都是国家分裂。保持高强度的军事压力,恰当选择解决台湾问题的时间点,是当前和今后的慎重选择。

维护中国政府的最大耐心。军事科学院的罗援主任指出:不要怀疑绝大多数的海内外中国人维护国家主权和领土完整的决心和能力。中国人民解放军的高级将领均多次郑重声明,"宣布'台独'之日,就是宣布战争之时",也就是解决台湾问题的关键时刻。出尔反尔,口是心非,言而无信者,必将失信于民,不仅失去为政的基本条件,而且难与人类正直族群为伍。陈水扁可以失信于2300万台湾同胞,但中国政府绝不会失信于包括台湾同胞在内的13亿多中国人民。挑起战火的"台独"分子是民族的千古罪人,必将受到历史的严厉惩罚。北京联合大学台湾研究所所长徐博东曾说,长期以来,大陆的对台政策非常理性,但是,陈水扁却误解了大陆的善意,变本加厉地走向"台独"的深渊,完全违背了台湾民众求和平、求稳定、求发展的主流民意。可以说,"台独"是一条不可逾越的"红线",否则,带给台湾的只有灾难[3]。因此,即使面临严峻形势,均应保持启动非和平手段的最大耐心。

尽量绕开启动非和平手段的思维。"反分裂法是和平解决国际争端原则在国内的适用。尽管台湾问题属于中国内政,不属国际争端,但大陆方面仍顺应历史潮流和国际大势,力主采取和平方法予以解决。"[4]多年前,一位台湾学者写过如下一句相当发人深省的话:"在处理北京与台北的关系时,在战略思考上避开武力解决,是非常重要的一件事。事实上,只有在战略思考上回避战争,才可能真正跳出战争的阴影。"[5]对于处理国家的核心利益问题来说,中国政府决策层一个共同的标准认识就是:应该尽量防止争端演化为全面的战争。全面战争

---

〔1〕 吕德宏:《军事实力、战争潜力与综合国力》,载《环球时报》2004年10月27日。

〔2〕 刘作奎:《俾斯麦武力统一德意志》,载《环球时报》2004年2月2日。

〔3〕 王连伟:《在京台湾问题专家学者严正指出——"台独"分裂活动必将受到历史严惩》,载《人民日报》(海外版)2003年11月20日。

〔4〕 尹生:《分裂·干涉·主权——〈反分裂国家法〉的国际法分析〉》,载《当代法学》2006年第1期,第130页。

〔5〕 王家英:《中美战略对峙升级》,载香港《新报》2004年6月19日。

不仅意味着无限制的毁灭,而且还意味着在敌对双方之间将不存在任何有人性的联系。如果战争是由一方发起的,那么另一方很可能会觉得它没有任何理由在使用武力方面接受任何制约。换句话说,那些发动全面战争的人往往会自食其果,因为全面战争会使敌对双方的行为都变得残酷无情。另外,全面战争会使得战后的和平共处变得更为困难,留下无法弥补的历史遗憾。

(三)充分做好重要目标的防护

在推行国家统一的过程中,最大的威胁来自顽固分裂势力不自量力的挑衅,如与中共进行"圣战"、两岸是"准战争"边缘、"你打我台北,我打你上海"的"恐怖平衡"、"中共是世界乱源"等等失去理智的言论。从国家战略防御角度来说,防护沿海大中城市和国民经济的战略重点目标,在任何时候都不会放松,要积极主动做好各项准备。"台独"分子的叫嚣无非是显示其推行其分裂路线的野心,不会对国家的战略防御工作带来阻却因素,只会提醒加强这种防御。在"台独"分子点名企图袭击的国家重点工程中,长江三峡工程名列其中。对此,三峡工程开发总公司总工程师张超然明确做出回应:三峡大坝不怕战争威胁。据《工人日报》2002 年 11 月 6 日报道,人们普遍担心,万一三峡大坝遇到战争或恐怖威胁,三峡库区亿吨水宣泄而下的危害问题,在三峡工程新闻通气会上得到了一个圆满的解答。张超然说:"三峡大坝是重力坝,底宽 150 米,承载能力很强,使用常规武器根本无法破坏它,而唯一能对它造成一些威胁的非常规武器,在使用前总会有很多迹象。因此我们完全可以在敌方使用武力威胁前的很短时间内把水位降低到最低限度。退一步说,即使有部分清坝,下游河段弯曲,泄洪能量消耗大,不会造成威胁。我们现在也正在与有关部门进一步研究更科学的有效防护大坝的措施。"另外,国际公约也规定,不允许攻击重要的公用设施,否则挑衅者自己将受到同样的回击。也就是说"大坝本身的安全是非常可靠的,常规武器不可能使大坝溃决。即使爆发核战争,也有事先的防范措施"[1]。同时要将具有重大战略作用的金融机构、交通运输、邮政、电信、新闻出版、广播影视、信息网络、水源供应、医药卫生、食品和粮食供应、工程建筑、能源化工、大型水利设施、民用核设施、国防科研生产和市政设施保障等单位,依法纳入国家防御目标,建立国家政治、军事、经济、社会目标和首脑机关分级防护制度。将托儿所、幼儿园和孤儿院、养老院、残疾人康复机构、社会救助站等自我保护能力低的社会福利机构也作为重点防护目标。

〔1〕 驻外记者联合报道《三峡让世界了解中国》,载《环球时报》2006 年 5 月 19 日。

（四）面对“台独”分子的无理挑衅要断然反击

1947年12月，面对分裂势力的挑衅，“台湾省主席”魏道明指出：“如果少数人敢冒天下之大不韪，1600万台湾人民和4亿大陆人民将不惜为之流血牺牲。”[1]进入20世纪90年代，台湾的分离运动一步步加剧，中国领导人和中国人民政府采取了坚决的应对措施。21世纪初期，面对岛内“台独”分裂势力的狂妄表现，国台办发言人曾发出“促使大陆做好彻底粉碎‘台独’的准备”和“‘台独’最终为台湾带来深重灾难”的严厉警告。面对“台独”步步紧逼，大陆和台湾在三个方面面临困扰：一是“头号分裂主义者”李登辉顽固和狡诈，力图利用台湾岛内一部分人对“一个中国”的疏远情绪，操弄族群意识，刻意制造两岸分离氛围；二是当年台湾海峡天险本身造成的；三是美国对反分裂促统一的军事行动的直接或间接的武装干涉的可能性[2]。在三角等边关系之上，任何一方施加压力，都会引起另一方的互动。对于中国大陆来说，“台独”不断进行挑衅，不做出回应会被视为是软弱和默认其行为的表现；做出回应和回应不恰当，会被“台独”用来制造岛内的政治话题，诉求“悲情意识”，制造“欺侮台湾”的口实，更刺激美国极右势力对对台湾的支持，给中、美关系带来严重困扰。2003年11月，台湾举行“总统”选举前夕，民进党推出的候选人陈水扁及其竞选团队发出疯狂的“台独”叫嚣。他们在两岸关系上倒行逆施，支持民进党拒不废除“台独”党纲，要坚持“台独”分裂目标，致使两岸关系危机根源始终难以消除，台湾社会终始笼罩在不安的阴影中[3]。在形势的逼迫之下，中、美、台三方的战略思考毫无疑问地均指向战争而非和解。尤其是台北和华盛顿政府，似乎一心为争取一个更具主权独立地位的台湾而不惜一切地挑战北京的容忍底线。“战争的思考和准备，正为台海卷起越来越浓密的战云。”[4]所以说，“台独”是挑起战争的根源，是对中国人民的无理挑衅。

为了防止局势失控，中国政府再次发出强烈警告：“‘台独’分裂势力及其骨干分子必须‘悬崖勒马’。任何人试图把台湾从中国分裂出，必将遭到包括台湾同胞在内的13亿多中国人民的迎头痛击。”据当时岛内媒体分析说，中国大陆使用“悬崖勒马”、“迎头痛击”等强烈措辞，是1950年抗美援朝、1969年中苏珍宝

〔1〕 汪幸福：《蒋介石严惩“台独”分子》，载《环球时报》2006年3月7日。

〔2〕 时殷弘：《争取以最小代价完成统一》，载《环球时报》1999年11月12日。

〔3〕 宛夫：《台湾当局摆脱危机的唯一出路》，载《人民日报》2000年10月31日。

〔4〕 王家英：《中美战略对峙升级》，载香港《新报》2004年6月19日。

岛冲突、1976年中国打响对越自卫反击战前使用的“战争警告语”[1]。2004年，时任“台湾‘行政院长’游锡堃访问中美洲途径美国时称，中国大陆是世界乱源。游锡堃这样的用意相当明确，无非是想让世界知道，影响世界和区域稳定的根源不是从事独立运动的台湾政治力量，而是意在统一的中共。”[2]从形势的严峻性看，当时战争就有一触即发危险。就连2000年曾经全力支持陈水扁选举的台湾唯一获得诺贝尔奖的中科院院长李远哲发出警告说：“‘台湾要独立，他们（指中国大陆，作者注）一定打’，因为中国受列强压迫200年，他们的领导人绝对不能承受台湾分裂的事实。”[3]面对挑衅，中国政府和人民必须坚决予以反击。

（五）坚决抵制美国干预

我们要清楚地看到，台湾问题之所以成为“问题”，是因为美国介入中国内部事务造成的问题。插手台湾问题是美国的国家利益使然，因此我们对解决台湾问题要客观冷静地分析，既要面对台湾的分离势力随时可能发出的挑衅，也要积极防备美国干预的可能性。因为“台湾的命运一开始就不是掌握在台湾自己手中，也没有掌握在大陆手中”[4]。台湾作为美国规划太平洋战略上的重要一环，一直以来都是美军关注的战略重点。和平与非和平，都是可能的结果，我们都要面对，非和平的局面也许是我们不得不面对的。台湾并不属于美国战略的一员，而是中国与美国防卫线的缓冲地带。“美国国防部对发生台海危机时中国可能争取的立场进行评估。结论认为：第一，压迫台湾接受中共条件进行谈判；第二，采取必要之军事行动，以迅雷不及掩耳之方式防止第三方介入。”[5]对于美国的干涉，应作具体分析，做好积极的应对准备，这样可以给非法干涉势力进行非法干涉时以必要的心理压力。同时应与美国积极沟通，让他们真正感知到进行干涉的巨大风险。美国前国防部长拉姆斯菲尔德被认为是鹰派人物，他的一些言论和作风相当强悍。但在2004年新加坡举行的一次会议上说：“我当然同意他（指新加坡总理李显龙，作者注）的说法，在这个世界上，人们最不愿意做的事就是使用硬力量。”[6]他同时又说：“……我承认，使用武力永远是最后的选择，各

---

〔1〕 张依瑶：《台当局低估我敢战决心》，载《环球时报》2003年11月24日。

〔2〕 郑永平：《围堵“台独”，还是被迫“统一”》，载香港《信报》2004年8月31日。

〔3〕《李远哲：现在是一中，两政治实体》，载台湾《联合报》2004年8月8日。

〔4〕 刘亚洲：《大国策》（内部资料），第65页。

〔5〕 黄创夏、杨惠菁：《2000年后中共有能力发动闪电战》，载台湾《商业周刊》2004年1月4日文章。

〔6〕 公孙笑：《软力量，姚明老子》，载新加坡《联合早报》2005年6月12日文章。

种各样的软力量是我们所需要的，是我们所有人应该考虑的，包括在小心翼翼度过目前这个在我看来未必是坦途的时期之际。”[1]。

对中国大陆来说，为了实现中华民族的伟大复兴，必须做好防止和制止台湾分离祖国的任何企图，维护亚太地区的和平稳定。“中国能够集中自己作为东亚大国的战略关注和军事主力于台海地区，而美国在大多数场合既无意愿也无能力做到这一点。”[2] 也就是说，台湾是美国关注的战略点之一，但不是全部。“1996 年台海危机时，美军派了 4 架次的 EA－6B 电子干扰飞机，从琉球一路飞到新加坡，沿途不断对中国大陆发射电波，造成中共沿岸雷达失效。有过被人干涉切身之感的中国人民解放军，现在也想让台湾尝尝看不到的滋味，也想让美国看看干涉的后果。在短短几年时间，军方在这个领域进步相当可观，对台湾的威慑也跟着与日俱增。“美国国防部的报告指出，中国人民解放军相信对台最有效的军事攻击战略是出其不意，攻其不备。”[3] 中国军方也拥有了这方面的技术，而且目前有些导弹也开始用毫米波做导引，意味着弹点精准度将大为提高，而且可能在电磁脉冲的环境下正常运作，而命中圆周误差不是几十或几百，而是几米[4]。新研制的第三代巡航导弹“东海—10 型”亦于 2003 年 8 月试射成功，射程达到 3000 公里，可涵盖美国关岛及驻日美军基地，被视为解放军防止美国干涉的“撒手锏”武器[5]。这对于分离势力和非法干涉势力来说，是不得不认真考虑的因素。“若第三方介入，中共会展现不计风险的态度、企图削弱第三者的决心，甚至打击第三方的高价值资产。”[6] 美国国防大学《联合力量》曾刊文称：中国正在发展和生产先进的空中预警机，以提高战机的效力。文章称，中国努力研制三款预警机，其中“空警—2000”性能直逼美军“E3 鹰眼”预警机，而且只需两架就能够掌控台海。解放军研制的三款预警机分别是“空警—2000”，“运—8 平衡木”和“运—8 碟盘”，其中可能已交付部队使用的“空警—2000”功能最为齐全，是迄今为止中国生产的最高级别的预警机，所担当的角色与美军的“E3 鹰

〔1〕 公孙笑：《软力量，姚明老子》，载新加坡《联合早报》2005 年 6 月 12 日文章。

〔2〕 时殷弘：《争取以最小代价完成统一》，载《环球时报》1999 年 11 月 12 日。

〔3〕 黄创夏、杨惠菁：《2000 年后中共有能力发动闪电战》，载台湾《商业周刊》2004 年 1 月 4 日文章。

〔4〕 香山：《中共 2 小时袭台，电磁脉冲攻击下的全面瘫痪》，载台湾《全球防卫杂志》2004 年 2 月号刊。

〔5〕 郑永平：《围堵“台独”，还是被迫“统一”》，载香港《信报》2004 年 8 月 31 日。

〔6〕 黄创夏、杨惠菁：《2000 年后中共有能力发动闪电战》，载台湾《商业周刊》2004 年 1 月 4 日文章。

眼"预警机相仿。澳洲防务分析家库普也撰文指出,中国正在研制的三款预警机中,至少有一款可能已经服役。日本最权威的军事战略专家、杏林大学教授平松茂雄,在2004年2月21日新(新加坡)、日、台交流会上指出:中国现在发展巡弋飞弹、武装直升机、隐形战机、电子干扰、精确攻击、侦察监视、以科技练兵等,加上还制定人民防空法等,都是针对台湾、西藏、新疆等分离活动,尤其像人民防空,主要担心美国干预攻台,如果中国对此有备,美国可能行动上也有不同对应[1]。也就是说,预警机、各种先进武器研制成功和陆续投入部队服役;人民防空法的实施,是提高对台军事攻击和防备外来干涉的重要一环,也是维护国家主权和领土完整的必要手段,也是制胜的必需手段。但是我们要知道,胜败不是机械性概念,它是一种态势,只要国家主权和领土完整得到维护,又能有力地阻止非法干涉势力,造就一种斗而不破的态势,就是重大胜利。德国军事理论家和军事历史学家克劳塞维兹在《战争论》中说:"战争是政治的延长,只要战略能支撑国策,则虽败犹胜,若是外交、战略都必须铤而走险,虽胜犹败。能达到政治目的者,就是战胜国。"[2]

(六)团结周边国家为中国的行动提供支持

采取非和平手段是一个迫不得已的选择,对中国的邻国来说,将面临更加严峻的考验,会在难民涌入和航运、海运安全方面造成不小的影响。"战争不仅会影响到这些国家和中国的正常经济贸易和政治关系,而且更会迫使这些国家在美国和中国之间进行艰难的选择。"[3]这对东盟国家来说面临选边站的问题。面对这种困境,中国政府就要充分运用国际法允许的措施,积极与周边国家进行沟通和协调,运用道义优势做好这些国家的工作,争取这些国家对中国维护国家统一战争的理解和支持。同时,向国际社会做好正面的宣传和解释工作,运用国际法解释中国维护国家主权和领土完整的合法性和必要性,并采取合法的措施进行军事行动,以减少不必要的阻力和误解。

(七)依法定程序采取非和平手段

反分裂国家的立法,将党和政府解决台湾问题的基本政策和意志上升为国家意志,对于遏制"台独"、促进祖国统一具有非常重要的意义。该法除规定台湾的地位、加强两岸政治经济文化交流与合作、促进两岸同胞友好往来、和平解决

〔1〕 刘黎儿:《日本专家:中共长年进行渡海攻台准备》,载台湾《中国时报》2004年2月22日。

〔2〕《中国对击败日本有巨大贡献》,载香港《成报》2005年8月22日。

〔3〕 郑永平:《围堵"台独",还是被迫"统一"》,载香港《信报》2004年8月31日。

台湾问题的途径等内容外,还明确规定使用非和平手段解决台湾问题的特定条件和基本行动规则。

依法行使军事决策权。维护国家主权和领土完整,是中央人民政府的天然职责。从两千多年前的周朝,可以看到维护国家领土的决策权出自最高层,如周武王就曾经说过,“礼乐征伐自天子出”。在当代社会,代表国家利益的是中央人民政府,维护国家核心利益的也是中央人民政府。“在台湾问题上,我们只有在《反分裂国家法》规定的三种情况下,才使用非和平手段;可以说,在战略透明度方面,我们站在道义高地上,高举一面独具特色的正义旗帜。”〔1〕反对“台独”和打击“台独”中国政府绝不会手软,“实际上,这是中国高层的一贯立场,因为近来台湾方面独立路线明显化才导致了大陆路线的明显化”〔2〕。从反分裂国家法的惩戒角度来说,国家的暴力强制主要由中央人民政府决定,直接施用于少数危害国家主权和领土完整的严重犯罪分子。因此,军事决策权必须由中央人民政府依法定程序做出。

由法定机关负责实施。《中华人民共和国宪法》在序言中明确规定:“台湾是中华人民共和国的神圣领土的一部分。”宪法第二十九条还规定“中华人民共和国的武装力量属于人民。它的任务是巩固国防,抵抗侵略,保卫祖国,保卫人民的和平劳动,参加国家建设事业,努力为人民服务”。《反分裂国家法》第八条规定:“‘台独’分裂势力以任何名义、任何方式造成台湾从中国分裂出去的事实,或者发生将会导致台湾从中国分裂出去的重大事变,或者和平统一的可能性完全丧失,国家得采取非和平方式及其他必要措施,捍卫国家主权和领土完整。依照前款规定,采取非和平方式及其他必要措施,由国务院、中央军事委员会决定和组织实施,并及时向全国人民代表大会常务委员会报告。”从目前法律的规定看,全国人民代表大会将反“台独”军事斗争的决定权依法授予国务院、中央军委负责实施,并将组织和实施的情况及时向全国人民代表大会常务委员会报告。也就是说,国务院、中央军委是负责实施非和平措施的法定机关。

依法定程序实施。启动非和平手段,必须依法定程序进行,做到依法用兵,确保战争胜利。在使用武力时,应发布有关的法律文告,重申中国政府对台湾的主权,表明中国政府制止“台独”、实现国家统一的严正立场和赢得胜利的坚定决心,并明确宣布打击对象是推行“台独”的分裂势力、叛乱武装和策划、组织、参

---

〔1〕 杨毅:《占领富国强兵的道义高地》,载《环球时报》2006年4月27日。

〔2〕 郑永平:《围堵“台独”,还是被迫“统一”》,载香港《信报》2004年8月31日。

与、资助分裂国家的分子以及由他们组成的机构、组织。通过明确打击对象、强化法律威慑，达到震慑“台独”势力，提高军事打击效果，分化瓦解敌阵营，摧毁敌人心理防线和激发台湾民众开展反分裂斗争的目的。

选择合法和最佳的战法。1868 年《圣彼得堡宣言》确认了战争法的一个基本的原则，即“各国在战争中应尽力实现的唯一合法目标是削弱敌人的军事力量……”，而不是与平民作战。为了“削弱敌人的军事力量”而发起针对平民的战争是非法的。中国军事百科全书对‘战争’和‘战争状态’所下的定义也是从传统国际法的角度做出的，即战争是指人类社会集团为了一定的政治、经济目的而进行的武装斗争；战争状态是指战争正式开始至正式结束期间交战国之间关系的法律状态[1]。战争法强调，“交战者在损害敌人的手段方面，并不拥有无限制的权利”。对台作战是一个国家内部的事情，但因为要采取军事手段，也要严格遵守战争法的有关规则。依法选择作战方法，尽量和防止民事目标遭到破坏。在选择作战方法时，应全力打击军事目标，以合乎战争法的基本规则为控制底线，使作战行动合法行事，不违背规则，要严禁避免杀伤面过大、禁止使用严酷的作战方法，引起大量无辜平民伤亡和大量财产损失。从历史上对台作战的方法上看，一般都选择常规的炮战。因为“炮战可怕的地方不只是仿佛永远落不完的炮弹，而是传统成本运用上，炮战应该是下一波行动的前哨准备。可是中共的下一波行动是什么？是登陆金门还是直取台湾”[2]。炮战会给从事“台独”的分裂分子极大的心理压力，因为军事技术发展到今天，炮弹的威力已远超过当年。2003 年年底民进党发布一份中国大陆军力报告，报告中公布：中国大陆“新研发的卫士二型多管火箭炮，射程达 360 公里，台湾全岛都在射程中，辅以卫星定位修正弹道，由于速度快，台湾反导系统难以拦截，将会对台湾军事设施造成严重破坏”[3]。所以，即使是常规的炮战，对“台独”分裂势力都会造成沉重打击。

选择恰当的战略大后方。历史上的统一战略，在大后方的选择上，黄朴民先生的简单归纳给我们一个基本的启示。一是在中华民族的统一史上，东西部势力的对峙、冲突及消长，有一个重要特征，就是西部轴线逐步形成。二是在东西关系冲突融合过程中，西部在整体上占有一定的优势，处于主动进攻的地位。这多少能够解释，为何在东西统一战略轴线时代，统一的主导者大多是起自于西方

---

〔1〕 常璇、杨成梁：《“紧急状态”、“战争状态”概念及辨析》，载《当代法学》2005 年第 2 期，第 132 页。

〔2〕 李朝阳：《战争其实不曾远离台湾》，载台湾《新新闻》2003 年 6 月 24 日。

〔3〕《民进党中共军力报告：大陆最快后年闪电攻台》，载香港《明报》2003 年 12 月 20 日文章。

的力量,即往往是由西部的势力来统一东部,恰如司马迁所说:“夫做事者必于东南,而收功实者常于西北”[1]。三是至少在商周时代,关中地区已成为重要的战略地基,在战争中发挥着特殊的作用。在日后的统一战略实施过程中,关中都是国家统一的主要根据地(在东西战略轴线时期尤其如此)。这正是秦汉时期大多数统一大战略指导者,乐意选择关中地区为自己统一战略基地的缘由所在。以西北为大后方,努力防护东南沿海地区,符合历史规律,也符合战略大后方选择的基本规律。

依法选择攻击目标。依法选择作战打击目标,是对台作战的关键环节。一是选择重大的物质目标实施打击:(1)选择集中优势力量,摧毁军事战略目标和后勤保障设施;(2)选择对敌抵抗具有重要保障作用的军事和军民两用目标,如敌对势力所依赖的重大能源、交通、通信、广播电视和地下电台等目标;(3)根据作战进度和战时发展情况,及时发布民用装备不得资助敌对势力的通告,否则将依法予以打击;(4)为彻底摧毁敌对势力的有生力量,有选择地打击抵抗统一的重要军事工业和科研机构,打消其作最后垂死挣扎幻想。中国目前有这种能力和条件。“有媒体称,大陆巡航导弹业已研发“红鸟—1型”,“红鸟—2型”,后者具有1500公里射程,以卫星定位系统制导,精确度可达5米范围,其改进型正向3000公里射程迈进”[2]。这种武器即使从江西、安徽和湖南的内陆城市机动发射,也能精确打击台湾的战略军事目标。二是选择特定的人员目标。对长期从事“台独”活动、具有极端分裂言行并造成严重后果的骨干分子,及时宣布为分裂国家的犯罪嫌疑人,公布明确的奖罚措施,促使其分化瓦解,打击极少数重点对象。这种目标选择,可以借鉴美国通缉伊拉克政要名单时,以扑克牌方式,适时公布这些犯罪嫌疑人的名单,并展开调查取证行动,对具有真诚悔改并具有重大立功表现的,在捕获之后可以从轻处罚。

选择法律允许的手段。中国政府在国家统一问题上,一再向全世界明确宣布,坚持的是力主和平解决台湾问题,不承诺放弃武力手段的战略。军事专家戴旭曾发表《中国需要什么样的新型军队》的文章,认为新型的中国军队必须拥有一定的战略反击手段:一是具有遏制世界超级强权的战略干涉能力;二是震慑区域性威胁的能力;三是小范围精确捕杀,定点清除的能力。“这是国家为分裂分

---

〔1〕 黄朴民:《秦汉统一战略研究》,中国人民大学出版社,2007年11月第1版,第162-163页。

〔2〕 青铜:《海峡两岸导弹实力分析》,载香港《广角境》(月刊)2001年12月号文章。

子量身定做的一种战术能力。"[1]"国家不能把精力都消耗在这样的内部问题上,固必要时应有断然的处置手段。"[2]现代"军事行动越来越具有专项行动的性质,其最终目标不是为了消灭敌人的有生力量,也不是占领其领土,而只在政治和军事上瓦解敌人,以此迫使对方签订城下之盟"[3]。中国的攻城战略自古以来就讲究"射人先射马,擒贼先擒王"军事思想。"中国大陆可能会对台湾实行'威吓策略'并针对台湾领导层进行断头策略,以瘫痪政治军事领导阶层,同时胁迫继任者采行北京可接受的政策。"[4]

虽然对台作战是中国内部的事务,作者也希望即使是国际上的案例,像"1979 年苏联入侵阿富汗,以特种空降袭击阿富汗总统官邸,击毙总统阿明的先例,应该不会在目前两岸现实中发生"[5]。但这类选择不在中国政府,而掌握在"台独"分裂分子手中。在打击分裂国家的分裂分子方面,俄罗斯对杜达耶夫的定点清除是对人们影响最深的战法,也是当代军事史上的经典战例。杜达耶夫是苏联原退役将军,在阿富汗战争中被授予"苏联英雄"称号,本来是对苏联具有重大贡献的人物,但借戈尔巴乔夫推行的政治体制改革的浪潮中,一步步走上分裂的道路,最后被定点清除[6]。

有学者认为,美国在伊拉克实施的"斩首"战略就源自《孙子兵法》。从现代军事的发展趋势来看,无论是美国的"斩首"战略还是"定点清除"都是为了打击敌人的政治军事首脑。美国的"斩首"战略实施时,曾将一枚导弹打到萨达姆的卧室。最近几年,美国也在积极寻求定点清除的法律依据,他们认为:如果美国人在海外参与针对祖国的恐怖行为,法律允许政府依法清除。按照美国"定点清除"计划,加入基地或其他好战团体的美国人会被认为是合法清除目标。奥巴马政府目前也在加紧利用无人机铲除恐怖嫌疑人,其中包括在去年(2011 年)9 月杀死安瓦尔·奥拉基。这个出生在美国的神职人员后来藏匿在也门,指挥"基地"组织好战分子对美国发动数次袭击[7]。他们认为,在武装冲突中杀伤正当军事目标符合战争法,从定义上不构成暗杀。对于危害祖国的犯罪嫌疑人,传统

---

〔1〕 戴旭:《中国需要什么样的新型军队》,载《环球时报》2007 年 5 月 31 日。

〔2〕 戴旭:《中国需要什么样的新型军队》,载《环球时报》2007 年 5 月 31 日。

〔3〕 〔俄〕尼古拉·波罗斯科夫:《非致命武器》,载俄罗斯《新闻时代》2004 年 8 月 11 日。

〔4〕 《台湾防卫战略家:大陆攻台具七个方案》,载香港《新报》2004 年 3 月 1 日。

〔5〕 《攻台力足强攻,力争奇袭》,载台湾《中国日报》2003 年 8 月 27 日。

〔6〕 林木:《车臣危机的由来》,载《瞭望》新闻周刊 1996 年第 37 期,第 40 页。

〔7〕 《美为"定点清除"海外美国人找依据》,载《参考消息》2012 年 3 月 6 日。

军事法庭和特别军事法庭均可起诉,美国将这类恐怖分子羁押在军事监狱。

在以色列,“定点清除”几乎成为常态。具体是“首先确定打击对象名单,然后由侦察机从空中拍摄地形照片,并不断更新情报,监听目标人物通话,摸清其行动规律,还通过移动电话,随时掌握他所在的位置,当然,这一切都离不开‘巴奸’帮忙”〔1〕。面对以色列频繁的军事行动,巴勒斯坦哈马斯军事派别“卡桑旅”的网站上曾发布如下通知:除非必要,哈马斯成员不要使用手机,不要出门,留心你周围的人、身后的汽车,他们很有可能正在跟踪你〔2〕。

从“定点清除”的效果来看,它不失为一种有效的军事手段。对一个主权国家内的政治军事骨干分子分裂国家时,实行“定点清除”的打击行动是必然的选择。但对一个主权国家和独立民族组织(指巴勒斯坦,作者注)的政治军事首脑实行“定点清除”,“这类(暗杀)行动不仅有违国际法,还对寻求和平解决方案不会有任何帮助”〔3〕。

高度重视战后恢复重建。如何在武装占领台湾后收拾残局,是一个重大的战略问题,更是对中华民族智慧的一个严峻考验。“攻台成功后的管治或许是比攻台本身更复杂的一项系统工程,需要提前做好充分的论证和准备工作。”〔4〕对台湾实施军事打击后,面临的最重要的任务:一是恢复战后秩序,二是恢复重建。所谓秩序恢复是指恢复被战争破坏的社会法律秩序,在正常的社会秩序建立之前,暂时适用战时军事法律维护战区的社会秩序,避免战后法律真空的出现。这主要是在军事占领当局的协助之下,维护当地的社会秩序,组织生产和生活秩序,清剿残余势力的抵抗和破坏,防止“台独”顽固势力在外国反华势力的暗中支持下疯狂反扑。所谓恢复重建就是国家非和平手段解决台湾问题之后如何更好地解决因军事占领遗留的后续问题。

康熙统一台湾以来的近200年,清政府执行的是“为防台而治台”的战略,目的与实际效果走到反面,不但弱化了中央对台湾的控制,而且阻滞了对台湾的开发步伐。甲午战争后清政府将台湾割让给日本。在军事手段血腥镇压下,日本把被清政府称作“最为难治”的台湾变为日本独占资本服务的殖民地。1945年10月25日台湾回归祖国后,一心想把台湾建成自己心中模范省而进行实验的陈

---

〔1〕 周轶君:《在加沙,亲历以色列“定点消除”》,载《参考消息》2003年9月4日。

〔2〕 周轶君:《在加沙,亲历以色列“定点消除”》,载《参考消息》2003年9月4日。

〔3〕 宋文芳:《以军如何搞定点清除》,载《环球时报》2004年3月26日。

〔4〕 陈良生,等:《中国国家统一战略——战与和之间,我们选择全面打击和遏制“台独”》,明报出版有限公司(香港),2005年2月第1版,第252页。

仪,仅一年半的时间就使行政长官公署陷入瘫痪。《密勒氏评论报》登载的《混乱中的台湾》一文中说:陈仪造成台湾由坏到更坏的危机,他没有把该岛变成中国财富之一部,反而把它造成一大笔债务。从历史上看,台湾的战后重建都是失败的。中国是一个天然的濒海大国,有广阔的海洋领土,有沿海"七省之锁钥"的台湾更有天然的海洋优势。在21世纪,人们向海洋深处进军、建立海洋强国的今天,统一后的台湾应积极建设成开放的前沿,准确定位为亚太地区的中心,台湾是非常重要战略海防的前沿阵地。

第四节 通过法律制裁分裂分子

法律是一种尺度和规范,在这个规范之内,它所调整对象的行为就是合法的,越超一定的规范就成为违法的行为。反分裂国家法研究的是一种制度,它通过研究台海两岸权利义务的配置来禁止分裂国家的行为,鼓励促进国家统一的行为,并对违法者予以必要的制裁。反分裂国家法惩戒机制研究的主要任务,就是通过立法揭露分裂国家的言行,预防分裂国家的犯罪,证实分裂国家的罪行,依法正确地惩罚"台独"骨干分子。

一、分裂国家罪的立法概况

在中国人民为追求民族独立、国家统一的道路上,进行了艰苦卓绝的漫长斗争。在前进的道路上,是以革命的方式推进国家统一和民族振兴的,在新民主主义和社会主义初期,对危害国家主权和领土完整的行为都是以反革命治罪的。在1997年新刑法修改后,中国才将分裂国家罪列在危害国家安全犯罪当中予以规范,并明确规定了制裁措施和处罚方法。

(一)立法沿革

早在新民主主义革命时期,1934年的《中华苏维埃共和国惩治反革命条例》第二条就规定了"反革命"罪的概念。1951年《中华人民共和国惩治反革命条例》第二条规定:"凡以推翻人民民主政权、破坏人民民主事业为目的之各种反革命罪犯,皆依本条例治罪",规定了"反革命犯罪"的概念。在1950年至1954年起草的《中华人民共和国刑法大纲(草案)》中已经有反革命罪的雏形,该草案第四十七条规定:"以反革命为目的,用挑拨、离间、煽动或者其他方法,破坏各民主党派、各民主阶级间、各民族间之团结者,处死刑、终身监禁,或者三年以上十五年以下监禁,并可没收其财产之全部或者一部。"1957年6月28日通过的《中华人民共和国刑法指导原则草案(初稿)》第九十九条规定:“阴谋颠覆政府、分裂国家的,处死刑和无期徒刑。”1957 年刑法(草案)第二十一稿第一百条明确规定:“阴谋颠覆政府、分裂国家的,处死刑或者无期徒刑。”1979 年我国第一部刑法典关于分裂国家罪的规定有两条,即第九十二条规定:“阴谋颠覆政府、分裂国家的,处无期徒刑或者十年以上有期徒刑。”第一百零三条规定:“犯阴谋颠覆政府、分裂国家罪,对国家和人民利益危害特别严重、情节特别恶劣的,可以判处死刑。”1997 年 3 月 14 日通过的刑法第一章危害国家安全罪专门规定了分裂国家罪的条款。第一百零二条:“勾结外国,危害中华人民共和国的主权、领土完整和安全的,处无期徒刑或者十年以上有期徒刑。与境外机构、组织、个人相勾结,犯前款罪的,依照前款的规定处罚。”第一百零三条规定:“组织、策划、实施分裂国家、破坏国家统一的,对首要分子或者罪行重大的,处无期徒刑或者十年以上有期徒刑;对积极参加的,处三年以上十年以下有期徒刑;对其他参加的,处三年以下有期徒刑、拘役、管制或者剥夺政治权利。煽动分裂国家、破坏国家统一的,处五年以下有期徒刑、拘役、管制或者剥夺政治权利;首要分子或者罪行重大的,处五年以上有期徒刑。”

(二)新旧刑法关于分裂国家犯罪规定的变化

1997 年刑法在修改时,针对司法实践中的新情况、新问题,做了几个改变。一是分裂国家罪所属的类罪名的变化。将“反革命罪”修改为危害国家安全罪,使刑法分则第一章由原来的 15 条 20 个罪名减少为 12 条 12 个罪名。二是就调整的行为范围而言,危害国家安全罪比“反革命罪”小得多,因为它仅限于调整国家安全关系,保护国家安全利益。这既适应改革开放的需要,又适应国际斗争的需要,也有利于对国外资助分裂国家的犯罪嫌疑人的引渡,有效防止国外将危害国家安全的犯罪嫌疑人以政治犯罪为由不予引渡,也避免个别西方国家以此攻击中国人权状况。三是将分裂国家作为一个独立罪名,单独进行规定,合理排列危害国家安全罪的罪名顺序,使分裂国家罪由原来的第 3 位升至现在的第 2 位。四是将分裂国家、破坏国家统一的行为具体化,即具体规定了组织、策划、实施分裂国家的犯罪行为。五是由于分裂国家罪属于“必要共同犯罪”,根据犯罪分子参与犯罪活动的情节及所起的作用,给予不同的处罚,即分为“首要分子或者罪行重大的”“积极参加的”和“其他参加的”三个层次。对其法定刑进行档次划分,突出对首要分子和罪行重大分子的严惩,体现惩办与宽大相结合的刑事政策,实现刑罚个别化,贯彻罪刑相适应这一刑法基本原则的要求。同时,分析新中国成立以来反分裂国家罪的立法概况可以看出以下规律:一是立法从无到有,由条例而法典,从不规范到较为规范;二是处罚的变化,惩治反革命条例中的28个条文有27个可以判处死刑,几乎每条都规定有死刑,而1997年刑法第一章的条文中,除"对国家和人民危害特别严重、情节特别恶劣的,可以判处死刑"外,多数最高刑为"处无期徒刑或者十年以上有期徒刑",死刑的规定较少;三是体现了刑事立法的时代性和指导性,对分裂国家罪的规定既能跟随时代的发展,又能指导具体法律的制定。

(三)国外分裂国家犯罪的刑事立法情况

世界上各国刑法都将分裂国家的行为规定为犯罪。例如,意大利刑法规定,"意图使国家领域或其一部分属于外国主权,或破坏国家之独立者,处无期徒刑"。在罪名称呼上,各国刑法对分裂国家行为的规定不完全相同,日本、韩国、泰国、奥地利等刑法称为"内乱罪" ,意大利刑法则称为"破坏统一罪"。世界各国对分裂国家罪均规定了较重的刑罚,例如,德国刑法第八十二条规定,"以暴力或暴力胁迫着手施行将各邦之全部或一部领土与联邦中之其他邦合并或将其领土之一部分由各该邦分离,或变更基于各邦之宪法而存在之宪法秩序者,处一年以上十年以下自由刑";意大利、西班牙刑法则规定,"对犯分裂国家罪最高可处无期徒刑或者长期监禁等";奥地利刑法第二百四十二条规定,"内乱以暴力或者暴力之胁迫,着手变更奥地利共和国或其联邦诸州之宪法或分割属于奥地利共和国之领土者,处十年以上二十年以下自由刑。第一项所谓着手,于未遂之情形亦存在"。

二、违反反分裂国家法的法律责任

法律责任的设定与追究是反分裂国家法学研究的重要任务之一,国家通过立法的形式,确立和规范违反反分裂国家法的行为,是国家强制力直接施用于极端"台独"分子的基本依据。"法作为社会调整或控制的技术,是人类对自身社会性质、经济、政治、文化以及其他社会关系及其客观规律的科学认识结晶。"〔1〕

反分裂国家法的法律责任,是指因违反了法定义务或约定义务,或利用执政资源不当行使权利、权力所产生的,由行为人承担的不利后果。就其性质而言,反分裂国家法律关系可以分为法律上的功利关系和法律上的道义关系,法律责任方式也可以分为补偿性方式和制裁性方式。对推进国家统一做出贡献的团体和个人,实行一定的奖励和资助,在功利上进行补偿;对做出严重分裂国家的团体和个人依法予以制裁,从道义上进行谴责。反分裂国家法的法律责任具有明

〔1〕 张文显:《法理学》,北京大学出版社、高等教育出版社,1999年10月第1版,第158页。

显的特点:(1)法律责任首先表示一种因违反法律上的义务(包括政治承诺等重大违约行为等)关系而形成的责任关系,它是以法律义务的存在为前提的;(2)法律责任还表示为一种责任方式,即承担不利后果;(3)法律责任具有内在逻辑性,即存在前因与后果的逻辑关系;(4)法律责任的追究,是由国家强制力实施或者潜在暴力来保证的。

根据违法行为的法律的性质,可以把违反反分裂国家法的法律责任分为刑事责任与违宪责任。刑事责任是指行为人因其犯罪行为所必须承受的,由司法机关代表国家所确定的否定性法律后果。违宪责任是指有关机关制定的某种法律和法规、规章,或有关机关、社会组织或公民从事了与宪法维护国家主权和领土完整规定相抵触的活动而产生的法律责任。

三、反分裂国家法法律责任的构成

法律责任的构成是指构成违法必须具备的条件或必须符合的标准,它是国家要求行为人承担法律责任时进行分析、判断的依据。根据违法行为的一般特点,法律责任的构成要件概括为:法律责任主体、法律责任客体、主观上具有故意、客观上实施了违法行为四个方面。需要说明的是反分裂国家法的法律责任只要有客观行为,不需要造成损害结果即可构成犯罪。如果构成结果说明分裂目的达到,国家没能力维护主权和领土完整,也无力追究违法者的法律责任。

(一)法律责任主体

法律责任主体,是指违法主体或者承担法律责任的主体。责任主体不完全等同于违法主体。违法主体可能是一个团体组织,也可能是一个群体。但责任主体是违反反分裂国家法必须承担责任的个人,可能是这个团体或群体的主要负责人。违反反分裂国家罪的犯罪主体为一般主体,无论是中国公民、外国公民还是无国籍人都能构成。在实际中,实施这种行为的,一般都是窃据地方党、政、军重要职位的野心家、阴谋家和反动的民族主义者。作者认为,关于反分裂国家法的犯罪主体,除上述人员外,全国人大常委会应通过法律解释扩充范围,可将以下人员纳入。(1) 他国军事人员。主要包括参加与外国联合军事行动中实施分裂和资助分裂行为的外籍军人或在敌军帮助工作的专家和其他人员,在敌军院校接受培训的外籍学员等。(2) 外国参战被俘的战俘。战俘是指在战争或武装冲突中落入敌方权力之下的交战国一方战斗员[1]。如果这些人被释放或遣返、潜逃回敌营后继续参加战斗的,应以分裂国家罪的共犯予以处罚。根据1949

〔1〕 王铁崖:《中华法学大辞典·国际法学卷》,中国检察出版社,1996版第1版,第655页。

年制定的《关于战俘待遇的日内瓦公约》第八十二条规定,战俘应受拘留国武装部队现行法律、规则及命令拘束;拘留国对于战俘任何违犯此项法律、规则或命令的行为,可以采取司法或纪律上的措施,即成为军事司法机关管辖的对象。(3)敌方人员。指实施了违反战争法和国际惯例的敌方军人和武装力量的任何从属人员,主要是受非法干涉势力委派到台湾从事和协助分裂的工作人员。

反分裂国家法对追究责任主体,原则上适用于台湾从事分裂国家的行为。《中华人民共和国刑法》的效力范围是以属地管辖权为主的,司法管辖权是国家主权的重要标志。我国刑法第六条规定:"凡在中华人民共和国领域内犯罪的,除法律有特别规定以外,都适用本法。"也就是说,凡在我国大陆以及包括台湾岛在内的一切属于中华人民共和国领域内的犯罪行为都要受刑法调整。所以,"从理论上说,我国刑法第六条的属地原则是能够涵盖台湾地区的"[1]。所谓"法律有特别规定"是指刑法第十一条关于"享有外交特权和豁免权的外国人的刑事责任,通过外交途径解决"的规定。刑法第九十条关于"民族自治地方不能全部适用本法规定的,可以由自治区或者省的人民代表大会根据当地民族的政治、经济、文化的特点和本法规定的基本原则,制定变通或者补充的规定"。《中华人民共和国香港特别行政区基本法》第二条规定:"全国人民代表大会授权香港特别行政区依照本法的规定实行高度自治,享有行政管理权、立法权、独立的司法权和终审权。"第十八条规定:"《中华人民共和国刑法》不在香港特别行政区实施。"第二十三条规定:"香港特别行政区应自行立法,禁止任何叛国、分裂国家、煽动叛乱、颠覆中央人民政府及窃取国家机密的行为,禁止外国的政治性组织或团体在香港特别行政区进行政治活动,禁止香港特别行政区的政治性组织或团体与外国的政治性组织或团体建立联系。"可见,全国性的刑法对香港、澳门在一般情况下没有适用的效力。但《中华人民共和国香港特别行政区基本法》第十八条第四款明确规定:"全国人民代表大会常务委员会决定宣布战争状态或因香港特别行政区政府不能控制的危及国家统一或安全的动乱而决定在香港特别行政区进入紧急状态,中央人民政府可发布命令将全国性法律在香港特别行政区实施[2]。"如果台湾与大陆统一后,参照《中华人民共和国香港特别行政区基本法》起草的《中华人民共和国台湾特别行政区基本法》获得国家立法机关的授权后,刑法也可以不在台湾实施。

---

〔1〕 马章民:《分裂国家罪及其司法认定》,载《河北法学》2006年年第8期,第60页。

〔2〕 刘小冰:《国家紧急权力制度研究》,法律出版社,2008年11月第1版,第61页。

(二)法律责任客体

分裂国家罪侵犯的同类客体是国家安全,直接客体是国家的主权和领土完整统一。联合国大会1949年提出的《国家权利义务宣言草案》列举了四项权利,即独立权、领土管辖权、平等权和自卫权。《联合国宪章》等国际性文件均确认国家的主权、领土完整和政治独立。国家保障各民族的合法权利和利益,禁止破坏民族团结和制造民族分裂的行为,制造民族分裂必然导致国家的分裂。民族团结是国家统一的基本内容,破坏民族团结也就是破坏国家的统一,就是危害中华人民共和国的国家安全,侵犯了反分裂国家法同类客体。

(三)主观方面是故意

分裂国家罪的主观方面是故意,而不能是过失,这是学界共识,但是对于该罪属于直接故意还是间接故意,却看法不一。《反分裂国家法》是在现有的反分裂国家法体系的基础上,进一步完善了我国反分裂国家的立法,为实现祖国和平统一大业、严厉打击各种分裂行为或分裂势力奠定了重要的法律基础。《反分裂国家法》是专门针对台湾地区日益严峻的分裂形势而制定的,只针对一小撮图谋"台独"的分裂分子,是一部特别法,只适用于特别的地区,即只在台湾范围内使用。从历史角度来看,对严重侵犯国家主权的犯罪行为是必须予以严厉打击的。汉元帝时,担任西域护府副校尉的陈汤曾在向中央陈述攻打匈奴的理由时说:"凡侵犯中国人的,逃得再远,也要诛杀。"[1]我国从唐代起就立法反对分裂国家。《唐律》将背叛祖国、分裂国家的犯罪行为定为"谋反""谋叛",从重处罚。在古今中外政治和军事史中,与外国勾结从事分裂国家的行为,也是重点惩治的对象。有很多朝代或者政府就是由于敌人的内外勾结而被推翻,有许多次战争就是因为敌人的内外夹攻而导致全军覆没或者战争失败。由此可见,这种内外勾结针对一国政府或政权的犯罪行为,其危险性和危害性极大。各国刑法都将这类犯罪规定为重罪,处以重刑。我国刑法也将这类犯罪归为危害国家安全罪,置于各类犯罪之首,规定较重的法定刑予以惩处[2]。

(四)客观方面有违法行为

违法行为是指违反法律所规定的义务、超越权利的界限行使权利的总称,一般认为违法行为包括犯罪行为和一般违法行为。分裂国家的犯罪行为在刑法第一百零三条规定为分裂国家罪,客观上表现为组织、策划、实施分裂国家、破坏国

---

〔1〕 刘作奎:《汉武帝为什么攻打匈奴》,载《环球时报》2005年1月31日。

〔2〕 江维龙:《危害国家安全罪若干问题探讨》,载《法学》1999年第8期,第29页。

家统一和民族团结的行为。一是分裂国家。所谓“分裂国家”，是指将统一的国家分裂成几个部分，在中央政府之外又另立政府，对抗中央，割据一方，并自立为国，谋取国际上的承认。所谓组织，是指分裂国家的犯罪集团和分裂活动的组织人通过招募、雇佣、纠集、强迫、引诱等手段控制多人参加分裂国家的犯罪活动。使之具有一定的系统性和整体性。二是“破坏国家统一”，是指对实现国家统一的活动和进程进行阻挠、破坏，意图使国家不能实现统一。例如，阻挠、破坏我国恢复对香港、澳门行使主权和统一台湾，或者台湾少数分子搞“台独”、企图从中国分离出去等。三是成立地方割据政府。国家统一的基本标志之一，是中央政府作为最高国家行政机关，能有效领导和指挥各级地方政府。如果非法成立地方政府，割据一方，对抗中央政府，就将造成国家分裂局面。中国人民的中央政府是国务院，是最高国家行政机关，地方政府必须服从中央政府的领导和指挥。如果行为人拒绝中央政府领导，摆脱中央政府控制，游离于中央政府的权力范围之外，就属于分裂国家行为。四是制造民族分裂。我国宪法第四条规定，“中华人民共和国各民族一律平等。国家保障各少数民族的合法权利和利益，维护和发展各民族的平等、团结、互助关系”。制造民族分裂，就是破坏国家统一。例如，2003 年 11 月，原东突伊斯兰圣战者组织首要分子吾吉买买提 · 阿巴斯就是制造民族分裂的典型。和田地区中级人民法院一审、新疆维吾尔自治区高级人民法院二审认为吾吉买买提 · 阿巴斯组织实施分裂国家犯罪活动，自 1995 年开始与伊犁“东突伊斯兰真主党”骨干成员预谋并进行大规模分裂国家的宣传煽动，结果导致了 1997 年伊宁“2 · 5”打砸抢事件。其行为分别构成分裂国家罪、组织领导恐怖组织罪等多项罪名，最后被依法判处死刑、剥夺政治权利终身。

四、反分裂国家法法律责任的确认

法律责任的认定和归结简称“归责”，它是指对违法行为所引起的法律责任进行判断、确认、归结、缓减以及免除的活动。《反分裂国家法》的颁布和实施，就是要让“台独”分子知道法律的边界在哪里，如何依法治理台湾，而不是一味地追求一已之私破坏台海地区的和平稳定。“判断一个行为是不是法律行为，除了要看是否符合构成（成立）要件外，在多数情况下还要看它是否经过确认以及由谁来确认。”[1]中国政府是全中国人民的代表，它是国家主权的行使者，国家主权是否受到威胁，只有它才能从法律角度做出判断，对违法者的责任予以确认。

---

〔1〕 张文显：《法理学》，北京大学出版社、高等教育出版社，1999 年 10 月第 1 版，第 106 页。

(一)确认违法行为的性质

台海两岸的军事对峙是一场国内武装冲突的延续。自 1949 年解放战争中国民党战败逃往台湾、中华人民共和国成立之后,海峡两岸就形成了"不战不和"的局面,虽然未再发生大规模武装冲突,但是也从未签订过停战协议或和平协定。在此后的几十年,双方曾发生过无数次小规模的武装冲突,对这些小规模武装冲突的定性,应该认定是内战的继续。即使解放战争已经结束,由于中华人民共和国是中国唯一的合法政府、台湾为中国的一部分,台湾与大陆中央政府之间的武装冲突也只能界定为中国内部的武装冲突。美联邦在内战中,通过立法宣布分裂国家的叛乱分子为国事犯,没收其全部财产,并根据法庭的判决处以死刑。美最高法院通过"战利品案"裁定,美国存在战争状态、总统对南部实施封锁合法、南部的分裂行为非法。裁决书指出,战争是"国家以武力行使其权力的一种状态",并不一定只有主权国家之间才会发生战争,当交战一方的主权要求侵犯了另一方的主权要求时,也会存在战争状态。反抗政府合法权威的叛乱和政府镇压叛乱的行动属于内战范畴。对叛乱方组织武装、占领领土、宣布独立的行为,国家有权予以坚决惩处,总统有权采取行动平息内战,无须等待国会给他名义上的授权。内战中,处于敌对状态的谋求独立的州和合法政府是交战方,但它们并不是国际法意义上的战争交战方。对自己的国家发动叛乱的人不是敌人,而是叛国者。叛国者为分裂和推翻政府而强加给政府的战争实际上并不是战争,而是"叛乱"。

(二)行使维护国家主权和领土完整的责任

国际法赋予国家制止分裂和确认法律责任的权力。联合国宪章就有关于分裂国家行为的禁止性规定:"本宪章不得认为授权联合国干涉在本质上属于任何国家国内管辖之事件,且并不要求会员国将该项事件依本宪章提请解决。"它是国家确认国家主权是否受到威胁和排除外来干涉的基本依据。1960 年联合国大会《给予殖民地国家和人民独立宣言》特别指出:"任何旨在部分地或全面地分裂一个国家的团结和破坏其领土完整的企图,都是与联合国宪章的目的和原则相违背的。"1977 年《日内瓦公约第二附加议定书》确认:主权国家政府有"用一切合法手段维护和恢复国内法律和秩序或保卫国家统一、领土完整的责任"。英国著名国际法学家 M. 阿库斯特称:"当一个国家的一部分人试图脱离本国而建立一个新国家时,对政府的要求是严格适用的。国际法并无禁止脱离现存国家的规则,也没有任何规则禁止母国镇压分离运动。但是,只要母国仍在奋力镇压分离运动,就不能说分离一方强大到足够对它所占领土永久地保持控制。因此,传

统上，在分离运动确实获得胜利以前，各国不承认分离运动为独立国家。”〔1〕

(三)确认分裂势力的法律责任

中央人民政府有权确认台湾进行分裂活动犯罪分子的法律责任。在台湾问题足以危及国家统一和安全时，中央政府有权进行确认，依法命令中华人民共和国的武装力量运用非和平方式解决台湾问题，依法采取措施追究犯罪分子的法律责任。宪法第六十二条、第六十七条和第八十九条规定，全国人大及其常委会、国务院有权依法决定国家某些地区进入紧急状态。宪法第八十条规定，国家主席有权依全国人大及其常委会的决定宣布国家某些地区进入紧急状态。因此，国家可依据这些条款，对台湾地区造成的危害国家安全的犯罪行为，在确认台湾地区进入紧急状态后，依法采取措施制止危害国家安全的行为。全国人大及其常委会、国家主席、国务院均有权代表中国政府和人民确认台湾的组织和个人是否具有分裂国家的行为和应当承担的法律责任。宪法第九十三条还规定：“中央军事委员会领导全国武装力量。”中央军事委员会依据国家机关的确认和指令运用非和平方式统一台湾，承担依法缉捕从事分裂国家犯罪组织的头目和个人的责任。

(四)确认资助分裂行为的责任

要依法确定积极参与分裂国家行为的法律责任。确定这类责任的原则可以分为两类，其中一类是追究任何犯罪行为都必须遵循的现代刑法的基本原则，包括罪刑法定原则、不溯及既往及刑罚从轻原则、罪责自负原则、一罪不两审原则等。它们同样适用于对分裂国家罪的刑事责任的追究，主要有(1) 规定个人责任原则；(2) 在追究个人分裂国家罪的刑事责任时，以下与其相关的原则应当同样给予明确：一是官方身份无关原则，二是上级命令不免除责任原则，三是上级责任原则。作者主张，发生在台湾地区的分裂国家罪的刑事诉讼管辖依法由军事检察院和军事法院专属管辖，因为国家的法律保留了检察机关的特种案件侦查权，即对分裂国家犯罪的侦查权。这是法律针对特定的重大犯罪案件对检察机关做出的一项特别授权。现行《中华人民共和国人民检察院组织法》第五条规定各级人民检察院对于叛国案、分裂国家案以及严重破坏国家的政策、法律、法令、政令统一实施的重大犯罪案件，行使检察权。最高人民检察院特别检察厅对“林彪、江青反革命集团案”的检察起诉，是行使这种检察职权的一次重要实践，在人民检察工作的历史上写下了光辉的一页。据《王桂五论检察》一书透露上：

〔1〕 王鹏、宋阳：《“废统论”可以休矣》，载《河北法学》2006 年第 12 期，第 167 页。

早在20世纪50年代,当对检察机关的职权范围发生争论时,刘少奇同志就曾经指出,检察机关保留对重大政治案件的检察权,“备而待用”,以便在必要时对破坏国家统一、分裂民族团结的重大犯罪行为实行追诉,是有好处的。由军事检察院和军事法院追究分裂国家罪刑事责任,当为我国的现实选择,也符合国家目前法律的有关规定。主要理由:第一,适应分裂国家罪的时空特点;第二,适应分裂国家罪的主体特点;第三,各国惩治分裂国家罪行的普遍选择。追究分裂国家罪刑事责任的方式有国际惩治和国内惩治两种模式。分裂国家罪的国内惩治,是指由有关主权国家的军事审判机关通过其国内审判,依据其刑法规范,对犯有分裂国家罪行的人实施惩治。分裂国家罪的国际惩治,是指通过国际社会组织、国际审判机构,依据武装冲突法、国际刑法等有关国际法律,以及源于各国国内法而被国际审判机构确认的、与国际法基本原则相一致的刑法原则和条文,对严重的分裂国家罪行为进行惩治。国内惩治是传统的追究犯罪刑事责任的方式,是由主权国家对分裂国家罪行使管辖权;国际惩治是国际刑法理论和实践发展到一定阶段的产物,是由国际司法组织对分裂国家的犯罪行为行使管辖权。适用国内法惩治分裂国家罪当是我国相当时期内的现实选择。这主要是两种惩治模式优劣比较下的应然选择,是我国反对分裂国家、实现祖国统一的需要,符合我国政府对惩治破坏国家统一罪的一贯立场[1]。

(五)归责原则

归责原则体现了立法者的价值取向,是责任立法的指导方针,也是指导法律适用的基本准则。归责一般必须遵循以下法律原则。1.责任法定原则。其含义包括:(1)违法行为发生后应当按照法律事先规定的性质、范围、程度、期限、方式追究违法者的责任。作为一种否定性法律后果,它应当由法律规范预先规定;(2)排除无法律依据的责任,即责任擅断和“非法责罚”;(3)在一般情况下要排除对行为人有害的既往追溯。2.因果联系原则。其含义包括:(1)在认定行为人违法责任之前,应当首先确认行为与危害或损害结果之间的因果联系,这是认定法律责任的重要事实依据;(2)在认定行为人违法责任之前,应当首先确认意志、思想等主观方面因素与外部行为之间的因果联系,有时这也是区分有责任与无责任的重要因素;(3)在认定行为人违法责任之前,应当区分这种因果联系是必然的还是偶然的、直接的还是间接的。3.责任相称原则。其含义包括:(1)法律

〔1〕 田龙海、常璇:《惩治战争罪的国内军事立法问题研究》,载《当代法学》2007年第4期,第150页。

责任的性质与违法行为性质相适应;(2)法律责任的轻重和种类应当与违法行为的危害或者损害相适应;(3)法律责任的轻重和种类还应当与行为人主观恶性相适应。4.责任自负原则。其含义包括:(1)违法行为人应当对自己的违法行为负责;(2)不能让没有违法行为的人承担法律责任,即反对株连或变相株连;(3)要保证责任人受到法律追究,也要保证无责任者不受法律追究,做到不枉不纵。

(六)责任免除

免责是指行为人实施了违法行为,应当承担法律责任,但由于法律的特别规定,可以部分或全部免除其法律责任,即不实际承担法律责任。免责的条件和方式可以分为七种。(1)时效免责,即超过一定的诉讼时效后法律不再追究其责任。(2)不诉免责,指行为人虽然具有一定的违法行为,但其情节较轻,可以考虑不予起诉。(3)自首、立功免责,即行为人在实施重大违法行为后,有积极悔改和重大立功表现的,可以免除其应承担的法律责任。(4)有效补救免责,即对于那些实施违法行为,造成一定损害,但在国家机关归责之前采取及时有效补救措施,防止重大损害结果发生的,免除其部分或全部责任。(5)协议免责或意定免责,这是指双方当事人在法律允许的范围内通过协商所达成的免责,即所谓"私了"。(6)自助免责,是对自助行为所引起的法律责任的减轻或免除。所谓自助行为是指权利人为保护自己的权利,在情势紧迫而又不能及时请求国家机关予以救助的情况下,对他人的财产或自由施加扣押、拘束或其他相应措施,而为法律或公共道德所认可的行为。(7)人道主义免责,指在权利相对人没有能力履行责任或全部责任的情况下,有关的国家机关或权利主体可以出于人道主义考虑,免除或部分免除有责主体的法律责任。

五、违反反分裂国家法的法律制裁

法律责任的设定及法律制裁是一种相对应的关系。有法律责任,就应进行法律制裁;进行法律制裁,必须以法定的法律责任为基础。"法律责任也是一种纠恶或纠错机制,表明了社会对责任主体的道德责难和法律惩处。"[1]做错了事情就要承担相应的法律责任,就要受到一定的惩罚。"惩罚即法律制裁,是国家通过强制对责任主体的人身、财产和精神实施制裁的责任形式。"[2]同时,"我国政府和军队应注意收集相关事实材料作为将来惩治战争犯罪的证据"[3]。历史

---

〔1〕 张文显:《法理学》,北京大学出版社、高等教育出版社,1999年10月第1版,第124页。

〔2〕 张文显:《法理学》,北京大学出版社、高等教育出版社,1999年10月第1版,第127页。

〔3〕 李可人、邹南:《从国际法角度看武力制止台湾分裂》,载《武警工程学院学报》2001年第5期,第32页。

是一面镜子，只有尊重历史，顺应历史潮流，推进国家统一进程，才能在历史上有自己的立足之地。让法律推动国家统一的历史进程，发挥其应有的作用，“事实证明，让法律为历史‘护航’，将对一个国家、一个民族的历史观产生巨大推动作用”[1]。所以，法律惩罚是最好的威慑，也是最有力的制裁措施。虽然对台湾的分裂势力，主要是军事手段为主，“飞弹”震慑为主，但在以“飞弹”震慑“台独”分子的同时，发挥“法弹”的巨大威力，而且我们相信“法弹”的威力绝不亚于“飞弹”[2]。在军事手段达到一定程度的时候，法律制裁就会走向前台，发挥它应有的作用。因为“法律的效力来自国家惩罚违法的权力”[3]。也只有在制裁分裂国家行为时，才能显示出反分裂国家法的威力和实际效果。

1945 年 8 月 15 日，日本宣布无条件投降。8 月 16 日，日本组成了负责投降事务的东久迩宫内阁，在内阁成立后第二天，身为新首相的东久迩宫稔彦王第一次谈到了战争责任问题。他对记者说：“战败的原因不仅在于政府政策的错误，还在于国民道德的沦丧。因此，全体国民必须进行彻底地反省，全体国民的总忏悔是国家重建的第一步。”[4]现任政府承担起了道德责难责任，随后参与决策和发动战争的东条英机内阁受到远东军事法庭的审判和处罚，受到了法律制裁。

1946 年初，企图将台湾独立出去的“台湾自治委员会”的主要成员许丙、林熊祥等人先后落网。同年 7 月 29 日，台湾省军事法庭以“共同阴谋窃据国土罪”将这些人处以重刑。在中国历史上，从事分裂国家的汉奸也都受到法律的制裁。国共抗战中，面对全国人全面抗战、求和平的呼声不顾，一些人丧失民族气节，成为日本人的走狗，当起了汉奸。臭名昭著的老牌汉奸殷汝耕，就是一个依靠外国分裂国家的犯罪分子的典型，他就受到了应有的惩罚。殷汝耕，号亦农，生于清光绪十五年(1889)，原是浙江省平阳金乡(今属苍南)人，殷氏兄弟 6 人，他排行第五。1913 年殷汝耕入日本早稻田大学攻读政治、经济，毕业后回国。1920 年他勾结日本经济特务组织“新农垦殖公司”，帮助日本人搜集我国的资源情报。1927 年 4 月 12 日蒋介石叛变革命，殷汝耕投靠蒋介石集团，任“总司令部驻沪办事处主任”“外交部驻日特派员”“交通部航政司司长”“陆海空总司令参议”等职。1932 年“一·二八”事变，参与签订《淞沪停战协定》。1933 年 3 月，日本侵略军大举进攻长城各口，国民党政府同日本签订丧权辱国的《塘沽协定》，殷汝耕

---

〔1〕 何叶，等：《11 国把否认历史视为犯罪》，载《环球时报》2006 年 3 月 7 日。

〔2〕 周叶中：《台湾问题的宪法学思考》，载《法学》2007 年第 6 期，第 70 页。

〔3〕 曹沛霖：《西方政治制度》，高等教育出版社，2000 年 4 月第 1 版，第 123 页。

〔4〕 樊繁：《美国改造战败日本》，载《环球时报》2003 年 11 月 14 日。

始终参与其事。日军在北京周围成立“蓟密区”“滦渝区”,殷汝耕出任两个区的专员,主要任务是反共“剿匪”,暗中与日寇勾结,依日本意志办事,讨日寇的欢心。1935年殷汝耕公开叛变投敌,宣布成立《冀东防共自治政府》,公然把冀东22个县从中国的版图中分裂出去,殷汝耕除自命为“委员长兼政务长官”外,还挂起了红、黄、蓝、白、黑五色旗,在日本帝国主义羽翼下,继伪满以后,又扶植的一个新的儿皇帝。1945年8月15日,日本无条件投降。12月15日,国民党军统局将殷汝耕等巨奸逮捕。1947年7月,南京高等法院判处殷汝耕死刑,12月1日殷汝耕被枪决。历史是无情的,抗战胜利后,大多数汉奸被捉拿归案,有相当一部分当汉奸的人员受到人民法庭的审判。1948年1月5日,国民政府司法部长谢冠生宣布,各省共审判办结的25 155件汉奸案,共有14 932名汉奸被判刑,其中死刑369人,无期徒刑979人,有期徒刑13 570人,14人被处罚金[1]。

从事分裂活动是不会有好下场的,即使逃到国外也会受到严厉打击。在新疆闹独立的骨干分子艾山·买合苏木多年来通过拉队伍,招揽了新疆许多外逃分裂分子、刑事犯罪分子和暴力恐怖分子[2],积极从事分裂国家的活动,犯下严重罪行后潜逃国外。2003年12月23日,巴基斯坦军方发言人肖克特·苏丹在首都伊斯兰堡宣布,中国通缉的“东突”恐怖分子头目艾山·买合苏木,已在10月初的一次反恐行动中被击毙。

第五节 历史上非和平手段维护国家主权的经验

维护国家主权和领土完整,既是政治家的天职,也是普通民众的心愿。一个安居乐业、和平稳定的国内环境,是人们从事生产和生活的必备条件。当这种愿望被少数人的欲望驱使,致使国家主权和领土完整遭到重大挑战甚至被分裂时,作为最高决策当局的政治家都会断然采取措施,以维护国家的核心利益不受损害。

一、康熙收复台湾的战争

对台湾的统一,清政府一直采取的是和平谈判的战略。清朝政府曾多次同郑经进行谈判,均未取得效果。其中重要的谈判就有三次:一次是1662年,一次

---

〔1〕 陶中华、舒文:《汉奸个个没有好下场》,载《环球时报》2005年8月24日。

〔2〕 任安里:《“东突”恐怖头目被击毙》,载《环球时报》2003年12月26日。

是1666年，特别是1668年的第三次，康熙亲下诏书，派福建兴化（今莆田市）知府慕天颜等亲到台湾，答应郑氏世守台湾，开放沿海对台贸易。郑经也表示愿意改奉清朝，实现统一，但坚持要以朝鲜为例，不削发、不易服。康熙认为，台湾是中国的领土，郑氏也是中国人，不能以朝鲜为例，断然拒绝郑经的无理要求，和谈因此未获成功。

在通过多次谈判没有取得效果的情况下，康熙被迫决定采取军事行动。公元1681年（康熙二十年），形势发生变化，台湾延平嗣王郑经病死，诸子争位发生内讧，造成台湾政局不稳。在李光地、姚启圣的极力举荐下，清康熙皇帝玄烨于次年授予水师提督施琅以专征大权。1683年（康熙二十二年）康熙决定对台湾发动战争。施琅经过精心准备，在姚启圣等辅佐下，于是年农历六月十四日从福建铜山发兵，攻占澎湖。澎湖列岛是台湾的防卫前线，又是战略前沿，失去防卫屏障，全岛如临末日，军心涣散，民众惶惶不可终日。澎湖守将刘国轩因不敌清廷水师逃回台湾，力劝郑克塽具表归降。在强大的压力之下，郑克塽终于投降。台湾海峡割据22年的局面宣告结束，国家归于统一。“文武各官陆续就任，编户籍，定赋税，同商贾，兴学校，台湾正式隶属于清朝中央政权的行政管辖之下。”〔1〕“从1662年上书请求收复台湾，至1683年统一台湾，前后其计20余年。”〔2〕清朝的推进和统一是三次南下中最快的一次，但却不是偶然的，更不是例外。“因为它除了得益于明朝的过于腐败和李自成的错误战略以外，也受到分裂因素的促进”〔3〕。

清朝统一台湾之后，在清廷内部却产生了一场对台湾弃留之争。许多大臣对台湾的战略地位缺乏认识，竟然认为“日费天府金钱于无益，不若徙其人而空其地”。“当时，不少朝廷官员，封疆大吏认为台湾‘孤悬海外，易薮贼，欲弃之，专守澎湖’”〔4〕，主张“迁其人，弃其地”。当时，大臣中主张守台的只有姚启圣和施琅等少数人，在《恭陈台湾弃留疏》中，施琅力陈台湾战略地位之重要性：台湾乃“江、浙、闽、粤四省之左护”，“台湾一地，虽属外岛，实关四省之要害”，“弃之，必酿成大祸，留之诚永固边圉”。施琅对西方殖民者觊觎台湾多年的情况有所了解，认为红毛（西方殖民者）“无时不在涎贪，亦必乘隙以图”，一旦让其占有台湾，必定会以台湾为地基，利用“精壮坚大”的战舰进犯大陆沿海，“此乃种祸后

〔1〕　蒋兆成、王日根：《康熙传》，人民出版社，1998年7月第1版，第192页。
〔2〕　樊繁：《施琅武力收复台湾始末》，载《环球时报》2003年11月24日。
〔3〕　葛剑雄：《统一与分裂——中国历史启示》，中华书局，2008年7月第1版，第184页。
〔4〕　魏源：《圣武记》，卷八，《康熙勘定台湾记》，

来,沿海诸省断难安然无虞,国家安全与领土完整将会受到严重威胁"[1]。正是施琅等人的建议和坚持,台湾一直被清政府所重视。

二、新中国成立初期解放台湾的战争

毛泽东关于武力解放台湾的战略思想,首先是作为中国人民解放战争后期的作战任务提出的,并一直延续到20世纪50年代中期。所谓武力解放台湾,就是用战争的方式摧毁国民党当时在台湾的一切政治机构及军事力量,建立人民民主政权,实现全国的统一。1949年3月15日,新华社发表时评《中国人民一定要解放台湾》,强调中国人民(包括台湾人民)将绝对不能容忍国民党反动派把台湾作为最后挣扎的根据地。华东野战军副司令员粟裕受命组织三野部队做攻台准备,并抽出第九兵团的第20军、23军、26军、27军等4个军进行攻台训练。同年秋,计划投入台湾战役的兵力被确定为8个军,其中第九兵团的4个军为第一梯队。是年底,准备攻台的部队又增加到三野的第7、第9、第10共3个兵团的12个军,加上后勤支援人员共计50万人。其中,第7、9兵团为第一梯队,第10兵团为第二梯队。1950年春,我解放大军不仅已在海防前线集结待命,而且于4月和5月相继解放了海南岛和舟山群岛,为攻打金门进而解放台湾做了成功的预演并建立了前进阵地。

《人民日报》在1950年5月21日发表的《庆祝舟山群岛解放》的短评中预言:"困守台湾的敌人,末日更加迫近了。"而当时美国的远东情报处则发出哀叹:"台湾将于7月15日以前遭受中共全面攻击,由于政府军队荡然,民心浮动,中共将于发动攻击后数周之内顺利夺占台湾。"[2]

1950年6月25日,朝鲜战争爆发,面对美国的侵略行径,毛泽东在1950年6月28日的中央人民政府委员会第八次会议上严正指出,美国对亚洲的侵略只能引起亚洲人民广泛的和坚决的反抗。为了避免可能出现的南北两面受夹击的不利态势,毛泽东审时度势,做出"抗美援朝,保家卫国"的战略决策。人民解放军的战略重点由东南转向东北,以军事手段解放台湾的任务被迫搁置。

20世纪四五十年代,台湾与大陆两岸对峙局面的形成。主要是由以下几个方面的因素促成:(1)美国的阻挠;(2)大陆海空军军事力量薄弱;(3)台湾方面仍具有抵挡中国人民解放军进攻的优势;(4)台湾海峡本身就是人民解放军难以

---

〔1〕 樊繁:《施琅武力收复台湾始末》,载《环球时报》2003年11月24日。

〔2〕 李合敏:《毛泽东关于解决台湾问题的战略思想述论》,载《中国海洋大学学报》(社会科学版)2005年第5期,第79-80页。

逾越的天然屏障,蒋介石撤退到台湾时海、空军装备精良,并有美国的援助与保护[1]。在此之后,两岸之间经历了1954年9月朝鲜战争后,中国政府对金门、马祖等沿海岛屿实行"惩罚性打击"战。1955年1月18日一江山岛争夺战,1958年8月的"八二三"炮战等大小不等的战争。"金门、马祖是中国的领土,打金门、马祖惩罚国民党是中国内政,敌人找不到借口,但对帝国主义有牵制作用。"[2]也就是说,"国共两党的军事抗衡主要表现为1949年10月至1965年8月间短兵相接的岛屿争夺战、空战、炮战和海战"[3]。

三、俄罗斯车臣战争的实践

车臣共和国是俄罗斯联邦21个共和国之一。由车臣—印古什自治共和国的车臣部分领土组成,位于高加索山脉北侧,南与格鲁吉亚隔山相望,北与俄罗斯的斯塔夫罗波尔边疆区相邻,西部是印古什共和国和北奥塞梯共和国,东临达吉斯坦共和国,1859年加入俄罗斯版图。1991年至1994年8月,以杜达耶夫为首的车臣分离势力乘苏联解体之际,公然宣布脱离俄联邦成为独立的共和国。车臣共和国加速组建军队、发行货币、印制护照并宣布将加入联合国,宣称要与俄罗斯建交,冲突的"国际化"倾向愈演愈烈,俄联邦被迫以武力手段反对国家分裂。在军事斗争初期,俄罗斯始终坚定地将车臣独立界定为违反《俄罗斯联邦宪法》问题,围绕这个核心问题依法展开军事行动。1994年11月29日,叶利钦发布"关于在车臣共和国恢复宪法合法性和法律秩序措施"的总统令,以恢复在车臣地区的宪法秩序为由发动战争。

针对车臣当局借助西方势力,极力将独立问题国际化的企图,俄罗斯依据《俄罗斯联邦宪法》和《联合国宪章》关于维护国家主权的规定明确表态:按照《俄罗斯联邦宪法》的规定,作为国家元首、武装部队统帅的总统有权采取措施保卫联邦的主权、独立和国家完整;按照《联合国宪章》的精神,作为合法政府的俄罗斯联邦中央,有权使用包括武力在内的手段,反对分裂、维护国家的统一和领土完整。由于各种原因,俄罗斯在1994年的车臣战争中失利。

1997年俄罗斯在总结打击分裂势力经验的基础上,制定了《俄罗斯联邦国家安全构想》,当时的总统叶利钦还签署了俄罗斯新军事学说。1998年俄罗斯联邦通过了专门打击分离势力的《俄罗斯联邦反恐怖主义法》,2001年俄罗斯政府制

---

〔1〕刘合波:《论〈旧金山对日和平条约〉与战后台海关系》,载《齐鲁学刊》2007年第1期,第59页。

〔2〕张伟:《炮击金门的前前后后》,载《环球时报》2004年5月26日。

〔3〕宋春、娄杰:《论1949年后国共关系的实质与特征》,载《长白学刊》1994年第1期,第33页。

定了《紧急状态法》,明确授予军队在面对国家分裂势力挑衅时,予以依法打击的权力。通过一系列维护国家主权和领土完整的立法,赋予军队维护国家统一、制止分裂的对内职能,为军队打击国内分裂势力和恐怖主义分子提供了明确的法律依据。在此后的车臣战争中,俄罗斯取得反分裂的重大胜利,最后依法把杜达耶夫清除,维护了俄联邦的主权完整和领土统一。

四、美国内战中的军事打击战略

美国为了国家的统一,采取迫不得已的军事打击战略,也为此付出了极大的代价。"南、北战争是美国历史上最大的战争,共死亡 60 万人,超过美国后来在两次世界大战中死亡人数的总和,而当时美国的总人口不超过 3000 万。"[1] 而美国有重视法制建设的优良传统,尤其在军事打击法律方面,有良好的法律基础。1775 年 6 月 15 日,大陆大会通过了极其重要的军事决议案及组建正规军队(大陆军)的决议,弗吉尼亚的种植场主、原英军上校华盛顿被任命为总司令。"1775 年 7 月 6 日,大陆会议通过《关于使用武力的原因和必要性宣言》"[2],这是美国早期军事法的基础。美国建国后实行的是邦联制,没有建立具有权威的中央政府,各州仍然拥有很大的自主权,这是导致美建国后长期存在分裂危机的政治原因。1788 年 6 月美国制定了《联邦宪法》,由邦联制改为联邦制,中央政府掌控了行政、立法、司法三权,美国正式成为一个主权完整的联邦国家,而统一是其走向强盛的基础。1828 年 3 月,国会在原有关税法的基础上,推出一个新的关税法,将平均税率由原来的 37% 提高到 45%。这一法案,迎合了北方工商业集团的利益要求,却引起经济上依赖外部市场的南部各州的强烈反对,而国会通过的新税法则是导致矛盾激化的经济诱因。1832 年国会对新的关税法进行了修改,该法得到全国大部分地区包括南部一些州的拥护,只有南卡罗来纳州强力抵抗。杰克逊总统于 1832 年 12 月 10 日发布的《告南卡罗来纳人民书》申明:"武力地取消统一就是叛乱",表示要不惜一切手段来维护联邦。1833 年 3 月 2 日,美联邦参议院以 32 票对 1 票通过了《动用军队法令》(全称《强制法案》),该法令授权总统在必要时动用军事力量强制征收关税。1861 年 4 月,南部奴隶主打着为主权而战的旗号,发动了武装叛乱,引发美国内战。内战中,联邦政府依法采取了一系列法律手段和军事措施,有力地打击了分裂势力。

(一)颁布和推行《宅地法》,为维护国家统一参战的公民提供土地

1862 年 5 月 20 日,林肯签署了《宅地法》。该法规定:凡从未持械反抗过合

---

〔1〕 许海山:《美洲历史》,中国文史出版社,2006 年 12 月第 1 版,第 323 页。

〔2〕 唐晋:《大国崛起》,人民出版社,2006 年 12 月第 1 版,第 403 页。

众国政府、支援或教唆合众国的敌人的身为家长者，或年满 21 岁的合众国公民或决定依照合众国入籍法的规定填写志愿入籍声明书者，从 1863 年 1 月 1 日起，交 10 美元后，有权登记占有总数不超过 160 英亩的公有土地；凡依本法案申请土地者，须宣誓：过去一直忠于联邦政府，并将在合众国的海陆军中服役，申请土地的目的是为实际垦殖；在依本法登记占有土地的前五年内，政府不发给证书或执照，在占有的土地上居住或耕种满五年，且没有卖出任何部分者，土地即归其所有。《宅地法》的颁布，对壮大当时的北方联盟军队力量，鼓励青壮年积极参与统一战争发挥了重要作用[1]。

（二）颁布两部《没收法案》，削弱叛乱分子的经济基础

1861 年 8 月 6 日国会通过《没收法案》，规定没收直接被用于叛乱目的的财产和奴隶。1862 年 7 月 17 日国会通过第二部《没收法案》，进一步规定：每一个叛乱参加者，根据法庭的判决，被宣布为国事犯，并处以死刑，但死刑可以改判为五年徒刑或一万美元的罚金；叛乱分子的财产全部没收，包括地产、现金、牲畜、债权和动产，同时宣布解放他们手中的奴隶。

（三）发布《解放黑人奴隶宣言》及配套法令，促进战争快速胜利

1862 年 9 月 24 日，美国发布了震动全世界的预告性《解放宣言》，1863 年 1 月 1 日正式颁布该宣言。解放奴隶是美国历史上具有伟大进步意义的事件。马克思曾给予高度评价，称它是“联邦成立以来的美国史上最重要的文件”。《解放宣言》郑重宣布：解放尚未被联邦军队占领的南部同盟地区的奴隶；对不参加叛乱的蓄奴州采取自愿的、逐步的、有赔偿的解放奴隶的措施；凡符合参军条件的黑人，可以参军。《解放宣言》的颁布，不仅阻止了边疆各州加入南方叛乱者的行列，而且极大地调动了黑人参军、参战的积极性，为取得战争的最终胜利奠定了基础。

（四）颁布《复兴法案》和制定宪法修正案，巩固内战成果

为巩固内战成果，加速南方重建，使南部各州尽快返回加入联邦，完全实现统一，美参议院于 1867 年 3 月 2 日通过《复兴法案》。该法案的主要内容是：否认除田纳西州以外的南方各州政府的合法性；剥夺一切叛乱分子的选举权和参政权；将南部 10 个州划为 5 个军区，分别归合众国的军事当局管制。各军区开发中心司令由总统任命准将以上的军官担任。军区司令在本军区内有责任保护一切公民人身及财产安全，镇压叛乱、骚乱和暴行，惩办一切破坏公共安宁的分

〔1〕 唐晋：《大国崛起》，人民出版社，2006 年 12 月第 1 版，第 426 页。

子及罪犯。为此,军区司令可允许地方民事法院审判犯人,必要时有权组织军事法庭进行审判。根据该法案对南部实施的军事管制,不仅有效维护了这10个州的和平和秩序,而且由于取消了南方建立的种植场主的州政府,并对叛乱分子进行惩处,从而消除了种植场主夺取全国政权的可能性。在此同时,修订了宪法修正案,第十三条修正案规定在全国彻底废除奴隶制度。第十四条修正案规定:所有在合众国出生或归化合众国并受其管辖区的人,都是合众国和他们居住州的公民,不经正当的法律程序,不得剥夺任何人的生命、自由和财产。该修正案还规定,曾经宣誓拥护联邦宪法、担任过联邦议员、联邦官员、邦议员或司法官员的人,若后来反对宪法、参加暴动或向联邦的敌人提供援助和方便,不得再担任联邦议员、总统和副总统选举人、联邦或邦的文职或军职官员。第十五条修正案规定,合众国公民的选举权,不得因种族、肤色或以前是奴隶而被合众国任何一州加以拒绝或限制。这些宪法条款的公布对防止旧势力复辟和维护新生力量的成长、维护战争成果、保持联邦统一具有重要作用。

主要参考书目

一、政治类著作

[1]孙中山全集[G].第一卷.北京:中华书局,1981.

[2]孙中山全集[G].第二卷.北京:中华书局,1982.

[3]孙中山全集[G].第五卷.北京:中华书局,1985.

[4]孙中山全集[G].第六卷.北京:中华书局,1985.

[5]孙中山全集[G].第九卷.北京:中华书局,1986.

[6]孙中山全集[G].第十一卷.北京:中华书局,1986.

[7]孙中山集外集补编[G].上海:上海人民出版社,1981.

[8]毛泽东选集[G].第二卷.北京:人民出版社,1991.

[9]毛泽东选集[G].第四卷.北京:人民出版社,1991.

[10]毛泽东文集[G].北京:人民出版社,1996.

[11]邓小平文选[G].第三卷.北京:人民出版社,1994.

[12]奚广庆.邓小平理论概论[M].北京:中国人民大学出版社,2003.

[13]曹沛霖.西方政治制度[M].北京:高等教育出版社,2000.

[14]王惠岩.政治学概论[M].北京:高等教育出版社,1999年.

[15]阎学通,孙学峰,等.中国崛起及其战略[M].北京:北京大学出版社,2005.

[16]张剑荆.中国崛起——中国如何应对成长中的烦恼[M].北京:新华出版社,2005.

[17]王俊彦.中美俄智慧博弈[M].北京:国际文化出版公司,2010.

[18]杨超,张书珩.政治名人演讲快读[G].内蒙古:远方出版社,2004.

[19]程美东.透视当代中国重大突发事件1949—2005(上、下)[G].北京:中央党史出版社,2008年.

[20]唐晋.大国崛起[M].北京:人民出版社,2006.

[21]黄朴民.秦汉统一战略研究[M].北京:中国人民大学出版社,2007.

二、涉台问题参考书

[22]中共中央台湾办公室、国务院台湾事务办公室.中国台湾问题(干部读本)[M].北京:九州出版社,1998.

[23]连横.台湾通史[M].上海:华东师范大学出版社,2006.

[24]赵勇.台湾政治转型与分离倾向[M].北京:中央编译出版社,2008.

[25]邢福有.透析"台独"[M].北京:台海出版社,2008.

[26]陈良生,楚树龙,陶红兵.中国国家统一战略—和战之间,我们全面选择打击与遏制"台独"[M].香港:明报出版社有限公司 2005.

[27]李鹏.台海安全考察[M].北京:九州出版社,2005 年.

[28]郑海麟.两岸和平统一的思维和模式[M].台湾:海峡学术出版社,2001.

[29]陈宏.解读台湾问题[M].北京:新世界出版社,2004.

[30]陈国少,肖星.李登辉其人[M].北京:台声出版社,1988.

[31]刘德久,魏秀堂,等.台湾内幕[M].北京:九州图书出版社,2000.

[32]周志怀.两岸关系和平发展与机遇管理—全国台湾研究会 2009 年学术研讨会论文选编[G].北京:九州出版社,2009.

[33]杨帆.国民党去台高官大结局[M].北京:华文出版社,2010.

[34]王英津.国家统一模式研究[M].北京:九州出版社,2008.

[35]葛剑雄.统一与分裂——中国历史的启示[M].北京:中华书局,2008 年.

[36]戚其章.甲午战争史[M].上海:世纪出版集团、上海人民出版社,2005.

[37]王小波.谁来保卫中国海岛[M].北京:海洋出版社,2010.

[38]资中筠,等.美台关系四十年(1949—1989)[G].北京:人民出版社,1991.

[39]蒋兆成,王日根.康熙传[M].北京:人民出版社,2005.

[40]高群服.台湾秘密档案解密[M].北京:台海出版社,2008.

[41]徐学江.危险的一步——李登辉"两国论"真面目[G].北京:新华出版社,1999.

三、法律类参考书

[42]张文显.法理学[M].北京:高等教育出版社、北京大学出版社,1999.

[43]叶孝信.中国法制史[M].北京:北京大学出版社,1989.8.

[44]李竹编. 国家安全立法研究[M]. 北京:北京大学出版社,2006.

[45]法家著作选读[G]. 北京:中华书局,1974.

[46]张万明. 涉台法律总论[M]. 北京:法律出版社,2009.

[47]曾宪义. 台湾法概论[M]. 北京:中国人民大学出版社,2007.

[48]游劝荣. 两岸法缘[M]. 北京:法律出版社,2008.

[49]蒲坚主. 中国法制史参考资料[G]. 北京:中央广播电视大学出版社,1989.

[50]端木正. 国际法[M]. 北京:北京大学出版社,2000.

[51]刘小冰. 国家紧急权力制度研究[M]. 北京:法律出版社,2008.

四、其他类参考书

[52]孙立平. 社会学导论[M]. 北京:首都经济贸易大学出版社,2004.

[53]董昶源. 中国全史[M]. 北京:北京大学出版社,2005.

[54]罗卫东. 陇南史话[M]. 甘肃:甘肃文化出版社,2004.

[55]李大光. 中国安全抉择——构筑21世纪的国家安全体系[M]. 北京:石油工业出版社,2002.

[56]金永明. 东海问题解决路径研究[M]. 北京:法律出版社,2008.

[57]潘向明. 清代新疆和卓叛乱研究[M]. 北京:中国人民大学出版社,2011.

[58]刘志义. 中国叛乱实录[G]. 山东:齐鲁书社,2008.

[59]许海山. 美洲历史[M]. 北京:中国文史出版社,2006.

五、外籍类参考书

[60]〔美〕鲁思·本尼迪克特. 菊与刀[M]. 北京:商务印书馆,2007.

[61]〔美〕罗斯科·庞德,沈宗灵译,楼邦彦校. 通过法律的社会控制[M]. 北京:商务印书馆,2008.

[62]〔美〕Alan D. Romberg 艾伦·D. 龙伯格(容安澜)著. 贾宗宜,武文巧,译. 悬崖勒马——美国对台政策与中美关系[M]. 北京:新华出版社,2007.

[63]〔美〕江南. 蒋经国传[M]. 北京:中国友谊出版公司,1988.

[64]〔俄〕米谢戈尔巴乔夫. 王尊贤,译. 我与东西德统一[M]. 北京:中央编译出版社,2006.

后 记

1984年,我通过新闻了解到中、英两国签署了《中英关于香港问题的联合声明》,香港将于1997年7月1日回归祖国。在我的内心深处突然闪过一个念头,开始有一种不太明朗的潜意识:随着国家的发展,台湾问题迟早会提上议事日程,我们应该做点什么。那时的我很年轻,瞬间的思想火花纯属一闪而过。但在以后的日子里,这种思绪时隐时现,不时间隔地出现在脑海中。由于当时家住偏僻的小山村,经济文化落后,信息闭塞,加上时值正在读初中,对我来说考虑那样的问题既不现实,也不可能,更没有必要。自己时刻提醒自己,自己的条件是无法去做一些促进台湾统一的事情的。

然而这种思绪无时不困扰着我,有时才下眉心头又上心头,有一种马不停蹄的忧伤在心里滴答作响。我曾反复思考有这种心思的原因,从个性方面分析原因,一个十几岁的人为什么有这种心事。我通过慢慢回忆幼年经历过的两件事情,是否对我产生了潜在的影响。一是1976年唐山发生大地震后,全国绝大部分地区受到影响,我们的老家也受到地震的严重影响。为了提高预警信息,当时的人民公社给每户人家都挂了一个木制小广播,这种广播由生产队长控制,平时听村上收音机播送的新闻和音乐,遇有重大新闻和重要事项通知时,能及时通知有关重要事情。1976年时还在大集体,我所在的老家不停地有余震,而且下了将近一个季度的梅雨,大人出于安全考虑不干农活,小孩整天躺在麦草搭建的防震棚里,听木制小广播播送的中国政府批评美国对台湾的支持,越南战争和柬埔寨内战等消息。听新闻和音乐成为当时我们这些小孩子打发紧张、恐惧、苦闷日子的唯一途径。在长达3个月的时间里,国际新闻在幼小的心灵产生了无法抹去的魅力。二是我的二叔原在甘肃嘉峪关服兵役,唐山大地震发生后,他所在的部队调往唐山救灾抢险。因重建工作的需要,他留在唐山多年,每年都会回家探亲。那时村上很穷,没有外面工作的人,二叔回家全村人都来看他,他也抽空走家串户,和同龄人坐在一起闲聊,以便了解村上发生的事情,我就时常跟着二叔转。大家坐在一起听二叔讲故事时,大多数时间谈的都是军队上的事情和国际新闻,如美国对台湾的援助,柬埔寨内战,中国对越自卫反击战等等。我想也许是早期的这些影响,对国际问题产生了浓厚的兴趣。在此后的日子里,我开始有意无意地积累台湾方面的资料,也开始注意台湾方面的消息,但我本能的抑制着这种思想,并没有思想打算和付诸实际行动。

1995 年,我的思想受到振动。当时我已经大学毕业在县城参加工作,有较好的信息来源渠道和正规的报纸杂志可看,并能时常收看电视。1995 年李登辉的康奈尔大学之行,激起了全国人民的强烈义愤。当时在我的周围,同事、朋友、熟人甚至未成年学生都慷慨激昂,他们毅然不惜放弃工作和学业要去参军打仗。有的人甚至号召出钱出力,捐出一年的工资做军费让国家武力收复台湾。

改革开放后,通过全国人民团结一致,艰辛努力,国家形势刚刚有点起色,为何李登辉的一次美国之行,竟然在落后的西部小镇激起这么大的风浪。我当时不发一言,台湾问题在国内为何如此敏感,这么容易触动中国人的敏感神经?按照民间的这种盲目的爱国情绪,一旦失控,问题解决还没着边,自己先已乱作一团,有何益处。这件事触动了我内心深处沉淀的潜意识,加深了对台湾问题思考的深度。1996 年 3 月的台海危机,美国出动航空母舰到台湾东部海域向中国示威,使我们的民族尊严受到强烈的刺激。我终于下定决心,一定要将台湾问题弄清楚,搞明白,并从法律角度提出相应的对策,以能对解决台湾问题有所帮助。从那时起,我开始正式收集涉及台湾的法律专业资料,跟踪台海局势,了解国际动态,分析美国和日本的对台政策。近 20 多年来,我从收集的资料当中分门别类进行摘录,并制成笔记约 20 多本,累积约 120 多万字的资料。在分析整理中,从法律角度理清了自己的思考框架所涉及问题,设想建立相应涉台法律理论框架。在遵循历史脉络的基础上,对现实情况的发展方向描出了一个明确轮廓。目的就是用我所学法律专长为台海法学理论和政策拟定大框架,通过法律的调控作用,引导和控制台海局势的发展方向。

2005 年 3 月 14 日,国家通过了反分裂国家法,由于反分裂国家法逻辑机构与我设想的理论框架大体一致,我在欣慰之余,对研究的模块做了个别调整,尽量与反分裂国家法的逻辑结构靠拢,随后我用几年的时间反复研究,系统整理收集的资料,拟写成《〈反分裂国家法〉运行机制研究》一书予以出版。

“文章千古事,得失寸心知”,其间历尽艰辛,其中的酸甜苦辣只有自己知道,但个人的兴趣于此,国家的现实又迫切需要,只能以“位卑未敢忘国忧”的心志来做这个枯燥的研究工作。学术是一项个人志业,长时间的思索是寂寞的,也是枯燥无味的,但个人的兴趣又促使不停地探索,力图通过理论探索和学术研究来解决内心的困惑,其实读书就是读自己,无非就是获得自己心灵的认同。

2007 年 3 月,经过慎重考虑,考取了中国政法大学国际法学院的刑法学博士研究生,想通过攻读博士学位的机会来到法大聆听前辈的教诲,系统地训练自己的学术素养,提高自己的学术水平,更希望通过基础理论研究和艰辛的探索,为反分裂国家法的基础理论奠定一个初步的框架,尽一点微薄之力,并着手开始写作。

我多年来是秉承着对真理的追求,对这份兴趣的执着,对国家对人民无限忠诚而进行写作。努力做到客观理性的论述,尽量占有资料,提出自己观点,关注台海局势的具体发展,又超脱其上探索台海局势的发展规律,将反分裂国家法的合理性、合法性、逻辑性、权威性作为一个完整的体系来论证。同时将反分裂国家法放在宪政定位上来考察,从其历史发展,现实互动,"台独"兴起与制衡问题上进行独立的思考。从中国历史上历次台湾的分裂与回归,考察其历史发展规律,总结一些带共性的问题,运用台湾学与法学交叉学科的理论及研究方式,来建立这一理论的系统框架。以期建立一套成熟的理论,提出一些建设性的意见及建议,以达到抛砖引玉的作用,促进更多的人关注这一领域的问题,集思广益,共谋祖国和平统一大业,促进祖国和平统一,以完成中华民族未竟的夙愿。

多年来,作者学习法律知识,有一定的法学基础和法律知识积累,加上二十年来对台湾知识的学习和积累,对台湾局势的观察和思考所得与法律的有机结合,按照自己的思维方法建立起一个反分裂国家法的基本理论框架,提出了一系列的观点和看法,但台湾问题政策性强,涉及问题复杂,台海形势发展变化快,加上作者学识疏浅,一些资料检索、理论观点会引起争议,望资深专家学者及台海问题爱好者予以批评指正。

书稿在论证和选题过程中,得到清华大学法理学与政治哲学教授许章润的精心指导;在长达 10 多年的资料搜集和整理过程中,得到家人的无私帮助;在书稿正式脱稿和出版过程中,得到清华大学许章润教授、清华大学宪法学专家林来梵教授,兰州大学出版社张国梁主任,陇南市检察院检察长高连城、副检察长马军等党组成员、研究室主任赵玫的鼎力相助和大力支持,并给予一定资助。正是他们的积极支持,才促成该书正式出版,在此我特致以最诚挚的谢意。

作者 2013 年 6 月于陇南武都